Die Reihe
„Studien zur Wahl- und Einstellungsforschung"
wird herausgegeben von

Prof. Dr. Hans Rattinger, Universität Mannheim
Prof. Dr. Oscar W. Gabriel, Universität Stuttgart
Prof. Dr. Rüdiger Schmitt-Beck, Universität Mannheim

Band 11

Markus Steinbrecher

Politische Partizipation in Deutschland

 Nomos

Die Deutsche Nationalbibliothek verzeichnet diese Publikation in
der Deutschen Nationalbibliografie; detaillierte bibliografische Daten
sind im Internet über http://www.d-nb.de abrufbar.

Zugl.: Bamberg, Univ., Diss., 2008

ISBN 978-3-8329-3928-1

1. Auflage 2009

Inhaltsverzeichnis

Abbildungsverzeichnis

Tabellenverzeichnis

1. Einleitung

„Citizen participation is at the heart of democracy. Indeed, democracy is unthinkable without the ability of citizens to participate freely in the governing process. Through their activity citizens in a democracy seek to control who will hold public office and to influence what the government does. Political participation provides the mechanism by which citizens can communicate information about their interests, preferences, and needs and generate pressure to respond" (Verba et al. 1995: 1). Politische Partizipation ist also ein essentieller Bestandteil jeder Demokratie: Ohne ein gewisses Mindestmaß an Beteiligung seiner Bürger ist ein demokratisches Gemeinwesen nicht überlebensfähig. Zwar besteht bereits über das notwendige Ausmaß an Partizipation Dissens zwischen verschiedenen demokratietheoretischen Schulen, worauf an späterer Stelle noch einzugehen sein wird (vgl. Abschnitt 2.2), doch ist gerade die Abhängigkeit demokratischer politischer Systeme von der Mitwirkung ihrer Bürger ein wesentlicher Grund für die empirische Politikforschung gewesen, sich nach der Katastrophe des Zweiten Weltkriegs intensiv mit politischer Partizipation auseinanderzusetzen. Im Vordergrund standen dabei allerdings Wahlbeteiligung und Wahlentscheidung als wichtigste Formen der politischen Teilhabe. Andere Partizipationsformen wurden mit wenigen Ausnahmen erst im Zuge bzw. in Folge der „partizipatorischen Revolution" (Barnes/Kaase 1979) seit Ende der 1960er Jahre verstärkt untersucht und in Studien zum politischen Partizipationsverhalten einbezogen.

Im Vordergrund standen bei den meisten Forschungsarbeiten die drei klassischen Fragen der empirischen Partizipationsforschung: „Wie beteiligen sich Menschen an Politik, warum und mit welchem Ergebnis?" (Milbrath/Goel 1977). Vor dem Hintergrund, daß sich – wenn man einmal vom Wählen absieht – empirisch gesehen nur eine Minderheit der Bürger politisch beteiligt (vgl. Abschnitte 4.1.1 bis 4.1.3), haben diese Fragen nichts von ihrer Aktualität und Wichtigkeit verloren. Denn für den Output eines politischen Systems ist es von großer Bedeutung, wer sich am politischen Willensbildungsprozeß beteiligt und damit seine Präferenzen und Interessen einbringen und möglicherweise durchsetzen kann. Die Charakteristika der Partizipierenden sind folglich immer wieder untersucht und mit denen der Gesamtheit aller Staatsbürger verglichen worden, um bestehende, demokratietheoretisch und legitimatorisch heikle Repräsentationsdefizite bestimmter Bevölkerungsgruppen zu identifizieren. Die empirisch vorzufindende Realität einer Minderheit von Bürgern, die am politischen Prozeß teilhat und einer großen Mehrheit, die mit Ausnahme der Stimmabgabe bei Wahlen überhaupt nicht am politischen Geschehen partizipiert, läßt eine Umstellung der „Warum"-Frage von Milbrath und Goel sinnvoll erscheinen. In dieser modifizierten Form ist sie etwa auch bei Verba et al. (1995: 15-16) zu finden: Warum beteiligen sich Menschen nicht an Politik? Die drei kurzen Antworten, die Verba et al. unmittelbar auf diese Frage geben, benennen bereits wichtige Erklärungsvariablen politischer Partizipation, auf die in der empirischen Analyse dieser Arbeit einzugehen sein wird (Kapitel 4): Erstens können einige Menschen nicht teilnehmen, weil ihnen einfach die dafür notwendigen Ressourcen, z.B. Zeit, Geld oder Wissen, fehlen. Zweitens wollen sich viele nicht politisch engagieren, weil Politik sie nicht interessiert oder sie nicht daran glauben, mit politischer Betätigung irgend etwas zu bewirken. Und drittens sind viele nicht zur Partizipation aufgefordert worden, d.h. ihnen fehlt der Zugang zu Organisationen oder Netzwerken, in denen Menschen politisch mobilisiert werden.

Die Fragen von Milbrath und Goel sowie ihre Umkehrung ins Negative durch Verba et al. bieten einen geeigneten Rahmen für diese Arbeit. Im Gegensatz zu den beiden genannten Studien soll allerdings nicht die politische Aktivität der Bürger in den USA, sondern das politische Partizipationsverhalten der Deutschen auf der Agenda stehen. Dabei liegt der Focus der Untersuchung auf dem Zeitraum seit der Wiedervereinigung im Jahre 1990[1]. Vergleicht man den Forschungsstand zu politischer Partizipation in den USA mit auf Deutschland bezogenen Anstrengungen in diesem Bereich, so ist mit Ernüchterung festzustellen, daß bis auf wenige Ausnahmen, die zeitlich schon relativ weit zurückliegen (so etwa Barnes/Kaase 1979; Uehlinger 1988; Jennings et al. 1990), umfassende Erklärungsversuche und Analysen des politischen Beteiligungsverhaltens jenseits der Wahlbeteiligung in Deutschland unterblieben sind. Die politikwissenschaftliche Forschung in Deutschland hat sich zwar immer wieder, auch in den Jahren seit der Wiedervereinigung, mit nichtelektoraler politischer Partizipation auseinandergesetzt, die Arbeiten sind aber entweder sehr knapp beziehungsweise überblicksartig gehalten (vgl. etwa van Deth 1997a; Krimmel 2000; Gabriel/Völkl 2005) oder beleuchten nur kleine Ausschnitte des Partizipationsprozesses, indem sie sich etwa auf die Betrachtung einer begrenzten Zahl an Partizipationsformen und ihrer Erklärungsfaktoren (z.B. Lüdemann 2001; Rucht 2003) oder aber die Bedeutung einer oder weniger Erklärungsvariable(n) politischer Partizipation (etwa Hoffmann-Lange 2000; Westle 2000; Opp 2004) beschränken. Ein weiterer, aufgrund der begrenzten Datenlage nahezu unbeachteter Aspekt ist die Betrachtung der Veränderung des Partizipationsverhaltens einzelner Individuen über die Zeit mit Paneldaten. Mit Ausnahme der „Continuities in Political Action"-Studie (Jennings et al. 1990) und einiger weniger Analysen von Fuchs (1984) liegen Forschungsergebnisse zu Veränderungen des individuellen Partizipationsverhaltens in Deutschland überhaupt nicht vor.

Die Analyse politischer Partizipation in Deutschland erfordert zahlreiche Vorarbeiten, die im Folgenden kurz skizziert werden sollen: Am Anfang der Auseinandersetzung mit politischer Beteiligung (2. Kapitel) muß zunächst entschieden werden, welche der unzähligen Aktivitäten als explizit politisch verstanden und daher mit in diese Arbeit einbezogen werden sollen. Die Definition politischer Partizipation schließt zusätzlich die Abgrenzung politischer Beteiligung von sozialer Partizipation

---

1   Allerdings wird es – beispielsweise bei der Darstellung der Befunde der Partizipationsforschung oder bei einigen Analysen wie etwa der Gegenüberstellung der beiden Indikatoren politischer Partizipation – notwendig sein, auch empirische Daten in die Darstellung zu integrieren, die vor der Wiedervereinigung erhoben worden sind.

ein, hat sich doch in den letzten Jahren, insbesondere nach der Popularisierung des Konzeptes des Sozialkapitals durch die Arbeiten von Robert Putnam (1993, 2000), der Gegenstandsbereich der Partizipationsforschung deutlich erweitert (Abschnitt 2.1). Nach der so erfolgten Abgrenzung der abhängigen Variablen dieser Arbeit sollen im folgenden Abschnitt (2.2) anhand von zwei demokratietheoretischen Ansätzen einige Überlegungen zur Bedeutung politischer Beteiligung für einen demokratischen Staat präsentiert und daraus Schlußfolgerungen über die Höhe des für den Erhalt eines politischen Systems notwendigen Partizipationsniveaus gezogen werden. Dabei stehen sich input-orientierte bzw. klassische Demokratietheorien einerseits und output-orientierte bzw. elitenorientierte Ansätze andererseits nahezu diametral gegenüber. Die Ausführungen in diesem Abschnitt dienen vor allem der theoretischen Fundierung und Unterstützung der späteren Interpretation der Ergebnisse im empirischen Teil dieser Arbeit. Dies gilt besonders für die Bewertung der Höhe des Beteiligungsniveaus und die Bedeutung einzelner Erklärungsvariablen. Aus den Erläuterungen in Abschnitt 2.2 ergeben sich einige der Funktionen politischer Partizipation, die im Mittelpunkt von Abschnitt 2.3 stehen. In der Darstellung erfolgt in diesem Abschnitt eine Trennung zwischen den Funktionen politischer Beteiligung für das politische System einerseits und den Funktionen für die einzelnen Staatsbürger andererseits, auch wenn eine klare Zuordnung bei einigen Funktionen schwierig ist. Aus den verschiedenen Funktionen politischer Aktivität werden sich bereits an dieser Stelle der Arbeit einige relevante Erklärungsfaktoren des politischen Partizipationsverhaltens ableiten lassen, die im Rahmen der empirischen Analyse (4. Kapitel) und bei der Darstellung der Befunde der Partizipationsforschung (Abschnitt 2.5) wieder aufgegriffen werden.

Nach der theoretischen Eingrenzung und Festlegung des Untersuchungsgegenstandes liegt der Focus im weiteren Verlauf des zweiten Kapitels auf der Erarbeitung des analytischen Rahmens dieser Arbeit. Es gilt, daraus Fragen und Untersuchungsziele für die eigenen empirischen Analysen abzuleiten. Dieses Kapitel liefert daher bereits Antworten auf die Fragen nach dem „Wie" und dem „Warum" politischer Aktivität auf der Basis der Befunde der politischen Partizipationsforschung. Es ist bereits angeklungen, daß die Partizipationsforschung mit einem sehr breit angelegten und nur schwer eingrenzbaren Untersuchungsgegenstand konfrontiert ist, der es immer wieder notwendig gemacht hat, nach Strukturen oder Dimensionen zu suchen, die den zahlreichen Formen politischer Aktivität zugrunde liegen. In Abschnitt 2.4 wird auf solche Strukturierungsversuche eingegangen, indem einerseits theoretisch fundierte oder plausibilitätsgeleitete Dimensionen politischer Aktivität berücksichtigt werden (Abschnitt 2.4.1), zu denen die Merkmale Verfaßtheit, Legalität, Legitimität und Direktheit gehören. Andererseits werden auch die zahlreichen empirischen Strukturierungsversuche ausführlich erörtert (Abschnitt 2.4.2). Ein zentrales Ergebnis dieser empirisch-methodischen Strukturierungsversuche ist, daß sich die Wahlbeteiligung relativ eindeutig von den anderen Dimensionen des politischen Beteiligungsverhaltens abgrenzen läßt. Eine wesentliche Ursache für diese klare Abgrenzbarkeit ist – wie schon weiter oben angemerkt – daß die Beteiligung an Wahlen die einzige Partizipationsform ist, an der dauerhaft eine große Mehrheit der

Deutschen teilnimmt. Allerdings zeigt sich für die letzten beiden Jahrzehnte eine Abnahme des Beteiligungsniveaus, besonders bei Europa-, Landtags- und Kommunalwahlen (vgl. Abschnitt 4.1.1). Vor diesem Hintergrund ist es von großer Bedeutung, in einem gesonderten Abschnitt auf das Verhältnis zwischen der Wahlbeteiligung und den nichtelektoralen politischen Beteiligungsformen einzugehen (Abschnitt 2.4.3). Neben der Strukturierung des Variablenraumes ist in einigen Arbeiten zu politischer Partizipation auch eine Klassifizierung der Bürger gemäß ihres Partizipationsverhaltens in Form einer Typenbildung getreten: Dabei werden Bürger mit ähnlichen Beteiligungsmustern in Gruppen zusammengefaßt. Auch zu diesem Bereich sollen die wichtigsten Befunde der Partizipationsforschung präsentiert werden (Abschnitt 2.4.4).

Der komplette Abschnitt 2.5 widmet sich den Erklärungsfaktoren politischer Partizipation und greift so die Frage nach dem „Warum" bzw. „Warum nicht" politischer Partizipation auf, die zu Beginn dieser Einleitung angesprochen worden ist. Die Erklärungsfaktoren sind nach zwei Kriterien geordnet. Zum einen entlang der Mikro-Makrodimension, das heißt, daß zunächst Erklärungsvariablen auf der Mikroebene bzw. der Ebene der einzelnen Staatsbürger erläutert werden (Abschnitte 2.5.1 bis 2.5.4), um dann in den späteren Abschnitten auf Eigenschaften des politischen Systems und andere aggregierte Merkmale (der Makroebene) einzugehen (Abschnitte 2.5.5 und 2.5.6). Zum anderen sind die vorgestellten Konzepte und Variablen auf der Mikro- und Makroebene jeweils gemäß ihrer zeitlichen Stabilität sortiert: Zunächst werden für jede der beiden Ebenen die im Zeitverlauf am wenigsten veränderlichen Prädiktoren politischer Partizipation angeführt. Dies sind auf der Individualebene sozialstrukturelle Variablen, auf der Aggregatebene der institutionelle und gesellschaftliche Kontext. Am Ende der Darstellung der Erklärungsfaktoren für die beiden analytischen Ebenen stehen Prädiktoren, die eine stärkere zeitliche Variabilität aufweisen: Auf der Makroebene sind dies gesellschaftliche Entwicklungen und Veränderungsprozesse. Auf der Mikroebene zählen zu den weniger stabilen Prädiktoren sozialpsychologische sowie rationale Erklärungsvariablen, aber auch Elemente, die in der Tradition des Sozialkapitalkonzeptes stehen.

Wie erwähnt wenden sich die Abschnitte 2.5.1 bis 2.5.4 den Erklärungsfaktoren politischer Beteiligung auf der Mikroebene zu. Zusätzlich zu der Darstellung der relevanten Prädiktoren und ihrer Wirkungsweise soll jeweils kurz auf die theoretischen Hintergründe eingegangen werden, die den beschriebenen Effekten zu Grunde liegen. Als erstes (Abschnitt 2.5.1) werden die Einflüsse sozialstruktureller Variablen und individueller Ressourcen auf politische Partizipation aufgegriffen. In diesem Zusammenhang sind insbesondere Teile des sozioökonomischen Ressourcenmodells von Bedeutung, das von der Forschergruppe um Verba zu einem der Standardmodelle zur Erklärung politischer Aktivität entwickelt wurde (vgl. beispielsweise Verba/Nie 1972, Verba et al. 1978, Verba et al. 1995). Neben den in diesem Modell enthaltenen Variablen Bildung, Einkommen und beruflicher Status konnte aber auch die Relevanz anderer sozialstruktureller Variablen – zum Beispiel Alter oder Geschlecht – für die Erklärung politischen Verhaltens belegt werden. Eine zweite Kategorie von Variablen auf der Mikroebene mit Auswirkungen auf die politische

Aktivität der Bürger sind sozialpsychologische Variablen, die sich unter dem Begriff Motive zusammenfassen lassen (Abschnitt 2.5.2). Dazu gehören mit Normen, Werten und Interessen eine Vielzahl von Einstellungen der Bürger. Als Beispiele seien an dieser Stelle das politische Interesse, die Einschätzung, ob es zum Verhalten eines guten Staatsbürgers gehört, sich am politischen Prozeß zu beteiligen, die sogenannte Partizipationsnorm, das wahrgenommene eigene politische Kompetenzbewußtsein (politische Efficacy) und die Zufriedenheit mit dem Funktionieren des demokratischen politischen Systems in Deutschland genannt. Auch wenn der Einbeziehung rationaler Erklärungsvariablen in Analysen politischen Partizipationsverhaltens wegen des Mangels zur Verfügung stehender, explizit als rational zu bezeichnender Indikatoren in den Datensätzen häufig enge Grenzen gesetzt sind, ist ein eigener Abschnitt für diesen Variablenkomplex wegen der in der Partizipationsforschung üblichen instrumentellen Definition politischer Partizipation (vgl. Abschnitt 2.1) notwendig (Abschnitt 2.5.3). Aufgrund des Fehlens geeigneter Indikatoren greifen rationale Erklärungsversuche in der Regel auf ähnliche Indikatoren wie sozialpsychologische Ansätze zurück, so daß es wegen dieser Überschneidungen in den theoretischen Modellen in den Abschnitten 2.5.2 und 2.5.3 zu Wiederholungen in der Darstellung kommen kann. Ein letzter Komplex von Erklärungsfaktoren hat in den letzten Jahren die besondere Aufmerksamkeit der politischen Partizipationsforschung geweckt. Zwar wurden Einflußvariablen wie die Zugehörigkeit zu gesellschaftlichen und sozialen Netzwerken oder Vereinen schon in die frühen Partizipationsstudien einbezogen und könnten als individuelle Ressourcen auch in Abschnitt 2.5.1 integriert werden. Doch hat sich insbesondere durch die Arbeiten von Putnam (1993, 2000) mit „Sozialkapital" ein Konzept entwickelt, das keinem der anderen Erklärungsansätze eindeutig zugeordnet werden kann und das zudem eine umfangreiche wissenschaftliche Diskussion über die Bedeutung von sozialem bzw. bürgerschaftlichem Engagement angestoßen hat. Diesen Variablen widmet sich Abschnitt 2.5.4.

Am Ende des zweiten Kapitels stehen Prädiktoren der Makroebene im Vordergrund. Abschnitt 2.5.5 konzentriert sich auf den politischen und gesellschaftlichen Kontext: Die Bundesrepublik Deutschland umfaßt mit der europäischen, der Bundes-, der Landes- und der kommunalen vier politische Systemebenen, die jeweils unterschiedliche Voraussetzungen und Möglichkeiten für die Nutzung politischer Partizipationsformen bieten und sich zugleich durch unterschiedliche Partizipationstraditionen charakterisieren lassen. Ebenenspezifische Unterschiede der Partizipationsvoraussetzungen stehen im Mittelpunkt von Abschnitt 2.5.5.1, die insbesondere die umfangreichen rechtlichen und institutionellen Veränderungen der letzten Jahre für Bürgerentscheid und -begehren auf kommunaler sowie von Volksbegehren und -entscheid auf Länderebene betreffen. Ein sehr wichtiger Bestimmungsfaktor politischer Partizipation steht im Focus von Abschnitt 2.5.5.2: Die politische Kultur einer Nation ist entscheidend dafür, welche Rolle politischer Partizipation generell zukommt, welche Aktivitäten von einem „guten Staatsbürger" (Pattie et al. 2004: 1-25) erwartet und welche Formen politischer Beteiligung akzeptiert oder nicht toleriert werden. Da sich solche Bewertungen im Zeitverlauf ändern, ist in diesem Zusammenhang auch auf Veränderungen der politischen Kultur Deutschlands während der letzten Jahrzehnte einzugehen. Einigen besonderen gesellschaftlichen Entwicklungen und Veränderungen ist mit 2.5.6 ein eigener Abschnitt gewidmet. Dem Wertewandel und, im Rahmen des Wertewandels, besonders der Verschiebung von materialistischen zu postmaterialistischen Werteorientierungen (Inglehart 1977, 1990) sowie dem Bedeutungsverlust von Pflicht- und Akzeptanzwerten im Vergleich zu Selbstentfaltungswerten (Klages 1984; Hillmann 2003) wird ein starker Einfluß auf das politische Partizipationsverhalten zugewiesen, so daß an gesonderter Stelle darauf eingegangen wird (Abschnitt 2.5.6.1). Ein weiterer Aspekt, der aufgegriffen werden soll, ist die vor allem in den 1990er Jahren intensiv geführte Diskussion über die verstärkt auftretende Entfremdung der Bürger vom politischen System, die unter dem Stichwort „Politikverdrossenheit" zusammengefaßt worden ist (vgl. zusammenfassend Maier 2000; Arzheimer 2002). Den Implikationen dieser Diskussion für das politische Beteiligungsverhalten widmet sich Abschnitt 2.5.6.2. Zudem werden in diesem Abschnitt Aspekte wie allgemeine politische Unzufriedenheit und relative Deprivation bzw. Entfremdung angesprochen, die nicht ohne Bedeutung für das politische Engagement der Deutschen sind. Eine weitere Entwicklung der letzten Jahrzehnte ist die immer stärker werdende kognitive Mobilisierung der Bürger. Aufgrund des stetig zunehmenden Bildungsniveaus sollten auch die Fähigkeiten der Bürger gewachsen sein, sich mit politischen Sachverhalten auseinanderzusetzen und sich politisch zu betätigen. Detailliert wird den Auswirkungen der kognitiven Mobilisierung in Abschnitt 2.5.6.3 nachgegangen.

Wichtige und zugleich problembehaftete Aspekte der empirischen Untersuchung sind die Datenbasis und vor allem die Operationalisierung politischer Partizipation (3. Kapitel). Aufgrund der Konzentration der politischen Einstellungs- und Verhaltensforschung auf das Wählen standen die anderen Formen politischer Partizipation nur selten im Mittelpunkt des Forschungsinteresses, so daß diese entweder gar nicht erfaßt wurden oder aber innerhalb vieler Umfragen nur einen Nebenaspekt darstellten. Hinzu kommt, daß die Zahl der erfaßten Partizipationsformen stark variiert und die Operationalisierung sich von Umfrage zu Umfrage unterscheidet. Aufgrund der vielfältigen Untersuchungsinteressen dieser Arbeit ist es notwendig, mehrere Datenquellen für die Durchführung der Analysen zu nutzen. Der Erläuterung der Datenbasis dient Abschnitt 3.1. Während die verwendeten Querschnittdatensätze sowie die dort einbezogenen Partizipationsformen ausführlich in Abschnitt 3.1.1 vorgestellt werden, konzentriert sich der Abschnitt 3.1.2 auf die Präsentation des für die Analysen verwendeten Paneldatensatzes.

Der zweite Abschnitt des dritten Kapitels widmet sich den Problemen, die bei der Messung politischer Partizipation auftreten können. In Abschnitt 3.2.1 werden mit dem Aktions-, dem Institutionen- und dem Problemansatz drei verschiedene Methoden vorgestellt, die zur Erhebung bzw. Messung politischen Partizipationsverhaltens genutzt werden. Hinzu kommt in Abschnitt 3.2.2 die Unterscheidung der beiden Indikatoren politischer Partizipation. Analog zur Wahlabsicht und zur Rückerinnerungsfrage beim Wahlverhalten kann für nichtelektorale politische Partizipation zwischen Verhaltensabsichten einerseits und Verhaltensmanifestationen andererseits unterschieden werden. Während bei der Messung von Verhaltensmanifestationen danach gefragt wird, ob der Befragte die entsprechende Beteiligungsform bereits ausgeübt hat, liegt das Interesse bei der Messung der Verhaltensabsicht darin, ob und unter welchen Umständen jemand dazu bereit wäre, eine bestimmte politische Handlung auszuführen. Diese Unterscheidung zwischen Manifestationen und Intentionen hat erhebliche Auswirkungen auf die empirische Analyse und die Interpretation der Ergebnisse (Abschnitte 4.2 bis 4.5).

Mit Ausnahme von Abschnitt 4.1.1 dient das komplette 4. Kapitel der empirischen Analyse und somit der Beantwortung der in den vorangegangenen Kapiteln aufgeworfenen Fragestellungen. Am Anfang der analytischen Arbeit steht notwendigerweise die Betrachtung der Nutzungshäufigkeit politischer Partizipation. In Abschnitt 4.1.1 wird zunächst ein Überblick über die Entwicklung des Niveaus ausgewählter politischer Partizipationsformen im Zeitverlauf gegeben. Für diese Darstellung des kollektiven Wandels wird auf die Ergebnisse der longitudinal angelegten Überblicksdarstellungen von Gabriel und Völkl (2005) sowie von Niedermayer (2001, 2005) zurückgegriffen. In Abschnitt 4.1.2 wird dann das quantitative Ausmaß der politischen Partizipationsformen in den für die weiteren Analysen genutzten Querschnittdatensätzen präsentiert, um sich dem Untersuchungsgegenstand zunächst deskriptiv zu nähern. Die Darstellung in Abschnitt 4.1.3 konzentriert sich auf den individuellen Wandel politischen Partizipationsverhaltens. Hier wird das die Bundestagswahlen 1994 bis 2002 umfassende Panel aus dem DFG-Projekt „Politische Einstellungen und politische Partizipation im vereinigten Deutschland" genutzt, um das Ausmaß und die intraindividuelle Stabilität politischen Partizipationsverhaltens im Zeitverlauf zu analysieren.

Der Betrachtung der Nutzungshäufigkeiten politischer Beteiligungsformen schließt sich die Frage nach den Strukturen des Partizipationsraumes an (Abschnitt 4.2). Im Rahmen dieses Abschnitts sollen zunächst Dimensionen identifiziert werden, die dem Partizipationsverhalten der Bürger im vereinigten Deutschland zu Grunde liegen (Abschnitt 4.2.1). Anschließend soll untersucht werden, ob es Unterschiede in der dimensionalen Struktur politischer Beteiligung zwischen West- und Ostdeutschland gibt (Abschnitt 4.2.2). Diese Dimensionen werden für die weiteren empirischen Analysen zentral sein, finden sie doch Verwendung als abhängige Variablen in den bi- und multivariaten Zusammenhangsanalysen. Abschnitt 4.2.3 konzentriert sich auf zwei Aspekte, zum einen auf Veränderungen der dimensionalen Struktur politischer Aktivität im Zeitverlauf und – da für die Analysen die gleichen Daten genutzt werden – zum anderen auf Unterschiede in der Struktur zwischen den beiden Indikatoren politischer Partizipation. Während es in Abschnitt 4.2.3 lediglich um den Vergleich der dimensionalen Struktur für Verhaltensabsichten und -manifestationen geht, setzt sich Abschnitt 4.2.4 noch etwas intensiver mit dem Verhältnis zwischen beiden Indikatoren auseinander, indem untersucht wird, wie beide miteinander zusammenhängen und wie stark das mit Verhaltensbereitschaften gemessene Partizipationspotential wirklich ausgeschöpft wird. Zuletzt geht es auch darum, zu ergründen, welche Beziehung zwischen der Beteiligung an Wahlen und der Nutzung nichtelektoraler Partizipationsformen besteht (Abschnitt 4.2.5). Die

Beantwortung dieser Frage ist vor allem aufgrund des steigenden Nichtwähleranteils (vgl. Abschnitt 4.1.1) von großem Interesse.

An die Seite der Strukturierung des Variablenraumes tritt im folgenden Abschnitt (4.3) die Klassifizierung der Merkmalsträger. Dabei steht die Frage im Vordergrund, ob es gewisse Typen von Partizipierenden gibt, die sich aufgrund ihres politischen Beteiligungsverhaltens klar voneinander abgrenzen lassen. Als Grundlage für diese – getrennt für Ost- und Westdeutschland durchgeführte – Typenbildung dienen die in Abschnitt 4.2.2 gebildeten Dimensionen politischer Partizipation.

Nach einer umfassenden Darstellung der Häufigkeit und Strukturen politischer Partizipation werden in Abschnitt 4.4 ausführlich die verschiedenen Erklärungsfaktoren politischer Partizipation und ihr Einfluß auf das Beteiligungsverhalten betrachtet. Dazu zählen neben sozialstrukturellen Variablen, Einstellungen und Werthaltungen sowie rationalen Erwägungen der Bürger auch das soziale Engagement in Vereinen und Organisationen. Die Untersuchung erfolgt dabei zunächst getrennt nach einzelnen Erklärungsvariablen und konzentriert sich auf die Betrachtung bivariater Zusammenhänge (Abschnitt 4.4.1). In den beiden folgenden Abschnitten werden dann multivariate Analysen, sowohl im Querschnitt- (Abschnitt 4.4.2) als auch im Panelmodell (Abschnitt 4.4.3), durchgeführt, in die alle Erklärungsvariablen integriert werden. Diese Modelle werden für beide Partizipationsindikatoren berechnet. Während mit den Querschnittdaten nur die Erklärung des politischen Beteiligungsverhaltens zu einem Zeitpunkt möglich ist, können mit Hilfe der Paneldaten zeitliche Entwicklungen über mehrere Erhebungszeitpunkte untersucht und erklärt werden. Dabei gehen sowohl auf der Seite der abhängigen als auch auf der der unabhängigen Variablen Veränderungen zwischen zwei Meßzeitpunkten in die Regressionsmodelle ein.

An den Schluß der empirischen Analysen tritt die Berechnung von mehreren Kausalmodellen, die im Gegensatz zu den multivariaten Regressionsanalysen Informationen über das kausale Wirkungsgefüge liefern, das zu politischer Partizipation führt (Abschnitt 4.5). Mit Hilfe von Querschnittdaten kann die innere Struktur politischer Partizipation analysiert werden (Abschnitt 4.5.1), während für die Erfassung der zeitlichen Struktur besonders die Paneldaten (Abschnitt 4.5.2) geeignet sind. Mit Paneldaten kann der Komplexität des kausalen Wirkungsgefüges wesentlich besser Rechnung getragen werden, indem auch kausale Beziehungen zwischen den Prädiktoren und den Verhaltensabsichten aus unterschiedlichen Erhebungswellen sowie autoregressive Effekte berücksichtigt und interpretiert werden. Zum anderen kann nur bei Verwendung von Paneldaten eine der wesentlichen Bedingungen der Kausalanalyse, nämlich die zeitliche Antezedens der Prädiktorvariablen (Hill 1965; Asher 1983: 12; Behnke et al. 2006: 64ff.) im Verhältnis zur bzw. zu den abhängigen Variablen, tatsächlich erfüllt werden.

Die wesentlichen Ziele dieser Arbeit sollen zum Abschluß dieser einleitenden Ausführungen zusammengefaßt werden: Hauptaufgabe ist eine ausführliche Untersuchung des politischen Partizipationsverhaltens in Deutschland, denn seit der Arbeit von Uehlinger (1988) fehlt, wie bereits angemerkt, eine breit angelegte Analyse des politischen Partizipationsprozesses in Deutschland. Für Ostdeutschland wurde das politische Beteiligungsverhalten bisher gar nicht umfassend untersucht. Allein dieses Manko der Forschung wie auch die zu erwartenden Unterschiede zwischen beiden Landesteilen lassen eine zwischen Ost und West getrennte Untersuchung angebracht erscheinen. Wesentliche Untersuchungsinteressen sind dabei die Analyse der Entwicklung des Partizipationsniveaus, der Bedeutung der einzelnen Prädiktoren politischer Beteiligung und, darauf aufbauend, der Struktur und Komplexität des kausalen Wirkungsgefüges, das politische Aktivität hervorruft. Neben diese hauptsächlichen Untersuchungsinteressen treten noch einige zusätzliche Aspekte: Erstens, die Betrachtung intraindividueller Veränderungen der Partizipationsneigung im Zeitverlauf sowie die Identifikation der Faktoren, die zu solchen Veränderungen führen. Zweitens, die Strukturierung des politischen Partizipationsraumes durch die Identifikation der den einzelnen Partizipationsformen zugrundeliegenden Dimensionen. Damit verbunden ist auch ein Vergleich der Strukturen zwischen Ost- und Westdeutschland, zwischen Verhaltensmanifestationen und -absichten sowie für beide Indikatoren die Untersuchung der Stabilität zwischen verschiedenen Erhebungszeitpunkten. Der dritte Aspekt ist der Vergleich des Beteiligungsniveaus, der Strukturen des Partizipationsraumes sowie der Bedeutung der Erklärungsfaktoren zwischen den beiden Operationalisierungen politischer Beteiligung. Viertens soll das Verhältnis zwischen der Wahlbeteiligung und den nichtelektoralen politischen Aktivitäten geklärt werden. Und schließlich soll fünftens untersucht werden, ob es bestimmte Typen politisch Partizipierender gibt und wie sich diese sozialstrukturell und sozialpsychologisch charakterisieren lassen.

2. Begrifflichkeit und Forschungsstand

Die Analyse politischen Partizipationsverhaltens setzt zunächst einige theoretische Betrachtungen voraus. „Politische Partizipation" muß eingegrenzt und definiert werden (Abschnitt 2.1). Zusätzlich muß „politische Partizipation" auch von „sozialer Partizipation" abgegrenzt werden, da in der Folge der intensiven öffentlichen und wissenschaftlichen Diskussion um Sozialkapital und bürgerschaftliches Engagement während der letzten Jahre, die besonders durch die Publikationen von Putnam (1993, 2000) angestoßen wurde, eine Verwischung der Grenzen zwischen den beiden Konzepten festzustellen ist.

Von großer Bedeutung für die weiteren Ausführungen ist die Skizzierung demokratietheoretischer Überlegungen hinsichtlich des in einem demokratischen Staat notwendigen bzw. wünschenswerten Niveaus politischer Partizipation (Abschnitt 2.2). In der Demokratietheorie stehen sich mit input- und output-orientierten Ansätzen zwei völlig konträre theoretische Modelle gegenüber, die politischer Beteiligung jeweils einen sehr unterschiedlichen Stellenwert für das Funktionieren einer Demokratie zuweisen. Die Gegenüberstellung dieser beiden demokratietheoretischen Standpunkte dient insbesondere der Bewertung und Einordnung der empirisch meßbaren Partizipationshäufigkeit (vgl. dazu Abschnitt 4.2).

Auf diesen demokratietheoretischen Argumenten baut die Erläuterung der Funktionen politischer Partizipation in Abschnitt 2.3 teilweise auf. Diese sollen getrennt nach den Funktionen für den einzelnen Staatsbürger und den Funktionen für den Staat betrachtet werden.

Während die bisher angeführten Abschnitte sich politischer Partizipation eher aus theoretischer Perspektive nähern, geht es in den folgenden Abschnitten um die Präsentation wichtiger Befunde der politischen Partizipationsforschung: Abschnitt 2.4 konzentriert sich auf die Strukturen und Dimensionen politischer Partizipation, da politische Partizipation bei einer sehr weiten Definition (vgl. Abschnitt 2.1) eine nahezu unendliche Menge von Aktivitätsformen umfassen kann. Die Strukturierung politischer Partizipationsformen kann sowohl auf der Basis theoretischer Überlegungen als auch empirisch geleitet erfolgen. Daher werden einerseits theoretische Strukturierungsversuche (Abschnitt 2.4.1) und andererseits empirisch-analytische Strukturierungsversuche (Abschnitt 2.4.2) vorgestellt. Während in Abschnitt 2.4.1 allgemein in der Partizipationsforschung anerkannte Dichotomien wie Direktheit und Indirektheit, Verfaßtheit und Nicht-Verfaßtheit oder Legitimität und Illegitimität sowie in einigen bedeutenden Partizipationsstudien verwendete Ordnungskriterien zur Strukturierung politischer Partizipationsformen erläutert werden, konzentriert sich Abschnitt 2.4.2 auf die Darstellung mit Hilfe mathematisch-statistischer Verfahren berechneter empirischer Analyseergebnisse. Wegen der klaren Abgrenzbarkeit der Wahlbeteiligung von den nichtelektoralen Partizipationsformen und aufgrund der starken Zunahme des Nichtwähleranteils bei Wahlen in Deutschland in den vergangenen beiden Jahrzehnten (vgl. Abschnitt 4.2.1) ist Abschnitt 2.4.3 dem

Verhältnis der Wahlbeteiligung zu den nichtelektoralen Partizipationsformen gewidmet. Ein letzter Aspekt, der im Rahmen der Darstellung der Forschungsergebnisse in bezug auf die Strukturen und Dimensionen politischen Beteiligungsverhaltens angesprochen werden muß, ist die Typenbildung der politisch Partizipierenden (Abschnitt 2.4.4): In der empirischen Forschung wurde immer wieder versucht, Gruppen von Bürgern zu identifizieren, die ähnliche Beteiligungsmuster aufweisen. Einige dieser Typenbildungen sollen daher in diesem Abschnitt präsentiert werden.

Der fünfte Abschnitt des zweiten Kapitels (2.5) ist im Vergleich zum vierten Abschnitt deutlich umfangreicher. Dort geht es um die zahlreichen Erklärungsfaktoren politischer Partizipation, deren Relevanz entweder aus theoretischer Perspektive zu erwarten ist oder sich im Rahmen empirischer Untersuchungen erwiesen hat und die daher in den später folgenden eigenen empirischen Analysen berücksichtigt werden, sofern entsprechende Variablen zur Verfügung stehen. In die Darstellung werden sowohl Aspekte der Makroebene (der institutionelle und der gesellschaftliche Kontext sowie deren Veränderung) als auch der Mikroebene (Sozialstruktur und Ressourcen, Motive und Einstellungen, rationale Handlungserwägungen sowie Sozialkapital und soziales Engagement) einbezogen. Abschnitt 2.5 ist anhand von zwei Kriterien geordnet. Zum einen gibt es eine Aufteilung in Faktoren der Mikro- (Abschnitte 2.5.1 bis 2.5.4) und Faktoren der Makroebene (Abschnitte 2.5.5 und 2.5.6). Zum anderen sind die dargestellten Faktoren sowohl auf der Mikro- als auch auf der Makroebene gemäß ihrer Stabilität im Zeitverlauf angeordnet: So sind sozialstrukturelle Variablen und individuelle Ressourcen (Abschnitt 2.5.1) über die Zeit hinweg deutlich stabiler als sozialpsychologische Variablen (Abschnitt 2.5.2), Kosten-Nutzen-Abwägungen (Abschnitt 2.5.3) oder soziales Engagement (Abschnitt 2.5.4). Gleiches gilt für die Einflußfaktoren auf der Makroebene. Während sich der institutionelle Kontext (Abschnitt 2.5.5.1) in einer zeitlichen Betrachtungsweise als sehr stabil darstellt, ist die politische Kultur Deutschlands bereits um einiges variabler (Abschnitt 2.5.5.2). In Abschnitt 2.5.6 werden mit dem Wertewandel (Abschnitt 2.5.6.1), der politischen Unzufriedenheit bzw. Politikverdrossenheit (Abschnitt 2.5.6.2) und der kognitiven Mobilisierung (Abschnitt 2.5.6.3) sogar explizit gesellschaftliche Entwicklungen und Veränderungsprozesse angesprochen.

Auch wenn diese Arbeit sich der Analyse politischen Partizipationsverhaltens in Deutschland widmet, kann im Zuge der folgenden Darstellung der Forschungsergebnisse nicht auf die Betrachtung einiger Befunde der britischen, vor allem aber der amerikanischen Partizipationsforschung verzichtet werden. Wie bereits in der Einleitung angedeutet, haben die deutschen Partizipationsforscher sich noch länger als ihre Kollegen im angelsächsischen Raum auf das Wahlverhalten und die Wahlbeteiligung konzentriert und die nichtelektoralen Formen politischer Partizipation nur stiefmütterlich behandelt. Dieser unbefriedigende Stand der Forschung ist nicht zuletzt einer der wesentlichen Gründe für die Anfertigung dieser Arbeit (vgl. Kapitel 1).

Im Rahmen einer Einordnung dieser Arbeit in die politische Partizipationsforschung und der Festlegung eines analytischen Rahmens wäre in diesem Kapitel eigentlich ein Überblick über die Entwicklung des Niveaus politischer Beteiligung in

Deutschland – zumindest für den Untersuchungszeitraum seit 1988 – zu erwarten gewesen, da Informationen über die empirische Häufigkeit des interessierenden Sachverhalts notwendigerweise zu einer ausführlichen Auseinandersetzung mit dem Untersuchungsgegenstand gehören. Auf eine solche Darstellung wird allerdings an dieser Stelle verzichtet. Vielmehr wird sie der Präsentation der Häufigkeiten politischer Partizipation in den für die Analyse verwendeten Datensätzen (Abschnitte 4.1.2 und 4.1.3) vorangestellt (Abschnitt 4.1.1). Für diese Anordnung sprechen mehrere Aspekte: Zum einen werden Informationen über das Beteiligungsniveau für das Verständnis der Ausführungen zu den Strukturen und Erklärungsfaktoren politischer Partizipation in diesem Kapitel nicht unbedingt benötigt. Wesentlich wichtiger aber sind diese Informationen für die Einordnung der Häufigkeiten politischer Aktivitäten in den zur Analyse verwendeten Datensätzen in den Abschnitten 4.1.2 und 4.1.3. Zum anderen wird auf einen – aufgrund des längeren Untersuchungszeitraums notwendigen – eigenen Überblick über die Entwicklung der Häufigkeit politischer Aktivitäten verzichtet, da dafür ohnehin auf die gleichen Datensätze zurückgegriffen hätte werden müssen wie in den vorhandenen aktuellen Überblicksdarstellungen von Gabriel und Völkl (2005) sowie von Niedermayer (2001, 2005). Für eine Verlagerung der Darstellung der Entwicklung des Niveaus politischer Partizipation in das 4. Kapitel sprachen somit sowohl Effizienzgesichtspunkte als auch spezifische gliederungslogische Argumente.

2.1 Definition politischer Partizipation

Vor einer intensiven Beschäftigung mit politischer Partizipation, ihrer Struktur und ihren Erklärungsfaktoren erscheint es notwendig, sie genau zu definieren und vom Konzept der sozialen Partizipation abzugrenzen. Eine Definition ist als Ausgangspunkt deshalb notwendig, weil „the initial definition of participation employed may strongly determine one's subsequent findings" (Asher et al. 1984: 49). Im Folgenden ist also eine Entscheidung darüber zu treffen, welche Handlungen explizit als politisch zu verstehen sind und welche nicht. Eine genaue Festlegung ist aufgrund der für moderne Gesellschaften typischen engen Verflechtung zwischen gesellschaftlichem und politischem Bereich besonders schwer, da „fast jedes Handeln, auch innerhalb eines explizit nicht-politisch abgegrenzten Umfeldes, politische Dimensionen im Sinne von politischer Bedeutsamkeit annehmen" (Kaase 1997: 160) kann. Dies ist der Grund, warum die Grenzen zwischen politischer Partizipation einerseits und sozialer Partizipation andererseits so leicht verwischen und sich bestimmte Beteiligungsformen – etwa das Engagement in Bürgerinitiativen oder Interessengruppen – nur schwer eindeutig dem einen oder dem anderen Bereich zuordnen lassen.

Für politische Partizipation steht daher eine Vielzahl von Definitionen zur Verfügung. Diese Definitionen lassen sich im Grunde entlang einer Dimension anordnen, an deren einem Ende ein sehr enges oder eingeschränktes Verständnis politischer Partizipation zu finden ist. Beispiele dafür sind die ersten Partizipationsstudien, die sich vor allem auf die Wahlbeteiligung und auf mit dem Wahlakt zusammenhängende Aktivitäten konzentrieren (Lane 1961; Campbell et al. 1971; Campbell et al. 1980)[2]. Auf der anderen Seite des Kontinuums sind solche Definitionen zu finden, die nahezu alles Denken und Handeln von Individuen als politische Partizipation ansehen. Ein Beispiel dafür liefert Radtke (1976: 16), der unter politischer Partizipation „die mentale und/oder sensorische, d.h. die geistige, gedankliche und/oder durch Verhalten sichtbare Beschäftigung mit Politik" versteht. Folglich ist alles, was in irgendeiner Weise mit Politik zusammenhängt, politische Partizipation – seien es nun Handlungen, Handlungsabsichten oder Gedanken. Nicht ganz so weitgehend wie die Definition von Radtke, aber doch relativ umfassend, ist die Definition von Milbrath und Goel (1977: 2), nach der politische Partizipation alle Aktivitäten umfaßt, die Bürger nutzen, um Einfluß auf den politischen Prozeß zu nehmen oder Unterstützung für die Regierung zu zeigen. Dieser Partizipationsbegriff schließt nicht nur Versuche, Entscheidungen und Ergebnisse des politischen Systems und seiner Vertreter zu beeinflussen ein, sondern auch zeremonielle und unterstützende Handlungen. Es dürfte offensichtlich sein, daß weder das eine noch das andere Extrem für diese Arbeit zielführend oder gewinnbringend sein können: Schließt die sehr enge Konzeptualisierung politischer Partizipation einen Großteil von Aktivitätsformen aus, so ist eine sehr weite Definition zu undifferenziert, um für die Untersuchung politischer Partizipation brauchbar sein zu können. Auch Kaase (1997: 160) sieht die Problematik einer zu weit gefaßten Definition politischer Partizipation und bezeichnet mit dem Begriff politische Beteiligung alle Handlungen, „die Bürger freiwillig mit dem Ziel vornehmen, Entscheidungen auf den verschiedenen Ebenen des politischen Systems zu beeinflussen". Mit dieser Definition stellt Kaase den Bezug zu bereits bestehenden Definitionen aus der englischsprachigen Literatur her, so etwa zu denen der Forschergruppe um Verba (Nie/Verba 1975: 1; Verba et al. 1995: 38), zu Parry et al. (1992: 16) und zu Barnes/Kaase (1979: 42) und knüpft zugleich an ältere deutsche Definitionen wie die von Buse und Nelles (1975: 41-44) an. Alle diese Autoren betrachten politische Beteiligung vor allem aus einem instrumentellen Blickwinkel. Auch die vorliegende Arbeit folgt dieser Definition. Nach Gabriel und Völkl (2005: 528) lassen sich einige wichtige Charakteristika politischer Partizipation fixieren: Partizipierende sind freiwillig aktiv. Sie gehen mit ihrer politischen Teilnahme nicht einer beruflichen Tätigkeit nach, sind also keine Berufspolitiker. Sie verfolgen mit ihrer Beteiligung ein Ziel, das in der Regel darin besteht, Einfluß auf politische Entscheidungen zu nehmen oder aber politische Entscheidungen selbst herbeizuführen (etwa bei Wahlen oder im Rahmen von Bürger- und Volksentscheiden). Zudem lassen sich durch diese Definition eine ganze Reihe politischer Sachverhalte ausschließen (Nagel 1987: 1-4; Gabriel/Völkl 2005: 528-529): Politische Einstellungen wie das politische Interesse oder die Demokratiezufriedenheit werden ebenso nicht miteinbezogen wie kommunikative Handlungen, beispielsweise die

---

2   Diese Beschränkung auf einige wenige politische Aktivitäten bedeutet allerdings nicht, daß
    andere (nichtelektorale) politische Aktivitäten zur Zeit dieser Studien nicht von den Bürgern
    genutzt oder ausgeübt worden wären (vgl. Abschnitt 3.2).

Diskussion über Politik mit Freunden oder der Konsum politischer Berichterstattung in Tageszeitungen oder im Fernsehen. Auch unfreiwillige oder unterstützende Handlungen wie das Singen der Nationalhymne oder das Zahlen von Steuern sind nach dieser Definition keine politische Partizipation, ebenso wie die berufsmäßige Beteiligung an politischen Entscheidungen, sei es nun als Mitglied einer Legislative, als Mitarbeiter der staatlichen Verwaltung oder als Parteifunktionär. Alle Partizipationsformen, die den angesprochenen Kriterien nicht entsprechen, werden in dieser Arbeit nicht berücksichtigt (vgl. Abschnitt 4.2 sowie Anhang B).

Neben den zahlreichen aufgezählten Aktivitäten kann auch soziales Engagement nicht unter dem Begriff der politischen Partizipation gefaßt werden, sondern bildet eine eigene Kategorie von Verhaltensformen. Soziale Partizipation ist dabei ein sehr viel umfassenderer Begriff und schließt auch solche Aktivitäten mit ein, die nicht mit einer politischen Zielsetzung verbunden sind. Die größere Vielschichtigkeit des Phänomens „soziale Partizipation" im Vergleich zur politischen Partizipation erschwert eine exakte Definition. Die relativ häufig zu findende Definition – etwa bei van Deth (2001a: 208) oder Gabriel et al. (2002: 39) – die alle Tätigkeiten als „soziale Partizipation" ansieht, die Bürger freiwillig innerhalb sozialer Organisationen unternehmen, ist wohl vor allem der Datenlage in Umfragestudien geschuldet. Dort werden – wenn überhaupt – nur Aktivitäten innerhalb von Organisationen erfaßt. Soziales Engagement kann aber auch außerhalb von Organisationen, etwa durch Einzelpersonen oder innerhalb informeller Gruppen, stattfinden. Insofern kommt die relativ umfangreiche Definition von Gabriel und Völkl (2005: 529) der Partizipationsrealität wohl näher. Nach ihrem Verständnis umfaßt soziale Partizipation „alle individuell oder gemeinsam mit anderen ausgeführten freiwilligen Aktivitäten, die nicht unter die Erwerbstätigkeit fallen und das Ziel verfolgen, sich selbst oder anderen unentgeltlich materielle oder immaterielle Güter wie Geld, Pflege, Wohlbefinden, Unterhaltung oder soziale Kontakte zur Verfügung zu stellen". Betrachtet man soziale Partizipation also vor allem aus einer instrumentellen Perspektive, ist der Hauptzweck im Gegensatz zur politischen Partizipation nicht in der Beeinflussung allgemein verbindlicher politischer Entscheidungen zu sehen, sondern in sozialer Integration und Unterstützung.

Auch auf der Basis dieser relativ kurzen Ausführungen sollte deutlich geworden sein, daß politische und soziale Partizipation auf keinen Fall einen Gegensatz bilden oder sich gar ausschließen. Vielmehr ergänzen und beeinflussen sie sich gegenseitig und werden daher von der Forschung auch durch den Begriff des „bürgerschaftlichen Engagements" unter einem Dach zusammengefaßt (vgl. zum Beispiel Heinze/Olk 2001; Enquete-Kommission 2002; Olk 2003). Gerade wegen dieser engen Beziehung wird im weiteren Verlauf dieser Arbeit noch in detaillierter Form auf das Verhältnis zwischen politischer und sozialer Partizipation einzugehen sein (vgl. die Abschnitte 2.5.4 sowie 4.3 bis 4.5).

2.2 Demokratietheoretische Überlegungen zum Stellenwert politischer Partizipation

Vor einer empirischen Untersuchung politischer Partizipation erscheint es sinnvoll, einige Überlegungen über die Höhe eines geeigneten oder gewünschten Partizipationsniveaus aus theoretischer Sicht anzustellen, denn fast alle Partizipationsstudien gehen davon aus, „dass sich die Qualität einer konkreten Demokratie unter anderem an dem Ausmaß der Beteiligung ihrer Bürger an den politischen Prozessen festmachen lässt" (Fuchs 2000: 250). Im Rahmen der Entwicklung der westlichen Demokratietheorie haben sich zwei Ansätze herausgebildet, die sich durch verschiedene Dichotomien charakterisieren lassen. So stehen sich die Ideale demokratischer Gleichheit und bürgerlicher Freiheit, von Identität und Repräsentation, von Mehrheitsprinzip und gewaltenteilendem Rechtsstaat und – um zu der an dieser Stelle wichtigsten Dichotomie zu kommen – von universeller Partizipation und Elitenkonkurrenz gegenüber. Um diese Dichotomien auf einen gemeinsamen Nenner zu bringen, schlägt Scharpf (1975: 21ff.) auf der Basis der Systemtheorie von Easton (1979) vor, normative Demokratietheorien danach zu unterscheiden, „ob sie das politische System primär von seinen *inputs* oder von seinen *outputs* her zu rationalisieren versuchen" (Scharpf 1975: 21)[3]. Neben dieser Bezeichnung der beiden gegenüberstehenden Ansätze als input- und outputorientiert hat sich vor allem die Unterscheidung zwischen partizipatorischen Demokratietheorien einerseits und realistischen bzw. funktionalen Theorien andererseits (Parry et al. 1992: 4f.; Schmidt 2000; Bertelsmann Stiftung 2004: 19ff.; Teorell 2006: 787) durchgesetzt[4].

Partizipatorische (Barber 1994) bzw. input-orientierte Ansätze sind all diejenigen Ansätze, „die das politische System nicht von der Qualität seiner Leistungen, sondern von den in den politischen Prozeß eingehenden Willensäußerungen und artikulierten Interessen her" (Scharpf 1975: 25) beurteilen und daher vor allem Wert auf eine umfassende Beteiligung der Bürger legen, also ein Maximum an partizipatorischer Aktivität fordern (Parry et al. 1992: 4). Ein wesentlicher Grund für die möglichst universale Beteiligung aller Staatsbürger am politischen Prozeß besteht darin, daß nur so die Interessen aller Bürger eines Staates im politischen Prozeß repräsentiert werden können. Eine wichtige Voraussetzung dafür ist die größtmögliche politische und soziale Gleichheit aller Staatsbürger (Schmidt 2000: 253). Ein weiteres wichtiges Merkmal partizipatorischer Demokratietheorien ist die Annahme, daß der politische Wille und die Haltungen der Bürger dem politischen Prozeß nicht nur vorgelagert sind, sondern gleichzeitig durch den politischen Prozeß geformt und

---

3 Trinkle (1997: 50ff.) unterscheidet sogar fünf demokratietheoretische Ansätze: einen rechtskonservativen, einen altliberalen, einen neoliberalen, pluralistisch-integrativen, einen kritisch-emanzipatorischen und einen radikaldemokratisch-sozialistischen. Diese Ansätze lassen sich aber ohne weiteres entweder input- oder outputorientierten Ansätzen zuordnen und werden daher an dieser Stelle nicht weiter aufgegriffen.

4 In der englischsprachigen Literatur wird auch von „developmental" und „instrumental theories" gesprochen (Parry 1972: 18ff.)

verändert werden können. Grundsätzlich ist es daher negativ zu bewerten, wenn größere Teile der Staatsbürger sich nicht am politischen Prozeß beteiligen. Probleme treten insbesondere dann auf, wenn bestimmte gesellschaftliche Gruppen sich weitgehend oder sogar vollkommen passiv verhalten und somit bestimmte Interessen und Präferenzen über- oder unterrepräsentiert sind.

Auch klassische Theoretiker der Demokratie wie Rousseau, als Repräsentant der Identitätstheorie, und Locke, als Repräsentant der Konkurrenztheorie, sind als Vertreter input-orientierter Ansätze einzuordnen (Wiesendahl 1981: 36f.). Bei allen Unterschieden zwischen diesen beiden Theorieschulen besteht doch Konsens darüber, „daß alle Staatsgewalt vom Volke auszugehen hat, welches durch das Recht auf aktive Teilnahme an der Politik die Geschicke der Staatsführung in seinem Sinne lenkt" (Wiesendahl 1981: 37). Die klassischen Theoretiker setzen uneingeschränktes Vertrauen in die Urteilsfähigkeit des Bürgers und unterstellen ihm neben einem hohen Grad an politischem Interesse und politischer Informiertheit die Fähigkeit, die eigenen Interessen zugunsten des Gesamtinteresses bzw. Gemeinwohls zurückzustellen (Wiesendahl 1981: 37). Damit stehen sie im Gegensatz zum deutlich negativ gefärbten Menschenbild vieler moderner Demokratietheorien, die den output-orientierten Ansätzen zuzuordnen sind.

Die moderne Demokratietheorie konnte mehrere Kritikpunkte in bezug auf die Annahmen der klassischen Demokratietheorie anbringen, die sich im wesentlichen aus deren stark normativen Charakter ableiten lassen: Die input-orientierten Ansätze vernachlässigten „die nüchterne und wirklichkeitsnahe Beschreibung und Analyse der bestehenden gesellschaftlichen und politischen Herrschaftsverhältnisse" (Wiesendahl 1981: 38) und litten somit an mangelnder Systemeffizienz. Die fehlende Effizienz und Anpassungsfähigkeit (Naschold 1996) könne sogar zu einer Destabilisierung des politischen Systems führen (Lehmbruch 1975; Schmidt 2000: 262). Ein weiterer Kritikpunkt ist die fehlende Erfüllung der Gleichheitsvoraussetzung (Sartori 1992). Dies bezieht sich nicht auf die rechtliche Gleichstellung der Staatsbürger, sondern vielmehr auf die soziale Gleichheit, die aufgrund von Unterschieden in der materiellen wie intellektuellen Ressourcenausstattung unerreichbar erscheint. Die stärkste Kritik konzentrierte sich auf das viel zu optimistische Menschenbild und die den Staatsbürgern zugeschriebenen Eigenschaften und Kompetenzen. Die empirische Überprüfung zeigte klar, „daß nicht jeder dem Idealbild des politisch interessierten, informierten und verantwortlich entscheidenden Staatsbürgers entspricht" (Eilfort 1994: 30). Der durchschnittliche Staatsbürger ähnelt wesentlich stärker dem Idealbild des rationalen, aber ignoranten Wählers bei Anthony Downs (1957), der Kosten und Nutzen politischer Partizipationsformen gegeneinander abwägt.

Trotz der genannten Kritikpunkte und Schwächen verdeutlichen die input-orientierten Ansätze den Unterschied zwischen einem angestrebten Zustand umfassender Bürgerbeteiligung und dem empirisch vorfindbaren und meßbaren Beteiligungsverhalten der Staatsbürger. Daraus leiten diese Ansätze Wege und Mittel ab, die Lücke zwischen Soll- und Ist-Zustand zu schließen, etwa durch die gesetzliche Verankerung zusätzlicher oder die Erweiterung bereits bestehender Beteiligungsmöglichkeiten (beispielsweise bei Budge 1996; Feindt 2002). Zusammengefaßt sehen input-orientierte Ansätze also hohe Beteiligungsraten als Zeichen der Systemunterstützung seitens der Staatsbürger sowie als Beleg für die Funktionsfähigkeit des Staates an, wohingegen niedrige Beteiligungsraten als abnehmende Unterstützung des politischen Systems und somit als Gefährdung der Systemstabilität oder als Krisensymptom zu werten sind.

„Theorien der output-orientierten Richtung normieren zunächst eine wünschbare Qualität politischer Leistungen und bestimmen dann von diesem Punkt her die weiteren Anforderungen an die Strukturen des politischen Systems." (Scharpf 1975: 21). Für ein hohes Maß an Qualität ist es gemäß den Vertretern dieses Ansatzes in keiner Weise notwendig, daß möglichst viele Staatsbürger am politischen Prozeß mitwirken. Im Grunde gibt es nur eine Partizipationsform, an der sich die Staatsbürger überhaupt beteiligen sollen: demokratische Wahlen. Wahlen sind allerdings auch nur als Mittel zum Zweck anzusehen, mit der Funktion, Macht zuzuweisen und Herrschaft zu legitimieren. Ziel ist daher lediglich ein Optimum und nicht ein Maximum an Beteiligung (Eilfort 1994: 29), so daß die Nicht-Teilnahme bestimmter Bevölkerungsgruppen an einer Wahl durchaus positiv zu bewerten ist, wenn es sich bei den Nichtwählern um solche Personen handelt, die dem Ideal des aufgeklärten, mündigen Bürgers nicht entsprechen (Bürklin/Klein 1998: 160). Zwischen den Wahlen besteht zwar die Möglichkeit zur Ausübung von Kritik, eine wirklich aktive Einmischung in den politischen Prozeß ist aber nicht erwünscht. In letzter Konsequenz ordnen die output-orientierten Ansätze politische Partizipation vollständig den Rationalitätszumutungen moderner Politik unter (Buchstein/Jörke 2003: 476). Politische Partizipation ist also auch für Vertreter der output-orientierten Ansätze nicht ohne Wert, allerdings ist keineswegs eine maximale politische Beteiligung notwendig. Dies läßt sich exemplarisch mit einem Zitat von Huntington (1975: 115) belegen: „A value which is normally good in itself is not necessarily optimized when it is maximized."

Diese elitetheoretische Konzeption geht zurück auf Schumpeter, für den Demokratie kein Ziel an sich ist, sondern lediglich eine politische Methode darstellt, um zu legislativen und administrativen Entscheidungen zu gelangen (1993: 384). Wegen des Mangels an politischer Klugheit in weiten Teilen des Volkes sollte sich die Teilnahme der meisten Staatsbürger am politischen Leben daher auf die regelmäßige Partizipation an Wahlen beschränken, mit dem Ziel, die politischen Führungspositionen personell zu besetzen. Der demokratische Wettbewerb wird so zum Wettbewerb konkurrierender Eliten um die Macht, mit dem Ergebnis, daß Wahlen die Zirkulation von Eliten herbeiführen können (Wiesendahl 1981: 70ff.). Die geringe Bedeutung, die der Beteiligung der Bürger am politischen Prozeß in Schumpeters elitetheoretischer Konzeption der Demokratie zukommt, ist im Gegensatz zur klassischen Theorie der Demokratie nicht als Defizit des Gemeinwesens zu werten, sondern als Voraussetzung für die Funktionsfähigkeit eines Staates. Apathie, Desinteresse und Indifferenz der Bürger gegenüber der Politik sind nach diesem Modell Ausdruck der Zufriedenheit mit den Leistungen des demokratischen Systems, während stark ansteigende Beteiligungsquoten als Krisensymptom zu werten sind (Nekkel 1989: 235). Hinsichtlich des zu akzeptierenden Ausmaßes an Apathie besteht zwischen den verschiedenen Theoretikern allerdings keine Einigkeit (Eilfort 1994: 30f.). Bezüglich der Höhe des Partizipationsniveaus entsprechen die Ausführungen der Vertreter der output-orientierten Ansätze wesentlich eher den realen, empirisch meßbaren Gegebenheiten politischen Beteiligungsverhaltens. Wenn man nämlich von Wahlen absieht, dann sind es in der Regel nur Minderheiten, die sich politisch in der einen oder anderen Weise betätigen (vgl. Abschnitt 4.1).

Faßt man die Ausführungen zu input- und outputorientierten Ansätzen zusammen, läßt sich festhalten, daß keine allgemeingültige Bewertung der Höhe des Partizipationsniveaus besteht. Eine starke Beteiligung der Staatsbürger am politischen Geschehen kann gleichermaßen als Krisensymptom für den Bestand eines politischen Systems gewertet werden wie auch Ausdruck von Zufriedenheit und Unterstützung seitens der Bürger sein. Niedrige Partizipationsraten sind zum einen interpretierbar als Zeichen für die natürliche Apathie der zufriedenen Bürger, zum anderen als möglicher Beleg für wachsende Unzufriedenheit mit dem demokratischen Gemeinwesen. Es ist nicht Aufgabe dieser Arbeit, dieses demokratietheoretische Problem zu lösen. Vielmehr muß wohl für das weitere Vorgehen die theoretische wie empirische Ambivalenz der Bedeutung hoher und niedriger Partizipationsraten akzeptiert werden: Die letztendliche Bewertung des Partizipationsniveaus ist dann abhängig davon, auf welche der beiden Seiten der theoretischen Debatte man sich schlägt. Klar sollte aber sein, daß ein politisches System auch aus outputorientierter Perspektive eines Mindestmaßes politischer Beteiligung seiner Bürger bedarf.

2.3 Funktionen politischer Partizipation

In den beiden vorangehenden Abschnitten konnten das für diese Arbeit gültige Verständnis politischer Partizipation sowie ihre demokratietheoretische Bedeutung geklärt werden. Wie viele andere Untersuchungen zum politischen Partizipationsverhalten geht auch diese Arbeit von einer instrumentellen Definition politischer Beteiligung aus. Die Partizipierenden wollen mit ihrem Verhalten bestimmte Ziele erreichen. Politische Beteiligung erfüllt also für die politisch Aktiven bestimmte Funktionen. Daher ist es von großer Bedeutung, zum Abschluß dieses Kapitels auf die Funktionen einzugehen, die politischer Partizipation zugeschrieben werden. Aufgrund der unterschiedlichen Zielebenen politischer Beteiligung (vgl. Abschnitt 2.4.1) ist zwischen den Funktionen zu unterscheiden, die politische Partizipation für das Individuum bzw. den Staatsbürger erfüllt und den Funktionen, die politische Beteiligung für die Stabilität und das Funktionieren des politischen Systems bzw. für die gesamte Gesellschaft hat. Diese individuellen und kollektiven Funktionen geben bereits Hinweise darauf, welche Variablen von einem theoretischen Standpunkt her für politische Aktivität besonders erklärungskräftig sein sollten und demzufolge bei der Darstellung der Prädiktoren politischer Beteiligung in Abschnitt 2.5 und der empirischen Analyse in den Abschnitten 4.3 bis 4.5 Berücksichtigung finden sollten.

In direkter Anknüpfung an die in Abschnitt 2.1 angeführte Definition von Kaase (1997: 160) hat politische Partizipation zunächst einmal eine instrumentelle Funktion für das Individuum. Mit ihrer Hilfe sollen bei möglichst geringen Kosten und möglichst hohem Nutzen für den Partizipierenden bestimmte Ziele verfolgt und erreicht werden. Übersteigen die Partizipationskosten allerdings den Nutzen des möglichen Ergebnisses, hat es für die Bürger – sofern sie Kosten und Nutzen rational einander gegenüberstellen – aus instrumenteller Perspektive keinen Sinn, sich politisch zu betätigen. Da die Ergebnisse politischer Handlungen der Staatsbürger in der Regel Kollektivgüter sind, die auch ohne das Einbringen eines individuellen partizipatorischen Beitrages zustande kommen, ist der Nutzen politischer Partizipation in der Regel niedriger als ihre Kosten. Die Bürger betätigen sich allerdings trotzdem politisch, so daß in diesem Zusammenhang vom „Paradox politischer Partizipation" gesprochen wird (Olson 1965) (vgl. ausführlicher Abschnitt 2.5.3). Die durch die politische Aktivität angestrebten Ziele können sowohl altruistisch (extrinsisch) als auch egoistisch (intrinsisch) motiviert sein oder aus einer Mischung aus altruistischen und egoistischen Motiven bestehen. Zudem können die angestrebten Ziele eine sehr große Bandbreite möglicher Themen auf allen politischen Ebenen umfassen (vgl. Abschnitt 2.5.5.1). Der instrumentellen Argumentationslinie folgen alle großen Partizipationsstudien. So stellen beispielsweise Verba und Nie fest, daß „participation is to us most importantly an instrumental activity through which citizens attempt to influence the government to act in ways the citizens prefer" (Verba/Nie 1972: 102). Auch die Political Action-Studie basiert auf einem instrumentellen Verständnis, wenn dort gesagt wird, daß der „approach to the understanding of political participation is an instrumental and rationalistic one" (Barnes/Kaase 1979: 39). Instrumentelle Aspekte finden sich auch in allen Ansätzen und Modellen zur Erklärung politischer Beteiligung wieder, so etwa in sozialpsychologischen und – wie bereits angedeutet – vor allem in rationalen Erklärungsmodellen politischer Partizipation (vgl. die Abschnitte 2.5.2 und 2.5.3).

Eine weitere Funktion politischer Partizipation ist völlig unabhängig von Kosten-Nutzen-Überlegungen und spielt sowohl eine wichtige Rolle für das Individuum als auch für die politische Gemeinschaft. Demnach beteiligen sich Bürger nicht, um in irgendeiner Form ihren individuellen Nutzen zu maximieren bzw. bestimmte Ziele zu erreichen, sondern weil sie sich mit der Gemeinde oder Gemeinschaft, in der sie leben, in besonderem Maße identifizieren. Dieser hohe Grad an Identifikation führt zu einem besseren Verständnis der vorhandenen Bedürfnisse und Probleme und fördert die Erkenntnis, daß diese Probleme und Bedürfnisse von den anderen Bürgern der jeweiligen Gemeinschaft geteilt werden (Parry et al. 1992: 13). Diese Funktion politischer Beteiligung kann bereits auf die Überlegungen von Rousseau (2003) im Rahmen seiner Gesellschaftsvertragstheorie zurückgeführt werden. Partizipation wird demnach getragen durch das Zusammengehörigkeits-gefühl der Bürger und durch die Sorge um die Existenz und das Funktionieren des politischen Systems bzw. der politischen Gemeinschaft. Es ist leicht nachvollziehbar, daß diese Funktion in kleineren, enger verbundenen politischen Gemeinschaften eine wesentlich größere Rolle spielen kann als in großen, nur schwach verknüpften Nationalstaaten (Parry et al. 1992: 13). Deshalb ist diese Funktion vor allem für das Engagement auf Gemeindeebene besonders wichtig. Dennoch ist auch auf den anderen politischen Ebenen die Integration in den politischen Prozeß für den Gruppenzusammenhalt, die Gemeinschaftsbildung und die Akzeptanz des Systems unverzichtbar (von Alemann/Strünck 1999: 113). Allerdings scheint es aufgrund der gestiegenen Mobilität und der deutlich gewachsenen Komplexität sozialer und ökonomischer Prozesse in modernen Gesellschaften nachvollziehbar, daß Partizipation nicht nur auf der Basis gemeinsamer lokaler Interessen oder aufgrund von Lokalpatriotismus erfolgt. Vielmehr kann auch die Zugehörigkeit zu bestimmten gesellschaftlichen Gruppen, deren Mitglieder gemeinsame Interessen haben oder die einem ähnlichen Lebensstil folgen, zu einer starken Motivation führen, sich für die politischen Bedürfnisse und Ziele dieser Gruppe einzusetzen (Parry et al. 1992: 13f.). Die Bandbreite dieser Gruppen ist groß und reicht von Angehörigen der gleichen Berufsgruppe oder des gleichen Berufsstandes (zum Beispiel Arbeiter) über Mitglieder in bestimmten Vereinen bis hin zu Angehörigen von ethnischen oder religiösen Gruppen. Vor diesem Hintergrund erscheint es von besonderer Bedeutung, das Konzept des Sozialkapitals in die Analysen im empirischen Teil dieser Arbeit einzubeziehen, da es sowohl Aspekte der Identifikation und des Engagements für die Gemeinde oder andere politische Gemeinschaften als auch für nichtpolitische Vereine, Organisationen und Gruppen umfaßt[5].

Die dritte der politischen Partizipation zugeschriebene Funktion ist die Erziehung und Bildung der Staatsbürger. Die Teilnahme am politischen Prozeß erweitert die Kompetenzen der Staatsbürger und fördert deren Verantwortlichkeitsgefühl für das Gemeinwesen, denn „die beste politische Bildung ist praktische Politik" (von Alemann/Strünck 1999: 113)[6]. Außerdem führt politische Aktivität zur Entwicklung neuer Werte, Einstellungen, Fähigkeiten, Überzeugungen sowie neuen Wissens (Nagel 1987: 13). Somit unterscheidet sich diese dritte Funktion politischer Partizipation von den beiden zuvor genannten durch ihre andere Beziehung zur politischen Beteiligung: Sie ist sowohl zur Erklärung politischen Partizipationsverhaltens geeignet als auch eine Konsequenz politischer Aktivitäten. Es wird allerdings bezweifelt, ob Individuen sich bewußt politisch engagieren, um sich persönlich weiterzuentwickeln (Parry et al. 1992: 14f.). Viel eher scheinen Lerneffekte oder die Entwicklung partizipationsfördernder Einstellungen als unbewußte Nebeneffekte politischer Aktivität aufzutreten (Parry 1974: 200). Dennoch argumentieren vor allem Vertreter der input-orientierten bzw. partizipativen Demokratietheorie im Sinne dieser Erziehungs- oder Sozialisationsfunktion (vgl. Abschnitt 2.3): Durch Beteiligung, Aussprache und Teilnahme an der öffentlichen Willensbildung werde der Bürger erst zum verantwortungsbewußten Staatsbürger (Schmidt 2000: 258). Gleichzeitig sorg-

---

5   Vgl. für eine ausführliche Darstellung des Konzepts des Sozialkapitals Abschnitt 2.5.4.
6   Ähnlich äußerte sich bereits schon John Stuart Mill: „Zu den positivsten Auswirkungen eines freiheitlichen Regierungssystems gehört jene Ausbildung der Urteilsfähigkeit und der Gesinnung, die bis in die untersten Schichten des Volkes wirkt, wenn diese zur Mitwirkung an Entscheidungen aufgerufen sind, die die großen Probleme ihres Landes unmittelbar berühren" (1971: 144).

ten die erzieherischen Effekte der politischen Beteiligung für ein besseres Funktionieren des Staatswesens (Nagel 1987: 14), so daß politischer Partizipation in dieser
Hinsicht ganz klar eine wichtige Funktion für die gesamte politische Gemeinschaft
zukommt. Empirische Untersuchungen zu der Lernfunktion politischer Partizipation
sind selten. Eines der wenigen Beispiele ist die britische Partizipationsstudie von
Parry et al. deren Ergebnisse darauf hindeuten (1992: 286ff.), daß politische Aktivitäten zu einem höheren Wissensniveau über Politik führen, gleichzeitig aber auch
dafür sorgen, daß Politiker und der politische Prozeß kritisch betrachtet werden. Da
im Rahmen dieser Arbeit Paneldaten zur Analyse politischen Partizipationsverhaltens genutzt werden können, besteht die Möglichkeit, solche durch politische Aktivität hervorgerufenen Lernprozesse und deren Konsequenzen für das weitere politische Beteiligungsverhalten zu untersuchen. Ein Schwerpunkt der Analysen in Abschnitt 4.4.3 wird vor allem auf den wechselseitigen Effekten zwischen Beteiligungsabsichten einerseits und der politischen Efficacy, dem politischen Interesse
und der politischen Entfremdung andererseits liegen[7].

 Politischer Partizipation kann auch eine expressive Funktion zugeschrieben werden. Es kann vorkommen, daß sich Staatsbürger nicht etwa beteiligen, weil sie ein
bestimmtes Ziel erreichen oder etwas für ihre Gemeinde, ihr Land oder eine Organisation, in der sie Mitglied sind, tun wollen, sondern weil sie einfach nur ihre Meinung mitteilen und dies auch in aller Öffentlichkeit deutlich machen möchten. Daher
sind Partizipationsformen, die aufgrund einer expressiven Motivation ausgeübt werden, meist symbolisch gemeint oder als ein Zeichen von Solidarität mit bestimmten
Personen, Gruppen oder Organisationen zu deuten. Manche dieser expressiven Partizipationsformen, wie etwa das Singen der Nationalhymne, das Tragen von Fahnen
oder die Teilnahme an Gedenkveranstaltungen gehen allerdings über die Definition
politischer Partizipation in dieser Arbeit hinaus, sind also nicht als politisch einzu-
stufen. Als zusätzliche Ursache politischer Aktivität kann der Wunsch der Partizipierenden hinzukommen, an möglicherweise historisch bedeutsamen Ereignissen
wie dem Fall der Berliner Mauer, den Demonstrationen während der demokratischen Revolution in der DDR oder gegen den Zweiten Irakkrieg im Jahr 2003 teil-
zuhaben und somit „the desire to be there" (Hardin 1982: 108) zu befriedigen. Allerdings sind in solchen Fällen expressive und instrumentelle Motivationsfaktoren
schwer zu unterscheiden (Parry et al. 1992: 15), so daß man mit der expressiven
Funktion fast jede Aktion von Individuen zumindest teilweise erklären kann. Dies
gilt besonders für politische Partizipation in großen Kollektiven, in denen politische
Beteiligung aus einem instrumentellen Blickwinkel deutlich weniger sinnvoll ist als
auf Gemeindeebene oder in kleinen Gruppen (Fiorina 1999: 419f. Der Nutzung expressiver Handlungsmotivationen als Erklärungsfaktoren politischer Partizipation
steht allerdings die Vernachlässigung dieses Konzepts in der empirischen Partizipa-

---

7   Vgl. für eine Darstellung des Zusammenhangs zwischen politischer Efficacy, politischem In-
     teresse, politischer Entfremdung und politischer Partizipation Abschnitt 2.5.2.

tionsforschung entgegen: Im Gegensatz zu den anderen hier vorgestellten Funktionen politischer Partizipation fehlen geeignete Indikatoren zur Operationalisierung.

Gesamtgesellschaftliche Funktionen politischer Partizipation sind die „Transmission" und die „Legitimation" (von Alemann/Strünck 1999: 113f.[8]). Zum einen werden mit Hilfe von politischer Partizipation gesellschaftliche Interessen aggregiert und in politisches Handeln transformiert, sofern das politische System ein Mindestmaß an Responsivität aufweist. Zum anderen steigt durch die Beteiligung der Staatsbürger die Legitimation des politischen und gesellschaftlichen Systems: Die Akzeptanz und die Transparenz politischer Entscheidungen werden deutlich verstärkt, was noch einmal die Schlußfolgerung aus Abschnitt 2.2 bestätigt, daß ein Staat auf ein gewisses Ausmaß an Unterstützung durch seine Bürger angewiesen ist. In der empirischen Analyse werden allerdings keine Variablen zur Messung dieser kollektiven Funktionen verwendet: Die Umsetzung solcher Makrofunktionen in auf der Mikroebene empirisch meßbare Konstrukte ist einerseits schwierig, andererseits ist die Nutzung von Maßen zur Charakterisierung der Legitimation eines politischen Systems nur bei einem komparativen Analysedesign sinnvoll: In dieser Arbeit steht aber das Partizipationsverhalten in Deutschland im Vordergrund.

Es sollte deutlich geworden sein, daß politische Partizipation zahlreiche Funktionen für ihre Nutzer haben kann. Die verschiedenen Funktionen politischer Partizipation schließen sich allerdings nicht gegenseitig aus. Vielmehr kann individuelle politische Partizipation beispielsweise für einen Staatsbürger sowohl instrumentelle als auch expressive Funktionen erfüllen (Topf 1995: 72). Und gleichzeitig kann ein Partizipationsakt sowohl eine Funktion für das Individuum, das die Aktivität ausführt, als auch für den Staat insgesamt haben. Aus den verschiedenen Funktionen lassen sich die zahlreichen Erklärungsfaktoren politischer Partizipation ableiten, deren Wirkungsweise in Abschnitt 2.5 ausführlich erläutert wird und die später in der empirischen Analyse (Abschnitte 4.3 bis 4.5) als Prädiktoren politischen Beteiligungsverhaltens genutzt werden. Die Überlappung der Funktionen macht deutlich, daß eine Nutzung aller zur Verfügung stehenden Erklärungsansätze und -variablen notwendig und die Betrachtung einzelner Erklärungsmodelle politischer Partizipation wie etwa des Ressourcen-Institutionen-Modells (Verba et al. 1978), des Ressourcen-Sozialisations-Mobilisierungs-Modells (Verba et al. 1995) als Weiterentwicklung des erstgenannten oder des Rational-Choice-Modells (Opp et al. 1984; Opp et al. 1989) nicht sinnvoll ist. Für eine umfassende Analyse müssen sozialstrukturelle und sozialpsychologische Variablen, genauso wie Variablen, die aus rationalen Erklärungsansätzen und dem Konzept des Sozialkapitals abgeleitet werden können, genutzt werden.

---

8   Ein Großteil der übrigen bei von Alemann und Strünck (1999: 112ff.) erwähnten Funktionen wird durch die bereits vorgestellten Funktionen politischer Partizipation abgedeckt und braucht an dieser Stelle nicht erläutert zu werden.

2.4 Strukturen politischer Partizipation

Es gibt eine Vielzahl von Partizipationsformen. Welche man explizit als politisch betrachtet, ist abhängig von der jeweils verwendeten Definition politischer Partizipation (vgl. Abschnitt 2.1). So zeigt van Deth (2003: 173ff.), daß mittlerweile etwa 70 voneinander unterscheidbare Formen politischer Aktivität in einer oder in mehreren Partizipationsstudien erhoben worden sind. Vergleicht man dies mit der sehr begrenzten Zahl politischer Partizipationsformen in den frühen Partizipationsstudien (z.B. Lane 1961; Milbrath 1965), hat sich der Focus der Partizipationsforschung im Laufe der vergangenen 60 Jahre also beträchtlich erweitert. Gründe dafür werden einerseits in der generellen Ausdehnung des Aktionsrepertoires gesehen (van Deth 2003), bestimmte Aktivitätsformen gab es etwa zu einem gewissen Zeitpunkt noch gar nicht. Andererseits hat die Partizipationsforschung, insbesondere in ihrer frühen Phase zwischen den 1940er und 1960er Jahren, viele Beteiligungsarten nicht als politisch bewertet oder aber schlicht und einfach ignoriert. Auch in der Zeit während und vor den ersten großen Wahlstudien, die sich auf die Stimmabgabe und Aktivitäten im Rahmen des Wahlkampfes konzentrierten (Lazarsfeld et al. 1944; Berelson et al. 1954), nutzten die Bürger eine Vielzahl alternativer politischer Aktionsformen neben der Stimmabgabe. Dies zeigen etwa die Befunde der Protest-, Krisen- und Konfliktforschung auf Aggregatebene (Rucht 1998; Neidhardt/Rucht 2001; Rucht 2003; Zimmermann 2003; Rucht/Reichardt 2008). Gerade im deutschen Fall sei an die intensive Nutzung von sogenannten Protestaktivitäten bzw. „unkonventionellen" (Barnes/Kaase 1979) Beteiligungsformen wie Demonstrationen, politischen Aufmärschen, Streiks, Straßenblockaden und Straßenschlachten während der Weimarer Republik erinnert (vgl. bspw. Ehls 1997). Auch im Rahmen der Proteste gegen die Wiederbewaffnung der Bundesrepublik sowie die geplante atomare Bewaffnung der Bundeswehr in den 1950er Jahren wurden bereits Unterschriften gesammelt und gelegentlich auch Veranstaltungen gestört (Neidhardt/Rucht 2001; Rucht 2003: 6f.). In anderen Ländern sind viele der Protestaktivitäten eng mit der revolutionären Geschichte der jeweiligen Demokratie verknüpft (Topf 1995: 52; Dalton 2006: 62f.). Die genannten und andere ähnliche Aktionsformen sind also mit Sicherheit keine Erfindung der Studenten- und Protestbewegung(en) der 1960er bis 1980er Jahre[9]: So merkt auch Kaase (1992: 79) an, daß viele der „neuen" Partizipationsarten lediglich von der Bürgerrechts- und der Studentenbewegung wiedererfunden wurden. Der wesentliche Unterschied beim modernen Einsatz dieser Aktionsformen im Vergleich zu früher ist, daß Protestmaßnahmen wesentlich besser geplant, organisiert und häufig nicht mehr spontaner Ausdruck politischer Unzufriedenheit sind (Dalton 2006: 63). Insofern ist es nicht ganz korrekt, von einer stetigen Ausweitung des Partizipationsrepertoires auf Seiten der Bürger im Zeitverlauf zu sprechen, wie dies van Deth (2003) tut. Solche Einordnungen bzw. Bewertungen sind als historisch relativ anzu-

---

9   Im Gegensatz zu beispielsweise Sit-ins, Teach-ins oder Polit-Happenings, die erstmals von den
     demonstrierenden und revoltierenden Studenten eingesetzt wurden.

sehen. Vielmehr hat die Partizipationsforschung vor allem ihr Meß- und Erhebungs-repertoire erweitert und so immer mehr der zumeist schon vorhandenen und von den Bürgern ausgeübten Aktivitäten in ihr Forschungsprogramm integriert.

Im Folgenden soll nun ein Überblick über die Versuche gegeben werden, die Unmenge der politischen Partizipationsformen zu strukturieren. Theoretische (Abschnitt 2.4.1) werden hierbei von empirisch-analytischen Strukturierungsversuchen (Abschnitt 2.4.2) getrennt. Da aus den bisherigen Ausführungen bereits hervorgegangen ist, daß es sich bei der Wahlbeteiligung um eine besondere politische Aktivitätsform handelt, ist ihrem Verhältnis zu den nichtelektoralen Beteiligungsformen ein eigener Abschnitt gewidmet (Abschnitt 2.4.3). Zuletzt werden noch die Ergebnisse von Typenbildungen politisch Partizipierender vorgestellt (Abschnitt 2.4.4).

2.4.1 Theoretische Strukturierung politischer Partizipation

Auf der Basis theoretischer Annahmen bzw. aufgrund von Plausibilitäts-überlegungen (Gabriel/Völkl 2005: 530) haben sich im Laufe der Auseinandersetzung der Forschung mit politischer Partizipation verschiedene, nicht überschneidungsfreie und daher miteinander kombinierbare Dichotomien herausgebildet, anhand derer sich politische Handlungsformen ordnen lassen. Diese finden sich in zahlreichen Überblicksdarstellungen der politischen Partizipationsforschung (etwa bei von Alemann 1975: 82ff.; Kaase 1997: 160-163; Gabriel/Völkl 2005: 530-531). Die fünf Dimensionen Verfaßtheit, Legalität, Legitimität, Konventionalität und Direktheit sollen im Folgenden kurz skizziert werden. Anschließend werden noch einige ausgewählte Strukturierungsversuche, die etwas komplexere Kriterienkataloge aufgreifen, präsentiert.

Als erste der angesprochenen Dichotomien sei der Gegensatz zwischen verfaßten und nicht-verfaßten Aktionsformen genannt. Eine Beteiligungsform ist dann verfaßt, wenn verfassungsmäßige, gesetzliche oder andere rechtliche Regeln existieren, die Beteiligungsbedingungen, -verfahren und -ergebnisse klar festlegen. Dazu gehören beispielsweise die Beteiligung an Wahlen und Abstimmungen oder Wahlkampf-aktivitäten. Bestehen keinerlei rechtliche Regelungen oder Bestimmungen, so ist eine Handlungsform als nicht-verfaßt zu bezeichnen. Ein Beispiel wäre die Mitarbeit in einer Bürgerinitiative.

Ebenfalls in einem rechtlichen Zusammenhang ist die Dichotomie zwischen legalen und illegalen Partizipationsformen zu sehen. Legal sind dabei solche Beteili-gungsformen, die mit den Gesetzen im Einklang stehen, illegal sind all diejenigen Handlungen, die gesetzwidrig sind. Diese Dichotomie ist vor allem in longitudinaler Perspektive von Bedeutung, denn hinsichtlich der Zuordnung von Teilnahmearten zu einem der beiden Pole kann es durchaus zu Veränderungen kommen, die Ausdruck gesellschaftlicher Wandlungsprozesse wie etwa des Wertewandels (vgl. Abschnitt 2.5.6.1) sein können. Dies zeigt sich beispielhaft an der Bewertung von Partizipationsformen, die dem zivilen Ungehorsam zugerechnet werden, etwa Straßenblockaden, deren strafrechtliche Bewertung sich im Zeitverlauf verändert hat. Es sei

noch erwähnt, daß sich die Dichotomie legal-illegal mit der Dichotomie von verfaßten und nicht-verfaßten Partizipationsarten überschneidet, denn alle verfaßten Formen politischen Verhaltens sind gleichzeitig auch legal (Gabriel/Völkl 2005: 531).
Umgekehrt gilt diese Beziehung jedoch nicht.

Tabelle 1: Legitimitätsbewertungen ausgewählter Partizipationsformen

Partizipationsform	1985	1990	1996	2006
Versammlung organisieren	0,79	0,78	0,80	0,83
Flugblätter gegen Regierung	0,73	0,69	–	–
Protestmarsch, Demonstration	0,56	0,73	0,75	0,80
Behörde besetzen	0,17	0,25	–	–
Gebäude beschädigen	0,03	0,05	–	–
Politischer Generalstreik	0,36	0,44	0,62	0,69
N	1048	2342	3025	1438

Anmerkungen: 5-stufiger Wertebereich von 0: auf keinen Fall erlauben bis 1: auf jeden Fall erlauben; –:
nicht erhoben.
Quelle: ISSP 1985, Allbus 1990, 1996, 2006.

Die Unterscheidung zwischen legitimen und illegitimen Verhaltensweisen beruht
im Gegensatz zu den beiden vorher genannten Dichotomien nicht auf rechtlichen
Normierungen, sondern auf subjektiven Bewertungen. Legitime Partizipationsformen sind solche, die von einer Gruppe, die im Idealfall alle Mitglieder einer
politischen Gemeinschaft umfaßt, als moralisch gerechtfertigt angesehen werden
(Gabriel/Völkl 2005: 531). Illegitime Formen werden im Umkehrschluß als nicht
gerechtfertigte Verhaltensweisen betrachtet. Dabei erfolgt die Zuordnung unabhängig vom Legalitätsstatus, d.h. auch legale Handlungsformen können als illegitim angesehen werden. Hinzu kommt, daß die Zuweisung zu einem der beiden Pole nicht
immer eindeutig und in besonderem Maße abhängig vom jeweiligen historischen
Kontext ist. Zudem ist es durchaus möglich und wohl auch wahrscheinlich, daß unter den Mitgliedern einer politischen Gemeinschaft keine Einigkeit über die Einordnung bestimmter Partizipationsformen besteht. Der Wandel von Legitimitätsvorstel-
lungen im Zeitverlauf – als eine der Ursachen dafür ist wiederum der gesellschaftliche Wertewandel anzuführen – zeigt sich bei der Betrachtung einiger ausgewählter
politischer Partizipationsformen in Tabelle 1. Während die Bewertung der Organisation von Versammlungen und des Verteilens von Flugblättern gegen die Regierung
über den gesamten betrachteten Zeitraum nahezu konstant bleibt (Werte um 0,80
bzw. 0,70), ergeben sich für drei der übrigen Beteiligungsformen deutliche Veränderungen. Die Akzeptanz von Protestmärschen und Demonstrationen erreicht 1996 mit
0,75 fast das Niveau der Akzeptanz der Organisation von Versammlungen. 2006 beträgt die Differenz der Mittelwerte der Legitimitätsbewertungen zwischen diesen
beiden Beteiligungsformen sogar nur noch 0,03. Auch die Akzeptanz von Behör-
denbesetzungen wächst von 1985 (0,17) bis 1990 (0,25). Hier fehlt allerdings ein
Wert für 1996 und 2006. Ein sehr starker Akzeptanzzuwachs zeigt sich für politische Generalstreiks von 0,36 im Jahre 1985 auf 0,62 1996 und 0,69 im Jahre 2006.

Auch wenn hier nur ein relativ kurzer Zeitraum in die Untersuchung einbezogen wurde, wird doch deutlich, daß es auch in relativ kurzen Zeitabständen zu einer starken Verschiebung in der Bewertung der Legitimität bestimmter politischer Aktionsformen kommen kann. Obwohl Tabelle 3.1 hierfür kein Beispiel liefert, sind natürlich auch Veränderungen hin zu einer Delegitimierung politischer Aktivitäten denkbar.

Von der Forschergruppe um Barnes und Kaase (1979) wurde mit dem Gegensatz von konventionellen und unkonventionellen Beteiligungsformen eine Dichotomie eingeführt, welche die Dimensionen der Verfaßtheit und der Legitimität in unsystematischer Weise miteinander kombiniert. Als konventionell werden all die Beteiligungsarten bezeichnet, „die mit hoher Legitimitätsgeltung auf institutionalisierte Elemente des politischen Prozesses, insbesondere die Wahl bezogen sind, auch wenn diese Formen selbst nicht institutionalisiert sind" (Kaase 1997: 162). Unkonventionelle Beteiligungsformen hingegen sind partizipatorische Handlungen, „die auf institutionell nicht verfaßte unmittelbare Einflußnahme auf den politischen Prozeß abstellen" (Kaase 1997: 162)[10]. Gab es in der Folgezeit der „Political Action"-Studie schon einige Kritik an der Operationalisierung und der Vereinigung von legalen und illegalen Handlungsformen innerhalb der unkonventionellen Dimension (Fuchs 1984; Uehlinger 1988), bewertet Kaase selbst die Dichotomie von konventionell und unkonventionell im längeren zeitlichen Abstand als problematisch (1997: 163), weil sie die Integration nicht verfaßter Partizipationsformen in das normale Beteiligungsrepertoire der Bürger in westlichen Gesellschaften zu wenig antizipiert habe. Fuchs (1990) spricht in diesem Zusammenhang von einer „Normalisierung des Unkonventionellen". Dieser Normalisierungsprozeß ist wohl auch ein wesentlicher Grund dafür, daß diese Dimension in den letzten Jahren etwas in den Hintergrund getreten ist und häufig nicht mehr zur Kategorisierung politischer Aktivitäten genutzt wird.

Die letzte zu betrachtende Dichotomie besteht zwischen direkten und indirekten Partizipationsformen. Im Rahmen der nichtelektoralen politischen Partizipationsformen dominieren klar indirekte Aktivitäten. Direkte Formen der Beteiligung nehmen unmittelbar Einfluß auf verbindliche Personal- und Sachentscheidungen. Ein Beispiel hierfür aus dem Bereich der elektoralen politischen Beteiligungsarten ist die Stimmabgabe für den Wahlkreiskandidaten bei Wahlen oder die Direktwahl der Bürgermeister oder Landräte auf Gemeinde- und Kreisebene. Im Gegensatz dazu kann über indirekte Beteiligungsformen nur ein mittelbarer Einfluß ausgeübt oder lediglich eine generalisierte Handlungsvollmacht erteilt werden: So wird mit der Zweitstimme bei Bundestagswahlen nur mittelbar beeinflußt, wen der Bundestag zum Bundeskanzler wählen wird. Auch mit der Teilnahme an Demonstrationen oder dem Unterschreiben von Petitionen kann in der Regel lediglich indirekter Einfluß auf die politischen Akteure ausgeübt werden, indem so viel Druck aufgebaut wird,

---

10 Beispiele für Partizipationsformen, die zu den beiden Dimensionen gehören, finden sich in Abschnitt 2.4.2.

bis diese Maßnahmen im Sinne der Partizipierenden einleiten. In besonderem Maße trifft das Merkmal der Indirektheit auf Formen des politischen Konsumverhaltens zu[11]. Direkte Effekte durch Boykotte bestimmter Produkte treffen das boykottierte Unternehmen bzw. das boykottierte Land zunächst in wirtschaftlicher Hinsicht. Erst indirekt entfalten solche Maßnahmen Einfluß auf das politische System bzw. die politischen Akteure, nämlich dann, wenn politische Maßnahmen wie die Veränderung von Import- oder Produktionsregeln oder staatliche Boykotte (wie etwa gegen Südafrika während der Zeit der Apartheid) getroffen werden.

Tabelle 2: Partizipationsmodi und Partizipationsdimensionen bei Verba et al.

Partizipationsmodus		Konflikt-haftigkeit	Kooperative Dimension	Reichweite des Ergebnisses	Benötigte Initiative
Elektorale Aktivitäten	Wahlbeteiligung	konflikt-behaftet	alleine aktiv	kollektiv	gering
	Wahlkampf-aktivitäten	konflikt-behaftet	mit anderen aktiv	kollektiv	etwas
Nichtelektorale Aktivitäten	Kooperative Aktivitäten	nicht konflikt-behaftet	mit anderen aktiv	kollektiv	etwas bis groß
	durch Bürger initiierte Kontakte	nicht konflikt-behaftet	alleine aktiv	kollektiv oder individuell	groß

Quelle: Verba et al. 1977: 17.

Die Dichotomien direkt-indirekt, legal-illegal, legitim-illegitim und verfaßt-unverfaßt sind in Überblicksdarstellungen politischer Partizipation (z.B. von Alemann 1975: 82ff.; Kaase 1997: 160-163; Gabriel/Völkl 2005: 530-531) immer wieder zu finden und können somit wohl als allgemein anerkannte theoretische Dimensionen des politischen Beteiligungsverhaltens angesehen werden[12]. Neben diesen vier Dimensionen lassen sich noch weitere Kategoriensysteme anführen, die im Rahmen einzelner Forschungsarbeiten genutzt worden sind, um entweder Ordnung in die Vielzahl an Partizipationsformen zu bringen oder aber um Beteiligungsarten charakterisieren zu können und so Ähnlichkeiten zwischen bestimmten Aktionsformen aufzudecken. So nutzen Verba und Nie (1972: 44-55) drei Dimensionen zur Charakterisierung der von ihnen verwendeten politischen Beteiligungsformen. Neben der Konflikthaftigkeit bzw. dem Ausmaß der aus einer Aktivität resultierenden Konflikte (*conflict dimension*) sind dies der Wirkungsbereich bzw. die Reichweite des Ergebnisses der Partizipation (*scope of the outcome*) und das Ausmaß an benötigter Initiative bzw. Notwendigkeit, mit anderen Menschen zusammenzuarbeiten

---

11 Eine umfassende Untersuchung politischen Konsumverhaltens findet sich im Sammelband von Micheletti et al. (2004).

12 Es sei angemerkt, daß sich in älteren Überblicksdarstellungen noch die Unterscheidung von Partizipationsarten nach der Ebene des politischen Systems, auf die sie abzielen, findet (von Alemann 1975: 82ff.; Kaase 1987: 136-139; Bauer 1993: 38).

(*initiative required*), um einen Partizipationsakt ausüben zu können. Die Konflikthaftigkeit einer Partizipationsform wird im wesentlichen dadurch bestimmt, ob durch das Erreichen des mit dem Partizipationsakt verbundenen Zieles negative Folgen für andere entstehen wie das etwa bei der Verfolgung redistributiver politischer Ziele der Fall wäre.

In bezug auf die Reichweite des Ergebnisses einer politischen Aktivität werden die Partizipationsformen nach der Anzahl der vom Ergebnis betroffenen Bürger unterschieden. Die Konsequenzen können dabei kollektiv sein, sich aber auch nur auf den einzelnen politisch aktiven Bürger auswirken. Verba und Nie stufen wahlbezogene Aktivitäten wie den Wahlakt selbst und den Wahlkampf als konfliktbehaftet ein, während kooperative Aktivitäten als für gewöhnlich nicht konfliktbehaftet und von den Bürgern zu Repräsentanten des politischen Systems aufgenommene Kontakte als überhaupt nicht konfliktbehaftet angesehen werden. Was den Wirkungsbereich des Partizipationsergebnisses angeht, so wird zwischen kollektiven und partikularen Wirkungen differenziert. Hier wird also danach unterschieden, ob das Ergebnis Konsequenzen für die gesamte Bevölkerung, für bestimmte Gruppen oder gar nur für Einzelpersonen hat. Die letzte Dimension, das Maß an Initiative, das für die Ausübung einer bestimmten Partizipationsform notwendig ist, kann mit dem Schwierigkeitsgrad einer Beteiligungshandlung gleichgesetzt werden und läßt sich aus der Zeit und dem allgemeinen Aufwand bestimmen, die für eine bestimmte Handlung benötigt werden. So ist etwa das Ausmaß an Initiative, das für eine Beteiligung an Wahlen aufgewendet werden muß, deutlich geringer als der Aufwand, der betrieben werden muß, um einen Politiker wegen eines Problems zu kontaktieren. Im Laufe ihrer weiteren Arbeiten haben Verba et al. (1977: 11-19) mit der kooperativen Dimension noch eine weitere Dimension hinzugefügt, die Partizipationshandlungen danach unterscheidet, ob sie allein oder nur in Verbindung mit anderen ausgeübt werden können (vgl. Tabelle 2).

Tabelle 3: Charakteristika politischer Aktivitäten bei Verba et al.

Aktivität	Informations-kapazität	Verstärkungs-potential	Voraussetzungen
Wahlbeteiligung	niedrig	niedrig	Zeit
Wahlkampfaktivität	mittelmäßig	hoch	Zeit, Fähigkeiten
Wahlkampfspende	mittelmäßig	am höchsten	Geld
Kontaktaktivität	hoch	mittelmäßig	Zeit, Fähigkeiten
Protestaktivität	hoch	mittelmäßig	Zeit
Gemeindeaktivität	hoch	hoch	Zeit, Fähigkeiten
Mitgliedschaft im Vorstand von Gemeindeinstitutionen	hoch	hoch	Zeit, Fähigkeiten
Aktivität in Freiwilligenorganisationen	mittelmäßig	hoch	Zeit, Fähigkeiten, Geld
Beitrag zu einem politischen Streit	mittelmäßig	am höchsten	Geld

Quelle: Verba et al. 1995: 48.

Die drei bzw. vier Dimensionen sind von der Forschergruppe um Verba auch in jüngeren Arbeiten aufgegriffen worden, allerdings relativ stark modifiziert. Mit den Voraussetzungen von Partizipation, die sich aus Zeit, Geld und Fähigkeiten zusammensetzen (*requirements*), der Informationskapazität (*capacity for conveying information*) und dem Verstärkungspotential (*variation in volume*) eines Partizipationsaktes nutzen Verba et al. (1995: 37-48) drei Dimensionen zur Unterscheidung partizipatorischer Handlungen (vgl. Tabelle 3). Im Gegensatz zur ersten zielen die beiden letztgenannten Dimensionen auf die Beteiligungsaktivität selbst ab. Die Informationskapazität von politischen Beteiligungsakten variiert sehr stark. So kann man einem Wahlzettel keinerlei Informationen über die Präferenzen und Interessen des Abstimmenden entnehmen, ganz im Gegensatz etwa zu einem Teilnehmer an einer Demonstration, der seine Meinung öffentlich auf einem Transparent zur Schau stellt. Neben solchen expliziten Informationen kann eine partizipatorische Aktivität für die politischen Entscheidungsträger auch implizite Informationen beinhalten. Wenn etwa bestimmte Bevölkerungsgruppen in stärkerem Maße an Wahlen teilnehmen als andere, kann dies als deutliches politisches Zeichen gewertet werden. Das Verstärkungspotential einer Partizipationsform bemißt sich vor allem daran, ob der partizipatorische Input in irgendeiner Weise vergrößert werden kann, sei es durch höheren zeitlichen Aufwand oder stärkeres persönliches oder finanzielles Engagement. Die einzige politische Aktivität, bei der eine solche Verstärkung nicht möglich ist, ist die Beteiligung an Wahlen und Abstimmungen, bei denen jeder Teilnehmer nur eine Stimme hat. Alle anderen Partizipationsformen bieten Möglichkeiten, ihre Wirkung durch Verstärkung zu steigern und somit auch den Druck auf politische Entscheidungsträger zu erhöhen. Allerdings unterliegen die Steigerungsmöglichkeiten meist natürlichen (Begrenzung des Zeitbudgets) oder künstlichen Beschränkungen (beispielsweise einer gesetzlich festgelegten Obergrenze für Parteispenden).

2.4.2 Empirische Strukturierung politischer Partizipation

Die nahezu vorhandene Unbegrenztheit der Beteiligungsformen hat immer wieder die Frage danach aufgeworfen, ob die Auswahl bestimmter Aktivitäten durch die Bürger nicht systematischen Mustern folgt, also die große Menge einzelner Partizipationsakte nicht der Einfachheit halber durch einige wenige Dimensionen wiedergegeben werden kann. Wenn eine Person Aktivitäten einer bestimmten Dimension von Beteiligungsformen nutzt, dann ist die Wahrscheinlichkeit hoch, daß auch andere Aktivitäten derselben Dimension zu ihrem Aktionsrepertoire gehören, nicht aber notwendigerweise Aktivitäten anderer Dimensionen (Dalton 2002: 33). Im Folgenden sollen einige dieser empirisch geleiteten Strukturierungsversuche dargestellt werden.

Wohl vor allem aufgrund des eingeschränkten Untersuchungsrahmens durch die Einbeziehung weniger politischer Aktivitäten gingen die frühen Partizipationsstudien weitgehend von einer Eindimensionalität des politischen Partizipationsraumes auf der Basis des Ausmaßes politischer Involvierung aus (Lane 1961; Milbrath 1965). So ordnete etwa Milbrath die verschiedenen Beteiligungsakte hierarchisch in Form einer Pyramide. Die am häufigsten genutzten, aber gleichzeitig am wenigsten politische Involvierung benötigenden und Kosten verursachenden Partizipationsformen (etwa die Wahlbeteiligung und die Teilnahme an politischen Diskussionen) bildeten den Sockel der Pyramide. Die Aktivitätsformen, die empirisch am seltensten vorkamen und gleichzeitig die höchsten Beteiligungskosten sowie das höchste Ausmaß politischer Involvierung von ihren Anwendern verlangten (z.B. eine Kandidatur für ein öffentliches Amt oder das Sammeln von Spenden), fanden sich an der Spitze der Pyramide wieder.

Weitere Forschungsarbeiten konnten aber eindeutig zeigen, daß politische Partizipation so vielfältig und komplex ist, daß eine eindimensionale Darstellung das politische Verhalten einer Person nur ungenügend wiedergeben kann. Zu diesem Schluß kam auch Milbrath selbst, als er zusammen mit Goel eine Einteilung des politischen Partizipationsraumes in sechs Hauptformen politischer Aktivität vorschlug (Milbrath/Goel 1977: 10ff.): Wählen, Partei- und Wahlkampfarbeit, Gemeindeaktivitäten (z.B. der Zusammenschluß mit anderen zu einer Gruppe, um ein Problem zu lösen oder die Anzahl der aktiven Mitgliedschaften einer Person in Organisationen, die sich mit öffentlichen Angelegenheiten beschäftigen), Kontaktaktivitäten (etwa die Kontaktierung von Repräsentanten des politischen Systems oder der Verwaltung in bezug auf ein spezifisches Thema), Protestaktivitäten (z.B. Teilnahme an Demonstrationen oder Protestmärschen) sowie kommunikative Aktivitäten (wie das Schreiben von Leserbriefen an eine Zeitung oder die Teilnahme an politischen Diskussionen).

Bevor Verba und Nie (1972: 44ff.) den Partizipationsraum mit Hilfe explorativer Methoden analysierten, grenzten sie plausibilitätsgeleitet (Gabriel/Völkl 2005: 530) politische Partizipationsformen durch drei qualitative Merkmale voneinander ab, dem Ausmaß der mit der Aktivität verbundenen bzw. aus ihr resultierenden Konflikte mit anderen Bürgern, dem Ausmaß der Notwendigkeit, mit anderen Menschen zu kooperieren und der Reichweite des Ergebnisses einer Partizipationsform (vgl. Abschnitt 2.4.1). Mit Hilfe dieser drei Merkmale kamen Verba und Nie zu einer ähnlichen Aufteilung der Beteiligungsarten wie Milbrath und Goel, allerdings ergaben sich auf der Basis ihrer Berechnungen lediglich vier Dimensionen, auch aufgrund einer wesentlich kleineren Zahl an in die Analyse einbezogenen Beteiligungsformen: Wählen, Wahlkampf- und Parteiaktivitäten, lokale und Gruppenaktivitäten sowie Kontaktaktivitäten wurden als klar voneinander abgrenzbare Dimensionen von ihnen identifiziert. Auch im Rahmen einer international vergleichenden Studie kam die Forschergruppe um Verba und Nie für alle einbezogenen Länder zu einer ähnlichen Struktur des Partizipationsraumes (Verba et al. 1978: 23ff.).

Im Gegensatz zu Milbrath und Goel hatten Verba und Nie Protestaktivitäten, die sich in den 1960er und 1970er Jahren in allen westlichen Industrieländern wachsender Beliebtheit erfreuten, nicht in ihre Untersuchungen miteinbezogen. Die Political

Action-Studie (Barnes/Kaase 1979) trug dem Rechnung und berücksichtigte eine Vielzahl „neuer" Beteiligungsformen[13]. Auf der Basis der bereits vorgestellten Dichotomien Legalität, Legitimität und Verfaßtheit (vgl. Abschnitt 2.4.1) kam die Forschergruppe um Barnes und Kaase zu einer zweidimensionalen Einteilung in konventionelle und unkonventionelle Partizipationsformen. Zu den konventionellen Beteiligungsformen zählten etwa die Teilnahme an politischen Diskussionen, die Beteiligung an Wahlen oder der Besuch von politischen Versammlungen. Den unkonventionellen Partizipationsarten wurden zum Beispiel die Teilnahme an Demonstrationen und Boykotten, Verkehrsblockaden oder das Schreiben von Petitionen zugeordnet. Diese Unterscheidung zwischen konventionellen und unkonventionellen Aktivitäten wurde später aufgrund ihrer Kontextabhängigkeit kritisiert. So sind heutzutage aufgrund der bereits angesprochenen „Normalisierung des Unkonventionellen" (Fuchs 1990) beispielsweise die durch die Political Action-Studie als unkonventionell charakterisierten Partizipationsformen Beteiligung an Demonstrationen oder das Unterschreiben von Petitionen sicherlich als konventionelle Aktivitäten zu bezeichnen (Kunz/Gabriel 2000: 56). Aufgrund dieses Bedeutungswandels wird auf eine Nutzung der Dichotomie konventionell-unkonventionell sowohl im Rahmen der analytischen Vorgehensweise als auch bei der Einordnung bestimmter Partizipationsformen und der Benennung von Partizipationsdimensionen verzichtet.

Trotz der großen Folgewirkungen der Political Action-Studie mit ihrer zweidimensionalen Einteilung politischer Partizipationsformen hat sich mittlerweile ganz klar die mehrdimensionale Betrachtungsweise politischer Partizipation durchgesetzt. Allerdings variiert die Anzahl der Dimensionen aufgrund der unterschiedlichen Zahl und Arten der berücksichtigten Partizipationsformen von einer Studie zur anderen. Dadurch wird die Vergleichbarkeit der dimensionalen Struktur zwischen den verschiedenen Studien deutlich erschwert. So kommen etwa Parry et al. (1992: 50ff.) in ihrer umfassenden Studie für Großbritannien auf insgesamt sechs voneinander abzugrenzende Dimensionen politischer Partizipation: Wählen (auf allen politischen Ebenen), Partei- und Wahlkampfaktivitäten, kollektive Aktivitäten (Engagement in informellen und organisierten Gruppen), das Kontaktieren (von Politikern, Beamten oder den Medien), direkte Protestaktivitäten (etwa Verkehrsblockaden, Boykotte oder Streiks) sowie politische Gewalt.

Auch für Deutschland hat es einige Versuche gegeben, den politischen Partizipationsraum zu strukturieren. Eine Übersicht dazu findet sich in Tabelle 4. Auf die dort in chronologischer Reihenfolge dargestellten Studien soll im Folgenden kurz eingegangen werden: Zunächst hat sich Radtke um eine Strukturierung der politischen Beteiligung bemüht (1976: 22ff.). Er ermittelte eine vierdimensionale Struktur aus „unkonventionellen politischen Aktivitäten" (beispielsweise Verkehrsblockaden, das Schreiben von politischen Parolen an Häuserwände oder die Besetzung leerstehender Häuser), „Parteiaktivitäten", „strukturell unreglementierten Aktivitäten" (da-

---

13 Zur Diskussion über die Neuheit bestimmter Partizipationsformen vgl. die einleitenden Ausführungen in Abschnitt 2.4.

zu zählt die Teilnahme an genehmigten Demonstrationen, das Schreiben von Leserbriefen oder die Beteiligung an Bürgerinitiativen) sowie den „politischen Standardaktivitäten" (Wahlbeteiligung, Diskussionen über Politik sowie die Lektüre des politischen Teils der Zeitung). Uehlinger (1988: 129ff.) identifizierte im Rahmen der bisher umfassendsten Einzelstudie zu politischer Partizipation in Deutschland die fünf Dimensionen „Staatsbürgerrolle" (zum Beispiel gehören hierzu die Wahlbeteiligungder der Versuch, andere von der eigenen Meinung zu überzeugen), „problemspezifische Partizipation" (etwa die Beteiligung an Unterschriftensammlungen und Bürgerinitiativen oder die Teilnahme an genehmigten Demonstrationen), „parteiorientierte Partizipation", „ziviler Ungehorsam" (darunter werden beispielsweise die Besetzung von Häusern, das Verweigern von Steuerzahlungen sowie die Teilnahme an ungenehmigten Demonstrationen zusammengefaßt) und „politische Gewalt" (gegen Sachwerte wie Personen).

Tabelle 4: Übersicht über Partizipationsdimensionen in Deutschland

Studie	Dimension					
	1	2	3	4	5	6
Radtke 1976	Standardaktivitäten	Strukturell unreglementierte Aktivitäten	Parteiaktivitäten	Unkonventionelle Aktivitäten		
Uehlinger 1988	Staatsbürgerrolle	Problemspezifische Partizipation	Parteiorientierte Partizipation	Ziviler Ungehorsam	Politische Gewalt	
Fuchs 1995[1]	Konventionelles Handeln	Demonstratives Handeln	Parteibezogenes Handeln	Konfrontatives Handeln	Gewaltsames Handeln	
van Deth 1997a[2]	Konventionelle Beteiligung	Legale unkonventionelle Beteiligung	Illegale unkonventionelle Beteiligung			
Krimmel 2000[3]	Verfaßtes Handeln	Legales Handeln	Konfrontatives Handeln			
Westle 2000	Wählen	Diskursive Partizipation	Parteibezogene Partizipation	Legale, nicht institutionalisierte Partizipation	Ziviler Ungehorsam	Wahlenthaltung
Gabriel 2004	Wählen	Issueaktivitäten	Parteiaktivitäten	Protestaktivitäten		

1 Untersuchung nur für Ost- und West-Berlin.
2 Van Deth berechnet zwar eine Lösung mit fünf Faktoren, reduziert aber die Gesamtzahl auf drei.
3 Krimmel identifiziert die Dimensionen politischer Partizipation getrennt für 1994 und 1998. Da 1994 auch politische Informationsaktivitäten einbezogen werden, die ganz klar nicht als Form politischer Aktivität zu werten sind, wird hier nur die Faktorenstruktur für 1998 präsentiert.

Bezogen sich die bisher vorgestellten Studien lediglich auf das Partizipationsverhalten in der Bundesrepublik vor 1990, stand nach der Vereinigung vor allem die

Frage nach Unterschieden zwischen Ost- und Westdeutschen im Vordergrund. Trotz der unterschiedlichen historischen Erfahrungen und Entwicklungen in beiden Teilen Deutschlands zeigte sich bereits kurz nach der Vereinigung im Osten eine Struktur, die sehr stark derjenigen in Westdeutschland glich. Dies konnte zunächst Fuchs (1995) für Ost- und West-Berlin, später aber auch van Deth (1997a: 298-303) belegen: Für beide Landesteile ergab sich eine identische Dimensionsstruktur sowie nahezu identische Assoziationsmuster. Auch Krimmel (2000: 617-620) fand für 1998 in Ost- und Westdeutschland sehr ähnliche Strukturen politischer Aktivität mit den drei Dimensionen „verfaßtes Handeln", „legales Handeln" und „konfrontatives Handeln". Neuere Untersuchungen von Gabriel (2004) konnten zeigen, daß die Struktur der politischen Beteiligung der Ostdeutschen derjenigen der Westdeutschen wesentlich ähnlicher ist als derjenigen in anderen Ländern des ehemaligen Ostblocks. Im Rahmen seiner Analysen ergaben sich in Ost- und Westdeutschland vier voneinander differenzierbare Formen politischer Beteiligung: „Wahlbeteiligung", „Parteiaktivitäten", „Issueaktivitäten" und „Protestaktivitäten". Auch Westle (2000: 141ff.) kam auf der Basis des Allbus 1998 zu stark übereinstimmenden Ergebnissen für die beiden Landesteile. Allerdings geht aus ihren Ausführungen nicht hervor, ob die Dimensionsbildung aufgrund von Plausibilitätsüberlegungen oder empirisch erfolgte. Sie konnte insgesamt sechs Partizipationsdimensionen identifizieren. Dazu gehören „diskursive Partizipation", darunter beispielsweise die Teilnahme an Diskussionen, die „Wahlbeteiligung" und „parteibezogene Partizipation" (Mitarbeit in einer Partei, Unterstützung von Kandidaten). Hinzu kommen „legale, aber nicht institutionalisierte Partizipationsformen" – beispielsweise die Beteiligung an Unterschriftensammlungen und genehmigten Demonstrationen – „ziviler Ungehorsam" (etwa Besetzungsaktionen oder Verkehrsblockaden) und die „Wahlenthaltung". Die verschiedenen wahlbezogenen Dimensionen ergeben sich aufgrund der Einbeziehung mehrerer elektoraler politischer Handlungen wie der Nichtbeteiligung an Wahlen oder der Wahl einer anderen Partei aus Protestmotiven, die im Allbus 1998 enthalten sind (vgl. Anhang B).

Während die bisher vorgestellten Strukturierungsversuche für politisches Partizipationsverhalten in Deutschland faktorenanalytisch ermittelt wurden, bevorzugte van Deth (2001a: 204ff.) ein kumulatives Skalierungsmodell auf der Basis des „Guttman-Modells" für dichotome Daten (Mokken 1971)[14]. Die so erstellten Partizipationsskalen liefern Antworten auf die Frage „How far are you prepared to go?" (Marsh 1977: 48). Die Partizipationsformen einer Skala werden dabei nach dem ihnen zugeschriebenen Schwierigkeitsgrad geordnet. Die Schwierigkeit ist über die relativen Häufigkeiten operationalisiert, das heißt, Partizipationsformen, die von vielen Befragten ausgeübt werden, werden als leichter nutzbar angesehen. Je weniger Befragte hingegen eine Partizipationsform nutzen, um so schwieriger ist sie offensichtlich. Hier finden sich Ähnlichkeiten zu Milbrath (1965), dessen Partizipationspyramide auf eine relativ ähnliche Weise, allerdings ohne die Nutzung analytischer

---

14 Daher sind van Deths Befunde auch nicht in Tabelle 4 zu finden.

Skalierungsverfahren, zustandegekommen ist. Van Deth errechnete seine Skalen getrennt für Ost- und Westdeutschland und kam zu sehr unterschiedlichen Ergebnissen für beide Landesteile: Im Westen ergaben sich zwei Skalen. Eine wurde von van Deth als „Wahlen" bezeichnet. Sie umfaßt wahlbezogene Beteiligungsformen sowie eigene Meinungsäußerungen. Die andere Skala heißt „Aktionen" und beinhaltet das ganze Spektrum politischer Aktivität von der Teilnahme an öffentlichen Diskussionen über die Beteiligung an genehmigten Demonstrationen bis zur Anwendung von Gewalt gegen Personen und zur Beteiligung an Hausbesetzungen. Im Osten konnte van Deth drei Skalen identifizieren. Die erste wurde „bürgerliche Beteiligung" genannt. Sie faßt so heterogene Aktivitäten wie die Wahlbeteiligung, die Teilnahme an genehmigten Demonstrationen und Hausbesetzungen zusammen. Die zweite Skala heißt „organisationsgebundene Beteiligung". Auf dieser Skala finden sich die Mitarbeit in Bürgerinitiativen und Parteien sowie die Unterstützung von Kandidaten. Die dritte Skala „Protest" enthält nur zwei Items, die Teilnahme an nicht genehmigten Demonstrationen und die Einschüchterung politischer Gegner. Offensichtlich ergaben sich also für Ost- und Westdeutschland gänzlich andere Strukturen. Auch im Vergleich zu den Strukturierungsergebnissen, die mit Hilfe von Faktorenanalysen berechnet wurden, zeigten sich deutliche Abweichungen hinsichtlich der Zuordnung von Partizipationsformen zu den einzelnen Dimensionen. So kann man im Vergleich durchaus zu dem Schluß kommen, daß die Verteilung der einzelnen Partizipationsformen auf die Skalen ungewöhnlich ist. Die von van Deth berechneten Skalen sind zudem wesentlich schwerer zu analysieren und zu interpretieren als faktorenanalytisch extrahierte Partizipationsdimensionen. Daher wird im Rahmen der eigenen empirischen Analyse (Abschnitte 4.2.1 bis 4.2.3) dem Verfahren der Faktorenanalyse der Vorzug bei der Berechnung der Struktur des Partizipationsraumes in Deutschland gegeben.

Vergleicht man die Strukturierungsergebnisse anderer Forscher mit denen von Uehlinger als der bisher umfassendsten Analyse politischen Partizipationsverhaltens in Deutschland, so haben sich in der Folgezeit – bei allen Unterschieden im Detail hinsichtlich der Benennung der Partizipationsdimensionen, der in die Analysen einbezogenen Beteiligungsformen und der exakten Ladungsstruktur der Variablen – immer wieder sehr ähnliche Strukturen gezeigt. Dies gilt sowohl bei gesamtdeutscher Betrachtungsweise als auch bei einem Vergleich zwischen dem ost- und dem westdeutschen Landesteil (vgl. Tabelle 4). Versucht man die Befunde auf einen Nenner zu bringen, zeigt sich insgesamt für Deutschland die Existenz von vier deutlich voneinander unterscheidbaren Partizipationsdimensionen. Als erstes kann die Beteiligung an Wahlen von den anderen Beteiligungsarten abgegrenzt werden (vgl. Abschnitt 2.4.3). Ebenso lassen sich Aktivitäten in Parteien oder in Wahlkämpfen von den anderen Partizipationsformen trennen. Als dritte Gruppe können problemspezifische Aktivitäten angeführt werden. Und als vierte klar differenzierbare Gruppe bilden Protestaktivitäten eine eigenständige Dimension politischer Partizipation. Für diese erfolgt teilweise noch eine Unterteilung in gewaltlose und gewaltsame Protestaktivitäten (vgl. etwa Fuchs 1995; Westle 2000; Gabriel/Völkl 2005). Die

Zuordnung einzelner Aktivitäten variiert allerdings insbesondere für problemspezifische Partizipation und für Protestaktivitäten von Studie zu Studie.

Während die in Tabelle 4 aufgeführten Studien sich auf ebenenunspezifisches politisches Engagement beziehen, haben Kunz und Gabriel (2000: 58-62) die Struktur kommunalpolitischer Beteiligung in Deutschland analysiert. Auf der Basis von 15 Partizipationsformen identifizieren sie vier Partizipationsdimensionen. „Themenorientierte Aktivität" umfaßt beispielsweise die Beteiligung an Bürgerinitiativen, und -begehren, die Teilnahme an Versammlungen und Unterschriftensammlungen. „Outputorientierte Partizipation" beinhaltet Kontakte mit den Behörden und die Nutzung des Rechtsweges. „Gewaltanwendung, ziviler Ungehorsam" faßt gewaltsame, illegale und illegitime Aktivitäten zusammen, während „parteibezogene Aktivität" sich auf die Parteimitgliedschaft und die Mobilisierung einer Partei bezieht. Insgesamt zeigen sich also im Vergleich zu den bisher vorgestellten Strukturierungsversuchen einige Übereinstimmungen hinsichtlich der dimensionalen Struktur politischer Partizipation. Da aber keine vollkommene Strukturgleichheit festzustellen ist, spricht einiges dafür, daß sich politische Aktivität und die Struktur politischer Beteiligung auf den verschiedenen Ebenen des politischen Systems voneinander unterscheiden. Leider ist eine ebenenspezifische Untersuchung politischer Partizipation – wie sie beispielsweise Parry et al. (1992: 299-411) für Großbritannien durchgeführt haben – mit den zur Verfügung stehenden Daten in dieser Arbeit nicht möglich. Bei der Interpretation der Ergebnisse der empirischen Analyse sollten die möglicherweise bestehenden ebenenspezifischen Unterschiede aber im Hinterkopf behalten werden.

Zum Abschluß der Ausführungen zu den empirisch berechneten Dimensionen politischer Partizipation ist auf einen der jüngsten Strukturierungsversuche von Teorell et al. (2007) hinzuweisen, der auch Daten zum Partizipationsverhalten in Ost- und Westdeutschland einbezieht, ohne allerdings explizit die Dimensionen für Gesamtdeutschland oder einen der beiden Landesteile zu identifizieren. Daher wurden diese Strukturierungsergebnisse auch nicht in Tabelle 4 einbezogen. Als Basis diente die „Citizenship, Involvement, Democracy"-Studie (CID-Studie), die in 12 europäischen Ländern durchgeführt worden ist[15]. In einem wichtigen Aspekt weicht die Struktur des Partizipationsraumes bei Teorell, Torcal und Montero (2007: 340ff.) von den bisher vorgestellten Dimensionalisierungsversuchen ab. Ihre Typologie umfaßt neben dem Wählen, den Kontakt-, den Partei- sowie den Protestaktivitäten auch konsumorientierte politische Partizipation. Zu dieser in den anderen Typologien nicht vorhandenen Dimension gehören das Unterschreiben von Petitionen, das Spenden von Geld, das Boykottieren und das Kaufen bestimmter Produkte aus politischen Gründen. Ob diese Dimension sich auch bei der alleinigen Betrachtung der Befragten in West- und Ostdeutschland herausbildet, wird in den eigenen empirischen Analysen der Struktur des politischen Partizipationsverhaltens in Deutschland in den Abschnitten 4.2.1 und 4.2.2 zu prüfen sein.

---

15 Für ausführliche Informationen zu den untersuchten Ländern sowie zur Datenbasis sei auf die Ausführungen bei Westholm et al. (2007) sowie auf Abschnitt 3.1.1 verwiesen.

2.4.3 Das Verhältnis zwischen Wahlbeteiligung und anderen Partizipationsformen

Im Rahmen der bisherigen Ausführungen ist bereits angeklungen, daß es sich bei der Wahlbeteiligung um eine besondere Form der politischen Partizipation handelt, die sich sowohl theoretisch als auch empirisch klar von den anderen, nichtelektoralen Beteiligungsformen abgrenzen läßt. Aus theoretischer Sicht ist sie die einzige Partizipationsform, die der direkten Legitimation eines demokratischen Staatswesens dient. Außerdem ist sie die einzige politische Aktivität, bei der für alle Bürger identische Nutzungsbedingungen und -voraussetzungen bestehen: Jeder Bürger hat dieselbe Anzahl von Stimmen zur Verfügung. Bei den anderen Partizipationsformen gibt es diesbezüglich beträchtliche Unterschiede in Abhängigkeit von den individuellen intellektuellen und materiellen Ressourcen der Bürger (Verba et al. 1993: 304). Aus empirischer Perspektive ist die Beteiligung an Wahlen die einzige Beteiligungsform, die regelmäßig von einer Mehrheit der Deutschen ausgeübt wird, und im Gegensatz zu den meisten anderen Arten politischer Partizipation erfordert sie nur einen äußerst geringen Aufwand an Ressourcen (vgl. die Abschnitte 2.4.1 und 2.5.1). Dennoch zeigt sich seit Mitte der 1980er Jahre, und insbesondere seit der deutschen Einheit, eine deutliche Abnahme des Beteiligungsniveaus, insbesondere bei Landtags- und Europa-, in geringerem Maße aber auch bei Bundestagswahlen (vgl. Abschnitt 4.1.1; Steinbrecher et al. 2007: 50ff.).

Die Frage ist nun, wie sich die immer größer werdende Gruppe der Nichtwähler im Hinblick auf nichtelektorale Formen politischer Partizipation verhält. Folgt man den älteren Partizipationsstudien (etwa Milbrath 1965), die die verschiedenen Partizipationsformen gemäß ihres Schwierigkeitsgrades auf einer Dimension anordneten (vgl. Abschnitt 2.4.1), sollten sich Nichtwähler politisch vollkommen passiv verhalten: Wenn die Bürger mit der Wahlbeteiligung schon die einfachste und am wenigsten aufwendige Form politischer Aktivität nicht wahrnehmen, werden sie gar nicht erst auf die Idee kommen, sich anderen, aufwendigeren Partizipationsformen zuzuwenden. Es sollte daher ein positiver Zusammenhang zwischen der Beteiligung an elektoralen und nichtelektoralen politischen Aktivitäten bestehen. Empirisch wurde diese Annahme durch die Ergebnisse der Political Action-Forschergruppe bestätigt, die zwischen konventioneller Beteiligung und Protestpotential einen positiven Zusammenhang berechnen konnte (Kaase 1990: 28), ohne allerdings den Zusammenhang mit der Wahlbeteiligung explizit zu untersuchen: Ein höheres Ausmaß politischer Partizipation auf der konventionellen Dimension führt zu einem höheren Aktivitätsniveau auf der unkonventionellen Dimension. Auch Kleinhenz konnte zeigen, daß Wahlbeteiligung und Aktivität in anderen Beteiligungsformen positiv miteinander zusammenhängen: Für die in Bürgerinitiativen und bei Demonstrationen politisch Aktiven ergaben sich geringere Nichtwähleranteile als für die politisch Passiven (Kleinhenz 1995: 124-126). Zu ähnlichen Ergebnissen kommt auch Eilfort bei seiner Analyse von Nichtwählern im Raum Stuttgart (1994: 241ff.).

Aus theoretischer Perspektive wäre aber auch ein negativer Zusammenhang zwischen der Wahlbeteiligung und den nichtelektoralen Formen politischer Partizipation denkbar. Dies würde eine Verschiebung der politischen Partizipation, weg von der Wahlbeteiligung und hin zu den nichtelektoralen Aktivitäten bedeuten. Mögliche Erklärungen für eine solche Verhaltensverlagerung sind in den vielfältigen Ursachen für die Abnahme der Wahlbeteiligung zu finden (vgl. z.B. Eilfort 1994; Kleinhenz 1995; Steinbrecher et al. 2007), die im Folgenden kurz erläutert werden sollen.

Aus rationaler Perspektive ist eine der Ursachen sinkender Beteiligung an Wahlen in der Gelegenheitsstruktur des Wählens zu suchen. „Die Gelegenheitsstruktur umfaßt alle diejenigen Bedingungen, die beschreiben, was genau die Optionen sind, zwischen denen der Wähler entscheiden kann" (Zelle 1995: 44). Zu diesen Optionen können beispielsweise weitere unmittelbare demokratische Beteiligungsrechte wie Bürgerbegehren und -entscheide (auf kommunaler Ebene) bzw. Volksbegehren und -entscheide (auf Länderebene) gehören (vgl. Abschnitt 2.5.5.1). Sind solche Beteiligungsmöglichkeiten – wie in Deutschland auf der Bundesebene – nicht vorgesehen, „dann gewinnt die Stimmabgabe bei Wahlen einen hohen Stellenwert als Mittel politischer Einflußnahme und dürfte entsprechend extensiv genutzt werden" (Gabriel/Völkl 2004: 226f.). Stehen allerdings neben den erwähnten Formen der Bürgerbeteiligung noch weitere Alternativen zur Wahlbeteiligung in Gestalt nichtelektoraler Partizipationsformen zur Verfügung und werden diese von den Bürgern im Vergleich zur Teilnahme an Wahlen als effektiver zur Umsetzung der eigenen politischen Ziele betrachtet, kann dies zu einer Verlagerung der Partizipationsaktivitäten führen. Da die Beteiligung an Wahlen nur eine allgemeine und undifferenzierte Beurteilung des politischen Personals und der politischen Programme zuläßt, andere Partizipationsformen aber auf direktem Weg die Durchsetzung einzelner, konkreter politischer Interessen ermöglichen (Westle 1994: 138; Verba et al. 1993: 304), kann die Anwendung nichtelektoraler politischer Partizipationsformen im Vergleich zur Beteiligung an Wahlen einen größeren individuellen Nutzen für die Bürger mit sich bringen. Somit müßten es gerade die Nichtwähler sein, die sich in verstärkter Weise nichtelektoral politisch engagieren.[16]

Neben dem rationalen Erklärungsmodell[17] gibt es noch andere Ansätze auf der Basis gesellschaftlicher Entwicklungen, die eine Verschiebung politischer Aktivitäten weg von der Wahlbeteiligung und hin zu nichtelektoralen politischen Partizipationsformen erklären können. Diese konzentrieren sich auf die Konsequenzen, die sich aus dem Rückgang des Anteils der Bürger mit Parteibindungen (Dealignment) und dem Wertewandel ergeben. Wie in vielen anderen westlichen Demokratien zeigt sich auch in Deutschland eine Verringerung des Anteils der Bürger mit Parteibindung. Waren zum Ende der 1970er Jahre etwa 80 Prozent der Westdeutschen Anhänger einer Partei, sind es zu Beginn der 2000er Jahre nur noch zwei Drittel der

16 Zur Gelegenheitsstruktur der Wahlbeteiligung zählen außerdem noch die Eigenschaften des Parteiensystems, der Grad der ideologischen Spaltungen, die Wettebewerbssituation und die personellen wie programmatischen Angebote der Parteien (Falter/Schumann 1994; Gabriel/Völkl 2004: 227f.; Dalton 2006).

17 Zu den Schwierigkeiten rationaler Erklärungsversuche politischen Beteiligungsverhaltens vgl. Abschnitt 2.5.3.

Westdeutschen. In Ostdeutschland ist der Anteil der Parteiidentifizierer sogar noch geringer (Schoen/Weins 2005: 222). Diese Abwendung von den Parteien sorgt für eine Zunahme der Bedeutung kurzfristiger Einflußfaktoren auf das politische Verhalten (Kellermann 2008). Eine der vielen möglichen Konsequenzen[18] dieser Entwicklung ist eine Verlagerung der politischen Beteiligungsaktivitäten, weg von den durch die Parteien organisierten und stark beeinflußten Partizipationsformen wie der Wahlbeteiligungder Wahlkampfaktivitäten, hin zu parteiunabhängiger politischer Beteiligung wie dem Engagement in Bürgerinitiativen, der Teilnahme an Demonstrationen oder Aktionsformen politischen Konsums (wie dem Kauf oder Boykott bestimmter Waren aus politischen Gründen).

Ausführungen zu den Konsequenzen des Wertewandels auf Verschiebungen im politischen Beteiligungsverhalten beruhen einerseits auf den Forschungsarbeiten von Inglehart zur Ersetzung materialistischer durch postmaterialistische Werteorientierungen (vgl. Abschnitt 2.5.6.1; Inglehart 1971, 1977), andererseits auf den allgemeineren Arbeiten zur Abnahme der Wichtigkeit von Pflicht- und Akzeptanzwerten und einer wachsenden Bedeutung von Selbstentfaltungswerten (vgl. Abschnitt 2.5.6.1; Klages 1984; Hillmann 2003). Wendet man sich zunächst den Forschungsarbeiten von Inglehart zu, dann erscheint für Postmaterialisten die Beteiligung an Wahlen aus instrumenteller Perspektive als uneffektiv und unzulänglich, da ihre Ansprüche an die Qualität politischer Beteiligung besonders hoch sind. Sie tendieren daher eher zu direkten und themenbezogenen Teilnahmeformen wie der Mitarbeit in Bürgerinitiativen (Feist 1994: 136; Kleinhenz 1995: 44). Insbesondere gilt diese Präferenz zugunsten nicht-verfaßter Beteiligungsarten für kognitiv mobilisierte und jüngere Postmaterialisten (Inglehart 1989: 454; Bürklin 1992: 23)[19]. Auch auf der Basis der Beschreibung des Wertewandels durch Klages erscheint eine Verschiebung der Partizipationsaktivitäten begründbar (Klages 1984, 2000): Die Bürger, für die Selbstentfaltungswerte wichtiger sind, werden tendenziell eher nicht-elektoralen Partizipationsformen zuneigen. Im Rahmen der Nichtwählerforschung konnten Typen von Nichtwählern identifiziert werden, die mit den Annahmen der Wertewandelforschung in Einklang zu bringen sind. Der „aktive Postmaterialist" Kleinhenz (1995: 201-205), der „engagierte Nichtwähler" (Feist 1994) und der „Nichtwähler neuen Typs" (Gabriel/Völkl 2004) sind gut gebildet, materiell abgesichert, politisch stark interessiert, glauben an die eigene Fähigkeit, politisch Einfluß nehmen zu können, sind aber mit den Ergebnissen der Politik und den politischen Akteuren unzufrieden. Daher wünschen sie sich mehr (nichtelektorale) politische Beteiligung und Mitsprache, lehnen aber zugleich institutionalisierte Formen politischer Partizipation ab (Gabriel/Völkl 2004: 232). Empirisch konnte eine individuelle Verlagerung der politischen Aktivitäten allerdings nur ansatzweise für diejenigen festgestellt werden, die zu politischer Gewalt neigen (Uehlinger 1988: 149ff.). Sac-

---

18 Für eine umfassende Übersicht der Konsequenzen des Dealignments vgl. Schoen/Weins (2005: 218ff.).

19 Ausführlichere Erläuterungen zur kognitiven Mobilisierung finden sich in Abschnitt 2.5.6.3.

chi (1994: 332ff.) fand immerhin einen negativen Zusammenhang zwischen der Bereitschaft zu unkonventioneller Partizipation und der Bereitschaft zur Teilnahme an Wahlen. Weitere empirische Belege für eine Verlagerung der Partizipationsaktivitäten der Deutschen lassen sich jedoch nicht anführen. Im Zuge des Generationenaustausches ist aber auf der Basis der Überlegungen von Inglehart und Klages die Vermutung berechtigt, daß die Gruppe der engagierten, postmaterialistisch orientierten Nichtwähler Zulauf bekommt (Bürklin/Klein 1998: 164f.). Die weiter oben erwähnten Befunde (Kaase 1990: 28; Eilfort 1994: 241ff.; Kleinhenz 1995: 124-126), die einen positiven Zusammenhang zwischen Wahlbeteiligung und nichtelektoraler Aktivität postulieren, stehen dieser Annahme allerdings entgegen.

Vor allem vor dem Hintergrund dieses Widerspruchs zwischen theoretischen Postulaten und der Mehrzahl der empirischen Ergebnisse soll daher im Rahmen der eigenen empirischen Analysen in Abschnitt 4.2.5 untersucht werden, welche Zusammenhänge zwischen Wahlbeteiligung und nichtelektoralen Partizipationsformen bestehen. Von Interesse ist besonders der Zeitraum seit Mitte der 1990er Jahre: Möglicherweise hat sich mit den gerade in den letzten Jahren sehr stark gesunkenen Wahlbeteiligungsraten doch eine Verlagerung der Partizipationsaktivitäten von der Wahlbeteiligung hin zu anderen politischen Aktionsformen ergeben.

2.4.4 Typen politisch Partizipierender

Neben einer Strukturierung des Variablenraumes und der Suche nach hinter den zahlreichen Beteiligungsformen liegenden wenigen zentralen Dimensionen ist im Rahmen einer Vielzahl von empirischen Untersuchungen versucht worden, Bürger gemäß ihres Beteiligungsverhaltens bestimmten Typen zuzuordnen. Ein erster Versuch in diese Richtung wurde von Milbrath (1965) unternommen. Auf der Basis des bereits in Abschnitt 2.4.2 angeführten eindimensionalen Verständnisses politischer Partizipation unterschied er, analog zur Rollenverteilung bei den Spielen im antiken Rom, drei Gruppen: Die Apathischen, die Zuschauer und die Gladiatoren. Die Apathischen nehmen laut Milbrath gar nicht am politischen Leben teil. Die Zuschauer beschränken sich auf die Beobachtung der Politik und der politischen Konflikte, greifen aber nicht aktiv in den politischen Prozeß ein. Zuguterletzt gibt es noch die Gladiatoren, die im politischen Bereich sehr aktiv sind. Diese Aktivität kann vom Engagement für eine Partei oder einen Kandidaten im Wahlkampf bis zu einer hauptberuflichen politischen Tätigkeit reichen.

Die sukzessive Erweiterung des in Partizipationsstudien erhobenen Beteiligungsrepertoires (vgl. Abschnitt 2.4.2; van Deth 2003) brachte es mit sich, daß es auch in bezug auf die Typen zu einer Ausdifferenzierung kam. Verba und Nie identifizierten sechs Typen politisch aktiver Bürger (1972: 76ff.): Inaktive, die sich politisch überhaupt nicht engagieren, sowie Vollaktive, die alle Möglichkeiten zum politischen Engagement nutzen, bilden die beiden Extremgruppen. Die übrigen vier Gruppen zeichnen sich dadurch aus, daß sie sich auf bestimmte Beteiligungsformen spezialisiert haben. Die Wahlspezialisten nehmen nur an Wahlen teil und ergreifen höchstens solche Aktivitäten, die ein sehr geringes Ausmaß persönlicher Initiative erfordern. Ein weiterer Typ von Bürgern nutzt nahezu ausschließlich Kontaktaktivitäten, während ein anderer sich auf Gemeinschafts- und Gemeindeaktivitäten konzentriert. Die letzte Gruppe nimmt besonders aktiv an Wahlkämpfen teil und engagiert sich in außergewöhnlichem Maße in Parteien. Wie bereits zu Beginn dieses Kapitels angemerkt, lag dieser Typenbildung eine eingeschränkte Sicht auf politische Partizipation zugrunde, die Protest- bzw. damals noch als unkonventionell bezeichnete Aktivitätsformen gänzlich ausklammerte und somit zu einer inadäquaten und verzerrten Abbildung des Partizipationsraumes führte (Rusk 1976; Kunz/Gabriel 2000).

Diese Lücke schloß die Political Action-Studie durch die Einbeziehung einer Vielzahl politischer Protestformen (Barnes/Kaase 1979: 152ff.; vgl. Abschnitt 2.4.2). Die dort vorgestellte Klassifikation umfaßte fünf Typen. Neben die bereits aus anderen Partizipationsstudien bekannten Inaktiven und Aktivisten traten mit den Konformisten, den Reformisten und den Protestierern drei Gruppen von Spezialisten für bestimmte Beteiligungsformen. Während letztere sich auf Protest- bzw. unkonventionelle Aktivitäten konzentrieren und im Rahmen konventioneller Beteiligung nahezu überhaupt nicht aktiv sind, beschränken sich die beiden anderen Gruppen auf konventionelle Aktionsformen. Sie unterscheiden sich lediglich nach dem Ausmaß der Nutzung unkonventioneller Partizipationsmöglichkeiten.

Eine explizit für Deutschland gebildete Typologie stammt von Uehlinger (1988: 157ff.). Zu den sieben Partizipationstypen gehören die bereits aus den anderen Typologien bekannten Inaktiven und Aktivisten. Daneben gibt es die Staatsbürger, die neben der Wahlbeteiligung und der Diskussion über Politik keine weiteren Aktivitäten zeigen. Eine weitere Gruppe sind die Problemzentrierten, die sich vor allem problemspezifisch engagieren. Weiterhin sind die Parteiaktiven zu nennen, die alle legalen Formen politischer Beteiligung nutzen. Gewaltlose Aktivisten bilden einen weiteren Partizipationstyp. Diese zeichnen sich insbesondere durch die Nutzung unkonventioneller Partizipationsformen aus. Im Gegensatz zu den Protestierern verzichten die gewaltlosen Aktivisten allerdings nicht auf parteiorientierte Partizipationsformen.

Weitere Typenbildungen für Deutschland seit 1988 liegen nicht vor, so daß beispielsweise vollkommen unklar ist, welche Gruppen von Partizipierenden es in den östlichen Bundesländern gibt. Möglicherweise haben sich aber auch die Beteiligungsmuster der Bürger in Westdeutschland seit Uehlingers Untersuchung verändert. Daher soll im empirischen Teil dieser Arbeit (Abschnitt 4.3) auf Basis der berechneten Partizipationsdimensionen (Abschnitt 4.2.2) eine eigene Typenbildung für Ost- und Westdeutschland vorgenommen werden. Ergänzt wird diese durch eine Charakterisierung der Partizipationstypen auf der Basis relevanter Prädiktoren politischen Beteiligungsverhaltens.

2.5 Erklärungsfaktoren politischer Partizipation

Ging es im Abschnitt 2.4 um die Wiedergabe der Forschungsergebnisse zur Struktur der einzelnen Partizipationsformen sowie zur Typenbildung politisch Partizipierender, also um das „Wie" politischer Beteiligung, sollen im Rahmen dieses Abschnittes Befunde zu den Erklärungsfaktoren politischer Partizipation, also zum „Warum", im Vordergrund stehen. Die Beantwortung der Frage nach dem Warum, also der Identifikation derjenigen Faktoren, die eine Wirkung auf die politische Partizipation der Staatsbürger haben, ist von großer Bedeutung, weil erst durch die Betrachtung der Prädiktoren verständlich wird, wie individuelle politische Aktivität überhaupt zu interpretieren ist (Dalton 2006: 50).

Eine umfassende Analyse politischen Partizipationsverhaltens muß auf mehreren analytischen Ebenen operieren und daher Merkmale der Makro-, Meso- und Mikroebene berücksichtigen (Kaase 1987: 139-141; Westle 1994: 139). Die Verschränkung der drei Analyseebenen bringt erhebliche Umsetzungsprobleme mit sich. Im Rahmen der meisten empirischen Erklärungen politischer Aktivität wird deswegen entweder eine rein mikro- oder eine rein makroanalytische Strategie angewendet. Auch wenn diese Arbeit im Rahmen der empirischen Analysen politisches Partizipationsverhalten in Deutschland lediglich auf der Mikroebene betrachtet, dürfen wichtige Faktoren der Makroebene, denen ein Einfluß auf politische Beteiligung zugeschrieben wird, nicht außer Acht gelassen werden. Daher werden in den folgenden Abschnitten Variablen der Mikro- und der Makroebene berücksichtigt. In den ersten vier Abschnitten (2.5.1 bis 2.5.4) erfolgt eine Betrachtung von Erklärungsvariablen auf der Mikroebene, während die beiden letzten Abschnitte (2.5.5 und 2.5.6) Faktoren der Makroebene aufgreifen. Innerhalb der beiden Blöcke sind die Variablen anhand des Merkmals Stabilität angeordnet, das heißt, zuerst werden die stabilsten Gruppen von Prädiktoren betrachtet, während die jeweils später aufgegriffenen Variablen im Zeitverlauf instabiler und somit stärkeren Veränderungen unterworfen sind.

Auf der Mikroebene ist im Laufe der Entwicklung der politischen Partizipationsforschung der Zusammenhang einer Vielzahl von Erklärungsfaktoren mit politischer Aktivität untersucht worden. Diese Erklärungsfaktoren werden hier, geordnet nach Variablengruppen, vorgestellt. Diesem Vorgehen wurde – wie auch schon in den Ausführungen in Abschnitt 2.3 angedeutet – der Vorzug vor der Betrachtung umfassender Erklärungsmodelle, etwa des Ressourcen-Institutionen-Modells (Verba et al. 1978), des Ressourcen-Sozialisations-Mobilisierungs-Modells (Verba et al. 1995) als Weiterentwicklung des erstgenannten oder des Rational-Choice-Modells (Opp et al. 1984; Opp et al. 1989) politischer Partizipation gegeben. Ein wesentlicher Grund für dieses Vorgehen ist, daß die verschiedenen Modelle nicht überschneidungsfrei sind und sich Parallelen bei einigen Variablen bzw. Gruppen von Variablen zur Erklärung politischen Beteiligungsverhaltens zeigen (vgl. Pattie et al. 2004: 137-151; Gabriel/Völkl 2005: 559-565). Durch die Aufgliederung werden also Wiederholungen in der Darstellung vermieden. Zu den Variablengruppen auf der Mikroebene gehören sozialstrukturelle Merkmale und individuelle Ressourcen (Abschnitt 2.5.1),

Werte, Normen, Interessen und Einstellungen (Abschnitt 2.5.2), rationale Erklärungsansätze (Abschnitt 2.5.3) sowie die Mitgliedschaft und das Engagement in gesellschaftlichen Gruppen und interpersonalen Netzwerken (Abschnitt 2.5.4). Es muß an dieser Stelle bereits angemerkt werden, daß bei der Präsentation der Befunde über die Wirkungsweise dieser Variablen in der Regel zwischen den verschiedenen Partizipationsformen bzw. -dimensionen differenziert werden muß, da sich teilweise unterschiedliche Effekte für ein und denselben Prädiktor ergeben.

Der erste Abschnitt für die im Zeitverlauf als eher stabil einzustufenden Faktoren der Makroebene (Abschnitt 2.5.5) konzentriert sich auf den politischen bzw. institutionellen und den gesellschaftlichen Kontext politischer Beteiligung. Hier soll einerseits auf die Ausgestaltung des politischen Systems und die gesetzlichen Rahmenbedingungen politischer Partizipation eingegangen werden (Abschnitt 2.5.5.1). Andererseits steht die politische Kultur Deutschlands im Mittelpunkt, deren Charakteristika eine maßgebliche Rolle bei der Bewertung des politischen Aktivitätsniveaus spielen (Abschnitt 2.5.5.2). Der zweite Abschnitt (2.5.6) widmet sich einigen gesellschaftlichen Entwicklungen, die großen Einfluß auf die individuellen politischen Aktivitäten der Bürger haben. Dazu gehören ganz allgemein der gesellschaftliche Wertewandel und im speziellen die Verschiebung von materialistischen zu postmaterialistischen Werteorientierungen sowie der Bedeutungsverlust von Pflicht- und Akzeptanzwerten zugunsten von Selbstentfaltungswerten (Abschnitt 2.5.6.1). Politische Unzufriedenheit sowie Entfremdung bzw. relative Deprivation sind schon immer als bedeutsame Indikatoren politischer Aktivität, insbesondere von Protestverhalten und gewaltsamen Beteiligungsformen, angesehen worden (Gurr 1974: 12ff., 22ff.). Besonders nach der deutschen Einheit gab es unter dem Stichwort „Politikverdrossenheit" eine umfassende Debatte über eine angeblich wachsende Entfremdung der Bürger vom politischen System und seinen Akteuren. Auf die Implikationen dieser Debatte sowie auf allgemeine Effekte von Unzufriedenheit und Entfremdung für das politische Beteiligungsverhalten der Deutschen ist in Abschnitt 2.5.6.2 einzugehen. Eine letzte bedeutende Entwicklung, die berücksichtigt werden muß, ist der Prozeß der wachsenden kognitiven Mobilisierung der Bevölkerung in den westlichen Industrieländern, der zu einer deutlichen Verbesserung der kognitiven Voraussetzungen politischer Partizipation geführt hat (Abschnitt 2.5.6.3).

2.5.1 Sozialstruktur und individuelle Ressourcen

Auch wenn bereits klargestellt worden ist, daß die Prädiktoren politischer Partizipation nicht gegliedert nach verschiedenen Erklärungsmodellen präsentiert werden sollen, ist es notwendig, zu Beginn der Ausführungen zu den Effekten sozialstruktureller Variablen und individueller Ressourcen auf einen Bestandteil eines der wichtigsten Erklärungsmodelle in der politischen Partizipationsforschung zurückzugreifen. Das sozioökonomische Standardmodell wurde von der Forschergruppe um Verba (Nie et al. 1969a, 1969b; Verba/Nie 1972: 123-137) aufgestellt und bildete in der Folge einen grundlegenden Baustein ihrer weiteren Forschungsarbeit (Verba et al.

1977, 1978; Verba et al. 1993; Brady et al. 1995; Verba et al. 1995). Der sozioökonomische Status eines Individuums besteht aus drei Komponenten: Bildung, Einkommen und beruflicher Status. Insbesondere Einkommen und Berufsstatus korrelieren sehr stark positiv miteinander. Personen, die über ein hohes Maß intellektuel-
ler Ressourcen – also ein höheres Bildungsniveau – verfügen und dementsprechend
auch mit mehr materiellen Ressourcen – höheres Einkommen bzw. höherer beruflicher Status – ausgestattet sind, sind politisch wesentlich aktiver als Personen mit
wenigen Ressourcen. Alle drei Komponenten wirken sich also positiv auf politische
Partizipation aus. Gründe dafür sind zum einen, daß ressourcenstarke Gruppen durch
ihr Wissen, ihr Prestige und ihren besseren Zugang zu politisch relevanten Kommu-
nikationsnetzwerken wesentlich besser Druck auf die politischen Akteure ausüben
können. Zum anderen fördern Ressourcen die Entstehung und Verstärkung politischer Einstellungen, die einen positiven Einfluß auf das individuelle Aktivitätsniveau haben, wie etwa die Wahrnehmung eigener politischer Kompetenzen (politische Efficacy) oder das Gefühl, für die Gemeinschaft verantwortlich zu sein (vgl.
Abschnitt 2.5.2). Der sozioökonomische Status wirkt also sowohl direkt und vor allem aber auch indirekt (über politische Einstellungen und Motive) auf politische
Partizipation (Verba/Nie 1972: 125ff.).

Im Laufe ihrer Arbeiten hat die Gruppe um Verba das sozioökonomische Standardmodell zu dem bereits angesprochenen Ressourcen- (Brady et al. 1995) bzw.
Ressourcen-Sozialisations-Mobilisierungsmodell (Verba et al. 1995) erweitert. Eine
partizipationsrelevante Ressource, die sie in diese Arbeiten integrieren, ist Zeit: Die
Nutzung nichtelektoraler Partizipationsformen kostet – mit Ausnahme von Geld-
spenden an Parteien oder andere politische Organisationen – generell Zeit (Verba et
al. 1995: 48), die dann nicht mehr für andere Tätigkeiten zur Verfügung steht. Somit
steht politische Partizipation in einem Konkurrenzverhältnis zu anderen Aktivitäten,
sei es nun der Wahrnehmung einer beruflichen Tätigkeit oder Freizeit und Erholung.
Auch zwischen dieser Ressource und dem politischen Aktivitätsniveau besteht ein
positiver Zusammenhang. Personen mit einem großen Budget an frei verfügbarer
Zeit wie Rentner oder Hausfrauen sollten demnach aktiver sein, doch fehlen gerade
diesen Gruppen häufig andere partizipationsfördernde Ressourcen oder Einstellungen (Gabriel et al. 2004).

Neben den im sozioökonomischen Standardmodell verwendeten (Bildung, Einkommen und beruflicher Status) sind noch weitere sozialstrukturelle Variablen zur
Erklärung politischen Partizipationsverhaltens herangezogen worden. Dazu gehören
das Geschlecht, das Alter und in Deutschland nach der Wiedervereinigung auch die
Herkunft aus dem östlichen oder westlichen Landesteil. Für das Geschlecht als Ein-
flußvariable politischer Partizipation zeigt sich in der Regel, daß sich Frauen in geringerem Maße beteiligen als Männer (Milbrath/Goel 1977: 116; Bauer 1993:
178ff.; Schlozman/Burns/Verba 1994; Westle 2000, 2001). Das Ausmaß dieses als
„Gender Gap" bezeichneten Unterschieds ist aber abhängig von der jeweiligen Partizipationsform: Während es vor allem bei als konventionell eingestuften Aktivitäten
(mit Ausnahme der Wahlbeteiligung) noch immer relativ große Unterschiede im Beteiligungsniveau gibt, zeigen sich bei einigen Formen politischen Protests und bei

politischem Konsumverhalten nur geringe Unterschiede zwischen Männern und Frauen. Bei der Wahlbeteiligung hat sich das Aktivitätsniveau beider Geschlechter sogar vollkommen angeglichen (Steinbrecher et al. 2007: 182ff.). Die Ursachen der geringeren Beteiligungsaktivität von Frauen bei nichtelektoralen Partizipationsformen werden sowohl als sozialisations- als auch situationsbedingt angesehen (Westle 2001: 163).

Beim Alter ergibt sich für verfaßte Partizipationsformen ein kurvilinearer Verlauf der Aktivität, d.h. in den jüngeren Altersgruppen ist die Beteiligung besonders gering, steigt dann mit zunehmendem Alter an, erreicht bei 60-jährigen ihren Höhepunkt, um dann in den älteren Bevölkerungsgruppen wieder abzunehmen (vgl. z.B. Rattinger 1992; Jesse 2003; Steinbrecher et al. 2007: 182ff.). Dieser Effekt des Lebensalters wird als „*Start-up-slow-down*"-Modell bezeichnet (Verba/Nie 1972: 138ff.). Für unverfaßte politische Aktivitäten zeigt sich hingegen ein negativer Zusammenhang zwischen politischer Partizipation und Alter: Demonstrationen, Bürgerinitiativen, Boykotte usw. werden also vor allem von Jüngeren genutzt (vgl. z.B. Bauer 1993: 178ff.; Westle 1994: 166; Klingemann/Lass 1995: 161-162; Krimmel 2000: 631-634).

Ost- und Westdeutsche unterscheiden sich nur geringfügig in ihrem Partizipationsverhalten. Über verschiedene Studien hinweg lassen sich keine einheitlichen Muster für die leichten Beteiligungsunterschiede erkennen, so daß die festgestellten Differenzen wohl vor allem von kontextuellen Einflüssen abhängig sind. Werden getrennte Erklärungsmodelle für beide Landesteile aufgestellt, ergeben sich zwischen Ost- und Westdeutschland in der Regel relativ große Übereinstimmungen bezüglich der Stärke und Richtung der Effekte der einzelnen Prädiktoren (z.B. Klingemann/Lass 1995: 158ff.; Gabriel 2004: 328ff.).

2.5.2 Motive: Werte, Normen, Interessen und Einstellungen

Die Bedeutung von Motiven für das politische Partizipationsverhalten wurde bereits angedeutet, denn „partizipationsrelevante Motive entstehen im Sozialisationsprozess" (Gabriel 2004: 324), im wesentlichen durch die Eltern und die Schule (vgl. Almond/Verba 1965: 266-306). Motive sind äußerst vielfältig und umfassen mit Werten (vgl. Abschnitt 3.3.6.1), Normen und Interessen eine große Zahl von Einstellungen der Bürger (vgl. Verba/Nie 1972: 133f.; Gabriel 2004: 324).

Ein Wert ist eine Konzeption des Wünschenswerten (Kluckhohn 1951: 395). Werte müssen von Einstellungen, sozialen Normen und Bedürfnissen unterschieden werden (Rokeach 1973: 17ff.): Sie stehen in Beziehung zu einigen wenigen allgemeinen und abstrakten Positionen, die mehr oder weniger von allen Mitgliedern einer Gesellschaft geteilt werden. Da Werte abstrakte Konstrukte sind, ist es nicht möglich, sie direkt empirisch zu beobachten. Akzeptiert ein Individuum einen bestimmten Wert, dann wird dieser Wert als Wertorientierung Bestandteil seines individuellen Überzeugungssystems (Friedrichs 1968: 48f., 74). Wertorientierungen sind zentrale Bestandteile von Überzeugungssystemen und beeinflussen wiederum Ein-

stellungen und Verhalten. Werte werden beeinflußt von Entwicklungen auf der gesellschaftlichen Makroebene und durch die Position der Individuen innerhalb der
Sozialstruktur. Sie sind daher intervenierende Variablen zwischen der Makroebene
und sozialstrukturellen Variablen einerseits sowie politischen Einstellungen, Verhaltensabsichten und Verhalten andererseits (vgl. Abbildung 1; van Deth 1995: 5-8;
Klein 2005: 425f.). Im Vergleich zu den Werten sind Einstellungen spezifischer. Sie
bestehen zu einer Vielzahl von Objekten und variieren stark zwischen den einzelnen
Bürgern. Einstellungen sind weniger stabil und haben im Gegensatz zu Werten auch
keine gesellschaftliche Bindungswirkung.

**Abbildung 1: Die Rolle von Wertorientierungen bei der Erklärung politischen
Verhaltens**

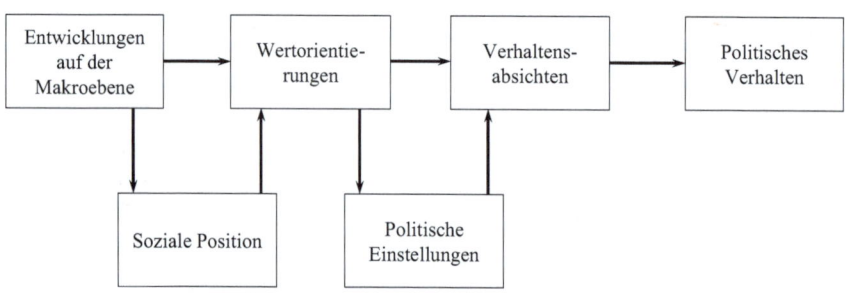

Anmerkung: Darstellung in Anlehnung an van Deth (1995: 6) und Klein (2005: 426).

Zu den partizipationsrelevanten Werten zählen die bereits angesprochenen
Selbstentfaltungswerte bzw. die postmaterialistischen Wertorientierungen. Da in
empirischen Studien vielfach nur Indikatoren für Ingleharts Materialismus-
Postmaterialismus-Dimension einbezogen werden, muß sich auch die vorliegende
Arbeit gezwungenermaßen auf diese Werteindikatoren beschränken. Die Befunde
der Partizipationsforschung sind eindeutig und entsprechen hinsichtlich der individuellen Wirkungsweise postmaterialistischer und materialistischer Wertorientierungen Ingleharts (1977, 1990) Prognosen: Postmaterialisten nutzen nichtelektorale, unverfaßte Partizipationsformen häufiger als Materialisten. Auch in multivariaten Erklärungsmodellen erweisen sich postmaterialistische Wertorientierungen als guter Indikator nichtelektoraler politischer Partizipation (z.B. Bauer
1993: 181ff.; Gabriel 1995a: 194ff.; Klingemann/Lass 1995: 161-162; Krimmel
2000: 631-634; van Deth 2001a: 212ff.).
    Häufig wird auch die Selbsteinschätzung auf der Links-Rechts-Dimension als
Prädiktor politischer Partizipation eingesetzt: Eine extreme Einordnung, egal auf
welcher Seite, erhöht tendenziell die Bereitschaft, sich an unkonventionellen, unver-
faßten und illegalen Aktionsformen zu beteiligen (Bauer-Kaase 1994: 290ff.). Wenn
man von den politischen Extremisten absieht, betätigen Linke sich allgemein wesentlich stärker als Rechte in nichtelektoralen Formen politischer Partizipation

(Westle 1990: 417ff.; Bauer 1993: 181ff.; Klingemann/Lass 1995: 161-162). Dies gilt vor allem für demonstrative und konfrontative Aktivitäten (Bauer 1993: 181ff.; Krimmel 2000: 631-634). Ursächlich dafür ist vor allem, daß Links- wesentlich stärker als Rechtsorientierte Träger partizipationsfördernder Einstellungen und Werte sind.

Unter den Normen sind vor allem die Akzeptanz der Demokratie allgemein sowie die Bewertung ihrer spezifischen Ausgestaltung und das wahrgenommene Ideal dessen, was ein guter Staatsbürger zum Erhalt und Funktionieren seines Staates beitragen sollte von Bedeutung für die politische Aktivität. Diejenigen, die demokratische Prinzipien unterstützen oder das Funktionieren der Demokratie besser bewerten als andere, erweisen sich dabei als partizipationsfreudiger (Sniderman 1975: 254ff.; Westle 1990: 417ff.; Gabriel 2000b: 40ff.), ebenso wie diejenigen, die es als Pflicht eines guten Bürgers ansehen, sich politisch aktiv zu betätigen. Das Ausmaß der wahrgenommenen Partizipationsnorm ist für die einzelnen Aktivitätsformen unterschiedlich stark ausgeprägt (Milbrath 1981: 214f.). Daher zeigen sich empirisch auch divergierende Zusammenhänge zwischen der Partizipationsnorm und den einzelnen Partizipationsformen (Gabriel 2004: 324ff.).

Weiterhin haben sich die psychologische und kognitive Involvierung, gemessen über das politische Interesse oder die generelle Aufmerksamkeit gegenüber politischen Angelegenheiten, als wichtige Prädiktoren politischer Aktivität erwiesen: Personen mit einem höheren politischen Interesse bzw. einer stärkeren politischen Involvierung sind politisch aktiver (z.B. Westle 1990: 417ff.; van Deth 1997a: 303-311; van Deth 2001a: 212ff.).

Mehrere Variablenkomplexe, die für das politische Partizipationsverhalten von großer Bedeutung sind, werden durch das Konzept der politischen Entfremdung zusammengefaßt. Politische Entfremdung bezeichnet „a person's sense of estrangement from the politics and the government of his society (…) in this sense a disidentification. It implies more than disinterest; it implies a rejection" (Lane 1962: 161). Begriffe, die häufig synonym gebraucht werden, sind politische Unzufriedenheit und Politikverdrossenheit (vgl. Abschnitt 2.5.6.2). Die beiden wichtigsten und partizipationsrelevantesten Teildimensionen der politischen Entfremdung sind politische Machtlosigkeit, also das Gefühl, daß die Bürger die Entscheidungen der Regierung wenig oder gar nicht beeinflussen können, und politisches Mißtrauen gegenüber den Institutionen und Entscheidungsträgern des politischen Systems (Wright 1981: 6-16; Mason et al. 1985: 112-117). Die Wahrnehmung der eigenen politischen Machtlosigkeit läßt sich noch einmal aufteilen in die sogenannte interne Efficacy, also die Einschätzung des individuellen politischen Kompetenzbewußtseins sowie die externe Efficacy, die Bewertung der Offenheit des politischen Systems für die Einflußnahme seiner Bürger[20]. Bürger, die sich kompetenter einschätzen und als politisch einflußreicher bewerten als andere, betätigen sich eher politisch. Dieser Effekt ist bei

---

20 Einen umfassenden Überblick über die Indikatoren der internen und externen Efficacy sowie ihre Reliabilität und Validität liefert Vetter (1997).

legalen und legitimen Partizipationsformen stärker als bei illegalen und illegitimen (Gabriel 1995a: 185ff.; van Deth 1997a: 303-311; Krimmel 2000: 631-634). Auch für die externe Efficacy ist aus theoretischer Perspektive klar von einem positiven Zusammenhang mit nichtelektoraler politischer Beteiligung auszugehen: Wenn ein Bürger das politische System als offen gegenüber den Einflußversuchen der Bürger bewertet, sollte er politisch aktiver sein. In empirischen Analysen bestätigen sich diese theoretischen Annahmen jedoch meist nicht. Signifikante positive Zusammenhänge treten nur äußerst selten auf (etwa bei Brady 1999: 762 oder Lüdemann 2001: 50[21]). Bei Armingeon (2007: 376ff.) zeigen sich sogar leichte negative Zusammenhänge zwischen externer Efficacy und mehreren Partizipationsdimensionen. Insofern sind keine klaren Aussagen zum Effekt der externen Efficacy auf politisches Partizipationsverhalten möglich. Kausal besteht zwischen dem politischen Aktivitätsniveau und den Efficacy-Indikatoren ein zweiseitiger Zusammenhang: Hat eine Person viele Gelegenheiten zur aktiven Beteiligung an der Politik bzw. ist politisch in besonderer Weise aktiv, verstärkt sich auch ihre wahrgenommene politische Kompetenz (Milbrath 1981: 217).

Die zweite partizipationsrelevante Dimension politischer Entfremdung ist das politische Mißtrauen. Die Unzufriedenheit mit bzw. das Mißtrauen in die Institutionen und Akteure des politischen Systems stehen im Rahmen der „Efficacy-Distrust-Hypothese" in enger Verbindung mit den Efficacy-Indikatoren. Niedrige wahrgenommene politische Einflußfähigkeit und ein hohes Ausmaß politischer Unzufriedenheit mit bzw. mangelndes Vertrauen in das politische System können zu einer Entfremdung des Individuums führen (vgl. Abschnitt 2.5.6.2). Annahmen dazu, daß ein höheres Niveau politischer Unzufriedenheit bzw. politischer Entfremdung die Teilnahme an politischen Protesten begünstigt oder gar zu revolutionären Bewegungen führen kann, finden sich schon in den klassischen Entfremdungstheorien (Durkheim 1973; Marx/Engels 1974; Gehlen 1986). Die Bedeutung von Unzufriedenheit und Entfremdung für politisches Beteiligungsverhalten erscheint theoretisch und auch bei der Betrachtung einiger bedeutsamer historischer Protestereignisse vollkommen plausibel. Empirisch wurde die politische Aktivität von Unzufriedenen, politisch Entfremdeten oder Personen mit einem niedrig ausgeprägten politischen Vertrauen vor allem im Zusammenhang mit Formen politischen Protests untersucht, seien sie nun legal oder illegal. So konnte beispielsweise Muller die Relevanz politischer Unzufriedenheit für aggressives politisches Beteiligungsverhalten belegen (Muller 1979; Muller/Jukam 1983). Auch Opp und Kollegen haben sich in verschiedenen Arbeiten mit dem Einfluß der genannten Variablen auf die Teilnahme an politischen Protesten auseinandergesetzt (Finkel et al. 1989; Opp et al. 1989; Opp 1990; Opp/Finkel 2001). Ihre Ergebnisse bestätigten einen Zusammenhang zwischen Un-

---

21 Sowohl bei Brady (1999) als auch bei Lüdemann (2001) wird allerdings ein kombinierter Index bzw. ein kombiniertes Maß aus interner und externer Efficacy verwendet. Bei Brady bleibt unklar, welchen Erklärungsbeitrag die externe Efficacy leisten kann. Bei Lüdemann hat die externe Efficacy bei alleiniger Verwendung im multivariaten Modell keinen signifikanten Effekt.

zufriedenheit und der Beteiligung an politischen Protestformen. Dieser Effekt wird verstärkt durch positive Bewertungen der eigenen politischen Einflußmöglichkeiten und dem Vertrauen auf die Gültigkeit kollektiver Prinzipien wie der Partizipationsnorm (Finkel et al. 1989). Laut Gabriel (1995a: 175f.) muß allerdings nicht jede Form politischen Mißtrauens in Kombination mit jeder Ausprägung der politischen Efficacy automatisch zu politischem Protest führen. Dies zeigt sich auch in seinen empirischen Analysen: In den Beziehungsmustern zwischen den verschiedenen Formen politischer Unzufriedenheit und den Dimensionen politischen Protestverhaltens treten relativ starke Unterschiede auf. So ist etwa die Unzufriedenheit mit den Regierungs- und Oppositionsparteien deutlich bedeutsamer für die Nutzung politischer Protestformen als die Unzufriedenheit mit dem politischen System allgemein und den Behörden (Gabriel 1995a: 187f.). Auch kann der Einfluß der Indikatoren der beiden Entfremdungsdimensionen durch dritte Variablen beeinträchtigt werden: So sind die Effekte politischer Unzufriedenheit, aber auch der internen Efficacy, bei Kontrolle durch Variablen des sozioökonomischen Ressourcenmodells sowie postmaterialistische Werteorientierungen entweder relativ schwach (Gabriel 1995a: 194ff.) oder sogar negativ (Westle 1990: 417ff.). Für sogenannte konventionelle Beteiligungsformen[22] abseits von politischem Protestverhalten waren die Befunde der Partizipationsforschung lange Zeit sehr eindeutig: Unzufriedene beteiligten sich in geringerem Maße an Wahlen oder wahlbezogenen Aktivitäten (vgl. die Übersicht bei Wright 1981: 58). Neuere empirische Untersuchungen verzeichnen aber auch positive Effekte auf politische Partizipationsformen abseits von Demonstrationen und anderen Arten politischen Protests (so etwa Kaase 1999: 15ff.).

Eine weitere politische Einstellung, die an dieser Stelle erwähnt werden muß, ist die Stärke der Parteiidentifikation. Für fast alle Partizipationsformen besteht ein positiver Zusammenhang zwischen nichtelektoraler politischer Partizipation und der Stärke der Parteibindung (Gabriel 2004: 324ff.). Die Parteiidentifikation sorgt dafür, daß sich die Bürger in stärkerem Maße mit Politik beschäftigen. Somit steigt deren generelle politische Involvierung, das Interesse an den Outputs des politischen Systems und letztendlich auch deren politische Aktivität. Allerdings ist der Zusammenhang für elektorale oder parteibezogene Aktivitäten erwartungsgemäß höher als beispielsweise für Kontaktaktivitäten und kommunales Engagement (Verba/Nie 1972; Verba et al. 1978; Milbrath 1981: 216). Für die Beteiligung an Protestaktivitäten ergibt sich sogar ein negativer Effekt der Stärke der Parteiidentifikation (Finkel/Opp 1991). Dieser Effekt kehrt sich jedoch (teilweise) um, wenn man zwischen den verschiedenen Identifikationsparteien unterscheidet. In Deutschland gibt es etwa für Anhänger der Grünen signifikante positive Effekte der Parteibindung auf die Teilnahme an Protestaktivitäten, seien sie nun legal oder illegal (Finkel/Opp 1991: 359ff.). Eine solche Differenzierung nach Identifikationsparteien wird im Rahmen der empirischen Analyse allerdings nicht vorgenommen. Dort wird lediglich die all-

---

22 Für die Diskussion der Problematik der Dichotomie von konventionellen und unkonventionellen Partizipationsformen sei auf Abschnitt 2.4.1 verwiesen.

gemeine Stärke der Parteiidentifikation bzw. eine dichotome Parteiidentifikationsvariable – für den Fall, daß keine Informationen über die Stärke zur Verfügung stehen – als Prädiktor politischen Partizipationsverhaltens genutzt.

2.5.3 Rationale Erklärungsvariablen

Wie bereits in Abschnitt 2.1 erwähnt gehen nahezu alle Erklärungsansätze politischer Partizipation und auch die überwiegende Mehrzahl der empirischen Studien davon aus, daß politische Partizipation einen instrumentellen Nutzen für die Partizipierenden hat: Der politisch Aktive möchte bei möglichst geringen Kosten einen maximalen Nutzen durch seinen Partizipationsakt erzielen und bestimmte persönliche (und möglicherweise auch kollektive) Ziele erreichen. Insofern unterstellt eine große Mehrheit der Arbeiten zur Erforschung politischen Partizipationsverhaltens den politisch Aktiven rationales Verhalten, ohne in der Regel die Voraussetzungen und Konsequenzen dieser Rationalität ausführlich zu erläutern.

Daher erscheint es zunächst sinnvoll, die grundlegenden Charakteristika des rationalen Erklärungsmodells zu benennen. Rationale Erklärungsansätze politischen Verhaltens basieren auf drei Hypothesen (Opp et al. 1989: 7f.). Die Präferenzhypothese geht davon aus, daß persönliche Präferenzen Determinanten von Aktionen sind. Diese Aktionen dienen in der Wahrnehmung der betreffenden Person als Mittel, die jeweiligen Präferenzen zu befriedigen. An dieser ersten Hypothese zeigt sich also in besonderem Maße die implizite Rationalität der meisten Definitionen und Analysen politischer Partizipation. Die zweite Hypothese ist die Bedingungs- bzw. Kontexthypothese. Demnach ist die Entscheidung für eine Verhaltensalternative abhängig von den bereits in Abschnitt 2.4.3 angesprochenen „Gelegenheitsstrukturen" (Zelle 1995) bzw. dem Kontext, also von externen Faktoren, welche die Wahrscheinlichkeit zur Befriedigung der Bedürfnisse erhöhen oder auch reduzieren können (vgl. Abschnitt 2.5.5). Die dritte Hypothese ist die Nutzenmaximierungs-Hypothese: Unter Berücksichtigung der äußeren Einflüsse versuchen Individuen immer, ihren individuellen Nutzen zu maximieren, das heißt ihre Präferenzen in einem höchstmöglichen Maße umzusetzen. Dies bedeutet nicht, daß Individuen immer die objektiv bestmögliche Handlungsalternative wählen, da sie nur auf der Basis der ihnen subjektiv zur Verfügung stehenden Informationen handeln können[23].

Betrachtet man nun politische Partizipation aus der Perspektive dieses rationalen Erklärungsmodells, ist es vollkommen irrational, politisch aktiv zu werden: Die Ergebnisse politischer Handlungen der Staatsbürger sind in der Regel Kollektivgüter, von denen Nicht-Aktive nicht ausgeschlossen werden können. Da ein individueller partizipativer Beitrag zum Erreichen des gewünschten Ergebnisses nicht benötigt

---

23 Dieses Grundmodell mit seinen drei Ausgangshypothesen hat zahlreiche Ergänzungen und Modifizierungen erfahren, die an dieser Stelle nicht detailliert dargestellt werden sollen. Daher sei auf die Darstellung bei Opp et al. (1989: 8ff.) verwiesen.

wird, sollten also für einzelne Bürger keinerlei Anreize bestehen, sich politisch zu betätigen. Verhalten sich allerdings alle Staatsbürger individuell rational und beteiligen sich nicht, kommt das Kollektivgut überhaupt nicht zustande: Vollkommene individuelle Rationalität führt also zu einem kollektiv irrationalen Ergebnis. Spieltheoretisch läßt sich die Partizipationsentscheidung als Gefangenendilemma darstellen (Nagel 1987: 24ff.). Olson (1965: 2) faßt die Konsequenzen dieser Modellierung folgendermaßen zusammen: „Even if all of the individuals in a large group are rational and self-interested, and would gain if, as a group, they acted to achieve their common interest or objective, they will not voluntarily act to achieve that common or group interest."

Da das faktisch beobachtbare Verhalten allerdings nicht diesen theoretischen Annahmen entspricht – größere Teile der Bürger beteiligen sich dennoch auf die eine oder andere Weise am politischen Prozeß, weil sie – aus der Sicht des rationalen Ansatzes – ihren Einfluß offensichtlich nicht korrekt wahrnehmen können (vgl. z.B. Finkel et al. 1989; Opp 1997) – wird in der Forschung vom „Paradox politischer Partizipation" gesprochen (Olson 1965). Empirische Belege für das Paradox politischer Partizipation finden sich beispielsweise bei Verba und seinen Kollegen, die feststellen konnten, daß bei vielen politisch Aktiven die Kosten ihres Engagements den Nutzen bei weitem übersteigen (Brady et al. 1995: 272, 290). Es sind zahlreiche Versuche unternommen worden, dieses Paradox zu lösen. Die meisten beziehen sich lediglich auf die Wahlbeteiligung als einzige Partizipationsform[24] und können nur teilweise auf nichtelektorale Beteiligungsarten übertragen werden, da es sich bei der Beteiligung an Wahlen im Vergleich zu anderen Partizipationsformen um eine Aktivität mit äußerst niedrigen Beteiligungskosten handelt (Aldrich 1993: 246; vgl. Abschnitt 2.4.1). Insgesamt lassen sich für politische Partizipationsformen vier verschiedene Ansätze zur Umgehung des Paradoxons politischer Partizipation identifizieren (vgl. Whiteley 1995: 212-218; Nagel 1987: 26-35).

Der erste Ansatz konzentriert sich auf die Höhe der Kosten und Nutzen kollektiver Aktivitäten. Gemäß Vertretern dieses Ansatzes ist es nicht rational, Kosten und Nutzen einer Aktivität zu berechnen und gegeneinander abzuwägen, wenn diese sehr klein sind (Barry 1970; Niemi 1976; Aldrich 1993). Allerdings kann dieser Ansatz zum einen keine Aktivitäten erklären, die hohe Kosten mit sich bringen, was eben auf alle Partizipationsformen außer der Wahlbeteiligung zutrifft. Zum anderen ist ein Erklärungsansatz, der weder die Kosten noch den Nutzen politischer Aktivität berücksichtigt, kein rationaler Erklärungsansatz mehr (Whiteley 1995: 213). Insofern kann dieser erste Ansatz keinen Beitrag zur Auflösung des Paradoxons politischer Partizipation für nichtelektorale politische Aktivitäten leisten.

Der zweite Ansatz greift auf die bereits angesprochene Spieltheorie zurück und versucht mit Hilfe des „Folk"-Theorems (Rasmussen 1989: 92ff.) das Paradoxon zu lösen, indem kollektive Aktivitäten als N-Personen-Gefangenendilemma betrachtet

---

24 Zu nennen wären hier beispielsweise die Arbeiten von Riker und Ordeshook (1968) zum „Calculus of Voting" sowie von Ferejohn und Fiorina (1974).

werden (Hardin 1971). Folgende Bedingungen müssen erfüllt sein, damit Kooperation (Partizipation) zwischen den Teilnehmern des Spiels stattfindet und das kollektive Gut bereitgestellt wird (Taylor 1976; Axelrod 1984): Erstens sollten die Teilnehmer an dem Spiel die Zukunft nicht zu stark in ihre Überlegungen einbeziehen. Zweitens sollte das Spiel im Zeitverlauf wiederholt werden. In einem lediglich ein einziges Mal stattfindenden Spiel wäre die dominante Strategie nämlich immer Nicht-Kooperation. Drittens sollte darüber Unklarheit bestehen, wann das Spiel endet. Viertens sollten diejenigen, die kooperieren, in der Lage sein, die Unkooperativen zu bestrafen. In bezug auf politische Partizipation ist die letzte Bedingung allerdings kaum zu erfüllen, da die Nicht-Beteiligung nur äußerst schwer durch die politisch Aktiven bestraft werden kann[25]. Daher ist Nicht-Aktivität deutlich wahrscheinlicher (Whiteley 1995: 214). Eine Ausnahme hinsichtlich der Möglichkeit, Sanktionen für die Nicht-Aktiven bereitzustellen, besteht für relativ kleine Gruppen, also vor allem auf lokaler Ebene, wo die Anzahl der Akteure begrenzt ist. Allerdings ergibt sich für solche Gruppen wiederum das Problem, daß möglicherweise nicht genug Ressourcen und Mittel vorhanden sind, um das angestrebte Kollektivgut auf anderen Ebenen des politischen Systems (in bezug auf Deutschland etwa die Landes- oder die Bundesebene) bereitzustellen.

Der dritte Ansatz zur Lösung des Paradoxons politischer Partizipation integriert altruistische Faktoren in die Abwägung zwischen Nutzen und Kosten politischer Aktivität, das heißt, daß die Individuen bei ihrer Entscheidung auch den Nutzen der anderen Partizipierenden berücksichtigen. Einen Beitrag zur Herstellung des Gemeinwohls zu leisten, bietet damit neben der Erreichung eigener Ziele und Interessen einen zusätzlichen Anreiz, politisch aktiv zu werden. Allerdings kann Altruismus als Motivation das Paradox politischer Partizipation nicht lösen, weil unklar ist, welchen Beitrag ein Einzelner zur Bereitstellung des Kollektivguts bzw. des kollektiven Ergebnisses der Partizipation leisten kann. Eine präzise Angabe über den eigenen Anteil ist nur in kleinen Gruppen oder Kollektiven möglich. Hier ergibt sich also einerseits eine Parallele zum zweiten Lösungsansatz des Paradoxons, andererseits zu den Überlegungen von Olson (1965: 54), der bereits darauf hinwies, daß kollektive Ziele in kleinen Gruppen leichter zu erreichen sind. Whiteley (1995: 215f.) präsentiert auch noch Erweiterungen des dritten Lösungsansatzes, die einen bedingungslosen Altruismus aller Bürger (Chong 1991) bzw. ein universelles Wirken des kategorischen Imperativs (Muller/Opp 1986; Finkel et al. 1989) postulieren. Insgesamt versuchen also die altruistischen Ansätze, das Paradox zu lösen, indem individuelle durch kollektive Rationalität ergänzt bzw. ersetzt wird. Kollektive Rationalität und kollektive Faktoren liegen aber außerhalb des Analyserahmens von Rational Choice-Ansätzen, da rationales Handeln den methodologischen Individualismus impliziert (Whiteley 1995: 216).

---

25 Denkbar wäre hier natürlich ein Ausschluß der Passiven von den Vorteilen des bereitgestellten Gutes. Für die Nicht-Teilnahme an Wahlen gibt es in Ländern mit Wahlpflicht immerhin staatliche Sanktionen (Geldstrafen etc.).

Der vierte und letzte Ansatz präsentiert selektive Anreize als Lösungsmöglichkeit für das Paradox. Schon Olson (1965) brachte selektive Anreize als Gründe für die Beteiligung der politisch Aktiven ins Spiel. Dazu zählen beispielsweise soziale Normen oder moralische Motive. So kann etwa die Befriedigung darüber, die Partizipationsnorm zu erfüllen und sich somit wie ein guter Staatsbürger zu verhalten bereits eine ausreichende Basis für politisches Engagement sein. Ein anderes Beispiel ist die Zufriedenheit damit, daß man sich zu seiner Partei öffentlich bekennt, indem man sich für sie und ihre Kandidaten im Wahlkampf engagiert. Selektive Anreize bieten somit eine plausible Begründung politischer Aktivität, weil sie Partizipation aus dem Eigeninteresse der Individuen begründen (Whiteley 1995: 217). Allerdings bringt ihre Verwendung einige unschöne Implikationen mit sich: Wenn sie als Erklärungsvariable genutzt werden, kann politisches Handeln nicht mehr dadurch erklärt werden, daß die Bürger bestimmte Veränderungen in einem bestimmten Politikfeld erreichen wollen, denn solche Veränderungen stellen kollektive Güter dar. Empirisch zeigt sich jedoch, daß die Einflußnahme auf politische Richtungsentscheidungen im Aggregat eine der wesentlichen Motivationen individueller politischer Aktivität ist (Whiteley 1995: 217f.). Auch die Wirkung sozialer Normen kann nur schwer in den Analyserahmen rationaler Erklärungen politischer Partizipation eingepaßt werden, da Normen nicht auf der Basis von Kosten-Nutzen-Überlegungen entstehen (Kofford/Miller 1991: 23).

Insgesamt zeigt sich also, daß jeder der Ansätze Vor- und Nachteile mit sich bringt. Wägt man diese gegeneinander ab, kommt man zu dem Schluß, daß die Nutzung selektiver Anreize den erfolgversprechendsten Weg darstellt, das Paradoxon politischer Partizipation zu lösen (Whiteley 1995: 218). Wegen des Fehlens eines umfassenden rationalen Erklärungsmodells politischer Aktivität gibt es nur relativ wenige empirische Studien, die ihr Hauptaugenmerk auf die rationale Erklärung politischer Partizipation richten. In der Regel finden sich vor allem einige der in Abschnitt 2.5.2 angeführten Variablen als Indikatoren rationalen Handelns in solchen Erklärungsmodellen für politische Partizipation wieder. Dazu gehören der perzipierte politische Einfluß (politische Efficacy), die Unzufriedenheit mit den politischen Verhältnissen sowie die bereits bei den Lösungsmöglichkeiten des Partizipationsparadoxons angesprochenen sozialen Anreize und Normen (Opp et al. 1989; Mengering 1992; Lüdemann 2001).

Allerdings hat sich die alleinige Betrachtung bzw. Nutzung von Rational-Choice-Variablen und -Modellen als nicht besonders gewinnbringend für die Erklärung politischer Partizipation erwiesen (Whiteley 1995). Dies liegt zum einen darin begründet, daß in der Regel keine Variablen zur Messung des Erwartungsnutzens der Folgen des eigenen Handelns und der Handlungskosten zur Verfügung stehen (Lüdemann 2001: 56ff.). Solche Variablen wären beispielsweise die potentielle öffentliche Resonanz (in den Massenmedien), das persönliche Risiko für die eigene Gesundheit, die Gefahr staatlicher Sanktionen und die für eine Aktivität notwendigen zeitlichen und finanziellen Ressourcen (Fuchs 1995: 140ff.). Aufgrund dieses Mangels an „eigenen" Indikatoren behelfen sich rationale Erklärungsansätze mit der Verwendung von Werten, Normen und Einstellungen. Zum anderen haben sich zahlreiche andere

Variablen als wesentlich erklärungskräftiger für politisches Partizipationsverhalten erwiesen[26], was zusätzlich zu einer Vernachlässigung rationaler Prädiktoren in Erklärungsmodellen politischer Partizipation geführt hat. Auch diese Arbeit wird trotz der instrumentellen Definition politischer Beteiligung in Abschnitt 2.2 auf die Verwendung explizit rationaler Erklärungsvariablen verzichten. Allerdings wird mit der Einbeziehung von Indikatoren wie der politischen Efficacy, der Partizipations- bzw. Wahlnorm oder der Effektivitätsbewertung politischer Beteiligungsformen in der Analyse auf Variablen zurückgegriffen, die auch für die Operationalisierung rationaler Erklärungsansätze geeignet sind.

2.5.4 Netzwerke, soziales Engagement und Sozialkapital

In mehreren umfassenden Arbeiten hat Robert Putnam (1993, 2000) die besondere Rolle des Sozialkapitals für das Funktionieren und den Zusammenhalt moderner Gesellschaften herausgearbeitet: „(...) social capital makes us smarter, healthier, safer, richer, and better able to govern a just and stable democracy" (Putnam 2000: 290). Sozialkapital scheint daher wohl ein Allheilmittel gegen eine Vielzahl von Problemen zu sein und wird von Putnam definiert als „features of social organization, such as trust, norms, and networks, that can improve the efficiency of society by facilitating co-ordinated actions" (1993: 167). Auch in anderen Definitionen von Sozialkapital werden mit jeweils unterschiedlicher Schwerpunktsetzung Vertrauen, gemeinschaftsbezogene Werte und Normen sowie soziale Kontakte und Netzwerke als einzelne Elemente berücksichtigt (Gabriel et al. 2002: 25). Das Zusammenwirken sozialer Aktivität (in Netzwerken), von zwischenmenschlichem Vertrauen und der Befürwortung auf die Gemeinschaft bezogener Werte und Normen führt – neben einer Vielzahl von anderen postulierten Effekten – zu einer höheren politischen Beteiligung der Bürger: „Soziale Aktivität bringt die Integration von Individuen in der Gesellschaft zum Ausdruck und kann in politische Aktivität einmünden, weil sie einen gesellschaftlichen Kontext abgibt, der dem Erwerb von Kompetenzen und Ressourcen dient, die sich im politischen Leben einsetzen lassen; der das Lernen von Werten und Normen fördert, die zur Beteiligung motivieren; und der die Möglichkeit bietet, politische (sic!) aktive Personen kennenzulernen, die stimulierend auf die eigene politische Betätigung wirken können" (Kunz/Gabriel 2000: 47). Die umfangreichen positiven Effekte sozialer Aktivität wirken sowohl auf individueller wie auf gesamtgesellschaftlicher Ebene, d.h. Sozialkapital ist gleichzeitig ein individuelles und ein kollektives Gut. Daher wird von vielen Autoren noch zusätzlich zwischen Bezie-

---

26   Vgl. die anderen Abschnitte von 2.5.

hungskapital (individuelle Ebene) und Systemkapital (kollektive Ebene) differenziert (Esser 2000: 241; Gabriel et al. 2002: 25ff.)[27].

Der wichtigste Indikator im Rahmen des Sozialkapitalmodells ist in den Augen vieler Autoren (z.B. Coleman 1990; Putnam 1993, 2000) das zwischenmenschliche Vertrauen, das im wesentlichen durch freiwillige Interaktionen von Individuen im Rahmen von Vereinen und Verbänden entsteht. Diesen Mechanismus hatte bereits de Tocqueville (1997) in seinem Werk „Über die Demokratie in Amerika" angesprochen. Auch Lazarsfeld und seine Kollegen wiesen bereits auf einen Zusammenhang zwischen sozialen Kontakten und Kontexten auf der einen und politischem Beteiligungsverhalten auf der anderen Seite hin, als sie feststellten, daß „a person thinks, politically, as he is, socially" (Lazarsfeld et al. 1948: 27). Ebenso konnten Almond und Verba (1965: 208-265) bereits einen positiven Zusammenhang zwischen der freiwilligen Mitgliedschaft in Organisationen und politischer Partizipation feststellen. Sie verwiesen bereits auf die Konsequenzen der zivilgesellschaftlichen Netzwerke, etwa für die Bildung interpersonalen Vertrauens, die Herstellung von Anreizen für die politische Kooperation mit anderen und die Förderung politischen Selbstbewußtseins (politische Efficacy)[28]. Auch Kaase (1999) kann im Rahmen seiner Analysen einen positiven bivariaten Zusammenhang zwischen interpersonalem Vertrauen und nicht-institutionalisierter politischer Partizipation belegen.

In empirischen Untersuchungen zum Zusammenhang zwischen Sozialkapital und politischer Partizipation wird das Sozialkapital in der Regel über das soziale sowie ehrenamtliche Engagement der Befragten operationalisiert. Der positive Zusammenhang zwischen sozialer und politischer Beteiligung ist dabei immer wieder bestätigt worden (z.B. bei Parry et al. 1992: 100; van Deth 1997a: 303-311; van Deth 2001a:

---

27 Es sei an dieser Stelle darauf hingewiesen, daß soziales Engagement nicht immer positive Konsequenzen mit sich bringt. Vielmehr wird von einigen Autoren (beispielsweise Fiorina 1999; Putnam 2000: 350-363) auf die „dunkle Seite" des Sozialkapitals hingewiesen. So können sich auch politische Extremisten sozialen Engagements bedienen, um ihre langfristigen, gesamtgesellschaftlich und politisch als negativ zu bewertenden Ziele zu erreichen. Als Beispiel in Deutschland sei auf das starke Engagement der NPD im Jugendbereich in den ostdeutschen Bundesländern verwiesen (vgl. z.B. Staud 2005).

28 Insofern hat Putnam lediglich einen verdrängten Ansatz der politikwissenschaftlichen Forschung wiederbelebt. Angesichts der Fülle von Publikationen zu „Sozialkapital" oder „bürgerschaftlichem Engagement" seit 1993 scheint ihm das in beeindruckender Weise gelungen zu sein (vgl. für eine Übersicht verschiedener Arbeiten zu Sozialkapital Haug 1997). Selbst die Bundesregierung und der Bundestag haben sich umfassend mit freiwilligen Aktivitäten bzw. bürgerschaftlichem Engagement auseinandergesetzt. Beispiele dafür sind die Finanzierung des „Freiwilligensurveys" in den Jahren 1999 und 2004 durch das Bundesministerium für Familie, Senioren, Frauen und Jugend (http://www.bmfsfj.de/ Kategorien/aktuelles,did=15980.html, http://www.bmfsfj.de/Kategorien/Forschungsnetz/forschungsberichte,did=73430.html, 18.05.2007) oder etwa die Einsetzung der Enquete-Kommission „Zukunft des bürgerschaftlichen Engagements" in der 14. Wahlperiode des Deutschen Bundestages, die ein umfangreiches Schrifttum zum bürgerschaftlichen Engagement in Deutschland herausgegeben hat (http://www.bundestag.de/Parlament/gremien/kommissionen/ archiv14/enga/index.html, 18.05.2007).

212ff.; Gabriel 2004: 326ff.; Gabriel/Völkl 2005: 565ff.; vgl. auch den zusammen-
fassenden Überblick bei van Deth 1997b: 14). Allerdings variieren bei den angege-
benen empirischen Untersuchungen die Indikatoren: So wird einerseits die bloße
Mitgliedschaft, andererseits die aktive Arbeit in Freiwilligenorganisationen als Indikator für Sozialkapital herangezogen und auf der Basis der positiven Nennungen für
verschiedene Gruppen und Organisationen in der Regel ein kumulativer Index gebildet.

Aus theoretischer Sicht kann keine klare Aussage hinsichtlich der Kausalrichtung
zwischen sozialer und politischer Partizipation getroffen werden. Vielmehr ist es
sowohl plausibel, daß ehrenamtliches Engagement zur Herausbildung subjektiv
wahrgenommener politischer Kompetenz und somit indirekt zu politischer Aktivität
führt (Dekker/van den Broek 1996: 126ff.) als auch, daß politisches Engagement
Aktivität in Vereinen und Organisationen hervorruft. An dieser Stelle kann die Frage
nach der kausalen Wirkungsweise zwischen den beiden Gruppen von Aktivitäten
nicht beantwortet werden: Vor dem Hintergrund des Untersuchungsinteresses dieser
Arbeit ist daher eine pragmatische Entscheidung zu treffen und soziales Engagement
als Erklärungsvariable politischer Partizipation anzusehen[29]. Olsen (1972: 318) be-
nennt mehrere Gründe, warum die Aktivität in freiwilligen, nichtpolitischen Vereinen und Organisationen zu einem verstärkten politischen Engagement führt: „It
broadens one's sphere of interests and concerns, so that public affairs and public issues become more salient for him. It brings an individual in contact with many new
and diverse people, and the resulting relationships draw him into public affairs and
political activity. It increases one's information, trains him in social interaction and
leadership skills, and provides other resources needed for effective political action."

Bei der Stärke der Effekte für den Zusammenhang zwischen sozialer und politischer Beteiligung ist zudem zwischen den verschiedenen Vereinsformen sowie Beteiligungsaktivitäten bzw. -dimensionen zu differenzieren: Bestimmte Vereinstypen
mobilisieren stärker als andere, so hat etwa die Aktivität in Organisationen, in denen
politisch diskutiert wird oder die politische Ziele verfolgen, einen deutlich stärkeren
Effekt auf den politischen Aktivitätsgrad (Leighley 1995: 190) als beispielsweise
das Engagement in Sportvereinen (Gabriel et al. 2002: 165ff.). Soziales Engagement
wirkt sich auch auf bestimmte politische Aktivitäten stärker aus als auf andere. Stärkere Zusammenhänge sind insbesondere für Wahlkampfaktivitäten, die Wahlbeteiligung und lokales politisches Engagement festzustellen (vgl. z.B. Leighley 1995:
190; Westle 2000: 146ff.; van Deth 2001: 215). Für Protestaktivitätenie die Teilnahme an Demonstrationen oder Formen illegalen Protests sind teilweise deutlich
schwächere Zusammenhänge als für die anderen Partizipationsdimensionen
(Kunz/Gabriel 2000: 62ff.; Gabriel et al. 2002: 170ff.), vereinzelt gar keine Zusammenhänge mit sozialer Partizipation zu verzeichnen (Opp/Gern 1993). Theoretisch
wäre auch ein negativer Wirkungsmechanismus ehrenamtlicher Tätigkeit denkbar:
Beteiligung kostet generell Zeit. Wendet ein Individuum beispielsweise sehr viel

---

29 Ein solches Vorgehen findet sich beispielsweise auch bei Kunz und Gabriel (2000: 55-56).

Zeit für ehrenamtliches oder soziales Engagement auf, bleibt ihm weniger Zeit für politische Aktivitäten. Gleiches gilt natürlich auch umgekehrt, so daß es daher denkbar wäre, daß beide Konzepte negativ miteinander zusammenhängen[30]. Insofern wären soziale und politische Beteiligung eher als Alternativen zu bezeichnen (van Deth 2001a: 199). Gabriel et al. (2002: 149) weisen darauf hin, daß die in vielen Studien berichteten Zusammenhänge möglicherweise auch eine Scheinkorrelation sein können, da soziale und politische Partizipation nur wegen des gemeinsamen sozioökonomischen Hintergrundes der Bürger miteinander korrelieren.

Ein weiteres Problem bei der Untersuchung des Zusammenhangs zwischen Sozialkapital bzw. sozialem Engagement und politischer Partizipation ergibt sich durch die bereits in Abschnitt 2.1 angesprochene Schwierigkeit, politische klar von sozialer Partizipation zu trennen. Hier können Zirkularitätsprobleme auftreten, weil eine klare Abgrenzung zwischen unabhängiger und abhängiger Variable nicht mehr möglich ist (Pattie et al. 2004: 150). Träte Zirkularität auf, wären soziale und politische Beteiligung eher Zwillinge und keine Ergänzungen zueinander (van Deth 2001a: 199-202). Problematisch ist das Sozialkapitalmodell auch deshalb, weil es Partizipationsanreize nicht mit einbezieht. In einer Gesellschaft mit einem hohen Sozialkapitalniveau kann das Modell allein nicht erklären, warum einige Bürger sich engagieren, andere wiederum nicht. Von einem rationalen Standpunkt her wäre individuelles Engagement bei einem hohen Sozialkapitalniveau nämlich nicht sinnvoll (Pattie et al. 2004: 150f.). Damit bestätigt sich einmal mehr, wie schon bei der Präsentation der anderen zur Erklärung politischer Partizipation genutzten Variablen in den vorangehenden Abschnitten, daß ein umfassender Erklärungsversuch politischen Partizipationsverhaltens alle Erklärungsvariablen gleichzeitig einbeziehen muß, da sich so die jeweiligen Defizite der einzelnen Prädiktoren zumindest teilweise ausgleichen können.

2.5.5 Politischer und gesellschaftlicher Kontext

Das politische Handeln der Bürger wird nicht nur durch ihre individuellen Eigenschaften, Fähigkeiten und Einstellungen beeinflußt, sondern auch durch verschiedene strukturelle Charakteristika des Staates bestimmt, in dem sie leben. Besonders bei international vergleichenden Analysen politischen Partizipationsverhaltens haben sich solche strukturellen Variablen der Makroebene als bedeutsam für die Erklärung von Unterschieden im politischen Beteiligungsverhalten zwischen den Staaten erwiesen (vgl. z.B. Norris 2002). Aber auch bei einer auf einen einzigen Staat beschränkten Analyse wie der vorliegenden, ist es notwendig, auf einige bedeutsame

---

30 Eine weitere mögliche Ursache für einen solchen negativen Zusammenhang sieht Hirschman (1979: 100f.) in der Frustration der Partizipierenden aufgrund der Diskrepanz zwischen Erwartungshaltung und bei der Partizipation gemachten Erfahrungen.

strukturelle Determinanten des politischen Partizipationsverhaltens der Deutschen hinzuweisen.

Dazu gehört einerseits der institutionelle Kontext. In Abschnitt 2.5.5.1 wird daher auf die Konsequenzen eingegangen, die sich daraus ergeben, daß das politische System der Bundesrepublik Deutschland mehrere politische Ebenen mit teilweise recht unterschiedlichen institutionellen Regelungen für politische Partizipation umfaßt. Hier soll auch auf die Veränderungen der „Gelegenheitsstrukturen" politischer Partizipation (Zelle 1995) durch die Einführung bzw. Ausweitung direktdemokratischer Verfahren auf kommunaler und Länderebene während der letzten Jahre eingegangen werden. Andererseits steht das sehr umfassende Konzept der „politischen Kultur" im Mittelpunkt (Abschnitt 2.5.5.2). Die Ausgestaltung der politischen Kultur bestimmt, welche Bedeutung der Partizipation der Staatsbürger in einem politischen System zukommt, welche Partizipationsformen als erwünscht und welche als illegitim angesehen werden. Nach einer allgemeinen Vorstellung des Konzepts soll in aller Kürze die politische Kultur Deutschlands und ihre Entwicklung im Zeitverlauf charakterisiert werden, da die politische Kultur nicht statisch ist, sondern starken Veränderungen unterworfen ist, die Konsequenzen für das politische Beteiligungsverhalten haben. Mit diesem Abschnitt erfolgt ein Brückenschlag zwischen Mikro- und Makroebene, da es sich bei der politischen Kultur um die aggregierten politischen Einstellungen der Bürger handelt.

Ohne Zweifel sind neben dem institutionellen Rahmen eines politischen Systems und der politischen Kultur noch weitere Kontextfaktoren denkbar, die die politischen Aktivitäten der Bürger beeinflussen können. So führt zum Beispiel Rucht (2006: 201f.) im Rahmen seiner Untersuchungen zu politischem Protestverhalten das Bereitstehen von Verbündeten, die offensichtliche Schwächung der Gegenseite oder positive Medienberichte als wichtige Kontextfaktoren an, die sich positiv auf die Teilnahme an politischen Protesten auswirken. Weiterhin nennt Rucht einige situative Faktoren, die außerhalb des Einflußbereiches der Protestierenden liegen. Dazu gehören anstehende politische Entscheidungen, Skandale, Katastrophen bzw. einschneidende historische Ereignisse (beispielsweise der NATO-Doppelbeschluß 1979, die Reaktorkatastrophe in Tschernobyl 1986 oder die Irakkriege 1991 und 2003). Auch die konkreten Bedingungen vor Ort (Verhalten der Polizei, Anwesenheit und Verhalten von Gegendemonstranten, Gerüchte) sind von Bedeutung für das Verhalten der Protestierenden. Diese hier nur kurz benannten Kontextvariablen müssen in den folgenden Analysen allerdings außen vor bleiben. Zum einen sind sie wohl nur für einige wenige nichtelektorale Beteiligungsformen relevant. Zum anderen stehen in den als Datengrundlage für die empirischen Analysen dienenden Umfragestudien keinerlei Informationen über die genannten Kontextfaktoren zur Verfügung.

2.5.5.1 Der institutionelle Kontext: Politische Partizipation im politischen Mehrebenensystem

Die Bundesrepublik Deutschland vereinigt und verschränkt in ihrem politischen System mit dem Bund, den Ländern und den Kommunen (Gemeinden, kreisfreie Städte und Landkreise) mehrere politische Ebenen miteinander. Dies hat Konsequenzen für das analytische Vorgehen in dieser Arbeit. Der erste bedeutsame Aspekt ist institutioneller und gesetzlicher Natur: Auf den verschiedenen Ebenen stehen den Bürgern aufgrund von Unterschieden in der Verfassungs- bzw. Gesetzeslage divergierende Möglichkeiten verfaßter politischer Beteiligung zur Verfügung. Dies führt zu Unterschieden in der bereits mehrfach angesprochenen Gelegenheitsstruktur politischer Partizipation, so daß es je nach politischer Ebene unterschiedliche Anreize zur Nutzung verfaßter, aber auch nicht-verfaßter politischer Aktivitäten gibt. Auf europäischer und nationaler Ebene haben die Bürger in Deutschland lediglich die Möglichkeit, durch Wahlen an den politischen Entscheidungen mitzuwirken. Die Einführung von Volksbegehren und -entscheiden auf Bundesebene findet sich allerdings von Zeit zu Zeit auf der öffentlichen Agenda wieder, und mittlerweile stehen alle im Bundestag vertretenen Parteien mit Ausnahme der CDU/CSU auf der Seite der Befürworter der Aufnahme direktdemokratischer Maßnahmen ins Grundgesetz (Decker 2006; Häfner 2007: 104).

Ganz anders sieht es dagegen auf der Ebene der Länder und der Kommunen aus. Hier war in immerhin sieben Landesverfassungen bereits seit der Gründung der Länder nach dem Zweiten Weltkrieg eine Volksgesetzgebung vorgesehen (Weixner 2006: 105ff.; Häfner 2007: 105), wenn auch die Hürden zu ihrer Nutzung lediglich in Bayern so gering waren, daß direktdemokratische Verfahren häufiger angewendet werden konnten (Hahnzog 1999). Aufgrund des Engagements von Bürgerinitiativen und Vereinen wie beispielsweise „Mehr Demokratie e.V." oder ihres Vorgängers „IDEE" (Initiative DEmokratie Entwickeln) kam es, auch wegen der sehr positiven Erfahrungen mit der friedlichen, demokratischen und erfolgreichen Revolution in der DDR, zu einem Schub für die Erweiterung bzw. Einführung direktdemokratischer Verfahren nach der Wiedervereinigung. Mittlerweile stehen in allen Bundesländern auf Landes- wie auf kommunaler Ebene mit Volksbefragung und -entscheid (auf Landesebene) sowie Bürgerbefragung und -entscheid (auf kommunaler Ebene) Verfahren der Volksgesetzgebung zur Verfügung (Scarrow 1997; Kost 2006; Weixner 2006: 104ff.). Die Regelungen weichen allerdings hinsichtlich der Kriterien für Einleitungsquoren, Eintragungsfristen und Zustimmungsquoren beträchtlich voneinander ab (Häfner 2007: 106ff.). Dennoch kann für alle Bundesländer festgestellt werden, daß es nun deutlich einfacher für die Bürger ist, mit Hilfe direktdemokratischer Verfahren Einfluß auf den politischen Prozeß zu nehmen, als zu Beginn der 1990er Jahre. Allerdings gehen die Verbesserungen und Erweiterungen des Instrumentariums vor allem Vertretern der partizipativen Demokratietheorie nicht weit genug (vgl. Abschnitt 2.2; Barber 1994; Rehmet et al. 2007), die eine Einführung von Volksentscheiden auf Bundesebene und eine deutliche Erleichterung der politischen Beteiligung durch Absenkung von Beteiligungsquoren sowie die Erweiterung der von diesen Verfahren betroffenen Politikbereiche auf Landes- und kommunaler Ebene fordern[31]. Die empirische Nutzungshäufigkeit dieser Partizipationsformen verharrt nach einer ersten Phase der Euphorie nach Einführung bzw. Erweiterung der direktdemokratischen Beteiligungsmöglichkeiten auf einem niedrigen Niveau[32], im wesentlichen bedingt durch die relativ hohen Hürden in den meisten Bundesländern. Einzige Ausnahme ist Bayern, dessen Regelungen als bürgerfreundlich und fair gelten[33], so daß in diesem Bundesland genauso viele Bürger- und Volksentscheide stattgefunden haben wie in allen anderen 15 Bundesländern zusammen (Häfner 2007: 113).

Zusätzlich zu diesen direktdemokratischen Elementen sind auf kommunaler Ebene nach 1990 durch den Siegeszug der süddeutschen Ratsverfassung in den Bundesländern mit norddeutscher Rats- und denen mit Magistratsverfassung[34] Direktwahlen für Bürgermeister und Landräte eingeführt worden, so daß es auch zu einer Ausdehnung der elektoralen Beteiligungsmöglichkeiten der Bürger gekommen ist. Schließlich sind auf der lokalen Ebene in allen Bundesländern auch einige nichtelektorale Beteiligungsformen institutionalisiert worden: Dazu gehört etwa die Beteiligung der Bürger durch Anhörungen, Bürgergespräche, Foren und Runde Tische bei lokalen Bau- und Planungsvorhaben (Feindt 2002) oder aber die Einrichtung von Beiräten sowie die Benennung von sachkundigen Bürgern (Knemeyer 1997: 134ff.; Kersting 2004: 170ff.). So wird einerseits gewährleistet, daß die Anliegen und Interessen der Bürger in den Entscheidungsprozeß eingehen und mögliche politische Konflikte bereits im voraus ausgeräumt werden. Andererseits werden die Entscheidungen von Gemeinde- bzw. Stadtrat und Verwaltung so wesentlich stärker legitimiert.

Insgesamt zeigen sich also deutliche ebenenspezifische Unterschiede hinsichtlich der verfaßten politischen Beteiligungsmöglichkeiten der Bürger in Deutschland. Dieses unterschiedliche Angebot dürfte ohne Zweifel Einfluß auf das Partizipationsverhalten der Deutschen haben. Eine angemessene und umfassende empirische Analyse politischen Partizipationsverhaltens würde also eigentlich eine ebenenspezifische Betrachtung der politischen Aktivitäten erfordern.

---

31   Vgl. zu den allgemeinen Forderungen zur Erweiterung der direktdemokratischen Einflußmöglichkeiten die Webseite von Mehr Demokratie e.V. unter http://www.mehr-demokratie.de/. Speziell für die Forderungen zur Einführung eines bundesweiten Volksentscheids sei auf http://www.mehr-demokratie.de/495.html (22.05.2007) verwiesen.

32   Vgl. die jährlichen Volksbegehrensberichte von Mehr Demokratie e.V. unter http://www.mehr-demokratie.de/volksbegehrensbericht.html (13.09.2007).

33   Vgl. die Übersicht und die Bewertung der direktdemokratischen Verfahren auf kommunaler Ebene unter http://www.mehr-demokratie.de/287.html (13.09.2007).

34   Die norddeutsche Ratsverfassung galt in Nordrhein-Westfalen und Niedersachsen. Die Magistratsverfassung gilt immer noch in Hessen und Bremerhaven, in Schleswig-Holstein wurde sie abgeschafft. Die ostdeutschen Länder haben alle die süddeutsche Ratsverfassung eingeführt. Einen ausführlichen Überblick liefert Ipsen (2007).

Allerdings wird in der Regel in empirischen Untersuchungen lediglich nach der allgemeinen politischen Beteiligung gefragt, etwa, ob der Befragte schon einmal an einer Demonstration teilgenommen hat. So kann meist überhaupt nicht differenziert werden, welcher der Ebenen der jeweilige Partizipationsakt zuzuordnen ist. Es hat sich aber in Studien, die das politische Partizipationsverhalten ebenenspezifisch untersuchen, gezeigt, daß die Bürger sich vor allem auf der lokalen Ebene engagieren[35], im wesentlichen lokale Institutionen und Akteure Adressaten der Partizipationsakte sind und die Aktivitäten sich meist auf Probleme innerhalb der Stadt oder der Gemeinde beziehen. Zudem sind die Effekte sozialer und ökonomischer Ungleichheiten und Disproportionalitäten für das politische Engagement auf lokaler Ebene deutlich geringer als bei politischen Aktivitäten, die auf die nationale Ebene ausgerichtet sind (mit Ausnahme der Wahlbeteiligung) (Parry et al. 1992: 299-411; Philipps 1996; Kaase 1990: 53ff.). Aufgrund der stärkeren und persönlichen Vertrautheit mit den Verhältnissen im eigenen Lebensumfeld sowie der leichteren Zugänglichkeit der lokalen Politik und der Politiker scheint dies auch vollkommen nachvollziehbar.

Die Gliederung der Bundesrepublik Deutschland in mehrere politische Ebenen hat neben den objektiv meßbaren ebenenspezifisch unterschiedlichen Möglichkeiten verfaßter politischer Beteiligung auch Auswirkungen auf die subjektiven Wahrnehmungen der Bürger hinsichtlich der Verantwortlichkeiten des Bundes, der Länder und Kommunen für einzelne Politikbereiche. Hier sorgt vor allem die vertikale „Politikverflechtung" zwischen den verschiedenen politischen Ebenen (Scharpf et al. 1976; Wachendorfer-Schmidt 2003), aber auch die horizontale freiwillige Koordination zwischen den Ländern (Gabriel/Holtmann 2007) bzw. Kreisen und Gemeinden dafür, daß die Bürger möglicherweise nicht in der Lage sind, den geeigneten Adressaten für ihren Partizipationsakt zu identifizieren. Auch nach der bisher umfassendsten Änderung des Grundgesetzes, der sogenannten Föderalismusreform I im Jahre 2006[36], ist die Aufteilung der Zuständigkeiten zwischen Bundes-, Länder- und Gemeindeebene nicht immer klar und offensichtlich. So kann die für die Bürger komplexe und unübersichtliche Zuständigkeitsstruktur abschreckend wirken und sie von politischer Aktivität abhalten. Dies gilt wohl vor allem für politische Probleme, deren Lösung nur durch Akteure oberhalb der lokalen Ebene herbeigeführt werden kann.

Auf die lokale oder die Länderebene ausgerichtete empirische Studien elektoraler Formen politischer Partizipation sind nicht ungewöhnlich (z.B. Eilfort 1994; Gabriel et al. 1997; Löffler/Rogg 2000; Marcinkowski 2001; Schmid/Griese 2002; Schmid/Zolleis 2007), werden aber nur selten in systematischer Weise durchge-

---

35 So zielen zwischen 60 und 90 Prozent der Bürgerinitiativen auf Probleme bzw. Angelegenheiten auf lokaler Ebene ab (Kersting 2004: 53), genauso wie mehr als die Hälfte aller Proteste (Roth 1994b: 230; Gabriel 1989: 142f.). Auch Politikerkontakte finden vor allem auf kommunaler Ebene statt (Gabriel 1989: 142f.).

36 Vgl. Bundesgesetzblatt 2006, Teil I Nr. 41, 2034ff.

führt[37], obwohl die amtliche Statistik für diese Ebenen des politischen Systems umfassende Informationen zum Wahlverhalten bereitstellt. Was die politische Aktivität jenseits der Wahlbeteiligung betrifft, gibt es für Deutschland nur einige wenige Analysen, die eine vergleichende oder eine übergreifende Untersuchung des lokalen Partizipationsverhaltens zum Thema haben. Gabriel (2000a) war in diesem Forschungsbereich in besonderer Weise aktiv: So untersuchte er beispielsweise das Partizipationsverhalten in 14 deutschen Großstädten, aber auch die generelle Beteiligung an kommunalpolitischen Aktivitäten (Gabriel 1989; Kunz/Gabriel 2000). Die geringe Zahl der angeführten Beispiele zeigt schon, daß die Forschung im Bereich ebenenspezifischer politischer Partizipation deutlich intensiviert werden müßte. Es wurde bereits darauf hingewiesen, daß das politische Partizipationsverhalten im Rahmen eines umfassenden Untersuchungsansatzes eigentlich einer ebenenspezifischen Analyse bedarf. Da ebenenspezifische Differenzierungen aber mit den zur Verfügung stehenden Daten nicht möglich sind – dort wird politisches Verhalten allgemein oder auf nationaler Ebene gemessen – muß dieser Aspekt hier außen vor bleiben[38].

2.5.5.2 Der gesellschaftliche Kontext: Politische Partizipation und politische Kultur

Das Konzept der politischen Kultur wurde von Gabriel Almond und Sidney Verba vor dem Hintergrund des Scheiterns vieler junger Demokratien in Europa zwischen dem Ersten und dem Zweiten Weltkrieg entwickelt. Deutschland war dafür lediglich ein – wenn auch besonders herausragendes – Beispiel. In ihrer maßgeblichen „Civic Culture"-Studie (1965: 13) definierten Almond und Verba politische Kultur als „the particular distribution of patterns of orientation towards political objects among the members of the nation". Für das Überleben und die Stabilität demokratischer politischer Systeme ist die Existenz einer staatsbürgerlichen Kultur und damit die Verbreitung gewisser staatsbürgerlicher Tugenden in der Bevölkerung notwendig.

„Die politische Kultur eines Landes ist über die Orientierungen oder Einstellungen von Individuen zu erfassen." (Gabriel 1994: 24). Diesem Paradigma folgt der weitverbreitete einstellungsorientierte Ansatz der politischen Kulturforschung[39], der auf diese Weise Mikro- (Existenz bestimmter Einstellungen bei einzelnen Bürgern) und Makroebene (politische Kultur der Gesellschaft bzw. des Staates) durch Akkumulation bzw. Aggregierung von Individualdaten miteinander verbindet. Diese Verknüpfung von Mikro- und Makroebene birgt aber bei der Durchführung empirischer Analysen sowohl die Gefahr des individualistischen als auch des ökologischen Fehlschlusses in sich (Pickel/Pickel 2006: 41ff.). In dieser Arbeit wird zur Erklärung in-

---

37 Ausnahmen aus der jüngsten Zeit für Landtagswahlen finden sich in der Zeitschrift für Parlamentsfragen (Heft 3/2007) sowie in einem Sammelband von Gabriel et al. 2008.
38 Anders als etwa in der Arbeit von Parry et al. (1992) für Großbritannien.
39 Im Gegensatz zum einstellungsorientierten steht der geisteswissenschaftlich-verstehende Ansatz, der die politische Kultur als System von Symbolen betrachtet (Gabriel 2005: 465).

dividuellen politischen Verhaltens auf einige Mikroindikatoren politischer Kultur zurückgegriffen (vgl. Abschnitt 2.5.2). Die politische Kultur als Aggregation der bei den Individuen vorhandenen Einstellungen kann lediglich als Kontextfaktor des individuellen politischen Partizipationsverhaltens angesehen werden.

Die politische Kultur hat für die Staatsbürger zwei wesentliche Funktionen: Zum einen hilft sie ihnen bei der Wahrnehmung („cognitive map"), zum anderen bei der Bewertung („normative map") der politischen Umwelt (Beer 1973: 25). Auch wenn alle Staatsbürger über ihre individuellen Einstellungen zur politischen Kultur beitragen und ein gewisses Ausmaß an Homogenität notwendig für das Funktionieren des politischen Systems ist, sollte klar sein, daß die zu einer politischen Gemeinschaft gehörenden Individuen nicht alle die gleichen Einstellungen haben bzw. sich in den Bewertungen der Einstellungsobjekte unterscheiden.

Während individuelle Einstellungen und die politische Kultur der Gesellschaft also durch die Aggregation direkt miteinander verknüpft sind, haben politische Einstellungen keinen direkten Einfluß auf die Systemstabilität. „Vielmehr können Einstellungen nur dann eine politische Wirkung entfalten, wenn sie zu politischen Handlungen oder Unterlassungen führen." (Gabriel 2005: 463). So kann ein enger Bezug zum sogenannten allgemeinen sozialwissenschaftlichen Erklärungsmodell individuellen Verhaltens (Coleman 1990; Esser 1993, 2001) hergestellt werden. Folglich ist auch politische Partizipation selbst vom Vorhandensein bestimmter Einstellungen abhängig, etwa vom Ausmaß der politischen Involvierung, das beispielsweise über das politische Interesse, das politische Wissen, das Verständnis politischer Zusammenhänge oder das staatsbürgerliche Kompetenzbewußtsein (interne und externe Efficacy) operationalisiert wird (Gabriel 2005: 470ff.; Niedermayer 2005: 20-36). Desweiteren ist die Intensität der politischen Unterstützung von Relevanz. Diese wird über die Einstellungen zur politischen Gemeinschaft, wie Nationalbewußtsein, Einstellungen zur Idee und Praxis der Demokratie, zu politischen Institutionen, Organisationen und Akteuren, erhoben (Gabriel 2005: 483ff.; Niedermayer 2005: 37ff.). Auf die bisherigen Befunde über die Wirkungsrichtung und -stärke dieser Variablen für politisches Partizipationsverhalten auf der Individualebene ist bereits in Abschnitt 2.5.2 genauer eingegangen worden.

Wie aus der vorangehenden, keineswegs erschöpfenden Aufzählung deutlich werden sollte, gibt es eine Vielzahl von Elementen eines politischen Systems, zu denen die Bürger Einstellungen entwickeln können. Almond und Verba fassen diese Einstellungen und Orientierungen in ihrem Ursprungskonzept zu vier Gruppen (das politische System als allgemeines Objekt, die politischen Input-Prozesse und die zur Bearbeitung dieser Prozesse entwickelten Institutionen, die Outputs des politischen Systems, das Individuum als politischer Akteur) zusammen. In einer späteren Veröffentlichung (Almond et al. 2000: 50ff.) liegt der Focus nur noch auf den ersten drei Aspekten, „weil die Bürger ihre Stellung in der Politik immer mit Bezug auf das politische System (Bürgerstatus), die Inputs (Teilnehmerstatus) und die Outputs (Status als Empfänger staatlicher Leistungen) definieren dürften" (Gabriel 2005: 466). Unter diesen drei Aspekten ist die Input-Komponente von besonderer Bedeutung für diese Arbeit. Sie bezieht sich explizit auf die Teilnehmerrolle der Staatsbürger, etwa in Form von Einstellungen zur Effektivität bestimmter Partizipationsformen oder der generellen Bereitschaft, eine Beteiligungsart auszuüben. Im Rahmen dieser partizipativen Komponente (Gabriel 1994: 35ff.) der politischen Kultur geht es also um die Wahrnehmung der eigenen Rolle und der damit verbundenen Rechte und Pflichten zur Mitwirkung am politischen Prozeß. Da demokratische Herrschaft in besonderem Maße auf eine prinzipielle Zustimmung der Bevölkerung angewiesen ist[40], benötigt ein demokratisches politisches System leistungsfähige Input-Strukturen. Diese dienen sowohl der Herrschaftskontrolle als auch der Rückbindung des Handelns der politischen Entscheidungsträger an die Präferenzen und Wünsche der Bevölkerung. Folgt man den in Abschnitt 2.2 angesprochenen input-orientierten bzw. partizipativen Demokratietheorien, dann benötigen demokratische Gemeinwesen Bürger, die bereit sind, sich permanent über politische Sachverhalte zu informieren und sich ständig aktiv in den politischen Prozeß einzubringen. Wie hoch die Bereitschaft zur Beteiligung und das real vorhandene Beteiligungsniveau sind, wird sich in den Abschnitten 4.1.2 bis 4.1.3 zeigen. Für die Befunde anderer Partizipationsstudien zum Niveau politischer Aktivität sei auf Abschnitt 4.1.1 verwiesen.

Neben den Werken von Almond und Verba sind auch die Arbeiten von David Easton von großer Bedeutung für die politische Kultur-Forschung, da Easton (1975, 1979) im Rahmen seiner Systemtheorie ebenfalls zwischen verschiedenen Objekten politischer Unterstützung unterscheidet. Dies sind die politische Gemeinschaft (z.B. die Gemeinde, der Nationalstaat oder die Mitbürger), das politische Regime (Werte, Verfahren und Organisationsprinzipien des politischen Systems) und die Inhaber politischer Führungspositionen (alle Personen, die staatliche Aufgaben erfüllen). Neben den drei Objekten unterscheidet Easton zwischen zwei Formen der Unterstützung, die sich auf die politischen Objekte beziehen. Spezifische Unterstützung bezeichnet konkrete Handlungen oder Leistungen einer politischen Einrichtung oder eines Akteurs, während diffuse Unterstützung leistungsunabhängig ist und lediglich mit allgemeinen Charakteristika eines Einstellungsobjektes in Beziehung steht.

Nach der grundlegenden Arbeit von Almond und Verba wurde das Konzept der politischen Kultur von einer Vielzahl von Forschern zur Untersuchung einer sehr heterogenen Masse von Phänomenen aufgegriffen. Die daraus resultierende Beliebigkeit des Begriffs brachte Kaase (1983) auf den Punkt, indem er die wissenschaftliche Auseinandersetzung mit dem Konzept als Versuch bezeichnete, „einen Pudding an die Wand zu nageln". Dazu paßt die von Rohe wiedergegebene Heterogenität bzw. Unförmigkeit des Konzepts: Politische Kultur „ist subjektiv und objektiv, innerlich und äußerlich. Sie ist ein Sinngefüge und ein Zeichensystem. Sie manifestiert sich als ‚Weltbild' und ‚ungeschriebene Verfassung'. Sie differenziert sich in politische Sozialkultur und politische Deutungskultur. Sie besteht aus kognitiven, normativen und ästhetischen Maßstäben, die affektiv oder rein verstandesmäßig verankert sein können. Sie ist ein vorgefundenes historisches Produkt, das jedoch einer

---

40   Es existieren auch entgegensetzte Ansichten über das benötigte Ausmaß an Zustimmung durch
     die Bevölkerung (vgl. hierzu Abschnitt 2.2).

ständigen Praxis bedarf, wenn es überleben und sich entwickeln will." (Rohe 1994: 14). Die Komplexität des Konzepts wird auch deutlich, wenn man sich eine Aufzählung der Sachverhalte ansieht, die nach Dias (1971) durch „politische Kultur" abgedeckt werden. Dazu gehören „Ideologie, Werte, politische Prädispositionen, Wertorientierung, normative innere Ordnung, modale nationale Persönlichkeit, politische Identität, politisches Erwartungssystem, fundamentale Übereinstimmung über Art und Stil politischer Handlung, fundamentale politische Orientierungen, politische Handlungen, Meinungen, Normen, Symbole, politisches Verhalten, politische Persönlichkeit usw." (Dias 1971: 409f.). Trotz dieser beiden sehr umfangreichen und wegen ihrer Überfülle eher negativ anmutenden Aufzählungen scheinen die Klagen über die Beliebigkeit des Konzeptes in der Zwischenzeit weitgehend verstummt zu sein. Selbst Kaase (1994) ist mittlerweile zu dem Schluß gekommen, daß politische Kultur eine etablierte Komponente der politikwissenschaftlichen Forschung darstellt. Dennoch ist das Konzept der politischen Kultur immer noch einiger Kritik ausgesetzt: So wurde etwa die angenommene Kausalitätsrichtung kritisiert, die Beziehung zwischen politischen Einstellungen und tatsächlichem politischen Verhalten in Frage gestellt oder aber der Einfluß subjektiver kultureller Faktoren im Vergleich zu rationalen (Nutzen-)Erwägungen als unbedeutend angesehen (vgl. Almond 1987: 27ff.; Berg-Schlosser 2003: 8f.; Pickel/Pickel 2006: 41-44, 101-111).

Wie genau ist nun die politische Kultur Deutschlands beschaffen? Und wie hat sie sich seit dem Zweiten Weltkrieg entwickelt? Eine Beantwortung dieser Fragen ist von Bedeutung, wenn – wie in dieser Arbeit – politisches Partizipationsverhalten über einen längeren Zeitraum betrachtet und analysiert werden soll. Es ist allerdings klar, daß an dieser Stelle keine umfassende Beantwortung der beiden aufgeworfenen Fragen erfolgen kann. Dafür sei auf umfassende Werke wie von Sontheimer (1990, 1999), Berg-Schlosser/Rytlewski (1993), Greiffenhagen/Greiffenhagen (2002), Breit (2003), und kurze Überblicksdarstellungen im Rahmen umfassender Werke zum politischen System Deutschlands wie von Rudzio (2003) oder Gabriel (2005) verwiesen. Vielmehr soll im Hinblick auf die dieser Arbeit zugrundeliegenden Fragestellungen vor allem auf die Partizipationskultur der Deutschen eingegangen werden. Die restlichen Aspekte der politischen Kultur spielen nur am Rande eine Rolle.

Wie bereits angedeutet, erfolgte eine erste umfassende Analyse der politischen Kultur (West-) Deutschlands durch Almond und Verba im Rahmen ihrer „Civic Culture"-Studie (1965): Sie konnten feststellen, daß sich die Deutschen mehr für die Output-Seite der Politik interessierten und sich im wesentlichen auf die Wahlbeteiligung als Input für das politische System beschränkten. Andere Partizipationsformen wurden bis in die 1960er Jahre lediglich von begrenzten Minderheiten ausgeübt. Insgesamt kamen Almond und Verba zu dem Ergebnis, daß in Deutschland eine weitgehend passive Orientierung gegenüber der Politik vorherrschte (1965: 362). Weiterhin stellten sie fest, daß „in Germany the lack of commitment to the political system that is relatively independent of system output suggests that the stability of the system may be in doubt if the level of output becomes less satisfactory" (Almond/Verba 1965: 364). Dazu passen auch die Bewertungen Sontheimers, der die Bundesrepublik als „eine rein repräsentative, mit autoritären Zügen versehene Variante der Demokratie" bezeichnete (Sontheimer 1990: 26f.) sowie Dahrendorfs (1971: 345-360), der den Deutschen unter dem Schlagwort „der unpolitische Deutsche" gar eine Abneigung gegen jede Form aktiver politischer Betätigung attestierte.

Diese Einschätzung mußte allerdings spätestens Mitte der 1970er Jahre revidiert werden, als die partizipatorische Aktivität der Westdeutschen auf ein ähnlich hohes Niveau wie in anderen westlichen Demokratien stieg (Greiffenhagen/Greiffenhagen 1979: 361f.) und die politische Kultur (West-)Deutschlands sich insgesamt stark an die der USA oder Großbritanniens annäherte (Sontheimer 1990: 31). Eine auf den ersten Blick offensichtliche Ursache dieser Veränderungen war die antiautoritäre Protestwelle, die, ausgelöst durch die Studentenbewegung, 1967 losbrach. Allerdings wird die sogenannte 1968er-Bewegung häufig lediglich als Begleiterscheinung oder spektakulärer Ausdruck eines sich ansonsten weitgehend im stillen vollziehenden Wandels angesehen (Inglehart 1977; Rudzio 2003: 550f.), dessen wesentliche Ursachen sich wie folgt benennen lassen (Conradt 1980): Erstens führten die Nachkriegssozialisation und das Verblassen älterer Alternativen zur liberalen Demokratie zu höherer Partizipationsbereitschaft und stärkerer Systemakzeptanz bei den nach dem Zweiten Weltkrieg heranwachsenden Jahrgängen. Zweitens sei aufgrund der effektiven Leistung die allgemeine Unterstützung des politischen Systems gewachsen. Im Laufe der Zeit habe sich die Systemunterstützung sogar unabhängig vom Erfolg des Systems entwickelt, so daß die „Schönwetterdemokratie" der beiden ersten Jahrzehnte der Bundesrepublik verschwunden sei (Bulmahn 1999: 4; Wolfrum 2006). Als dritter Aspekt wird die gesellschaftliche Modernisierung angeführt, die zur Verstärkung liberaler und partizipatorischer Einstellungen geführt habe (vgl. Abschnitt 2.5.6.1). Trotz einer vorübergehenden Spaltung der westdeutschen Gesellschaft in eine Mehrheits- und eine minoritäre Protestkultur (Rudzio 2003: 548) kam es zum einen zu einer Verbesserung der mentalen Partizipationsvoraussetzungen, beispielsweise durch eine Zunahme des politischen Interesses (Gabriel 2005: 471ff.; Niedermayer 2005: 20ff., vgl. Abschnitt 2.5.6.3). Zum anderen zeigten sich starke Veränderungen des politischen Partizipationsverhaltens selbst, die sich etwa in einem deutlichen Anstieg der Wahlbeteiligung, einer Zunahme der Mitglieder in Parteien, Organisationen und Verbänden sowie einem Anwachsen der Demonstrations- und Aktionsneigungen in den 1970er Jahren widerspiegeln. Insbesondere letzteres bedeutet eine Diversifizierung des politischen Verhaltens, die als „partizipatorische Revolution" bezeichnet und im Rahmen der Political-Action-Studie (Barnes/Kaase 1979; Kaase 1984; vgl. auch Topf 1995) ausführlich empirisch untersucht und belegt wurde. Ein wesentlicher Träger dieser Revolution waren die „Neuen sozialen Bewegungen", die sich durch ihre politische und soziale Zielorientierung auf die sogenannte „Neue Politik" (z.B. Frieden, Abrüstung, Umweltschutz, Emanzipation von „Minderheiten", Basisdemokratie, Bürgerrechte) charakterisieren lassen. Sie bedienten sich besonders der Formen des kollektiven Bürgerprotestes durch demonstrative, konfrontative, zum Teil aber auch gewaltsame Aktionsformen[41]. Trotz der völlig unterschiedlichen gesellschaftlichen und politischen Entwicklung konnten sich auch in der DDR vor der demokratischen Revolution des Herbstes 1989 ähnliche Gruppen bilden. Sie erreichten zwar aufgrund des repressiven politischen Systems bei weitem nicht die Öffentlichkeitswirkung der neuen sozialen Bewegungen in der Bundesrepublik, können aber als Vorläufer der „Bürgerbewegung" betrachtet werden, die wesentlichen Einfluß auf den Zusammenbruch der DDR hatte (Schmitt-Beck/Weins 1997: 322ff.).

Die Partizipationswelle in Westdeutschland erreichte ihren Höhepunkt Ende der 1970er, Anfang der 1980er Jahre. Seitdem wird immer wieder ein deutlicher Rückgang von Partizipationsneigungen und politischer Aktivität postuliert. Dies zeigt sich besonders deutlich für die Wahlbeteiligung (vgl. Steinbrecher et al. 2007). Bei anderen Partizipationsformen ergibt sich allerdings eine diskontinuierliche Entwicklung (vgl. Abschnitt 4.1.1; Niedermayer 2001: 213ff.; Gabriel/Völkl 2005: 543ff.), die darauf hindeutet, daß politische Partizipation in starkem Maße von Kontextfaktoren abhängig ist. Folgt man den lange andauernden und immer wieder aufflammenden Diskussionen um Politik-, Parteien- und Politikerverdrossenheit[42] (vgl. Abschnitt 2.5.6.2), scheint es so, daß die Deutschen zum Teil von der Politik enttäuscht sind oder sich gar von ihr abgewendet haben. Empirisch lassen sich solche häufig aufgestellten Behauptungen, die an Indikatoren wie der Zufriedenheit mit der Demokratie in Deutschland oder dem Vertrauen in politische Institutionen, Parteien und Politiker festgemacht werden, allerdings nur teilweise bestätigen (vgl. Gabriel 2005: 488ff.; Niedermayer 2005: 37ff.).

Mit der deutschen Einheit wandte sich die deutsche Politische Kultur-Forschung der Untersuchung der politischen Kultur in Ostdeutschland zu. Vor dem Hintergrund der 40-jährigen Teilung beider deutscher Staaten und der Übertragung des politischen, wirtschaftlichen und gesellschaftlichen Systems Westdeutschlands stellte sich vor allem die Frage nach dem Ausmaß der Gemeinsamkeiten oder der Unterschiede zwischen der politischen Kultur Ost- und Westdeutschlands. Für das politische Partizipationsverhalten waren relativ große Unterschiede zu erwarten, schließlich konnte der Westen einen Demokratisierungsvorsprung von 40 Jahren aufweisen, und politische Partizipation erfüllte in der DDR in erster Linie den Zweck, Loyalität gegenüber der politischen Führung zu demonstrieren. Sie diente nicht, wie im Westen, als Möglichkeit zur Interessenartikulation und zur Einflußnahme auf Entscheidungen der politischen Führung (Gabriel 2004: 317).

Die Befunde in der ersten Hälfte der 1990er Jahre waren vielschichtig und deuteten in einigen Bereichen der politischen Kultur auf Konvergenzen, in anderen wiederum auf das Fortbestehen von Unterschieden hin (Gluchowski/Zelle 1992; Weil

---

41 Für einen ausführlichen Überblick zu den neuen sozialen Bewegungen in Deutschland siehe Dalton/Küchler (1990), Rucht (1991) sowie Schmitt-Beck (1992).
42 Für eine ausführliche Auseinandersetzung mit dem Phänomen „Politikverdrossenheit" siehe Maier (2000) sowie Arzheimer (2002).

1993; Bauer-Kaase 1994; Feist/Liepelt 1994; Bürklin 1995; Gabriel 1995b). Sowohl die Feststellung eines schnellen Verschwindens der kulturellen Prägungen des DDR-Regimes (Sontheimer 1990: 84-88) als auch die Prognose einer fortbestehenden „Mauer in den Köpfen" (Schneider 1982) erwiesen sich als nicht angemessene Bewertungen auf dem Weg hin zur Erlangung der „inneren Einheit" (Veen 1997; Abold/Steinbrecher 2007). Längerfristige Betrachtungen zeigen eine weitgehende Annäherung der Einstellungen von Ost- und Westdeutschen für das politische Interesse, das objektive politische Wissen, das subjektive Verständnis politischer Probleme, das staatsbürgerliche Kompetenzbewußtsein, den Nationalstolz, die Bindung an politische Gemeinschaften, das Vertrauen in einen Großteil der staatlichen Institutionen und Akteure sowie die Zufriedenheit mit den Leistungen der Bundesregierung. Deutliche Unterschiede gibt es hinsichtlich der Unterstützung der Idee der Demokratie, der Zufriedenheit mit der Demokratie sowie des Vertrauens in einige staatliche Institutionen, wobei die Werte für all diese Aspekte der politischen Kultur im Westen deutlich höher liegen als im Osten (Falter et al. 2000; Gabriel 2005: 470-514). Wenn man von diesen Abweichungen absieht, spricht vieles dafür, daß sich nach der Wiedervereinigung keine getrennten politischen Kulturen in Deutschland entwickelt haben. Vielmehr haben sich Ost und West in vielen entscheidenden Bereichen einander angenähert. Auch jüngste empirische Untersuchungen belegen eine weitgehende Angleichung der Orientierungen zum politischen System, auch wenn immer noch Unterschiede im Hinblick auf die Bewertung der sozialen Marktwirtschaft und die Zufriedenheit mit den Leistungen des demokratischen Systems vorhanden sind (Abold/Steinbrecher 2007).

Für das politische Partizipationsverhalten der Ost- und der Westdeutschen bieten sich so mittlerweile in bezug auf die Ausprägung der politischen Kultur in beiden Landesteilen weitgehend identische Voraussetzungen. Die trotz des Annäherungsprozesses immer noch bestehenden Unterschiede erfordern allerdings getrennte empirische Analysen für beide Landesteile. Der für diese Arbeit gewählte mikroanalytische Ansatz impliziert zudem, daß lediglich für die Operationalisierung des Konzeptes der politischen Kultur genutzte Indikatoren für die Erklärung des individuellen politischen Beteiligungsverhaltens herangezogen werden können. Für die Darstellung der Effekte dieser Einstellungsvariablen auf politische Partizipation sei auf Abschnitt 2.5.2 verwiesen. Effekte der politischen Kultur und insbesondere der Partizipationskultur können somit nur unterstellt, nicht aber mit eigenen Analyseergebnissen belegt werden.

2.5.6 Gesellschaftliche Entwicklungen

Neben den in zeitlicher Perspektive relativ stabilen strukturellen Determinanten und ihrem Einfluß auf das politische Beteiligungsverhalten in Deutschland, die in Abschnitt 2.5.5 präsentiert wurden, geht es nun um sich im Zeitverlauf deutlich stärker verändernde Kontext- bzw. Makrofaktoren politischer Partizipation. Im Rahmen der bisherigen Ausführungen sind drei gesellschaftliche Entwicklungen der letzten Jahr-

zehnte genannt worden, die von großer Bedeutung für das politische Beteiligungsverhalten sind und daher im Rahmen dieses Abschnittes ausführlicher erläutert werden sollen. Bei diesen Entwicklungen handelt es sich mit dem Wertewandel (Abschnitt 2.5.6.1) um den am meisten beschriebenen und diskutierten Ansatz der politischen Kulturforschung (Pickel/Pickel 2006: 133). Desweiteren ist ausführlicher auf
politische Entfremdung, die Diskussion um Politikverdrossenheit sowie andere damit verbundene Konzepte politischer Unzufriedenheit einzugehen (Abschnitt
2.5.6.2). Als letzte bedeutende Veränderung auf der Makroebene ist die kognitive
Mobilisierung anzuführen (Abschnitt 2.5.6.3).

2.5.6.1 Wertewandel

Das Konzept des Wertewandels basiert unmittelbar auf dem in Abschnitt 2.5.2 vorgestellten Wertekonzept der Mikroebene, so daß an dieser Stelle keine zusätzlichen
Angaben zum Konzept, zu Wertorientierungen und zur Wirkung von Wertorientierungen auf politisches Verhalten notwendig sind. Der Focus an dieser Stelle liegt
vielmehr auf der Veränderung von Wertorientierungen im Zeitverlauf. Wertewandel
ist ein äußerst umfassendes Konzept (vgl. Klages 1984; Hillmann 2003). Einer der
wichtigsten Vertreter der Wertewandelforschung ist Ronald Inglehart, der mit seinen
Arbeiten zur „stillen Revolution" und der dort postulierten generationellen Ersetzung von Materialisten durch Postmaterialisten große Aufmerksamkeit erregt hat
(1971, 1977, 1979, 1990). Bevor allerdings auf Ingleharts Konzept, seine Implikationen für politisches Partizipationsverhalten und die Kritik an Ingleharts Überlegungen eingegangen werden kann, ist zunächst zu klären, was allgemein unter Wertewandel zu verstehen ist.

„Von Wertewandel wird immer dann gesprochen, wenn sich in einer Gesellschaft
die Aggregatverteilung der Wertorientierungen ihrer Mitglieder bedeutsam verändert, einzelne Werte also einen Bedeutungsgewinn oder -verlust erfahren" (Klein
2005: 425). Wegen der zentralen Rolle der Wertorientierungen in individuellen
Überzeugungssystemen hat der gesellschaftliche Wertewandel starke und umfassende Effekte auf die Verteilung individueller Einstellungen und das politische Verhalten (vgl. Hillmann 2003: 176ff.). Der Grundtenor aller Betrachtungen und Analysen
des Wertewandels läuft darauf hinaus, daß „alte", traditionelle Werte durch „neue",
moderne Werte ergänzt bzw. ersetzt werden (Maag 1991: 30). Zu den Veränderungen und aufkommenden Konflikten zwischen einander widersprechenden Werten
während der letzten Jahrzehnte, denen eine Wirkung auf politisches Partizipationsverhalten unterstellt wird, gehören insbesondere die folgenden (vgl. Klein 2005:
434-438): Als erstes ist die Säkularisierung zu nennen, die Abnahme der Bedeutung
religiöser Werte. Der Konflikt zwischen religiösen und säkularen Werten steht vor
allem in Verbindung mit sozialpolitischen Themen wie dem Streit um die Abtrei-
bung (§218 des Strafgesetzbuches) oder um die Ehescheidung, hat allerdings in den
letzten Jahren an Bedeutung für das politische Beteiligungsverhalten verloren (Dob-
belaere/ Jagodzinski 1995). Eine zweite wichtige Entwicklung wurde von Inglehart

(1977) ausführlich untersucht, der eine Verschiebung von materialistischen, ökono-misch-orientierten zu postmaterialistischen, idealistischen Werten in den westlichen Demokratien feststellte. Eine dritte Entwicklung, die auf relativ ähnlichen Wand-lungsprozessen wie den von Inglehart beschriebenen beruht, Ingleharts vollständig positive Bewertung des ganzen Prozesses aber nicht teilt (Hepp 2001: 31-32) und auch relativ deutlich von dessen Befunden abgegrenzt wird, bezieht sich auf die Be-deutungsabnahme traditioneller, autoritärer Werte und kollektiver Normen, etwa von Pflicht- und Akzeptanzwerten, zugunsten libertärer Selbstentfaltungswerte (Klages 1984: 22ff.). Auf diese beiden Ansätze der Wertewandelforschung soll im folgenden etwas detaillierter eingegangen werden.

Im Vergleich zu den Arbeiten von Klages erregten Ingleharts Forschungs-ergebnisse zum Wertewandel eine deutlich größere Aufmerksamkeit in der politik-wissenschaftlichen Forschung und der Öffentlichkeit, so daß ihrer Erläuterung an dieser Stelle ein deutlich größerer Raum zugewiesen wird. Ingleharts Annahme ei-nes Wandels von materialistischen zu postmaterialistischen Wertorientierungen[43] in Teilen der Bevölkerung beruht dabei auf zwei Hypothesen. Zum einen auf der Man-gelthese: Diese Hypothese steht in Verbindung mit den Arbeiten von Maslow (1954) zu Wertehierarchien. Die menschlichen Bedürfnisse sind laut Maslow hierarchisch angeordnet. Materielle Bedürfnisse befinden sich auf den unteren Ebenen, immateri-elle auf den oberen Ebenen der Bedürfnishierarchie. Individuen arbeiten sich bei der Befriedigung ihrer Bedürfnisse Stufe für Stufe weiter nach oben, d.h. wenn ihre Be-dürfnisse nach materiellen Werten befriedigt sind, streben sie immaterielle Werte an. Nach Inglehart ist das jeweils rangniedrigste unbefriedigte Bedürfnis am wichtigsten für die Motivstruktur einer Person, prägt also in besonderer Weise sein (politisches) Handeln. Zum anderen basiert Ingleharts Theorie auf der Sozialisationsthese, d.h. Wertorientierungen von Individuen werden vor allem durch die gesellschaftlichen Umstände während ihrer Sozialisationsphase in Kindheit und Jugend bestimmt. In der weiteren Entwicklung während des Lebenszyklus ändern sich diese Orientierun-gen nur noch mit sehr geringer Wahrscheinlichkeit.

Materialistische und postmaterialistische Wertorientierungen wurden ursprüng-lich über eine umfangreiche Fragenbatterie erhoben (Inglehart 1989: 173). Mittler-weile hat sich ein lediglich vier Fragen umfassendes Meßinstrument etabliert, das die Befragten zwingt, vier verschiedene konfligierende Politikziele in eine klare Hierarchie zu bringen. Dies sind mit der „Aufrechterhaltung von Ruhe und Ord-nung" sowie dem „Kampf gegen steigende Preise" zwei als materialistisch und mit „mehr Einfluß auf die Entscheidungen der Regierung" und „Schutz des Rechts auf

---

43 In jüngeren Arbeiten spricht Inglehart auch von Überlebenswerten (*survival values*) und Wer-ten, die das Wohlbefinden steigern (*self-expression values*) (Inglehart 1997, 1998; Ingle-hart/Welzel 2005).

freie Meinungsäußerung" zwei als postmaterialistisch definierte Ziele[44]. Insgesamt ergibt sich durch die Bildung einer Rangfolge ein Kontinuum mit vier Typen von Individuen: Materialisten und Postmaterialisten sind an den Enden zu finden, die zwei Mischtypen dazwischen. Diese sind jeweils zu einem der beiden Pole orientiert. Materialisten stehen für „alte" Werte wie innere und finanzielle Sicherheit sowie Stabilität, während Postmaterialisten nach Selbstverwirklichung und Partizipation und somit nach einer Erhöhung ihres Einflusses auf den politischen und den sozialen Prozeß streben.

Postmaterialistische Werte werden in den westlichen Industrienationen überwiegend von den Generationen übernommen, die nach dem Zweiten Weltkrieg in einer Phase sicheren und stetig steigenden Wohlstandes aufgewachsen sind und mit materieller Knappheit nicht mehr konfrontiert waren. Daher können sie sich auf die Befriedigung der in der Bedürfnishierarchie weiter oben angesiedelten immateriellen Werte konzentrieren. Nach Inglehart läuft der gesamte Prozeß des Wertewandels sehr langsam ab: Die jüngeren eher postmaterialistischen Generationen ersetzen die älteren eher materialistischen Generationen sukzessive.

Im Verlauf der wissenschaftlichen Auseinandersetzung beschäftigte sich Inglehart auch mit den Konsequenzen des Wertewandels für politisches Beteiligungsverhalten. Hier zeigt sich eine starke Ähnlichkeit der Voraussagen und Befunde im Vergleich zu Klages: Durch die Ausbreitung postmaterialistischer Wertorientierungen ist es einerseits zu einer Vergrößerung des Bedürfnisses nach politischer Partizipation, andererseits zu einer qualitativen Verschiebung der Partizipationsaktivitäten gekommen: Die mit den hergebrachten Einflußmöglichkeiten unzufriedenen Postmaterialisten tendieren wesentlich stärker zu nichtelektoralen Partizipationsformen als Materialisten. Inglehart spricht in diesem Zusammenhang von einer Verlagerung von elitegelenkten (*elite directed*) hin zu elitelenkenden bzw. eliteherausfordernden (*elite directing* bzw. *elite challenging*) Partizipationsformen (Inglehart 1979: 357f., 1990: 313f.). Somit ist auch klar, warum trotz eines größeren Anteils von Postmaterialisten in der Bevölkerung die Wahlbeteiligung gesunken ist (vgl. Abschnitt 4.1.1). Im Hinblick auf die Verschiebung der Partizipationsaktivitäten zeigt sich für eine Vielzahl von Ländern die von Inglehart prognostizierte Entwicklung einer Zunahme der Bereitschaft zur Nutzung sowie der faktischen Ausübung nichtelektoraler Partizipationsformen (Inglehart 1998: 426ff.).

Auch die Motivation für politische Aktivität sollte bei den Postmaterialisten anders gelagert sein als bei den Materialisten. Während bei letzteren politische Beteiligung ganz eindeutig durch instrumentelle Erwägungen bestimmt wird, müßte die politische Partizipation der Postmaterialisten wesentlich stärker durch expressive

---

44 An den vier Indikatoren von Inglehart zeigt sich exemplarisch eines der großen Probleme der Werte- und Wertewandelsforschung: Ganz im Gegensatz zu der Definition von Kluckhohn (1951) wird mit diesen vier Items individuell Wünschenswertes gemessen und keineswegs gesellschaftlich Wünschenswertes (Maag 1991: 20), da die Befragten eine Reihenfolge gemäß ihrer persönlichen Präferenzen erstellen sollen.

Überlegungen geleitet sein. Insgesamt sollte also der Wertewandel im Aggregat zu einem Anstieg expressiver Partizipationsmotivation im Vergleich zu instrumenteller Motivation führen (vgl. Abschnitt 2.3). Empirisch läßt sich dies im internationalen Vergleich allerdings nicht bestätigen, vielmehr zeigt sich eine klare Dominanz instrumenteller Handlungsmotivation bei der Nutzung politischer Aktivitätsformen (Topf 1995).

Inglehards Konzept wurde vor allem wegen seiner klaren Wertehierarchie, seiner Eindimensionalität, der großen Bedeutung der generationellen Ersetzung sowie der damit verbundenen sehr strikten Voraussage der Entwicklung der Anteile seiner Typen kritisiert (Dalton 1986: 428-431; Klages 1992: 12ff.). Es konnte zudem belegt werden, daß die Werteprioritäten weniger von Erfahrungen während der zurückliegenden formativen Phasen, sondern von der aktuellen ökonomischen Situation abhängen (Clarke/Dutt 1991). Entgegen Inglehards Prognose stellen die Postmaterialisten seit den 1990er Jahren auch nicht die Mehrheit der Bevölkerung (van Deth 2001b: 25ff.). Vielmehr zeigt sich im Zeitverlauf eine Bedeutungszunahme der Mischtypen (Klein 2005: 439f.).

Wie bereits in den einführenden Bemerkungen verdeutlicht, zeigen sich zwischen den Ansätzen von Klages und Inglehart einige Übereinstimmungen: Laut Klages hat die festgestellte Verschiebung der Werteprioritäten insbesondere seit den 1960er Jahren stattgefunden. Zu den Pflicht- und Akzeptanzwerten, deren Bedeutung abgenommen hat, gehören beispielsweise Disziplin, Leistung, Treue, Selbstbeherrschung und Pünktlichkeit. Zu den wichtiger werdenden Selbstentfaltungswerten zählen Aspekte idealistischer Gesellschaftskritik wie Emanzipation, Gleichheit oder Partizipation, hedonistische (wie Genuß, Abenteuer oder Abwechslung) und individualistische Werte (etwa Spontaneität, Selbstverwirklichung oder Ungebundenheit) (Klages 1984: 18). Anders als Inglehart geht Klages davon aus, daß es sich beim Wertewandel nicht um einen automatisch ablaufenden Prozeß handelt, der kontinuierlich mit einem klaren Ziel voranschreitet. Vielmehr stellt Klages für die 1980er Jahre ein „Stagnieren der Wertwandlungsbewegung bei verhältnismäßig hoher Instabilität" (Klages 1984: 21f.) fest. Ein weiterer Unterschied zu den Arbeiten von Inglehart wird bei Betrachtung der weiter oben benannten, von Klages zur Feststellung des Wertewandels herangezogenen Wertorientierungen deutlich, die relativ stark von den bei Inglehart genutzten Items abweichen. Hinzu kommt, daß Inglehart von einer eindimensionalen Anordnung materialistischer und postmaterialistischer Werte ausgeht, während bei Klages Pflicht- und Akzeptanzwerte sowie Selbstentfaltungswerte unterschiedliche Dimensionen darstellen. Dadurch wird deutlich, daß sich die verschiedenen Werte gemäß dem Konzept von Klages nicht unbedingt ersetzen müssen, sondern ein Individuum gleichzeitig Pflicht- und Selbstentfaltungswerte befürworten kann, also eine Wertesynthese stattfindet (Klages 1984: 23f.). Möglich sind aber auch niedrige Orientierungen in beiden Wertebereichen, sogenannte Wertverluste (Klages et al. 1986).

Welche Konsequenzen hat nun der von Klages festgestellte Wertewandel für das politische Partizipationsverhalten der Deutschen? Während sich für die Selbstentfaltungswerte und politische Aktivität durchgängig positive Zusammenhänge zeigen, ergeben sich für das Verhältnis zwischen Pflicht- und Akzeptanzwerten und politischer Partizipation negative Korrelationen (Klages/Herbert 1983; Klages 1984: 52ff.). Die Befürworter neuer sind also wesentlich aktiver als die Anhänger alter Werte. Dies betrifft alle Partizipationsformen in fast identischem Ausmaß, sei es nun die Aktivität in politischen Organisationen und Vereinen, die Teilnahme an Demonstrationen oder die Nutzung illegaler oder illegitimer Aktionsformen wie etwa die Besetzung von Kernkraftwerken. Folglich sollte durch die gesamtgesellschaftliche Ausbreitung der Selbstentfaltungswerte das politische Aktivitätsniveau der Deutschen angestiegen sein. Das gleiche gilt für einige der Prädiktoren politischer Beteiligung wie das politische Interesse (Klages 1984: 97ff.). Zu den Konsequenzen dieser sogenannten „kognitiven Mobilisierung" sei auf Abschnitt 2.5.6.3 verwiesen.

Wie bei Inglehart (Bedeutungszunahme der Mischtypen) zeigt sich also auch bei Klages bei großen Teilen der Bevölkerung eine Wertesynthese von „traditionellen" und „modernen" Werten (Klages 2001: 10ff.). Somit spricht vieles für eine besondere und gleichzeitig ambivalente Vielschichtigkeit der gesellschaftlichen Differenzierungsprozesse (Klages 1984; Hillmann 2003), die weder ausschließlich positiv – bei Inglehart führt der Wertewandel durch ein hohes Maß individueller Mobilisierung und Engagementbereitschaft zu einem gesamtgesellschaftlichen Durchbruch in Richtung partizipativer und freiheitlicher Ziele (Hepp 2001: 31) – noch ausschließlich negativ bewertet werden können. Eine solche Interpretation zeigte sich in der öffentlichen Debatte während der 1990er Jahre (Hepp 2001: 32ff.) und beispielsweise auch in den Arbeiten von Noelle-Neumann, die die festgestellten Verschiebungen in den Werteprioritäten kulturpessimistisch als einen immer weiter voranschreitenden Werteverfall interpretiert (Noelle-Neumann 1985).

Gegen die Annahme eines immer weiter voranschreitenden Wertewandels in Richtung postmaterialistischer Einstellungen – wie von Inglehart postuliert – sprechen empirische Ergebnisse aus der Zeit nach der Jahrtausendwende. Diese belegen sogar eine klare und umfassende Renaissance traditioneller Werte. Auch die Unterschiede in den Werteorientierungen zwischen älteren und jüngeren Generationen scheinen wieder kleiner zu werden, so daß zwar nicht davon ausgegangen werden kann, daß das Pendel des Wertewandels vollständig zurückschwingt. Wohl aber deutet einiges darauf hin, daß eher Klages recht zu geben ist, der Wertewandel also zu einem Ende gekommen ist (Noelle-Neumann/Petersen 2001).

Trotz der offensichtlich falschen Voraussagen durch Ingleharts Konzept für die Entwicklung der Wertetypen im Aggregat und der zahlreichen gegen das Modell vorgebrachten Kritik – als wichtigster Kritikpunkt sei hier noch einmal die zu starke Vereinfachung des komplexen Wertewandelprozesses durch eine eindimensionale Darstellung angeführt – wird im Rahmen der empirischen Analyse auf die Indikatoren der Materialismus-Postmaterialismus-Dimension zurückgegriffen. Für dieses Vorgehen spricht zum einen, daß das Modell von Inglehart im Gegensatz zu alternativen Konzepten immer wieder seine Erklärungskraft für die Verteilung konkreter politischer Einstellungen (Gabriel et al. 2002: 68) bzw. für die Nutzung bestimmter politischer Verhaltensweisen bewiesen hat. Zum anderen erzwingt die Datenbasis geradezu ein solches Vorgehen: Indikatoren für andere Wertekonzepte liegen in ei-

nem Großteil der verwendeten Umfragen einfach nicht vor, so daß – wenn gesellschaftliche Werte und der Wertewandel in den Analysen Berücksichtigung finden
sollen – zwangsläufig auf die Inglehart-Indikatoren zurückgegriffen werden muß.
Vor dem Hintergrund der Ausführungen in diesem Abschnitt ist es um so interessanter, in der empirischen Analyse in den Abschnitten 4.4 und 4.5 zu untersuchen, welchen Einfluß postmaterialistische Wertorientierungen auf politisches Beteiligungsverhalten in Deutschland haben, wie sich die Stärke dieses Einflusses im Zeitverlauf
möglicherweise verändert hat und ob postmaterialistische Wertorientierungen für
bestimmte Beteiligungsformen besonders wichtig sind.

2.5.6.2 Unzufriedenheit und Politikverdrossenheit

Wie bereits in den Abschnitten 2.2 und 2.5.5.2 deutlich geworden sein sollte, ist die
Stabilität und die Leistungskraft einer Demokratie abhängig von der grundsätzlichen
Bereitschaft der Bürger, ihr politisches System zu unterstützen (Almond/Verba
1965; Easton 1975, 1979). Das bedeutet nicht, daß die Bürger dem Staat und seinen
Institutionen blindes Vertrauen entgegenbringen müssen, jedoch benötigen das politische System und seine Repräsentanten ein Mindestmaß an Unterstützung. Seit den
1980er Jahren gibt es in Deutschland eine umfassende Debatte über „Politikverdrossenheit". Andere Begriffe im Rahmen dieser Diskussion sind „Politikerverdrossenheit", „Demokratieverdrossenheit", „Parteienverdrossenheit" und „Staatsverdros-
senheit". Sie konnten „Politikverdrossenheit" bisher aber nicht als beherrschenden
Begriff verdrängen. Maier (2000: 132ff.) schlägt vor, sie als Dimensionen der Politikverdrossenheit zu betrachten. „Politikverdrossenheit" bezeichnet ein allgemeines
Gefühl der Unzufriedenheit mit den Strukturen des politischen Systems der Bundesrepublik Deutschland, seinen Akteuren und seinen politischen Outputs (Arzheimer
2002: 16ff.).
   Politikverdrossenheit ist als Ursache wie als Konsequenz zahlreicher politischer
Probleme und Entwicklungen bezeichnet worden. Zentrale Folgen werden ihr in bezug auf Wahlbeteiligung und Wahlverhalten zugeschrieben. Dazu zählen etwa der
Erfolg rechter Parteien, wie der Republikaner, der DVU und der NPD, der Erfolg
der Linkspartei/PDS, das damit verbundene Absinken des Stimmenanteils der eta-
blierten Parteien und die Abnahme der Wahlbeteiligung auf allen politischen Ebenen
(Maier 2000: 91-110). Abseits von den wahlbezogenen Aktivitäten wird die Politikverdrossenheit für das Sinken der Mitgliederzahlen der Parteien sowie für die Abnahme des Vertrauens in soziale und politische Institutionen verantwortlich gemacht. Hinsichtlich nichtelektoraler Formen politischer Beteiligung wird die Teilnahme an Demonstrationen, an Unterschriftensammlungen und Blockaden sowie die
Mitgliedschaft in Bürgerinitiativen mit der Politikverdrossenheit in Verbindung gebracht (Arzheimer 2002: 141f.): Unzufriedene sind eher zu diesen nichtelektoralen
Aktivitäten bereit. Dies gilt besonders für gewaltsame oder illegale Beteiligungsformen (vgl. Abschnitt 2.5.2).

Als Ursachen der Verdrossenheit werden unter anderem der soziale Wandel, der Wertewandel (vgl. Abschnitt 2.5.6.1), der Wandel der Ansprüche an die Politik, die veränderte Medienberichterstattung (beispielsweise über wirkliche und angebliche Skandale der politischen Akteure), Defizite in bezug auf die Repräsentation, die Performanz und die Problemlösungskompetenz der politischen Akteure – etwa die programmatische Angleichung der Parteien und ihr sehr kurzfristiger zeitlicher Horizont mit einer Konzentration auf den nächsten Wahltermin – sowie das Verhalten des politischen Personals angeführt (Maier 2000: 57-89). Insgesamt ist Politikverdrossenheit also ein äußerst heterogenes Konzept. Wie Arzheimer (2002: 60ff.) und Maier (2000: 17ff.) im Rahmen einer umfassenden Betrachtung der Literatur zeigen konnten, gibt es keine allgemein akzeptierte Begriffsbestimmung und -definition. Zudem besteht kein Konsens über die zu verwendenden Indikatoren für die Messung. All diese Aspekte haben Arzheimer zu der Schlußfolgerung gebracht, daß das gesamte Konzept der Politikverdrossenheit überflüssig ist, weil andere, bereits etablierte Konzepte der empirischen Wahlforschung wie politische Unzufriedenheit, politische Entfremdung, politische Efficacy, Parteiidentifikation und politische Unterstützung einen Großteil der Aspekte abdecken, die von „Politikverdrossenheit" erfaßt werden sollen[45]. Dies zeigt sich daran, daß für einige dieser verwandten Konzepte sogar dieselben Meßinstrumente genutzt werden (Arzheimer 2002: 294f.). Weiterhin war die Debatte über Politikverdrossenheit weitgehend auf Deutschland beschränkt, in anderen Ländern scheint offensichtlich kein Bedarf an einem zusätzlichen theoretischen Konzept entstanden zu sein. Schließlich wird die Überflüssigkeit des Konzeptes auch daran deutlich, daß Politikverdrossenheit als Entzug politischer Unterstützung gedeutet und somit in das systemtheoretische Konzept von Easton integriert werden kann (Maier 2000: 25-56).

Auch empirische Studien greifen bei der Untersuchung der Effekte politischer Verdrossenheit, politischer Unzufriedenheit bzw. politischer Entfremdung häufig auf das Konzept politischer Unterstützung von Easton zurück (z.B. Muller 1979; Gabriel 1995a). Theoretisch wären verschiedene Konsequenzen eines sich verändernden Niveaus politischer Unzufriedenheit für nichtelektorale politische Partizipation denkbar. Diese Effekte beziehen sich einerseits auf die Art der genutzten politischen Aktivitäten, andererseits auf das Ausmaß und die Intensität der politischen Beteiligung. Ein erster plausibler Effekt wäre, daß sich mit den politischen Akteuren und Institutionen Unzufriedene gänzlich aus dem politischen Prozeß zurückziehen und sich vollkommen passiv verhalten. Bei zunehmender kollektiver Unzufriedenheit würde also das allgemeine politische Partizipationsniveau sinken. Ein zweiter möglicher Effekt wäre, daß durch die wachsende Unzufriedenheit lediglich die Teilnahme an Wahlen – als das politische System unterstützende Partizipationsform schlechthin – unpopulärer wird und sich die Bürger alternativen, nicht-verfaßten Formen politischer Partizipation zuwenden, weil die von den politischen Akteuren

---

45 Vgl. für die Effekte dieser Variablen und Variablengruppen auf politisches Partizipationsverhalten die Ausführungen in Abschnitt 2.5.2.

und Institutionen Enttäuschten diese Beteiligungsformen etwa als effektiver bewerten. So könnte dann die Abnahme der Wahlbeteiligung seit den 1980er Jahren erklärt werden (vgl. Abschnitt 4.1.1). Ob eine derartige Verschiebung nachzuweisen ist, wird in Abschnitt 4.2.5 untersucht.

Auch das individuelle Ausmaß politischer Unzufriedenheit kann verschiedene Effekte auf nichtelektorales politisches Beteiligungsverhalten haben: Mit wachsender individueller Unzufriedenheit sollte die Bereitschaft wachsen, auch illegitime oder illegale Partizipationsformen zu nutzen. Bei einem gesamtgesellschaftlichen Zuwachs des Niveaus der politischen Unzufriedenheit sollten also die Teilnehmerzahl bei illegalen und illegitimen Aktivitäten und möglicherweise die Intensität des politischen Protestes ansteigen. Insgesamt ergäbe sich dann eine Radikalisierung der Partizipations- und Protestkultur.

Bereits zu Beginn der Ausführungen von Abschnitt 2.5 ist auf die Probleme der gemeinsamen Berücksichtigung von Variablen der Mikro- und der Makroebene in Analysen politischen Partizipationsverhaltens eingegangen worden. Da die vorliegende Arbeit einen mikroanalytischen Ansatz zur Analyse des politischen Partizipationsverhaltens in Deutschland verfolgt, ergeben sich diese Umsetzungsschwierigkeiten auch an dieser Stelle: Eine Integration des gesamtgesellschaftlichen Niveaus politischer Unzufriedenheit als Erklärungsvariable wäre entweder im Rahmen einer Kontextanalyse oder aber einer international vergleichenden Analyse sinnvoll, denn bei einer bloßen nationalen Betrachtung ergibt sich keine Streuung über die Befragten hinweg. Daher kann politische Unzufriedenheit an dieser Stelle nur als individuelles Merkmal jedes Befragten in der Analyse genutzt werden. Zu den Befunden der Partizipationsforschung für das Verhältnis zwischen politischer Unzufriedenheit und politischer Partizipation auf individueller Ebene finden sich bereits Ausführungen in Abschnitt 2.5.2: Empirisch zeigt sich der Einfluß politischer Unzufriedenheit vor allem bei legalen und illegalen Protestformen, besonders in Ostdeutschland. Kontrolliert man den Zusammenhang mit anderen Prädiktoren (z.B. Wertorientierungen, Alter, Bildung), erweisen sich diese aber als deutlich erklärungsstärker (Uehlinger 1988; Gabriel 1995a: 194ff.). Im Rahmen der empirischen Analyse in den Abschnitten 4.4 und 4.5 wird daher zu untersuchen sein, wie stark der Effekt politischer Unzufriedenheit auf das Partizipationsverhalten ist, insbesondere im Vergleich mit anderen Erklärungsvariablen.

2.5.6.3 Kognitive Mobilisierung

Die politischen Fähigkeiten und Ressourcen der Bevölkerung haben sich in Deutschland wie in anderen westlichen Demokratien während der letzten Jahrzehnte deutlich verbessert bzw. vergrößert: Das allgemeine Bildungsniveau ist stark angestiegen, weil der Anteil der Bürger mit Abitur und abgeschlossenem Hochschulstudium deutlich größer geworden ist. Der Medienkonsum hat sich durch die Verbreitung des Fernsehens und den Erfolg des Internet massiv verändert. Dies hat einerseits dazu geführt, daß objektiv mehr politische Informationen zur Verfügung stehen. Andererseits ist bei den Bürgern das Niveau politischer Information deutlich gewachsen (Inglehart 1990: 336ff.; Dalton 1996: 21ff.), auch bedingt durch eine starke Zunahme des Niveaus des aggregierten und individuellen politischen Interesses seit den 1950er Jahren (Dalton 2006: 24f.). Diese Entwicklungen werden unter dem Begriff „kognitive Mobilisierung" zusammengefaßt. Folglich sind Bildung und politisches Interesse auch die in empirischen Studien am häufigsten verwendeten Indikatoren zur Operationalisierung der kognitiven Mobilisierung (z.B. bei Inglehart 1990; Dalton 1984). Kognitive Mobilisierung umfaßt zwei voneinander zu trennende Prozesse, nämlich die Abnahme der Kosten bei der Aufnahme von Informationen über Politik einerseits und die Zunahme der Fähigkeiten der Öffentlichkeit, mit politischen Informationen umzugehen, andererseits: „Cognitive mobilization thus means that more citizens now have the political resources and skills to deal with the complexities of politics and to reach their own political decisions" (Dalton 2006: 20f.).

Ein wesentlicher Aspekt der Zunahme verfügbarer Informationen über Politik ist die enorme Verbreitung des Fernsehens, das mittlerweile zum Hauptinformationsmedium der meisten Bürger geworden ist. Allerdings erfordert die ständige Verfügbarkeit einer Unmenge von Informationen auch die Fähigkeit, diese in vernünftiger Weise zu filtern. In diesem Bereich erweist sich die Bildungsexpansion (vgl. z.B. Hadjar/Becker 2006) als die bedeutsamste Entwicklung der letzten Jahrzehnte, denn Personen mit einem höheren Bildungsniveau verfügen über bessere kommunikative Fähigkeiten und Informationsverarbeitungskapazitäten: Wie in Abschnitt 2.5.1 dargestellt, vergrößert ein höheres individuelles Bildungsniveau bei einem Individuum die Wahrscheinlichkeit dafür, daß ein stärkeres politisches Interesse und mehr politisches Wissen vorliegen. Da dieser Zusammenhang – zumindest eingeschränkt – auch für die Aggregatebene gilt, sollte sich gesamtgesellschaftlich durch die Zunahme des mittleren allgemeinen Bildungsniveaus auch das allgemeine politische Partizipationsniveau der Bürger erhöhen (Hoffmann-Lange 2000: 46). Im Zusammenhang mit dem gleichzeitig zur kognitiven Mobilisierung stattfindenden Wertewandel von materialistischen zu postmaterialistischen Werten muß diese Einschätzung jedoch etwas modifiziert werden: Eliteherausfordernde oder elitelenkende (*elite challenging* bzw. *elite-directing*) Aktivitäten wie die Mitgliedschaft in Bürgerinitiativen sollten durch die kognitive Mobilisierung gefördert, elitegelenkte (*elite-directed*) Aktivitäten wie die Wahlbeteiligung eher gehemmt werden (Inglehart 1990: 335-370).

Diese Annahme differenzierter statt allgemeiner Effekte der kognitiven Mobilisierung auf das politische Beteiligungsverhalten bestätigt sich bei der Betrachtung der Entwicklung des Partizipationsniveaus für verschiedene politische Aktivitäten in Deutschland und anderen westlichen Demokratien (Dalton 2006: 35ff.). Die Partizipationshäufigkeit nimmt für einige politische Aktionsformen wie die Beteiligung an Wahlen ab, einzig für anspruchsvollere Formen politischer Partizipation wie die Mitarbeit in Bürgerinitiativen oder die Teilnahme an genehmigten Demonstrationen ist über die letzten Jahrzehnte eine Zunahme zu verzeichnen (vgl. Abschnitt 4.1.1; Meyer/Tarrow 1998; Dalton 2006: 67ff.): Somit wächst zwar durch die kognitive Mobilisierung das Verständnis für demokratische Prinzipien mit steigendem Bildungsniveau der Bevölkerung, nicht aber die generelle Bereitschaft, sich politisch zu engagieren (Nie et al. 1996). Insgesamt hat so das Potential für nichtelektorale politische Partizipation in Deutschland zugenommen.

Problematisch ist – wie schon bei den in den Abschnitten 2.5.6.1 und 2.5.6.2 dargestellten Entwicklungen auf der Makroebene – daß im Rahmen der hier verwendeten mikroanalytischen Vorgehensweise mit dem politischen Interesse und dem Bildungsniveau nur Indikatoren für die individuelle kognitive Mobilisierung verwendet werden können. Querschnittdaten bieten allerdings lediglich Informationen über den Status quo zu einem Erhebungszeitpunkt. Tatsächliche Informationen über das Ausmaß und die Entwicklung der kognitiven Mobilisierung auf individueller Ebene im Zeitverlauf kann man nur auf der Basis von Langfrist-Paneldaten gewinnen. Paneldaten stehen zwar für die Analysen zur Verfügung (vgl. Abschnitt 3.1.2), doch decken diese mit acht Jahren einen zu kurzen Zeitraum ab, um Aussagen über den langfristigen Verlauf und die Effekte der kognitiven Mobilisierung abgeben zu können.

3. Datenbasis und Operationalisierung politischer Partizipation

Nach der Festlegung des analytischen Rahmens im vorangehenden und vor der empirischen Analyse im 4. Kapitel sind noch einige Ausführungen zur Datenbasis dieser Arbeit anzubringen. Zunächst erfolgt eine Konzentration auf die verwendeten Datensätze. Dabei wird auf die Zahl und Art der in ihnen enthaltenen politischen Partizipationsformen, deren Skalen und Modifikationen für die empirische Analyse sowie die Vor- und Nachteile von Querschnitt- und Paneldaten eingegangen (Abschnitt 3.1). Da für die Erhebung politischen Partizipationsverhaltens verschiedene Indikatoren zur Verfügung stehen, werden im zweiten Abschnitt (3.2) die Messung und die Operationalisierung der abhängigen Variablen ausführlich erläutert. Zudem liegt der Focus auf den Konsequenzen, die sich aus der Verwendung von zwei verschiedenen Indikatoren politischer Beteiligung für die weiteren Analysen ergeben.

3.1 Datenbasis

Die verschiedenen Untersuchungsziele dieser Arbeit erlauben es leider nicht, nur einen Datensatz als Grundlage für die empirischen Analysen heranzuziehen. Vielmehr muß aufgrund der teilweise sehr stark divergierenden Integration politischer Partizipationsformen in die Datensätze auf mehrere Quellen zurückgegriffen werden: Nur einige wie der Allbus 1988 und 1998 sowie die „Citizenship, Involvement, Democracy"-Studie sind mit dem Primärziel der Erforschung nichtelektoraler politischer Partizipation erhoben worden. Im Rahmen dieses Abschnitts sollen daher die genutzten Datensätze genauer vorgestellt werden. Die Darstellung gliedert sich in zwei Teile. Zunächst werden die Querschnittdatensätze mit ihren Vor- und Nachteilen erläutert (Abschnitt 3.1.1), danach wird auf den einzigen hier verwendeten Paneldatensatz sowie die allgemeinen Vorzüge und Nachteile von Panelstudien eingegangen (Abschnitt 3.1.2).

3.1.1 Querschnittdaten

Ein zusammenfassender Überblick über die verwendeten Querschnittdatensätze findet sich in Tabelle 5. Im Folgenden sollen diese Datensätze kurz vorgestellt werden: Die Allbus-Studien (Allgemeine Bevölkerungsumfrage der Sozialwissenschaften) werden seit 1980 in einem Abstand von zwei Jahren mit jeweils wechselnden inhaltlichen Schwerpunkten erhoben. Gemeinsam verantwortlich für die Durchführung dieser Studien im Rahmen der GESIS (Gesellschaft Sozialwissenschaftlicher Infrastruktureinrichtungen) sind das ZUMA (Zentrum für Umfragen, Methoden und Analysen) in Mannheim sowie das ZA (Zentralarchiv für Empirische Sozialforschung) in Köln. Die Allbus-Studien aus den Jahren 1988 und 1998 enthalten einen ausführlichen Schwerpunkt zum politischen Partizipationsverhalten in Deutschland, sind also für die Analysen in dieser Arbeit, zumindest in Anbetracht des Erklärungsgegenstandes, bestens geeignet. Insgesamt wurden im Allbus 1988 elf Partizipationsformen erhoben, wobei eine davon („seine Meinung sagen, im Bekanntenkreis und am Arbeitsplatz") gemäß der Definition in Abschnitt 2.1 nicht als politisch eingestuft werden kann und folglich in den empirischen Analysen keine Berücksichtigung findet[46]. Die Partizipationsbereitschaft wie die zurückliegende politische Partizipation wurden jeweils dichotom erhoben. Es liegen also lediglich Informationen darüber vor, ob jemand eine politische Aktivität ausgeübt hat oder nicht bzw. ob er bereit ist, diese auszuüben oder nicht. In diesem Format wurden Verhaltensabsichten und -mani-festationen auch im Allbus 1998 erhoben. In dieser Studie wurde die Zahl der berücksichtigten Partizipationsformen auf 16 vergrößert. Von diesen sind allerdings drei („seine Meinung sagen, im Bekanntenkreis und am Arbeitsplatz", „sich aus Protest nicht an Wahlen beteiligen" und „aus Protest einmal eine andere Partei wählen als die, der man nahesteht") nicht mit der in dieser Arbeit verwendeten Definition politischer Partizipation vereinbar oder decken Varianten des Wahlverhaltens ab, die nicht dem Untersuchungsinteresse dieser Arbeit entsprechen. Während die Allbus-Studien 1988 und 1998 wegen ihres Partizipationsschwerpunktes eine der wesentlichen Grundlagen für die Analysen im 4. Kapitel darstellen, werden die Allbus-Studien aus den Jahren 1990, 1996 und 2002 nur für einige wenige ausgewählte Analysen genutzt. So werden im Allbus 2002 realisiertes und beabsichtigtes Verhalten für acht Partizipationsformen erhoben, von denen sechs der Definition in Abschnitt 2.1 entsprechen. Die Allbus-Studien von 1990, 1996 und 2006 enthalten zwar keine Informationen über das politische Beteiligungsverhalten der Befragten, wohl aber Bewertungen der Legitimität einiger politischer Protestformen. In Verbindung mit einer identischen Fragebatterie im ISSP 1985 (*International Social Survey Programme*)[47] dienen sie zur Illustration der zeitlichen Veränderung von Legitimitätsbewertungen politischer Partizipation.

Neben dem Allbus 1988 und dem Allbus 1998 ist die „Citizenship, Involvement, Democracy"-Studie (im Folgenden CID-Studie) eine weitere wesentliche Grundlage der empirischen Analysen in dieser Arbeit. Sie entstand durch die Kooperation von Partizipationsforschern aus zwölf europäischen Ländern in den Jahren zwischen 1999 und 2002[48]. Diese Studie konzentrierte sich auf die Beziehung zwischen sozialer und politischer Partizipation, so daß in umfassender Weise auch das soziale En-

---

46 Für einen detaillierten Überblick über die im Allbus 1988 und den anderen hier aufgeführten Studien erhobenen Partizipationsformen sowie die exakten Frage- und Antwortformulierungen vgl. die Übersicht in Anhang B.

47 Die ISSP-Studien werden seit 1985 jährlich mit einem wechselnden Schwerpunktthema durchgeführt. Die Zahl der Mitglieder des ISSP hat sich dabei von sechs im Jahre 1985 auf 42 im Jahre 2007 erhöht. (West-) Deutschland war von Beginn an eines der Teilnehmerländer. Einige Module des ISSP werden jeweils im Rahmen des Allbus miterhoben.

48 Neben Deutschland existieren Länderstudien für Dänemark, Moldawien, die Niederlande, Norwegen, Portugal, Rumänien, Rußland, Slowenien, Spanien, Schweden und die Schweiz.

gagement bzw. die ehrenamtliche Tätigkeit der Befragten erhoben worden ist. Insgesamt wurde die Beteiligung an 18 politischen Aktivitäten abgefragt, wovon sich 16 mit der Definition aus Abschnitt 2.1 in Einklang bringen lassen. Aus den Analysen wurden „Kontakt zu den Medien aufgenommen, oder sind Sie in den Medien erschienen" sowie „Kontakt zu einem Rechtsanwalt oder einer gerichtlichen Instanz aufgenommen" ausgeschlossen. Gefragt wurde in der CID-Studie im Jahr 2001 nach dem zurückliegenden Beteiligungsverhalten. Die Abfrage erfolgte mit einem dichotomen Erhebungsinstrument, es liegen also lediglich Informationen darüber vor, ob jemand in einer bestimmten Weise politisch aktiv war oder nicht[49].

Tabelle 5: Übersicht über die verwendeten Querschnitt-Datensätze

Studie	Jahr	N	Anzahl der Partizipationsformen	Art der Partizipationsformen	Sonstiges/ Anmerkung
ISSP 1985	1985	1048	–	–	Legitimitätsbewertungen politischer Protestformen
Allbus 1988	1988	3052	10 (11)	Manifestationen und Absichten	–
Allbus 1990	1990	3051	–	–	Legitimitätsbewertungen politischer Protestformen
Allbus 1996	1996	3518	–	–	Legitimitätsbewertungen politischer Protestformen
Allbus 1998	1998	3234	13 (16)	Manifestationen und Absichten	–
Allbus 2002	2002	2820	6 (8)	Manifestationen und Absichten	–
Allbus 2006	2006		–	–	Legitimitätsbewertungen politischer Protestformen
Citizenship, Involvement, Democracy	2001	3004	16 (18)	Manifestationen	–
DFG Querschnitt	1994	4114	6	Absichten	–
DFG Querschnitt	1998	3337	6	Absichten	–
DFG Querschnitt	2002	3263	6	Absichten	–

Anmerkung: Werte in Klammern geben die in der Studie insgesamt vorhandene Anzahl von Partizipationsformen wieder. Die nicht eingeklammerte Zahl ist die Anzahl der verwendeten Partizipationsformen.

Die letzten an dieser Stelle zu präsentierenden Daten sind die anläßlich der Bundestagswahlen 1994, 1998 und 2002 erhobenen Querschnitte aus dem von Jürgen

---

49 Auch für diesen Datensatz sei für die genaue Dokumentation des Fragewortlautes auf die Darstellung in Anhang B verwiesen.

W. Falter (Mainz), Oscar W. Gabriel (Stuttgart) und Hans Rattinger (Bamberg) geleiteten und von der DFG geförderten Projekt „Politische Einstellungen, politische Partizipation und Wählerverhalten im vereinigten Deutschland – ein Langfristvergleich von Determinanten und Konsequenzen" (im Folgenden DFG-Querschnitt oder DFG-Studie genannt). Diese Querschnittstudien wurden im Vorwahl-Nachwahl-Design erhoben, das heißt es wurden vor und nach der jeweiligen Wahl etwa gleich viele Personen befragt. Auch erfolgte – wie im Allbus seit der Wiedervereinigung – eine Überrepräsentation der ostdeutschen Befragten. Da das wesentliche Ziel dieser Studie die Analyse des Wahlverhaltens und der Einstellungsstruktur der Deutschen war, ist die Anzahl der einbezogenen nichtelektoralen Partizipationsformen begrenzt. In jedem Querschnitt wurden die Verhaltensabsichten für fünf nichtelektorale Partizipationsformen abgefragt, wobei nur vier davon zu allen drei Zeitpunkten berücksichtigt wurden. „Für meine Ziele kämpfen, auch wenn dazu Gewalt notwendig ist" wurde 1998 durch „Versuchen, von einer Partei Unterstützung zu bekommen" ersetzt. Die übrigen vier Beteiligungsformen „in einer Bürgerinitiative mitarbeiten", „an einer genehmigten Demonstration teilnehmen", „an einer Demonstration teilnehmen, auch wenn mit Gewalt gerechnet werden muß" und „den Straßenverkehr blockieren" wurden zu allen Befragungszeitpunkten erhoben. Neben den Verhaltensabsichten sind auch noch drei Verhaltensmanifestationen in der DFG-Studie enthalten. Dies sind die Wahlbeteiligung – nur für Nachwahlbefragte – sowie die Mitgliedschaft und die Aktivität in Parteien und Bürgerinitiativen. Diese drei Verhaltensmanifestationen werden allerdings nicht in den empirischen Analysen verwendet, da die Allbus-Studien wesentlich bessere Möglichkeiten zur vergleichenden Analyse von Verhaltensabsichten und -manifestationen bieten.

Hinzu kommt als Partizipationsform noch die Wahlbeteiligung, wobei diese aufgrund des Vorwahl-Nachwahl-Designs für jeweils eine Hälfte der Befragten prospektiv bzw. retrospektiv erhoben wurde. Damit sind die Fallzahlen für diese Partizipationsform deutlich niedriger als für die nichtelektoralen Partizipationsformen. Die Verhaltensabsichten wurden im Gegensatz zu den anderen hier vorgestellten Datensätzen nicht dichotom, sondern auf einer fünfstufigen Skala erhoben, mit der die Befragten eine Wahrscheinlichkeit für die Ausübung dieser Aktivitäten angeben konnten. Die ursprünglich von -2 bis +2 laufende Skala wurde auf einen Wertebereich von 0 bis 1 umcodiert, so daß die den jeweiligen Antwortusprägungen zugeordneten Werte analog zu Rattinger und Krämer (1995) als Wahrscheinlichkeit, die genannte Partizipationsform auszuüben, interpretiert werden können. Die DFG-Querschnitte werden nicht in so ausführlicher Weise analysiert wie die Allbus-Studien 1988 und 1998 sowie die CID-Studie, da sie aufgrund der geringen Zahl von Partizipationsformen keine angemessene Annäherung an die real vorhandenen Partizipationsstrukturen erlauben. Ihre Hauptfunktion besteht vielmehr darin, Befunde aus dem in Abschnitt 3.1.2 vorzustellenden DFG-Panel mit repräsentativen Querschnittdaten kontrollieren zu können. Was den zeitlichen Rahmen aller hier berücksichtigten Studien betrifft, decken alle Datensätze mit Ausnahme des ISSP 1985 und des Allbus 1988 die 1990er und 2000er Jahre ab, erlauben also eine getrennte Analyse von ost- und westdeutschen Befragten.

3.1.2 Paneldaten

Datenbasis für die Untersuchung und Erklärung individuellen Partizipationsverhaltens und seiner Veränderungen im Zeitverlauf ist das Panel aus dem bereits im
vorangehenden Abschnitt angesprochenen DFG-Projekt zu den Bundestagswahlen
1994 bis 2002. Die Paneluntersuchung wurde genau wie die Querschnitt-
untersuchungen im Vor- und Nachwahldesign durchgeführt und zeichnete sich
durch eine nahezu identische Fragen- und Fragebogengestaltung aus. Den Ausgangspunkt für das Panel bildete die repräsentative Querschnittbefragung aus dem
Jahr 1994. Die Teilnehmer aus diesem Querschnitt, die sich zu einer Wiederbefra-
gung bereit erklärten, wurden in den Jahren 1998 und 2002 noch einmal befragt. Um
eine zu starke Verzerrung der Repräsentativität des Panels durch die Panelmortalität[50] über drei Erhebungswellen hinweg zu vermeiden, wurde die dritte Erhebungswelle im Jahre 2002 um Querschnittbefragte aus der zweiten Welle ergänzt. Somit
ergibt sich für die im Folgenden als „DFG-Panel" bezeichnete Panelstudie eine relativ komplexe Datenstruktur. Einerseits enthält das Panel Teilnehmer, die zu allen
drei Zeitpunkten befragt worden sind. Andererseits gibt es eine zweite Gruppe von
Befragten, die an lediglich zwei Wellen (1994 und 1998, 1994 und 2002, 1998 und
2002) teilgenommen haben. Durch das Vorwahl- und Nachwahldesign müssen die
jeweiligen Gruppen nochmals aufgeteilt werden. Einen Überblick über die Struktur
des Panels und die jeweils einbezogenen Befragtenzahlen liefert Tabelle A.1 im Anhang. Mit der Nutzung von Paneldaten für die Analyse politischen Partizipationsverhaltens in Deutschland betritt die vorliegende Arbeit kein vollkommenes Neuland. Allerdings ist die Zahl der auf Deutschland bezogenen Studien, die Paneldaten
genutzt haben, sehr begrenzt. Zu nennen sind die „Continuities in Political Action"-
Studie (Jennings et al. 1990) und ein Beitrag von Fuchs (1984). Analysen mit Paneldaten, die auch ostdeutsche Befragte miteinbeziehen, sind folglich noch nicht durchgeführt worden.

Wie schon für den DFG-Querschnittdatensatz (vgl. Abschnitt 3.1.1) ist natürlich
auch für die Panelbefragten die Anzahl der für die Analyse zur Verfügung stehenden
Partizipationsformen begrenzt: Neben der Wahrscheinlichkeit der Wahlbeteiligung,
die nur für die Vorwahlbefragten vorhanden ist, sind mit der bereits aus dem vorangehenden Abschnitt bekannten Batterie von Verhaltensabsichten noch sechs nichtelektorale Partizipationsformen vorhanden, wobei nur vier von ihnen zu allen drei
Erhebungszeitpunkten abgefragt worden sind (siehe Abschnitt 3.1.1). Diese Beteiligungsarten sind alle mit Hilfe der gleichen fünfstufigen Wahrscheinlichkeits-Skala
erhoben worden, die auf einen Wertebereich von 0 bis 1 rekodiert wurde.

Einer der großen Vorteile von Paneldaten ist, daß durch den Vergleich der Messungen der einzelnen Panelwellen sowohl die Analyse intraindividueller als auch

---

50 Siehe zur weiteren Erläuterung von „Panelmortalität" die Ausführungen im weiteren Verlauf
    dieses Abschnitts.

interindividueller Veränderungen zwischen den Meßzeitpunkten möglich ist (Schnell et al. 2005: 238; Baltagi 2001). Während sich „interindividuelle" Veränderungen auf alle Befragten beziehen und als „Nettoveränderung" – z.b. relative Häufigkeiten oder Mittelwerte – bezeichnet werden, sind „intraindividuelle" Effekte Veränderungen bei einzelnen Befragten zwischen den Zeitpunkten der Messungen – also beispielsweise eine Verschiebung der Bereitschaft, an genehmigten Demonstrationen teilzunehmen auf der Wahrscheinlichkeits-Skala von 0 bis 1. Eine solche Veränderung wird „interne Fluktuation" genannt. Bei strikter Auslegung der Anwendungsvoraussetzungen sind auch nur mit Paneldaten Kausalanalysen möglich, denn nur mit ihnen kann das Kriterium der zeitlichen Antezedens der Prädiktorvariablen (Hill 1965; Asher 1983: 12; Behnke et al. 2006: 64ff.) im Verhältnis zur bzw. zu den abhängigen Variablen tatsächlich erfüllt werden.

Diesen Vorteilen stehen allerdings auch einige Nachteile gegenüber. Hier sind die Sicherstellung der Konstanz der Meßinstrumente, die Panelmortalität (Ausfallrate) und die sogenannten „Paneleffekte" (Veränderungen der Panelteilnehmer durch die Teilnahme) anzuführen (Schnell et al. 2005: 240-242). Der erste der genannten Nachteile ist vor allem bei Untersuchungen über sehr lange Zeiträume von Bedeutung: Aufgrund des sozio-kulturellen Wandels kann es zu Bedeutungsveränderungen der in den Fragen verwendeten Begriffe kommen. Zudem können sich erhebliche Veränderungen der sozialwissenschaftlichen Techniken ergeben, die eine Entscheidung zwischen in der letzten Panelwelle genutzten und neu entwickelten Methoden nötig machen. Da das hier genutzte DFG-Panel lediglich einen Zeitraum von acht Jahren abdeckt, kann dieser Nachteil bei der Interpretation der Analyseergebnisse allerdings vernachlässigt werden.

Von wesentlich größerer Bedeutung für die Analyse des DFG-Panels sind die beiden anderen angeführten Nachteile. Im Zeitverlauf kommt es mit jeder Welle zu einem Ausfall eines Teils der Befragten, d.h. das Panel wird immer kleiner und, da der Ausfall nicht unabhängig ist von soziodemographischen Merkmalen sowie politischen Einstellungen, immer weniger repräsentativ für die Gesamtbevölkerung (Panelmortalität). Das Ausscheiden von Befragten hat verschiedene Ursachen. Dazu zählen beispielsweise der Verlust der Teilnahmemotivation, Umzug, Krankheit oder Tod. Das Ausmaß der Panelmortalität ist abhängig vom Zeitabstand zwischen den Panelwellen, der Anzahl der Panelwellen sowie der Panelpflege. Mit Panelpflege bezeichnet man die regelmäßige Kontaktaufnahme zu den Panelteilnehmern zwischen den einzelnen Panelwellen, „um so Adreßänderungen, Motivationsverluste u.a. feststellen und ihnen entgegenwirken zu können" (Schnell et al. 2005: 241)[51].

Doch auch die Panelpflege kann nicht verhindern, daß bestimmte Gruppen von Befragten in stärkerem Ausmaß aus dem Panel herausfallen als andere. So sind unter den Panelabbrechern Personen mit niedrigem Einkommen, niedriger Schicht-

---

51 Für das in dieser Arbeit verwendete DFG-Panel erfolgten umfangreiche Panelpflege-maßnahmen durch die Erhebungsinstitute (1996, 1997 und 1998) und durch die Primärforscher (1999, 2000, 2001 und 2002) (Neller 2000, 2001, 2002; Faas 2002).

einstufung und niedriger Bildung häufiger zu finden als Personen mit höherem Einkommen, höherer Schichteinstufung und höherer Bildung, was zum sogenannten
„Mittelschichts-Bias" der politischen Einstellungsforschung führt (Sigelman 1982:
347)[52]. Ein wichtiger Aspekt für die Bereitschaft, weiter an einem Panel teilzunehmen, ist auch das Interesse am Befragungsthema (Birkelbach 1998; Mika 2002).
Generell für Befragungen mit politischen Inhalten von Bedeutung ist das politische
Interesse der Befragten: Für geringer Interessierte ergibt sich eine höhere Wahrscheinlichkeit, aus einem Panel auszusteigen als für stärker Interessierte (Arzhei-
mer/Klein 1998: 25; Schoen 2003: 135-140). In Panelumfragen sind auch solche
Personen überrepräsentiert, die sich aktiv politisch betätigen (Mika 2002: 39). Daher
ist davon auszugehen, daß mit dem hier analysierten DFG-Panel das Niveau der politischen Partizipation 1998 und 2002 deutlich überschätzt wird[53]. All diese Verzerrungen führen folglich zu einer eingeschränkten Verallgemeinerbarkeit der Analyseergebnisse: „Die Panelmortalität kann auch die Analyse von Korrelaten und Determinanten […] beeinträchtigen, und zwar dann, wenn Stärke oder Richtung von Beziehungen unter Panelteilnehmern und unter zwischenzeitlich ausgeschiedenen Re-
spondenten differieren und sich daher Unterschiede des Panels zur (repräsentativen)
Ausgangsstichprobe ergeben" (Schoen 2003: 103). Die Verzerrung des Panels hat
also nicht nur Konsequenzen für das Niveau politischer Beteiligung der Panelteilnehmer, sondern auch für die später zu berechnenden bivariaten Zusammenhänge
und die multivariaten Erklärungsmodelle politischer Partizipation. Die Ergebnisse
dieser Analysen werden folglich ebenfalls nur begrenzt verallgemeinerbar sein.

Neben der Panelmortalität stellen die sogenannten „Paneleffekte" ein weiteres
großes Problem bei der Analyse von Paneldaten dar. Wie bereits weiter oben angedeutet, handelt es sich allgemein bei Paneleffekten um Veränderungen der Panelteilnehmer und ihres Antwortverhaltens durch die Teilnahme an der Befragung. Dabei
kann es zur Entwicklung neuer Einstellungen, einer Veränderung oder Verfestigung
bereits bestehender Einstellungen oder Verhaltensweisen sowie zu Veränderungen
des Verhaltens der Befragten während des Interviews kommen (Schnell et al. 2005:
241). Ursachen dafür sind bewußte und unbewußte Lernprozesse sowie Rückerinne-
rungen an das Antwortverhalten bzw. die Fragebogengestaltung während der letzten
Befragung (Sobol 1959; Hansen 1982: 107-110). Diese Effekte sind um so stärker,
je näher die beiden Befragungszeitpunkte zusammenliegen. Bei vierjährigen Ab-
ständen zwischen den Befragungen wie im Falle des DFG-Panels dürften diese Paneleffekte allerdings begrenzt sein (Lazarsfeld 1948; Sobol 1959; Hanefeld 1987:

---

52 Gegenläufige Befunde für Westdeutschland liefert Schoen (2003: 133-140), der feststellen
    kann, daß das mittlere Bildungsniveau der Panelteilnehmer 1994-1998 deutlich unter dem Bil-
    dungsniveau der Panelabbrecher liegt.
53 1994 dürfte das Ausmaß der Überschätzung noch deutlich geringer sein. Allerdings gehen in
    das Panel nur die zur Wiederbefragung bereiten Befragten des Querschnitts für die Bundes-
    tagswahl 1994 ein, so daß bereits die Teilnehmer der ersten Panelwelle nicht repräsentativ für
    die Gesamtbevölkerung in Deutschland sind.

138ff.; Kellermann 2008: 196). Dennoch führen auch die Paneleffekte zu einer Einschränkung der Aussagefähigkeit der Ergebnisse der Panelanalysen. Wegen der – trotz der Auffüllung mit Querschnittbefragten aus den nachfolgenden Panelwellen – mit jeder Panelwelle abnehmenden Repräsentativität ist die Übertragbarkeit der Analyseergebnisse auf die Gesamtbevölkerung Deutschlands eingeschränkt. Dies gilt sowohl für die Höhe des Beteiligungsniveaus als auch für Stärke und Richtung der Effekte in Zusammenhangsanalysen und multivariaten Erklärungsmodellen.

3.2 Operationalisierung politischer Partizipation

Der letzte Abschnitt dieses Kapitels konzentriert sich auf die Operationalisierung politischer Partizipation. Einerseits ist hier auf allgemeine Probleme bei der Messung politischen Beteiligungsverhaltens einzugehen (Abschnitt 3.2.1), andererseits auf die Konsequenzen der Verwendung verschiedener Partizipationsindikatoren, namentlich Beteiligungsabsichten und realisiertes Beteiligungsverhalten, sowie auf das Verhältnis der beiden Partizipationsindikatoren zueinander (Abschnitt 3.2.2).

3.2.1 Messung politischer Partizipation

Im Rahmen der Überlegungen zur Definition politischer Partizipation (vgl. Abschnitt 2.1) ist bereits deutlich geworden, daß es einerseits schwierig ist, politische Beteiligung von sozialer Beteiligung abzugrenzen. Andererseits bereitet auch die Zuordnung des Attributs „politisch" zu bestimmten Aktivitäten Schwierigkeiten. Aus diesen konzeptuellen und definitorischen Problemen der Partizipationsforschung ergeben sich Konsequenzen für die Messung politischer Partizipation in Umfragestudien. Aus diesem Grunde haben sich im Laufe der Zeit drei Ansätze mit jeweils spezifischen Vor- und Nachteilen herausgebildet (Brady 1999: 742-744): Dazu gehören der Aktionsansatz (*Political Actions Approach*), der Institutionenansatz (*Institutions Approach*) und der Problemansatz (*Problems Approach*).

Der Aktionsansatz wird von Partizipationsforschern am häufigsten angewendet, da dieser direkt nach den politischen Aktivitäten fragt, die ein Befragter ausgeübt hat oder bereit ist, auszuüben. Die direkte Abfrage der politischen Aktivitäten stellt allerdings sehr hohe Ansprüche an die Befragten. Einerseits müssen sie über das gleiche Verständnis politischer Partizipation bzw. der einzelnen Partizipationsformen verfügen wie diejenigen, die den Fragebogen gestaltet haben. Andererseits wird vorausgesetzt, daß die Befragten sich exakt an ihr zurückliegendes Verhalten erinnern können. Hinsichtlich des ersten Aspektes erscheint es noch als durchaus plausibel, daß ein großer Teil der Teilnehmer an einer Umfrage über ähnliche oder sogar identische Vorstellungen der Wahlbeteiligung bzw. -entscheidung oder der Teilnahme an Parteiveranstaltungen verfügt. Für einen Großteil der übrigen nicht-elektoralen Partizipationsformen sind unter den Befragten wesentlich unpräzisere

Vorstellungen und sehr unterschiedliche Verständnisse zu vermuten. Daher werden die Befragten in ihrem Antwortverhalten unterschiedlich auf die Frage nach ihrem politischen Partizipationsverhalten reagieren. So kann es sein, daß Befragte bestimmte Aktivitäten gar nicht als politisch auffassen und daher angeben, sie hätten sich überhaupt nicht politisch betätigt. Umgekehrt kann es durchaus sein, daß Befragte ihr Engagement in einem Verein oder in einer sozialen Organisation als politisch bewerten, obwohl es das gemäß der Definition in Abschnitt 2.1 keineswegs ist (Topf 1995: 55f.). Hinsichtlich der Genauigkeit der Erinnerung besteht vor allem für diejenigen Beteiligungsformen ein Meßproblem, bei denen es keinen exakt definierten Zeitplan für ihre Durchführung oder einen wiederkehrenden Turnus (wie bei Wahlen) gibt, der den Befragten bei der Strukturierung ihrer Erinnerungen helfen könnte (Brady 1999: 742).

Der Institutionenansatz untersucht das Partizipationsverhalten von den Institutionen, Organisationen und interpersonellen Beziehungen her, in denen die Befragten die Gelegenheit zum politischen Engagement haben. Daher werden die Befragten nach ihren Mitgliedschaften und organisationellen Bindungen gefragt. Dazu zählen auch die Arbeit bzw. der Arbeitsplatz, die Mitgliedschaft in Kirchen oder anderen religiösen Gemeinschaften und sogar die Ausgestaltung der familiären Beziehungen. Für alle Organisations- und Institutionsmitgliedschaften wird abgefragt, ob und zu welcher politischen Aktivität die Mitgliedschaft geführt hat. Man erhält so zwar einen äußerst umfassenden Eindruck über die individuelle politische Beteiligung, die Nachteile – großer zeitlicher Aufwand während der Befragung, aber auch die Gefahr, daß politische Aktivitäten, die nicht in Zusammenhang mit irgend einer Organisationszugehörigkeit stehen, nicht berücksichtigt werden – führen aber dazu, daß der Institutionenansatz nur selten genutzt wird (Brady 1999: 743).

Der Problemansatz geht davon aus, daß politische Aktivität immer in bezug auf konkrete Probleme, Bedürfnisse und Sorgen der Bürger entsteht. Die Befragten bekommen im Rahmen dieses Ansatzes die Gelegenheit, für sie wichtige Probleme zu benennen. Anschließend werden sie für jeden der genannten Punkte gefragt, ob sie sich politisch engagiert haben, um ihre Probleme zu lösen bzw. ihre Bedürfnisse zu befriedigen. Dieser Ansatz hilft besonders gut zu verstehen, welche Motivation hinter dem politischen Engagement steckt, läßt allerdings solche Partizipationsakte außer Acht, die durch Anstöße von anderen zustandegekommen sind (Brady 1999: 743).

Auch wenn im Rahmen einer Vielzahl von Partizipationsstudien versucht worden ist, eine Mischung der drei vorangehenden Ansätze zu erreichen, ist trotz seiner Schwächen ganz klar eine Dominanz des Aktionsansatzes festzustellen. Auch die im Rahmen dieser Arbeit genutzten Datensätze beinhalten in der Regel lediglich die direkte Abfrage der partizipatorischen Aktivität, sei es nun in der Form von Verhaltensabsichten oder -manifestationen. Die angesprochenen Probleme lassen vermuten, daß mit diesen Indikatoren lediglich eine Annäherung an die real vorhandenen Häufigkeiten und Strukturen politischer Partizipation möglich ist.

Belegen schon die drei vorgestellten Ansätze zur Messung politischer Partizipation, daß in Umfragestudien nicht nur nach der bloßen Aktivität, sondern in sehr differenzierter Weise nach der politischen Beteiligung der Bürger gefragt werden kann, zeigt eine Aufstellung der grundlegenden Charakteristika politischer Beteiligungsformen bei Brady (1999: 768-770) die enorme Vielseitigkeit der Erkenntnisinteressen der politischen Partizipationsforschung. Zu den Kerneigenschaften politischer Aktivitäten gehören die Art der Partizipationsform („What is the act?"), der zeitliche Referenzrahmen der Aktivität – jemals, in einem bestimmten Zeitraum – und das Ausmaß der politischen Partizipation – wie oft wurde eine bestimmte Partizipationsart ausgeübt, wie viel Zeit und wie viele andere Ressourcen, zum Beispiel Geld, wurden aufgewendet („How much?"). Es kann nicht nur die realisierte, also in der Vergangenheit liegende, partizipatorische Aktivität des Befragten erhoben werden, sondern auch das beabsichtigte politische Verhalten, woraus sich einige Probleme für die Analyse politischen Partizipationsverhaltens ergeben (vgl. Abschnitt 3.2.2). Neben den Aktivitäten des Befragten kann aber auch die politische Partizipation von Freunden, Verwandten, Bekannten oder Mitgliedern der gleichen Peer-Gruppe abgefragte werden („Who does it?"). Weiterhin kann das Ziel des Partizipationsaktes von großem Interesse sein. Dies bezieht sich sowohl auf die Ebene des politischen Systems, die erreicht werden soll – international, national, regional oder lokal – als auch auf die Akteure und Organisationen – Politiker, Beamte, Ämter, Institutionen („What political level and what actor or agency are the targets?"). Zu den Kerneigenschaften gehört desweiteren das Thema, das durch die politische Aktivität aufgegriffen wird („Characteristics of the issue involved?") und zudem noch die Frage, wer durch dieses Thema betroffen ist. Über diese grundlegenden Charakteristika politischer Partizipation hinaus gehen Fragen zu den unmittelbaren Ursachen und Folgen politischer Beteiligung. Dazu gehört die Frage nach den Gründen – Motive für das Handeln aufgrund der Erwartung eines materiellen oder sozialen Nutzens oder einer politischen Belohnung („Reasons for doing it?") – den Wirkungen der politischen Aktivität („Did it have an impact?") und der Zufriedenheit mit dem Ergebnis der politischen Partizipation („Satisfaction with result?").

Leider erlauben die zur Verfügung stehenden Datensätze nicht einmal annähernd eine solch detaillierte Betrachtung und Analyse politischer Partizipation. Zunächst einmal liegen in den in den Abschnitten 3.1.1 und 3.1.2 vorgestellten Umfragestudien lediglich Informationen über das individuelle Beteiligungsverhalten vor. Weiterhin gibt es weder Daten zu den Zielen der Partizipationsakte noch zu den durch den Partizipationsakt behandelten Themen. Auch zu den Ergebnissen der politischen Aktivität und den mit der politischen Partizipation verbundenen Motiven liegen keinerlei Informationen vor. Insgesamt kann also durch die Analysen in Kapitel 4 nur ein kleiner Ausschnitt des sehr umfassenden Gegenstands politische Partizipation untersucht werden.

3.2.2 Indikatoren politischer Partizipation: Verhaltensabsichten vs. Verhaltensmanifestationen

Wie bereits im vorangehenden Abschnitt angeklungen ist, wird politisches Partizipationsverhalten in Bevölkerungsumfragen mit zwei verschiedenen Indikatoren erhoben. Grundlegend ist hier zu unterscheiden zwischen Verhaltensabsichten oder -in-
tentionen, also hypothetischem Verhalten in der Zukunft, Einstellungen zu politischer Beteiligung bzw. Verhaltensprädispositionen, und Verhaltensmanifestationen,
also bereits realisiertem Beteiligungsverhalten in der Vergangenheit. Im Folgenden
sollen zunächst die beiden Indikatoren vorgestellt werden. Desweiteren wird auf die
Befunde der Einstellungsforschung zum Verhältnis zwischen Beteiligungsabsichten
und realisiertem Verhalten einerseits sowie auf die Ergebnisse der Wahl- und Partizipationsforschung zu Problemen bei der Erhebung und Messung von Partizipationsabsichten und realisierter Partizipation andererseits eingegangen. Am Ende dieses Abschnittes stehen die Implikationen für die Analyse und Interpretation der Ergebnisse dieser Arbeit.

Bei der Untersuchung von Verhaltensmanifestationen werden die Befragten danach gefragt, ob sie bereits eine bestimmte Form der Beteiligung in der Vergangenheit ausgeübt haben. Der zeitliche Referenzrahmen dieser retrospektiven Erhebung
kann dabei beträchtlich variieren: Teilweise wird keine genaue Vorgabe gemacht
(„jemals"), teilweise ein exakter Rahmen vorgegeben („im letzten Jahr", „in den
letzten zwei Jahren", „in den letzten fünf Jahren"[54] oder „seit 1996"[55]).

Im Gegensatz dazu wird bei der Erhebung von Verhaltensabsichten danach gefragt, ob, und häufig auch in welchem Maße, jemand dazu bereit ist, eine bestimmte
Art politischer Beteiligung in der Zukunft zu nutzen. Teilweise interessieren sich
Partizipationsforscher auch dafür, unter welchen Bedingungen jemand bereit wäre,
eine bestimmte Aktivität auszuüben, beispielsweise in einer wichtigen oder außer-
gewöhnlichen Situation (Kaase 1992; Westle 1994)[56], im Normal- bzw. Eskalations-
fall (Uehlinger 1988) oder unter Umständen (Gabriel 1995a). Analog zur Frage nach
der Wahlabsicht wird hier also kein real vorliegendes Verhalten, sondern lediglich
die Einstellung oder die Bereitschaft zu einem bestimmten Verhalten erhoben, ohne
daß überprüft werden könnte, ob der Befragte sich dann auch wirklich politisch betätigt. Es ist in der Forschung umstritten, ob solche Fragen nach dem hypothetischen
Verhalten der Befragten überhaupt zulässig sind. Als Vertreter der einander gegenüberstehenden Standpunkte sind beispielsweise Friedrichs (1990: 192ff.) sowie
Schnell et al. (2005: 335) zu nennen. Auf jeden Fall steht aber fest, daß „approving
of a political activity or being willing to do it is not the same as actually doing it. Po-

---

54   So in der britischen Partizipationsstudie von Parry et al. (1992: 43).
55   Im Allbus 1998.
56   Neben dem von Westle genutzten Eurobarometer 31 findet sich eine solche Unterteilung auch
     im Allbus 2000 und im Allbus 1992. Dort wurden die Befragten aber nur nach ihrem potentiel-
     len Verhalten gefragt, wenn sie eine bestimmte Aktionsform noch nicht selbst genutzt hatten.

litical engagement and willingness to do an activity may be highly correlated with political activity, but they are not measures of political activity" (Brady 1999: 737). Um Verhaltensabsichten also als Indikatoren politischer Aktivität nutzen zu können, sind einige Zusatzannahmen notwendig. Eine dieser Zusatzannahmen ist es, Verhaltensintentionen als notwendige Vorbedingungen politischer Beteiligung zu interpretieren (Marsh/Kaase 1979: 61-65) wie das auch Ajzen und Fishbein in ihrem allgemeinen Modell zur Erklärung von Verhalten tun (siehe unten; vgl. Fishbein/Ajzen 1975; Ajzen/Fishbein 1980; Ajzen 1988).

Zum ersten Mal explizit für Forschungszwecke ist der Unterschied zwischen realisiertem und intendiertem Verhalten von den Forschern der Political Action-Studien (Barnes/Kaase 1979) aufgegriffen worden. Sie gaben bei der Untersuchung unkonventioneller politischer Verhaltensweisen den Verhaltensintentionen den Vorzug, weil unkonventionelle Partizipationsformen einerseits zum Zeitpunkt der Studie empirisch nur von kleinen Minderheiten ausgeübt wurden. Bei den Analysen wären also schnell Fallzahlenprobleme aufgetreten. Andererseits wiesen sie darauf hin, daß Verhaltensmanifestationen durch aktuelle Stimuli wie den Bau eines Flughafens oder eines Atomkraftwerkes verzerrt würden, also ein vergleichsweise hohes Beteiligungsniveau suggeriert würde, und somit keine zuverlässige Messung gewährleistet werden könnte (Marsh/Kaase 1979: 57ff.; Kaase 1990)[57]. Für ihre Analysen unkonventioneller politischer Partizipation griffen sie daher auf einen Index des Protestpotentials zurück, der Verhaltensintentionen und -manifestationen kombinierte. Kombinationsmaße aus Absichten und realisiertem Verhalten wurden in der Folgezeit auch von anderen Partizipationsforschern eingesetzt (etwa von Opp 1990, 1992 oder von Lüdemann 2001).

In welchem Zusammenhang stehen nun die Bereitschaft, bestimmte Partizipationsaktivitäten auszuführen und deren wirkliche Nutzung? Allgemein ist zunächst einmal von einem wechselseitigen positiven Zusammenhang zwischen realisiertem Handeln und der Bereitschaft zu handeln auszugehen. Werden aber explizit vergangenes politisches Engagement und zukünftige Bereitschaft zur Aktivität miteinander in Beziehung gesetzt, ist ersteres aufgrund des zeitlichen Vorausgehens ganz klar als Determinante des letzteren interpretierbar: Partizipation in der Vergangenheit beeinflußt Partizipationsabsichten in der Zukunft. Empirisch zeigt sich immer wieder ein enger positiver Zusammenhang zwischen Partizipationsabsichten und realisiertem politischen Beteiligungsverhalten. Dieser gilt sowohl für Ost- als auch für Westdeutschland (Uehlinger 1988: 156f.; Schmitt-Beck/Weins 1997: 343ff.; Westle 2000: 143ff.).

Auch die Einstellungsforschung geht selbstverständlich von einem allgemeinen positiven Zusammenhang zwischen Verhaltensabsichten und der wirklichen Durchführung einer Aktivität aus. Allerdings wird die Verhaltensabsicht als eine dem

---

57 Allerdings kann man mit sehr großer Sicherheit davon ausgehen, daß auch Verhaltensintentionen durch aktuelle Stimuli verzerrt werden und das Niveau der wirklich stattfindenden Beteiligung noch stärker als ohnehin schon überschätzt wird.

wirklichen Handeln vorgelagerte Größe betrachtet (Ajzen/Fishbein 1980: 8; 40-52; Ajzen 1988: 112-145). Die Stärke des Zusammenhangs zwischen der Verhaltensabsicht und dem realisierten Verhalten ist dabei abhängig von zwei Faktoren. Zum einen von der Übereinstimmung der beiden Konstrukte hinsichtlich Aktionsart, Aktionsziel, Kontext und Zeit. Zum anderen kann die Ausführung einer bestimmten Aktion mittels einer Verhaltensabsicht nur vorhergesagt werden, wenn sich die Absicht nicht vor der wirklichen Durchführung einer Aktivität noch einmal ändert (Ajzen/Fishbein 1980: 51-52). Insofern sind realisierte politische Aktivität und die Absicht, politisch aktiv zu werden, klar voneinander zu trennen.

In den vorangehenden Ausführungen dieses Abschnitts wurde bereits auf die Analogie zwischen der Intention, eine bestimmte Partizipationsform auszuüben und der Wahlabsicht einerseits sowie der Rückerinnerungsfrage (Recall) und realisiertem Partizipationsverhalten andererseits hingewiesen. Daher scheint es sinnvoll, kurz auf einige Befunde der Wahlforschung hinsichtlich der Reliabilität und Validität des Wahlabsicht- und des Recallindikators sowie ihres Verhältnisses zueinander einzugehen, die weitgehend auf nichtelektorale Partizipationsformen übertragen werden können. Da im Gegensatz zu den nichtelektoralen Formen politischer Partizipation für die Wahlbeteiligung ein Vergleich zwischen den in Umfragen ermittelten Beteiligungshäufigkeiten und der real aufgetretenen Wahlbeteiligung möglich ist, kann das Ausmaß der Überschätzung der Wahlbeteiligung durch Umfragedaten exakt angegeben werden. Bei einem solchen Vergleich zeigt sich, daß die Wahlbeteiligung durch die Wahlabsicht deutlich stärker überschätzt wird als durch die Rückerinnerungsfrage (Steinbrecher et al. 2007: 115-123[58]). Überträgt man diesen Befund auf die anderen Formen politischer Partizipation, kann davon ausgegangen werden, daß Verhaltensintentionen das realisierte Beteiligungsniveau vergleichsweise stärker überschätzen als die Indikatoren für retrospektives Verhalten. Empirisch zeigt sich das stärkere Überschätzungspotential durch höhere relative Häufigkeiten bei den Verhaltensabsichten im Vergleich zu Verhaltensmanifestationen (Schneider 1995: 302-307; Schmitt-Beck/Weins 1997: 340ff.; Westle 2000: 142). Die generell stärkere Überschätzung der Partizipationsaktivität durch Verhaltensabsichten wird vor allem auf das Fehlen von (politischen) Auslösern zurückgeführt, die dafür sorgen würden, daß aus beabsichtigtem auch realisiertes Verhalten wird (Topf 1995: 58).

Bei der Wahlbeteiligung wird die Verzerrung des Beteiligungsniveaus vor allem durch ein von sozialer Erwünschtheit geprägtes Antwortverhalten hervorgerufen. Eine wesentliche Ursache dafür ist die perzipierte Wahlnorm, die trotz der Abschwächung der Wirkung von Pflicht- und Akzeptanzwerten im Zuge des Wertewandels (vgl. Abschnitt 2.5.6.1) immer noch einer der erklärungsstärksten Prädiktoren der individuellen Wahlbeteiligung ist (Rattinger/Krämer 1995: 279; Caballero 2005: 345, 350; Steinbrecher et al. 2007: 285ff.). Das Ausmaß der Überschätzung

---

58 Für die Stimmenanteile der Parteien kommt Juhász (1993) allerdings zu dem Ergebnis, daß Wahlabsicht und Rückerinnerung den wirklich realisierten Wert in gleichem Maße überschätzen.

des politischen Aktivitätsniveaus dürfte allerdings bei den nichtelektoralen Beteiligungsarten geringer sein als bei der Wahlbeteiligung, da hier die zur Vortäuschung sozial erwünschten Verhaltens führende Wirkung des staatsbürgerlichen Pflichtbewußtseins deutlich schwächer sein sollte.

Nicht nur aufgrund eines Gefühls sozialer Erwünschtheit kann es zu Verzerrungen in der Erhebung politischen Partizipationsverhaltens kommen. Bei der Frage nach retrospektivem Verhalten ist es auch möglich, daß ein Befragter nicht mehr in der Lage ist, sich korrekt an sein Beteiligungsverhalten zu erinnern, gerade wenn der Referenzrahmen der Fragestellung weit in die Vergangenheit zurückreicht (Powers et al. 1978; Ohr/Rattinger 1993) oder wenn Politik für den jeweiligen Befragten keinen zentralen Stellenwert hat (Schumann 2005: 68), was für eine große Mehrheit der Bundesbürger der Fall ist (Niedermayer 2005: 27, 201).

Neben Verzerrungseffekten durch soziale Erwünschtheit und falsche Rückerinnerung treten noch Kontexteffekte auf, die gerade bei Analysen über längere Zeiträume zu Abweichungen oder gar zu deutlich sichtbaren Ausschlägen in der Partizipationshäufigkeit führen können. Allgemein sind solche Kontexteffekte etwa bestimmte Ereignisse, Geschehnisse oder Maßnahmen im Umfeld des Befragten. Konkrete Beispiele wären der schon weiter oben erwähnte Bau von Flughäfen oder Atomkraftwerken (Marsh/Kaase 1979: 57ff.), die Errichtung von Windrädern, die Golfkriege 1991 und 2003, Besuche ausländischer Staatsgäste (wie etwa von US-Präsident George W. Bush 2005 in Mainz) oder aber die Hartz IV-Reformen. Vor allem bei Protestaktivitäten führen solche aktuellen Stimuli zu einem Anstieg des Beteiligungsniveaus. Bei der Betrachtung der Nutzungshäufigkeiten politischer Partizipationsformen ist also, falls zeitlich begrenzte Ausschläge nach oben auftreten, als eine mögliche Erklärung auf solche sogenannten Protestereignisse (vgl. Rucht 2001; Zimmermann 2003) zu verweisen.

Im Zuge der folgenden Analysen werden sowohl Verhaltensabsichten als auch Verhaltensmanifestationen als abhängige Variablen genutzt. Aufgrund der bisherigen Ausführungen sind letztere als zuverlässigere Indikatoren der nichtelektoralen politischen Partizipation anzusehen. Bei der Betrachtung relativer Häufigkeiten kommen also die mit Verhaltensmanifestationen berechneten Werte dem realen Partizipationsverhalten näher. Anders sieht es jedoch bei der Analyse von Erklärungs- oder Kausalmodellen aus. Da bei Verhaltensmanifestationen das zu erklärende Verhalten den in der Umfrage erhobenen Erklärungsvariablen vorausgeht, könnten sich die Werte der Erklärungsvariablen seit dem Zeitpunkt der Durchführung und möglicherweise auch wegen der Durchführung der politischen Aktivität verändert haben[59]. Somit kann für Verhaltensmanifestationen eine der Bedingungen für das Vorliegen von Kausalität, die zeitliche Antezedens der unabhängigen Variablen (Hill

---

59   Aufgrund des zeitlichen Abstandes zwischen der Durchführung einer politischen Handlung und der Messung der Prädiktoren in einer Umfrage berechnet beispielsweise Lüdemann (2001) ein gewichtetes Kombinationsmaß politischer Partizipation aus Verhaltensabsicht und -manifestation.

1965; Asher 1983: 12; Behnke et al. 2006: 64ff.), nicht erfüllt werden. Im Gegensatz dazu bezieht sich die Frage nach der Bereitschaft, Handlungen in Zukunft auszuführen, auf den Zeitpunkt des Interviews, ist also den potentiellen Erklärungsvariablen zeitlich nachgelagert. Damit ist für diesen Indikator die Bedingung der zeitlichen Antezedens der Prädiktoren erfüllt. Daher sind im Rahmen bivariater und multivariater Zusammenhangsanalysen bessere und den real existierenden Beziehungen eher entsprechende Ergebnisse für die Beteiligungsabsichten zu erwarten. Hinsichtlich des Verhältnisses der beiden Indikatoren zueinander ist auf der Basis des bisher Gesagten ganz klar von einem positiven Zusammenhang auszugehen, dessen Stärke allerdings von der Zeitspanne zwischen den Messungen abhängig ist (Fishbein/Ajzen 1975: 375f.; Ajzen 1988: 115f.).

4. Die Empirie politischer Partizipation

Nach den ausführlichen Vorarbeiten der vorangehenden Kapitel soll im Rahmen dieses Kapitels das politische Partizipationsverhalten der Deutschen umfassend empirisch untersucht werden. Zunächst steht die Betrachtung der Nutzungshäufigkeit politischer Partizipationsformen im Vordergrund (Abschnitt 4.1), wobei der Schwerpunkt gemäß dem Untersuchungsinteresse dieser Arbeit auf den nichtelektoralen Beteiligungsarten liegt. Hier soll zu Beginn auf die wichtigsten Befunde der Partizipationsforschung für die Entwicklung des Niveaus politischer Partizipation in Deutschland eingegangen werden (Abschnitt 4.1.1)[60].

Neben der Veränderung des Beteiligungsverhaltens auf der Makroebene (Abschnitt 4.1.1) soll im zweiten Abschnitt sowohl die relative Häufigkeit politischer Partizipation in der Querschnittsbetrachtung (Abschnitt 4.1.2) als auch die Veränderung des individuellen Beteiligungsverhaltens im Zeitverlauf mit Hilfe von Paneldaten untersucht werden (Abschnitt 4.1.3), um so einen Überblick über den Untersuchungsgegenstand zu erhalten.

Im nächsten Schritt werden die Strukturen des politischen Partizipationsverhaltens der Deutschen untersucht (Abschnitt 4.2), da eine Durchführung von bivariaten und multivariaten Analysen für die einzelnen Partizipationsformen aller für die Analysen relevanten Datensätze viel zu detailliert, heterogen und wenig focussiert wäre und somit den Rahmen dieser Arbeit bei weitem sprengen würde. In den Abschnitten 4.2.1 bis 4.2.3 sollen mit Hilfe von Faktorenanalysen, getrennt für realisiertes Beteiligungsverhalten und Beteiligungsabsichten, Partizipationsdimensionen identifiziert und somit die Anzahl der für die empirischen Analysen zur Verfügung stehenden abhängigen Variablen deutlich reduziert werden. Den ersten Schritt (Abschnitt 4.2.1) des explorativen Vorgehens soll die Identifikation der Dimensionen

---

60 Diese zusammenfassende Betrachtung hätte auch im 2. Kapitel angesiedelt werden können, da Informationen über die empirische Häufigkeit des interessierenden Sachverhalts notwendigerweise zu einer ausführlichen theoretischen Auseinandersetzung mit dem Untersuchungsgegenstand gehören. Auf eine solche Darstellung wurde allerdings im 2. Kapitel verzichtet. Für diese Anordnung sprechen – wie bereits in den einleitenden Ausführungen zu Kapitel 2 angeführt – mehrere Aspekte: Zum einen erschienen Informationen über das Beteiligungsniveau für das Verständnis der Ausführungen zu den Strukturen und Erklärungsfaktoren politischer Partizipation nicht unbedingt notwendig. Wesentlich wichtiger aber sind Informationen über das Ausmaß und die Entwicklung politischer Partizipation in Deutschland für die Einordnung des Ausmaßes politischer Aktivitäten in den zur Analyse verwendeten Datensätzen in den Abschnitten 4.1.2 und 4.1.3. Zum anderen wird auf einen – aufgrund des längeren Untersuchungszeitraums notwendigen – eigenen Überblick über die Entwicklung der Häufigkeit politischer Aktivitäten verzichtet, da dieser aufgrund der begrenzten Datenlage notwendigerweise auf denselben Daten basieren würde wie die bereits vorhandenen aktuellen Überblicksdarstellungen von Gabriel und Völkl (2005) sowie von Niedermayer (2001, 2005). Für eine Verlagerung der Darstellung der Entwicklung des Niveaus politischer Partizipation in dieses Kapitel sprechen somit Effizienzgesichtspunkte als auch spezifische gliederungslogische Argumente.

politischer Partizipation für das vereinigte Deutschland darstellen, um einen Eindruck von der übergreifenden Struktur politischen Beteiligungsverhaltens zu erhalten. In Abschnitt 4.2.2 soll eine getrennte Analyse für Ost- und Westdeutsche durchgeführt werden. Die so identifizierten Dimensionen politischer Partizipation werden in einem Großteil der folgenden Analysen als abhängige Variablen dienen, da eine getrennte Analyse für beide Landesteile – trotz der bereits 18 Jahre zurückliegenden Wiedervereinigung – aufgrund der immer noch bestehenden Unterschiede in bezug auf die Verteilung partizipationsrelevanter Einstellungen (vgl. die Abschnitte 2.5.2 und 2.5.5.2) überaus sinnvoll erscheint.

Da mit dem Allbus 1988 und dem Allbus 1998 Datenquellen vorhanden sind, die zudem eine Betrachtung der Entwicklung dieser Strukturen im Zeitverlauf erlauben – wenn auch nur über zehn Jahre und zwei Erhebungszeitpunkte hinweg – soll in Abschnitt 4.2.3 untersucht werden, ob sich die dimensionale Struktur politischer Partizipation für die beiden Indikatoren im Zeitverlauf verändert. Im Rahmen von Abschnitt 4.2.4 soll dann explizit das Verhältnis zwischen den beiden Indikatoren politischer Aktivität betrachtet und so an die Überlegungen in Abschnitt 3.2.2 angeknüpft werden.

Wie bereits an mehreren Stellen dieser Arbeit deutlich geworden ist, hat das Niveau der Wahlbeteiligung in Deutschland seit den 1980er Jahren abgenommen. Auf der Basis der Überlegungen zum Wertewandel (Abschnitt 2.5.6.1) und zur kognitiven Mobilisierung (Abschnitt 2.5.6.3) ist einerseits die Annahme erlaubt, daß die größer werdende Gruppe der Nichtwähler sich anderweitig politisch engagiert. Andererseits könnte es aber auch möglich sein, daß die Nichtwähler sich generell passiv verhalten und weder im Rahmen elektoraler noch nichtelektoraler Beteiligungsformen aktiv sind. Daher ist die Analyse des Verhältnisses zwischen der Wahlbeteiligung und den nichtelektoralen Formen politischer Partizipation von zentralem Interesse (Abschnitt 4.2.5).

In Abschnitt 4.3 verlagert sich der Focus der Analyse von der Dimensionierung und Strukturierung des Verhaltens auf die Klassifikation und Gruppierung der Befragten. Hier sollen Typen politisch Partizipierender identifiziert werden. Wie in den vorangehenden Analysen erfolgt eine getrennte Betrachtung für Ost- und Westdeutschland auf der Basis der in Abschnitt 4.2.2 identifizierten Dimensionen politischer Partizipation. Ergänzend soll auch das sozialstrukturelle und attitudinale Profil der ermittelten Typen präsentiert werden.

Im umfangreichsten Abschnitt dieses Kapitels (4.4) steht schließlich die Erklärung politischen Beteiligungsverhaltens im Vordergrund. Zunächst werden bivariate Zusammenhänge zwischen einzelnen Erklärungsvariablen und politischem Verhalten betrachtet (Abschnitt 4.4.1), wobei diese Analysen im wesentlichen dazu dienen, die Ergebnisse der später folgenden multivariaten Analysen abzusichern. Daher wird die Auswertung und Interpretation möglichst kurzgehalten. In den multivariaten Erklärungsmodellen wird der Einfluß aller Variablen gemeinsam geprüft und voneinander abgegrenzt (Abschnitt 4.4.2). Dabei dienen in den Abschnitten 4.4.1 und 4.4.2 die in Abschnitt 4.2.2 ermittelten Partizipationsdimensionen als abhängige Variablen. Diese Analysen werden zudem sowohl mit Querschnittdaten als auch mit Paneldaten (Abschnitt 4.4.3) durchgeführt. So ist es möglich, die individuelle Veränderung des politischen Beteiligungsverhaltens mit Hilfe individueller sozialstruktureller und attitudinaler Veränderungen zu erklären.

Im abschließenden Abschnitt 4.5 wird das bisher theoretisch und empirisch betrachtete Wirkungsgefüge in einer kausalen Detailanalyse betrachtet. Diese Analyse erlaubt die präzise Identifikation der Strukturen der Erklärungsvariablen politischer Partizipation und hilft, den Prozeß, der zu politischer Aktivität führt, genauer zu verstehen. Mit Querschnittdaten kann so die innere Struktur politischer Partizipation (Abschnitt 4.5.1) identifiziert werden, während Paneldaten eine Analyse der zeitlichen Struktur politischer Beteiligung ermöglichen (Abschnitt 4.5.2).

4.1 Ausmaß politischer Partizipation

Vor der eigentlichen Analyse politischen Partizipationsverhaltens ist eine Betrachtung des Niveaus politischer Beteiligung und seiner Entwicklung im Zeitverlauf notwendig. Es gilt zunächst, die Befunde der Partizipationsforschung für die Entwicklung auf der gesamtgesellschaftlichen Ebene zu präsentieren (Abschnitt 4.1.1). Wie bereits in den einleitenden Ausführungen zu diesem Kapitel erwähnt, wird dabei nicht auf eigene Analyseergebnisse zurückgegriffen, sondern auf Befunde aus den aktuellsten verfügbaren Überblicksdarstellungen (Gabriel/Völkl 2005; Niedermayer 2001, 2005). Im anschließenden Abschnitt (4.1.2) wird das Ausmaß politischer Partizipation in den für die Analysen verwendeten Querschnitt- und Paneldatensätzen analysiert, um die folgenden Befunde quantitativ besser einordnen zu können. Bei der Präsentation der Häufigkeiten wird entsprechend der beiden zur Verfügung stehenden Indikatoren zwischen Verhaltensmanifestationen und -intentionen unterschieden. Abschnitt 4.1.3 richtet sein Augenmerk auf die Veränderung des Partizipationsverhaltens auf der individuellen Ebene. Mit Hilfe des Panels aus dem Projekt „Politische Einstellungen und politische Partizipation im vereinigten Deutschland" (DFG-Panel) ist es möglich, individuelle Veränderungen politischen Partizipationsverhaltens im Zeitverlauf zu analysieren.

4.1.1 Entwicklung auf der Makroebene – kollektiver Wandel

Auch wenn der Schwerpunkt dieser Arbeit vor allem auf der Analyse nichtelektoraler politischer Partizipationsformen in Deutschland liegt, ist es wichtig, auch einen Blick auf die Entwicklung der Wahlbeteiligung zu werfen. Die Wahlbeteiligung ist ohne Zweifel die wichtigste Form politischer Beteiligung. Wahlen sind ein zentrales Element jedes demokratischen Staatswesens, weil durch sie das Volk als Souverän

seine Macht an die gewählten Organe (Parlamente, exekutive Ämter) überträgt[61].
Wie schon mehrfach angeklungen ist, hat man sich in der Partizipationsforschung
wegen dieser zentralen Rolle demokratischer Wahlen weitgehend auf das Wahlverhalten und die Wahlbeteiligung als Untersuchungsobjekte konzentriert. An dieser
Stelle sei lediglich beispielhaft auf die umfassenden Untersuchungen zur Entwicklung und zur Erklärung der Wahlbeteiligung in Deutschland von Eilfort (1994),
Kleinhenz (1995) sowie von Steinbrecher et al. (2007) verwiesen.

Wie Abbildung 2 zu entnehmen ist, hat die Wahlbeteiligung insbesondere bei
Landtags- und Europawahlen seit der Wiederherstellung der deutschen Einheit im
Jahre 1990 deutlich abgenommen. An den letzten beiden Europawahlen (1999 und
2004) nahmen sogar jeweils weniger als die Hälfte der Wahlberechtigten teil. Bei
den jüngsten Landtagswahlen lag die Wahlbeteiligung in allen Ländern zwischen 50
und 70 Prozent. Bei Bundestagswahlen ist eine solch klare Entwicklung nicht festzustellen, die Wahlbeteiligung variiert im Zeitraum von 1990 bis 2005 zwischen 77
und 82 Prozent. Jedoch scheint sich nach der vergleichsweise hohen Wahlbeteiligung 1998 auch auf dieser Wahlebene ein leicht negativer Trend abzuzeichnen. Die
sehr hohen Beteiligungsraten von annähernd oder sogar über 90 Prozent während
der 1970er und Anfang der 1980er Jahre werden auf jeden Fall bei weitem nicht
mehr erreicht. Insgesamt kann von einer klaren Hierarchie der Wahlebenen mit
Bundestagswahlen an der Spitze, gefolgt von Landtags- und Europawahlen, gesprochen werden. Vergleicht man die Beteiligungsquoten in Ost- und Westdeutschland
miteinander, zeigt sich im östlichen Teil des Landes bei Landtagswahlen mit wenigen Ausnahmen eine deutlich niedrigere und bei Bundestagswahlen eine um einige
Prozentpunkte geringere Wahlbeteiligung als im Westen[62]. Bei Europawahlen ergibt
sich diese Differenz aufgrund der mobilisierenden Wirkung der gleichzeitig stattfindenden Kommunal- oder Landtagswahlen in vier der fünf östlichen Bundesländer
nicht (Steinbrecher et al. 2007: 50ff., 178f.). Die Ursachen für das unterschiedliche
Beteiligungsniveau sind vielfältig. Für einen umfassenden Überblick sei an dieser
Stelle auf die Darstellungen von Eilfort (1994), Kleinhenz (1995) und Steinbrecher
et al. (2007) verwiesen.

---

61 Zu den weiteren Funktionen demokratischer Wahlen vgl. Kaltefleiter/Nißen (1980: 21ff.).
62 Vgl. Abbildung A.1 im Anhang. Die Ausschläge der Kurve für die Landtagswahlen nach oben
    werden durch die hohe Wahlbeteiligung bei Abgeordnetenhauswahlen in Berlin und die Ter-
    minierung einiger Landtagswahlen (in Mecklenburg-Vorpommern und Thüringen) am Tag der
    Bundestagswahlen verursacht.

Abbildung 2: Entwicklung der Wahlbeteiligung 1946-2007, Gesamtdeutschland

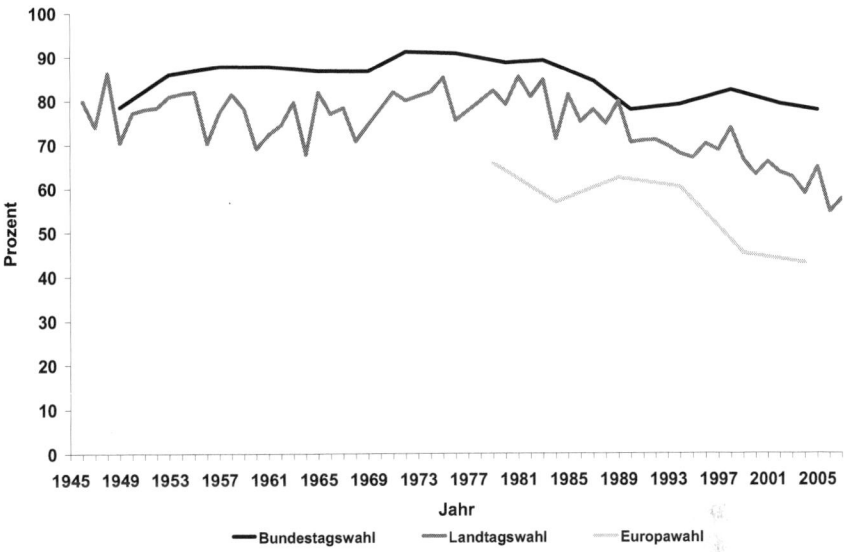

Quelle: Steinbrecher et al. 2007: 2, Statistisches Bundesamt, Statistische Landesämter.

Zwar erschöpft sich für viele Bürger ihre Mitarbeit am politischen Prozeß bereits mit dem Gang zur Wahlurne (Norpoth 1980: 11), dennoch stellt die Wahlbeteiligung ein unpräzises Meßinstrument dar, um die allgemeine politische Involvierung der Bevölkerung zu bestimmen (Dalton 1996: 40). Schließlich bestehen für die Bürger noch zahlreiche andere Möglichkeiten der politischen Beteiligung. Im Folgenden soll daher die Nutzungshäufigkeit für einige ausgewählte nichtelektorale Partizipationsformen betrachtet werden. Für diese anderen Formen politischer Beteiligung – mit Ausnahme der Mitgliedschaft in politischen Parteien – ergeben sich allerdings aufgrund der Datenlage gravierende Probleme: Das Aktivitätsniveau kann nicht objektiv gemessen werden, da man auf die Selbstauskünfte der Befragten in Umfragen angewiesen ist. Ganz im Gegensatz dazu bietet sich für die Wahlbeteiligung der entscheidende Vorteil, daß mit den Wahlstatistiken der Bundes- und Landeswahlleiter objektive Daten über das Beteiligungsniveau zur Verfügung stehen, mit denen die Selbstauskünfte der Befragten verglichen und gegebenenfalls korrigiert werden können. Auf die besonderen Probleme, die durch die Abhängigkeit der Analysen von Selbstauskünften entstehen, wurde bereits in Abschnitt 3.2.1 hingewiesen.

Aber nicht nur aus diesem Grunde ist es deutlich schwieriger, das Aktivitätsniveau für andere politische Partizipationsformen zu messen. Besonders hinderlich bei Betrachtungen über längere Zeiträume ist das Fehlen eines einheitlichen Frageinstrumentariums: Die Messung von Verhaltensabsichten (zukünftiges Partizipationsverhalten) steht der Messung von Verhaltensmanifestationen (vergangene realisierte politische Aktivität) gegenüber (vgl. Abschnitt 3.2.2). Die Bandbreite der Messung reicht von der dichotomen Abfrage bis hin zur Verwendung mehrstufiger Skalen, mit denen die Befragten relativ präzise ihr Aktivitätsniveau angeben können. Hinzu kommt, daß identische Fragebatterien zum Partizipationsverhalten nur selten über mehrere Studien hinweg verwendet werden. Die einzelnen Primärstudien verfolgen zumeist sehr spezifische, individuell zugeschnittene Fragestellungen. Entsprechend variabel sind Art und Weise sowie Anzahl der abgefragten Partizipationsformen. Diese sind nämlich abhängig von der jeweiligen Definition politischer Partizipation und von der Bewertung bestimmter Beteiligungsarten als relevant oder irrelevant durch die Primärforscher. Die Zeitreihen sind deshalb oft lückenhaft. Insgesamt ergeben sich so massive Probleme bei der Quantifizierbarkeit des nichtelektoralen politischen Partizipationsverhaltens im Zeitverlauf: Diese schlagen sich in den Unterbrechungen der in den folgenden Abbildungen dargestellten Zeitreihen nieder.

Für die folgende Darstellung wird auf Befunde von Gabriel und Völkl (2005: 543ff.) sowie Niedermayer (2001: 213ff.) zurückgegriffen, die für Deutschland die einzigen langfristigen Betrachtungen der Entwicklung des politischen Partizipationsniveaus vorgelegt haben. Wie in Abbildung 3 dargestellt, betrachten Gabriel und Völkl (2005: 543-545) bei den wahl- und parteibezogenen Aktivitäten die Teilnahme an politischen Versammlungen, die Aktivität in lokalen Aktionsgruppen, die Häufigkeit von Politikerkontakten sowie von Wahlkampfaktivitäten. Dabei unterscheiden sie zwischen einem engen („oft" und „manchmal" bzw. „ja") und einem weiten Aktionspotential („oft", „manchmal" und „selten"), indem sie Verhaltensmanifestationen und -absichten kombinieren. Eine langfristige Betrachtung der Entwicklung ist nur für Westdeutschland möglich, so daß vor allem auf die Befunde für diesen Teil des Landes eingegangen wird.

Für die Teilnahme an Versammlungen zeigt sich im Zeitverlauf für Westdeutschland eine negative Entwicklung des engen Aktionspotentials. Beteiligten sich in den 1970er Jahren noch mehr als 20 Prozent der Bürger, sank dieser Anteil Ende der 1990er Jahre auf unter 10 Prozent. Berücksichtigt man das weite Aktionspotential, so nahmen in den vergangenen 30 Jahren zwischen 38 und 49 Prozent der Bürger in Westdeutschland wenigstens selten an politischen Versammlungen teil. Auch hier zeigt sich nach einem Hoch in den 1980er Jahren ein Absinken des Partizipationspotentials in den 1990er Jahren.

Für die Beteiligung an Gemeindeaktivitäten bzw. lokalen Aktionsgruppen läßt sich kein Trend identifizieren. Der Anteil der stark aktiven Westdeutschen umfaßt zwischen 9 und 19 Prozent der Befragten. Faßt man diejenigen zusammen, die regelmäßig oder gelegentlich aktiv sind, engagieren sich zwischen der Mitte der 1980er und der Mitte der 1990er Jahre über 40 Prozent der westdeutschen Bürger in einer politischen Gruppe in ihrer Gemeinde.

Abbildung 3: Entwicklung wahl- und parteibezogener Aktivitäten 1974-2003, West- und Ostdeutschland

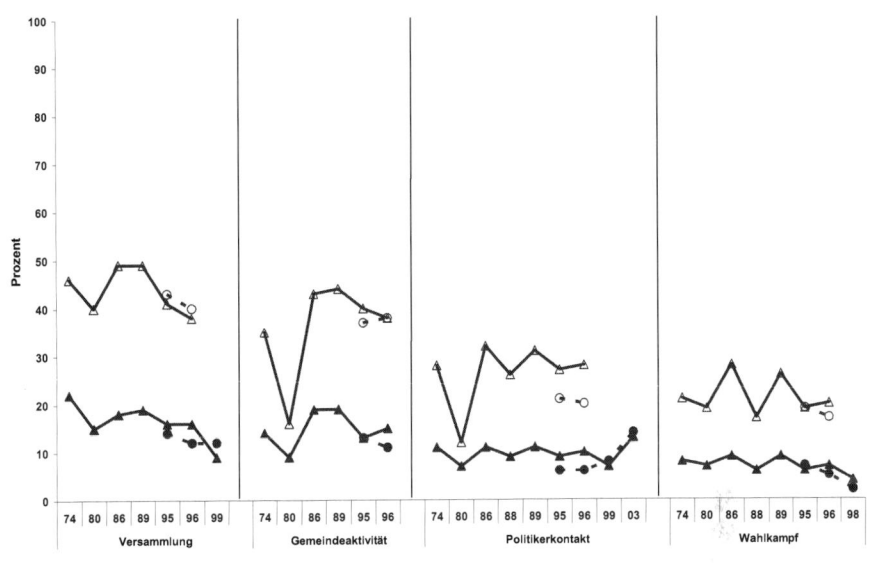

Anmerkung: Aus Platzgründen wurden die Abstände zwischen den Erhebungszeitpunkten minimiert und die Jahreszahlen nur mit den letzten beiden Stellen angegeben.
Quelle: Gabriel/Völkl (2005: 544).

Das Ausmaß der Kontakte zu Politikern (in der engen Meßvariante) ist noch geringer und schwankt in einem schmalen Bereich um 10 Prozent, erreicht aber im Jahre 2003 mit 13 Prozent ihren Höhepunkt. Bei Anwendung einer weiten Definition kontaktieren, mit Ausnahme von 1980, zwischen 26 und 32 Prozent der Westdeutschen zumindest gelegentlich einen Politiker. Auch für diese Form der politischen Aktivität ist eine vergleichsweise hohe Stabilität im Zeitverlauf festzustellen.

Ganz anders ist dies bei der aktiven Beteiligung an Wahlkämpfen. Diese nimmt nämlich – bei einigen Schwankungen – im Laufe der Zeit ab. Ende der 1990er Jahre sind nicht einmal mehr fünf Prozent der Westdeutschen regelmäßig aktiv an Wahlkämpfen beteiligt (enges Potential), immerhin noch 20 Prozent unterstützen wenigstens selten eine Partei oder einen Kandidaten im Wahlkampf.

Die Abnahme des Niveaus politischer Aktivität für die genannten Beteiligungsformen zeigt sich nicht nur für Deutschland, sondern ist wohl ein allgemeines Phänomen in den westlichen Industrieländern (Dalton et al. 2000: 54ff.). Insgesamt scheint die Abnahme bei den Aktivitäten stärker zu sein, die gemeinschaftlich mit anderen ausgeübt werden müssen, während sich bei den Partizipationsformen wie der Kontaktierung von Politikern, die vor allem alleine genutzt werden können, wenigstens eine Stabilisierung des Partizipationspotentials ergibt. Vergleicht man Ost-

und Westdeutschland, so zeigen sich kurz nach der Wiedervereinigung für alle diese Arten politischer Beteiligung Unterschiede. Diese werden aber, vor allem beim engen Partizipationspotential, im Zeitverlauf geringer. Bei Politikerkontakten und der Teilnahme an Versammlungen übertrifft das Partizipationspotential der Ostdeutschen zum jeweils letzten Meßzeitpunkt sogar das der Westdeutschen. Eine große Lücke zwischen den Bürgern in beiden Teilen des Landes klafft beim weiten Aktionspotential für Politikerkontakte, das mehr als zehn Prozentpunkte auseinanderliegt. Bei den Ostdeutschen könnte für diese wesentlich stärkere Abneigung, Kontakt zu Politikern aufzunehmen, ihr geringeres Vertrauen gegenüber den politischen Institutionen (Walter-Rogg 2005) verantwortlich sein. Sieht man von dieser Ausnahme ab, zeigt sich jedoch eine weitgehende Angleichung der Partizipationskultur in bezug auf partei- und wahlbezogene Aktivitäten.

Bei der Betrachtung von legalen Protestaktivitäten wenden Gabriel und Völkl (2005: 545-548) eine leicht abweichende Operationalisierung engen und weiten Partizipationspotentials an. „Enges" Potential bedeutet, daß die Aktivität bereits ausgeübt wurde. „Weites" Potential bedeutet, daß ein Befragter diese Aktivität entweder schon genutzt hat oder nutzen würde. Als legale Protestaktivitäten werden die Teilnahme an Unterschriftensammlungen sowie an genehmigten Demonstrationen in die Betrachtungen miteinbezogen (Abbildung 4). Für die Teilnahme an Unterschriftensammlungen zeigt sich bis zu Beginn der 1990er Jahre ein Anstieg des Aktivitätsniveaus in Westdeutschland auf etwa 45 Prozent (enges Potential). Danach nimmt die Aktivität ab und sinkt Mitte der 1990er Jahre im Westen auf etwa 25 Prozent, im Osten gar auf circa 15 Prozent. Danach ist wieder ein Anstieg auf ungefähr 30 Prozent in beiden Landesteilen zu verzeichnen. Niedermayer (2001: 217) kann für 2000 in Ost- wie Westdeutschland allerdings ein Beteiligungsniveau von über 50 Prozent verzeichnen. Auf einem ähnlichen Niveau liegen die bei Dalton (2006: 68) berichteten Häufigkeiten für Westdeutschland. Diese Differenz zwischen den Werten der verschiedenen Autoren belegt einmal mehr die Wichtigkeit der gewählten Operationalisierung politischer Partizipation sowie die Kontextabhängigkeit der Messung politischen Beteiligungsverhaltens. Betrachtet man noch einmal die Befunde von Gabriel und Völkl, liegt das enge Beteiligungspotential der Ostdeutschen 2003 sogar über dem der Westdeutschen. Richtet man das Augenmerk auf das weite Partizipationspotential, ergibt sich eine ähnliche Entwicklung wie für das enge Protestpotential. Bis Anfang der 1990er Jahre sind mehr als 80 Prozent der Westdeutschen – und nach der Wiedervereinigung auch ein ähnlich hoher Anteil der Ostdeutschen – zum Unterschreiben von Petitionen bereit. Dieser Anteil sinkt auf etwa 60 Prozent in der Mitte der 1990er Jahre, wobei zu diesem Zeitpunkt die Lücke zwischen beiden Landesteilen kleiner wird.

Abbildung 4: Entwicklung legaler Protestaktivitäten 1974-2003, West- und Ostdeutschland

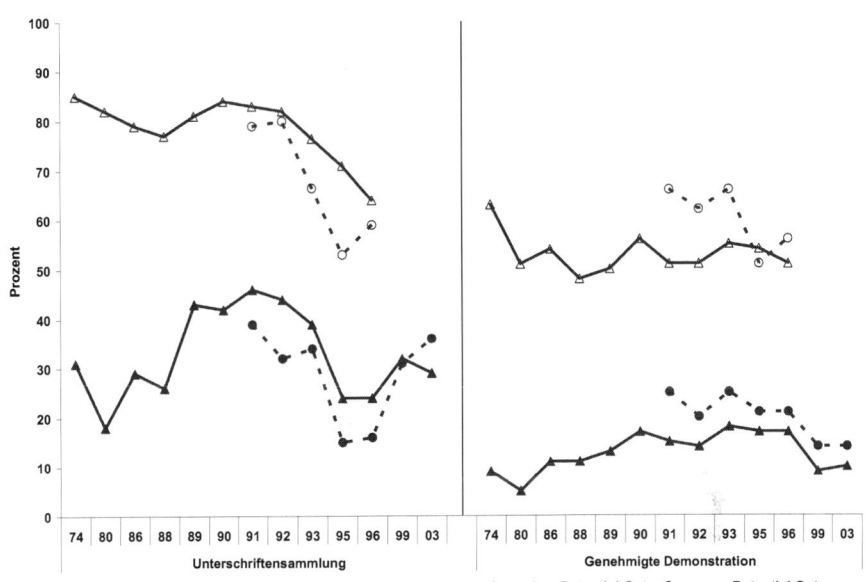

Anmerkung: Aus Platzgründen wurden die Abstände zwischen den Erhebungszeitpunkten minimiert und die Jahreszahlen nur mit den letzten beiden Stellen angegeben.
Quelle: Gabriel/Völkl (2005: 546).

Während des gesamten Untersuchungszeitraumes schwankt die Beteiligungshäufigkeit an genehmigten Demonstrationen (enges Potential) in Westdeutschland zwischen 5 und 18 Prozent. Von Ende der 1980er bis Mitte der 1990er Jahre ist ein höheres Aktivitätsniveau zu verzeichnen als davor und danach. Die Aktivität der Ostdeutschen überschreitet die der Westdeutschen zu allen Zeitpunkten um mindestens fünf Prozentpunkte. Hier scheinen sich die unterschiedlichen historischen Erfahrungen mit Demonstrationen auszuwirken. Die Ostdeutschen haben sich schließlich selbst mit Hilfe gewaltfreier Demonstrationen die politische Freiheit erkämpft, wissen also wahrscheinlich eher als die Westdeutschen, daß diese Partizipationsform geeignet ist, politische Ziele und Interessen durchzusetzen und nutzen sie dementsprechend häufiger. Mitte der 1990er Jahre sinkt aber auch das Partizipationsniveau (enges Potential) der Ostdeutschen auf etwa 15 Prozentpunkte. Das weite Protestpotential ist in beiden Teilen des Landes während des ganzen Beobachtungszeitraumes mit über 50 Prozent (im Osten sogar zeitweise über 60 Prozent) beträchtlich. Im Vergleich zu den vorher betrachteten wahl- und parteibezogenen Aktivitäten unterscheiden sich die relativen Häufigkeiten für Ost- und Westdeutsche für die Beteiligung an Unterschriftensammlungen und genehmigten Demonstrationen deutlich stärker.

Abbildung 5: Entwicklung von Aktivitäten des zivilen Ungehorsams 1974-2003, West- und Ostdeutschland

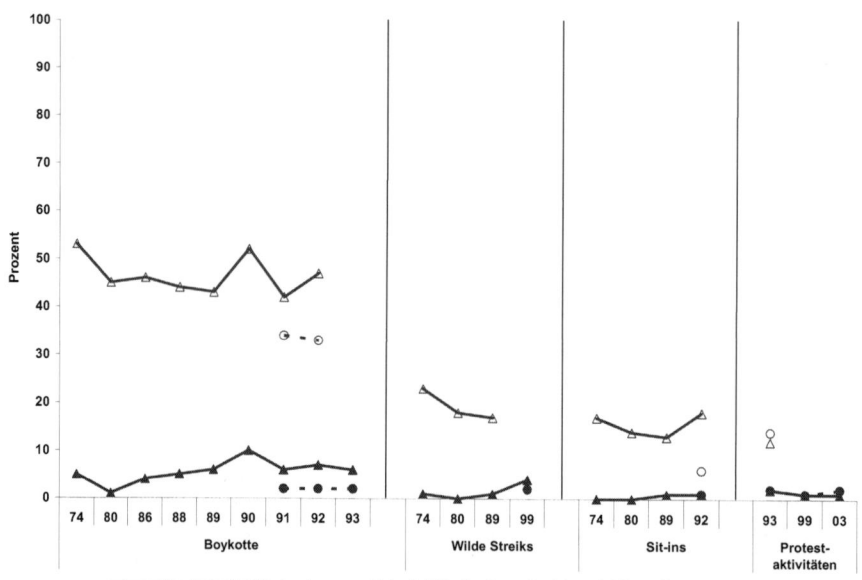

Anmerkung: Aus Platzgründen wurden die Abstände zwischen den Erhebungszeitpunkten minimiert und die Jahreszahlen nur mit den letzten beiden Stellen angegeben.
Quelle: Gabriel/Völkl (2005: 547).

Auch für die Aktivitäten des zivilen Ungehorsams wie Boykotte, wilde Streiks oder Sit-ins verwenden Gabriel und Völkl (2005: 247) die gleiche Operationalisierung wie für die legalen Protestaktivitäten. Diese Partizipationsformen spielen im Partizipationsrepertoire der Bundesbürger nur eine untergeordnete Rolle (Gabriel/Völkl 2005: 547-548; Dalton 2006: 67ff.; vgl. Abbildung 5). An Boykotten nehmen zu allen Erhebungszeitpunkten nie mehr als 10 Prozent der Westdeutschen teil. In Ostdeutschland hat fast kein Bürger diese Partizipationsform jemals ausgeführt. Allerdings ist das Potential für Boykotte in beiden Landesteilen beträchtlich: Im Westen liegt es immer über 40, im Osten über 30 Prozent. Wilde Streiks, Sit-ins und Protestaktivitäten werden von nahezu niemandem genutzt: Die relativen Häufigkeiten liegen im unteren einstelligen Bereich. Das Potential für die drei Beteiligungsarten liegt im Westen zwischen 10 und 20 Prozent, wobei die Meßzeitpunkte nicht weiter als bis 1993 reichen. Ein klarer Trend ist, auch bedingt durch die niedrige Zahl an Erhebungszeitpunkten, für keine der drei Aktivitätsformen zu verzeichnen.

Ein Vergleich zwischen West- und Ostdeutschen ist schwierig, da Messungen für die späten 1990er und 2000er Jahre für Boykotte und Sit-ins vollkommen fehlen. Die Befunde für Wilde Streiks und Protestaktivitäten, bei denen Daten für diesen Zeitraum vorliegen, sprechen allerdings dafür, daß es nur geringfügige Unterschiede im Nutzungsverhalten zwischen den Deutschen in Ost und West gibt. Niedermayer (2001: 218) berücksichtigt im Rahmen seiner Betrachtungen noch ungenehmigte Demonstrationen als separate Partizipationsform: Zwischen zwei und fünf Prozent im Osten sowie zwischen vier und sechs Prozent im Westen haben sich Mitte und Ende der 1990er Jahre an solchen Aktivitäten beteiligt.

Abbildung 6: Entwicklung der Parteimitgliedschaft 1946-2005, Gesamtdeutschland

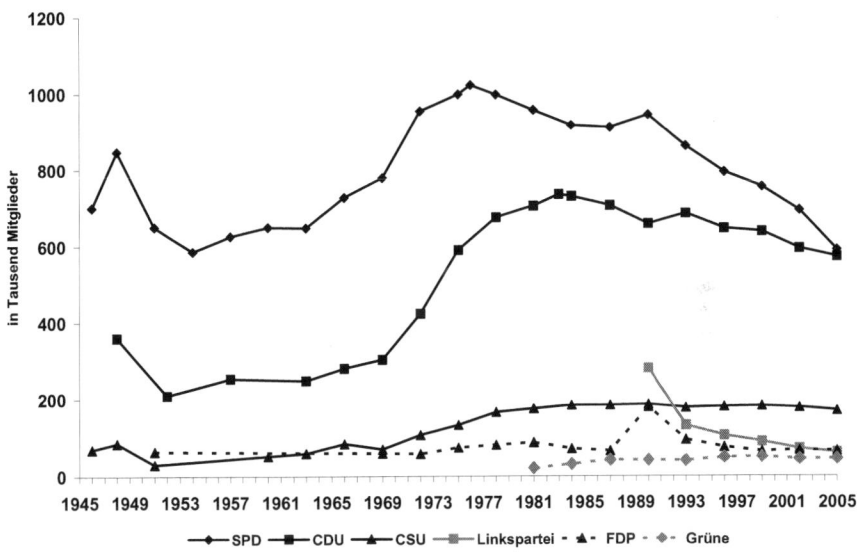

Quelle: Jesse (1997); Recker/Tenfelde (2005); Niedermayer (2006).

Es ist bereits angeklungen, daß es neben der Wahlbeteiligung noch eine andere Form politischer Aktivität gibt, deren Nutzungshäufigkeit objektiv meßbar ist: die Parteimitgliedschaft. Lückenlose Mitgliederstatistiken liegen für alle relevanten Parteien seit Mitte der 1960er Jahre vor (Gabriel/Niedermayer 2002: 274). Die Mitgliederzahlen schwanken im Zeitverlauf relativ stark (vgl. Abbildung 6). In den 1970er Jahren ist aufgrund der allgemein stärkeren politischen Mobilisierung ein deutlicher Mitgliederanstieg bei SPD, Union und FDP zu verzeichnen. Wenn man von einem leichten Anstieg um 1990 herum absieht, ergibt sich für die CDU, in besonderem Maße aber für die SPD, seit der ersten Hälfte der 1980er Jahre eine Abnahme der Mitgliederzahlen. Auch bei der Linkspartei/PDS und der FDP macht sich der Mitgliederschwund seit der deutschen Einheit klar bemerkbar, während CSU und Bündnis 90/Die Grünen ihre Mitgliederzahl nahezu stabil halten konnten. Relativ zur Bevölkerungszahl gesehen sind mittlerweile etwa 2 bis 2,5 Prozent der Deutschen Mitglied in einer politischen Partei.

Sieht man von der Wahlbeteiligung ab, ist insgesamt also klar festzustellen, daß es in der Regel immer nur Minderheiten sind, die sich politisch betätigen oder die bereit sind, politisch aktiv zu werden. Durch die Gegenüberstellung einer engen und einer weiten Operationalisierung politischer Partizipation in den vorangehenden Ausführungen dürfte allerdings deutlich geworden sein, daß es für viele der nicht-elektoralen Partizipationsformen immerhin ein beträchtliches Potential gibt, das unter bestimmten Umständen abgerufen werden kann. Welche Bevölkerungsgruppen besonders aktiv sind bzw. welche Einstellungen, Werte, Normen oder Eigenschaften besonders förderlich für einzelne politische Aktivitäten sind, wurde ausführlich in Abschnitt 2.5 gezeigt, in dem der Forschungsstand zu den Erklärungsfaktoren politischer Partizipation rekapituliert wurde. Welche Forschungsbefunde sich in der empirischen Analyse bestätigen lassen, gilt es in Abschnitt 4.4 zu prüfen.

Die Präsentation der Entwicklung des politischen Partizipationsniveaus kann zumindest in Ansätzen Befunde von Dalton (2006: 74ff.) und Pattie et al. (2004) bestätigen, die im Zeitverlauf eine Abnahme der Beteiligungshäufigkeit an gemeinschaftlichen Aktivitäten und eine Zunahme bei individualistischen Partizipationsformen feststellen konnten. Für endgültige Aussagen zu dieser Entwicklung sind die hier verwendeten Zeitreihen allerdings nicht lang genug. Sollte sich jedoch der angesprochene Prozeß fortsetzen, dann würde dies aufgrund der dann zunehmenden Dominanz individualistischer Motive die Erreichung kollektiver Interessen und Ziele durch politische Partizipation gefährden oder wenigstens erschweren.

4.1.2 Ausmaß politischer Partizipation im Querschnitt

Nachdem in Abschnitt 4.1.1 ein kurzer Überblick über die Entwicklung des politischen Partizipationsniveaus in Deutschland in den letzten Jahrzehnten gegeben werden konnte, soll hier nun die Häufigkeit politischer Partizipation in den für die folgenden Analysen verwendeten Datensätzen betrachtet werden. Am Beginn stehen die Verhaltensabsichten aus den DFG-Querschnitten. Dann werden die Beteiligungsabsichten und -manifestationen aus den Allbus-Studien 1988 und 1998 präsentiert, am Ende folgt eine Darstellung der Häufigkeit der Verhaltensmanifestationen aus der CID-Studie.

Die DFG-Querschnitte selbst finden für die späteren empirischen Analysen zwar keine weitere Verwendung, dennoch sollte kurz auf die entsprechenden Niveaus politischer Partizipation in dieser Studie eingegangen werden, da sie zur Einordnung der Ergebnisse des DFG-Panels notwendig sind: In Abschnitt 4.1.3 werden die an dieser Stelle präsentierten Werte als Vergleichsbasis genutzt, um eventuelle Verzerrungen des politischen Partizipationsverhaltens bei den Panelbefragten zu identifizieren[63]. 1994, 1998 und 2002 konnten die Befragten in den DFG-Studien auf einer 5er-Skala die Wahrscheinlichkeit ihrer Aktivität für insgesamt sechs Partizipationsformen angeben (vgl. Abschnitt 3.1.1). Tabelle 6 enthält sowohl die relativen Häufigkeiten für die verschiedenen Antwortmöglichkeiten als auch Mittelwerte und Standardabweichungen, auf die im Folgenden hauptsächlich eingegangen wird. Die Mittelwerte können wegen der Stauchung der Skala auf einen Wertebereich von 0 bis 1 als Prozentwerte interpretiert werden, die Auskunft über das Partizipationspotential geben. Insgesamt lassen sich auf der Basis der Werte in den Tabellen drei Gruppen politischer Beteiligungsformen bilden. Die mit Abstand höchste Partizipationsbereitschaft zeigt sich für die Wahlbeteiligung. Der Mittelwert beträgt 1994 0,84 und steigt 1998 um 0,1 an, da anstatt 64,3 nun 85,9 Prozent der Befragten angeben, diese Form der politischen Aktivität bestimmt nutzen zu wollen. 2002 sinkt der Mittelwert dann wieder leicht auf 0,92. Damit liegt die gemessene Beteiligungsbereitschaft bei allen drei Wahlen über der tatsächlich realisierten Wahlbeteiligung.

Hinter der Wahlbeteiligung folgen die drei legalen und legitimen Aktivitätsformen als zweite Gruppe. Die Mittelwerte für die Beteiligung an Bürgerinitiativen, die Teilnahme an Demonstrationen sowie das Suchen von Unterstützung bei einer Partei liegen in einem Bereich rund um 0,5, so daß die Befragten im Mittel jeweils vielleicht dazu bereit wären, eine dieser politischen Aktivitäten auszuführen. Bei allen drei Partizipationsformen sinkt der Mittelwert im Zeitverlauf, am stärksten bei der Bereitschaft, an genehmigten Demonstrationen teilzunehmen. Während sich 1994 noch ein Partizipationspotential von 54 Prozent ergibt, sind es 1998 53 und 2002 lediglich noch 46 Prozent. Für die Beteiligungsbereitschaft an Bürgerinitiativen liegt der Mittelwert 1994 und 1998 bei 0,55, 2002 sinkt er auf 0,51. Für das Suchen von Unterstützung bei einer Partei sinkt er von 0,48 im Jahr 1998 auf 0,45 im Jahr 2002. Auch die Streuung für die legalen und legitimen Partizipationsformen ist für alle Erhebungszeitpunkte sehr ähnlich und bewegt sich in einem Bereich zwischen 0,33 und 0,37. Insofern weisen die Befragten ein relativ heterogenes Antwortverhalten auf.

Eine deutlich geringere mittlere Aktivitätsbereitschaft und ein, gemessen mit der Standardabweichung, homogeneres Antwortverhalten zeigt sich für die drei illegalen bzw. illegitimen Partizipationsformen als Bestandteile der dritten Gruppe. Bei der Beteiligungsabsicht an gewaltsamen Demonstrationen sowie bei Verkehrsblockaden ergibt sich wie schon bei den legitimen und legalen Partizipationsformen eine Abnahme der Mittelwerte von 0,20 auf 0,16 (für gewaltsame Demonstrationen) bzw. von 0,21 über 0,19 auf 0,17 (für Verkehrsblockaden). Für die Anwendung von Gewalt beträgt der Mittelwert 1994 0,17 und liegt damit ebenfalls in diesem Bereich. Betrachtet man die relativen Häufigkeiten, dann gibt eine große Mehrheit von über 50, teilweise sogar von über 60 Prozent der Befragten zu allen drei Befragungszeitpunkten an, diese drei Partizipationsformen bestimmt nicht ausüben zu wollen. Im

---

63 Vgl. Abschnitt 3.1.2 zu möglichen Verzerrungen, die im Rahmen von Panelbefragungen auftreten können.

Gegensatz dazu würden jeweils weniger als fünf Prozent der Befragten diese Aktivitäten bestimmt ausführen. Sieht man vom unterschiedlichen Niveau in den beiden Gruppen von Partizipationsformen ab, ist auffällig, daß die Streuung der Antworten für alle nichtelektoralen Beteiligungsformen im Zeitverlauf geringer wird. Das Antwort- und damit das beabsichtigte Beteiligungsverhalten werden also über die drei Querschnitte hinweg homogener, unabhängig davon, ob es sich um eine legale und legitime oder um eine illegale und illegitime Partizipationsform handelt.

Tabelle 6: Häufigkeit der Verhaltensabsichten in den DFG-Querschnitten 1994-2002, Gesamtdeutschland

Partizipationsform	Jahr	0	0,25	0,5	0,75	1	MW	SD	N
Bürgerinitiative	1994	20,4	10,6	15,8	28,9	21,1	0,55	0,36	3978
	1998	17,6	10,5	20,0	30,8	17,6	0,55	0,34	3215
	2002	18,1	15,3	25,6	25,4	14,0	0,51	0,33	3210
Genehmigte Demonstra-	1994	23,2	9,2	16,5	25,6	22,8	0,54	0,37	4007
tion	1998	22,9	11,1	15,8	27,6	19,7	0,53	0,37	3240
	2002	24,8	15,6	20,9	23,0	14,0	0,46	0,35	3206
Gewaltsame Demonstra-	1994	57,3	17,8	12,7	6,9	3,4	0,20	0,28	4030
tion	1998	61,9	16,8	11,0	5,9	1,9	0,16	0,26	3255
	2002	62,5	19,9	8,7	4,8	2,5	0,16	0,25	3214
Anwendung von Gewalt	1994	64,7	13,7	10,2	6,4	3,2	0,17	0,28	4035
Verkehrsblockade	1994	57,9	14,1	12,5	8,8	4,3	0,21	0,30	4016
	1998	60,1	14,9	12,1	7,5	2,6	0,19	0,28	3247
	2002	61,4	18,8	10,8	5,0	2,6	0,17	0,26	3217
Unterstützung Partei	1998	25,2	9,0	22,8	25,9	13,3	0,48	0,35	3210
suchen	2002	24,6	13,6	25,1	23,4	10,2	0,45	0,33	3160
Wahlbeteiligung	1994	4,4	3,7	8,3	17,3	64,3	0,84	0,27	2074
	1998	1,9	1,1	1,9	7,4	85,9	0,94	0,18	1556
	2002	2,4	1,1	3,1	12,1	77,6	0,92	0,20	1590

Anmerkungen: an 100 fehlende Prozentpunkte: weiß nicht oder verweigert; 0: würde bestimmt nicht tun, 0,25: würde wahrscheinlich nicht tun, 0,5: würde vielleicht tun, 0,75: würde wahrscheinlich tun, 1: würde bestimmt tun. MW: Mittelwert; SD: Standardabweichung.
Quelle: DFG-Querschnitte.

Da die empirischen Analysen getrennt für Ost- und Westdeutschland durchgeführt werden, sind auch Unterschiede in den Querschnittdatensätzen zwischen west- und ostdeutschen Befragten hinsichtlich ihres Beteiligungspotentials von Interesse. In Tabelle 7 finden sich die Mittelwerte für die beiden Befragtengruppen aus den DFG-Querschnitten[64]. Für die Westdeutschen zeigt sich bei der Beteiligung an Bürgerinitiativen durchgängig ein höheres Partizipationspotential. Die Differenz ist dabei mit acht bzw. neun Prozentpunkten Unterschied zu allen drei Erhebungszeitpunkten nahezu identisch und immer hochsignifikant. In bezug auf die Teilnahme an genehmigten und gewaltsamen Demonstrationen sind die Ostdeutschen über alle drei Erhebungszeitpunkte hinweg stärker zu politischer Aktivität bereit als die

---

64 Vgl. Tabelle A.2 im Anhang für die Fallzahlen.

Westdeutschen. Die Beteiligungsneigung der Bürger in Ostdeutschland liegt zwischen zwei und sechs Prozentpunkten höher als die der Westdeutschen. Hier bestätigen sich also die Befunde der longitudinalen Betrachtung der Partizipationspotentiale aus Abschnitt 4.1.1. Signifikant sind diese Unterschiede allerdings nur zu drei von sechs Zeitpunkten, nämlich 2002 für beide Partizipationsformen und 1994 für die Beteiligung an genehmigten Demonstrationen.

Tabelle 7: Mittelwerte der Verhaltensabsichten in den DFG-Querschnitten 1994-2002, West- und Ostdeutschland

Partizipationsform	1994		1998		2002	
	West	Ost	West	Ost	West	Ost
Bürgerinitiative	$0,57^c$	0,49	$0,57^c$	0,48	$0,52^c$	0,44
Genehmigte Demonstration	$0,53^b$	0,57	0,52	0,55	$0,45^b$	0,51
Gewaltsame Demonstration	0,19	0,21	0,16	0,18	$0,15^c$	0,20
Anwendung von Gewalt	0,17	0,17	–	–	–	–
Verkehrsblockade	0,22	0,20	$0,19^a$	0,17	0,16	0,18
Unterstützung Partei suchen	–	–	$0,49^a$	0,45	$0,47^c$	0,37
Wahlbeteiligung	$0,85^a$	0,81	0,94	0,94	$0,93^c$	0,86

Anmerkung: –: nicht erhoben. Vgl. Tabelle A.2 im Anhang für die Fallzahlen.
Signifikanz: a: $p<0,05$, b: $p<0,01$, c: $p<0,001$.
Quelle: DFG-Querschnitte.

Keine Unterschiede zwischen Ost und West gibt es für die Anwendung von Gewalt 1994: Das Partizipationspotential liegt in beiden Teilen des Landes bei 17 Prozent. Bei der Teilnahme an Verkehrsblockaden betragen die Unterschiede zwischen Ost- und Westdeutschen zu allen drei Zeitpunkten nur zwei Prozentpunkte. 1994 und 1998 ist das Partizipationspotential im Westen höher, während 2002 für die Ostdeutschen eine höhere Aktivitätsbereitschaft zu verzeichnen ist. Signifikant ist allerdings nur der Unterschied 1998. Im Gegensatz zu dieser Partizipationsform zeigt sich für die Bereitschaft, bei einer Partei Unterstützung zu suchen, bei den Westdeutschen immer ein größeres Partizipationspotential. 2002 ist der Unterschied mit zehn Prozentpunkten besonders groß. Bei der Wahlbeteiligung sind die Westdeutschen 1994 und 2002 signifikant aktiver als die Ostdeutschen, 1998 gibt es allerdings gar keinen Unterschied zwischen beiden Gruppen. Hinsichtlich der Unterschiede lassen sich also folgende Befunde festhalten: Ostdeutsche zeigen bei Demonstrations- und Protestaktivitäten – wohl aufgrund historischer Erfahrungen – eine höhere Aktivitätsbereitschaft als Westdeutsche. Diese sind wiederum eher bereit zur Teilnahme an Bürgerinitiativen, an Wahlen und bitten eine Partei eher um Unterstützung. Dies deutet darauf hin, daß Ostdeutsche im Vergleich zu Westdeutschen eine gewisse Aversion gegen Organisationen und Institutionen des politischen Systems, insbesondere politische Parteien, haben. Möglicherweise läßt sich auch dieser Befund durch historische Erfahrungen begründen.

Tabelle 8: Häufigkeit der Verhaltensabsichten in den Allbus-Studien 1988, 1998 und 2002

Partizipationsform	1988	1998			2002		
		D	W	O	D	W	O
Wahlbeteiligung	88,3	89,5	90,8[c]	85,0	84,4	85,1[a]	81,1
Öffentliche Diskussionen	45,2	38,1	40,5[b]	37,4	–	–	–
Bürgerinitiative	40,3	30,4	33,4[c]	25,0	57,2	58,7[b]	50,3
In Partei mitarbeiten	18,4	11,5	13,0[c]	7,6	28,1	29,7[c]	20,1
Kandidaten unterstützen	14,9	11,0	12,8[c]	7,9	–	–	–
Ungenehmigte Demonstration	8,0	9,5	10,0[b]	7,4	14,4	14,1	16,2
Besetzungsaktionen	2,7	3,5	4,0[b]	2,0	–	–	–
Krach bei Demonstrationen	1,5	2,5	2,7[a]	1,6	–	–	–
Gewalt gegen Personen	1,6	2,4	2,9[b]	1,4	–	–	–
Politische Gegner einschüchtern	3,0	2,7	3,2[a]	1,9	–	–	–
Genehmigte Demonstration	–	35,6	36,3	39,1	53,0	52,2	56,8
Unterschriftensammlung	–	58,8	59,5	63,1	79,9	79,2[a]	83,3
Verkehrsblockade	–	8,4	9,2[c]	5,2	–	–	–
N	2892	2919	2212	1022	2582	1822	760

Anmerkungen: D: Gesamtdeutschland, W: Westdeutschland, O: Ostdeutschland; –: nicht erhoben. Signifikanzen beziehen sich auf Ost-West-Unterschiede.
Signifikanz: a: $p<0,05$, b: $p<0,01$, c: $p<0,001$.
Quelle: Allbus 1988, 1998, 2002.

Im Gegensatz zu den DFG-Querschnitten wurden die Verhaltensabsichten in den Allbus-Studien lediglich mit einem dichotomen Frageinstrument erhoben. Wie schon für die DFG-Querschnitte zeigt sich auch für die Allbus-Studien aus den Jahren 1988, 1998 und 2002 eine klare Vorrangstellung der Wahlbeteiligung bei der Abfrage der beabsichtigten politischen Partizipation (Tabelle 8). Zu allen drei Befragungszeitpunkten sind mehr als 80 Prozent der Deutschen bereit, sich an Wahlen zu beteiligen. Der höchste Wert wird mit 89,5 Prozent 1998 erreicht, der niedrigste Wert mit 84,4 Prozent im Jahr 2002. Die Teilnahme an Unterschriftensammlungen folgt 1998 und 2002 auf dem zweiten Platz mit 58,8 bzw. 79,9 Prozent. Der Abstand zwischen der Wahlbeteiligung und der nichtelektoralen Partizipationsform mit dem höchsten Beteiligungspotential ist also bei den Befragten des Allbus 2002 deutlich geringer als bei den Teilnehmern der DFG-Querschnitte. 1988 wurde die Absicht, sich an Unterschriftensammlungen zu beteiligen, nicht erhoben. In diesem Jahr zeigen die Befragten für die Teilnahme an öffentlichen Diskussionen mit 45,2 Prozent die zweithöchste Beteiligungsbereitschaft. Auch 1998 ist mit 38,1 Prozent ein relativ großer Teil der Deutschen bereit, sich an öffentlichen Diskussionen zu beteiligen. Weitere Aktivitäten, die größere Teile der Befragten auszuüben bereit sind, sind die Mitarbeit in Bürgerinitiativen (zwischen 30,4 und 57,2 Prozent) sowie die Teilnahme an genehmigten Demonstrationen (1998 von 35,6 Prozent, 2002 von 53,0 Prozent der Befragten). Für die Mitarbeit in Parteien können sich zu allen drei Befragungszeitpunkten immerhin noch zweistellige Anteile der Befragten begeistern (zwischen 11,5 und 28,1 Prozent).

Besonders illegale, illegitime oder – in bezug auf das benötigte Zeitbudget und monetäre Kosten der Aktivität – sehr aufwendige Partizipationsformen gehören zum Aktionspotential eines sehr kleinen Teils der Befragten. Mit Ausnahme der Unterstützung von Kandidaten bzw. der Teilnahme an ungenehmigten Demonstrationen sind deutlich weniger als 10 Prozent der Deutschen bereit, solche Aktivitäten durchzuführen. Vergleicht man die zeitliche Entwicklung der Verhaltensbereitschaften über die drei Allbus-Datensätze hinweg, zeigt sich – mit Ausnahme der Wahlbeteiligung und der gewaltsamen bzw. illegitimen Aktivitäten wie Gewalt gegen Personen oder der Teilnahme an ungenehmigten Demonstrationen – von 1988 bis 1998 ein deutliches Absinken der Verhaltensbereitschaften, am stärksten bei der Beteiligungsneigung an öffentlichen Diskussionen und Bürger-initiativen. 2002 haben die Häufigkeiten für alle erhobenen politischen Aktivitäten im Vergleich zu 1998 aber wieder deutlich zugelegt. Lediglich für die Wahlbeteiligung gilt das nicht.

Beim Vergleich der Häufigkeiten der Beteiligungsabsichten zwischen West- und Ostdeutschland zeigt sich mit einigen wenigen Ausnahmen ein signifikant höheres Partizipationspotential im westlichen Landesteil. Besonders deutlich werden die Unterschiede bei der Bereitschaft, an Wahlen teilzunehmen sowie in Bürgerinitiativen und Parteien mitzuarbeiten. Die Differenzen für diese Partizipationsformen sind teilweise größer als zehn Prozentpunkte und bestätigen die bereits mit Hilfe der DFG-Querschnitte ermittelte vergleichsweise höhere Abneigung der Ostdeutschen gegenüber der Aktivität in Organisationen und dem Gang zur Wahlurne. Ein höheres Aktivitätspotential der Ostdeutschen zeigt sich 1998 für die Teilnahme an ungenehmigten Demonstrationen sowie 1998 und 2002 für die Beteiligung an genehmigten Demonstrationen sowie an Unterschriftensammlungen. Allerdings ist der Unterschied nur für die letztgenannte Partizipationsform im Jahre 2002 statistisch signifikant.

Im Vergleich zu den Verhaltensabsichten liegen die relativen Häufigkeiten für die Verhaltensmanifestationen im Allbus auf einem niedrigeren Niveau (Tabelle 9), d.h. es besteht eine mehr oder weniger deutliche Differenz zwischen der Bereitschaft, politisch aktiv zu werden und der letztendlichen praktischen Umsetzung dieser Bereitschaft (vgl. Abschnitt 4.2.4 für ausführlichere Analysen). Bei den Verhaltensmanifestationen zeigt sich die Dominanz der Wahlbeteiligung noch deutlicher als bei den Beteiligungsabsichten. Zwischen 83,5 Prozent und 88,4 Prozent der Befragten geben zu den drei Befragungszeitpunkten an, sich an Wahlen beteiligt zu haben. Die Beteiligung an Unterschriftensammlungen erweist sich 1998 und 2002 als zweitpopulärste Partizipationsform (40,7 Prozent bzw. 70,5 Prozent). 1988 liegt die Teilnahme an öffentlichen Diskussionen mit 22,5 Prozent auf dem zweiten Platz. Die Beteiligung an genehmigten Demonstrationen gehört zum Partizipationsrepertoire einer beachtenswerten Minderheit der Deutschen: 17,3 Prozent (1998) bzw. 35,6 Prozent (2002) haben diese Aktivität bereits ausgeführt. Zweistellige Nutzungshäufigkeiten – zumindest für eines der drei Erhebungsjahre – sind ansonsten nur für die Arbeit in Bürgerinitiativen und in Parteien zu berichten. Mit Ausnahme der Teilnahme an ungenehmigten Demonstrationen werden gewaltsame bzw. illegitime Aktivitäten nur von äußerst kleinen Gruppen ausgeübt. Im Hinblick auf die Entwicklung der Partizipationshäufigkeiten über diesen Zeitraum hinweg zeigt sich eine etwas andere Entwicklung als für die Verhaltensabsichten. Für die meisten Aktivitäten steigt das Ausmaß der Partizipation von 1988 auf 1998. Von 1998 auf 2002 nimmt es für alle Partizipationsformen mit Ausnahme der Wahlbeteiligung massiv zu. Über alle Erhebungszeitpunkte hinweg hat sich der Anteil der Aktiven für alle nichtelektoralen Partizipationsformen nahezu (bei Unterschriftensammlungen) oder sogar mehr als verdoppelt.

Tabelle 9: Häufigkeit der Verhaltensmanifestationen in den Allbus-Studien 1988, 1998 und 2002

Partizipationsform	1988	1998			2002		
		D	W	O	D	W	O
Wahlbeteiligung	83,5	87,6	87,6[c]	84,0	88,4	88,2	89,3
Öffentliche Diskussionen	22,5	24,8	25,2	28,9	–	–	–
Bürgerinitiative	12,1	9,3	10,5[c]	6,7	21,1	22,3[c]	15,4
In Partei mitarbeiten	5,2	4,4	4,8	3,8	11,4	11,7	9,7
Kandidaten unterstützen	5,0	3,5	4,1[c]	2,0	–	–	–
Ungenehmigte Demonstration	2,3	3,9	4,2[b]	2,5	9,1	8,5[a]	12,0
Besetzungsaktionen	0,6	0,7	0,8[a]	0,3	–	–	–
Krach bei Demonstrationen	0,3	0,6	0,6	0,3	–	–	–
Gewalt gegen Personen	0,3	0,4	0,5	0,1	–	–	–
Politische Gegner einschüchtern	0,7	0,8	0,9[a]	0,3	–	–	–
Genehmigte Demonstration	–	17,3	17,3	18,5	35,6	34,6[a]	39,8
Unterschriftensammlung	–	40,7	42,5[a]	40,5	70,5	70,6	69,8
Verkehrsblockade	–	1,9	2,3[b]	0,9	–	–	–
N	2727	2850	2212	1022	2503	1739	764

Anmerkungen: D: Gesamtdeutschland, W: Westdeutschland, O: Ostdeutschland; –: nicht erhoben. Signifikanzen beziehen sich auf Ost-West-Unterschiede.
Signifikanz: a: p<0,05, b: p<0,01, c: p<0,001.
Quelle: Allbus 1988, 1998, 2002.

Für die Verhaltensmanifestationen zeigen sich signifikante Unterschiede zwischen West- und Ostdeutschen nicht in einem solchen Ausmaß wie für die Verhaltensabsichten. Zwar sind die Westdeutschen auch hier bei vielen Beteiligungsformen aktiver als die Ostdeutschen, doch sind die Differenzen (mit Ausnahme der Beteiligung an Bürgerinitiativen 2002) nicht so hoch, und bei öffentlichen Diskussionen (1998) und der Beteiligung an genehmigten wie ungenehmigten Demonstrationen (2002) sind die Ostdeutschen aktiver als ihre Landsleute im Westen. Allerdings ist nur der letztgenannte Unterschied statistisch signifikant.

Auch in der CID-Studie sind Verhaltensmanifestationen für das Jahr 2001 erhoben worden (Tabelle 10). Mit 86,0 Prozent ist die Wahlbeteiligung die einzige politische Partizipationsform, die von mehr als der Hälfte der Befragten in den zwölf Monaten vor der Befragung wahrgenommen wurde. Immerhin 35,3 Prozent der Befragten haben Geld gespendet und 31,4 Prozent haben ihre Unterschrift unter eine Petition gesetzt. Aus politischen Gründen Produkte gekauft oder boykottiert haben

24,1 bzw. 21,6 Prozent der Deutschen. Kontakte zu verschiedenen politischen Akteuren (Politiker, Organisationen, öffentlich Bedienstete) haben nicht mehr als 15,4 Prozent der Befragten aufgenommen. Der Anteil derjenigen, die sich in einer politischen Organisation aktiv betätigt haben, variiert zwischen 3,9 (Mitarbeit in Partei) und 16,6 Prozent (andere politische Organisation). Die übrigen Aktivitäten wie etwa das Tragen von Aufnähern, das Sammeln von Spendengeldern oder die verschiedenen Formen von Protestaktivitäten sind jeweils von weniger als 10 Prozent der Befragten genutzt worden. Die Beteiligung an illegalen Protestaktivitäten ist mit 0,7 Prozent deutlich am geringsten. In der CID-Studie zeigen sich also für viele Partizipationsformen ähnliche relative Häufigkeiten wie für die Verhaltensmanifestationen im Allbus 1998. Wenn man diejenigen Aktivitäten außer Acht läßt, die nur in einer der beiden Studien enthalten sind, zeigt sich auch eine vergleichbare Reihenfolge, mit der Wahlbeteiligung an der Spitze und illegalen Protestaktivitäten ganz am Ende.

Tabelle 10: Häufigkeit der Verhaltensmanifestationen in der CID-Studie 2001

Partizipationsform	D	W	O
Wahlbeteiligung letzte Bundestagswahl	86,0	86,3	83,9
Politiker kontaktieren	7,1	6,7	8,0
Organisation kontaktieren	15,4	15,6	13,1
Öffentlichen Bediensteten kontaktieren	10,3	9,7	11,4
In Partei mitarbeiten	3,9	3,7	4,8
In Bürgerinitiative mitarbeiten	7,0	7,4	5,3
In anderer politischer Organisation mitarbeiten	16,6	17,2[a]	12,8
Aufnäher/Anstecker tragen	7,0	7,0	6,8
Unterschriftensammlung/Petition unterschreiben	31,4	31,5	30,9
Teilnahme an Demonstrationen	9,9	8,9[c]	13,6
Teilnahme an Streiks	3,7	3,9[a]	2,3
Produkte boykottieren	21,6	24,1[c]	11,0
Produkte kaufen	24,1	26,9[c]	12,4
Geld spenden	35,3	36,0[a]	32,1
Spendengelder sammeln	5,7	6,0[a]	4,0
Illegaler Protest	0,7	0,8	0,6
Politische Versammlung	9,8	9,0[a]	11,9
N	3004	1991	1013

Anmerkungen: D: Gesamtdeutschland, W: Westdeutschland, O: Ostdeutschland. Signifikanzen beziehen sich auf Ost-West-Unterschiede.
Signifikanz: a: p<0,05, b: p<0,01, c: p<0,001.
Quelle: CID-Studie.

Vergleicht man die Aktivitäten von Ost- und Westdeutschen, ergeben sich im Vergleich zu den bisher präsentierten relativen Beteiligungshäufigkeiten auf der Basis der DFG-Querschnitte und der Allbus-Studien einige Überraschungen: Ostdeutsche beteiligen sich nicht nur – wie bekannt – in stärkerem Maße an Demonstrationen, sondern nehmen öfter an politischen Versammlungen teil, kontaktieren auch häufiger Politiker oder einen öffentlichen Bediensteten und arbeiten in größerem Maße in Parteien mit. Allerdings sind nur die beiden erstgenannten Unterschiede statistisch signifikant. Sieht man vom politisch motivierten Kauf und Boykott von Produkten ab, bei denen die Differenz zwischen Ost- und Westdeutschen deutlich höher als zehn Prozentpunkte ist, sind die Westdeutschen nur bei der Mitarbeit in sonstigen politischen Organisationen, der Teilnahme an Streiks sowie dem Sammeln und Spenden von Geld aktiver.

Faßt man noch einmal die Befunde dieses Abschnitts zusammen, so läßt sich, unabhängig vom verwendeten Indikator, die Wahlbeteiligung eindeutig von den nicht-elektoralen Aktivitäten abgrenzen. Sie ist die einzige Partizipationsform, die immer von einer Mehrheit der Befragten genutzt wird. Die nichtelektoralen Beteiligungsarten lassen sich in bezug auf ihre Nutzungshäufigkeit grob in zwei Gruppen teilen: Legale, legitime und gewaltlose Formen politischer Partizipation stehen illegalen, illegitimen und gewaltsamen Aktivitäten gegenüber. Letztere gehören lediglich zum Aktionsrepertoire einer kleinen Minderheit, während erstere von vergleichsweise großen Gruppen genutzt werden. Bezieht man in die Bewertung der Ergebnisse den Vergleich zwischen den beiden Indikatoren politischer Partizipation ein, liegen die relativen Häufigkeiten der Verhaltensabsichten für alle politischen Aktivitäten über denen der Verhaltensmanifestationen. Einzige Ausnahme ist die Wahlbeteiligung im Allbus 2002. Betrachtet man die Ergebnisse aus einer Ost-West-Perspektive, so zeigt sich, daß die Ostdeutschen in stärkerem Maße an Demonstrationen teilnehmen als die Westdeutschen. Hier bestätigen sich also offensichtlich die Befunde der langfristigen Trendentwicklung in Abschnitt 4.1.1. Bei den anderen Partizipationsformen sind fast immer die Westdeutschen aktiver oder partizipationswilliger. Dies gilt allerdings nur in eingeschränktem Maße für die Verhaltensmanifestationen, für die relativ viele Unterschiede zwischen Ost- und Westdeutschen nicht statistisch signifikant sind. Bezüglich der wirklichen Nutzung politischer Partizipationsformen scheint sich also das Verhalten zwischen den Bürgern in Ost und West weitgehend angeglichen zu haben.

4.1.3 Entwicklung auf der Mikroebene – individueller Wandel

Wurden in Abschnitt 4.1.2 die relativen Häufigkeiten in den Querschnittdatensätzen gezeigt, sollen hier individuelle Veränderungen des beabsichtigten Partizipationsverhaltens im Zeitverlauf auf der Mikroebene betrachtet werden. Dafür eignet sich die Panelstudie aus dem Projekt „Politische Einstellungen und politische Partizipation im vereinigten Deutschland", im weiteren DFG-Panel genannt (vgl. Abschnitt 3.1.2).

Im Folgenden sollen zunächst die relativen Häufigkeiten für die einzelnen Partizipationsformen betrachtet und mit dem Partizipationsniveau der Befragten in den

DFG-Querschnitten verglichen werden, um Indizien über die Stärke der möglicherweise existierenden Verzerrungen des Panels zu erhalten[65]. Für die Berechnung der relativen Häufigkeiten, der Mittelwerte und Standardabweichungen in Tabelle 11 wurden nur diejenigen Befragten berücksichtigt, die sich an allen drei Panelwellen beteiligt haben. Nach dieser Betrachtung interindividueller Veränderungen sollen dann die Vorteile einer Panelstudie genutzt und intraindividuelle Veränderungen analysiert werden. Dafür wird die individuelle Stabilität bzw. Veränderung des Partizipationsverhaltens der Panelteilnehmer für die drei Panelwellen zwischen 1994 und 2002 untersucht.

Vergleicht man zunächst die Mittelwerte der Partizipationsformen, so zeigt sich für alle drei Zeitpunkte eine klare Rangfolge. Wie bei den Querschnittbefragten lassen sich in bezug auf das Niveau politischer Partizipation drei Gruppen von politischen Aktivitäten bilden (Tabelle 11). Die Beteiligung an Wahlen bildet die erste Gruppe. Sie ist die bei weitem am wahrscheinlichsten ausgeübte Partizipationsform: Der Mittelwert liegt 1998 und 2002 bei 0,96 und kann zu diesen Zeitpunkten gegenüber 1994 (0,88) deutlich zulegen. Dieser Anstieg des Mittelwertes ist vor allem darin begründet, daß der Anteil derjenigen, die bestimmt an Wahlen teilnehmen würden, von 70 Prozent im Jahre 1994 auf mehr als 88 Prozent in den Jahren 1998 und 2002 wächst. Damit ist die Wahlbeteiligung die einzige Beteiligungsform, für die die Beteiligungswahrscheinlichkeit der Panelbefragten im Zeitverlauf zunimmt. Vergleicht man die Mittelwerte mit der realen Wahlbeteiligung (1998: 82,0 Prozent, 2002: 79,1 Prozent), zeigt sich für diese beiden Wahlen eine deutliche Überschätzung des Beteiligungsniveaus durch die Frage nach der Wahrscheinlichkeit der Wahlbeteiligung. Hier scheinen sich also die in Abschnitt 3.1.2 angesprochenen Effekte der Panelmortalität auszuwirken: Die Partizipationsfreudigen sind offensichtlich in besonderer Weise zur Teilnahme an Panelstudien bereit.

In der zweiten Gruppe finden sich die legalen und legitimen politischen Aktivitäten wieder, für die sich zu allen drei Untersuchungszeitpunkten Mittelwerte größer als 0,5 ergeben. Unter ihnen zeigt sich die höchste Bereitschaft zur Partizipation für die Beteiligung an Bürgerinitiativen. Der Mittelwert liegt 1994 bei 0,62, 1998 und 2002 bei 0,60, verändert sich also im Zeitverlauf nur wenig. Die Streuung der Antworten variiert etwas stärker als die Mittelwerte zwischen den drei Panelwellen und schwankt zwischen 0,30 und 0,35, was für ein relativ heterogenes Antwortverhalten der Panelteilnehmer spricht. 2002 zeichnet sich eine relativ deutliche Tendenz der Befragten hin zu den Mittelkategorien ab. Bezogen auf die Höhe der Mittelwerte knapp hinter der Beteiligung an Bürgerinitiativen folgt in allen drei Panelwellen die Teilnahme an genehmigten Demonstrationen und für die Erhebungen 1998 und 2002 die Suche nach der Unterstützung einer Partei. Während die Beteiligungswahrscheinlichkeit der Panelbefragten für die letztgenannte Beteiligungsform zu beiden Zeitpunkten bei 53 Prozent liegt, geht der Mittelwert für die Beteiligungsbereitschaft

---

65 Vgl. Abschnitt 3.1.2 zu möglichen Verzerrungen bei Panelstudien.

an genehmigten Demonstrationen von 0,60 (1994) auf 0,56 (1998) und im Jahre 2002 gar auf 0,54 zurück. Dieses Absinken wird im wesentlichen durch die Reduzierung des Anteils der Befragten, die diese Partizipationsform bestimmt ausüben würden, verursacht. Überraschenderweise bleibt die Streuung der Antworten trotz dieser Verringerung der Wahrscheinlichkeit zu allen drei Zeitpunkten mit 0,35 konstant.

Tabelle 11: Häufigkeit der Verhaltensabsichten im DFG-Panel 1994-2002, Gesamtdeutschland

Partizipationsform	Jahr	0	0,25	0,5	0,75	1	MW	SD	N
Bürgerinitiative	1994	12,7	8,5	18,9	33,7	24,3	0,62	0,33	1423
	1998	15,4	10,4	13,9	33,2	23,6	0,60	0,35	1423
	2002	9,5	12,2	24,3	34,3	18,7	0,60	0,30	1423
Genehmigte Demonstration	1994	15,1	11,5	14,9	29,7	26,5	0,60	0,35	1423
	1998	18,7	11,5	16,3	29,9	20,9	0,56	0,35	1423
	2002	17,9	15,0	16,9	30,3	18,9	0,54	0,35	1423
Gewaltsame Demonstration	1994	54,5	19,6	14,8	7,1	2,3	0,20	0,27	1423
	1998	62,7	17,3	10,9	4,6	1,5	0,15	0,24	1423
	2002	59,8	22,1	9,4	5,1	2,4	0,17	0,25	1423
Anwendung von Gewalt	1994	68,4	15,0	9,0	3,9	1,4	0,13	0,23	1423
Verkehrsblockade	1994	53,2	16,6	15,9	7,6	3,7	0,22	0,29	1423
	1998	59,9	16,0	11,9	6,4	3,3	0,18	0,28	1423
	2002	57,4	21,8	8,5	6,8	4,5	0,19	0,29	1423
Unterstützung Partei suchen	1998	19,7	9,5	23,4	27,3	16,7	0,53	0,34	3167
	2002	15,5	13,2	26,3	29,1	13,7	0,53	0,32	3167
Wahlbeteiligung	1994	2,7	3,7	6,6	13,1	70,0	0,88	0,24	675
	1998	1,3	0,1	1,9	6,6	88,5	0,96	0,15	682
	2002	1,9	0,2	0,8	6,9	88,3	0,96	0,16	576

Anmerkungen: an 100 fehlende Prozentpunkte: weiß nicht oder verweigert; 0: würde bestimmt nicht tun, 0,25: würde wahrscheinlich nicht tun, 0,5: würde vielleicht tun, 0,75: würde wahrscheinlich tun, 1: würde bestimmt tun. MW: Mittelwert; SD: Standardabweichung.
Quelle: DFG-Panel.

Bezogen auf das Niveau der Mittelwerte folgt mit deutlichem Abstand die dritte Gruppe von Partizipationsformen, die mit der Beteiligung an gewaltsamen Demonstrationen, an Verkehrsblockaden sowie der Anwendung von Gewalt drei illegale und illegitime Aktivitäten umfaßt. Die Anwendung von Gewalt wurde nur 1994 erhoben. Hier zeigt sich die niedrigste Nutzungswahrscheinlichkeit aller Partizipationsformen mit einem Mittelwert von 0,13. 68,4 Prozent der Panelteilnehmer würden niemals zu Gewalt als politischem Mittel greifen. Für die anderen beiden Aktivitäten aus dieser Gruppe liegen die Mittelwerte ein wenig höher, nämlich zwischen 0,15 und 0,22. Dennoch bedeuten diese Werte, daß auch diese Partizipationsformen von einem Großteil der Befragten aus ihrem Beteiligungsrepertoire ausgeschlossen werden. Sowohl für die Beteiligung an ungenehmigten Demonstrationen als auch an Verkehrsblockaden ergibt sich zudem eine Abnahme der Partizipationsbereitschaft von der ersten zur letzten Panelwelle. So nimmt etwa die Teilnahmebereitschaft an gewaltsamen Demonstrationen von 0,20 im Jahre 1994 auf 0,15 1998 ab. Allerdings steigt der Mittelwert für 2002 wieder leicht auf 0,17 an, wobei jedoch der addierte

Anteil der beiden untersten Antwortkategorien von Wahl zu Wahl wächst (von 74,1 über 80,0 auf 81,9 Prozent). Eine sehr ähnliche Entwicklung, sowohl für die Mittelwerte als auch für die relativen Häufigkeiten der beiden unteren Antwortkategorien, zeigt sich für die Beteiligungsbereitschaft an Verkehrsblockaden.

Tabelle 12: Mittelwerte der Verhaltensabsichten im DFG-Panel 1994-2002, West- und Ostdeutschland

Partizipationsform	1994		1998		2002	
	West	Ost	West	Ost	West	Ost
Bürgerinitiative	0,64^c	0,55	0,60	0,58	0,61^b	0,56
Genehmigte De-monstration	0,59^b	0,64	0,54^b	0,61	0,53^a	0,58
Gewaltsame De-monstration	0,19^c	0,25	0,14^c	0,20	0,15^c	0,22
Anwendung von Gewalt	0,12^b	0,16	–	–	–	–
Verkehrsblockade	0,22	0,23	0,19	0,18	0,20	0,18
Unterstützung Partei suchen	–	–	0,53	0,54	0,56^c	0,48
Wahlbeteiligung	0,88^a	0,84	0,96	0,97	0,97^c	0,90
N	581	822	581	822	581	822

Anmerkung: –: nicht erhoben.
Signifikanz: a: p<0,05, b: p<0,01, c: p<0,001.
Quelle: DFG-Panel.

Vergleicht man ost- und westdeutsche Befragte des DFG-Panels (Tabelle 12), zeigen sich einige der Unterschiede zwischen den Bürgern der beiden Landesteile, die sich bereits in den vorangehenden Analysen ergaben. Die Westdeutschen sind in allen drei Wellen in stärkerem Maße bereit, sich in Bürgerinitiativen zu engagieren als die Ostdeutschen, allerdings sind diese Unterschiede nur 2002 und 1994 statistisch signifikant. Besonders 1994 sind die Unterschiede mit neun Prozentpunkten Differenz beträchtlich. Abgesehen von 1998 ist auch die Wahrscheinlichkeit der Wahlbeteiligung unter den Westdeutschen signifikant größer als unter den Ostdeutschen. Für die Teilnahme an Demonstrationen, seien sie nun genehmigt oder gewaltsam, liegt jedoch die Aktivitätsbereitschaft der Ostdeutschen auf einem höheren Niveau als die der Westdeutschen. Die Unterschiede für beide Beteiligungsformen betragen zu allen drei Zeitpunkten mindestens fünf Prozentpunkte und sind stets statistisch signifikant. Überraschenderweise ist das Aktivitätsniveau auch für die anderen illegitimen und illegalen Verhaltensweisen 1994 im Osten höher als im Westen. Dies ändert sich für die Teilnahme an Verkehrsblockaden 1998 und 2002: Die Westdeutschen sind für diese Aktivität in diesen Jahren in höherem Maße beteiligungsbereit. Allerdings sind diese Unterschiede alle nicht statistisch signifikant. Auch bei der Suche nach Unterstützung bei einer Partei tauschen die Deutschen im Osten und im Westen zwischen 1998 und 2002 die Plätze: Sind die Ostdeutschen

1998 noch teilnahmewilliger, sind es 2002 mit deutlichem Abstand die Westdeutschen.

Im Zusammenhang mit der Betrachtung der Wahrscheinlichkeit der Wahlbeteiligung für die Befragten des DFG-Panels ist bereits auf die deutliche Überschätzung der realisierten Wahlbeteiligung, insbesondere bei den Bundestagswahlen 1998 und 2002, eingegangen worden. Zwar ist für die nichtelektoralen Beteiligungsformen keine solche Kontrolle des Niveaus der Überschätzung durch das realisierte Partizipationsniveau möglich, doch besteht immerhin die Möglichkeit, das Niveau der Beteiligungsabsichten der Panelbefragten mit dem in den repräsentativen Querschnittsbefragungen zu vergleichen. So kann zumindest ansatzweise das Ausmaß und der Effekt der Panelmortalität geschätzt werden, die sich – wie in Abschnitt 3.1.2 dargestellt – vor allem dahingehend auswirken dürfte, daß besonders die Partizipationsfreudigen im Panel bleiben. Die Beteiligungswahrscheinlichkeiten der Panelbefragten sollten also über denen der (für die Gesamtbevölkerung repräsentativeren) Querschnittbefragten liegen.

Tabelle 13 gibt die Differenzen zwischen den Mittelwerten aus den DFG-Querschnitten und dem DFG-Panel wieder. Auch hier werden nur die Panelteilnehmer berücksichtigt, die an allen drei Wellen des Panels teilgenommen haben. Positive Vorzeichen stehen für ein höheres Partizipationsniveau in den DFG-Querschnitten, negative Vorzeichen für eine stärkere Beteiligungsbereitschaft unter den Panelbefragten. Für die legalen und legitimen Partizipationsaktivitäten (Wahlbeteiligung, Bürgerinitiative, genehmigte Demonstration, Unterstützung Partei suchen) zeigen sich für alle drei Untersuchungsgebiete zu allen drei Zeitpunkten negative Vorzeichen. Die Teilnahmewahrscheinlichkeit ist also bei den Panelteilnehmern höher als bei den Befragten der Querschnitte. Unter diesen vier politischen Beteiligungsformen ist die Differenz für die Wahlbeteiligung am kleinsten und variiert lediglich zwischen zwei und vier Prozentpunkten. Bei der Aktivität in Bürgerinitiativen oder der Suche nach Unterstützung bei einer Partei ergeben sich aber, insbesondere für die Ostdeutschen, deutlich größere Unterschiede, die teilweise zehn Prozentpunkte übersteigen. Für die illegalen und illegitimen Verhaltensweisen sind gemischte Ergebnisse zu verzeichnen. Bei der nur 1994 erhobenen Anwendung von Gewalt ergeben sich positive Vorzeichen, die Querschnittbefragten sind also partizipationswilliger als die Teilnehmer an allen drei Panelwellen. Für Verkehrsblockaden und die Teilnahme an gewaltsamen Demonstrationen sind die Differenzen zwischen den beiden Befragtengruppen gering und überschreiten vier Prozentpunkte nicht. Für die Beteiligungsbereitschaft an Verkehrsblockaden sind die Befunde vollkommen uneinheitlich, mal zeigt sich gar kein Unterschied, mal ein positives, mal ein negatives Vorzeichen. Bei gewaltsamen Demonstrationen scheinen die ostdeutschen Panelteilnehmer aktivitätsbereiter zu sein als die Querschnittbefragten. Im Westen ergeben sich für diese Form politischer Aktivität entweder gar keine Unterschiede oder aber (1998) eine stärkere Partizipationsbereitschaft der Querschnittbefragten.

Tabelle 13: Differenzen der Häufigkeit der Verhaltensabsichten zwischen Querschnitt- und Panelbefragten in den DFG-Studien 1994-2002

Partizipations-form	1994			1998			2002		
	D	**W**	**O**	**D**	**W**	**O**	**D**	**W**	**O**
Bürgerinitiative	-0,07	-0,07	-0,06	-0,05	-0,03	-0,10	-0,09	-0,09	-0,12
Genehmigte Demonstration	-0,06	-0,06	-0,07	-0,03	-0,02	-0,06	-0,08	-0,08	-0,07
Gewaltsame Demonstration	0,00	0,00	-0,04	0,01	0,02	-0,02	-0,01	0,00	-0,02
Anwendung von Gewalt	0,04	0,05	0,01	–	–	–	–	–	–
Verkehrsblockade	-0,01	0,00	-0,03	0,01	0,00	-0,01	-0,02	-0,04	0,00
Unterstützung Partei suchen	–	–	–	-0,05	-0,04	-0,09	-0,08	-0,09	-0,11
Wahlbeteiligung	-0,04	-0,03	-0,03	-0,02	-0,02	-0,03	-0,04	-0,04	-0,04

Anmerkung: D: Gesamtdeutschland, W: Westdeutschland, O: Ostdeutschland; –: nicht erhoben.
Quelle: DFG-Querschnitte, DFG-Panel.

Insgesamt zeigt sich also für die legalen und legitimen Partizipationsformen ganz klar eine höhere Partizipationsbereitschaft der Panelbefragten im Vergleich zu den Teilnehmern an den Querschnittstudien. Da die Differenzen tendenziell für die Wahlen 1998 und 2002 höher sind, scheinen die in Abschnitt 3.1.2 referierten Befunde hinsichtlich der Effekte der Panelmortalität durch die hier präsentierten Ergebnisse bestätigt zu werden. Daß sich für die illegalen und illegitimen Beteiligungsformen kein höheres Aktivitätsniveau unter den Panelteilnehmern zeigt, ist möglicherweise auch ein Ergebnis der Panelmortalität. Da gerade diejenigen im Panel bleiben, die die Partizipationsnorm in besonderer Weise befürworten (Mika 2002: 39), illegale und illegitime politische Aktivitäten aber sicherlich nicht zum Verhaltensrepertoire eines guten Staatsbürgers gehören, ist die teilweise höhere Aktivitätsbereitschaft der Querschnittbefragten nicht überraschend. Für die folgenden Analysen mit dem DFG-Panel ist also für die Wahlbeteiligung und die anderen legalen wie legitimen Partizipationsformen von einer Überschätzung des realen Partizipationspotentials auszugehen. Dies wird auch zu Verzerrungen bei der Berechnung bivariater und multivariater Zusammenhänge führen.

Wesentlich interessanter als die bisherige Betrachtung der Entwicklung der relativen Häufigkeiten und der Mittelwerte für die im DFG-Panel einbezogenen Partizipationsvariablen und der Vergleich zwischen DFG-Querschnitt und -Panel ist die Untersuchung der individuellen Stabilität bzw. Instabilität der Partizipationsbereitschaft über die drei Befragungswellen hinweg. Hierzu sind zunächst einige Anmerkungen bezüglich der genauen Vorgehensweise notwendig. Für jede Partizipationsform finden sich im Folgenden vier Tabellen, wenn die politische Aktivität in jeder der drei

Wellen abgefragt worden ist[66]. Bei der jeweils ersten Tabelle wurden die absoluten Häufigkeiten der zu vergleichenden zwei Befragungswellen kreuztabelliert und fünf Gruppen von Befragten entsprechend der Stärke der Veränderung ihrer Beteiligungsbereitschaft zwischen den beiden Befragungswellen gebildet. Die Veränderungen zwischen zwei Panelwellen können sich dabei im Wertebereich von -1 bis +1 bewegen. Negative Werte geben an, daß sich die Wahrscheinlichkeit, eine Partizipationsform auszuüben, im späteren der beiden Jahre verringert hat. Bei positiven Werten hat sich die Wahrscheinlichkeit für eine Beteiligung dementsprechend erhöht. Bei einer 0 liegt vollkommene Stabilität zwischen den beiden Erhebungswellen vor. Die Tabellen 14, 18, 22, 26, 30 und 32 enthalten die relativen Häufigkeiten für die Ausprägungen der Veränderungsvariable, geordnet nach der Stärke der Veränderung zwischen den beiden Befragungen. Die Darstellung erfolgt getrennt für die drei Befragungswellenpaare 1994-1998, 1998-2002 und 1994-2002. Die positiven und negativen Veränderungen gleicher Stärke wurden jeweils zu einer Kategorie zusammengefaßt. Als ergänzende Informationen werden jeweils der Korrelationskoeffizient r sowie die Zahl der für die Berechnung berücksichtigten Panelbefragten angegeben. Ausführliche Kreuztabellen für alle Partizipationsformen mit den relativen Häufigkeiten finden sich im Anhang wieder (Tabellen A.3 bis A.18). Die bis zu drei weiteren Tabellen für jede Beteiligungsart sind Kreuztabellen, die jeweils zwei Panelwellen einander gegenüberstellen. In den Tabellen sind Spaltenprozente auf der Basis der Beteiligungsabsicht zum Zeitpunkt t eingetragen. Zum besseren Verständnis hier ein Lesebeispiel: 13,8 Prozent der Panelteilnehmer, die 1994 bestimmt nicht in Bürgerinitiativen mitarbeiten wollten, sind 1998 dazu bereit, dies vielleicht zu tun (Tabelle 15). Die anderen Prozentwerte sind entsprechend zu interpretieren. Ergänzend zu den relativen Häufigkeiten findet sich in diesen Kreuztabellen noch ein Instabilitätsmaß, das Informationen darüber bereitstellt, in welchem Maße die Befragten einer Antwortkategorie zum Zeitpunkt t bereit sind, ihre Partizipationsbereitschaft zum Zeitpunkt t+1 zu ändern. Dafür wurden die Spaltenprozente mit dem Betrag der Veränderung auf der Antwortskala multipliziert und dann aufsummiert[67]. Die auf diese Weise errechneten Summen für jede Spalte sind allerdings nicht miteinander vergleichbar, da die Veränderung zwischen t und t+1 abhängig ist vom Ausgangspunkt des Befragten auf der Skala in t. Für jemanden, der zum Zeitpunkt t bestimmt nicht bereit ist, eine Partizipationsform zu nutzen (Ausprägung 0) kann sich die Antwort in t+1 um vier Skalenschritte (auf 1) verändern. Bei einem Befragten, der in t vielleicht dazu bereit wäre, eine Aktivität durchzuführen (Ausprägung 0,5), ist lediglich eine Veränderung um zwei Skalenschritte nach oben oder nach unten möglich. Somit ergeben sich für das Instabilitätsmaß je nach Spalte, für

---

66 Für „Unterstützung Partei suchen" sind wegen der fehlenden Erhebung im Jahr 1994 nur zwei Tabellen vorhanden.
67 So ergibt sich beispielsweise für die erste Spalte in Tabelle 15 eine Summe von 44,3 (29,2*0,0+ 16,6*0,25+ 13,8*0,5+ 28,3*0,75+ 12,0*1= 0,0+ 4,2+ 6,9+ 21,2+ 12,0= 44,3).

das es berechnet wird, unterschiedliche Wertebereiche[68]. Um das Maß zwischen den Spalten vergleichbar zu machen, wurde der Wert für jede Spalte durch die Anzahl der maximal möglichen Skalenschritte dividiert, so daß sich in einem ersten Schritt für das Instabilitätsmaß ein Wertebereich zwischen 0 (keine Veränderung bei allen Befragten zwischen Zeitpunkt t und t+1) und 25 (maximal mögliche Veränderung bei allen Befragten zwischen den beiden Zeitpunkten) ergibt. Um die Werte des Instabilitätsmaßes intuitiv besser verständlich und leichter interpretierbar zu machen, wurde das Maß anschließend noch auf einen Wertebereich zwischen 0 (vollständige Stabilität) und 1 (maximal mögliche Veränderung bzw. vollständige Instabilität) normiert.

Tabelle 14: Veränderung der Verhaltensabsicht zur Beteiligung an Bürgerinitiativen 1994-2002, Gesamtdeutschland

Stärke der Veränderung	1994-1998	1998-2002	1994-2002
0	30,4	33,4	31,7
+/- 0,25	35,9	34,6	34,3
+/- 0,5	17,1	19,4	22,1
+/- 0,75	12,6	10,2	8,8
+/- 1	4,0	2,4	3,0
Pearsons r	0,25^c	0,25^c	0,23^c
N	1992	3033	1935

Anmerkung: Angaben in Prozent.
Signifikanz: a: p<0,05, b: p<0,01, c: p<0,001.
Quelle: DFG-Panel.

Im Folgenden sollen nun die Analyseergebnisse präsentiert werden: Für die Beteiligungsbereitschaft an Bürgerinitiativen (Tabelle 14) ergeben sich für alle drei betrachteten Vergleichspaare ähnliche Befunde: Etwas mehr als 30 Prozent der Befragten weisen ein stabiles Verhalten zwischen den jeweiligen Vergleichsjahren auf. Auf einen Anteil von circa 35 Prozent in allen drei Vergleichszeiträumen kommen diejenigen, deren Partizipationsneigung leicht ab- oder zugenommen hat (+/- 0,25 Skalenpunkte). Eine mittlere Zu- oder Abnahme (um einen halben Skalenpunkt) zeigt sich beim Vergleich zwischen 1994 und 1998 für 17,1 Prozent, beim Vergleich zwischen 1998 und 2002 für 19,4 Prozent und beim Vergleich zwischen der 1. und 3. Panelwelle für 22,1 Prozent der Befragten. Starke Veränderungen von 0,75 Skalenpunkten nach oben oder unten ergeben sich für alle Vergleichspaare im Bereich zwischen 8,8 (1994-2002) und 12,6 Prozent (1994-1998). Zu sehr starken Verschiebungen der Partizipationsneigung um einen ganzen Skalenpunkt, d.h. die komplette Skalenbreite, kommt es nur bei einem sehr kleinen Teil der Befragten: Für den Ver-

---

68 Für die erste und fünfte Spalte (würde bestimmt nicht bzw. würde bestimmt tun) ergibt sich ein Maximum von 100, für die zweite und vierte Spalte (würde wahrscheinlich nicht bzw. würde wahrscheinlich tun) eines von 75 und für die dritte Spalte (würde vielleicht tun) eines von 50.

gleich zwischen 1994 und 1998 sind dies 4 Prozent der Befragten, für die anderen beiden Vergleiche 2,4 und 3,0 Prozent. Betrachtet man zuletzt noch die Korrelationskoeffizienten, so liegt der Zusammenhang für die drei Paare bei 0,25 (1994-1998, 1998-2002) bzw. 0,23 (1994-2002): Es besteht also ein mittlerer positiver linearer Zusammenhang zwischen der Beteiligungsneigung an Bürgerinitiativen zu den Zeitpunkten t und t+1. Dieser relativ niedrige Wert der Korrelationskoeffizienten deutet bereits darauf hin, daß die individuelle Beteiligungsbereitschaft im Zeitverlauf relativ variabel ist.

Tabelle 15: Veränderung und Stabilität der Verhaltensabsicht zur Beteiligung an Bürgerinitiativen 1994-1998, Gesamtdeutschland

1994 1998	0 %	0,25 %	0,5 %	0,75 %	1 %	Gesamt %
0	29,2	27,8	18,5	15,2	9,3	18,0
0,25	16,6	11,7	11,5	8,9	5,5	10,1
0,5	13,8	22,9	22,0	18,9	16,4	18,4
0,75	28,3	24,9	31,5	39,1	36,7	34,1
1	12,0	12,7	16,6	17,9	32,1	19,3
Instabilität	0,44	0,46	0,57	0,33	0,31	–
N	325	205	314	709	439	1992

Anmerkungen: 0: würde bestimmt nicht tun; 0,25: würde wahrscheinlich nicht tun; 0,5: würde vielleicht tun; 0,75: würde wahrscheinlich tun; 1: würde bestimmt tun; –: Berechnung nicht möglich.
Quelle: DFG-Panel.

Tabelle 16: Veränderung und Stabilität der Verhaltensabsicht zur Beteiligung an Bürgerinitiativen 1998-2002, Gesamtdeutschland

1998 2002	0 %	0,25 %	0,5 %	0,75 %	1 %	Gesamt %
0	19,1	13,5	14,0	8,6	5,5	10,9
0,25	18,5	23,4	11,8	10,2	7,4	12,5
0,5	25,0	27,2	32,9	23,7	22,6	25,6
0,75	29,1	24,3	28,9	43,4	32,3	34,3
1	8,3	11,7	12,4	14,1	32,2	16,7
Instabilität	0,47	0,41	0,47	0,28	0,30	–
N	444	334	516	1062	677	3033

Anmerkungen: 0: würde bestimmt nicht tun; 0,25: würde wahrscheinlich nicht tun; 0,5: würde vielleicht tun; 0,75: würde wahrscheinlich tun; 1: würde bestimmt tun; –: Berechnung nicht möglich.
Quelle: DFG-Panel.

Diese Feststellung wird durch die zusätzlichen Analysen untermauert (Tabellen 15 bis 17). Bezüglich der Stabilität der Verhaltensabsicht an Bürgerinitiativen zwischen zwei Panelwellen gibt es deutliche Unterschiede in Abhängigkeit vom Ausgangsniveau der Beteiligungsbereitschaft zum Zeitpunkt t. Die höchste Instabilität ergibt sich für die Befragten, die in t eine Wahrscheinlichkeit von 0,5 angeben: Für den Vergleich zwischen 1994 und 1998 zeigt sich für den Instabilitätsindex ein Wert von 0,57, für 1998 und 2002 liegt das Instabilitätsmaß lediglich bei 0,47, und für den Vergleich zwischen 1994 und 2002 wird eine Instabilität von 0,55 gemessen. Die Stabilität für die anderen Antwortausprägungen in t ist für alle drei Vergleiche deutlich höher. Eine einzige Ausnahme ergibt sich für diejenigen, die bestimmt nicht an Bürgerinitiativen teilnehmen würden beim Vergleich zwischen den Panelwellen 1998 und 2002. Hier erreicht das Instabilitätsmaß mit 0,47 den gleichen Wert wie für die Befragten, die sich in der Mitte der Skala einordnen.

Die hohe Instabilität der Befragten, die in t der Mittelkategorie angehören, ist gut nachvollziehbar, da beide Endpunkte der Skala für diese Personen gleich weit entfernt sind und bei einer ohnehin schon ambivalenten Bewertung der eigenen Beteiligungsbereitschaft Veränderungen in die eine oder die andere Richtung wesentlich weniger Aufwand erfordern und daher deutlich wahrscheinlicher sind als beispielsweise für die Befragten, die ihr Beteiligungsverhalten auf den Endpunkten der Skala einordnen. Daß sich für die Befragten, die sich zum Zeitpunkt t auf der Mittelkategorie der Skala einstufen, eher Zu- als Abnahmen der Beteiligungswahrscheinlichkeit ergeben, zeigt sich, wenn man die Spaltenprozente in den Tabellen 15 bis 17 addiert. So ist beispielsweise für 48,1 Prozent der Befragten in dieser Kategorie im Jahre 1998 eine Zunahme im Vergleich zu 1994 festzustellen, während für 30,0 Prozent der Befragten, die 1994 vielleicht in einer Bürgerinitiative mitarbeiten würden, eine Abnahme erfolgt. Besonders deutlich wird dieser Unterschied beim Vergleich zwischen 1994 und 2002. Während bei 26,4 Prozent der Befragten in der Mittelkategorie die Beteiligungswahrscheinlichkeit sinkt, steigt sie bei 49,6 Prozent der Befragten an.

Das, gemessen mit dem Instabilitätsindex, stabilste beabsichtigte Beteiligungsverhalten zeigt sich mit Werten um 0,3 für die Personen, die zum jeweiligen Zeitpunkt t wahrscheinlich oder bestimmt in Bürgerinitiativen mitarbeiten würden. Wer also einmal in einem relativ starken Ausmaß bereit war, in Bürgerinitiativen mitzuarbeiten, läßt sich davon nicht mehr so leicht abbringen und bleibt in seinen Verhaltensabsichten relativ konstant. Diese Stabilität zeigt sich allerdings nicht für die Befragten, die sich in t am anderen Ende der Skala verorten. Die Werte des Instabilitätsmaßes für diejenigen, die bestimmt nicht oder wahrscheinlich nicht in Bürgerinitiativen mitarbeiten würden, bewegen sich zwischen 0,41 und 0,47 und kommen damit teilweise nahe an den hohen Instabilitätswert derjenigen heran, die sich in t auf der Mittelkategorie einordnen.

Vergleicht man zuletzt noch den Effekt des zeitlichen Abstandes zwischen den Panelwellen auf die Instabilität der Verhaltensabsichten, scheint sich dieser nicht systematisch auf die Höhe des Instabilitätsmaßes auszuwirken. Beim Vergleich zwischen 1994 und 2002 zeigen sich weder deutlich höhere noch deutlich niedrigere Werte als bei der Gegenüberstellung der Paare mit vierjährigem Abstand zwischen den beiden Befragungen.

Tabelle 17: Veränderung und Stabilität der Verhaltensabsicht zur Beteiligung an Bürgerinitiativen 1994-2002, Gesamtdeutschland

1994 2002	0 %	0,25 %	0,5 %	0,75 %	1 %	Gesamt %
0	20,1	11,2	10,6	6,8	6,6	9,8
0,25	16,3	23,1	15,8	9,9	7,4	12,4
0,5	27,2	27,2	24,0	18,6	25,2	23,2
0,75	26,9	30,2	27,0	46,6	34,0	35,7
1	9,5	8,3	22,6	18,1	26,8	19,0
Instabilität	0,47	0,41	0,55	0,26	0,33	–
N	283	169	341	657	485	1935

Anmerkungen: 0: würde bestimmt nicht tun; 0,25: würde wahrscheinlich nicht tun; 0,5: würde vielleicht tun; 0,75: würde wahrscheinlich tun; 1: würde bestimmt tun; –: Berechnung nicht möglich.
Quelle: DFG-Panel.

Bei der globalen Betrachtung der Veränderung der individuellen Beteiligungsbereitschaft an genehmigten Demonstrationen ergibt sich für die drei Vergleichspaare eine sehr ähnliche Verteilung wie für die Bereitschaft, sich in Bürgerinitiativen zu engagieren (Tabelle 18). Für den Vergleich zwischen 1994 und 1998, 1998 und 2002 sowie 1994 und 2002 geben etwa 30 Prozent der Befragten eine stabile Verhaltensabsicht an. Der Anteil derjenigen, für die zwischen den jeweils verglichenen Panelwellen eine leichte Veränderung festzustellen ist, ist für alle drei Vergleichspaare höher als der Anteil derjenigen, deren Verhaltensbereitschaft konstant bleibt. Die Differenz variiert zwischen 3,2 und 7,1 Prozentpunkten. Mittlere Veränderungen von einem halben Skalenpunkt nach oben oder unten sind jeweils für zwischen 16,1 und 18,3 Prozent der Befragten zu beobachten. Starke Veränderungen der Verhaltensabsichten sind auch im Falle der genehmigten Demonstrationen nur für zwischen 10,4 (beim Vergleich zwischen zweiter und dritter Panelwelle) und 12,5 Prozent der Befragten (beim Vergleich der ersten mit der zweiten Panelwelle) zu verzeichnen. Sehr starke Veränderungen sind auch bei dieser Partizipationsform nur für einen kleinen Teil der Befragten festzustellen. Der Anteil derjenigen, deren Beteiligungswahrscheinlichkeit sich um 100 Prozentpunkte nach oben oder unten verändert, beträgt lediglich zwischen 3,6 und 5,8 Prozent. Im Hinblick auf die Korrelationskoeffizienten zeigen sich für die Beteiligungsabsicht an genehmigten Demonstrationen, trotz der sehr ähnlichen Struktur der Veränderungen zwischen den jeweils verglichenen Panelwellen, mit Werten zwischen 0,29 und 0,35 etwas stärkere Zusammenhänge als für die Beteiligungsbereitschaft an Bürgerinitiativen. Auch hier besteht also ein mittlerer positiver Zusammenhang zwischen der Partizipationsneigung zu den Zeitpunkten t und t+1.

Im Hinblick auf die Werte des Instabilitätsmaßes und die Spaltenprozente für die einzelnen Ausprägungen zeigt sich für die Beteiligungsbereitschaft an genehmigten Demonstrationen (Tabellen 19 bis 21) keine so große Übereinstimmung mit den Befunden für die Neigung zu politischer Aktivität in Bürgerinitiativen wie bei der vorangehenden, auf Tabelle 18 bezogenen Analyse. Zwar ergeben sich mit Hilfe des Instabilitätsmaßes auch für die Beteiligung an genehmigten Demonstrationen die eindeutig höchsten Werte für diejenigen, die sich in t vielleicht an solchen Aktivitäten beteiligen würden (Werte zwischen 0,52 und 0,60), für die Befragten, die sich auf die anderen Antwortausprägungen verteilen, zeigen sich aber für alle drei Vergleiche sehr ähnliche Werte, die zwischen 0,33 und 0,41 variieren. In fünf von sechs Fällen liegen die Werte des Instabilitätsindex für die Befragten am oberen Ende der Skala leicht unter den Werten für die Antwortausprägungen am unteren Ende. Es sind also lediglich die Befragten in der Mittelkategorie, die in deutlich höherem Maße bereit sind, ihr Aktivitätsverhalten zwischen zwei Befragungszeitpunkten zu verändern.

Tabelle 18: Veränderung der Verhaltensabsicht zur Beteiligung an genehmigten Demonstrationen 1994-2002, Gesamtdeutschland

Stärke der Veränderung	1994-1998	1998-2002	1994-2002
0	30,7	31,3	29,8
+/- 0,25	33,9	38,4	36,9
+/- 0,5	17,0	16,1	18,3
+/- 0,75	12,5	10,6	10,4
+/- 1	5,8	3,6	4,6
Pearsons r	0,29[c]	0,35[c]	0,30[c]
N	2012	3061	1948

Anmerkung: Angaben in Prozent.
Signifikanz: a: p<0,05, b: p<0,01, c: p<0,001.
Quelle: DFG-Panel.

Tabelle 19: Veränderung und Stabilität der Verhaltensabsicht zur Beteiligung an genehmigten Demonstrationen 1994-1998, Gesamtdeutschland

1994 1998	0 %	0,25 %	0,5 %	0,75 %	1 %	Gesamt %
0	38,4	24,8	23,7	19,4	17,4	23,8
0,25	14,7	22,1	15,1	13,1	6,0	12,9
0,5	16,0	27,9	15,1	12,7	11,2	15,0
0,75	24,0	17,1	34,7	31,9	28,8	28,4
1	7,0	8,1	11,4	22,9	36,7	19,9
Instabilität	0,37	0,37	0,60	0,40	0,35	–
N	388	222	317	567	518	2012

Anmerkungen: 0: würde bestimmt nicht tun; 0,25: würde wahrscheinlich nicht tun; 0,5: würde vielleicht tun; 0,75: würde wahrscheinlich tun; 1: würde bestimmt tun; –: Berechnung nicht möglich.
Quelle: DFG-Panel.

Trotz der sehr ähnlichen Werte für den Instabilitätsindex ergeben sich für die übrigen vier Gruppen von Befragten deutliche Unterschiede hinsichtlich der Verteilung auf die einzelnen Veränderungskategorien zwischen den vier Antwortausprägungen zum Zeitpunkt t. So weichen beispielsweise die relativen Häufigkeiten auf der Diagonale von links oben nach rechts unten, die jeweils den Anteil derjenigen angeben, die ihre Beteiligungsabsicht zwischen den beiden Befragungswellen nicht ändern, für diese vier Antwortausprägungen deutlich voneinander ab (Werte zwischen 22,1 und 38,4 Prozent für die drei Vergleiche). Auch bei einer Gegenüberstellung der Spaltenprozente für alle drei Vergleichspaare derselben Antwortausprägung ergeben sich Abweichungen im einstelligen Prozentbereich. In einigen Fällen kommen diese sogar nahe an zehn Prozentpunkte heran. Dies spricht einmal mehr für die Kontextabhängigkeit der Verhaltensabsichten für nichtelektorale Partizipationsformen. Betrachtet man abschließend noch die Effekte des zeitlichen Abstandes zwischen den jeweils verglichenen Panelwellen für die Beteiligungsbereitschaft an genehmigten Demonstrationen, zeigt sich für die Höhe des Instabilitätsindex kein Effekt: Es gibt keine auffälligen Unterschiede zwischen vier- und achtjährigem Befragungsabstand.

Tabelle 20: Veränderung und Stabilität der Verhaltensabsicht zur Beteiligung an genehmigten Demonstrationen 1998-2002, Gesamtdeutschland

1998 2002	0 %	0,25 %	0,5 %	0,75 %	1 %	Gesamt %
0	36,2	29,4	18,6	11,6	9,1	18,7
0,25	22,4	24,6	20,7	11,7	10,4	16,2
0,5	13,7	21,4	22,8	17,1	16,3	17,6
0,75	19,9	17,2	29,9	37,1	35,8	30,3
1	7,8	7,4	8,1	22,4	28,4	17,2
Instabilität	0,35	0,36	0,52	0,33	0,34	–
N	577	337	479	964	704	3061

Anmerkungen: 0: würde bestimmt nicht tun; 0,25: würde wahrscheinlich nicht tun; 0,5: würde vielleicht tun; 0,75: würde wahrscheinlich tun; 1: würde bestimmt tun; –: Berechnung nicht möglich.
Quelle: DFG-Panel.

Tabelle 21: Veränderung und Stabilität der Verhaltensabsicht zur Beteiligung an genehmigten Demonstrationen 1994-2002, Gesamtdeutschland

1994 2002	0 %	0,25 %	0,5 %	0,75 %	1 %	Gesamt %
0	35,2	20,5	21,7	12,8	11,4	18,4
0,25	18,4	24,7	23,0	13,7	7,1	15,5
0,5	16,2	20,5	15,8	18,9	16,1	17,4
0,75	20,0	20,9	30,7	33,3	32,2	29,1
1	10,2	13,5	8,7	21,3	33,3	19,7
Instabilität	0,38	0,41	0,57	0,35	0,33	–
N	315	215	322	586	510	1948

Anmerkungen: 0: würde bestimmt nicht tun; 0,25: würde wahrscheinlich nicht tun; 0,5: würde vielleicht tun; 0,75: würde wahrscheinlich tun; 1: würde bestimmt tun; –: Berechnung nicht möglich.
Quelle: DFG-Panel.

Im Vergleich zu den globalen Veränderungen für die Bereitschaft, in Bürgerinitiativen mitzuarbeiten und an genehmigten Demonstrationen teilzunehmen, zeigt sich für die Veränderung der Bereitschaft, an gewaltsamen Demonstrationen teilzunehmen, eine ganz andere Verteilung (Tabelle 22). Der größte Unterschied zur Teilnahmebereitschaft an Bürgerinitiativen und genehmigten Demonstrationen besteht in dem deutlich höheren Anteil derjenigen, die zwischen den beiden Vergleichszeitpunkten stabile Beteiligungsabsichten angeben. Zwischen 47,9 Prozent und 52,5 Prozent der Befragten gehören für alle drei betrachteten Zeiträume zu dieser Gruppe. Der größte Teil der Befragten in dieser Gruppe gibt an, sich bestimmt nicht an gewaltsamen Demonstrationen beteiligen zu wollen (vgl. Tabellen A.9 bis A.11 im Anhang). Zwischen 27,5 und 29,8 Prozent der Befragten ändern ihre Verhaltensabsichten nur in einem geringen Ausmaß um 0,25 Punkte nach oben oder unten. Mittlere Veränderungen ergeben sich für etwa 13 Prozent der Panelteilnehmer. Auffällig ist im Vergleich zu den beiden vorher behandelten Partizipationsformen auch die deutlich schwächere Besetzung der Extremkategorien: Starke Veränderungen von 0,75 Skalenpunkten nach oben oder unten sind für die Bereitschaft zur Beteiligung an gewaltsamen Demonstrationen für zwischen 5,4 und 7,9 Prozent der Befragten zu verzeichnen. Sehr starke Veränderungen kommen mit relativen Häufigkeiten zwischen 1,5 und 2,2 Prozent so gut wie gar nicht vor. Die Korrelationskoeffizienten zwischen der Bereitschaft zur Beteiligung in t und t+1 liegen zwischen 0,22 und 0,26. Der Zusammenhang ist also auch für diese Beteiligungsform positiv sowie von mittlerer Stärke und ist für den Vergleich zwischen erster und zweiter Welle am höchsten. In Anbetracht der stark divergierenden Verteilung im Vergleich zu den bisher analysierten Partizipationsformen ist es überraschend, daß die Korrelationskoeffizienten für die Beteiligungsbereitschaft an gewaltsamen Demonstrationen auf einem ähnlichen Niveau liegen.

Tabelle 22: Veränderung der Verhaltensabsicht zur Beteiligung an gewaltsamen Demonstrationen 1994-2002, Gesamtdeutschland

Stärke der Veränderung	1994-1998	1998-2002	1994-2002
0	48,1	52,5	47,9
+/- 0,25	29,8	27,5	29,4
+/- 0,5	13,9	13,0	13,2
+/- 0,75	5,9	5,4	7,9
+/- 1	2,2	1,5	1,6
Pearsons r	$0,26^c$	$0,24^c$	$0,22^c$
N	2027	3061	1955

Anmerkung: Angaben in Prozent.
Signifikanz: a: p<0,05, b: p<0,01, c: p<0,001.
Quelle: DFG-Panel.

Auch für den Instabilitätsindex und die Spaltenprozente der einzelnen Ausprägungen der Beteiligungsabsicht in t zeigen sich für die Teilnahme an gewaltsamen Demonstrationen ganz andere Ergebnisse als für die beiden bisher betrachteten Partizipationsformen (Tabellen 23 bis 25). Die höchste Stabilität ergibt sich bei allen drei Vergleichen mit deutlichem Abstand für diejenigen, die zum Zeitpunkt t bestimmt nicht an gewaltsamen Demonstrationen teilnehmen würden. Der Instabilitätsindex nimmt für diese Personen sehr niedrige Werte zwischen 0,10 und 0,12 an.

Dies liegt vor allem daran, daß jeweils mindestens 70 Prozent der Befragten in dieser Gruppe ihre Verhaltensbereitschaft überhaupt nicht zu ändern bereit und starke bis sehr starke Veränderungen um mindestens 0,75 Skalenpunkte nur für maximal 5 Prozent der Gruppenmitglieder zu verzeichnen sind. Die Schwelle, überhaupt eine Bereitschaft zur Ausübung dieser Partizipationsform zu entwickeln, scheint also sehr hoch zu sein. Aufgrund der möglichen negativen Konsequenzen der Teilnahme an gewaltsamen Demonstrationen, wie Gefährdungen der körperlichen Unversehrtheit oder strafrechtlicher Verfolgung, ist dies nicht besonders überraschend.

Tabelle 23: Veränderung und Stabilität der Verhaltensabsicht zur Beteiligung an gewaltsamen Demonstrationen 1994-1998, Gesamtdeutschland

1994	0	0,25	0,5	0,75	1	Gesamt
1998	%	%	%	%	%	%
0	74,2	69,5	53,7	45,6	46,9	67,2
0,25	15,2	18,5	16,0	17,4	19,8	16,3
0,5	7,1	8,2	18,5	14,1	11,1	9,6
0,75	2,9	3,1	10,0	19,5	18,5	5,8
1	0,6	0,7	1,8	3,4	3,7	1,1
Instabilität	0,10	0,29	0,69	0,63	0,72	–
N	1099	417	281	149	81	2027

Anmerkungen: 0: würde bestimmt nicht tun; 0,25: würde wahrscheinlich nicht tun; 0,5: würde vielleicht tun; 0,75: würde wahrscheinlich tun; 1: würde bestimmt tun; –: Berechnung nicht möglich.
Quelle: DFG-Panel.

Tabelle 24: Veränderung und Stabilität der Verhaltensabsicht zur Beteiligung an gewaltsamen Demonstrationen 1998-2002, Gesamtdeutschland

1998	0	0,25	0,5	0,75	1	Gesamt
2002	%	%	%	%	%	%
0	71,0	51,7	50,0	54,9	23,5	63,1
0,25	18,4	30,4	22,3	21,5	13,7	21,2
0,5	6,3	10,5	16,2	10,8	19,6	8,8
0,75	2,5	6,7	8,7	9,2	9,8	4,6
1	1,7	0,7	2,8	3,6	33,3	2,3
Instabilität	0,11	0,26	0,68	0,74	0,46	–
N	1894	563	358	195	51	3061

Anmerkungen: 0: würde bestimmt nicht tun; 0,25: würde wahrscheinlich nicht tun; 0,5: würde vielleicht tun; 0,75: würde wahrscheinlich tun; 1: würde bestimmt tun; –: Berechnung nicht möglich.
Quelle: DFG-Panel.

Betrachtet man die anderen Spalten der drei Tabellen, so wächst die Instabilität der Beteiligungsbereitschaft eindeutig mit größer werdendem Ausgangswert der Partizipationsneigung zum Zeitpunkt t – wenn man von dem Vergleich zwischen zweiter und dritter Panelwelle absieht, in der der Wert des Instabilitätsindex für diejenigen, die 1998 bestimmt an gewaltsamen Demonstrationen teilnehmen würden, lediglich bei 0,46 und damit deutlich unter den Indexwerten für die Befragten mit einer niedrigeren Beteiligungswahrscheinlichkeit in t liegt. Der Grund für diese relativ hohe Stabilität ist, daß ein Drittel der Befragten mit diesem Ausgangswert ihre Verhaltensbereitschaft zwischen 1998 und 2002 gar nicht ändert. Ansonsten zeigen sich nämlich für die Befragten, die zum Zeitpunkt t vielleicht, wahrscheinlich oder bestimmt an gewaltsamen Demonstrationen teilnehmen würden, Instabilitätswerte im Bereich zwischen 0,63 und 0,74, das heißt hier ergeben sich im Vergleich zwischen zwei Panelwellen drastische Veränderungen im Ausmaß der Partizipationsneigung.

Tabelle 25: Veränderung und Stabilität der Verhaltensabsicht zur Beteiligung an gewaltsamen Demonstrationen 1994-2002

1994 2002	0 %	0,25 %	0,5 %	0,75 %	1 %	Gesamt %
0	69,7	52,1	42,0	48,3	48,9	59,9
0,25	19,1	28,9	25,2	27,0	13,3	22,5
0,5	6,0	10,9	19,3	14,4	4,4	9,6
0,75	4,3	3,4	7,7	9,2	22,2	5,4
1	0,9	4,7	5,8	1,1	11,1	2,6
Instabilität	0,12	0,28	0,64	0,71	0,67	–
N	1078	384	274	174	45	1955

Anmerkungen: 0: würde bestimmt nicht tun; 0,25: würde wahrscheinlich nicht tun; 0,5: würde vielleicht tun; 0,75: würde wahrscheinlich tun; 1: würde bestimmt tun; –: Berechnung nicht möglich.
Quelle: DFG-Panel.

Deutlich erkennbar ist die hohe Instabilität bei diesen Antwortausprägungen außerdem auch an dem sehr hohen Anteil derjenigen, die ihre Verhaltensbereitschaft jeweils um die maximal mögliche Anzahl von Antwortausprägungen ändern (mit der angesprochenen Ausnahme sind dies jeweils immer mehr als 40 Prozent der Befragten). Dieses hohe Instabilitätsniveau spricht dafür, daß nur bei einem kleinen harten Kern von Personen permanente Dispositionen für die Ausübung gewaltsamer Aktivitäten vorhanden sind. Bei den meisten Personen, die zum Zeitpunkt t eine Wahrscheinlichkeit zwischen 0,5 und 1 angeben, kommt es bis zur nächsten Befragung zu solch starken Veränderungen der Verhaltensbereitschaft, daß ihre hohe Aktionsbereitschaft keinesfalls als dauerhaft anzusehen ist, sondern vor allem von kurzfristigen Stimuli hervorgerufen wird, deren aktivitätsfördernde Wirkung offensichtlich schnell wieder verschwindet. Dies zeigt sich unter anderem auch an der schwachen Besetzung der Diagonalen von links oben nach rechts unten, die Prozentwerte für Verhaltensstabilität zwischen den beiden Panelwellen angibt: Nur selten liegen diese Werte über 20 Prozent. Zum Abschluß der Analysen für diese Partizipationsform ist noch zu erwähnen, daß sich auch hier keinerlei Effekte des Abstandes zwischen den beiden Befragungszeitpunkten auf das Niveau des Instabilitätsindex zeigen.

Bei der globalen Betrachtung zeigen sich für die Absicht einer Beteiligung an Verkehrsblockaden ähnliche Muster wie für die Bereitschaft zur Beteiligung an gewaltsamen Demonstrationen (Tabelle 26): Zwischen 44 und 50,2 Prozent der Panelteilnehmer weisen stabile Verhaltensabsichten zwischen den beiden zu vergleichenden Panelwellen auf. Ein großer Teil der Befragten ändert seine Verhaltensabsichten also überhaupt nicht. Wie schon bei der Teilnahme an gewaltsamen Demonstrationen ist der größte Teil der Befragten in der Gruppe mit Verhaltensstabilität zu keinem der beiden Zeitpunkte zur Beteiligung an Verkehrsblockaden bereit (vgl. Tabellen A.12 bis A.14 im Anhang). Für zwischen 25,1 und 28,8 Prozent der Befragten ergeben sich leichte Veränderungen der Beteiligungsbereitschaft von 0,25 Punkten. Mittlere Veränderungen kommen mit Werten zwischen 14,2 und 17,9 Prozent etwas häufiger vor als bei der Verhaltensabsicht für gewaltsame Demonstrationen. Wie bei dieser Partizipationsform zeigen sich nur für eine kleine Minderheit der Panelteilnehmer starke beziehungsweise sehr starke Veränderungen zwischen den beiden Zeitpunkten. Bei zwischen 6,6 und 9,0 Prozent der Befragten ändert sich die Aktivitätsbereitschaft um 0,75 Punkte. Sehr starke Veränderungen um 100 Prozentpunkte nach oben oder unten sind mit Anteilen zwischen 2,2 und 3,1 Prozent äußerst selten. Die Korrelationskoeffizienten bewegen sich auf einem ähnlichen Niveau wie bei den anderen analysierten Partizipationsformen: Auch hier liegt mit Werten zwischen 0,22 und 0,27 für alle drei Vergleiche ein mittlerer, positiver linearer Zusammenhang vor.

Tabelle 26: Veränderung der Verhaltensabsicht zur Beteiligung an Verkehrsblockaden 1994-2002, Gesamtdeutschland

Stärke der Veränderung	1994-1998	1998-2002	1994-2002
0	45,1	50,2	44,0
+/- 0,25	25,1	26,9	28,8
+/- 0,5	17,9	14,2	17,4
+/- 0,75	9,0	6,6	6,7
+/- 1	3,0	2,2	3,1
Pearsons r	0,22[c]	0,27[c]	0,23[c]
N	2027	3065	1929

Anmerkung: Angaben in Prozent.
Signifikanz: a: p<0,05, b: p<0,01, c: p<0,001.
Quelle: DFG-Panel.

Ein Blick auf die Instabilität der Aktivitätsbereitschaft für die Teilnahme an Verkehrsblockaden mit Hilfe des Instabilitätsindex zeigt relativ ähnliche Befunde wie für die Wahrscheinlichkeit zur Beteiligung an gewaltsamen Demonstrationen (Tabellen 27 bis 29): Die eindeutig höchste Konstanz in der Aktivitätswilligkeit ergibt sich, mit Werten von 0,13 oder 0,14, für diejenigen, die zum Zeitpunkt t bestimmt nicht an Verkehrsblockaden teilnehmen würden. Ungefähr 70 Prozent der Befragten in dieser Gruppe sind für alle drei Vergleiche in keiner Weise zu einer Veränderung ihrer Partizipationsneigung bereit. Für die Befragten, die in t wahrscheinlich nicht an Verkehrsblockaden teilnehmen würden, ergeben sich mindestens doppelt so hohe Werte für den Instabilitätsindex als für diejenigen, die diese politische Aktivität zum Zeitpunkt t bestimmt nicht nutzen würden. Dennoch sind die Werte des Instabilitätsindex im Bereich zwischen 0,28 und 0,31 im Vergleich zu den Werten für die anderen drei Antwortausprägungen als niedrig zu bezeichnen. Diese lassen sich nämlich für alle drei Vergleiche, wie schon für die Beteiligung an gewaltsamen Demonstrationen, als sehr instabil charakterisieren. Allerdings zeigt sich bei der Teilnahme an Verkehrsblockaden mit zunehmender Wahrscheinlichkeit der Partizipation zum Zeitpunkt t keine Zunahme des Instabilitätsindex. Das höchste Ausmaß an Instabilität ergibt sich – mit Ausnahme des Vergleichs zwischen erster und zweiter Panelwelle – für die Befragten, die vielleicht bei Verkehrsblockaden mitmachen würden. Der Instabilitätsindex liegt für diese Befragten für alle drei Vergleiche im Bereich von 0,70. Dieses hohe Instabilitätsniveau wird vor allem durch den geringen Anteil derjenigen hervorgerufen, deren Verhalten sich zwischen den jeweiligen Panelwellen gar nicht verändert (zwischen 13,7 und 20,5 Prozent). Im Gegensatz dazu verschiebt sich für zwischen 42 und 55 Prozent der Befragten in der Mittelkategorie die Beteiligungsbereitschaft um einen halben Skalenpunkt nach unten.

Tabelle 27: Veränderung und Stabilität der Verhaltensabsicht zur Beteiligung an Verkehrsblockaden 1994-1998, Gesamtdeutschland

1994	0	0,25	0,5	0,75	1	Gesamt
1998	%	%	%	%	%	%
0	69,3	62,0	54,9	58,5	41,9	63,5
0,25	15,0	18,4	9,8	15,5	8,6	14,5
0,5	9,4	9,0	20,5	14,0	15,2	11,7
0,75	4,8	9,3	8,8	7,5	15,2	7,0
1	1,5	1,2	6,1	4,5	19,0	3,3
Instabilität	0,14	0,31	0,70	0,75	0,60	–
N	1093	332	297	200	105	2027

Anmerkungen: 0: würde bestimmt nicht tun; 0,25: würde wahrscheinlich nicht tun; 0,5: würde vielleicht tun; 0,75: würde wahrscheinlich tun; 1: würde bestimmt tun; –: Berechnung nicht möglich.
Quelle: DFG-Panel.

Die Instabilität der Beteiligungsbereitschaft an Verkehrsblockaden für diejenigen, die sich in t wahrscheinlich daran beteiligen würden, bewegt sich auf einem ähnlichen Niveau wie für die Befragten, die sich vielleicht daran beteiligen würden. Für den Vergleich zwischen 1994 und 1998 übertrifft der Instabilitätsindex mit einem Wert von 0,75 für die Befragten mit dieser Antwortausprägung sogar das Instabilitätsniveau der Panelteilnehmer, die sich zum Zeitpunkt t in der Mittelkategorie einstufen. Im Gegensatz zur Teilnahmeabsicht an gewaltsamen Demonstrationen liegt der Instabilitätsindex für die Panelteilnehmer, die bestimmt an Verkehrsblockaden teilnehmen würden, auf einem niedrigeren Niveau als für die beiden vorangehenden Antwortausprägungen: Die Werte bewegen sich zwischen 0,51 und 0,64. Insgesamt sprechen die Analyseergebnisse auch bei dieser Partizipationsform dafür, daß die Beteiligung an Verkehrsblockaden von situativen, kurzfristigen Faktoren abhängig ist und sich die Bereitschaft zur Nutzung dieser Partizipationsform zwischen zwei Panelwellen massiv verändern kann. Langfristig stabile Dispositionen zur Ausübung dieser politischen Aktivität sind nur bei einem kleinen Teil der Befragten vorhanden.

Am Ende der Ausführungen zu dieser Partizipationsform sei zudem erwähnt, daß der Abstand zwischen den verglichenen Befragungswellen auch hier keinerlei Einfluß auf die Verhaltensstabilität hat.

Tabelle 28: Veränderung und Stabilität der Verhaltensabsicht zur Beteiligung an Verkehrsblockaden 1998-2002, Gesamtdeutschland

1998 2002	0 %	0,25 %	0,5 %	0,75 %	1 %	Gesamt %
0	69,6	49,1	50,1	36,8	25,6	59,9
0,25	17,9	29,0	21,1	31,6	17,8	21,2
0,5	6,0	12,7	15,4	14,8	14,4	9,2
0,75	4,2	5,8	10,7	11,6	17,8	6,3
1	2,3	3,4	2,6	5,2	24,4	3,4
Instabilität	0,13	0,28	0,69	0,65	0,51	–
N	1845	497	383	250	90	3065

Anmerkungen: 0: würde bestimmt nicht tun; 0,25: würde wahrscheinlich nicht tun; 0,5: würde vielleicht tun; 0,75: würde wahrscheinlich tun; 1: würde bestimmt tun; –: Berechnung nicht möglich.
Quelle: DFG-Panel.

Tabelle 29: Veränderung und Stabilität der Verhaltensabsicht zur Beteiligung an Verkehrsblockaden 1994-2002, Gesamtdeutschland

1994 2002	0 %	0,25 %	0,5 %	0,75 %	1 %	Gesamt %
0	67,0	62,5	41,9	37,1	39,8	58,5
0,25	18,0	24,5	22,2	39,6	19,3	21,6
0,5	8,2	6,5	13,7	13,2	12,5	9,4
0,75	4,3	4,0	12,4	8,8	14,8	6,4
1	2,4	2,5	9,8	1,3	13,6	4,0
Instabilität	0,14	0,28	0,69	0,68	0,64	–
N	1044	323	315	159	88	1929

Anmerkungen: 0: würde bestimmt nicht tun; 0,25: würde wahrscheinlich nicht tun; 0,5: würde vielleicht tun; 0,75: würde wahrscheinlich tun; 1: würde bestimmt tun; –: Berechnung nicht möglich.
Quelle: DFG-Panel.

Da die Bereitschaft, bei einer Partei Unterstützung zu suchen, nur 1998 und 2002 erhoben wurde, sind Vergleiche zwischen erster und zweiter sowie zwischen erster und dritter Panelwelle nicht möglich (Tabelle 30). Zwischen 1998 und 2002 ergeben sich für 27,6 Prozent der Befragten stabile Verhaltensmuster, bei 37,1 Prozent der Panelteilnehmer verändert sich die Aktivitätsbereitschaft um 0,25 Skalenpunkte, bei immerhin 20,8 Prozent der Befragten um 0,5 Skalenpunkte. 10,6 Prozent weisen eine starke Veränderung von 0,75 Skalenpunkten auf, und bei 3,9 Prozent der Befragten zeigt sich eine vollkommene Umkehrung ihrer Bereitschaft, bei einer Partei Unterstützung zu suchen. Der Korrelationskoeffizient beträgt für den Vergleich zwischen zweiter und dritter Panelwelle 0,20, liegt also auf einem ähnlichen Niveau wie für die anderen nichtelektoralen Partizipationsformen.

Tabelle 30: Veränderung der Verhaltensabsicht, bei einer Partei Unterstützung zu suchen 1998-2002, Gesamtdeutschland

Stärke der Veränderung	1994-1998	1998-2002	1994-2002
0	–	27,6	–
+/- 0,25	–	37,1	–
+/- 0,5	–	20,8	–
+/- 0,75	–	10,6	–
+/- 1	–	3,9	–
Pearsons r	–	0,20^c	–
N	–	2996	–

Anmerkung: Angaben in Prozent; –: nicht erhoben.
Signifikanz: a: p<0,05, b: p<0,01, c: p<0,001.
Quelle: DFG-Panel.

Tabelle 31: Veränderung und Stabilität der Verhaltensabsicht, bei einer Partei Unterstützung zu suchen 1998-2002, Gesamtdeutschland

1998 2002	0 %	0,25 %	0,5 %	0,75 %	1 %	Gesamt %
0	24,9	21,1	14,1	12,3	10,2	15,8
0,25	15,2	15,8	13,2	12,5	9,2	13,0
0,5	27,6	29,2	29,6	25,8	22,6	26,9
0,75	21,8	22,5	34,5	33,3	32,2	30,0
1	10,6	11,4	8,6	16,1	25,7	14,4
Instabilität	0,44	0,43	0,47	0,35	0,36	–
N	606	298	733	838	521	2996

Anmerkungen: 0: würde bestimmt nicht tun; 0,25: würde wahrscheinlich nicht tun; 0,5: würde vielleicht tun; 0,75: würde wahrscheinlich tun; 1: würde bestimmt tun; –: Berechnung nicht möglich.
Quelle: DFG-Panel.

Hinsichtlich der Werte des Instabilitätsindex für die Veränderung von 1998 bis 2002 ergeben sich für die Bereitschaft, bei einer Partei Unterstützung zu suchen, von den bisher untersuchten Partizipationsformen deutlich abweichende Ergebnisse (Tabelle 31). Der Instabilitätsindex bewegt sich für alle Antwortausprägungen zum Zeitpunkt t auf einem relativ ähnlichen Niveau und variiert lediglich im Bereich zwischen 0,35 und 0,47. Die höchste Instabilität zeigt sich hier, wie bei den anderen legalen und legitimen Beteiligungsformen auch, für die Befragten, die in t mit 0,5 eine mittlere Beteiligungswahrscheinlichkeit angeben. Die 1998 partizipationsfreudigeren Befragten mit den Ausprägungen 0,75 und 1 weisen bei einem Indexwert von 0,35 bzw. 0,36 ein stabileres Verhalten auf als die der Unterstützungssuche bei Parteien zum Zeitpunkt t abgeneigteren Befragten mit Werten von 0,43 und 0,44. Für diese Partizipationsform zeigt sich also insgesamt eine weitgehende Unabhängigkeit der Instabilität der Beteiligungsabsicht vom Ausgangsniveau der Aktivitätsbereitschaft in t.

Tabelle 32: Veränderung der Wahrscheinlichkeit der Wahlbeteiligung 1994-2002, Gesamtdeutschland

Stärke der Veränderung	1994-1998	1998-2002	1994-2002
0	68,5	85,0	73,4
+/- 0,25	18,2	10,6	13,2
+/- 0,5	8,0	2,4	7,9
+/- 0,75	2,9	0,7	2,6
+/- 1	2,4	1,3	2,9
Pearsons r	$0,22^c$	$0,29^c$	$0,12^b$
N	925	1223	621

Anmerkung: Angaben in Prozent.
Signifikanz: a: p<0,05, b: p<0,01, c: p<0,001.
Quelle: DFG-Panel.

Im Gegensatz zu den bisher präsentierten Partizipationsformen können für die Wahrscheinlichkeit der Wahlbeteiligung lediglich die Vorwahlbefragten berücksichtigt werden, so daß die Zahl der in die Analysen einbezogenen Panelteilnehmer deutlich kleiner ist. Es zeigen sich zudem deutlich von den anderen (nichtelektoralen) Partizipationsarten abweichende Muster für die Stabilität politischer Beteiligung (Tabelle 32). Zwischen erster und zweiter Panelwelle ändern 68,5 Prozent der Befragten ihre Beteiligungsabsicht überhaupt nicht, zwischen zweiter und dritter Welle ist dies sogar bei 85 Prozent der Fall und zwischen erster und dritter Welle immerhin bei 73,4 Prozent. Dies sind mit Abstand die höchsten Stabilitätswerte für die hier analysierten Partizipationsformen. Ein Großteil der Befragten gibt jeweils zu beiden Zeitpunkten an, bestimmt zur Wahl gehen zu wollen (vgl. Tabellen A.16 bis A.18 im Anhang). Im Hinblick auf die Stabilität der Teilnahmebereitschaft bei Wahlen sticht der Vergleich zwischen 1998 und 2002 noch einmal heraus: Bei weniger als 5 Prozent der einbezogenen Panelteilnehmer ändert sich die Wahrscheinlichkeit der Wahlbeteiligung um mehr als 0,25 Punkte nach oben oder unten. Beim Vergleich zwischen 1994 und 1998 ist das immerhin bei 13,3 Prozent der Befragten der Fall, beim Vergleich zwischen 1994 und 2002 bei 13,5 Prozent. Starke und sehr starke Veränderungen zwischen zwei Panelwellen treten nur bei einer nahezu verschwindend geringen Minderheit von zusammengefaßt etwa 5 Prozent der Befragten auf. Die Wahlbeteiligung ist auch die einzige Partizipationsform, bei der die Korrelationskoeffizienten für den Zusammenhang zwischen zwei Panelwellen stärker variieren. Für den Vergleich zwischen erster und zweiter Welle sowie zwischen zweiter und dritter Welle liegen die Werte für r über 0,2, während der Korrelationskoeffizient für die Gegenüberstellung von erster und dritter Welle lediglich nur 0,12 beträgt. Das ist der niedrigste aller hier untersuchten Zusammenhänge für die sechs politischen Aktivitäten.

Auch bei der Betrachtung des Instabilitätsindex und der Spaltenprozente ergeben sich für die Wahrscheinlichkeit der Wahlbeteiligung deutlich von den nichtelektoralen Partizipationsformen abweichende Befunde (Tabellen 33 bis 35). Mit großem Abstand das stabilste Verhalten weisen die Befragten auf, die in t bestimmt bereit sind, sich an Wahlen zu beteiligen. Der Instabilitätsindex erreicht für die Veränderung zwischen 1994 und 1998 den Wert von 0,04, für die anderen beiden Vergleiche liegt er sogar nur bei 0,03. Dies sind die niedrigsten überhaupt mit dem Instabilitätsindex gemessenen Werte aller hier untersuchten Partizipationsformen. Diese Werte nahe dem Minimum der Skala werden im wesentlichen dadurch verursacht, daß mindestens 90 Prozent der Befragten, die zum Zeitpunkt t diese Antwort geben, ihr Verhalten überhaupt nicht verändern.

Tabelle 33: Veränderung und Stabilität der Wahrscheinlichkeit der Wahlbeteiligung 1994-1998, Gesamtdeutschland

1994 1998	0 %	0,25 %	0,5 %	0,75 %	1 %	Gesamt %
0	16,1	15,8	1,5	0,0	0,6	1,4
0,25	0,0	0,0	0,0	0,0	0,7	0,5
0,5	0,0	5,3	2,9	0,7	2,7	2,4
0,75	25,8	5,3	16,2	17,6	6,1	9,2
1	58,1	73,7	79,4	81,6	89,9	86,5
Instabilität	0,77	0,84	0,89	0,27	0,04	–
N	31	19	68	136	671	925

Anmerkungen: 0: würde bestimmt nicht tun; 0,25: würde wahrscheinlich nicht tun; 0,5: würde vielleicht tun; 0,75: würde wahrscheinlich tun; 1: würde bestimmt tun; –: Berechnung nicht möglich.
Quelle: DFG-Panel.

Tabelle 34: Veränderung und Stabilität der Wahrscheinlichkeit der Wahlbeteiligung 1998-2002, Gesamtdeutschland

1998 2002	0 %	0,25 %	0,5 %	0,75 %	1 %	Gesamt %
0	28,6	20,0	15,4	1,4	1,1	1,6
0,25	14,3	0,0	0,0	1,4	0,4	0,5
0,5	0,0	0,0	3,8	6,8	1,2	1,6
0,75	0,0	0,0	38,5	21,9	5,7	7,3
1	57,1	80,0	42,3	68,5	91,7	89,0
Instabilität	0,61	0,87	0,77	0,27	0,03	–
N	7	5	26	73	1112	1223

Anmerkungen: 0: würde bestimmt nicht tun; 0,25: würde wahrscheinlich nicht tun; 0,5: würde vielleicht tun; 0,75: würde wahrscheinlich tun; 1: würde bestimmt tun; –: Berechnung nicht möglich.
Quelle: DFG-Panel.

Eine relativ hohe Stabilität zeigt sich ebenfalls für die Panelteilnehmer, die wahrscheinlich an Wahlen teilnehmen würden. Der Instabilitätsindex erreicht hier Werte von 0,27 – für die Gegenüberstellung der Wellen mit vierjährigem Abstand – bzw. 0,29 für die Veränderung zwischen erster und dritter Panelwelle. Diese deutlich höheren Instabilitätswerte für diese Befragtengruppe werden im wesentlichen durch den sehr hohen Anteil derjenigen verursacht, die ihre Beteiligungswahrscheinlichkeit zwischen den beiden verglichenen Panelwellen von 0,75 auf 1 erhöhen. Der Anteil dieser Befragten beträgt zwischen 63,1 und 81,6 Prozent. Für die drei anderen

Antwortausprägungen zeigen sich sehr hohe Instabilitätswerte, die teilweise sogar nahe der Obergrenze des Index liegen. So etwa beim Vergleich zwischen erster und dritter Panelwelle für die Befragten, die bestimmt nicht bzw. vielleicht an Wahlen teilnehmen würden. Die Instabilitätswerte von 0,98 und 0,96 werden vor allem dadurch verursacht, daß ein sehr hoher Anteil der Befragten zu einer maximal möglichen Änderung seiner Beteiligungswahrscheinlichkeit bereit ist. Generell symptomatisch für alle Spalten außer der für die Befragten, die bestimmt an Wahlen teilnehmen würden, sind die sehr niedrigen Prozentwerte auf der Diagonale von links oben nach rechts unten, die bekanntlich für stabile Verhaltensabsichten steht. Teilweise bleibt nicht einmal bei einem einzigen Befragten in der jeweiligen Spalte die Beteiligungswahrscheinlichkeit stabil. Allerdings muß berücksichtigt werden, daß für diese Partizipationsform nur eine niedrige Zahl von Befragten in diesen Spalten zu finden ist.

Tabelle 35: Veränderung und Stabilität der Wahrscheinlichkeit der Wahlbeteiligung 1994-2002, Gesamtdeutschland

1994	0	0,25	0,5	0,75	1	Gesamt
2002	%	%	%	%	%	%
0	0,0	5,9	2,4	3,6	1,5	1,9
0,25	0,0	5,9	0,0	3,6	0,0	0,6
0,5	0,0	0,0	2,4	4,8	0,9	1,4
0,75	8,3	17,6	2,4	25,0	4,9	7,9
1	91,7	70,6	92,7	63,1	92,7	88,1
Instabilität	0,98	0,84	0,96	0,29	0,03	–
N	12	17	41	84	467	621

Anmerkungen: 0: würde bestimmt nicht tun; 0,25: würde wahrscheinlich nicht tun; 0,5: würde vielleicht tun; 0,75: würde wahrscheinlich tun; 1: würde bestimmt tun; –: Berechnung nicht möglich.
Quelle: DFG-Panel.

Vergleicht man die Werte des Instabilitätsindex für die Wahlbeteiligungsabsicht mit denen der illegalen und illegitimen nichtelektoralen Partizipationsformen, zeigt sich eine relativ ähnliche Verteilung. Allerdings finden sich die instabilen Gruppen bei der Wahlbeteiligung am unteren Ende der Wahrscheinlichkeitsskala zum Zeitpunkt t, während sie bei der Teilnahme an Verkehrsblockaden sowie gewaltsamen Demonstrationen am oberen Ende zu finden waren. Daher können die dort angeführten Schlußfolgerungen wohl entgegengesetzt auf die Wahlbeteiligung übertragen werden: Wer einmal mit sehr hoher Wahrscheinlichkeit an Wahlen teilzunehmen bereit ist, wird seine Beteiligungsabsicht nur in den seltensten Fällen ändern, das heißt langfristig stabile Dispositionen zur Ausübung dieser politischen Aktivität sind bei einem sehr großen Teil der Befragten vorhanden. Von besonderer Bedeutung für diese hohe Verhaltensstabilität ist wohl die Wahlnorm (vgl. Abschnitt 2.5.2; Steinbrecher et al. 2007: 124ff.). Die Bereitschaft zur Absenz von der Wahlurne scheint vor allem durch kurzfristige Faktoren wie Unzufriedenheit mit den Leistungen des politischen Systems bzw. seinen Akteuren beeinflußt zu werden. Dafür spricht, daß nur ein verschwindend geringer Anteil der Panelteilnehmer in zwei aufeinanderfolgenden Panelwellen bestimmt nicht oder wahrscheinlich nicht zur Teilnahme an Wahlen bereit ist. Insofern unterscheidet sich die Wahlbeteiligung auch an dieser Stelle wieder deutlich von den nichtelektoralen Partizipationsformen.

Faßt man die Befunde zusammen, so ist folgendes festzustellen: Die Korrelationskoeffizienten zwischen zwei Panelwellen liegen für alle Partizipationsformen, besonders aber für die Wahlbeteiligung, auf einem relativ niedrigen Niveau. Es gibt offensichtlich keine starken linearen Zusammenhänge zwischen den Beteiligungsbereitschaften in den jeweils verglichenen Wellen des DFG-Panels. Im Hinblick auf die Stabilität zeigen sich, wie schon in den anderen Analysen mit dem DFG-Panel zuvor – aber auch in den DFG-Querschnitten – drei voneinander abgrenzbare Gruppen von Partizipationsformen. Die erste Gruppe besteht lediglich aus der Wahlbeteiligung und weist mit Abstand die größte Stabilität individuellen Verhaltens über die Zeit hinweg auf. Bei einer ergänzenden Betrachtung der Kreuztabellen (Tabellen A.16 bis A.18 im Anhang und Tabellen 33 bis 35) zeigt sich, daß ein deutlich höherer Anteil der Befragten als bei den anderen Partizipationsformen zu den beiden jeweils verglichenen Zeitpunkten diese politische Aktivität bestimmt ausüben würde. Dafür stehen auch die Werte des Stabilitätsindex nahe null für die Befragten, die sich zum Zeitpunkt t auf dieser Antwortausprägung einordnen. Diese hohe Verhaltensstabilität beruht vermutlich vor allem auf der Wirkung der Wahlnorm. Es muß aber auch auf die in Abschnitt 3.1.2 angesprochenen Paneleffekte hingewiesen werden, insbesondere die Panelmortalität von in geringerem Maße politisch Interessierten und Aktiven. Allerdings läßt sich die Wahlbeteiligung auch bei der Berücksichtigung solcher das wahre Beteiligungsniveau verzerrenden Effekte klar von den Partizipationsformen in den anderen beiden Gruppen abgrenzen.

In der zweiten Gruppe sind mit der Teilnahme an Verkehrsblockaden sowie an ungenehmigten Demonstrationen die beiden illegalen und illegitimen politischen Aktivitäten zu finden, bei denen sich bei allen Vergleichen für um die 50 Prozent der Befragten stabile Verhaltensabsichten zeigen. Ein großer Teil dieser Befragten ist zu keinem der beiden Vergleichszeitpunkte bereit, eine dieser Aktivitäten auszuführen (vgl. Tabellen 23 bis 25 und 27 bis 29 sowie Tabellen A.9 bis A.14 im Anhang). Wie sich schon bei der vorangehenden Präsentation der relativen Häufigkeiten für diese Partizipationsformen gezeigt hat, scheint für diese beiden Aktivitäten die Hürde zur Nutzung auch bei den im Vergleich zur Gesamtbevölkerung als verstärkt beteiligungsbereit anzusehenden Panelteil-nehmern sehr hoch zu sein. Dies zeigt sich in besonderer Weise unter Zuhilfenahme des Instabilitätsindex: Selbst wenn ein Befragter zu einem Erhebungszeitpunkt zur Nutzung einer dieser beiden Partizipationsformen bereit ist, verschwindet diese Bereitschaft bei sehr vielen Panelteilnehmern schon wieder bei der nächsten Befragungswelle. Eine wesentlich höhere Verhaltensstabilität ergibt sich hingegen für die Befragten, die sich zum Zeitpunkt t am unteren Ende der Wahrscheinlichkeitsskala verorten. Positive Beteiligungsabsichten für illegale und illegitime Partizipationsformen bleiben also nicht langfristig bestehen und werden wohl vor allem durch kurzfristige Effekte hervorgerufen. Welche Variablen dies genau sind, wird sich im Rahmen der bi- und multivariaten Analysen in den Abschnitten 4.4.1 und 4.4.3 zeigen.

Bei globaler Betrachtung am veränderungsfreudigsten im Hinblick auf ihre Aktivitätsbereitschaft sind die Panelteilnehmer bei den drei legalen und legitimen Partizipationsformen, die der dritten Gruppe zuzuordnen sind. Für die Bereitschaft, Unterstützung bei einer Partei zu suchen, für die Teilnahme an genehmigten Demonstrationen sowie an Bürgerinitiativen zeigt sich jeweils nur bei etwa 30 Prozent der Befragten eine stabile Verhaltensbereitschaft. Starke und sehr starke Veränderungen um mindestens 0,75 Punkte nach oben oder unten ergeben sich bei allen Gegenüberstellungen für diese politischen Aktivitäten bei mehr als 10 Prozent der Panelteilnehmer. Die im Vergleich zu den anderen beiden Gruppen hohe Verhaltensinstabilität der Beteiligungsformen in dieser Gruppe läßt sich wohl vor allem darauf zurückführen, daß einerseits die Kosten dieser Aktivitäten (Zeit, Geld, Aufwand, um sie auszuüben, rechtliche Konsequenzen) für den einzelnen Teilnehmer, gerade im Kontrast mit den illegalen und illegitimen Aktivitäten in der zweiten Gruppe, relativ niedrig sind. Andererseits sind nichtelektorale Partizipationsformen vor allem kurzfristig und punktuell ausgerichtet, so daß sich aufgrund starker regionaler, aber auch temporaler Unterschiede im Hinblick auf Zahl und Stärke der Partizipationsstimuli erhebliche Schwankungen im Zeitverlauf ergeben können. Daß diese Ergebnisse allerdings noch einmal nach der Ausgangswahrscheinlichkeit in t differenziert werden müssen, belegen die Werte des Instabilitätsindex für diese politischen Aktivitäten. Im Vergleich zu den Partizipationsformen in Gruppe 1 und 2 gibt es keine so großen Stabilitätsunterschiede zwischen den Befragten in den verschiedenen Spalten. Die Veränderungswahrscheinlichkeit ist hier deutlich weniger abhängig vom Ausgangsniveau der Beteiligungsbereitschaft als bei der Wahlbeteiligungder den beiden gewaltsamen Aktivitäten.

4.2 Struktur politischer Partizipation

In Abschnitt 2.4.2 sind verschiedene empirische Strukturierungs- und Dimensionalisierungsversuche für politische Partizipationsformen ausführlich vorgestellt worden. In diesem Abschnitt soll nun die Struktur des politischen Partizipationsraumes in Deutschland mit eigenen empirischen Analysen untersucht werden. Die Untersuchung verfolgt dabei mehrere Ziele: Erstens soll bestimmt werden, welche Strukturen dem politischen Partizipationsverhalten in Gesamtdeutschland zugrundeliegen. Mit Hilfe von explorativen Analyseverfahren wird zunächst nach den Dimensionen politischen Partizipationsverhaltens im vereinigten Deutschland gesucht (Abschnitt 4.2.1). Insgesamt soll mit dieser sowie den in den folgenden Abschnitten durchzuführenden Dimensionsreduktionen vor allem eine Vereinfachung der folgenden Analysen zu den Effekten der Erklärungsfaktoren politischer Partizipation in Deutschland ermöglicht werden (vgl. die Abschnitte 4.4 und 4.5). Die aus der Nutzung verschiedener Datenquellen resultierende große Zahl an potentiell zur Verfügung stehenden Partizipationsformen macht eine Reduzierung des Variablenraumes auf der Seite der abhängigen Variablen in besonderer Weise notwendig. So können langatmige Abhandlungen über die Zusammenhänge zwischen den Prädiktoren und einzelnen Partizipationsformen weitgehend vermieden werden, die diese Arbeit ohne einen großen zusätzlichen Nutzen massiv ausdehnen würden.

Das zweite Untersuchungsziel besteht in der getrennten Betrachtung von Ost- und Westdeutschland, um herauszufinden, ob sich die Strukturen politischer Beteiligung zwischen beiden Landesteilen unterscheiden (Abschnitt 4.2.2). Diese Gegenüberstellung erscheint notwendig, da sich bei der Betrachtung des Ausmaßes politischer Partizipation in Abschnitt 4.1 einige deutliche Unterschiede hinsichtlich der Höhe der politischen Beteiligung bei Ost- und Westdeutschen gezeigt haben. Die tiefergehende Untersuchung von West-Ost-Unterschieden ist daher von großem Interesse, auch wenn die Ergebnisse bisheriger empirischer Untersuchungen in der Regel eher auf graduelle, denn auf substantielle Unterschiede in der Struktur politischen Beteiligungsverhalten zwischen Ost- und Westdeutschland hindeuten (vgl. insbesondere Abschnitt 2.4.2).

Das dritte Untersuchungsziel ist auf die Analyse von Veränderungen der Struktur politischen Beteiligungsverhaltens im Zeitverlauf ausgerichtet. Da sich sowohl das Beteiligungsniveau (vgl. Abschnitt 4.1.1) als auch die Legitimitäts- (vgl. Abschnitt 2.4.1) und Effektivitätsbewertungen politischer Partizipationsformen ändern, erscheint die Annahme naheliegend, daß auch die Dimensionen politischen Partizipationsverhaltens im Lauf der Zeit Veränderungen unterworfen sind. Ob solche Veränderungen in der Struktur politischer Partizipation wirklich nachweisbar sind oder die Dimensionen langfristig stabil bleiben, gilt es in den Analysen des Abschnitts 4.2.3 zu prüfen.

Ein viertes Ziel der Analysen ist methodischer Art und dient der Klärung der Frage, ob die Strukturen politischer Aktivität in Abhängigkeit von der gewählten Operationalisierung politischer Beteiligung voneinander differieren. Wie bei der Untersuchung der relativen Häufigkeiten politischer Partizipation deutlich geworden ist (vgl. Abschnitt 4.1.2), weichen die Werte für realisiertes Beteiligungsverhalten und für Beteiligungsabsichten deutlich voneinander ab. Da es sich bei Beteiligungsabsichten mehr oder weniger um Einstellungen zu politischer Partizipation handelt (Ajzen 1988: 1-24) – und damit um eine Vorstufe politischen Verhaltens – ist davon auszugehen, daß sich die Struktur politischer Aktivität je nach verwendetem Indikator deutlich voneinander unterscheiden wird. Das dritte und das vierte Untersuchungsziel lassen sich gliederungstechnisch nicht klar voneinander trennen, da für beide Ziele dieselben Daten des Allbus 1988 und 1998 verwendet werden. So finden sich Analysen zum Verhältnis zwischen den beiden genannten Partizipationsindikatoren in den Abschnitten 4.2.3 und 4.2.4 wieder. Während Abschnitt 4.2.3 sich auf die Gegenüberstellung der dimensionalen Strukturen konzentriert, geht der anschließende Abschnitt gewissermaßen einen analytischen Schritt zurück, indem die dimensionale Struktur politischer Partizipation außer Acht gelassen wird und die relativen Häufigkeiten der beiden Indikatoren verglichen und Zusammenhänge betrachtet werden[69].

Das fünfte Untersuchungsziel ist die Klärung des besonderen Verhältnisses zwischen Wahlbeteiligung und nichtelektoralen Formen politischer Partizipation. Wie in den Ausführungen in Abschnitt 2.4.3 und mit Hilfe der Darstellung der Entwicklung der Wahlbeteiligung im Zeitverlauf in Abschnitt 4.1.1 verdeutlicht werden konnte, ist die Gruppe der Nichtwähler in den letzten Jahrzehnten deutlich angewachsen. Gleichzeitig kann aufgrund des Wertewandels und veränderter Kosten-Nutzen-Rechnungen der Partizipierenden nicht mehr von vorne herein davon ausgegangen werden, daß sich die Nichtwähler politisch vollkommen passiv verhalten. Dem nichtelektoralen Beteiligungsverhalten der Nichtwähler und Wähler wird daher in Abschnitt 4.2.5 besondere Aufmerksamkeit zuteil.

4.2.1 Dimensionen politischer Partizipation im vereinigten Deutschland

Die Daten für die Analyse der Dimensionen politischer Partizipation im vereinigten Deutschland stammen aus zwei Quellen. Verwendet wird zum einen der Allbus 1998, zum anderen die CID-Studie aus dem Jahre 2001 (vgl. Abschnitt 3.1.1)[70]. Da die CID-Studie mit 17 politischen Aktivitäten in umfassender Weise verschiedenste Formen politischer Beteiligung einbezieht, erlauben diese Daten eine relativ gute Annäherung an die real vorhandenen Partizipationsstrukturen in Deutschland. Die Ergebnisse einer exploratorischen Faktorenanalyse mit diesen Daten für Gesamtdeutschland finden sich in Tabelle 36[71].

Die Faktorenanalyse mit den Daten aus der CID-Studie ergab für Gesamtdeutschland vier Dimensionen politischer Partizipation, die insgesamt etwa 48,5 Prozent der Varianz der 17 einbezogenen Partizipationsformen erklären können. Der erklärungsstärkste, erste Faktor vereint Kontakt- und Parteiaktivitäten und erklärt insgesamt 15,7 Prozent der Varianz. Besonders hohe Ladungen sind hier für die

---

69 Von der Gliederungslogik der Arbeit her hätten diese Analysen auch in Abschnitt 4.1 angesiedelt werden können. Da es allerdings nicht um die Betrachtung relativer Häufigkeiten geht, sondern der analytische Focus auf dem Verhältnis und der Struktur der beiden Indikatoren liegt, erschien eine Einordnung an dieser Stelle sinnvoll.

70 Auf die Analyse der Querschnitte der DFG-Studie wurde aufgrund der geringen Zahl der dort einbezogenen Partizipationsformen verzichtet. Eine adäquate Repräsentation der Komplexität des Partizipationsraumes in Deutschland wäre mit fünf bzw. sechs politischen Aktivitäten nicht möglich gewesen.

71 Die Faktoren in dieser wie auch in den folgenden Faktorenanalysen wurden mit Hilfe einer Hauptkomponentenanalyse extrahiert und anschließend rechtwinklig mit Hilfe des Varimax-Verfahrens rotiert, so daß die einzelnen Partizipationsdimensionen nicht miteinander zusammenhängen. Der rechtwinkligen wurde gegenüber der schiefwinkligen unter anderem der Vorzug gegeben, weil bereits die Betrachtung der relativen Häufigkeiten in den Abschnitten 4.1.1 bis 4.1.3 gezeigt hat, daß es bezüglich Beteiligungsniveau und Veränderungen im Zeitverlauf offensichtlich klar voneinander unterscheidbare Dimensionen politischer Beteiligung gibt.

Kontaktierung von Politikern, öffentlichen Bediensteten und Organisationen zu verzeichnen. Danach folgen mit Ladungen über 0,6 die Mitarbeit in Parteien und die Teilnahme an politischen Versammlungen. Die zweite Partizipationsdimension repräsentiert Protestaktivitäten. Als politische Aktivitäten mit den stärksten Ladungen sind hier die Teilnahme an Demonstrationen und Streiks, das Tragen von Aufnähern und Ansteckern sowie die Teilnahme an Unterschriftensammlungen zu nennen. Auf den dritten Faktor laden konsumorientierte politische Aktivitäten. Zu dem Kauf und Boykott von Produkten kommt noch das Spenden von Geld als relativ stark mit dieser Dimension zusammenhängende politische Aktivität hinzu. Auf den letzten Faktor laden lediglich zwei Variablen besonders stark. Positiv korreliert die Wahlbeteiligung, während die Teilnahme an illegalen Protestaktivitäten negativ korreliert. Offensichtlich scheinen diese beiden Partizipationsformen etwas sehr Gegensätzliches darzustellen. Wegen der positiven Korrelation der Wahlbeteiligung wird diese Dimension „Wahlbeteiligung" genannt.

Tabelle 36: Dimensionen für Verhaltensmanifestationen 2001, Gesamtdeutschland

Partizipationsform	1: Kontakt- und Partei- aktivitäten	2: Protest- aktivitäten	3: Konsum- orientierte Aktivitäten	4: Wahlbe- teilung
Politiker kontaktieren	0,74			
Öffentlich Bediensteten kontaktieren	0,70			
Organisation kontaktieren	0,66		(0,37)	
In Partei mitarbeiten	0,62	(0,33)		
Politische Versammlung	0,61	(0,41)		
In anderer politischer Organisation mitarbeiten	0,43		(0,41)	
Teilnahme an Demonstrationen		0,70		
Teilnahme an Streiks		0,68		
Aufnäher/Anstecker tragen		0,65		
Unterschriftensammlung/Petition unterschreiben		0,44	(0,43)	
Spendengelder sammeln		0,40		
In Bürgerinitiative mitarbeiten	(0,31)	0,34		
Produkte kaufen			0,75	
Produkte boykottieren			0,75	
Geld spenden			0,54	
Illegaler Protest				-0,71
Wahlbeteiligung letzte BTW				0,63
Eigenwert	2,66	2,27	2,16	1,15
Summe der Ladungen	15,7%	13,3%	12,7%	6,8%
N		2724		

Anmerkungen: Hauptkomponentenanalyse mit Varimaxrotation; dargestellt sind alle Faktorladungen ≥|0,30|.
Quelle: CID-Studie.

Tabelle 37: Dimensionen für Verhaltensmanifestationen 1998, Gesamtdeutschland

Partizipationsform	1: Illegale und gewaltsame Aktivitäten	2: Protestaktivitäten	3: Parteiaktivitäten	4: Wahlbeteiligung
Krach bei Demonstrationen	0,71			
Gewalt gegen Personen	0,66			
Besetzungsaktionen	0,65			
Politische Gegner einschüchtern	0,49			
Verkehrsblockade	0,42	(0,38)		
Genehmigte Demonstration		0,74		
Unterschriftensammlung		0,73		
Öffentliche Diskussionen		0,50	(0,42)	
Ungenehmigte Demonstration	(0,43)	0,46		
In Partei mitarbeiten			0,80	
Kandidaten unterstützen			0,78	
Bürgerinitiative		(0,40)	0,52	
Wahlbeteiligung				0,95
Eigenwert	1,97	1,89	1,80	1,03
Summe der Ladungen	15,2%	14,5%	13,8%	7,9%
N		2850		

Anmerkungen: Hauptkomponentenanalyse mit Varimaxrotation; dargestellt sind alle Faktorladungen $\geq |0,30|$.
Quelle: Allbus 1998

Die Allbus-Daten enthalten lediglich 13 politische Partizipationsformen mit einem besonderen Schwerpunkt bei gewaltsamen und illegalen Aktivitäten, so daß mit ihnen keine so gute Annäherung an die real vorhandenen Strukturen politischen Partizipationsverhaltens in Deutschland möglich ist. Für die Verhaltensmanifestationen ergibt sich eine Lösung mit vier Faktoren (Tabelle 37). Diese erklären insgesamt etwas mehr als die Hälfte der Streuung der 13 politischen Aktivitäten. Der erste Faktor repräsentiert unter anderem Partizipationsformen wie die Teilnahme an Besetzungsaktionen, die Anwendung von Gewalt gegen Personen sowie die Teilnahme an Verkehrsblockaden und wird daher als „Illegale und gewaltsame Aktivitäten" bezeichnet. Auf die zweite Dimension, die mit 14,5 Prozent nahezu den gleichen Anteil erklärter Varianz aufweisen kann wie die erste Dimension, laden die Beteiligung an genehmigten Demonstrationen und die Beteiligung an Unterschriftensammlungen besonders hoch, so daß trotz der Ladungen von Aktivitäten wie der Beteiligung an öffentlichen Diskussionen oder der Teilnahme an Bürgerinitiativen die Benennung „Protestaktivitäten" treffend erscheint. Die dritte Dimension umfaßt die Mitarbeit in Parteien, die Unterstützung von Kandidaten und die Mitarbeit in Bürgerinitiativen und wird daher „Parteiaktivitäten" genannt. Auf den vierten Faktor lädt lediglich die Wahlbeteiligung. Mit Verhaltensmanifestationen läßt sich diese Aktivität also deutlich von den nichtelektoralen Partizipationsformen abgrenzen. Dies zeigte sich bereits bei der Analyse der CID-Daten (vgl. Tabelle 36).

Vergleicht man die hier präsentierte Struktur des politischen Partizipationsraumes mit der bei Westle (2000: 140ff.; vgl. Abschnitt 2.4.2), zeigen sich deutliche Unterschiede. So ist die Zahl der Dimensionen mit sechs bei Westle um zwei höher. Diese höhere Zahl ist im wesentlichen in der Einbeziehung aller im Allbus 1998 vorhandenen politischen Partizipationsformen begründet, beispielsweise berücksichtigt Westle auch Wahlenthaltung und Protestwahl. Als weitere Erklärung für die Unterschiede der dimensionalen Strukturen ist außerdem anzuführen, daß unklar ist, welche methodische Vorgehensweise zur Dimensionsreduktion Westle angewandt hat.

Tabelle 38: Dimensionen für Verhaltensabsichten 1998, Gesamtdeutschland

Partizipationsform	1: Illegale und gewaltsame Aktivitäten	2: Protestaktivitäten	3: Parteiaktivitäten
Besetzungsaktionen	0,76		
Krach bei Demonstrationen	0,68		
Gewalt gegen Personen	0,67		
Politische Gegner einschüchtern	0,59		
Ungenehmigte Demonstration	0,56	(0,39)	
Verkehrsblockade	0,53	(0,43)	
Unterschriftensammlung		0,72	
Genehmigte Demonstration		0,70	
Öffentliche Diskussionen		0,50	(0,48)
Wahlbeteiligung		0,40	
In Partei mitarbeiten			0,82
Kandidaten unterstützen			0,77
Bürgerinitiative		(0,46)	0,54
Eigenwert	2,53	2,01	1,90
Summe der Ladungen	19,5%	15,4%	14,6%
N		2919	

Anmerkungen: Hauptkomponentenanalyse mit Varimaxrotation; dargestellt sind alle Faktorladungen $\geq |0,30|$.
Quelle: Allbus 1998

Die dimensionale Struktur der Verhaltensabsichten stellt sich etwas weniger differenziert dar als die der Verhaltesmanifestationen: Bei der Analyse der Verhaltensabsichten ergeben sich insgesamt nur drei Partizipationsdimensionen im vereinigten Deutschland, die insgesamt etwa 49,5 Prozent der Varianz der 13 berücksichtigten politischen Aktivitäten erklären können (Tabelle 38). Die erklärungsstärkste Dimension umfaßt auch bei den Verhaltensabsichten illegale und gewaltsame Aktivitäten. Allerdings gibt es Unterschiede hinsichtlich der Stärke der Ladungen der Variablen, so daß sich eine andere Reihenfolge ergibt als für manifestes Verhalten. Der zweite Faktor weist Ladungen von relativ heterogenen politischen Beteiligungsformen auf. Starke Korrelationen zwischen Variablen und latenter Dimension treten für die Teilnahme an Unterschriftensammlungen sowie an genehmigten Demonstrationen auf. Es laden aber auch die Wahlbeteiligung und die Teilnahme an öffentlichen Diskussionen sowie die Beteiligung an ungenehmigten Demonstrationen und Verkehrsblockaden mit einem Wert größer 0,3 auf diesem Faktor. Aufgrund der Heterogenität wurde die Bezeichnung „Protestaktivitäten" gewählt. Die Benennung der dritten Dimension fiel wesentlich leichter. Dieser Faktor zeigt mit den hohen positiven Korrelationen der Mitarbeit in Parteien, der Unterstützung von Kandidaten und der Mitarbeit in Bürgerinitiativen relativ große Ähnlichkeit zu der Parteiaktivitäten-Dimension für das manifestierte politischer Verhalten und wurde daher ebenfalls „Parteiaktivitäten" genannt. Interessanterweise ergibt sich bei Verwendung von Verhaltensabsichten keine eigene Dimension für die Wahlbeteiligung. Diese Partizipationsform korreliert vielmehr relativ schwach positiv mit der Dimension „Protestaktivitäten".

Insgesamt ergeben sich also für das vereinigte Deutschland in Abhängigkeit von den genutzten Daten und dem verwendeten Partizipationsindikator jeweils ganz anders akzentuierte dimensionale Strukturen des politischen Partizipationsraumes. Dennoch zeigen sich einige Gemeinsamkeiten, die noch einmal kurz zusammengefaßt werden sollen: Unabhängig vom Indikator und vom Datensatz lassen sich Dimensionen identifizieren, die einerseits Protest-, andererseits Parteiaktivitäten repräsentieren. Mit den Allbus-Daten ergibt sich sowohl für die Verhaltensabsichten als auch für die -manifestationen eine Dimension, die illegale und gewaltsame Aktivitäten repräsentiert. Die Analysen für Verhaltens-manifestationen mit den Daten der CID-Studie wie dem Allbus 1998 zeigen deutlich, daß die Wahlbeteiligung von den nichtelektoralen Beteiligungsformen abgegrenzt werden muß.

4.2.2 Dimensionen politischer Partizipation in Ost- und Westdeutschland

Wie schon im vorangehenden Abschnitt sollen auch an dieser Stelle zunächst die Daten aus der CID-Studie analysiert werden. Betrachtet man die beiden Teile Deutschlands separat, ähnelt die Struktur politischer Partizipation in Westdeutschland – aufgrund des Verhältnisses von etwa vier zu eins zwischen West- und Ostdeutschen wenig überraschend – sehr stark der des gesamten Landes (vgl. Tabelle 36): Es ergeben sich vier Dimensionen politischer Aktivität, von denen „Kontakt- und Parteiaktivitäten" mit 15,8 Prozent Varianzerklärungsanteil die erklärungsstärkste ist (Tabelle 39). Am stärksten laden auf diese Dimension die gleichen fünf Variablen wie bei der für Gesamtdeutschland identifizierten relativ ähnlichen Dimension. Allerdings ergibt sich gemäß der Stärke der Korrelationen eine etwas andere Reihenfolge der Partizipationsformen. Auch konsumorientierte Aktivitäten, Protestaktivitäten und die Wahlbeteiligung lassen sich wieder als klar voneinander separierbare Dimensionen identifizieren. Unterschiede zu der dimensionalen Struktur politischer Partizipation für Gesamtdeutschland ergeben sich auch für diese Dimensionen sowohl in bezug auf die Stärke der Ladungen als auch hinsichtlich der Reihenfolge der gemäß ihrer Stärke geordneten Variablen auf den verschiedenen Dimensionen. Hinzu kommen geringfügige Variationen in der Erklärungsleistung der einander sehr ähnlichen einzelnen Faktoren zwischen der gesamt- und der westdeutschen Lösung. Insgesamt können durch die vier Faktoren in Westdeutschland etwa 47,0 Prozent der Varianz der 17 berücksichtigten Partizipationsformen erklärt werden.

Tabelle 39: Dimensionen für Verhaltensmanifestationen 2001, Westdeutschland

Partizipationsform	1: Kontakt- und Partei- aktivitäten	2: Konsum- orientierte Aktivitäten	3: Protest- aktivitäten	4: Wahlbe- teiligung
Politiker kontaktieren	0,75			
In Partei mitarbeiten	0,69			
Öffentlich Bediensteten kontaktieren	0,68			
Politische Versammlung	0,65		(0,32)	
Organisation kontaktieren	0,63	(0,41)		
Produkte kaufen		0,73		
Produkte boykottieren		0,72		
Geld spenden		0,61		
In anderer politischer Organisation mitarbeiten	(0,38)	0,47		
Teilnahme an Streiks			0,72	
Teilnahme an Demonstrationen			0,69	
Aufnäher/Anstecker tragen			0,68	
Unterschriftensammlung/Petition unterschreiben		(0,43)	0,45	
Spendengelder sammeln			0,35	
In Bürgerinitiative mitarbeiten	(0,31)		0,31	
Illegaler Protest			-0,71	
Wahlbeteiligung letzte BTW				0,62
Eigenwert	2,69	2,30	2,14	1,19
Summe der Ladungen	15,8%	13,5%	12,6%	7,0%
N		1806		

Anmerkungen: Hauptkomponentenanalyse mit Varimaxrotation; dargestellt sind alle Faktorladungen $\geq |0,30|$.
Quelle: CID-Studie.

Die dimensionale Struktur politischer Partizipation stellt sich in Ostdeutschland etwas anders dar als in Westdeutschland bzw. bei einer gesamtdeutschen Betrachtung (vgl. Tabellen 36 und 39), auch wenn sich für diesen Teil Deutschlands ebenfalls vier Partizipationsdimensionen ergeben (Tabelle 40). Der mit 16,9 Prozent erklärungsstärkste Faktor ist „Kontaktaktivitäten". Allerdings korrelieren mit dieser Dimension nicht nur die Kontaktaufnahme zu Organisationen, öffentlichen Bediensteten und Politikern, sondern auch die Mitarbeit in Bürgerinitiativen, die Teilnahme an Unterschriftensammlungen und das Spenden von Geld.

Deutliche Unterschiede zu den bisher dargestellten Ergebnissen für Gesamt- und Westdeutschland ergeben sich auch für die drei anderen Partizipationsdimensionen: Legale Protest- und Parteiaktivitäten laden auf einen gemeinsamen Faktor. Die Korrelationskoeffizienten der wichtigsten Variablen, die auf diese Dimension laden, liegen annähernd auf gleichem Niveau. Dazu gehören die Teilnahme an politischen Versammlungen, an Demonstrationen und Streiks, das Sammeln von Spendengeldern wie die Mitarbeit in Parteien. Aus der Gruppe der Protestaktivitäten finden sich also die legalen und legitimen Formen politischen Protests auf diesem Faktor wieder. Insgesamt kann „Legale Protest- und Parteiaktivitäten" 15,2 Prozent der Varianz der 17 in der Analyse genutzten politischen Aktivitäten erklären. Die dritte

Dimension politischer Partizipation in Ostdeutschland repräsentiert konsumorientierte Aktivitäten ebenso wie illegale Protestaktivitäten: Hier finden sich neben einer relativ hohen positiven Ladung der Teilnahme an illegalen Protestformen auch positive Korrelationen für das Kaufen und Boykottieren von Produkten sowie das Tragen von Ansteckern bzw. Aufnähern wieder. Der vierte Faktor wird in Ostdeutschland nur durch eine Partizipationsform determiniert: die Wahlbeteiligung. Das Varianzaufklärungspotential dieser Dimension beträgt immerhin 6,47 Prozent. Zusammengenommen kann die berechnete Faktorenlösung mit vier Partizipationsdimensionen etwa 49,5 Prozent der Streuung der 17 Partizipationsformen in Ostdeutschland erklären.

Tabelle 40: Dimensionen für Verhaltensmanifestationen 2001, Ostdeutschland

Partizipationsform	1: Kontaktaktivitäten	2: Legale Protest- und Parteiaktivitäten	3: Konsumorientierte und illegale Protestaktivitäten	4: Wahlbeteiligung
Organisation kontaktieren	0,70			
Öffentlich Bediensteten kontaktieren	0,69			
In anderer politischer Organisation mitarbeiten	0,65			
Politiker kontaktieren	0,55			
In Bürgerinitiative mitarbeiten	0,43	(0,39)		
Unterschriftensammlung/Petition unterschreiben	0,42	(0,32)	(0,37)	
Geld spenden	0,36	(0,36)		
Politische Versammlung	(0,41)	0,64		
Teilnahme an Demonstrationen		0,63	(0,33)	
Spendengelder sammeln		0,62		
Teilnahme an Streiks		0,61		
In Partei mitarbeiten		0,60		
Aufnäher/Anstecker tragen			0,62	
Illegaler Protest			0,62	
Produkte boykottieren	(0,37)		0,61	
Produkte kaufen	(0,43)		0,58	
Wahlbeteiligung letzte BTW				0,87
Eigenwert	2,87	2,59	1,85	1,10
Summe der Ladungen	16,9%	15,2%	10,9%	6,5%
N		917		

Anmerkungen: Hauptkomponentenanalyse mit Varimaxrotation; dargestellt sind alle Faktorladungen $>|0,30|$.
Quelle: CID-Studie.

　　Insgesamt ergeben sich also einige Unterschiede zwischen der Struktur politischer Aktivität in West- und Ostdeutschland. Interessant ist vor allem, daß in Ostdeutschland die Beteiligung an legalen Protestformen und die Teilnahme an Parteiaktivitäten auf demselben Faktor laden, während die Parteiaktivitäten sich in Westdeutschland auf der gleichen Dimension wie die Kontaktaktivitäten wiederfinden. Auch daß illegale Protestaktivitäten im Osten auf dem gleichen Faktor und in nahezu gleicher Stärke wie konsumorientierte Aktivitäten laden, spricht dafür, daß es nicht nur deutliche Differenzen im Nutzungsniveau politischer Protestformen zwischen Ost- und Westdeutschen gibt (vgl. Abschnitt 4.1.2), sondern daß substantielle Unterschiede in der Struktur politischen Partizipationsverhaltens im allgemeinen und insbesondere für das Protestverhalten zwischen den Bürgern in beiden Teilen des Landes bestehen.

Tabelle 41: Dimensionen für Verhaltensmanifestationen 1998, Westdeutschland

Partizipationsform	1: Illegale und gewaltsame Aktivitäten	2: Protestaktivitäten	3: Parteiaktivitäten	4: Wahlbeteiligung
Krach bei Demonstrationen	0,75			
Gewalt gegen Personen	0,66			
Besetzungsaktionen	0,66			
Politische Gegner einschüchtern	0,49		(0,34)	
Verkehrsblockade	0,48	(0,37)		
Genehmigte Demonstration		0,74		
Unterschriftensammlung		0,72		
Öffentliche Diskussionen		0,51	(0,41)	
Ungenehmigte Demonstration	(0,45)	0,48		
In Partei mitarbeiten			0,81	
Kandidaten unterstützen			0,79	
Bürgerinitiative		(0,43)	0,48	
Wahlbeteiligung				0,97
Eigenwert	2,12	1,95	1,80	1,03
Summe der Ladungen	16,3%	15,0%	13,8%	7,9%
N		1972		

Anmerkungen: Hauptkomponentenanalyse mit Varimaxrotation; dargestellt sind alle Faktorladungen >|0,30|.
Quelle: Allbus 1998.

Im Folgenden sollen auch die Allbus-Daten herangezogen werden, um die dimensionale Struktur politischer Partizipation in Ost- und Westdeutschland miteinander zu vergleichen. Analog zum Vorgehen in Abschnitt 4.2.1 werden zunächst Faktorenanalysen für die tatsächlich realisierten politischen Aktivitäten durchgeführt. Für diesen Indikator ergeben sich in Westdeutschland mit Hilfe des Allbus 1998 vier Dimensionen (Tabelle 41), die wie bei den vorangehenden Analysen mit der CID-Studie sehr stark den gesamtdeutschen Analyseergebnissen ähneln. Die erste Dimension, „Illegale und gewaltsame Aktivitäten" umfaßt beispielsweise das Krachschlagen bei Demonstrationen oder die Anwendung von Gewalt gegen Personen und kann 16,3 Prozent der Varianz der analysierten politischen Aktivitäten erklären. Der zweite Faktor ist relativ heterogen, weist relativ hohe Korrelationen der Beteiligung an genehmigten Demonstrationen, an Unterschriftensammlungen, an öffentlichen Diskussionen, an ungenehmigten Demonstrationen und an Bürgerinitiativen auf und wird daher als „Protestaktivitäten" bezeichnet. Die dritte Dimension repräsentiert die parteiorientierten Partizipationsformen, während auf dem vierten Faktor lediglich die Wahlbeteiligung mit einer sehr starken Korrelation lädt. Insgesamt erklären die vier Dimensionen mehr als 53 Prozent der Varianz der 13 Verhaltensmanifestationen.

Tabelle 42: Dimensionen für Verhaltensmanifestationen 1998, Ostdeutschland

Partizipationsform	1: Partei-akti-vitäten	2: Legale Protestak-tivitäte	3: Illegale Protestak-tivitäte	4: Ein-schüch-terung von Gegnern	5: Krach bei Demon-strationen
In Partei mitarbeiten	0,78				
Kandidaten unterstützen	0,76				
Bürgerinitiative	0,55		0,31		0,30
Öffentliche Diskussionen	0,51	(0,32)			
Besetzungsaktionen		0,68			
Genehmigte Demonstration		0,63			
Unterschriftensammlung		0,59			
Gewalt gegen Personen					
Verkehrsblockade			0,83		
Ungenehmigte Demonstration			0,62	(0,42)	
Wahlbeteiligung				-0,71	
Politische Gegner einschüch-tern				0,68	
Krach bei Demonstrationen					0,86
Eigenwert	1,90	1,39	1,37	1,20	1,09
Summe der Ladungen	14,6%	10,7%	10,5%	9,3%	8,4%
N			862		

Anmerkungen: Hauptkomponentenanalyse mit Varimaxrotation; dargestellt sind alle Faktorladungen >|0,30|.
Quelle: Allbus 1998.

Die ostdeutsche Faktorenstruktur weicht deutlich von der im Westen ab. Am besten repräsentiert eine fünfdimensionale Struktur den politischen Beteiligungsraum in Ostdeutschland[72] (Tabelle 42). Sie unterscheidet sich von der Faktorenlösung im Westen in zwei wesentlichen Punkten. Zum einen gibt es keine eigene Dimension für die Wahlbeteiligung. Diese Aktivität lädt im Osten überraschenderweise stark negativ auf eine gemeinsame Dimension mit der Einschüchterung politischer Gegner. Zum anderen zeigt sich eine starke Ausdifferenzierung der illegalen und gewaltsamen Aktivitäten. Diese verteilen sich auf insgesamt vier Dimensionen, wobei die Faktoren „Illegale Protestaktivitäten ", „Einschüchterung von Gegnern" und „Krach bei Demonstrationen" jeweils nur durch ein oder zwei stark positive Korrelationen determiniert werden. Zu erwähnen sind noch die beiden übrigen Dimensionen. Die erklärungsstärkste Dimension ist „Parteiaktivitäten". Mit ihr korrelieren die Mitar-

---

72 Der fünfdimensionalen wurde der Vorzug vor der sechsdimensionalen Faktorenlösung gegeben, weil letztere lediglich zu einer weiteren Ausdifferenzierung illegaler und gewaltsamer Partizipationsformen führte.

beit in Parteien, die Unterstützung von Kandidaten, die Mitarbeit in Bürgerinitiativen und die Teilnahme an öffentlichen Diskussionen besonders stark. Die zweite Dimension wurde „Legale Protestaktivitäten" genannt, obwohl die Beteiligung an Besetzungsaktionen am stärksten auf diese Dimension lädt. Hinzu kommen aber die Teilnahme an genehmigten Demonstrationen und die Unterstützung von Unterschriftensammlungen, so daß die Benennung dieser Dimension gerechtfertigt erscheint. Die gesamte Erklärungsleistung der fünf Partizipationsfaktoren liegt mit über 53 Prozent auf einem fast identischen Niveau wie in Westdeutschland.

Tabelle 43: Dimensionen für Verhaltensabsichten 1998, Westdeutschland

Partizipationsform	1: Illegale und gewaltsame Aktivitäten	2: Protestaktivitäten	3: Parteiaktivitäten
Besetzungsaktionen	0,77		
Krach bei Demonstrationen	0,72		
Gewalt gegen Personen	0,67		
Politische Gegner einschüchtern	0,65		
Ungenehmigte Demonstration	0,53	0,45	
Verkehrsblockade	0,50	0,49	
Unterschriftensammlung		0,72	
Genehmigte Demonstration		0,71	
Wahlbeteiligung		0,35	
In Partei mitarbeiten			0,80
Kandidaten unterstützen			0,75
Bürgerinitiative		(0,42)	0,56
Öffentliche Diskussionen		(0,47)	0,50
Eigenwert	2,63	2,05	1,88
Summe der Ladungen	20,2%	15,7%	14,5%
N		2024	

Anmerkungen: Hauptkomponentenanalyse mit Varimaxrotation; dargestellt sind alle Faktorladungen >|0,30|.
Quelle: Allbus 1998.

Nutzt man die Verhaltensabsichten, zeigen sich im Vergleich zu den vorangehenden Analysen für die Verhaltensmanifestationen in Westdeutschland divergierende Ergebnisse. Vergleicht man jedoch die Strukturierungsergebnisse mit denen für Gesamtdeutschland, ergeben sich große Übereinstimmungen der Faktorenstruktur. In Westdeutschland lassen sich mit dem Allbus 1998 drei Faktoren identifizieren (Tabelle 43). Der erklärungsstärkste Faktor umfaßt illegale und gewaltsame Aktivitäten und kann etwa 20 Prozent der gesamten Varianz aller 13 Partizipationsformen erklären. Die Partizipationsformen, die bedeutsame Korrelationen mit der zweiten Dimension aufweisen, sind sehr heterogen und reichen von der Wahlbeteiligung über die Beteiligung an öffentlichen Diskussionen und an genehmigten Demonstrationen bis zur Teilnahme an Verkehrsblockaden. Als Name für diesen Faktor wurde daher „Protestaktivitäten" gewählt. Die dritte Dimension wird als „Parteiaktivitäten" bezeichnet, auch wenn neben der Mitarbeit in Parteien und der Unterstützung von Kandidaten auch die Teilnahme an Bürgerinitiativen sowie öffentlichen Diskussionen bedeutende Ladungen aufweisen. Insgesamt können die drei Faktoren etwas mehr als 50 Prozent der Streuung der einbezogenen Beteiligungsformen erklären.

Tabelle 44: Dimensionen für Verhaltensabsichten 1998, Ostdeutschland

Partizipationsform	1: Protest-aktivitäten	2: Illegale Aktivitäten	3: Partei-aktivitäten	4: Gewalt-same Aktivi-täten
Öffentliche Diskussionen	0,67			
Genehmigte Demonstration	0,66			
Unterschriftensammlung	0,66			
Bürgerinitiative	0,58		0,39	
Wahlbeteiligung	0,56			
Ungenehmigte Demonstration		0,68		
Verkehrsblockade		0,67		
Krach bei Demonstrationen		0,64		
Besetzungsaktionen		0,62		0,35
Kandidaten unterstützen			0,84	
In Partei mitarbeiten			0,83	
Gewalt gegen Personen				0,76
Politische Gegner einschüchtern				0,72
Eigenwert	2,08	1,86	1,82	1,30
Summe der Ladungen	16,0%	14,3%	14,0%	10,0%
N		872		

Anmerkungen: Hauptkomponentenanalyse mit Varimaxrotation; dargestellt sind alle Faktorladungen >|0,30|.
Quelle: Allbus 1998.

Die dimensionale Struktur in Ostdeutschland weicht deutlich von der im Westen ab – wie schon bei der Analyse mit realisiertem Beteiligungsverhalten. Für den Osten des Landes eignet sich eine vierdimensionale Faktorenstruktur am besten zur Repräsentation der Daten (Tabelle 44). Der erste Faktor wird als „Protestaktivitäten" bezeichnet, auch wenn die Partizipationsformen mit bedeutenden Ladungen recht heterogen sind und auch die Wahlbeteiligung einschließen. Der wesentliche Unterschied zur westdeutschen Faktorenlösung besteht in der Aufteilung illegaler und gewaltsamer Aktivitäten auf zwei verschiedene Dimensionen. So finden sich die als illegal bezeichneten Aktivitäten auf dem zweiten Faktor wieder, während gewaltsame Partizipationsformen der vierten Dimension zuzuordnen sind. Der dritte Faktor wird als „Parteiaktivitäten" bezeichnet. Im Gegensatz zur Dimension „Parteiaktivitäten" für die westdeutschen Befragten wird diese Dimension in deutlich stärkerer Weise durch die Unterstützung von Kandidaten und die Mitarbeit in Parteien geprägt. Insgesamt haben die vier ostdeutschen Partizipationsdimensionen mit über 54 Prozent ein etwas höheres Varianzerklärungspotential als die drei westdeutschen Faktoren für die Beteiligungsabsichten.

Insgesamt treten also unabhängig von der Datenbasis Unterschiede in der dimensionalen Struktur politischen Partizipationsverhaltens zwischen West- und Ostdeutschland auf. Das politische Beteiligungsverhalten in Ostdeutschland scheint wesentlich differenzierter zu sein als das im Westen des Landes. Dies wird besonders bei der Analyse der Allbus-Daten deutlich und wirkt sich vor allem bei den legalen und illegalen Protestaktivitäten aus. Hier zeigen sich – vor allem wenn man zudem das bereits in den vorangehenden Analysen festgestellte höhere Beteiligungsniveau der Ostdeutschen bei demonstrativen Aktivitäten berücksichtigt – wohl die Konsequenzen der demokratischen Revolution in der DDR im Herbst 1989, die dazu führen, daß die Ostdeutschen ein deutlich offeneres und positiveres Verhältnis zu den Formen politischen Protests haben als die Westdeutschen. Dies hatte sich bereits bei der Darstellung des Ausmaßes politischer Aktivität in den Abschnitten 4.1.1 und 4.1.2 angedeutet.

4.2.3 Veränderung der Dimensionen politischer Partizipation und ein Vergleich der Dimensionen von Verhaltensabsichten und Verhaltensmanifestationen

Die Betrachtung des Ausmaßes politischer Partizipation in den Allbus-Daten hat gezeigt (Abschnitt 4.1.2), daß es im Zeitverlauf zu deutlichen Änderungen der Häufigkeit politischer Beteiligung kommt. Verändert sich das Niveau politischer Aktivität, kann das Konsequenzen für die Struktur des politischen Partizipationsraumes haben. Es hat also Sinn, Veränderungen der dimensionalen Struktur politischer Beteiligung im Zeitverlauf zu untersuchen. Die Allbus-Daten erlauben aufgrund des 1988 und 1998 stark übereinstimmenden Katalogs an Partizipationsformen eine solche Untersuchung[73]. Diese Analyse erfolgt für die beiden Partizipationsindikatoren Verhaltensabsichten und -manifestationen, ist allerdings aufgrund des Erhebungsjahres 1988 nur für Westdeutschland möglich. Wegen der Vergleichbarkeit zwischen beiden Erhebungszeitpunkten werden nur die zehn Partizipationsformen für die Analysen genutzt, die Bestandteil des Allbus 1988 und des Allbus 1998 gewesen sind. Außerdem sei bereits vor der Interpretation der Ergebnisse darauf hingewiesen, daß die Analyse zeitlicher Veränderungen bei lediglich zwei einbezogenen Zeitpunkten in ihrer Aussagekraft klar begrenzt ist, auch wenn die beiden Zeitpunkte zehn Jahre voneinander entfernt sind.

---

73 Die Veränderungen des Ausmaßes politischer Aktivität zwischen 1998 und 2002 sind deutlich größer und bergen somit ein wesentlich stärkeres Potential für substantielle Veränderungen der Partizipationsstruktur. Bei lediglich vier Partizipationsformen, die in allen drei Allbus-Studien auftauchen, wäre eine vergleichende Analyse der Partizipationsstruktur allerdings wenig sinnvoll gewesen.

Tabelle 45: Dimensionen für Verhaltensabsichten 1988, Westdeutschland

Partizipationsform	1: Gewaltsame und illegale Aktivitäten	2: Partei- und diskursive Aktivitäten
Krach bei Demonstrationen	0,80	
Besetzungsaktionen	0,73	
Gewalt gegen Personen	0,72	
Ungenehmigte Demonstration	0,60	(0,32)
Politische Gegner einschüchtern	0,50	
In Partei mitarbeiten		0,74
Öffentliche Diskussionen		0,71
Kandidaten unterstützen		0,71
Bürgerinitiative		0,70
Wahlbeteiligung		
Eigenwert	2,39	2,25
Summe der Ladungen	23,9%	22,5%
N	2892	

Anmerkungen: Hauptkomponentenanalyse mit Varimaxrotation; dargestellt sind alle Faktorladungen >|0,30|.
Quelle: Allbus 1988.

Tabelle 46: Dimensionen für Verhaltensabsichten 1998, Westdeutschland

Partizipationsform	1: Gewaltsame und illegale Aktivitäten	2: Partei- und diskursive Aktivitäten
Besetzungsaktionen	0,76	
Krach bei Demonstrationen	0,73	
Gewalt gegen Personen	0,70	
Politische Gegner einschüchtern	0,63	
Ungenehmigte Demonstration	0,54	
Bürgerinitiative		0,72
Öffentliche Diskussionen		0,71
In Partei mitarbeiten		0,68
Kandidaten unterstützen		0,67
Wahlbeteiligung		
Eigenwert	2,40	2,11
Summe der Ladungen	24,0%	21,1%
N	2415	

Anmerkungen: Hauptkomponentenanalyse mit Varimaxrotation; dargestellt sind alle Faktorladungen >|0,30|. In die Faktorenanalyse wurden aufgrund der Vergleichbarkeit lediglich die Partizipationsformen einbezogen, die auch im Allbus 1988 enthalten sind. Für die Faktorenlösung mit allen im Allbus 1998 enthaltenen Partizipationsformen vgl. Tabelle 43.
Quelle: Allbus 1998.

Betrachtet man die Ergebnisse der Faktorenanalysen für die Beteiligungsabsichten politischer Partizipation in den Tabellen 45 und 46, so zeigen sich sowohl für 1988 als auch für 1998 nahezu identische Ergebnisse. Zu beiden Zeitpunkten lassen sich zwei Partizipationsdimensionen identifizieren. Die jeweils erklärungsstärkere Dimension faßt gewaltsame und illegale Aktivitäten wie Krachschlagen bei

Demonstrationen oder Besetzungsaktionen zusammen. Hier ändert sich zwischen beiden Erhebungszeitpunkten lediglich die Stärke der Ladungen und somit auch die Reihenfolge der einzelnen politischen Aktivitäten auf dieser Dimension. Die zweite Dimension umfaßt parteipolitische und diskursive Aktivitäten. Vier der fünf Partizipationsformen, die dieser Dimension klar zuzuordnen sind, weisen zu beiden Zeitpunkten nahezu identische Ladungen auf. Auch hier ändert sich lediglich die Reihenfolge.

Aus der Reihe fällt allerdings die Wahlbeteiligung, deren Korrelation mit diesem Faktor zu beiden Zeitpunkten kleiner ist als 0,3 und daher gar nicht in den beiden Tabellen ausgewiesen wird. Nicht nur in bezug auf die dimensionale Struktur zeigen sich zwischen beiden Zeitpunkten sehr ähnliche Ergebnisse, auch die Erklärungsleistung der Faktoren verändert sich kaum. Insgesamt können 1988 46,4 Prozent der Varianz aller einbezogenen Partizipationsformen erklärt werden. 1998 sind es 45,1 Prozent. Insgesamt hat sich die Struktur politischer Beteiligung von 1988 bis 1998, gemessen mit Beteiligungsabsichten, also nur unerheblich verändert.

Tabelle 47: Dimensionen für Verhaltensmanifestationen 1988, Westdeutschland

Partizipationsform	1: Parteiaktivitäten	2: Gewaltsame Aktivitäten	3: Diskursive und illegitime Aktivitäten	4: Wahlbeteiligung
In Partei mitarbeiten	0,84			
Kandidaten unterstützen	0,82			
Öffentliche Diskussionen	0,58		(0,33)	
Gewalt gegen Personen		0,77		
Krach bei Demonstrationen		0,73		
Politische Gegner einschüchtern		0,62		
Besetzungsaktionen			0,76	
Ungenehmigte Demonstration			0,68	
Bürgerinitiative	(0,34)		0,57	
Wahlbeteiligung				0,98
Eigenwert	1,85	1,62	1,50	1,01
Summe der Ladungen	18,5%	16,2%	15,0%	10,1%
N		2727		

Anmerkungen: Hauptkomponentenanalyse mit Varimaxrotation; dargestellt sind alle Faktorladungen >|0,30|.
Quelle: Allbus 1988.

Für das realisierte politische Partizipationsverhalten zeigen sich keine so starken Übereinstimmungen zwischen den beiden Erhebungszeitpunkten (Tabellen 47 und 48). 1988 ergibt sich eine Lösung mit vier Faktoren, die insgesamt 60,5 Prozent der Varianz aller berücksichtigten politischen Aktivitäten erklären. Der erklärungsstärkste Faktor umfaßt Parteiaktivitäten. Auf die zweite Partizipationsdimension laden gewaltsame Aktivitäten wie Gewalt gegen Personen oder Krachschlagen bei Demonstrationen. Die Partizipationsformen, die auf den dritten Faktor laden, sind relativ heterogen, wodurch es schwerfällt, eine passende und kurze Bezeichnung für diesen Faktor zu finden. Zu den drei Aktivitäten gehören Besetzungsaktionen, die

Teilnahme an ungenehmigten Demonstrationen sowie an Bürgerinitiativen. Allerdings lädt auch die Teilnahme an öffentlichen Diskussionen auf diese Partizipationsdimension. Daher wurde für diesen Faktor die Bezeichnung „Diskursive und illegitime Aktivitäten" gewählt. Der vierte Faktor ist im Gegensatz zum dritten Faktor sehr klar interpretierbar. Lediglich die Wahlbeteiligungeist eine sehr hohe Korrelation auf, so daß sich im Rahmen des realisierten politischen Partizipationsverhaltens die Beteiligung an Wahlen wieder einmal ganz klar von den anderen politischen Aktivitäten trennen läßt.

Dies zeigt sich auch für 1998: Die Wahlbeteiligung ist zu diesem Zeitpunkt eine eindeutig abgrenzbare Partizipationsdimension, allerdings weist dieser Faktor mit 10,3 Prozent die geringste Erklärungsleistung auf (wie schon 1988). Insgesamt lassen sich für diesen Erhebungszeitpunkt nur noch drei Partizipationsdimensionen identifizieren. Insgesamt können durch diese drei Faktoren 49,5 Prozent der Varianz der einbezogenen zehn Partizipationsformen erklärt werden. Der wichtigste, erste Faktor umfaßt gewaltsame Aktivitäten, während der zweite Faktor Engagement in und für Parteien und Bürgerinitiativen vereint und daher „Parteiaktivitäten" genannt wird. Das Erklärungspotential dieser Dimension ist nahezu identisch mit dem des ersten Faktors.

Tabelle 48: Dimensionen für Verhaltensmanifestationen 1998, Westdeutschland

Partizipationsform	1: Gewaltsame Aktivitäten	2: Parteiaktivitäten	3: Wahlbeteiligung
Krach bei Demonstrationen	0,73		
Besetzungsaktionen	0,68		
Gewalt gegen Personen	0,68		
Ungenehmigte Demonstration	0,55		
Politische Gegner einschüchtern	0,45		
In Partei mitarbeiten		0,77	
Kandidaten unterstützen		0,72	
Bürgerinitiative		0,64	
Öffentliche Diskussionen		0,59	(0,30)
Wahlbeteiligung			0,91
Eigenwert	1,97	1,95	1,03
Summe der Ladungen	19,7%	19,5%	10,3%
N		2354	

Anmerkungen: Hauptkomponentenanalyse mit Varimaxrotation; dargestellt sind alle Faktorladungen >|0,30|. In die Faktorenanalyse wurden aufgrund der Vergleichbarkeit lediglich die Partizipationsformen einbezogen, die auch im Allbus 1988 enthalten sind. Für die Faktorenlösung mit allen im Allbus 1998 enthaltenen Partizipationsformen vgl. Tabelle 41.
Quelle: Allbus 1998.

Vergleicht man die Faktorenlösungen für die Verhaltensmanifestationen 1988 und 1998, so zeigt sich zum einen eine Abnahme des Erklärungspotentials der Faktorenlösung von fast 60 Prozent auf nur noch 50 Prozent, zum anderen eine Reduktion des Partizipationsraumes um eine Partizipationsdimension. Offensichtlich ist es innerhalb der zehn Jahre zwischen den beiden Erhebungszeitpunkten zu einer Verschiebung in der Struktur des politischen Beteiligungsverhaltens der Westdeutschen gekommen. 1988 war das realisierte Partizipationsverhalten (um eine Dimension) differenzierter. Ob es sich dabei um dauerhafte Veränderungen der Struktur des politischen Partizipationsraumes handelt, kann mit Hilfe von Daten aus zwei Zeitpunkten nicht geklärt werden. Beim Vergleich der zeitlichen Entwicklung zwischen den beiden Partizipationsindikatoren zeigt sich auf jeden Fall ein deutlicher Unterschied hinsichtlich der Veränderung der Struktur des Partizipationsraumes: Während für die Verhaltensabsichten weitgehende Stabilität festgestellt werden kann, kommt es für das realisierte Partizipationsverhalten zu klaren Verschiebungen.

4.2.4 Das Verhältnis von Verhaltensabsichten und Verhaltensmanifestationen

Im Zuge der Diskussion um das Verhältnis von Verhaltensabsichten und Verhaltensmanifestationen in Abschnitt 3.2.2 wurde vor allem auf der Basis der Ergebnisse der Nichtwählerforschung klargestellt, daß durch die Abfrage von Beteiligungsabsichten das reale Aktivitätsniveau deutlich stärker überschätzt werden dürfte als durch Verhaltensmanifestationen. Mit Hilfe der Allbus-Datensätze für die Jahre 1988, 1998 und 2002 sollen daher zunächst die Differenzen zwischen den relativen Häufigkeiten für die beiden Indikatoren politischer Partizipation berechnet werden. Da sich allerdings die relativen Häufigkeiten für die verschiedenen Partizipationsformen auf sehr unterschiedlichen Niveaus bewegen, sind die so berechneten Differenzen zwar für ein und dieselbe Partizipationsform über die Zeit vergleichbar, nicht aber zwischen den verschiedenen politischen Aktivitäten. Daher wird für jedes Erhebungsjahr zusätzlich noch ein Quotient aus den beiden Partizipationsindikatoren berechnet, der das Verhältnis der wirklich Aktiven zu denen, die eine Aktivität lediglich beabsichtigen, wiedergibt (Tabelle 49)[74]. Dieser Quotient kann als Ausschöpfungsquote des (mit Verhaltensabsichten gemessenen) Partizipationspotentials interpretiert werden.

Die Ergebnisse zeigen bei allen Partizipationsformen außer der Wahlbeteiligung 2002 höhere relative Häufigkeiten für die Beteiligungsabsichten im Vergleich zur realisierten politischen Partizipation. Mit Ausnahme einiger gewaltsamer Aktivitäten und der Beteiligung an Unterschriftensammlungen ergibt sich 1998 eine kleinere Differenz zwischen den beiden Indikatoren als 1988 und 2002. Die größten Unterschiede für eine einzelne Beteiligungsform treten für die Mitarbeit in Bürgerinitiativen auf. Der Anteil der Befragten, die angeben, sich auf diese Weise politisch betätigen zu wollen, ist zwischen 21,6 und 37,1 Prozentpunkten größer als der Anteil derjenigen, die vorgeben, sich wirklich in Bürgerinitiativen engagiert zu haben.

---

74 Vgl. für die relativen Häufigkeiten der beiden Partizipationsindikatoren die Tabellen 8 und 9. Die Analysen wurden auch getrennt für Ost- und Westdeutschland durchgeführt. Da die Differenzen und Quotienten in beiden Landesteilen nur marginal voneinander abwichen, wurde auf eine separate Präsentation der ost- und westdeutschen Ergebnisse verzichtet

Auch bei der Teilnahme an öffentlichen Diskussionen, an genehmigten Demonstrationen und an Unterschriftensammlungen zeigen sich zweistellige Prozentpunktdifferenzen zwischen den Beteiligungsabsichten und der realisierten Beteiligung. Für die gewaltsamen bzw. illegalen Aktivitäten sind die Differenzen gering. Dies liegt aber vor allem darin begründet, daß nur wenige Befragte angeben, eine dieser Aktivitäten ausüben zu wollen oder genutzt zu haben. Gerade für diese Beteiligungsformen erweist sich der Quotient aus beiden Indikatoren daher als wesentlich zuverlässigeres Maß.

Tabelle 49: Differenzen und Quotienten zwischen Verhaltensabsichten und -manifestationen 1988, 1998 und 2002, Gesamtdeutschland

	Differenz Absicht-Manifestation			Quotient Manifestation/Absicht		
	1988	1998	2002	1988	1998	2002
Wahlbeteiligung	4,8[c]	3,2[c]	-2,5[c]	94,6	97,9	104,7
Öffentliche Diskussionen	22,7[c]	14,0[c]	–	49,8	65,1	–
Bürgerinitiative	28,2[c]	21,6[c]	37,1[c]	30,0	30,6	36,9
In Partei mitarbeiten	13,2[c]	7,4[c]	17,4[c]	28,3	38,3	40,6
Kandidaten unterstützen	9,9[c]	7,7[c]	–	33,6	31,8	–
Ungenehmigte Demonstration	5,7[c]	5,7[c]	5,7[c]	28,8	41,1	63,2
Besetzungsaktionen	2,1[c]	2,8[c]	–	22,2	20,0	–
Krach bei Demonstrationen	1,2[c]	1,8[c]	–	20,0	24,0	–
Gewalt gegen Personen	1,3[c]	2,0[c]	–	18,8	16,7	–
Politische Gegner einschüchtern	2,3[c]	2,0[c]	–	23,3	29,6	–
Genehmigte Demonstration	–	18,7[c]	18,6[c]	–	48,6	67,2
Unterschriftensammlung	–	18,8[c]	9,9[c]	–	69,2	88,2
Verkehrsblockade	–	6,5[c]	–	–	22,6	–
N	2727	2799	2485	2727	2850	2485

Anmerkung: Signifikanzen beziehen sich auf die Differenz zwischen Verhaltensabsichten und -manifestationen
Signifikanz: a: $p<0,05$, b: $p<0,01$, c: $p<0,001$.
Quelle: Allbus 1988, 1998, 2002.

Wie angedeutet hat der Quotient auch im Vergleich zwischen den Partizipationsformen eine bessere Aussagekraft als die Differenzen. Interpretiert man den Quotienten als Ausschöpfungsgrad, wird das Partizipationspotential mit einer einzigen Ausnahme für keine der Partizipationsformen vollständig ausgeschöpft. Angesichts der durchgängig positiven Differenzen zwischen Verhaltensabsichten und -manifestationen ist dies kein überraschender Befund. Einzig für die Wahlbeteiligung ergibt sich eine äußerst hohe Ausschöpfung des Partizipationspotentials: Die Quote nimmt sogar im Zeitverlauf zu und steigt von 94,6 über 97,9 auf 104,7 Prozent. Relativ nah heran an dieses Niveau kommt lediglich die Beteiligung an Unterschriftensammlungen. Der Quotient beträgt 1998 69,2 Prozent und 2002 sogar 88,2 Prozent. Eine deutliche Steigerung der Ausschöpfungsquote im Zeitverlauf ergibt sich auch für die Beteiligung an öffentlichen Diskussionen sowie an genehmigten und ungenehmigten Demonstrationen. Zum jeweils letzten Erhebungszeitpunkt übertrifft der

Quotient für jede dieser Partizipationsformen 60 Prozent. Damit ergibt sich für die Teilnahme an ungenehmigten Demonstrationen eine Verdopplung des Partizipationspotentials im Vergleich zur ersten Messung 1988. Für alle übrigen, also insbesondere die gewaltsamen, illegalen bzw. illegitimen Beteiligungsformen ergeben sich Quotienten unter 40 Prozent. Besonders auffällig ist die schlechte Ausschöpfungsquote für die Mitarbeit in Bürgerinitiativen, für die ein vergleichsweise hoher Anteil der Befragten eine Teilnahmebereitschaft angibt, aber nur ein relativ geringer Anteil überhaupt aktiv geworden ist (Quotienten zwischen 30,0 und 36,9 Prozent). Für die gewaltsamen Beteiligungsformen zeigen sich die bei weitem niedrigsten Ausschöpfungsquoten in einem Bereich zwischen 16 und 30 Prozent. Angesichts des Aufwands und der relativ hohen moralischen Hürde, die von der Bereitschaft hin zur wirklichen Ausübung politischer Gewalt überschritten werden muß, ist dies nicht sonderlich überraschend. Insgesamt deutet sich ohnehin an, daß die Ausschöpfungsquoten für Partizipationsarten, die vergleichsweise wenig Ressourcen und Aufwand erfordern (wie die Wahlbeteiligungder die Beteiligung an Unterschriftensammlungen), wesentlich höher sind als bei den Aktivitäten, die wesentlich größere Anforderungen an die Partizipierenden stellen (wie etwa die Beteiligung an Verkehrsblockaden oder Gewalt gegen Personen).

Tabelle 50: Zusammenhang zwischen Verhaltensabsichten und –manifestationen 1988, 1998 und 2002, Gesamtdeutschland

Partizipationsform	1988	1998	2002
Wahlbeteiligung	$0,31^c$	$0,43^c$	$0,44^c$
Öffentliche Diskussionen	$0,53^c$	$0,59^c$	–
Bürgerinitiative	$0,39^c$	$0,41^c$	$0,32^c$
In Partei mitarbeiten	$0,41^c$	$0,43^c$	$0,32^c$
Kandidaten unterstützen	$0,46^c$	$0,38^c$	–
Ungenehmigte Demonstration	$0,44^c$	$0,47^c$	$0,42^c$
Besetzungsaktionen	$0,36^c$	$0,25^c$	–
Krach bei Demonstrationen	$0,26^c$	$0,36^c$	–
Gewalt gegen Personen	$0,43^c$	$0,32^c$	–
Politische Gegner einschüchtern	$0,44^c$	$0,46^c$	–
Genehmigte Demonstration	–	$0,56^c$	$0,47^c$
Unterschriftensammlung	–	$0,62^c$	$0,48^c$
Verkehrsblockade	–	$0,36^c$	–
N	2724	2799	2485

Anmerkung: Angaben: Cramers V; –: nicht erhoben.
Signifikanz: a: p<0,05, b: p<0,01, c: p<0,001.
Quelle: Allbus 1988, 1998, 2002.

Bisher wurden lediglich Differenzen und Quotienten zwischen Verhaltensabsichten und Verhaltensmanifestationen betrachtet. Wie bereits in Abschnitt 3.2.2 verdeutlicht, ist aber davon auszugehen, daß auch ein positiver Zusammenhang zwischen den beiden Partizipationsindikatoren existiert. Für die Untersuchung dieses Zusammenhangs eignen sich – wie schon für die vorangehenden Analysen dieses

Abschnittes – die Allbus-Daten für die Jahre 1988, 1998 und 2002 am besten. In Tabelle 50 finden sich die Werte für Cramers V aller zu den drei Erhebungszeitpunkten im Allbus erhobenen Formen politischer Partizipation. Da mit Cramers V lediglich Aussagen über die Stärke eines Zusammenhangs möglich sind, wird teilweise ein Verweis auf die als Basis der Berechnungen dienenden, hier nicht dargestellten Kreuztabellen notwendig sein.

Für alle Beteiligungsformen zeigen sich zu allen drei Zeitpunkten hochsignifikante und in nahezu allen Fällen sehr starke Zusammenhänge zwischen den beiden Partizipationsindikatoren. Die Kreuztabellen zeigen, daß eine frühere Aktivität zu einer höheren Bereitschaft, eine bestimmte Partizipationsform auch in Zukunft anzuwenden, um in einer wichtigen Sache Einfluß zu nehmen oder den eigenen Standpunkt zur Geltung zu bringen, führt[75]. Die Spannbreite der Werte für Cramers V reicht 1988 von 0,26 bis 0,53. Die schwächsten Zusammenhänge sind mit 0,26 für „Krach schlagen bei Demonstrationen" und mit 0,31 für die Beteiligung an Wahlen festzustellen. Am stärksten hängen vergangene und zukünftige Beteiligung bei öffentlichen Diskussionen zusammen.

1998 zeigt sich im Vergleich zu 1988 für die meisten Formen der politischen Aktivität eine Zunahme des Zusammenhangs. Am stärksten ist dieser Zuwachs für die Wahlbeteiligung (von 0,31 auf 0,43). Für Besetzungsaktionen und „Gewalt gegen Personen" nimmt der Zusammenhang allerdings um 0,11 ab. Der stärkste Zusammenhang ist in diesem Erhebungsjahr mit einem Wert von 0,62 für die Beteiligung an Unterschriftensammlungen festzustellen, gefolgt von öffentlichen Diskussionen (0,59) und genehmigten Demonstrationen (0,56). Am schwächsten ist er mit einem Wert von 0,25 für Besetzungsaktionen, wobei dieser Wert für Cramers V immer noch einen relativ starken Zusammenhang darstellt (vgl. Maier et al. 2000: 50). Vergleicht man verschiedene Gruppen von Partizipationsformen miteinander, läßt sich insgesamt sagen, daß die Zusammenhänge für gewaltsame Aktivitäten niedriger sind als für gewaltlose Aktivitäten.

2002 wurde bekanntlich eine geringere Anzahl von Partizipationsformen im Allbus abgefragt; vor allem gewaltsame bzw. illegale Aktivitäten fehlen für dieses Erhebungsjahr. So ist ein Vergleich mit den anderen Erhebungszeitpunkten nur eingeschränkt möglich. Auch für diese Erhebung zeigen sich ganz klar positive Zusammenhänge zwischen der Partizipationsbereitschaft und der wirklichen Ausübung der jeweiligen Aktivität. Allerdings sind die Zusammenhänge, außer für die Wahlbeteiligung, 2002 etwas geringer als 1998. Alles in allem läßt sich also klar sagen, daß Beteiligungsabsichten und real ausgeübtes Verhalten ganz deutlich positiv miteinander zusammenhängen: Wer eine Aktivitätsform schon einmal ausgeübt hat, ist wesentlich eher bereit, sie in Zukunft wieder auszuüben.

Für die Untersuchung des Verhältnisses zwischen den beiden Partizipationsindikatoren soll zuletzt noch einmal kurz auf die Faktorenlösungen für realisiertes und beabsichtigtes Partizipationsverhalten aus dem vorangehenden Abschnitt (Ab-

---

75 Vgl. zum genauen Wortlaut der Fragestellung im Allbus 1988, 1998 und 2002 Anhang B.

schnitt 4.2.3) verwiesen werden (Tabellen 45 bis 48). Dieser Vergleich bringt deutliche Unterschiede zu Tage. Während für die Verhaltensabsichten zu beiden Zeitpunkten lediglich zwei Dimensionen identifiziert werden können, erweist sich die dimensionale Struktur der Verhaltensmanifestationen mit drei bzw. vier Dimensionen als wesentlich differenzierter. Diese Differenzierung bezieht sich insbesondere auf die gewaltlosen, legitimen und legalen Aktivitäten, aber auch auf die Wahlbeteiligung.

Faßt man die wichtigsten Befunde zum Abschluß kurz zusammen, so zeigt sich, daß das reale Partizipationsniveau nichtelektoraler Beteiligungsformen durch Verhaltensabsichten offensichtlich deutlich überschätzt wird – das genaue Ausmaß der Überschätzung kann bedauerlicherweise aufgrund des Fehlens objektiver und gesicherter Daten nicht angegeben werden. Das mit Verhaltensabsichten gemessene Partizipationspotential wird für fast alle politischen Aktivitäten – mit Ausnahme der Wahlbeteiligung – bei weitem nicht ausgeschöpft. Die Zusammenhangsanalysen ergeben, daß beide Partizipationsindikatoren für fast alle untersuchten Partizipationsarten zwar sehr stark miteinander zusammenhängen, hinsichtlich der dimensionalen Struktur gibt es aber beträchtliche Unterschiede.

Insbesondere die deutlichen Unterschiede der relativen Häufigkeiten und der daraus berechneten Quotienten belegen, daß – bekanntlich mit Ausnahme der Wahlbeteiligung – Verhaltensabsichten nicht automatisch in politisches Verhalten umgesetzt werden. Eine wesentliche Ursache für diese mangelhafte Umsetzung von Intentionen in Aktivitäten ist das komplexe und durch eine Vielzahl von Faktoren beeinflußte Verhältnis zwischen beiden Konzepten (Watts 2001: 111). So kann es möglicherweise sein, daß jemand, der zur Teilnahme an politischen Aktivitäten durchaus bereit ist, keinerlei Möglichkeiten hat, seine Bereitschaft umzusetzen, weil es in seinem Ort keine Bürgerinitiativen gibt, keine Demonstrationen stattfinden oder keine Unterschriften gesammelt werden oder es aufgrund des Fehlens politischer Probleme, die eine politische Aktivität außerhalb von Wahlen erfordern würden, gar keine Notwendigkeit zum politischen Engagement gibt. Die grundsätzlich vorhandene Bereitschaft zur politischen Aktivität müßte also in diesen Fällen nicht in politische Partizipation umgesetzt werden. Insofern könnte der Mangel an Partizipationsgelegenheiten bzw. -stimuli zumindest teilweise für die niedrige Ausschöpfungsquote bei einigen Partizipationsformen verantwortlich sein[76].

Andere Ursachen für die Unterschiede zwischen den beiden Indikatoren sind im Meßinstrument selbst zu suchen. In Abschnitt 3.2.2 wurde auf die Möglichkeit hingewiesen, daß die Befragten aufgrund eines subjektiv empfundenen Gefühls sozialer Erwünschtheit politische Aktivität oder die Bereitschaft dazu vortäuschen. Ein solches durch die Verinnerlichung der Partizipationsnorm hervorgerufenes Antwortverhalten ist eine der Ursachen für die deutlich höhere Überschätzungsgefahr des

---

76 Eine Analyse des Einflusses von Partizipationsstimuli und -gelegenheiten auf individuelles Partizipationsverhalten würde unfangreiche Informationen über die Kontexteinflüsse und Ereignisse der verschiedenen Ebenen des politischen Systems erfordern.

realen Partizipationsniveaus durch Verhaltensabsichten. Möglicherweise könnte das Ausmaß der Überschätzung durch die Anwendung bzw. Entwicklung eines differenzierteren Meßinstruments reduziert werden[77], das beispielsweise einen exakten zeitlichen und räumlichen Bezugsrahmen der politischen Aktivitäten festlegt und die Befragten so zu einem realitätsnäheren Antwortverhalten bringt. Auch die bereits angesprochene stärkere Einbeziehung von Kontextvariablen oder Inhaltsanalysen der Medienberichterstattung in Analysen individuellen politischen Partizipationsverhaltens könnte dazu beitragen, wesentlich exaktere Meßinstrumente zu entwickkeln, da so die Opportunitätsstrukturen politischer Beteiligung besser abgebildet werden könnten.

4.2.5 Das Verhältnis von Wahlbeteiligung und anderen Partizipationsformen

In Anknüpfung an die Ausführungen in Abschnitt 2.4.3 und die Ergebnisse der Faktorenanalysen in den Abschnitten 4.2.1 bis 4.2.3 soll im Rahmen dieses Abschnitts das Verhältnis von Wahlbeteiligung und anderen, nichtelektoralen Formen politischer Partizipation geklärt werden. Wie schon weiter oben erläutert, deutet die Mehrzahl der empirischen Ergebnisse auf einen positiven Zusammenhang zwischen der Beteiligung an Wahlen und anderen politischen Aktivitäten hin. Aufgrund der deutlichen Abnahme des Niveaus der Wahlbeteiligung, insbesondere seit Mitte der 1990er Jahre, erscheint es aber durchaus möglich, daß die Nichtwähler sich anderen Arten politischer Partizipation zugewandt haben, also ein negativer Zusammenhang zwischen elektoralen und nichtelektoralen Aktivitäten besteht.

Als Datenbasis dienen die Querschnittdatensätze zu den Bundestagswahlen 1994, 1998 und 2002 aus dem DFG-Projekt. Diese bieten den Vorteil, daß identische Variablen über mehrere Zeitpunkte hinweg zur Verfügung stehen. Als Nachteil erweist sich die deutliche Überschätzung der Wahlbeteiligung sowohl mit dem Indikator „Wahrscheinlichkeit der Wahlbeteiligung" für die Vorwahlbefragten als auch mit der Rückerinnerungsfrage für die Nachwahlbefragten, insbesondere 1998 (vgl. Faas et al. 2000) und 2002.

Tabelle 51 enthält Korrelationskoeffizienten (Pearsons r) für den Zusammenhang zwischen der Wahrscheinlichkeit der Wahlbeteiligung der Vorwahlbefragten bei der jeweiligen Bundestagswahl und sechs nichtelektoralen Partizipationsformen. 1994 läßt sich eine klare Trennlinie zwischen legalen und legitimen Aktivitäten einerseits sowie illegalen und illegitimen Aktivitäten andererseits ziehen. In West- und Ostdeutschland zeigen sich für erstere positive Zusammenhänge mit der Wahrscheinlichkeit der Wahlbeteiligung, für letztere negative Zusammenhänge. Somit neigen Nichtwähler eher zu gewaltbereiten Beteiligungsformen als Wähler, was das Bild

---

77　Vgl. zu den bisher in der Partizipationsforschung gebräuchlichen Erhebungsinstrumenten Abschnitt 3.2.2.

vom „engagierten Nichtwähler" (Feist 1994) stützen würde[78]. Vergleichsweise starke Zusammenhänge ergeben sich für die Beteiligung an Bürgerinitiativen (positiv) sowie für den Einsatz von Gewalt (negativ). 1998 sind sowohl bei getrennter Betrachtung von Ost- und Westdeutschland als auch bei gesamtdeutscher Betrachtung alle signifikanten negativen Effekte verschwunden, nur bei den gewaltlosen Aktivitäten können für alle Untersuchungsgebiete noch signifikante positive Korrelationskoeffizienten festgestellt werden. Im Osten gibt es allerdings auch keinen signifikanten Zusammenhang mehr mit der Teilnahme an genehmigten Demonstrationen. 2002 zeigt sich trotz Verschiebungen in der Stärke der Koeffizienten ein ähnliches Bild wie 1998. Am stärksten ist in diesem Jahr in beiden Landesteilen wie bei gesamtdeutscher Betrachtung der Zusammenhang mit der Aktivität „Unterstützung bei einer Partei suchen".

Tabelle 51: Korrelationen zwischen der Wahrscheinlichkeit der Wahlbeteiligung und Verhaltensabsichten für nichtelektorale Partizipationsformen 1994-2002

	1994		1998		2002	
	r	N	r	N	r	N
Gesamtdeutschland						
Bürgerinitiative	0,16^c	2000	0,16^c	1510	0,12^c	1569
genehmigte Demonstration	0,12^c	2011	0,06^a	1515	0,08^b	1566
gewaltsame Demonstration	-0,09^c	2031	0,00	1527	-0,02	1566
Einsatz von Gewalt	-0,17^c	2039	–	–	–	–
Verkehrsblockade	-0,08^c	2028	0,04	1523	-0,03	1568
Unterstützung Partei suchen	–	–	0,15^c	1512	0,19^c	1544
Westdeutschland						
Bürgerinitiative	0,14^c	999	0,17^c	1024	0,10^b	1069
genehmigte Demonstration	0,15^c	1004	0,07^a	1029	0,10^b	1067
gewaltsame Demonstration	-0,10^b	1015	-0,01	1036	-0,02	1067
Einsatz von Gewalt	-0,18^c	1020	–	–	–	–
Verkehrsblockade	-0,09^b	1014	0,05	1036	-0,02	1067
Unterstützung Partei suchen	–	–	0,16^c	1030	0,19^c	1049
Ostdeutschland						
Bürgerinitiative	0,18^c	975	0,12^a	469	0,15^b	488
genehmigte Demonstration	0,07^a	979	0,02	468	-0,01	486
gewaltsame Demonstration	-0,08^a	986	0,03	472	0,03	487
Einsatz von Gewalt	-0,14^c	987	–	–	–	–
Verkehrsblockade	-0,08^a	983	0,01	467	-0,03	491
Unterstützung Partei suchen	–	–	0,10^a	460	0,15^b	487

Anmerkung: –: nicht erhoben.
Signifikanz: a: p<0,05, b: p<0,01, c: p<0,001.
Quelle: DFG-Querschnitte, Vorwahlbefragte.

---

78 Da es sich um gewaltsame Aktivitäten handelt, wäre wohl die Bezeichnung „überengagierter Nichtwähler" eher angebracht.

Die Ergebnisse für 1998 und 2002 sprechen also ganz klar dafür, daß Nichtwähler im Rahmen nichtelektoraler Partizipationsformen weniger aktiv sind als Wähler. Bezieht man die Befunde für 1994 noch mit ein, läßt sich dies für die gewaltlosen Beteiligungsarten eindeutig bestätigen. Für die gewaltsamen Aktivitäten gibt es jedoch Hinweise, daß Nichtwähler eher bereit sind als Wähler, diese in ihr Aktionsrepertoire aufzunehmen. Das einmalige Auftauchen signifikanter negativer Zusammenhänge bestätigt die Befunde der Instabilitätsanalysen mit Paneldaten aus Abschnitt 4.1.3: Absichten zur Ausführung illegaler und illegitimer politischer Aktivitäten sind nicht langfristig stabil, sondern im wesentlichen von kurzfristigen Einflüssen und Ereignissen abhängig.

Ähnliche Ergebnisse zeigen sich auch für eine andere Operationalisierung der Wahlbeteiligung. Tabelle 52 enthält die Mittelwerte der Verhaltensabsicht für die sechs nichtelektoralen Partizipationsformen für Nichtwähler und Wähler auf der Basis der Rückerinnerungsfrage (für die Nachwahlbefragten) und der Wahlabsicht (für die Vorwahlbefragten) sowie die Differenz zwischen den Mittelwerten der beiden Gruppen[79]. Negative Vorzeichen stehen für eine höhere Aktivitätsbereitschaft der Wähler im Vergleich zu den Nichtwählern, positive Vorzeichen für ein höheres Aktionspotential unter den Nichtwählern. 1994 zeigen die Wähler für die drei Untersuchungseinheiten bei allen Partizipationsformen eine höhere Aktivitätsbereitschaft als die Nichtwähler. Diese Unterschiede sind allerdings nur für die gewaltlosen, legalen und legitimen Partizipationsformen und für die Teilnahme an Verkehrsblockaden (in Westdeutschland und im gesamten Land) signifikant. 1998 gibt es in Gesamt- und in Westdeutschland wieder nur signifikante Unterschiede für Bürgerinitiativen, genehmigte Demonstrationen und für die Suche nach Unterstützung bei einer Partei.

Die Wähler zeigen für all diese Partizipationsformen stärkere Verhaltensintentionen. In Ostdeutschland tritt lediglich ein einziger signifikanter Effekt auf – für die Suche nach Unterstützung bei einer Partei. Auch hier sind die Wähler bei einer Differenz von -0,21 deutlich aktivitätsbereiter als die Nichtwähler. 2002 ergeben sich einige Unterschiede im Vergleich zu 1998: Zwar sind auch in diesem Jahr die Wähler bei den gewaltlosen, legitimen und legalen Aktivitäten im gesamten Land (und in Westdeutschland) aktiver als die Nichtwähler, doch zeigt sich hier zum einzigen Mal unter den Nichtwählern eine signifikant größere Aktionsbereitschaft als unter den Wählern für die Teilnahme an Verkehrsblockaden. Die signifikanten Unterschiede in Höhe von 0,11 in Ostdeutschland wirken sich somit auf das gesamte Land aus. Zusätzlich sind in Ostdeutschland wie schon 1998 die Wähler eher bereit, bei einer Partei Unterstützung zu suchen.

Interessanterweise ergibt sich bei allen gewaltlosen Partizipationsformen im Zeitverlauf tendenziell eine Verringerung der Differenz zwischen Wählern und Nichtwählern. Dies wird im wesentlichen durch eine Reduzierung der Aktivitätsneigung bei den Wählern verursacht. Insgesamt bestätigen sich die bereits für den Zusammenhang der Wahrscheinlichkeit der Wahlbeteiligung und der nichtelektoralen Be-

---

79 Vgl. Tabelle A.19 für die Fallzahlen zu den Analyseergebnissen in Tabelle 52.

teiligungsformen berichteten Befunde: Wähler zeigen klar eine höhere Bereitschaft als Nichtwähler, gewaltlose Aktivitäten auszuführen, während letztere in einigen Situationen stärker als Wähler zu gewaltsamen, illegalen oder illegitimen Beteiligungsakten neigen.

Tabelle 52: Mittelwertdifferenzen zwischen Wählern und Nichtwählern für die Verhaltensabsichten nichtelektoraler Partizipationsformen 1994-2002

	1994			1998			2002		
	NW	W	Δ	NW	W	Δ	NW	W	Δ
Gesamtdeutschland									
Bürgerinitiative	0,34	0,59	-0,25^c	0,42	0,58	-0,16^c	0,36	0,52	-0,16^c
genehmigte Demonstration	0,37	0,57	-0,20^c	0,45	0,54	-0,09^a	0,37	0,48	-0,11^b
gewaltsame Demonstration	0,16	0,21	-0,05	0,19	0,17	0,02	0,18	0,16	0,02
Einsatz von Gewalt	0,15	0,18	-0,03	–	–	–	–	–	–
Verkehrsblockade	0,16	0,23	-0,07^a	0,22	0,19	0,03	0,22	0,17	0,05^a
Unterstützung Partei suchen	–	–	–	0,31	0,51	-0,20^c	0,31	0,48	-0,17^c
Westdeutschland									
Bürgerinitiative	0,33	0,61	-0,28^c	0,43	0,59	-0,16^c	0,32	0,54	-0,22^c
genehmigte Demonstration	0,34	0,56	-0,22^c	0,44	0,53	-0,09^a	0,31	0,47	-0,16^c
gewaltsame Demonstration	0,16	0,21	-0,05	0,17	0,16	0,01	0,14	0,15	-0,01
Einsatz von Gewalt	0,13	0,18	-0,05	–	–	–	–	–	–
Verkehrsblockade	0,15	0,24	-0,09^a	0,21	0,19	0,02	0,19	0,17	0,02
Unterstützung Partei suchen	–	–	–	0,32	0,51	-0,19^c	0,31	0,50	-0,19^c
Ostdeutschland									
Bürgerinitiative	0,37	0,52	-0,15^c	0,40	0,50	-0,10	0,47	0,46	0,01
genehmigte Demonstration	0,44	0,61	-0,17^c	0,50	0,57	-0,07	0,49	0,52	-0,03
gewaltsame Demonstration	0,17	0,21	-0,04	0,24	0,19	0,05	0,27	0,20	0,07
Einsatz von Gewalt	0,19	0,17	0,02	–	–	–	–	–	–
Verkehrsblockade	0,17	0,20	-0,03	0,23	0,17	0,06	0,28	0,17	0,11^a
Unterstützung Partei suchen	–	–	–	0,28	0,49	-0,21^c	0,29	0,40	-0,11^b

Anmerkung: NW: Nichtwähler, W: Wähler, Δ: Differenz Nichtwähler-Wähler; –: nicht erhoben; N: vgl. Tabelle A.19.
Signifikanz: a: p<0,05, b: p<0,01, c: p<0,001.
Quelle: DFG-Querschnitte, Vor- und Nachwahlbefragte.

Wurden bisher nur Verhaltensabsichten für nichtelektorale Partizipationsformen mit der Wahlabsicht und der Rückerinnerungsfrage an die Wahlbeteiligung in Beziehung gesetzt, sollen die Untersuchungen noch um Analysen des deutschen Teils der CID-Studie ergänzt werden, in der Verhaltensmanifestationen abgefragt und eine wesentlich größere Zahl an Beteiligungsformen einbezogen worden sind. Diese Studie bietet den Vorteil, nicht in einem Wahljahr erhoben worden zu sein, so daß durch den fehlenden Stimulus eine geringere Überschätzung des Wähleranteils erfolgt. Tabelle 53 enthält die Beteiligungshäufigkeit von Wählern und Nichtwählern in Prozent sowie die Differenzen zwischen beiden Gruppen. Negative Differenzen geben eine stärkere Beteiligung der Wähler, positive eine stärkere Beteiligung der Nichtwähler an. Auch mit dieser anderen Datenbasis werden die bisherigen Befunde im wesentlichen bestätigt. In Westdeutschland sind Wähler bei fast allen nichtelektoralen Partizipationsformen aktiver als Nichtwähler. Ausnahmen sind die Teilnahme an illegalen Protestformen, bei denen die Nichtwähler signifikant aktiver sind als die Wähler, sowie das Sammeln von Spendengeldern und die Teilnahme an politischen Versammlungen, für die sich die Differenzen nicht signifikant voneinander unterscheiden.

Tabelle 53: Differenzen zwischen Wählern und Nichtwählern für Verhaltensmanifestationen nichtelektoraler Partizipationsformen 2001

	Nichtwähler	Wähler	Differenz
Gesamtdeutschland			
Politiker kontaktieren	1,0	8,4	-7,4[c]
Organisation kontaktieren	6,7	17,1	-10,4[c]
Öffentlich Bediensteten kontaktieren	4,2	11,7	-7,5[c]
In Partei mitarbeiten	1,7	4,5	-2,8[c]
In Bürgerinitiative mitarbeiten	2,7	8,1	-5,4[c]
In anderer politischer Organisation mitarbeiten	7,4	18,6	-11,2[c]
Aufnäher/Anstecker tragen	3,2	7,9	-4,7[c]
Unterschriftensammlung/Petition unterschreiben	21,2	34,1	-12,9[c]
Teilnahme an Demonstrationen	6,4	10,6	-4,2[b]
Teilnahme an Streiks	2,3	3,9	-1,6
Produkte boykottieren	14,0	24,0	-10,0[c]
Produkte kaufen	17,5	25,8	-8,3[c]
Geld spenden	22,6	38,4	-15,8[c]
Spendengelder sammeln	4,9	5,9	-1,0
Illegaler Protest	2,1	0,4	1,7[a]
Politische Versammlung	6,4	10,6	-4,2[b]
N	383	2358	
Westdeutschland			
Politiker kontaktieren	0,7	8,0	-7,3[c]
Organisation kontaktieren	4,7	17,6	-12,9[c]
Öffentlich Bediensteten kontaktieren	3,0	11,2	-9,2[c]
In Partei mitarbeiten	1,0	4,2	-3,2[c]
In Bürgerinitiative mitarbeiten	1,7	8,8	-7,1[c]
In anderer politischer Organisation mitarbeiten	5,5	19,4	-13,9[c]
Aufnäher/Anstecker tragen	2,9	7,9	-5,0[c]
Unterschriftensammlung/Petition unterschreiben	18,7	34,5	-15,8[c]
Teilnahme an Demonstrationen	4,8	9,7	-4,9[b]
Teilnahme an Streiks	2,0	4,1	-2,1[a]
Produkte boykottieren	17,1	26,4	-9,3[c]
Produkte kaufen	20,6	28,8	-8,2[b]
Geld spenden	21,6	39,2	-17,6[c]
Spendengelder sammeln	5,7	6,0	-0,3
Illegaler Protest	2,4	0,3	2,1[a]
Politische Versammlung	6,4	9,7	-3,3
N	249	1566	
Ostdeutschland			
Politiker kontaktieren	2,2	9,3	-7,1[c]
Organisation kontaktieren	13,0	13,7	-0,7
Öffentlich Bediensteten kontaktieren	8,8	12,3	-3,5
In Partei mitarbeiten	4,2	5,4	-1,2
In Bürgerinitiative mitarbeiten	5,4	5,5	-0,1
In anderer politischer Organisation mitarbeiten	13,8	13,6	0,2
Aufnäher/Anstecker tragen	3,9	7,7	-3,8[a]
Unterschriftensammlung/Petition unterschreiben	31,0	32,9	-1,9

Teilnahme an Demonstrationen	11,7	13,7	-2,0
Teilnahme an Streiks	3,5	2,3	1,2
Produkte boykottieren	3,9	13,0	-9,7[c]
Produkte kaufen	7,9	13,6	-5,7[a]
Geld spenden	27,0	35,1	-8,1[a]
Spendengelder sammeln	2,0	4,8	-2,8[a]
Illegaler Protest	1,0	0,6	0,4
Politische Versammlung	6,9	13,1	-6,4[a]
N	150	782	

Anmerkung: Angaben in Prozent.
Signifikanz: a: p<0,05, b: p<0,01, c: p<0,001.
Quelle: CID-Studie.

Am deutlichsten, mit jeweils mehr als zehn Prozentpunkten Unterschied, zeigt sich die größere Aktivität der Wähler bei der Kontaktaufnahme zu Organisationen, bei der Mitarbeit in Organisationen, bei der Teilnahme an Unterschriftensammlungen und beim Spenden von Geld. Im Osten ergeben sich deutlich mehr nicht signifikante Differenzen. Und auch die signifikanten Aktivitätsunterschiede erreichen bei weitem nicht das Niveau der Differenzen für Westdeutschland. Die Unterschiede zwischen Wählern und Nichtwählern sind also im Osten offensichtlich deutlich geringer als im Westen des Landes. Signifikante positive Differenzen zwischen beiden Gruppen ergeben sich allerdings für keine der politischen Aktivitäten.

Insgesamt betrachtet sind die Befunde dieses Abschnittes jedoch eindeutig: Wenn man teilweise von illegalen oder gewaltsamen Aktivitäten absieht, kann die These vom „engagierten Nichtwähler" klar verworfen werden: Die Nichtteilnahme an Wahlen führt nicht zur vermehrten Aktivität in anderen Bereichen des politischen Partizipationsrepertoires und schon gar nicht zur stärkeren Nutzung legaler politischer Aktionsformen. Dies gilt besonders klar für Westdeutschland, aber auch weitgehend für den Osten Deutschlands. Die Nichtwähler bleiben also generell zu Hause, sind im politischen Prozeß weniger aktiv und zeigen auch eine deutlich geringere Bereitschaft, sich politisch einzubringen.

4.3 Typen politisch Partizipierender

In Abschnitt 2.4.4 wurden Typenbildungen von Partizipierenden aus der Literatur vorgestellt. Nun soll mit den in Abschnitt 4.2.2 auf der Basis der Daten der CID-Studie berechneten Partizipationsdimensionen eine Typenbildung Partizipierender für West- und Ostdeutschland vorgenommen worden. Die CID-Studie eignet sich von allen in dieser Arbeit verwendeten Datensätzen am besten für diese Analyse, da sie die größte Zahl an Partizipationsformen einbezieht und somit die beste Annäherung an die real vorhandene Struktur politischen Beteiligungsverhaltens in Deutschland ermöglicht. Mittels einer Clusteranalyse werden die Befragten im Folgenden zu Gruppen zusammengefaßt. Im Hinblick auf ihr Partizipationsverhalten sollen die Mitglieder einer Gruppe möglichst große Übereinstimmungen aufweisen, während sich die Gruppen voneinander möglichst stark unterscheiden sollen.

Die Clusteranalyse als multivariates Analyseverfahren erfordert vom Anwender einige Entscheidungen, die Konsequenzen für das Klassifikationsergebnis haben (Backhaus et al. 2000: 329ff.). Zunächst einmal muß eine geeignete Cluster-Methode ausgewählt werden: Da partitionierende Verfahren bereits vor der Analyse eine Angabe der Anzahl der zu extrahierenden Gruppen erfordern, jedoch keinerlei plausible Annahmen über eine geeignet erscheinende Zahl von Typen möglich sind, ist einem hierarchischen Verfahren der Vorzug zu geben. Unter den hierarchischen Verfahren hat sich das Verfahren von Ward als besonders geeignet erwiesen, da es „gleichzeitig sehr gute Partitionen findet und meistens die richtige Clusterzahl signalisiert" (Bergs 1981: 97). Das Ward-Verfahren ist ein konservatives Verfahren und neigt zur Bildung gleich großer Gruppen. Insbesondere die Unkorreliertheit und das metrische Skalenniveau der für die Gruppenbildung verwendeten Variablen sprachen für die Nutzung dieses sehr guten Fusionierungsalgorithmus (Backhaus et al. 2000: 366). Bei Verwendung des Verfahrens von Ward sind Distanzmaße zur Messung der Ähnlichkeit bzw. Unähnlichkeit der Befragten notwendig. Hier ist besonders der quadrierte euklidische Abstand zwischen der Gesamtheit der Merkmalsausprägungen von zwei Befragten als Proximitätsmaß (Backhaus et al. 2000: 359-364, 387) nützlich. Auf der Basis der so errechneten Distanzen zwischen den Befragten werden die Merkmalsträger immer weiter zu Gruppen zusammengefaßt. Mit Hilfe des Elbow-Kriteriums kann dann die endgültige Clusterlösung bestimmt werden. So ergeben sich für Westdeutschland fünf Gruppen von Befragten, während sich im Osten nur vier Typen von Partizipierenden voneinander unterscheiden lassen. Entgegen der Tendenz des Ward-Verfahrens zu etwa gleich großen Gruppen (Backhaus et al. 2000: 365), weichen die Befragtenzahlen in den einzelnen Gruppen sehr stark voneinander ab. Die Tabellen 54 und 56 geben einen Überblick über die Mittelwerte der Partizipationsfaktoren für die einzelnen Gruppen von Befragten in West- und in Ostdeutschland.

Tabelle 54: Gruppen von Partizipierenden 2001, Westdeutschland

Faktor	Cluster 1: Inaktive	Cluster 2: Konsum-orientierte Aktivisten	Cluster 3: Parteiakti-visten	Cluster 4: Protestierer	Cluster 5: Illegale Ak-tivisten
1: Kontakt- und Partei-aktivitäten W	-0,25	0,15	3,42	-0,09	0,24
2: Konsumorientierte Aktivitäten	-0,54	1,19	-0,84	0,47	1,34
3: Protestaktivitäten	-0,20	-0,48	0,30	2,35	0,72
4: Wahlbeteiligung	-0,07	0,27	0,13	0,25	-9,07
N	1092	459	66	178	11

Anmerkungen: Angaben: Mittelwerte der Partizipationsfaktoren.
Quelle: CID-Studie.

In Westdeutschland ist die erste Gruppe von Befragten mit 1092 Mitgliedern mit Abstand am größten (Tabelle 54). Dieser erste Cluster zeichnet sich durch negative

Vorzeichen für alle Partizipationsdimensionen aus. Daher sind die Befragten in diesem Cluster als „Inaktive" zu bezeichnen. Die zweite Gruppe von Befragten umfaßt solche Personen, die sich stark im Bereich der konsumorientierten Aktivitäten engagieren. Leicht positive Koeffizienten sind auch für die Kontakt- und Parteiaktivitäten sowie für die Wahlbeteiligung zu finden, ein negativer Mittelwert ergibt sich aber für die Protestaktivitäten-Dimension. Insgesamt erscheint es also gerechtfertigt, die Befragten des zweiten Clusters „konsumorientierte Aktivisten" zu nennen. Die dritte Gruppe ist mit lediglich 66 Mitgliedern relativ klein. Diese Befragten sind vor allem bei Kontakt- und Parteiaktivitäten aktiv und können somit als „Parteiaktivisten" betrachtet werden. Die Angehörigen des vierten Clusters engagieren sich zwar auch im Bereich der konsumorientierten Aktivitäten und der Wahlbeteiligung, bei weitem am stärksten konzentrieren sie sich aber auf Protestaktivitäten. Daher sind in diesem Cluster die „Protestierer" zu finden. Die letzte Gruppe enthält lediglich 11 Befragte. Diese zeichnen sich durch überdurchschnittliches Engagement bei den ersten drei Partizipationsdimensionen aus. Für die vierte Dimension ergibt sich ein stark negativer Wert. Da auf diesen Faktor nicht nur die Wahlbeteiligung (positiv), sondern auch illegale Protestaktivitäten (negativ) laden, erscheint es gerechtfertigt, die Befragten dieses Clusters als „Illegale Aktivisten" zu bezeichnen. Trotz der geringen Größe des fünften Clusters wurde einer Lösung mit fünf Gruppen von Partizipierenden der Vorzug gegeben. Dafür sprachen statistische – das Elbow-Kriterium sowie die Stabilität der errechneten Gruppenstruktur – aber auch inhaltliche Kriterien: Die bisherigen Analysen zeigen deutlich, daß illegale, gewaltsame und illegitime Aktivitäten nur von äußerst wenigen Deutschen genutzt werden, so daß als Ergebnis der Clusteranalyse keine besonders große Gruppe zu erwarten war. Um so mehr interessiert aber, wie sich diese Gruppe der illegalen Aktivisten von anderen politisch Aktiven und Inaktiven unterscheidet. Möglicherweise kann durch die folgenden Analysen ermittelt werden, welche Einstellungen und Eigenschaften ein solches Verhalten herbeiführen können.

Nach der Identifikation der fünf Partizipationstypen sollen nun die sozialstrukturellen und sozialpsychologischen Charakteristika dieser Typen herausgearbeitet werden. Die Variablen in den Tabellen 55 und 57 sind dabei nach Gruppen (Sozialstruktur, Normen, Werte und Ideologie, Involvierung, rationalen Erwägungen und sozialer Partizipation) – analog zur Präsentation der Forschungsbefunde über die Wirkungsweise dieser Variablen(gruppen) in Abschnitt 2.5 – sortiert, die durch Linien voneinander getrennt sind. Zur besseren Einordnung und leichteren Verständlichkeit der Analyseergebnisse sind die zur Charakterisierung verwendeten Variablen vor der Analyse standardisiert worden. Negative Werte stehen also für unterdurchschnittliche Werte bei der jeweiligen Variablen, positive Werte für überdurchschnittliche Ausprägungen.

Ein Blick verdeutlicht teilweise sehr divergierende Profile. Inaktive zeichnen sich vor allem durch ein deutlich niedrigeres Ausmaß an sozialer Partizipation, eine wesentlich schlechtere Effektivitätswahrnehmung politischer Partizipation, ein geringeres politisches Interesse und eine niedrigere Befürwortung der Wahlnorm aus. Hinzu kommt, daß die Befragten in dieser Gruppe sich im Mittel weiter rechts einordnen, etwas niedriger gebildet und etwas älter sind als der durchschnittliche westdeutsche Befragte in der CID-Studie. Ein weiterer Aspekt ist, daß Frauen überrepräsentiert sind.

Unter den konsumorientierten Aktivisten sind Männer hingegen leicht überrepräsentiert. Die Befragten in dieser Gruppe sind im Mittel etwas höher gebildet als der Durchschnitt der Befragten. Zudem ordnen sie sich ideologisch etwas weiter links ein. Auffällig sind zudem die überdurchschnittlich starke Befürwortung der Wahlnorm, das hohe politische Interesse und die positiven Efficacy- und Effektivitätsbewertungen politischer Partizipationsformen. Hinzu kommen ein stark überdurchschnittliches soziales Engagement und eine weit über dem Durchschnitt liegende Verbreitung von Parteiidentifikationen.

Auch die Parteiaktivisten sind ganz klar sozialstrukturell geprägt. Diese Gruppe wird deutlich von Männern dominiert. Hinzu kommen ein stark überdurchschnittliches Alter, Bildungsniveau und Einkommen. Da sie bei allen sozialpsychologischen Variablen weit überdurchschnittliche Werte aufweisen, explizit erwähnt seien lediglich der sehr hohe Anteil der Parteiidentifizierer, das sehr große politische Interesse, das sehr hohe Institutionenvertrauen und die unerreichte Befürwortung der Wahlnorm, sind in dieser Gruppe die „Musterdemokraten" zu finden. Dies wird durch die sehr ausgeprägte Aktivität im Rahmen sozialer Partizipationsformen noch zusätzlich untermauert.

Tabelle 55: Charakteristika der Partizipationstypen 2001, Westdeutschland

Variable	Inaktive	Konsum-orientierte Aktivisten	Parteiakti-visten	Protestie-rer	Illegale Aktivisten
Mann	-0,06	0,05	0,51	0,06	0,26
Alter	0,14	0,09	0,40	-0,30	-0,61
Bildung	-0,18	0,18	0,20	0,53	0,52
Einkommen	-0,01	-0,01	0,10	0,13	-0,17
Links-Rechts	0,09	-0,09	0,06	-0,26	-0,48
Demokratiezufriedenheit	0,05	0,00	0,31	-0,05	-1,26
Wahlnorm	-0,12	0,39	0,59	0,10	-1,58
Parteiidentifikation	-0,14	0,35	0,73	0,30	0,15
Politisches Interesse	-0,24	0,42	1,00	0,40	-0,43
Interne Efficacy	-0,08	0,18	0,36	0,30	-0,13
Externe Efficacy	-0,05	0,15	0,43	0,15	-0,55
Institutionenvertrauen	-0,01	0,08	0,43	0,03	-2,07
Effektivität polit. Partizipation	-0,22	0,44	0,60	0,21	-0,89
Soziale Partizipation	-0,30	0,53	1,03	0,30	-0,06
N	1092	459	66	178	11

Anmerkungen: Angaben: Mittelwerte.
Quelle: CID-Studie.

Bei den Protestierern sind Parteiidentifikationen fast ebenso stark verbreitet. Auch diese Gruppe von Befragten läßt sich durch überdurchschnittliches soziales Engagement, überdurchschnittliche Efficacy- und Effektivitätsbewertungen politischer Partizipation und höheres politisches Interesse kennzeichnen. Die Wahlnorm befürworten die Protestierer hingegen nur leicht überdurchschnittlich. Zudem sind sie relativ weit links orientiert. Auch sozialstrukturell ist diese Gruppe relativ scharf konturiert. Mit weit überdurchschnittlichem Einkommen, Bildungsniveau und unterdurchschnittlichem Alter sind es gerade die Jüngeren mit hohem sozialen Status, die sich eher dieser Gruppe zuordnen lassen.

Ein weitgehend entgegengesetztes Bild bieten die illegalen Aktivisten mit stark unterdurchschnittlichen Werten bei allen Einstellungen und einem sehr jungen, durch überdurchschnittliche Bildung, aber unterdurchschnittliches Einkommen geprägten Profil. Es scheint sehr deutlich, daß es Unzufriedenheit, mangelndes Vertrauen und die Ineffektivität anderer Partizipationsformen sind, die dazu beitragen, daß die Personen in dieser Gruppe zu illegalen Mitteln greifen. Aufgrund der Gruppengröße von 11 sind diese Charakterisierungen allerdings mit einer hohen Unsicherheit behaftet.

In Ostdeutschland weicht die Struktur der Typen von der in Westdeutschland ab (Tabelle 56). Dies ist aufgrund der unterschiedlichen Struktur des politischen Partizipationsraumes in diesem Teil des Landes nicht sonderlich überraschend. Für das erste Cluster zeigt sich folgendes Bild: Negative Mittelwerte für die Partizipationsdimensionen zwei bis vier, ein ganz leicht positiver Wert für den ersten Faktor Kontaktaktivitäten. Die Befragten in dieser Gruppe sind also „Inaktive".Die zweite Gruppe von Befragten zeichnet sich durch negative Vorzeichen bei den ersten drei Partizipationsdimensionen, aber einen leicht positiven Wert bei der vierten Dimension Wahlbeteiligung aus. In dieser Gruppe befinden sich also die „Wähler". Da für die Befragten des dritten Clusters lediglich ein negativer Koeffizient bei legale Protest- und Parteiaktivitäten zu verzeichnen ist und bei allen anderen Dimensionen positive Werte auftauchen, handelt es sich bei den Befragten in dieser Gruppe um „Aktivisten". Der vierte Cluster weist negative Vorzeichen für die erste und die vierte Partizipationsdimension auf, während für konsumorientierte und illegale Protestaktivitäten und insbesondere legale Protest- und Parteiaktivitäten positive Mittelwerte zu verzeichnen sind. Diese Gruppe von Befragten läßt sich also als „Protestierer" bezeichnen.

Tabelle 56: Gruppen von Partizipierenden 2001, Ostdeutschland

Faktor	Cluster 1: Inaktive	Cluster 2: Wähler	Cluster 3: Aktivisten	Cluster 4: Protestierer
1: Kontaktaktivitäten	0,10	-0,50	0,99	-0,32
2: Legale Protest- und Parteiaktivitäten	-0,17	-0,10	-0,27	3,41
3: Konsumorientierte und illegale Protestaktivitäten	-0,17	-0,32	0,53	1,24
4: Wahlbeteiligung	-1,97	0,37	0,46	-0,52
N	139	491	246	41

Anmerkungen: Angaben: Mittelwerte der Partizipationsfaktoren.
Quelle: CID-Studie.

Wie schon für die westdeutschen Befragten sollen die vier Partizipationstypen mit Hilfe von sozialstrukturellen und sozialpsychologischen Variablen charakterisiert werden. Auch hier wurden die Variablen wegen der besseren Vergleichbarkeit standardisiert. Die Mittelwerte für die vier Partizipationstypen in Ostdeutschland sind in Tabelle 57 angegeben. Bei den Inaktiven sind die Frauen stärker vertreten als die Männer. Zudem haben diese Befragten ein unterdurchschnittliches Einkommen. In bezug auf die Einstellungen sind zum Großteil ebenfalls Werte unterhalb des Mittelwerts zu verzeichnen. Vor allem fallen hier die unterdurchschnittliche Demokratiezufriedenheit, die weit unterdurchschnittliche Befürwortung der Wahlnorm und das niedrige Institutionenvertrauen auf. Auch der Anteil der Parteiidentifizierer liegt weit unter dem Durchschnitt der ostdeutschen Befragten. Hinzu kommen noch eine weit unterdurchschnittliche Effektivitätsbewertung politischer Partizipation und ein sehr niedriges Niveau sozialer Partizipation.

Die Wähler heben sich weitgehend nur in einem relativ geringen Maße von allen ostdeutschen Befragten ab. Deutlich heraus stechen lediglich ihr höheres Alter, der geringere Männeranteil, die ideologische Einordnung weiter rechts, das höhere Institutionenvertrauen, das vergleichsweise niedrige politische Interesse und das deutlich niedrigere Niveau sozialer Partizipation.

Tabelle 57: Charakteristika der Partizipationstypen 2001, Ostdeutschland

	Inaktive	Wähler	Aktivisten	Protestierer
Mann	-0,12	-0,08	0,10	0,39
Alter	-0,01	0,14	0,09	-0,16
Bildung	-0,23	-0,10	0,34	0,15
Einkommen	-0,09	-0,02	-0,02	0,29
Links-Rechts	0,12	0,14	-0,21	-0,70
Demokratiezufriedenheit	-0,35	0,11	0,08	-0,12
Wahlnorm	-0,87	0,06	0,45	0,38
Parteiidentifikation	-0,53	-0,05	0,42	0,77
Politisches Interesse	-0,35	-0,19	0,56	1,02
Interne Efficacy	-0,24	-0,09	0,24	0,46
Externe Efficacy	-0,14	-0,04	0,11	0,50
Institutionenvertrauen	-0,50	0,17	0,02	0,04
Effektivität polit. Partizipation	-0,60	-0,07	0,34	0,69
Soziale Partizipation	-0,23	-0,29	0,65	0,93
N	139	491	246	41

Anmerkungen: Angaben: Mittelwerte.
Quelle: CID-Studie.

Für die Aktivisten ergibt sich ein überdurchschnittlicher Anteil an Parteiidentifizierern, ein höheres soziales Aktivitätsniveau sowie eine über dem Mittelwert liegende Bewertung der Effektivität politischer Partizipation. Auch die anderen Einstellungen und in besonderer Weise die Wahlnorm sind überdurchschnittlich ausgeprägt. Allerdings sind die Aktivisten im Mittel bei weitem nicht so links wie die Protestierer. Sozialstrukturell zeichnen sich die Aktivisten vor allem durch ein überdurchschnittliches Bildungsniveau und eine leichte Überrepräsentation der Männer aus.

Wesentlich stärker konturiert sind die Protestierer. Im Hinblick auf die Sozialstruktur sind diese deutlich männlich geprägt und weisen ein weit überdurchschnittliches Einkommen auf. Sie sind sehr weit links orientiert und lassen sich bei Wahlnorm, politischem Interesse sowie bei interner und externer Efficacy durch deutlich überdurchschnittliche Werte charakterisieren. Auch der Anteil der Parteiidentifizierer liegt weit über dem Durchschnitt, genauso wie das Niveau sozialer Partizipation und die Effektivitätsbewertung politischer Beteiligung.

Insgesamt zeigen sich also hinsichtlich der sozialstrukturellen Zusammensetzung und des sozialpsychologischen Profils deutliche Unterschiede zwischen den verschiedenen Partizipationstypen in Ost- und Westdeutschland. Die hier präsentierten Ergebnisse geben bereits deutliche Hinweise auf die Erklärungsleistung der Prädiktoren für die verschiedenen Formen politischer Aktivität und das vorhandene Wirkungsgeflecht zwischen den unabhängigen Variablen, die zu politischer Partizipation führen. Einer genaueren Untersuchung dieser Aspekte dienen die folgenden Analysen in den Abschnitten 4.4 und 4.5.

4.4 Erklärung politischer Partizipation

Bisher wurden die diskutierten Ansätze zur Erklärung politischer Partizipation (vgl. Abschnitt 2.5) nicht empirisch geprüft. Diese Aufgabe kommt diesem Abschnitt zu. Zunächst einmal sollen bivariate Zusammenhänge zwischen den in Abschnitt 2.5 vorgestellten Erklärungsvariablen der Mikroebene und politischer Aktivität berechnet werden. Auf der Seite der abhängigen Variablen werden dafür sowohl die in Abschnitt 4.2.2 berechneten Dimensionen politischer Partizipation in Ost- und Westdeutschland (für die Querschnittdaten) als auch die Veränderungsvariablen politischer Aktivität aus dem DFG-Panel verwendet. Die bivariaten Analysen in Abschnitt 4.4.1 sollen möglichst knapp gehalten werden und dienen zur Absicherung und Unterstützung der multivariaten Analysen in den Abschnitten 4.4.2 und 4.4.3. Diese lassen wesentlich interessantere Analyseergebnisse erwarten. Während in Abschnitt 4.4.2 Querschnittdaten verwendet werden, nutzt Abschnitt 4.4.3 die Möglichkeiten des DFG-Panels, um sowohl auf der Seite der unabhängigen als auch der abhängigen Variablen zeitliche Dynamik in das Erklärungsmodell einzubeziehen.

4.4.1 Bivariate Zusammenhänge im Querschnitt und im Panel

Bei der Präsentation der Analyseergebnisse werden die unabhängigen Variablen, wie schon bei der Charakterisierung der Partizipationstypen in Abschnitt 4.3, nach Gruppen sortiert und in den Tabellen durch Linien voneinander abgegrenzt. Zu diesen Gruppen gehören Sozialstruktur, Werte, Normen und Ideologie, Involvierung, rationale Erwägungen und soziale Partizipation.

In den Analysen der bivariaten Zusammenhänge mit der CID-Studie dienen die Partizipationsdimensionen aus Abschnitt 4.2.2 als abhängige Variablen. In der Korrelationsanalyse werden die folgenden Variablen verwendet, die sich gemäß der Ausführungen in Abschnitt 2.5 als relevante Prädiktoren politischen Partizipationsverhaltens erwiesen haben: Geschlecht, Alter, Bildung, Einkommen, die Links-Rechts-Selbsteinstufung, die Demokratiezufriedenheit, die Wahlnorm, das politische Interesse, die interne sowie die externe Efficacy, das Institutionenvertrauen, die Parteiidentifikation als dichotome Variable, ein Index, der die Effektivität verschiedener politischer Partizipationsformen mißt sowie ein Index für das Engagement in Vereinen und Organisationen (soziale Partizipation). Für einen Überblick über die genaue Operationalisierung der unabhängigen Variablen sei auf Anhang B verwiesen.

Tabelle 58: Bivariate Zusammenhänge zwischen Verhaltensmanifestationen und Erklärungsvariablen 2001, Westdeutschland

	Kontakt- und Partei- aktivitäten	Konsumori- entierte Ak- tivitäten	Protestakti- vitäten	Wahlbetei- ligung	N
Mann	0,15[c]	-0,03	0,03	0,01	1806
Alter	0,04	-0,10[c]	-0,11[c]	0,11[c]	1793
Bildung	0,11[c]	0,22[c]	0,13[c]	0,00	1788
Einkommen	0,02	0,02	0,03	0,03	1137
Links-Rechts	-0,04	-0,15[c]	-0,08[b]	0,07[b]	1603
Demokratiezufrie- denheit	0,03	-0,06[a]	-0,02	0,15[c]	1786
Wahlnorm	0,16[c]	0,15[c]	-0,01	0,36[c]	1800
PID	0,12[c]	0,14[c]	0,05[a]	0,15[c]	1806
Politisches Interesse	0,30[c]	0,26[c]	0,10[c]	0,20[c]	1787
Interne Efficacy	0,18[c]	0,07[b]	0,06[b]	0,15[c]	1782
Externe Efficacy	0,15[c]	0,03	0,02	0,17[c]	1788
Institutionenvertrauen	0,07[b]	0,02	-0,04	0,24[c]	1805
Effektivität polit. Par- tizipation	0,16[c]	0,26[c]	0,02	0,27[c]	1803
Soziale Partizipation	0,39[c]	0,31[c]	0,04	0,15[c]	1806

Anmerkungen: Angaben: Pearsons r.
Signifikanz: a: p<0,05, b: p<0,01, c: p<0,001.
Quelle: CID-Studie.

Für die Partizipationsdimensionen in Westdeutschland bewegen sich die Befunde sowohl hinsichtlich der Stärke als auch der Richtung des Zusammenhangs weitgehend in den auf der Basis des in Abschnitt 2.5 rekapitulierten Forschungsstandes zu erwartenden Bereichen (Tabelle 58): Bei den Kontakt- und Parteiaktivitäten zeigen sich bei allen Variablen mit signifikanten Effekten positive Wirkungen. Die Korrelationen mit dem politischen Interesse und der sozialen Partizipation sind mit deutlichem Abstand am höchsten. Dahinter folgen auf relativ ähnlichem Niveau das Geschlecht, die Efficacy-Indikatoren, die Wahlnorm und die wahrgenommene Effektivität politischer Partizipation. Für die konsumorientierten Aktivitäten sind die stärksten positiven Zusammenhänge mit dem Ausmaß der sozialen Partizipation, der Effektivität politischer Aktivitäten, dem Bildungsniveau und dem politischen Interesse zu verzeichnen. Signifikante negative Korrelationen lassen sich für das Alter, die Links-Rechts-Selbsteinstufung und für die Demokratiezufriedenheit ermitteln. Für die Beteiligung an Protestaktivitäten ist die Zahl der Prädiktoren mit signifikanten Effekten deutlich geringer als für die beiden vorangehenden Partizipationsdimensionen. Nach der Stärke geordnet ergeben sich positive Zusammenhänge mit dem Bildungsniveau, dem politischen Interesse, der internen Efficacy und der Parteiidentifikation. Negative Zusammenhänge bestehen für das Alter und die Links-Rechts-Klassifikation. Auf die Wahlbeteiligung haben nur drei sozialstrukturelle Variablen keinen signifikanten Einfluß. Der mit Abstand stärkste Korrelationskoeffizient ergibt sich für die Wahlnorm. Danach folgen die wahrgenommene Effektivität politischer Beteiligung, das Institutionenvertrauen und das politische Interesse.

Tabelle 59: Bivariate Zusammenhänge zwischen Verhaltensmanifestationen und Erklärungsvariablen 2001, Ostdeutschland

	Kontaktak-tivitäten	Legale Pro-test- und Parteiakti-vitäten	Konsumori-entierte und illegale Pro-testaktivi-täten	Wahlbetei-ligung	N
Mann	0,06	0,04	0,05	0,00	917
Alter	0,05	-0,01	-0,20[c]	0,07[a]	910
Bildung	0,20[c]	0,03	0,12[c]	0,13[c]	903
Einkommen	-0,01	0,05	0,00	-0,01	642
Links-Rechts	-0,09[b]	-0,15[c]	-0,18[c]	-0,05	814
Demokratiezufrie-denheit	-0,05	0,01	0,00	0,19[c]	901
Wahlnorm	0,17[c]	0,11[b]	0,10[b]	0,39[c]	914
PID	0,22[c]	0,16[c]	0,06	0,20[c]	917
Politisches Interesse	0,26[c]	0,19[c]	0,25[c]	0,14[c]	913
Interne Efficacy	0,22[c]	0,14[c]	0,07[a]	0,07[a]	909
Externe Efficacy	0,16[c]	0,15[c]	0,06	0,04	906
Institutionenvertrauen	-0,03	0,10[b]	-0,05	0,23[c]	916
Effektivität polit. Partizipation	0,20[c]	0,17[c]	0,19[c]	0,23[c]	916
Soziale Partizipation	0,49[c]	0,25[c]	0,03	0,04	917

Anmerkungen: Angaben: Pearsons r.
Signifikanz: a: p<0,05, b: p<0,01, c: p<0,001.
Quelle: CID-Studie.

In Ostdeutschland ergeben sich auf der Basis der CID-Studie die folgenden Ergebnisse (Tabelle 59): Für die Teilnahme an Kontaktaktivitäten hat die soziale Partizipation mit weitem Abstand den stärksten (positiven) Effekt. Im Bereich zwischen 0,20 und 0,30, gemessen mit dem Korrelationskoeffizienten, liegen Bildung, politisches Interesse, interne Efficacy, Parteiidentifikation und die Effektivität politischer Partizipation. Der einzige signifikante negative Effekt ist für die Links-Rechts-

Selbsteinstufung zu verzeichnen. Bei dem Faktor „Legale Protest- und Parteiaktivitäten" ist, wie schon bei den Kontaktaktivitäten, die stärkste Wirkung durch die soziale Partizipation zu verzeichnen. Ansonsten zeigen sich für alle sozialpsychologischen Variablen mit Ausnahme der Demokratiezufriedenheit signifikante Effekte. Nicht signifikant sind außerdem die sozialstrukturellen Variablen. Konsumorientierte und illegale Protestaktivitäten werden eher von Bessergebildeten, Linksorientierten, Befragten mit einer höheren internen Efficacy und Befürwortern der Wahlnorm ausgeübt. Die stärksten Korrelationen bestehen aber für das politische Interesse, das Alter und die wahrgenommene Effektivität politischer Beteiligung. Der mit Abstand stärkste bivariate Zusammenhang mit der Wahlbeteiligung ist für die Wahlnorm festzustellen. Positive Effekte im Bereich um ein r von 0,2 ergeben sich für die Effektivität politischer Partizipation, das Institutionenvertrauen, die Parteiidentifikation und die Demokratiezufriedenheit. Insgesamt entsprechen die berechneten Korrelationskoeffizienten für die mit den CID-Daten ermittelten Partizipationsdimensionen in Ostdeutschland weitgehend den Erwartungen.

Mit dem Allbus 1988 und 1998 soll in den folgenden Analysen auf die zweite wesentliche Datenquelle zurückgegriffen werden. Abhängige Variablen sind dabei für 1998 die in Abschnitt 4.2.2 identifizierten Partizipationsdimensionen in Ost- und Westdeutschland sowie für 1988 die in Abschnitt 4.2.3 berechneten Dimensionen in Westdeutschland. In den Korrelationsanalysen für 1988 und 1998 sind folgende Variablen enthalten: Geschlecht (Mann), Alter, Bildung, Schicht, Einkommen, ein Materialismusindex, die Links-Rechts-Selbsteinstufung, Demokratiezufriedenheit, politisches Interesse, die interne sowie die externe Efficacy und ein Index, der das Ausmaß der sozialen Partizipation repräsentiert. 1998 kommen noch die Wahlnorm sowie die subjektiv wahrgenommene Effektivität politischer Partizipation als Erklärungsfaktoren hinzu. Für die Codierung und Operationalisierung der Variablen und Indizes sei auf Anhang B verwiesen.

Die Analysen mit dem Allbus 1988 sind aus den bekannten Gründen nur für den westlichen Teil Deutschlands möglich. Zunächst werden bivariate Zusammenhänge für das realisierte Beteiligungsverhalten berechnet (Tabelle 60). Für die Mitwirkung an Parteiaktivitäten sind die Korrelationskoeffizienten für alle Variablen bis auf das Alter signifikant. Die stärksten positiven Zusammenhänge weisen das politische Interesse, die soziale Partizipation und die interne Efficacy auf. Negative Zusammenhänge ergeben sich mit dem Materialismusindex, der Links-Rechts-Selbsteinstufung und der Demokratiezufriedenheit. Bei den gewaltsamen Aktivitäten sind nur wenige signifikante Effekte festzustellen. Die Korrelationskoeffizienten für diese Partizipationsform liegen zudem auf einem niedrigen Niveau und überschreiten nur im Fall der Schichtzugehörigkeit im Betrag den Wert von 0,1. Während alle Effekte den Erwartungen im Hinblick auf die Wirkungsrichtung entsprechen, läuft der Korrelationskoeffizient von 0,11 für die Schichteinstufung den in Abschnitt 2.5 erläuterten Befunden und Annahmen zuwider. Bei den diskursiven und illegitimen Aktivitäten weist ein großer Teil der Variablen signifikante Effekte auf. Den stärksten positiven Einfluß haben das politische Interesse und das Bildungsniveau. Negativ wirken das Alter, der Materialismusindex, die Links-Rechts-Selbsteinstufung und die Demokratiezufriedenheit. Insgesamt erklärungsschwach sind die hier genutzten unabhängigen Variablen für die Wahlbeteiligungsdimension. Nur für das Alter zeigt sich mit einem r von 0,15 ein nicht als sehr schwach einzustufender Zusammenhang. Ansonsten haben noch die Demokratiezufriedenheit, das politische Interesse und die externe Efficacy einen ganz schwachen positiven Einfluß auf diese Partizipationsdimension.

Tabelle 60: Bivariate Zusammenhänge zwischen Verhaltensmanifestationen und Erklärungsvariablen 1988, Westdeutschland

	Parteiaktivi-täten	Gewaltsame Aktivitäten	Diskursive und illegitime Aktivitäten	Wahlbeteiligung	N
Mann	$0,14^c$	$0,05^a$	0,03	-0,02	2728
Alter	0,00	0,01	$-0,15^c$	$0,15^c$	2728
Bildung	$0,16^c$	0,00	$0,24^c$	0,01	2653
Schicht	$0,11^c$	$0,11^c$	$0,11^c$	0,00	2471
Einkommen	$0,10^c$	$-0,06^b$	0,01	-0,01	1855
Materialismusindex	$-0,12^c$	0,00	$-0,22^c$	0,02	2691
Links-Rechts	$-0,07^c$	0,01	$-0,17^c$	0,02	2661
Demokratiezufrie-denheit	$-0,06^b$	$-0,07^c$	$-0,11^c$	$0,04^a$	2700
Politisches Interesse	$0,36^c$	0,01	$0,23^c$	$0,05^b$	2720
Interne Efficacy	$0,22^c$	-0,02	$0,14^c$	0,00	2706
Externe Efficacy	$0,12^c$	0,01	0,03	$0,04^a$	2633
Soziale Partizipation	$0,24^c$	$-0,08^c$	$0,05^a$	0,02	2728

Anmerkungen: Angaben: Pearsons r.
Signifikanz: a: p<0,05, b: p<0,01, c: p<0,001.
Quelle: Allbus 1988.

Bei der Nutzung der mit dem realisierten politischen Beteiligungsverhalten aus dem Allbus 1998 berechneten Partizipationsdimensionen ergeben sich für Westdeutschland die folgenden bivariaten Zusammenhänge (Tabelle 61): Für die Beteiligung an illegalen und gewaltsamen Aktivitäten haben nur drei Variablen signifikante Effekte: Alter, Links-Rechts-Einstufung und Akzeptanz der Wahlnorm wirken sich jeweils negativ auf die Nutzung von Beteiligungsformen dieser Partizipationsdimension aus. Ganz anders sieht es hingegen für „Protestaktivitäten" aus. Signifikante positive Korrelationskoeffizienten über 0,2 ergeben sich für die wahrgenommene Effektivität politischer Partizipation (0,36), das Bildungsniveau (0,33), die interne Efficacy (0,29) und das politische Interesse (0,24). Deutliche negative Einflüsse gehen vom Materialismusindex (-0,25) und dem Alter (-0,20) aus. Für die Beteiligung an Parteiaktivitäten sind für alle unabhängigen Variablen signifikante Effekte zu verzeichnen. Einen negativen Einfluß auf diese Partizipationsdimension hat lediglich der Materialismusindex. Die stärksten positiven Effekte lassen sich für soziale Partizipation, das politische Interesse, die interne Efficacy und das Einkommen feststellen. Wie schon bei den vorangehenden bivariaten Zusammenhangsanalysen bewegen sich die Korrelationskoeffizienten für die Wahlbeteiligungsdimension – mit Ausnahme des Alters (0,20) – auf einem niedrigen Niveau. Überraschend sind der sehr niedrige Korrelationskoeffizient für die Wahlnorm sowie die negative Wirkung der wahrgenommenen Effektivität politischer Partizipation.

Tabelle 61: Bivariate Zusammenhänge zwischen Verhaltensmanifestationen und Erklärungsvariablen 1998, Westdeutschland

	Illegale und gewaltsame Aktivitäten	Protest-aktivitäten	Partei-aktivitäten	Wahlbe-teiligung	N
Mann	0,01	0,05[a]	0,16[c]	0,02	1972
Alter	-0,10[c]	-0,20[c]	0,11[c]	0,20[c]	1972
Bildung	0,02	0,33[c]	0,05[a]	0,01	1951
Schicht	-0,01	0,18[c]	0,09[c]	0,02	1802
Einkommen	-0,02	0,08[b]	0,21[c]	0,11[c]	1487
Materialismusindex	-0,04	-0,25[c]	-0,05[a]	0,00	1936
Links-Rechts	-0,07[b]	-0,11[c]	0,09[c]	0,07[b]	1857
Demokratiezufrie-denheit	-0,04	-0,03	0,06[a]	-0,01	1947
Wahlnorm	-0,07[b]	0,03	0,07[b]	0,07[b]	1927
Politisches Interesse	-0,03	0,24[c]	0,25[c]	0,09[c]	1965
Interne Efficacy	-0,01	0,29[c]	0,25[c]	0,06[a]	1959
Externe Efficacy	-0,03	-0,01	0,15[c]	0,07[b]	1957
Effektivität polit. Partizipation	0,00	0,36[c]	0,08[c]	-0,05[a]	1963
Soziale Partizipation	0,01	0,22[c]	0,27[c]	0,10[c]	1972

Anmerkungen: Angaben: Pearsons r.
Signifikanz: a: p<0,05, b: p<0,01, c: p<0,001.
Quelle: Allbus 1998.

In Ostdeutschland stellen sich die Zusammenhänge für die Dimensionen der Verhaltensmanifestationen 1998 wie folgt dar (Tabelle 62): Bei den Parteiaktivitäten ergeben sich positive Zusammenhänge über einem Korrelationskoeffizienten von 0,2 für die interne Efficacy, die soziale Partizipation und das politische Interesse. Zusätzliche signifikante positive Korrelationen lassen sich für die Wahrnehmung der Effektivität politischer Partizipation, die externe Efficacy, das Einkommen, die Schicht, die Bildung und das Geschlecht finden. Signifikante negative Einflüsse gehen vom Materialismusindex und der Links-Rechts-Selbsteinstufung aus. Legale Protestaktivitäten werden in Ostdeutschland eher von Jüngeren, Postmaterialisten und Linken ausgeübt. Außerdem wirken sich ein höherer sozioökonomischer Status, ein höheres politisches Interesse, eine stärkere interne Efficacy, eine höhere Effektivitätswahrnehmung politischer Partizipation und ein stärkeres bürgerschaftliches Engagement positiv auf die Teilnahme an legalen Protestaktivitäten aus. Bei den drei übrigen Partizipationsdimensionen ist zum einen eine geringere Zahl signifikanter Korrelationskoeffizienten zu verzeichnen als bei den vorangehenden Partizipationsdimensionen, zum anderen ist das Niveau der bivariaten Zusammenhänge niedriger. Illegale Protestaktivitäten werden eher von Jüngeren, Höhergebildeten, Postmaterialisten, stärker politisch Interessierten und Personen mit stärkeren Effektivitätswahrnehmungen ausgeübt. Für die Einschüchterung von Gegnern sind negative Zusammenhänge mit dem Alter, der Bildung, der Schicht, dem Einkommen, der Akzeptanz der Wahlnorm und dem Niveau sozialer Partizipation zu verzeichnen. Hinzu kommt noch, daß es eher politisch Rechtsorientierte sind, die auf dieser Partizipationsdimension aktiver sind. Für „Krach bei Demonstrationen" lassen sich gar nur zwei signifikante Korrelationskoeffizienten identifizieren. Die beiden Variablen sind die wahrgenommene Effektivität politischer Partizipation und das soziale Partizipationsniveau. Beide haben einen positiven Effekt.

Tabelle 62: Bivariate Zusammenhänge zwischen Verhaltensmanifestationen und Erklärungsvariablen 1998, Ostdeutschland

	Parteiak-tivitäten	Legale Protestak-tivitäten	Illegale Protestak-tivitäten	Einschü-chterung von Geg-nern	Krach bei Demonst-rationen	N
Mann	0,07[a]	0,02	0,02	-0,01	0,02	862
Alter	0,06	-0,12[b]	-0,10[b]	-0,13[c]	-0,05	862
Bildung	0,15[c]	0,14[c]	0,14[c]	-0,07[a]	-0,03	856
Schicht	0,08[a]	0,07	0,03	-0,16[c]	-0,03	796
Einkommen	0,15[c]	0,07[a]	-0,04	-0,18[c]	0,01	741
Materialismusindex	-0,09[a]	-0,13[c]	-0,13[c]	-0,02	-0,03	846
Links-Rechts	-0,20[c]	-0,08[a]	-0,02	0,11[b]	0,03	832
Demokratiezufrie-denheit	-0,01	0,01	-0,03	-0,04	0,06	852
Wahlnorm	0,01	0,07	0,01	-0,10[b]	-0,06	846
Politisches Interesse	0,24[c]	0,19[c]	0,11[b]	-0,05	-0,01	858
Interne Efficacy	0,27[c]	0,17[c]	0,13[c]	-0,06	0,02	860
Externe Efficacy	0,09[b]	0,03	0,08[a]	0,00	-0,03	860
Effektivität polit. Partizipation	0,19[c]	0,20[c]	0,15[c]	0,06	0,09[a]	859
Soziale Partizipation	0,25[c]	0,23[c]	0,02	-0,11[b]	0,08[a]	862

Anmerkungen: Angaben: Pearsons r.
Signifikanz: a: p<0,05, b: p<0,01, c: p<0,001.
Quelle: Allbus 1998.

Wurden in den bisherigen Ausführungen nur Zusammenhänge für Verhaltensmanifestationen betrachtet, geht es im Folgenden um den Einfluß der Prädiktoren auf Partizipationsabsichten. In Westdeutschland ergeben sich mit dem Allbus 1988 die folgenden Ergebnisse (Tabelle 63): Mit Ausnahme der sozialen Partizipation und des Einkommens haben alle unabhängigen Variablen für die Dimension „Gewaltsame und illegale Aktivitäten" signifikante Effekte. Positive Zusammenhänge sind für das Geschlecht, das Bildungsniveau, das politische Interesse und die interne Efficacy festzustellen. Negative Einflüsse gehen vom Alter, der Schicht, vom Materialismusindex, der Links-Rechts-Selbsteinstufung, der Demokratiezufriedenheit und der externen Efficacy aus. Bei den Partei- und diskursiven Aktivitäten haben sogar alle hier verwendeten unabhängigen Variablen einen signifikanten Einfluß. Der deutlich stärkste Effekt mit einem r von 0,41 geht vom politischen Interesse aus. Danach folgen der Materialismusindex (-0,32), die interne Efficacy (0,29) und das Bildungsniveau (0,28). Während alle anderen Variablen in der erwarteten Richtung auf die Beteiligungsabsicht an konventionellen Aktivitäten einwirken, überrascht der leicht negative Korrelationskoeffizient für die Demokratiezufriedenheit doch ein wenig.

Tabelle 63: Bivariate Zusammenhänge zwischen Verhaltensabsichten und Erklärungsvariablen 1988, Westdeutschland

	Gewaltsame und illegale Aktivitäten	Partei- und diskursive Aktivitäten	N
Mann	0,05[a]	0,11[c]	2886
Alter	-0,16[c]	-0,21[c]	2886
Bildung	0,14[c]	0,28[c]	2793
Schicht	-0,05[a]	0,22[c]	2619
Einkommen	-0,02	0,12[c]	1964
Materialismusindex	-0,14[c]	-0,32[c]	2844
Links-Rechts	-0,17[c]	-0,10[c]	2814
Demokratiezufriedenheit	-0,18[c]	-0,06[b]	2855
Politisches Interesse	0,13[c]	0,41[c]	2878
Interne Efficacy	0,13[c]	0,29[c]	2863
Externe Efficacy	-0,06[b]	0,07[c]	2786
Soziale Partizipation	0,01	0,20[c]	2886

Anmerkungen: Angaben: Pearsons r.
Signifikanz: a: $p<0,05$, b: $p<0,01$, c: $p<0,001$.
Quelle: Allbus 1988.

Tabelle 64: Bivariate Zusammenhänge zwischen Verhaltensabsichten und Erklärungsvariablen 1998, Westdeutschland

	Illegale und gewaltsame Aktivitäten	Protestaktivitäten	Parteiaktivitäten	N
Mann	0,01	0,04	0,11[c]	2024
Alter	-0,17[c]	-0,23[c]	-0,02	2024
Bildung	0,04	0,23[c]	0,14[c]	1987
Schicht	-0,01	0,13[c]	0,16[c]	1845
Einkommen	-0,02	0,04	0,13[c]	1531
Materialismusindex	-0,10[c]	-0,23[c]	-0,11[c]	1985
Links-Rechts	-0,10[c]	-0,08[b]	0,03	1903
Demokratiezufriedenheit	-0,13[c]	-0,01	0,03	1997
Wahlnorm	-0,14[c]	0,03	0,03	1969
Politisches Interesse	-0,02	0,17[c]	0,24[c]	2018
Interne Efficacy	0,03	0,24[c]	0,30[c]	2009
Externe Efficacy	-0,11[c]	0,00	0,10[c]	2008
Effektivität polit. Partizipation	0,14[c]	0,34[c]	0,20[c]	2014
Soziale Partizipation	0,00	0,14[c]	0,26[c]	2024

Anmerkungen: Angaben: Pearsons r.
Signifikanz: a: $p<0,05$, b: $p<0,01$, c: $p<0,001$.
Quelle: Allbus 1998.

Für 1998 zeigt sich bei einer stark divergierenden dimensionalen Struktur für die bivariaten Zusammenhänge das folgende Bild (Tabelle 64): Die Absicht zu illegalen und gewaltsamen Aktivitäten wird eher von Jüngeren, Postmaterialisten, Linksorientierten, mit der Demokratie Unzufriedenen und der Wahlnorm ablehnend Gegenüberstehenden geäußert. Auch Personen, die einerseits den Staat als weniger offen gegenüber den Beteiligungsbemühungen der Bürger, andererseits nichtelektorale politische Beteiligungsformen als effektiv bewerten, sind eher zur Teilnahme an illegalen und gewaltsamen Aktivitäten bereit. Für die Protestaktivitäten sind die Korrelationskoeffizienten auf einem deutlich höheren Niveau als für die vorangehende Partizipationsdimension. Der stärkste Zusammenhang ergibt sich mit 0,34 für die Effektivitätsbewertung politischer Partizipation. Dahinter folgen das Bildungsniveau und die interne Efficacy, ebenfalls mit positiver Wirkung. Korrelationen auf einem ähnlich hohen Niveau, allerdings mit negativem Vorzeichen, ergeben sich für das Alter und den Materialismusindex. Ansonsten sind für diese Beteiligungsdimension positive signifikante Effekte der Schichtzugehörigkeit, des politischen Interesses und der sozialen Partizipation zu verzeichnen. Signifikant negativ wirkt zudem noch die Links-Rechts-Selbsteinstufung. Bei der Dimension „Parteiaktivitäten" ergeben sich die stärksten Zusammenhänge für die interne Efficacy (0,30), die soziale Partizipation (0,26) und das politische Interesse (0,24). Weiterhin sind Männer, Personen mit einem höheren sozioökonomischen Status, Postmaterialisten, Befragte mit einer stärkeren externen Efficacy sowie mit einer besseren Effektivitätsbewertung politischer Partizipation eher bereit, sich an Parteiaktivitäten zu beteiligen.

Tabelle 65: Bivariate Zusammenhänge zwischen Verhaltensabsichten und Erklärungsvariablen 1998, Ostdeutschland

	Protestaktivitäten	Illegale Aktivitäten	Parteiaktivitäten	Gewaltsame Aktivitäten	N
Mann	0,08[a]	-0,02	0,05	0,05	872
Alter	0,09[b]	-0,18[c]	0,00	-0,09[b]	872
Bildung	0,16[c]	0,07[a]	0,13[c]	0,03	864
Schicht	0,09[a]	-0,12[b]	0,09[a]	0,02	806
Einkommen	0,11[b]	-0,12[b]	0,03	-0,03	752
Materialismusindex	-0,17[c]	-0,12[b]	-0,13[c]	-0,03	856
Links-Rechts	-0,15[c]	0,01	-0,11[b]	-0,02	842
Demokratiezufriedenheit	0,08[a]	-0,12[b]	-0,03	-0,01	859
Wahlnorm	0,10[b]	-0,10[b]	0,05	-0,03	855
Politisches Interesse	0,29[c]	0,01	0,22[c]	0,03	868
Interne Efficacy	0,32[c]	0,05	0,25[c]	0,02	870
Externe Efficacy	0,11[b]	-0,04	0,10[b]	0,00	870
Effektivität polit. Partizipation	0,28[c]	0,22[c]	0,22[c]	0,04	869
Soziale Partizipation	0,24[c]	-0,05	0,18[c]	0,00	872

Anmerkungen: Angaben: Pearsons r.
Signifikanz: a: p<0,05, b: p<0,01, c: p<0,001.
Quelle: Allbus 1998.

Für die beabsichtigte Teilnahme an Protestaktivitäten in Ostdeutschland sind 1998 die Korrelationskoeffizienten mit allen hier verwendeten Variablen signifikant (Tabelle 65). Die mit Abstand stärksten (positiven) Effekte gehen von der internen Efficacy, dem politischen Interesse, der wahrgenommenen Effektivität politischer Partizipation und dem Niveau sozialen Engagements aus. Mit Ausnahme des Materialismusindex und der Links-Rechts-Selbsteinstufung sind die Korrelationen für alle Variablen positiv. Bei den illegalen Aktivitäten ergeben sich dagegen deutlich mehr negative Korrelationskoeffizienten. So hängen Alter, Schicht, Einkommen, Materialismusindex, Demokratiezufriedenheit und Zustimmung zur Wahlnorm signifikant negativ mit dieser Beteiligungsdimension zusammen. Der einzige signifikant positive – und vom Betrag her stärkste – Zusammenhang besteht für die wahrgenommene Effektivität politischer Partizipation. Bei den Parteiaktivitäten zeigt sich ein ganz anderes Bild. Hier sind vor allem die Befragten mit einer hohen internen Efficacy, die politisch Interessierten, diejenigen mit einer höheren Effektivitätsbewertung politischer Partizipation und die sozial und bürgerschaftlich Aktiven zu einem Engagement im Rahmen von Parteiaktivitäten bereit. Hinzu kommt noch ein schwacher positiver Effekt des Bildungsniveaus und der Schichtzugehörigkeit. Negative Zusammenhänge gibt es mit dem Materialismusindex und der Links-Rechts-Selbsteinstufung. Für „Gewaltsame Aktivitäten" gibt es nur einen einzigen signifikanten Korrelationskoeffizienten: Jüngere sind eher zur Ausübung solcher Aktivitäten bereit als Ältere.

Mit einigen wenigen Ausnahmen zeigen sich also insgesamt für alle an dieser Stelle analysierten Querschnittdatensätze im wesentlichen die aufgrund der Ausführungen in Abschnitt 2.5 zu erwartenden bivariaten Zusammenhänge. Es fällt allerdings schon bei bivariater Betrachtung auf, daß sich für die einzelnen Partizipationsdimensionen sehr unterschiedliche Profile in den Erklärungsmustern ergeben. Leider ist hier ein Vergleich zwischen Ost und West, zwischen den Partizipationsindikatoren, aber auch innerhalb eines Landesteils oder für den gleichen Partizipationsindikator zu unterschiedlichen Zeitpunkten aufgrund der Unterschiede in der Dimensionierung und der Ladungsstruktur der einzelnen Partizipationsdimensionen nicht möglich. Daher soll wenigstens in den Analysen in Abschnitt 4.4.2 die Stärke der Effekte der einzelnen Prädiktoren bei multivariater Betrachtung untersucht werden.

Vor den multivariaten Analysen mit Querschnittdaten sollen an dieser Stelle noch kurz die bivariaten Korrelationen zwischen den Veränderungen der Verhaltensabsichten und potentiellen Prädiktoren aus dem DFG-Panel berechnet werden. Abhängige und unabhängige Variablen sind hier Veränderungen zwischen zwei Befragungszeitpunkten, also Differenzen. Ausnahmen sind das Geschlecht, das Alter und das Bildungsniveau, die sich entweder gar nicht (Geschlecht), für alle Befragten im gleichen Ausmaß (Alter) oder für einige wenige Befragte positiv (Bildung) verändern können. Die anderen Prädiktoren sind die Veränderung der Schichtzugehörigkeit, des Einkommens, des Materialismusindex, der Links-Rechts-Selbsteinstufung, der Demokratiezufriedenheit, der Wahlnorm, der Stärke der Parteiidentifikation, des politischen Interesses, der internen und der externen Efficacy, des Institutionenvertrauens sowie der sozialen Partizipation. Für die genaue Operationalisierung sei auf die Darstellung in Anhang B verwiesen. Aus den Analysen ausgeschlossen wurden diejenigen Befragten, bei denen sich das Partizipationsverhalten zwischen den beiden Erhebungszeitpunkten nicht ändert, denn das Ziel dieser Analysen ist ja gerade die Erklärung von Veränderungen im Zeitverlauf. Im Gegensatz zu den in Abschnitt 4.4.3 durchzuführenden multivariaten Regressionsanalysen wurden für die Berechnung der Korrelationskoeffizienten fehlende Werte bei den unabhängigen Variablen nicht ersetzt. Daher variiert die Zahl der in die Analysen einbezogenen Befragten teilweise sehr deutlich (vgl. die Tabellen A.20 bis A.25 im Anhang).

Tabelle 66: Bivariate Zusammenhänge zwischen Veränderungen der Verhaltensabsichten zur Beteiligung an Bürgerinitiativen und Erklärungsvariablen 1994-2002, West- und Ostdeutschland

Variable	Westdeutschland			Ostdeutschland		
	1994-1998	1998-2002	1994-2002	1994-1998	1998-2002	1994-2002
Mann	-0,02	0,06	0,08^a	-0,09^a	0,01	-0,01
Alter	-0,05	-0,01	-0,03	-0,01	-0,03	-0,05
Bildung	-0,01	0,07^a	0,05	-0,01	0,02	-0,04
ΔSchicht	0,05	-0,03	-0,12^a	-0,05	0,05	0,12^b
ΔEinkommen	0,12^a	-0,06	-0,04	0,06	0,07	0,08
ΔMaterialismusindex	-0,19^c	-0,10^b	-0,11^b	-0,19^c	-0,17^c	-0,15^c
ΔLinks-Rechts	-0,02	-0,04	0,06	-0,12^b	-0,07^a	0,00
ΔDemokratiezufriedenheit	0,04	0,00	0,06	-0,07	0,01	0,05
ΔWahlnorm	0,05	0,01	0,09^a	0,08^a	0,04	0,15^c
ΔStärke PID	0,12^b	0,08^b	0,16^c	0,14^c	0,17^c	0,07^a
ΔPolitisches Interesse	0,11^b	0,10^b	0,09^a	0,19^c	0,18^c	0,21^c
ΔInterne Efficacy	0,23^c	0,19^c	0,23^c	0,28^c	0,33^c	0,33^c
ΔExterne Efficacy	0,01	-0,07^a	-0,06	0,05	0,03	0,16^c
ΔInstitutionenvertrauen	-0,05	-0,03	0,03	-0,03	0,08^a	0,06
ΔSoziale Partizipation	0,11^b	0,04	0,06	0,07^a	0,04	0,06

Anmerkungen: Angaben: Pearsons r; N: vgl. Tabelle A.20.
Signifikanz: a: p<0,05, b: p<0,01, c: p<0,001.
Quelle: DFG-Panel.

Für die Veränderung der Bereitschaft zur Mitarbeit in Bürgerinitiativen läßt sich folgendes feststellen (Tabelle 66): Lediglich für vier Variablen gibt es für alle drei Vergleichspaare in beiden Landesteilen immer signifikante Effekte. Diese unterscheiden sich zwar in ihrer Stärke, wirken aber immer in die gleiche Richtung: Eine Verschiebung der Werteprioritäten in Richtung Postmaterialismus führt zu einer höheren Bereitschaft, in Bürgerinitiativen mitzuarbeiten, genauso wie eine Zunahme des politischen Interesses, ein Zuwachs der eigenen Kompetenzwahrnehmung (interne Efficacy) und eine Verstärkung der Parteiidentifikation. Bei diesen vier Variablen fällt auf, daß die bivariaten Zusammenhänge für die Ostdeutschen fast alle stärker sind als für die Westdeutschen. Besonders deutlich sind diese Unterschiede bei der internen Efficacy. Für die übrigen Variablen ergeben sich nur vereinzelte signifikante Effekte. Bei vielen Variablen variiert zudem das Vorzeichen des Korrelationskoeffizienten. Dies spricht für situationsspezifische Effekte der jeweiligen unabhängigen Variablen.

Für die Teilnahmebereitschaft an genehmigten Demonstrationen ergeben sich in Ost- und Westdeutschland nur für zwei Variablen immer signifikante und gleichgerichtete Effekte (Tabelle 67). So führt eine zunehmende Orientierung hin zu postmaterialistischen Einstellungen zu einer Zunahme der Beteiligungsneigung. Den gleichen Effekt hat eine Zunahme der internen Efficacy. Im Westen zeigen sich zwei signifikante positive Korrelationskoeffizienten für die Veränderung der Stärke der Parteiidentifikation. Die anderen Variablen sind nicht weiter erwähnenswert. Im Osten ergeben sich für eine weitere Variable für alle Vergleiche durchgängig signifikante und gleichgerichtete Effekte: Hier führt eine Zunahme des politischen Interesses zu einem Zuwachs der Beteiligungsneigung. Signifikante positive Effekte bei zwei Vergleichen sind für die Verstärkung der Parteiidentifikation und die Zunahme der sozialen Partizipation zu verzeichnen. Erwähnenswert ist noch der relativ starke positive Effekt der Zunahme der Wahlnorm für die Veränderung von 1994 auf 2002.

Tabelle 67: Bivariate Zusammenhänge zwischen Veränderungen der Verhaltensabsichten zur Beteiligung an genehmigten Demonstrationen und Erklärungsvariablen 1994-2002, West- und Ostdeutschland

Variable	Westdeutschland			Ostdeutschland		
	1994-1998	1998-2002	1994-2002	1994-1998	1998-2002	1994-2002
Mann	-0,03	0,02	0,04	-0,03	0,03	0,05
Alter	-0,07	0,01	0,02	0,03	-0,04	$-0,12^b$
Bildung	0,02	0,06	0,05	0,01	$0,07^a$	0,06
ΔSchicht	0,01	$0,07^a$	-0,01	-0,02	0,06	0,05
ΔEinkommen	-0,03	-0,02	-0,06	0,03	-0,04	0,07
ΔMaterialismusindex	$-0,17^c$	$-0,13^c$	$-0,16^c$	$-0,15^c$	$-0,12^c$	$-0,15^c$
ΔLinks-Rechts	-0,02	$-0,06^a$	-0,08	$-0,12^b$	0,04	0,01
ΔDemokratiezufriedenheit	0,04	-0,02	$0,11^a$	$-0,07^a$	-0,03	-0,04
ΔWahlnorm	-0,01	0,04	0,02	0,04	0,02	$0,19^c$
ΔStärke PID	$0,13^b$	0,03	$0,12^b$	$0,11^b$	$0,13^c$	0,06
ΔPolitisches Interesse	0,02	$0,06^a$	0,08	$0,10^b$	$0,13^c$	$0,16^c$
ΔInterne Efficacy	$0,17^c$	$0,16^c$	$0,16^c$	$0,20^c$	$0,28^c$	$0,17^c$
ΔExterne Efficacy	0,08	-0,03	0,05	-0,01	0,03	$0,09^a$
ΔInstitutionenvertrauen	-0,07	-0,03	0,03	-0,02	0,02	0,05
ΔSoziale Partizipation	0,05	0,03	0,08	$0,08^a$	$0,07^a$	0,05

Anmerkungen: Angaben: Pearsons r; N: vgl. Tabelle A.21.
Signifikanz: a: $p<0,05$, b: $p<0,01$, c: $p<0,001$.
Quelle: DFG-Panel.

Bei der Bereitschaft, an gewaltsamen Demonstrationen teilzunehmen, gibt es ein-heitliche signifikante Effekte – mit wechselnder Stärke – für die drei abhängigen Veränderungsvariablen in beiden Landesteilen lediglich für eine einzige unabhängi-ge Variable (Tabelle 68): Eine Verschiebung der Werteprioritäten hin zum Postma-terialismus erhöht die Bereitschaft zur Beteiligung an gewaltsamen Demonstratio-nen. In Westdeutschland weist noch eine weitere Variable drei signifikante und gleichgerichtete Effekte auf. Eine Abnahme des Institutionenvertrauens führt dort zu einer stärkeren Neigung zur Teilnahme an gewaltsamen Demonstrationen. Im Osten hat die Zunahme der internen Efficacy für alle drei Vergleiche einen partizipations-fördernden Einfluß. Auffällig sind im Westen zusätzlich die signifikanten negativen Effekte der Indikatoren für die Veränderung des sozioökonomischen Status sowie der Demokratiezufriedenheit und der Wahlnorm. Im Osten stechen der positive Ein-fluß des Alters, der negative Effekt der Veränderung der Demokratiezufriedenheit und der positive Einfluß der Differenzvariable für das politische Interesse ins Auge. Die übrigen Variablen weisen keine interpretationsfähigen Muster auf.

Tabelle 68: Bivariate Zusammenhänge zwischen Veränderungen der Verhal-tensabsichten zur Beteiligung an gewaltsamen Demonstrationen und Erklärungsvariablen 1994-2002, West- und Ostdeutschland

Variable	Westdeutschland			Ostdeutschland		
	1994-1998	1998-2002	1994-2002	1994-1998	1998-2002	1994-2002
Mann	0,03	0,05	0,12[a]	0,01	-0,05	-0,06
Alter	-0,11[a]	0,07	-0,02	-0,02	0,09[b]	0,11[b]
ΔBildung	0,01	0,06	0,09	0,10[a]	0,04	0,08
ΔSchicht	-0,17[b]	0,01	-0,18[b]	-0,02	0,05	0,07
ΔEinkommen	-0,14[b]	-0,06	0,02	0,06	-0,10[a]	-0,09
ΔMaterialismusindex	-0,13[b]	-0,09[a]	-0,21[c]	-0,11[b]	-0,14[c]	-0,12[b]
ΔLinks-Rechts	-0,19[c]	0,06	-0,03	-0,01	0,00	-0,04
ΔDemokratiezufrie-denheit	-0,08	-0,08[a]	-0,10[a]	-0,03	-0,12[c]	-0,15[c]
ΔWahlnorm	-0,09	-0,16[c]	-0,25[c]	-0,04	0,01	-0,07
ΔStärke PID	0,05	-0,03	0,01	-0,02	0,18[c]	0,05
ΔPolitisches Interes-se	-0,08	-0,13[b]	0,07	0,07	0,19[c]	0,16[c]
ΔInterne Efficacy	0,14[b]	0,03	0,10	0,14[c]	0,22[c]	0,10[a]
ΔExterne Efficacy	0,01	0,07	0,18[c]	0,03	-0,01	0,05
ΔInstitutionenver-trauen	-0,19[c]	-0,11[b]	-0,20[c]	-0,10[a]	-0,07[a]	0,05
ΔSoziale Partizipa-tion	-0,01	-0,03	-0,05	-0,02	-0,08[a]	-0,05

Anmerkungen: Angaben: Pearsons r; N: vgl. Tabelle A.22.
Signifikanz: a: p<0,05, b: p<0,01, c: p<0,001.
Quelle: DFG-Panel.

In Westdeutschland haben für die Veränderung der Beteiligungsabsichten an Verkehrsblockaden zwei Variablen signifikante und gleichgerichtete Effekte für alle drei Vergleiche (Tabelle 69). Wie schon bei den vorangehenden Beteiligungsformen führt eine Verschiebung der Werteprioritäten in Richtung Postmaterialismus zu einer Erhöhung der Beteiligungsbereitschaft. Die zweite Variable ist die interne Efficacy. Nimmt sie zu, kommt es zu einer Steigerung der Partizipationsneigung. Diese bivariaten Effekte zeigen sich auch im Osten, allerdings beim Materialismusindex nur für zwei Vergleiche. Ansonsten ergeben sich im Westen beteiligungsfördernde Effekte für je zwei Vergleiche für die Abnahme der Demokratiezufriedenheit, die Verringerung des Institutionenvertrauens, die Verstärkung der Parteiidentifikation und ein Anwachsen der sozialen Partizipation. Für die beiden ersten Variablen treten diese Effekte auch in Ostdeutschland auf. Hier ist zudem noch eine Zunahme des politischen Interesses bei zwei Vergleichen partizipationsfördernd.

Tabelle 69: Bivariate Zusammenhänge zwischen Veränderungen der Verhaltensabsichten zur Beteiligung an Verkehrsblockaden und Erklärungsvariablen 1994-2002, West- und Ostdeutschland

Variable	Westdeutschland			Ostdeutschland		
	1994-1998	1998-2002	1994-2002	1994-1998	1998-2002	1994-2002
Mann	-0,02	0,06	0,08	-0,05	0,00	-0,12[b]
Alter	-0,08	0,04	0,00	-0,03	-0,04	-0,02
Bildung	-0,01	-0,02	0,03	-0,10[b]	0,06	-0,04
ΔSchicht	-0,10	0,03	-0,02	-0,07	0,03	-0,06
ΔEinkommen	-0,18[b]	0,03	-0,07	0,01	-0,09[a]	0,07
ΔMaterialismusindex	-0,18[c]	-0,09[b]	-0,10[a]	-0,07	-0,11[b]	-0,09[a]
ΔLinks-Rechts	-0,06	0,01	0,01	0,02	0,00	-0,05
ΔDemokratiezufriedenheit	-0,07	-0,10[b]	-0,11[a]	-0,03	-0,09[a]	-0,14[c]
ΔWahlnorm	-0,04	-0,04	-0,13[b]	0,00	-0,03	0,06
ΔStärke PID	0,13[b]	0,06	0,12[a]	-0,04	0,18[c]	0,04
ΔPolitisches Interesse	-0,03	-0,03	0,00	0,05	0,15[c]	0,14[c]
ΔInterne Efficacy	0,15[b]	0,07[a]	0,12[a]	0,11[b]	0,22[c]	0,15[c]
ΔExterne Efficacy	-0,04	-0,03	0,06	-0,04	-0,06	-0,04
ΔInstitutionenvertrauen	-0,07	-0,14[c]	-0,12[b]	-0,12[b]	-0,06	-0,12[b]
ΔSoziale Partizipation	0,18[c]	0,10[b]	0,03	0,08[a]	0,07	0,05

Anmerkungen: Angaben: Pearsons r; N: vgl. Tabelle A.23.
Signifikanz: a: p<0,05, b: p<0,01, c: p<0,001.
Quelle: DFG-Panel.

Die Bereitschaft, Unterstützung bei einer Partei zu suchen, wurde bekanntlich nur 1998 und 2002 erhoben, so daß für diese politische Aktivität lediglich für eine Vergleichsvariable bivariate Korrelationen berechnet wurden (Tabelle 70). In West- und

Ostdeutschland mit je unterschiedlicher Stärke signifikant beteiligungsfördernd sind die Verlagerung der Werteprioritäten in Richtung Postmaterialismus, eine Zunahme des politischen Interesses, eine Verstärkung der internen Efficacy, ein Anstieg der externen Efficacy und eine Verstärkung der Parteiidentifikation. Diese Effekte sind alle im Osten deutlich stärker ausgeprägt. Dort sind zudem noch ein niedrigeres Alter, ein höheres Bildungsniveau, eine Verbesserung der Schichtzugehörigkeit, eine stärkere Befürwortung der Wahlnorm und eine Zunahme des Institutionenvertrauens partizipationsfördernd.

Tabelle 70: Bivariate Zusammenhänge zwischen Veränderungen der Verhaltensabsichten, bei einer Partei Unterstützung zu suchen und Erklärungsvariablen 1998-2002, West- und Ostdeutschland

Variable	Westdeutschland	Ostdeutschland
Mann	0,03	0,06
Alter	-0,05	-0,13[c]
Bildung	-0,03	0,09[b]
ΔSchicht	0,01	0,08[a]
ΔEinkommen	0,05	0,06
ΔMaterialismusindex	-0,08[b]	-0,14[c]
ΔLinks-Rechts	0,03	0,00
ΔDemokratiezufriedenheit	0,03	0,03
ΔWahlnorm	0,02	0,13[c]
ΔStärke PID	0,10[b]	0,17[c]
ΔPolitisches Interesse	0,09[b]	0,16[c]
ΔInterne Efficacy	0,13[c]	0,30[c]
ΔExterne Efficacy	0,06[a]	0,12[c]
ΔInstitutionenvertrauen	0,05	0,10[b]
ΔSoziale Partizipation	0,03	0,05

Anmerkungen: Angaben: Pearsons r; N: vgl. Tabelle A.24.
Signifikanz: a: $p<0,05$, b: $p<0,01$, c: $p<0,001$.
Quelle: DFG-Panel.

Für die Wahrscheinlichkeit der Wahlbeteiligung gehen bekanntlich nur die Vorwahlbefragten in die Analysen ein. Zudem hat sich im Rahmen der Analysen in Abschnitt 4.1.3 gezeigt, daß es bei der Wahlbeteiligung in deutlich geringerem Maße zu Veränderungen der Verhaltensabsicht im Zeitverlauf kommt. Die Zahl der in die Analysen einbezogenen Befragten ist also sehr viel kleiner als bei den anderen Partizipationsformen (vgl. Tabelle A.25). Klar hervor stechen für beide Landesteile die vergleichsweise starken positiven Korrelationen für die Veränderung der Wahlnorm für alle drei Vergleiche (Tabelle 71). Dies ist aufgrund der besonderen partizipationsfördernden Bedeutung dieser Variable nicht überraschend (vgl. Abschnitt 2.5.2). Im Westen weist auch die Zunahme der internen Efficacy für alle drei Vergleiche partizipationsfördernde Effekte auf. Im Osten ist diese Variable hingegen überhaupt nicht relevant. Dafür kann in diesem Landesteil das Alter für alle drei abhängigen Variablen signifikante Effekte entfalten. Allerdings variiert das Vorzeichen. Drei signifikante beteiligungsfördernde Effekte weist im Osten zudem die Zunahme des politischen Interesses auf. Auffällig sind in diesem Landesteil außerdem noch die positiven Effekte des Einkommenszuwachses, der Verstärkung der Parteiidentifikation und des Bildungsniveaus zu jeweils zwei Zeitpunkten. Im Westen sind eine zunehmende Linksorientierung, ein Zuwachs des politischen Interesses und eine Verstärkung der Parteiidentifikation für wenigstens zwei Vergleiche wahlbeteiligungsfördernd.

Tabelle 71: Bivariate Zusammenhänge zwischen Veränderungen der Wahrscheinlichkeit der Wahlbeteiligung und Erklärungsvariablen 1994-2002, West- und Ostdeutschland

Variable	Westdeutschland			Ostdeutschland		
	1994-1998	1998-2002	1994-2002	1994-1998	1998-2002	1994-2002
Mann	0,03	-0,03	-0,08	-0,01	-0,14	-0,31[c]
Alter	-0,14	0,05	-0,05	-0,24[b]	0,23[a]	-0,39[c]
Bildung	0,13	-0,08	0,09	0,16[a]	0,02	0,29[c]
ΔSchicht	-0,01	0,13	0,04	0,07	0,00	-0,10
ΔEinkommen	-0,16	-0,04	-0,01	0,21[a]	0,03	0,21[a]
ΔMaterialismusindex	-0,10	-0,06	0,17	-0,10	0,15	-0,08
ΔLinks-Rechts	-0,24[a]	-0,26[a]	-0,02	-0,12	0,09	-0,04
ΔDemokratiezufriedenheit	-0,04	0,10	-0,05	0,19[a]	0,18	0,09
ΔWahlnorm	0,29[b]	0,50[c]	0,52[c]	0,33[c]	0,35[c]	0,51[c]
ΔStärke PID	0,36[c]	0,49[c]	0,21	0,28[c]	0,07	0,31[c]
ΔPolitisches Interesse	0,11	0,34[b]	0,35[b]	0,36[c]	0,28[b]	0,31[c]
ΔInterne Efficacy	0,20[a]	0,29[b]	0,31[a]	0,13	0,12	0,02
ΔExterne Efficacy	-0,16	0,11	0,05	0,09	-0,08	0,01
ΔInstitutionenver-trauen	-0,05	0,11	-0,07	-0,03	0,07	0,11
ΔSoziale Partizipation	0,06	-0,16	-0,06	0,15[a]	-0,02	0,17

Anmerkungen: Angaben: Pearsons r; Vorwahlbefragte; N: vgl. Tabelle A.25.
Signifikanz: a: p<0,05, b: p<0,01, c: p<0,001.
Quelle: DFG-Panel.

Insgesamt zeigen sich also für die bivariaten Zusammenhangsanalysen mit Paneldaten relativ konsistente Effekte der einzelnen unabhängigen Variablen. Lediglich in einigen wenigen Ausnahmen kommt es zu einer Umkehrung der Vorzeichen beim Vergleich zwischen den verschiedenen Differenzvariablen. Auch in einer vergleichenden Ost-West-Perspektive zeigen sich zwar einige bemerkenswerte Unterschiede, doch überwiegen im großen und ganzen die Übereinstimmungen hinsichtlich der Signifikanz und Richtung der Effekte der einzelnen Prädiktoren. Deutliche Unterschiede zwischen beiden Landesteilen ergeben sich jedoch in bezug auf die Stärke der Korrelationskoeffizienten. Inwieweit sich diese Effektstrukturen auch im multivariaten Wirkungsgefüge aufrechterhalten, wird im folgenden Abschnitt (4.4.2) zu prüfen sein.

4.4.2 Multivariate Zusammenhänge im Querschnitt

Nachdem im vorangehenden Abschnitt ein kurzer Überblick über die bivariaten Zusammenhänge zwischen den verschiedenen Prädiktoren und den Dimensionen politischer Partizipation gegeben wurde, sollen nun multivariate Erklärungsmodelle mit Querschnittdaten im Vordergrund stehen. Dafür werden wiederum die Daten aus den Allbus-Studien 1988 und 1998 sowie aus der CID-Studie verwendet. Wie schon in den vorangehenden Analysen bietet die letztgenannte Studie wegen der großen Zahl der einbezogenen Partizipationsformen den Vorteil der bestmöglichen Annäherung an die real vorhandenen Strukturen politischer Partizipation, während die Allbus-Daten sowohl einen Vergleich der Erklärungsmodelle zwischen zwei Zeitpunkten als auch eine getrennte Betrachtung der Erklärungskraft des Regressionsmodells für realisiertes und beabsichtigtes Verhalten erlauben. Abhängige Variablen in den folgenden Analysen sind die in den Abschnitten 4.2.2 und 4.2.3 berechneten Partizipationsdimensionen. In die Regressionsmodelle gehen die gleichen Prädiktoren ein, die bereits in Abschnitt 4.4.1 zur Untersuchung der bivariaten Zusammenhänge genutzt wurden. In den Tabellen werden die Variablen wie schon in Abschnitt 4.4.1 nach Gruppen sortiert angeführt. Die Tabellen 72 bis 79 enthalten neben den standardisierten Regressionskoeffizienten (β) auch R^2-Werte.

Tabelle 72: Multivariate Regressionsanalysen für Verhaltensmanifestationen 2001, Westdeutschland

	Kontakt- und Parteiaktivitäten	Konsum-orientierte Aktivitäten	Protestaktivitäten	Wahlbeteiligung
Mann	0,11[c]	-0,08[b]	-0,01	0,01
Alter	0,02	-0,02	-0,02	0,02
Bildung	0,00	0,15[c]	0,10[b]	-0,03
Einkommen	0,02	-0,03	0,02	0,03
Links-Rechts	-0,02	-0,09[b]	-0,04	0,10[b]
Demokratiezufriedenheit	-0,06[a]	-0,12[c]	0,08[a]	0,07[a]
Wahlnorm	0,02	-0,02	-0,09[a]	0,20[c]
PID	0,02	0,10[b]	0,00	0,04
Politisches Interesse	0,16[c]	0,02	0,09[a]	0,01
Interne Efficacy	0,00	-0,01	0,12[a]	0,05
Externe Efficacy	0,09	-0,10	-0,08	-0,03
Institutionenvertrauen	0,00	-0,03	-0,06	0,11[b]
Effektivität polit. Partizipation	-0,03	0,24[c]	0,07	0,06
Soziale Partizipation	0,34[c]	0,24[c]	0,05	0,04
R^2	0,210	0,223	0,039	0,118
N		997		

Anmerkung: Angaben: standardisierte Regressionskoeffizienten.
Signifikanz: a: p<0,05, b: p<0,01, c: p<0,001.
Quelle: CID-Studie.

Zunächst werden die Partizipationsdimensionen als abhängige Variablen verwendet, die mit Hilfe der CID-Studie berechnet wurden: In Westdeutschland können durch das Regressionsmodell 21,0 Prozent der Varianz der Kontakt- und Parteiaktivitätendimension erklärt werden (Tabelle 72). Der mit großem Abstand erklärungsstärkste Prädiktor dieser Partizipationsdimension ist das Engagement in Vereinen und Organisationen mit einem β von 0,34. Es zeigt sich also deutlich, daß Aktivität im sozialen zu Aktivität im politischen Bereich führt. Weitere signifikante Effekte gehen vom politischen Interesse, vom Geschlecht und von der Demokratiezufriedenheit aus. Männer und stärker politisch Interessierte neigen eher zur Nutzung von Kontakt- und Parteiaktivitäten, genauso wie mit der Demokratie in Deutschland Unzufriedene. Insbesondere der letztgenannte Effekt ist relativ schwach, so daß die Unzufriedenheit mit dem politischen System und seinen Leistungen keine vorrangige Motivation dafür ist, Kontakt- und Parteiaktivitäten auszuüben.

Für konsumorientierte Aktivitäten zeigt sich in Westdeutschland die höchste Erklärungsleistung mit einem R^2 von 0,223. Die Zahl der unabhängigen Variablen mit einem signifikanten Effekt ist für diese Dimension deutlich größer als für Kontakt- und Parteiaktivitäten. Am stärksten positiv wirken sich soziale Partizipation und die wahrgenommene Effektivität verschiedener politischer Partizipationsformen auf die Nutzung konsumorientierter Aktivitäten aus. Personen mit einer Parteiidentifikation und höher Gebildete sind eher bereit, solche Aktivitäten auszuüben, genauso wie Frauen, Linke und mit der Demokratie Unzufriedene. Betrachtet man die Variablen mit den stärksten β-Koeffizienten, sind also vorwiegend Personen aktiv, die sich durch einen hohen (sozialen und ehrenamtlichen) Aktivitätsgrad auszeichnen und im Rahmen ihrer Partizipation erfahren haben, daß es nutzbringend und effektiv ist, sich zu engagieren. Dies bestätigt die Befunde bei Westholm und von Erlach (2007: 296) sowie Armingeon (2007).

Die Erklärungsleistung des Modells für Protestaktivitäten ist mit lediglich 3,9 Prozent Varianzaufklärung sehr gering. Dennoch haben fünf Variablen einen signifikanten Effekt, möglicherweise aufgrund der hohen Fallzahl von 997 Befragten, die in die Analyse eingehen. Während der negative Effekt der Wahlnorm und die positiven Effekte von Bildung, politischem Interesse und interner Efficacy den erwarteten Wirkungen entsprechen, überrascht der positive Effekt der Demokratiezufriedenheit, da üblicherweise davon auszugehen ist, daß es besonders die mit der Demokratie, ihren Institutionen und Akteuren Unzufriedenen sind, die zur Beteiligung an Protestaktivitäten neigen (vgl. die Abschnitte 2.5.2 und 2.5.6.2). Es kann also keinesfalls festgestellt werden, daß Personen, die zu Protestaktivitäten neigen, durch eine ausgeprägte Desintegration vom politischen System und seinen Werten gekennzeichnet sind. Dies spricht einmal mehr für eine „Normalisierung des Unkonventionellen" (Fuchs 1990).

Das Regressionsmodell kann immerhin 12 Prozent der Varianz der Dimension „Wahlbeteiligung" erklären. Der besonders starke positive Effekt der Wahlnorm korrespondiert mit den einschlägigen Befunden der Wahlforschung (vgl. z.B. Steinbrecher et al. 2007: 227-240, 285ff.). Ansonsten sind es ideologisch Rechtsorientierte, mit der Demokratie Zufriedene und Personen mit einem höheren Institutionenvertrauen, die sich eher an Wahlen beteiligen. Der eher ungewöhnliche positive Effekt der Links-Rechts-Selbsteinstufung läßt sich wohl vor allem damit erklären, daß illegale Protestaktivitäten stark negativ mit dieser Partizipationsdimension korrelieren, und illegale Protestaktivitäten in Deutschland traditionell eine Domäne linksorientierter Personen sind. Die anderen Einstellungen, soziale Partizipation und die sozialstrukturellen Variablen haben keinen signifikanten Einfluß auf diese Partizipationsdimension. Die Entscheidung, an einer Wahl teilzunehmen, wird also in hohem Maße von der Internalisierung der demokratischen Wahlnorm verursacht.

Tabelle 73: Multivariate Regressionsanalysen für Verhaltensmanifestationen 2001, Ostdeutschland

	Kontaktak-tivitäten	Legale Pro-test- und Par-teiakti-vitäten	Konsum-orientierte und illegale Protestakti-vitäten	Wahlbetei-ligung
Mann	-0,05	0,00	-0,04	-0,01
Alter	0,04	-0,03	-0,21^c	0,10^a
Bildung	0,12^b	-0,03	0,02	0,12^b
Einkommen	-0,03	0,03	-0,01	-0,02
Links-Rechts	-0,01	-0,10^a	-0,10^a	-0,05
Demokratiezufriedenheit	-0,09^a	-0,08	0,05	0,06
Wahlnorm	0,01	-0,01	0,05	0,26^c
PID	0,10^b	0,06	-0,05	0,13^b
Politisches Interesse	0,09^a	0,07	0,28^c	-0,14^b
Interne Efficacy	0,14^a	0,06	-0,18^b	0,11
Externe Efficacy	-0,02	0,04	0,19^b	-0,25^c
Institutionenvertrauen	-0,10^a	0,12^a	-0,11^a	0,10^a
Effektivität polit. Partizipation	0,05	0,02	0,09	0,08
Soziale Partizipation	0,39^c	0,24^c	-0,11^b	-0,01
R^2	0,288	0,114	0,163	0,141
N	587	587	587	587

Anmerkung: Angaben: standardisierte Regressionskoeffizienten.
Signifikanz: a: p<0,05, b: p<0,01, c: p<0,001.
Quelle: CID-Studie.

In Ostdeutschland kann die Dimension „Kontaktaktivitäten" mit einem R^2 von 0,288 am besten durch das Regressionsmodell erklärt werden (Tabelle 73). Das Modell wird klar durch soziale Partizipation dominiert, die einen starken positiven Effekt hat (β= 0,39). Von Bildung, dem politischen Interesse, der internen Efficacy wie der Parteiidentifikation gehen ebenfalls positive Effekte auf die Beteiligung an Partizipationsformen dieser Dimension aus, während Demokratiezufriedenheit und das Institutionenvertrauen negative Wirkungen haben. Auch in Ostdeutschland zeigt sich bei den Kontaktaktivitäten also, daß soziale und politische Partizipation äußerst eng miteinander zusammenhängen.

Dies zeigt sich auch bei dem Regressionsmodell für legale Protest- und Parteiaktivitäten, denn soziale Partizipation dominiert wieder als mit Abstand erklärungsstärkste Variable das Modell. Institutionenvertrauen und die Links-Rechts-Selbsteinstufung sind die beiden einzigen zusätzlichen Variablen, die einen signifikanten Effekt auf die Beteiligung an Demonstrationen oder die Mitarbeit in Parteien haben: Es sind eher Linksorientierte und Personen mit einem höheren Institutionenvertrauen, die auf diese Weise politisch aktiv sind. Die Streuung für legale Protest- und Parteiaktivitäten wird insgesamt zu 11,4 Prozent durch das Regressionsmodell erklärt.

Für die dritte ostdeutsche Partizipationsdimension, konsumorientierte und illegale Protestaktivitäten, zeigen sich für eine Vielzahl von Variablen signifikante Effekte. Insgesamt können so 16,3 Prozent der Varianz erklärt werden. Der wichtigste Prädiktor ist das politische Interesse mit einem β von 0,28. Ein relativ starker negativer Effekt geht vom Alter aus, genauso wie von der internen Efficacy. Während eine stärkere Aktivität Jüngerer zu erwarten war, überraschen die Effekte der beiden Efficacy-Indikatoren – die externe Efficacy wirkt sich positiv auf die Teilnahme an konsumorientierten und illegalen Protestaktivitäten aus. Aufgrund der bekannten Forschungsergebnisse wären die Vorzeichen der Koeffizienten genau anders herum zu erwarten gewesen (vgl. Abschnitt 2.5.2), so daß festzuhalten ist, daß sich die Ostdeutschen unter einem rationalen Blickwinkel in bezug auf die durch diese Dimension abgedeckten Partizipationsformen nicht konsequent verhalten. Wenig überraschend ist hingegen, daß Linke und Personen mit einem geringeren Institutionenvertrauen eher dazu neigen, konsumorientierte und illegale Protestaktivitäten zu nutzen. Aufgrund der hohen Bedeutung sozialer Partizipation für konsumorientierte Aktivitäten in Westdeutschland auf den ersten Blick überraschend erscheint der negative Effekt dieser Variable im Osten. Die Ursache dafür muß wohl in der Heterogenität der abhängigen Variablen gesucht werden. Für die Erklärung illegaler Aktivitäten ist ein negativer Effekt des sozialen Engagements nämlich durchaus konsistent.

Als letztes sind noch die Ergebnisse der Regressionsanalyse für die Wahlbeteiligung anzuführen. Insgesamt können für diese Dimension 14,1 Prozent der Streuung erklärt werden. Wie in Westdeutschland ist die wahrgenommene Wahlnorm die stärkste unabhängige Variable mit einem deutlich positiven Effekt. Nur unwesentlich schwächer ist die Wirkung der externen Efficacy. Für diese Variable überrascht das negative Vorzeichen, genauso wie für das politische Interesse, heißt dies doch, daß es in geringerem Maße politisch Interessierte wie Personen mit einer geringeren wahrgenommenen Responsivität des politischen Systems sind, die sich in Ostdeutschland verstärkt an Wahlen beteiligen. Diese beiden Koeffizienten widersprechen somit einerseits den Erwartungen auf der Basis des Forschungsstands, andererseits auch den Ergebnissen der bivariaten Analysen im vorangegangenen Abschnitt (4.4.1), wo positive Korrelationskoeffizienten berechnet wurden. Die übrigen signifikanten Effekte für die Wahlbeteiligungsdimension entsprechen hingegen den Erwartungen: Ältere, Höhergebildete, Befragte mit höherem Institutionenvertrauen sowie eine vorhandene Parteiidentifikation erhöhen die Wahlbeteiligung.

Insgesamt entsprechen die Ergebnisse der Regressionsanalysen mit der CID-Studie weitgehend den Erwartungen auf der Basis der Forschungsstandes (vgl. Abschnitt 2.5). Bedauerlicherweise ist aufgrund der unterschiedlichen dimensionalen

Strukturen in beiden Landesteilen, daß kein unmittelbarer Vergleich zwischen den Modellen für Ost- und Westdeutschland möglich ist. Ein Blick auf die Erklärungsleistung der Modelle zeigt aber, daß sich die einzelnen Partizipationsdimensionen im Osten besser erklären lassen als im Westen.

Die folgenden Analysen beziehen sich auf die Allbus-Daten. Abhängige Variablen sind für 1998 die in Abschnitt 4.2.2 identifizierten Partizipationsdimensionen in Ost- und Westdeutschland sowie für 1988 die in Abschnitt 4.2.3 berechneten Dimensionen in Westdeutschland. Die Regressionsmodelle sind somit auf der Seite der abhängigen Variablen nicht vergleichbar. Bedauerlicherweise gilt dies auch für die Erklärungsansätze selbst, da sich die Zahl der Prädiktorvariablen in den Modellen zu den beiden Zeitpunkten aufgrund der Datenlage voneinander unterscheidet[80].

Für die Dimensionen des realisierten Partizipationsverhaltens ist die Erklärungsleistung der Regressionsmodelle im Jahr 1988 begrenzt (Tabelle 74). Nahezu ohne Erkenntnisgewinn ist die Analyse für die Wahlbeteiligung. Lediglich 1 Prozent der Varianz wird erklärt. Das Alter ist mit einem β von 0,13 die einzige Variable mit einem signifikanten Effekt. Die äußerst niedrige Erklärungskraft des Modells liegt vor allem darin begründet, daß hier eine Wahlbeteiligungsdimension, mit der noch andere Variablen korrelieren, und nicht eine reine Wahlbeteiligungsvariable als abhängige Variable des Regressionsmodells verwendet wird.

Schwach ist die Gesamterklärungsleistung der multivariaten Regressionsanalyse auch für die gewaltsamen Aktivitäten mit einem R^2 von 0,028. Männer sind in diesem Bereich aktiver als Frauen. Gleiches gilt für Angehörige niedrigerer Schichten. Auch Unzufriedenheit mit der Demokratie in Deutschland befördert die Nutzung gewaltsamer Aktionsformen. Dieser Prädiktor hat den stärksten Einfluß. Ebenfalls eher dazu geneigt, gewaltsam aktiv zu werden, sind Personen, die in sozialen Organisationen, Gewerkschaften und Vereinen in einem geringeren Maße aktiv sind als andere. Trotz der schwachen Erklärungsleistung des Modells zeigt sich relativ klar, daß eine schlechtere sozioökonomische Ressourcenausstattung und die Unzufriedenheit mit der Performanz des demokratischen Systems für die Teilnahme an gewaltsamen Aktivitäten förderlich sind.

Für die anderen beiden Partizipationsdimensionen ergibt sich eine wesentlich bessere Erklärungsleistung des Modells. Bei den diskursiven und illegitimen Aktivitäten werden immerhin 11,3 Prozent der Varianz erklärt. Den stärksten Effekt für diese Dimension hat mit einem β von 0,17 das politische Interesse. Danach folgen – gemessen mit β – Bildung und der Materialismusindex. Bildung und das politische Interesse sind die einzigen Variablen mit einem signifikanten positiven Effekt. Weitere Prädiktoren mit signifikanten (negativen) Wirkungen auf diskursive und illegitime Aktivitäten sind das Geschlecht, die Links-Rechts-Selbsteinstufung und die Demokratiezufriedenheit, d.h. Frauen, Linke und Unzufriedene bedienen sich eher Beteiligungsformen wie Besetzungsaktionen und Bürgerinitiativen. Mit Ausnahme

---

80 Vgl. Abschnitt 4.4.1 für eine genaue Auflistung der unabhängigen Variablen im Allbus 1988 und 1998.

des Geschlechts weisen die Effekte all dieser Variablen in die erwartete Richtung. Die starke Korrelation der Beteiligung an Bürgerinitiativen mit dieser Partizipationsdimension ist wohl die Ursache für die stärkere Aktivität der Frauen. Am besten läßt sich mit einem R^2 von 18,8 Prozent die Dimension „Parteiaktivitäten" erklären. Den mit Abstand stärksten Effekt haben das politische Interesse und soziale Partizipation, die beide dem Engagement in Partizipationsformen dieser Dimension förderlich sind. Der deutliche Effekt der sozialen Partizipation zeigt, wie schon im Rahmen einiger vorangehender Analysen, die starke aktivitätsfördernde Wirkung sozialen Engagements. Weitere Prädiktoren mit positiven Effekten sind Alter, Bildung, die interne sowie die externe Efficacy. Hinzu kommt noch ein negativer Effekt der Links-Rechts-Selbsteinstufung, d.h. Linke sind in diesen Beteiligungsformen aktiver als Rechte.

Tabelle 74: Multivariate Regressionsanalysen für Verhaltensmanifestationen 1988, Westdeutschland

	Gewaltsame Aktivitäten	Parteiaktivitäten	Wahlbeteiligung	Diskursive und illegitime Aktivitäten
Mann	0,06[a]	0,01	-0,03	-0,10[c]
Alter	0,05	0,08[b]	0,13[c]	-0,05
Bildung	0,02	0,08[b]	0,02	0,11[c]
Schicht	-0,11[c]	-0,03	-0,02	-0,02
Einkommen	-0,02	0,03	0,01	-0,03
Materialismusindex	-0,02	-0,03	-0,04	-0,10[c]
Links-Rechts	0,02	-0,07[b]	-0,02	-0,08[b]
Demokratiezufriedenheit	-0,12[c]	-0,04	0,01	-0,08[b]
Politisches Interesse	0,00	0,27[c]	0,02	0,17[c]
Interne Efficacy	-0,02	0,05[a]	0,00	0,02
Externe Efficacy	0,04	0,08[b]	0,04	0,00
Soziale Partizipation	-0,07[a]	0,18[c]	0,04	0,05
R^2	0,028	0,188	0,010	0,113
N	1649	1649	1606	1649

Anmerkung: Angaben: standardisierte Regressionskoeffizienten.
Signifikanz: a: p<0,05, b: p<0,01, c: p<0,001.
Quelle: Allbus 1988

1998 zeigt sich in Westdeutschland – auch wenn die Dimensionsstruktur nur sehr eingeschränkt mit der für 1988 vergleichbar ist – für die einzelnen Partizipationsdimensionen ein relativ ähnliches Bild im Vergleich zu den vorangehenden Analysen (Tabelle 75). Für die illegalen und gewaltsamen Aktivitäten ist das Bestimmtheitsmaß mit einem Wert von 0,013 am niedrigsten. Die einzigen Prädiktoren mit signifikanten Effekten für diese Partizipationsdimension sind das Alter und die Links-Rechts-Selbsteinstufung: Linke und Jüngere sind eher an gewaltsamen Aktivitäten beteiligt. Diese Effekte entsprechen den Erwartungen.

Für die Wahlbeteiligungsdimension zeigt sich im Vergleich mit 1988 eine deutlich höhere Erklärungsleistung des Regressionsmodells. 6,5 Prozent der Varianz können erklärt werden. Signifikante Effekte gehen vom Alter, der Links-Rechts-Selbsteinstufung, der externen Efficacy, der wahrgenommenen Effektivität politischer Partizipation sowie der sozialen Partizipation aus. Das Alter ist mit einem β von 0,18 mit Abstand der erklärungsstärkste Prädiktor. Während die positiven Effekte der anderen Variablen zu erwarten waren, ergibt sich für die wahrgenommene Effektivität überraschend ein negativer Effekt. Dies zeigte sich bereits in der bivariaten Analyse in Unterabschnitt 4.4.1. Die Westdeutschen gehen also zur Wahl, obwohl sie politische Beteiligung als uneffektiv bewerten und handeln somit in gewisser Weise irrational.

Tabelle 75: Multivariate Regressionsanalysen für Verhaltensmanifestationen 1998, Westdeutschland

	Illegale und gewaltsame Aktivitäten	Protestaktivitäten	Partei-aktivitäten	Wahlbeteiligung
Mann	0,03	0,01	0,03	-0,05
Alter	-0,09[b]	-0,05	0,09[b]	0,18[c]
Bildung	0,01	0,21[c]	-0,07[a]	0,05
Schicht	0,00	0,03	-0,04	-0,05
Einkommen	-0,01	-0,06	0,08[a]	0,06
Materialismusindex	-0,01	-0,05[a]	-0,03	-0,04
Links-Rechts	-0,09[b]	-0,09[b]	0,03	0,06[a]
Demokratiezufriedenheit	0,01	-0,04	-0,03	-0,03
Wahlnorm	-0,05	0,01	0,02	0,03
Politisches Interesse	0,02	0,06[a]	0,14[c]	0,05
Interne Efficacy	-0,02	0,08[a]	0,17[c]	-0,01
Externe Efficacy	-0,04	-0,10[c]	0,08[b]	0,09[b]
Effektivität politischer Partizipation	-0,03	0,25[c]	-0,03	-0,08[a]
Soziale Partizipation	0,00	0,15[c]	0,17[c]	0,09[b]
R^2	0,013	0,254	0,154	0,065
N	1254	1254	1254	1254

Anmerkung: Angaben: standardisierte Regressionskoeffizienten.
Signifikanz: a: p<0,05, b: p<0,01, c: p<0,001.
Quelle: Allbus 1998

Ein deutlich höheres Varianzaufklärungspotential als für die beiden vorangehenden Partizipationsdimensionen ergibt sich für die Parteiaktivitäten. Für diese Dimension können 15,4 Prozent der Varianz erklärt werden. Soziale Partizipation, interne Efficacy und das politische Interesse haben den stärksten Einfluß auf die politische Aktivität im Rahmen von Parteien. Als weitere Variablen kommen die externe Efficacy, das Einkommen, das Bildungsniveau und das Alter hinzu. Es sind tendenziell eher Ältere, Niedrigergebildete, Personen mit höherem Einkommen, die politisch

Interessierten, diejenigen mit hohen Effektivitäts- und Responsivitätswahrnehmungen sowie diejenigen, die sich ohnehin schon in Vereinen und Organisationen betätigen, die sich im Rahmen von politischen Parteien engagieren. Lediglich der negative Effekt des Bildungsabschlusses ist an dieser Stelle überraschend, zumal sich im Rahmen der bivariaten Analysen der zu erwartende positive Effekt dieses Prädiktors auf die abhängige Variable ergeben hat.

Das höchste Varianzaufklärungspotential besteht für die Dimension „Protestaktivitäten". 25,4 Prozent der Varianz dieser Dimension können durch die unabhängigen Variablen erklärt werden. Stärkste Prädiktoren sind mit β-Werten größer als 0,2 die wahrgenommene Effektivität politischer Partizipation sowie das Bildungsniveau. Weitere signifikante Einflüsse gehen vom Materialismusindex, der Links-Rechts-Selbsteinschätzung, dem politischen Interesse, den beiden Efficacy-Indikatoren und der sozialen Partizipation aus. Die Teilnahme an Protestaktivitäten ist somit eine Domäne der Höhergebildeten und stärker an Politik Interessierten sowie der Links- und postmaterialistisch Orientierten. Auch bei dieser Partizipationsform zeigt sich die förderliche Wirkung sozialen Engagements und die große Bedeutung der verschiedenen Effektivitätswahrnehmungen. Protestierer scheinen in besonderer Weise rational zu handeln. Insgesamt entspricht die Wirkungsweise für alle genannten Variablen den Erwartungen.

Tabelle 76: Multivariate Regressionsanalysen für Verhaltensmanifestationen 1998, Ostdeutschland

	Parteiak-tivitäten	Legale Protestak-tivitäten	Illegale Protestak-tivitäten	Ein-schüch-terung von Geg-nern	Krach bei Demonst-rationen
Mann	-0,04	-0,02	0,01	0,02	0,02
Alter	0,10[a]	-0,09[a]	-0,01	-0,07	-0,01
Bildung	0,00	0,02	0,10[a]	0,04	-0,07
Schicht	0,00	0,00	-0,01	-0,12[b]	-0,02
Einkommen	0,05	0,00	-0,08	-0,13[b]	0,02
Materialismusindex	-0,01	-0,04	-0,09[a]	-0,05	-0,05
Links-Rechts	-0,13[b]	-0,04	0,03	0,13[b]	0,02
Demokratiezufriedenheit	-0,01	0,02	-0,04	0,00	0,12[b]
Wahlnorm	-0,07	0,05	-0,02	-0,08[a]	-0,06
Politisches Interesse	0,08	0,10[a]	0,06	0,03	-0,05
Interne Efficacy	0,14[b]	0,02	0,03	-0,04	0,04
Externe Efficacy	0,03	-0,06	0,07	0,05	-0,10[a]
Effektivität politischer Partizipation	0,15[c]	0,13[b]	0,13[b]	0,05	0,08
Soziale Partizipation	0,13[b]	0,17[c]	-0,02	-0,07	0,08
R^2	0,122	0,086	0,044	0,058	0,014
N	634	634	634	634	634

Anmerkung: Angaben: standardisierte Regressionskoeffizienten.
Signifikanz: a: p<0,05, b: p<0,01, c: p<0,001.
Quelle: Allbus 1998

In Ostdeutschland ist der Anteil erklärter Varianz mit 12,2 Prozent für die Partei-aktivitäten-Dimension am höchsten (Tabelle 76). Den stärksten Effekt hat die wahr-genommene Effektivität politischer Partizipation, gefolgt von interner Efficacy, so-zialer Partizipation, Links-Rechts-Selbsteinstufung und Alter. Mit Ausnahme der stärkeren parteipolitischen Aktivität ideologisch eher links orientierter Personen ent-sprechen alle Koeffizienten den Erwartungen.

Auf die Beteiligung an legalen Protestaktivitäten haben ebenfalls soziale Partizi-pation, die wahrgenommene Effektivität politischer Beteiligung und das Alter einen signifikanten Effekt, wobei es bei dieser Dimension erwartungsgemäß eher die Jün-geren sind, die partizipationsfreudiger sind. Ansonsten fördern Aktivitäten im sozia-len Bereich und positive Effektivitätsbewertungen die Nutzung von Formen legalen Protests. Dies entspricht den Befunden für die relativ ähnliche Partizipationsdimen-sion „Protestaktivitäten" in Westdeutschland. Als vierte signifikante Variable kommt im Osten das politische Interesse mit einem positiven Effekt hinzu. Insge-samt können für diese Dimension 8,6 Prozent der Varianz durch das lineare Modell erklärt werden.

Im Vergleich dazu ist die Varianzaufklärung für die illegalen Protestaktivitäten mit 4,4 Prozent deutlich niedriger. Aktivitätsfördernd sind ein höheres Bildungs-niveau, eine Werteorientierung hin zum Postmaterialismus sowie höhere Effektivi-tätsbewertungen politischer Partizipation. Mit Ausnahme des letztgenannten Effekts zeigen sich also deutliche Unterschiede in der Erklärungsstruktur der Beteiligung an legalen und illegalen Protestaktivitäten.

Für die Dimension „Einschüchterung von Gegnern" erweisen sich ein niedrigerer sozioökonomischer Status, eine ideologische Orientierung nach rechts und eine Ab-lehnung der Wahlnorm als aktivitätsstimulierend. Für die „Einschüchterung von Gegnern" scheinen also in erster Linie sozioökonomische Desintegration und eine fehlende Akzeptanz der Werteordnung in Deutschland verantwortlich. Insgesamt werden für diese Dimension 5,8 Prozent der Varianz erklärt.

Die schlechteste Erklärungsleistung aller Partizipationsdimensionen in Ost-deutschland ergibt sich für „Krach bei Demonstrationen" mit einem Wert von 1,4 Prozent. Hier sind nur zwei Prädiktoren signifikant: Überraschenderweise hat die Demokratiezufriedenheit einen positiven Effekt, der auf niedrigerem Niveau aber auch in den bivariaten Analysen auftritt (vgl. Abschnitt 4.4.1). Im Gegensatz dazu entspricht der negative Effekt der externen Efficacy ganz klar den Erwartungen.

Wie in den Abschnitten 4.2.2 und 4.2.3 gezeigt werden konnte, ist die dimensio-nale Struktur politischer Partizipation abhängig von der gewählten Operationalisie-rung. Für die Verhaltensabsichten konnte im Gegensatz zu den Verhaltensmanifesta-tionen mit den Allbus-Daten zu beiden Erhebungszeitpunkten (für Westdeutschland) eine nahezu identische dimensionale Struktur identifiziert werden. Allerdings unter-scheidet diese sich beträchtlich von den mit denselben Daten berechneten Dimen-sionen für das berichtete politische Beteiligungsverhalten. Für die Dimensionen der Beteiligungsabsichten ergibt sich 1988 in Westdeutschland eine schwache Erklä-rungskraft des Regressionsmodells für gewaltsame und illegale Aktivitäten (Tabelle 77): 1988 können für diese Dimension lediglich 7,6 Prozent der Varianz durch die genutzten Prädiktoren erklärt werden. Der stärkste positive Effekt geht vom politischen Interesse aus. Eine weitere Variable mit einem signifikanten positiven Effekt ist das Bildungsniveau. Am stärksten negativ wirken sich Schicht und Demokratiezufriedenheit auf die Bereitschaft, gewaltsame und illegale Formen politischer Beteiligung anzuwenden, aus. Hinzu kommen noch das Alter und das Einkommen: Jüngere, Höhergebildete, materiell Schlechtergestellte, Unzufriedene und stärker politisch Interessierte sind also in einem stärkeren Maße dazu bereit, gewaltsame und illegale Partizipationsformen zu nutzen.

Für Partei- und diskursive Aktivitäten ergibt sich mit einem R^2 von 0,254 eine deutlich höhere Erklärungsleistung des Modells. Mit Abstand den stärksten Effekt auf die Bereitschaft, in diesem Bereich politisch aktiv zu werden, hat das politische Interesse mit einem β von 0,28. Signifikante positive Effekte gehen zudem von der sozialen Partizipation, der internen Efficacy, der Schichtzugehörigkeit und dem Bildungsniveau der Befragten aus. Eine negative Wirkung haben der Materialismusindex und das Alter. Insgesamt sind also 1988 stärker politisch Interessierte, in Vereinen und Organisationen Aktivere, Personen mit einem höheren wahrgenommenen Einfluß auf den politischen Prozeß, materiell Bessergestellte und Höhergebildete sowie Jüngere und Postmaterialisten eher bereit, sich parteipolitisch oder im Rahmen von öffentlichen Diskussionen bzw. Bürgerinitiativen zu engagieren.

Tabelle 77: Multivariate Regressionsanalysen für Verhaltensabsichten 1988, Westdeutschland

	Gewaltsame und illegale Aktivitäten	Partei- und diskursive Aktivitäten
Mann	-0,02	-0,04
Alter	-0,09[c]	-0,09[c]
Bildung	0,10[c]	0,06[a]
Schicht	-0,13[c]	0,06[a]
Einkommen	-0,06[a]	-0,01
Materialismusindex	-0,03	-0,15[c]
Links-Rechts	-0,04	-0,03
Demokratiezufriedenheit	-0,14[c]	0,01
Politisches Interesse	0,11[c]	0,28[c]
Interne Efficacy	-0,01	0,09[c]
Externe Efficacy	-0,03	0,04
Soziale Partizipation	0,03	0,12[c]
R^2	0,076	0,254
N	1735	1735

Anmerkung: Angaben: standardisierte Regressionskoeffizienten.
Signifikanz: a: $p<0,05$, b: $p<0,01$, c: $p<0,001$.
Quelle: Allbus 1988

1998 zeigt sich in Westdeutschland für die illegalen und gewaltsamen Aktivitäten mit 6 Prozent die geringste Erklärungsleistung des Regressionsmodells (Tabelle 78). Den größten positiven Einfluß hat die wahrgenommene Effektivität politischer Partizipation. Negative Effekte gehen von der externen Efficacy, der Demokratiezufriedenheit sowie vom Alter aus, d.h. jüngere Personen, Unzufriedene, Befragte, die das politische System als weniger responsiv wahrnehmen und diejenigen, die politischer Partizipation eine höhere Effektivität zuweisen, sind eher bereit, illegale und gewaltsame politische Aktivitäten zu nutzen.

Das R^2 für Protestaktivitäten liegt bei 15,8 Prozent. Eine große Zahl von unabhängigen Variablen haben signifikante Effekte auf diese Partizipationsdimension: Jüngere, Höhergebildete, postmaterialistisch Orientierte, Personen mit hoher interner, aber niedriger externer Efficacy, Befragte mit einer höheren Effektivitätswahrnehmung politischer Partizipation und einem stärkeren sozialen Engagement nutzen eher Protestaktivitäten.

Tabelle 78: Multivariate Regressionsanalysen für Verhaltensabsichten 1998, Westdeutschland

	Illegale und gewaltsame Aktivitäten	Protestaktivitäten	Parteiaktivitäten
Mann	0,03	-0,01	0,05
Alter	-0,12[c]	-0,12[c]	0,04
Bildung	-0,03	0,07[a]	-0,02
Schicht	-0,01	0,02	0,07[a]
Einkommen	0,01	-0,02	-0,04
Materialismusindex	-0,01	-0,06[a]	-0,02
Links-Rechts	-0,05	-0,03	-0,02
Demokratiezufriedenheit	-0,06[a]	-0,01	-0,01
Wahlnorm	-0,04	0,02	-0,03
Politisches Interesse	0,00	0,02	0,09[b]
Interne Efficacy	0,03	0,08[a]	0,21[c]
Externe Efficacy	-0,11[c]	-0,07[a]	-0,02
Effektivität politischer Partizipation	0,15[c]	0,25[c]	0,09[b]
Soziale Partizipation	-0,04	0,07[a]	0,18[c]
R^2	0,060	0,158	0,154
N	1273	1273	1273

Anmerkung: Angaben: standardisierte Regressionskoeffizienten.
Signifikanz: a: p<0,05, b: p<0,01, c: p<0,001.
Quelle: Allbus 1998

Für Parteiaktivitäten ist die Erklärungsleistung des Modells mit 15,4 Prozent ähnlich hoch wie für die Dimension der Protestaktivitäten. Mit Abstand die wichtigsten Erklärungsvariablen sind die soziale Partizipation sowie die interne Efficacy mit positiven Effekten. Des weiteren haben die Effektivitätsbewertung politischer Aktivitäten, das politische Interesse und die Schichtzugehörigkeit statistisch signifikante Effekte. Alle diese Variablen wirken sich positiv auf die Teilnahme von Parteiaktivitäten aus. Insgesamt stimmen die Befunde für alle Partizipationsdimensionen also

weitgehend mit dem Forschungsstand und den bisherigen Analyseergebnissen überein.

In Ostdeutschland ergeben sich 1998 die folgenden Befunde für das multivariate
Modell mit den Dimensionen der Verhaltensabsichten als abhängigen Variablen
(Tabelle 79): Die stärkste Erklärungskraft zeigt sich wie schon im Westen für die
Protestaktivitäten-Dimension. Hier werden 16,0 Prozent der Varianz erklärt. Signi-
fikante partizipationsfördernde Einflüsse gehen von einem höheren Niveau sozialer
Partizipation, einer höheren Effektivitätsbewertung, einer höheren internen Efficacy,
einem höheren politischen Interesse und einer Links-Orientierung aus.

Für die Erklärung illegaler Aktivitäten erweisen sich vor allem die Indikatoren
des sozioökonomischen Status als relevant. Während die Bildung einen positiven
Effekt hat, wirken sich die beiden ökonomischen Indikatoren negativ aus. Besonders
partizipationsfördernd ist für diese Dimension eine hohe Effektivitätsbewertung politischer Partizipation. Ebenfalls förderlich sind postmaterialistische Wertorientierungen und eine Ablehnung der Wahlnorm. Hier zeigen sich also zum wiederholten Male die Auswirkungen sozioökonomischer und wertebezogener Desintegration
auf das politische Beteiligungsverhalten.

Tabelle 79: Multivariate Regressionsanalysen für Verhaltensabsichten 1998, Ostdeutschland

	Protestakti-vitäten	Illegale Ak-tivitäten	Parteiaktivi-täten	Gewaltsame Aktivitäten
Mann	-0,03	-0,04	0,00	0,11[b]
Alter	-0,03	-0,07	0,07	-0,09[a]
Bildung	0,00	0,13[b]	-0,02	0,05
Schicht	-0,02	-0,10[a]	0,04	0,06
Einkommen	0,03	-0,10[a]	-0,05	-0,10[a]
Materialismusindex	-0,08	-0,10[a]	-0,07	0,02
Links-Rechts	-0,12[b]	0,04	-0,05	-0,04
Demokratiezufrieden-heit	0,08	-0,05	-0,06	0,00
Wahlnorm	0,01	-0,10[a]	-0,03	0,00
Politisches Interesse	0,09[a]	0,00	0,08	0,02
Interne Efficacy	0,16[c]	0,04	0,10[a]	-0,04
Externe Efficacy	0,01	-0,04	0,05	0,00
Effektivität politi-scher Partizipation	0,14[c]	0,20[c]	0,23[c]	0,02
Soziale Partizipation	0,15[c]	-0,04	0,07	-0,02
R^2	0,160	0,104	0,109	0,007
N	644	644	644	644

Anmerkung: Angaben: standardisierte Regressionskoeffizienten.
Signifikanz: a: $p<0,05$, b: $p<0,01$, c: $p<0,001$.
Quelle: Allbus 1998

Für die Teilnahme an Parteiaktivitäten kann das lineare Modell 10,9 Prozent der
Streuung erklären. Signifikante Effekte haben allerdings nur zwei Variablen. Eine

höhere interne Efficacy und eine positivere Effektivitätsbewertung führen zu stärkerer Aktivität im Rahmen dieser Partizipationsdimension. Die aus vorangehenden Analysen bekannten positiven Effekte des politischen Interesses und der sozialen Partizipation zeigen sich für die Verhaltensabsichten in Ostdeutschland nicht. Dieses Ergebnis spricht wie schon bei den Analysen für Westdeutschland mit den Allbus-Daten eindeutig dafür, daß die Struktur und Stärke der Erklärungsvariablen sich in Abhängigkeit von der Operationalisierung politischer Partizipation voneinander unterscheidet.

Nahezu gar keine Erklärungskraft besitzt das lineare Modell in Ostdeutschland für gewaltsame Aktivitäten. Lediglich 0,7 Prozent der Varianz werden erklärt. Dennoch haben drei Variablen signifikante Effekte: Männer, Jüngere und Personen mit einem niedrigeren Einkommen sind eher bereit, an gewaltsamen Aktivitäten teilzunehmen. Diese Befunde stehen im Einklang mit den bisherigen Ergebnissen.

Trotz der eingeschränkten Vergleichbarkeit aufgrund der unterschiedlichen dimensionalen Struktur sollen zum Abschluß dieses Abschnitts kurz die Modelle für beabsichtigtes und realisiertes politisches Partizipationsverhalten miteinander verglichen werden. In den Abschnitten 3.2.2 und 4.2 wurde die Hypothese aufgestellt, daß für die Modelle mit Verhaltensabsichten als abhängigen Variablen eine höhere Erklärungsleistung zu erwarten ist, da in diesen Modellen die Prädiktoren den abhängigen Variablen zeitlich vorgelagert sind, während in den Modellen mit realisiertem Beteiligungsverhalten die zu erklärende Variable in der Vergangenheit liegt und mit ex-post erhobenen unabhängigen Variablen erklärt werden soll. Bei strikter Anwendung der Bedingungen für die Bestimmung eines kausalen Zusammenhangs (vgl. z.B. Hill 1965; Behnke/Behnke 2006: 101) wäre es daher eigentlich nicht erlaubt, bei den festgestellten statistisch signifikanten Effekten von substantiellen kausalen Wirkungen auf die Verhaltensmanifestationen zu sprechen.

Tabelle 80: Mittlere Varianzaufklärung der Regressionsmodelle mit Allbus-Daten

	Manifestation	Absicht	Differenz
West 1988	8,5	16,5	-8,0
West 1998	12,2	12,4	-0,2
Ost 1998	6,5	9,5	-3,0
Alle Modelle	8,8	12,0	-3,2

Anmerkung: Angaben: Mittelwerte der R^2-Werte.
Quelle: Allbus 1988, 1998.

Aufgrund der unterschiedlichen dimensionalen Struktur für Verhaltensmanifestationen und -absichten können die Dimensionen und die Erklärungskraft der Regressionsmodelle für diese leider nicht direkt miteinander verglichen werden. Berechnet man allerdings Mittelwerte über die Erhebungszeitpunkte, Untersuchungsgebiete und alle Modelle für den jeweiligen Indikator, so zeigt sich für jeden der möglichen Vergleiche eine höhere mittlere Varianzaufklärung für die Modelle mit Verhaltensabsichten (Tabelle 80). Am deutlichsten ist dieser Unterschied für

Westdeutschland im Jahr 1988 mit einer Differenz von 8,0 Prozentpunkten zwischen den beiden Mittelwerten. Bezieht man alle Regressionsmodelle ein, ergibt sich für die Verhaltensabsichten im Mittel eine um 3,2 Prozentpunkte höhere Erklärungsleistung. Die aufgestellte Hypothese kann also bestätigt werden.

Im Hinblick auf einzelne Prädiktoren lassen sich für die Beteiligungsdimension, für die wenigstens ein näherungsweiser Vergleich möglich ist sowohl einige Unterschiede als auch einige Gemeinsamkeiten identifizieren. Am besten eignet sich für Vergleiche zwischen den beiden Partizipationsindikatoren die Dimension „gewaltsame Aktivitäten" in Westdeutschland. 1988 haben die Schichteinstufung und die Demokratiezufriedenheit einen negativen Effekt auf diese Dimension, unabhängig davon, ob sie mit Beteiligungsabsichten oder realisiertem Verhalten gemessen wird. Interessanterweise hat soziale Partizipation einen unterschiedlichen Effekt. Für die realisierte Beteiligung ist sie nicht aktivitätsfördernd, für die beabsichtigte Aktivität hingegen schon. Ansonsten gibt es für 1988 hinsichtlich der signifikanten Variablen nur Unterschiede zwischen den beiden Partizipationsindikatoren. 1998 gibt es zwischen den beiden Modellen sogar nur eine Gemeinsamkeit, nämlich den negativen Effekt des Alters. Während für die Beteiligungsabsicht sowohl die Demokratiezufriedenheit, die externe Efficacy als auch die wahrgenommene Effektivität politischer Partizipation signifikante Effekte haben, hat für das realisierte Verhalten lediglich noch die Links-Rechts-Selbsteinstufung einen signifikanten Einfluß. Diese Gegenüberstellung für gewaltsame Aktivitäten zeigt, daß es hinsichtlich der Motive, Einstellungen und strukturellen Merkmale, die zu politischer Beteiligung führen zwar einige Übereinstimmungen gibt, dennoch aber die Feststellung erlaubt ist, daß die Ursachen für die Bereitschaft, eine gewaltsame politische Aktionsform auszuführen sich von den Ursachen, eine solche Partizipationsform bereits genutzt zu haben, unterscheiden. Ergebnisse von Analysen der Gründe politischen Partizipationsverhaltens sind also in hohem Maße vom verwendeten Indikator abhängig. Genauere Untersuchungen sind wegen der zu starken Unterschiede in der Struktur für die beiden Indikatoren für die anderen Dimensionen nicht möglich. Für einen exakten Vergleich wäre ein Schritt zurück in der Analyse notwendig. Mit den einzelnen Partizipationsformen als abhängigen Variablen in logistischen Regressionsmodellen könnte man die Differenzen in der Erklärungsleistung für die beiden Partizipationsindikatoren herausarbeiten. An dieser Stelle können diese Analysen allerdings nicht geleistet werden.

4.4.3 Multivariate Zusammenhänge im Panel

Das Drei-Wellen Panel des DFG-Projekts „Politische Einstellungen und politische Partizipation im vereinigten Deutschland" von 1994 bis 2002 bietet den Vorteil, Veränderungen des individuellen Partizipationsverhaltens der Deutschen untersuchen zu können, auch wenn aufgrund der Konzentration dieses Projektes auf die Erklärung des Wahlverhaltens die Zahl der für die Analyse zur Verfügung stehenden Partizipationsformen begrenzt ist (vgl. Abschnitt 3.1.2). Im Zuge der folgenden Regressionsanalysen stehen nun nicht mehr die Verhaltensbereitschaften zu einem der Erhebungszeitpunkte im Mittelpunkt der Erklärung (wie in Abschnitt 4.4.2), sondern die Veränderung der Verhaltensbereitschaft zwischen zwei Panelwellen. Insgesamt sind also maximal drei Analysen je Partizipationsform möglich, nämlich für die Veränderung der Beteiligungsabsichten von der ersten zur zweiten Panelwelle (1994-1998), von der zweiten zur dritten Welle (1998-2002) und über den gesamten Zeitraum, also von der ersten zur dritten Panelwelle (1994-2002). Die Analysen werden für alle fünf nichtelektoralen Partizipationsformen durchgeführt, die im Rahmen des DFG-Projekts zu mindestens zwei Zeitpunkten erhoben worden sind (vgl. Abschnitt 3.1.2). Hinzu kommt die Veränderung der Wahrscheinlichkeit der Wahlbeteiligung. Da die vorangehenden Analysen gezeigt haben, daß es teilweise noch substantielle Unterschiede hinsichtlich des Ausmaßes politischer Beteiligung und der Stärke der Erklärungsfaktoren politischer Partizipation zwischen Ost- und Westdeutschland gibt, werden die beiden Landesteile getrennt betrachtet.

Vor der Präsentation der Analyseergebnisse sei noch auf einige methodische Aspekte hingewiesen. Aufgrund der in Abschnitt 3.1.2 ausführlicher angesprochenen spezifischen Probleme von Paneldaten wie der Panelmortalität und der sogenannten Paneleffekte ist von einer Verzerrung der hier präsentierten Analyseergebnisse auszugehen. Weiterhin werden Verzerrungen der Ergebnisse verursacht durch die Behandlung der fehlenden Werte der einbezogenen Variablen: Um eine zu starke Reduktion der Fallzahlen zu vermeiden, wurde eine Ersetzung der fehlenden Werte durch den Mittelwert der ost- bzw. westdeutschen Befragten vorgenommen. Bei einigen wenigen Variablen wurden fehlende Werte nicht durch den Mittelwert ersetzt, sondern durch bei der Angabe von „weiß nicht" oder „keine Angabe" inhaltlich logische Antwortausprägungen. So ist es etwa bei der Erhebung der Wahlnorm naheliegend anzunehmen, daß ein Befragter diese Norm ablehnt, wenn er keine Angabe macht oder „weiß nicht" antwortet. Diesen Befragten wurde also jeweils das entsprechende Skalenminimum zugewiesen. In gleicher Weise wurde beim politischen Interesse, der Stärke der Parteiidentifikation und der sozialen Partizipation verfahren[81]. Dieses Vorgehen ist im Vergleich zu anderen Verfahren[82] sehr einfach umzusetzen, bringt aber einige Nachteile mit sich. Zum einen wird die Verteilung der Variablen verzerrt, zum anderen werden die Zusammenhänge zwischen den Variablen unterschätzt, weil die Varianz kleiner wird. Die Ergebnisse werden also wegen der

---

81 Für eine genaue Dokumentation der Kodierung der unabhängigen Variablen sowie der Modifikation der fehlenden Werte sei auf Anhang B verwiesen.

82 Neben der listenweisen Ersetzung bzw. Mittelwertersetzung fehlender Werte gibt es noch zahlreiche weitere Methoden, unter anderen die paarweise Ersetzung fehlender Werte, die Schätzung fehlender Werte auf der Basis einer Regressionsanalyse, die sogenannte „hot deck imputation" (Ersetzung durch Ausprägung des ähnlichsten Merkmalsträgers), den Erwartungs-Maximierungs-Ansatz (expectation maximization), sogenannte „raw maximum likelihood"-Methoden sowie die multiple Imputation (Vgl. Wothke 1998; Roth 1994a; Little/Rubin 1987; für einen Überblick siehe http://www.utexas.edu/its/rc/answers/general/gen25.html, 09.08.2007).

verschiedenen Verzerrungseffekte insgesamt nur mit Einschränkungen auf die Grundgesamtheit der Ost- und Westdeutschen übertragbar sein.

In den folgenden Analysen werden sowohl erklärende als auch zu erklärende Variablen als Veränderungen zwischen den beiden Zeitpunkten definiert. Die einzigen Ausnahmen ergeben sich wie schon bei den bivariaten Zusammenhangsanalysen für das Geschlecht, das Alter und die Bildung (vgl. Abschnitt 4.4.1). Bei der Berechnung der Modelle werden nur die Befragten berücksichtigt, bei denen sich zwischen zwei Erhebungszeitpunkten die Verhaltensabsichten ändern. Dieses Vorgehen wurde gewählt, da es vor allem von Interesse ist, die Faktoren zu identifizieren, die zu solchen Verhaltensänderungen führen. Daher verringert sich einerseits zwar die Fallzahl, andererseits erhöht sich so aber auch das Erklärungspotential der Prädiktoren und Regressionsmodelle, da die Befragten, deren Verhalten (Stabilität) nicht interessiert, aus den Analysen ausgeschlossen werden.

Die Tabellen 81 bis 86 enthalten die standardisierten Regressionskoeffizienten (β), das Varianzaufklärungspotential (R^2) sowie die Anzahl der in die Analysen einbezogenen Befragten (N), jeweils getrennt für die einzelnen Beteiligungsaktivitäten. Tabelle 81 beinhaltet die Befunde für die Veränderung der Bereitschaft, sich an Bürgerinitiativen zu beteiligen für West- und Ostdeutschland. Für die Veränderung zwischen erster und zweiter Panelwelle können in Westdeutschland lediglich 7,0 Prozent der Varianz erklärt werden, während es im Osten immerhin 12,7 Prozent sind. Auch für die Differenzvariablen zwischen zweiter und dritter bzw. erster und dritter Welle ist das Modell für die ostdeutschen Befragten mit 14,2 Prozent bzw. 15,0 Prozent im Vergleich zu 5,9 Prozent bzw. 8,5 Prozent für die westdeutschen Befragten erheblich erklärungsstärker. Nicht nur hinsichtlich der Erklärungsleistung des linearen Modells zeigen sich deutliche Unterschiede zwischen Ost- und Westdeutschland, sondern auch in bezug auf die Struktur und Stärke der signifikanten Prädiktoren. Für die Veränderung des Beteiligungsverhaltens zwischen erster und zweiter Panelwelle führt in Westdeutschland eine Verschiebung der Wertepriorität in Richtung Postmaterialismus, eine Zunahme der internen Efficacy sowie eine Verstärkung der Parteiidentifikation zu einer Erhöhung der Bereitschaft, an Bürgerinitiativen teilzunehmen[83]. Im Osten sind diese Variablen mit der gleichen Wirkungsrichtung signifikant. Dort kommen als signifikante Erklärungsfaktoren das Geschlecht, die Veränderung der subjektiven Schichtzugehörigkeit sowie der Links-Rechts-Selbsteinstufung hinzu, wobei eine Verschlechterung der Schichtzugehörigkeit und eine Verschiebung der ideologischen Orientierung nach Links zu einer Er-

---

83 Es sei für die folgenden Analysen der standardisierten Regressionskoeffizienten darauf hingewiesen, daß positive Vorzeichen einen Gleichklang der Entwicklung der jeweiligen unabhängigen Variablen und der entsprechenden Partizipationsform repräsentieren, d.h. nimmt die unabhängige Variable zu, erhöht sich auch die Wahrscheinlichkeit für die Ausübung der jeweiligen Aktivität. Umgekehrt bedeutet ein positives Vorzeichen auch, daß die Wahrscheinlichkeit für die Partizipationsform abnimmt, wenn sich die Ausprägung der Prädiktorvariable verringert. Ein negatives Vorzeichen bedeutet im Gegensatz dazu eine gegensätzliche Entwicklung, d.h. nimmt der Wert für eine der beiden Variablen zu, verringert sich der Wert für die andere.

höhung der Wahrscheinlichkeit, in Bürgerinitiativen mitzuarbeiten, führen. Zudem erhöht sich diese Wahrscheinlichkeit bei weiblichen Befragten.

Tabelle 81: Multivariate Regressionsanalysen für die Veränderung der Verhaltensabsichten zur Beteiligung an Bürgerinitiativen 1994-2002, West- und Ostdeutschland

	Westdeutschland			Ostdeutschland		
	1994-1998	1998-2002	1994-2002	1994-1998	1998-2002	1994-2002
Mann	-0,01	0,05	0,07	-0,08[a]	0,01	-0,04
Alter	-0,05	0,04	0,05	0,01	-0,03	0,00
Bildung	-0,02	0,09[b]	0,08	-0,01	0,03	-0,06
ΔSchicht	-0,01	-0,04	-0,11[a]	-0,09[b]	0,02	0,08[a]
ΔEinkommen	0,05	0,00	-0,03	0,03	0,03	0,02
ΔMaterialismus-index	-0,15[c]	-0,07[a]	-0,03	-0,16[c]	-0,10[b]	-0,13[c]
ΔLinks-Rechts	0,00	-0,05	0,05	-0,07[a]	-0,04	0,01
ΔDemokratiezufrie-denheit	0,01	-0,01	0,04	-0,04	0,03	0,01
ΔWahlnorm	0,02	0,00	0,09[a]	0,01	0,01	0,10[b]
ΔStärke PID	0,09[a]	0,09[b]	0,12[b]	0,08[a]	0,13[c]	0,03
ΔPolitisches Interesse	0,04	0,05	-0,02	0,07	0,07[a]	0,05
ΔInterne Efficacy	0,16[c]	0,18[c]	0,20[c]	0,22[c]	0,29[c]	0,27[c]
ΔExterne Efficacy	0,00	-0,08[a]	-0,11[a]	0,05	-0,02	0,13[c]
ΔInstitutionenver-trauen	-0,05	-0,03	0,03	-0,02	0,03	-0,01
ΔSoziale Partizipation	0,07	0,02	0,04	0,03	0,01	0,03
R^2	0,070	0,059	0,085	0,127	0,142	0,150
N	576	1085	576	835	983	791

Anmerkung: Angaben: standardisierte Regressionskoeffizienten.
Signifikanz: a: p<0,05, b: p<0,01, c: p<0,001.
Quelle: DFG-Panel.

Zwischen 1998 und 2002 sorgen in Westdeutschland eine stärkere Identifikation mit einer Partei, eine Verringerung der externen Efficacy sowie eine Zunahme der internen Efficacy, genauso wie eine Orientierung in Richtung Postmaterialismus und ein höheres Bildungsniveau für die Erhöhung der Teilnahmeneigung an Bürgerinitiativen. Im Osten gestaltet sich die Struktur der Erklärungsvariablen auch für diesen Vergleich anders als im Westen. Zwar haben hier die Veränderung des Materialismusindex, der internen Efficacy und der Stärke der Parteiidentifikation ebenfalls signifikante Effekte mit der gleichen Wirkungsweise wie im Westen, hinzu tritt aber noch eine weitere Variable: Die Erhöhung des politischen Interesses führt hier zu einer Vergrößerung der Beteiligungsbereitschaft an Bürgerinitiativen.

Zuletzt ist noch auf die Veränderung von der ersten zur dritten Panelwelle einzugehen. Im Westen führen wie bei den anderen beiden Vergleichen eine Vergrößerung der internen Efficacy und eine Verstärkung der Parteiidentifikation zu einer Erhöhung der Beteiligungswahrscheinlichkeit. Hinzu kommen noch eine zunehmende Befürwortung der Wahlnorm, die Abnahme der externen Efficacy sowie eine Verschlechterung der Schichtzugehörigkeit. Im Osten ist hingegen eine Verbesserung der Schichtzugehörigkeit beteiligungsfördernd. Außerdem sorgen wie bei den anderen Vergleichen eine Postmaterialisierung der Werteprioritäten und ein Anstieg der wahrgenommenen eigenen politischen Wirksamkeit für eine Erhöhung der Aktivitätsneigung. Zusätzliche beteiligungsfördernde Effekte gehen zudem von einer stärkeren Zustimmung zur Wahlnorm wie von einer Erhöhung der externen Efficacy aus.

Insgesamt zeigen sich also für die Erklärung der Veränderung der Beteiligungsbereitschaft an Bürgerinitiativen deutliche Unterschiede zwischen Ost- und Westdeutschland. Hinzu kommt, daß es auch innerhalb der beiden Landesteile – mit Ausnahme der Differenz des Materialismusindex und der internen Efficacy sowie der Veränderung der Stärke der Parteiidentifikation im Westen die Struktur der Erklärungsvariablen für jede der drei abhängigen Veränderungsvariablen deutlich anders ist. Als Gemeinsamkeit über beide Landesteile und alle Vergleiche hinweg sticht die große Bedeutung der Veränderung der internen Efficacy heraus, die immer der deutlich erklärungsstärkste Prädiktor ist. Diese Befunde sprechen wie schon ein größerer Teil der vorangehenden Analyseergebnisse für die Kontextabhängigkeit politischer Partizipation.

Wie schon bei der Veränderung der Bereitschaft, in Bürgerinitiativen mitzuarbeiten ist für die Veränderung der Wahrscheinlichkeit, an genehmigten Demonstrationen teilzunehmen, die Erklärungskraft des Modells für Ostdeutschland größer als für Westdeutschland (Tabelle 82). Während im Osten zwischen 6,8 und 9,3 Prozent der Varianz durch das lineare Modell erklärt werden können, sind es im Westen zwischen 4,4 und 5,2 Prozent. Im Westen gibt es für den Vergleich zwischen erster und zweiter Panelwelle drei signifikante Erklärungsvariablen: Eine Zunahme der internen Efficacy, eine Verstärkung der Parteiidentifikation und eine Postmaterialisierung der Werteprioritäten führen zu einer Erhöhung der Wahrscheinlichkeit, sich an genehmigten Demonstrationen zu beteiligen. Hier zeigt sich also eine vollkommene Übereinstimmung der signifikanten Prädiktoren im Vergleich zur Veränderung der Teilnahmewahrscheinlichkeit an Bürgerinitiativen. Offensichtlich scheint also nicht nur das Ausmaß der Nutzung dieser beiden Partizipationsformen sehr ähnlich zu sein (vgl. Abschnitt 4.1.3), sondern auch die sozialpsychologischen Determinanten, die zu einer Veränderung im Verhalten führen. Auch im Osten haben die drei genannten Variablen für die Veränderung zwischen 1994 und 1998 dieselben Effekte. Hinzu kommt in diesem Teil Deutschlands noch die Veränderung der Links-Rechts-Selbsteinstufung: Eine zunehmende Linksorientierung führt zu einer Erhöhung der Wahrscheinlichkeit der Teilnahme an genehmigten Demonstrationen.

Tabelle 82: Multivariate Regressionsanalysen für die Veränderung der Verhaltensabsichten zur Beteiligung an genehmigten Demonstrationen 1994-2002, West- und Ostdeutschland

	Westdeutschland			Ostdeutschland		
	1994-1998	1998-2002	1994-2002	1994-1998	1998-2002	1994-2002
Mann	-0,03	0,03	0,05	-0,01	0,03	0,01
Alter	-0,05	0,06	0,06	0,06	-0,03	-0,09^a
Bildung	0,01	0,07^a	0,07	0,02	0,07^a	0,03
ΔSchicht	-0,05	0,03	-0,04	-0,06	0,04	0,04
ΔEinkommen	-0,05	0,02	-0,02	0,00	-0,02	0,05
ΔMaterialismusindex	-0,12^b	-0,10^b	-0,12^b	-0,13^c	-0,06^a	-0,12^b
ΔLinks-Rechts	-0,01	-0,09^b	-0,05	-0,07^a	0,05	-0,02
ΔDemokratiezufriedenheit	-0,01	-0,04	0,11^a	-0,04	-0,03	-0,08^a
ΔWahlnorm	-0,02	0,03	0,02	0,00	-0,02	0,17^c
ΔStärke PID	0,11^b	0,03	0,06	0,08^a	0,10^b	0,00
ΔPolitisches Interesse	-0,05	0,01	0,05	0,00	0,03	0,04
ΔInterne Efficacy	0,15^b	0,15^c	0,10^a	0,18^c	0,24^c	0,12^b
ΔExterne Efficacy	0,07	-0,02	0,01	-0,02	0,01	0,06
ΔInstitutionenvertrauen	-0,09	-0,04	0,00	0,01	0,01	0,03
ΔSoziale Partizipation	0,01	0,01	0,05	0,06	0,04	0,03
R^2	0,052	0,044	0,047	0,068	0,093	0,086
N	579	1134	600	847	995	787

Anmerkung: Angaben: standardisierte Regressionskoeffizienten.
Signifikanz: a: p<0,05, b: p<0,01, c: p<0,001.
Quelle: DFG-Panel.

Für die Differenzen zwischen zweiter und dritter Welle gibt es leichte Unterschiede zwischen beiden Landesteilen im Hinblick auf die Struktur der signifikanten Erklärungsvariablen. Im Westen führen wieder eine Veränderung der Werteprioritäten in Richtung Postmaterialismus und eine Zunahme der internen Efficacy zu einer Vergrößerung der Beteiligungswahrscheinlichkeit. Hinzu kommen für den Vergleich zwischen 1998 und 2002 als beteiligungsfördernde Prädiktoren noch ein höheres Bildungsniveau sowie eine zunehmende Orientierung nach Links. Im Osten kommt zu den bereits für die Veränderung zwischen erster und zweiter Panelwelle signifikanten Variablen Veränderung des Materialismusindex, der internen Efficacy und der Parteiidentifikation noch ein höheres Bildungsniveau als beteiligungsfördernd hinzu.

Im Rahmen der Regressionsanalysen für die Differenz der Verhaltensabsichten zwischen 1994 und 2002 ergeben sich im Westen drei signifikante Prädiktoren. Zu einer Erhöhung der Aktivitätswahrscheinlichkeit führen eine Zunahme der Demokratiezufriedenheit, eine Erhöhung der internen Efficacy und eine stärkere Befürwortung postmaterialistischer Werte. Im Osten treten die beiden letztgenannten Effekte ebenfalls auf. Hier kommt es allerdings bei einer Verringerung der Demokratiezufriedenheit zu einer Erhöhung der Aktivitätsbereitschaft. Hinzu kommen noch ein signifikanter negativer Effekt des Alters sowie ein positiver Effekt der Veränderung der Akzeptanz der Wahlnorm. Diese Variable ist auch mit Abstand die erklärungsstärkste für die Veränderung zwischen 1994 und 2002 in Ostdeutschland.

Insgesamt sind die Unterschiede zwischen Ost und West sowohl hinsichtlich der Erklärungsleistung des Modells als auch der Struktur der Prädiktoren geringer als für die Veränderung der Beteiligungsbereitschaft an Bürgerinitiativen. Auch bei der Veränderung der Teilnahmebereitschaft an genehmigten Demonstrationen zeigen sich für die drei abhängigen Variablen teilweise sehr divergierende Befunde im Hinblick auf die Struktur und die Stärke der Effekte der signifikanten Variablen, die für eine situative und kontextuelle Abhängigkeit des politischen Partizipationsverhaltens sprechen. Einheitlich in beiden Landesteilen wirken auf die Neigung, an genehmigten Demonstrationen teilzunehmen, die Veränderung der internen Efficacy sowie des Materialismusindex ein. Ein wenig überraschend ist der in drei Analysen positive Effekt der Veränderung der Stärke der Parteiidentifikation. Hier wären eher negative Vorzeichen zu erwarten gewesen. Möglicherweise belegt dieser Befund einmal mehr die „Normalisierung des Unkonventionellen" (Fuchs 1990).

Blickt man zunächst auf die Erklärungsleistung der Regressionsmodelle für die Veränderung der Beteiligungsbereitschaft an gewaltsamen Demonstrationen, zeigen sich für Ost- und Westdeutschland größere Unterschiede zwischen den drei Modellen im Vergleich zu den beiden zuvor betrachteten Partizipationsformen (Tabelle 83). In Westdeutschland bewegt sich R^2 im Bereich zwischen 0,062 und 0,146, während es im Osten zwischen 0,035 und 0,121 variiert. Für den Vergleich zwischen erster und zweiter Panelwelle sowie zwischen erster und dritter Panelwelle ist die Varianzreduktion im Westen im Unterschied zu den beiden bisher analysierten Partizipationsformen sogar höher als im Osten. In Westdeutschland zeigt eine Vielzahl von Variablen signifikante Effekte für die Veränderung zwischen 1994 und 1998. Erklärungsstärkster Prädiktor ist die Veränderung des Institutionenvertrauens: Nimmt es von 1994 auf 1998 ab, erhöht sich die Bereitschaft zur Beteiligung an gewaltsamen Demonstrationen. Förderlich für eine Erhöhung der Beteiligungsabsicht sind zudem eine Zunahme der internen Efficacy, eine Abnahme des politischen Interesses, eine Abnahme der Befürwortung der Wahlnorm, eine Verschiebung der eigenen politischen Orientierung nach Links, eine Verschlechterung der subjektiven Schichteinordnung und ein jüngeres Alter. Insgesamt erhöht also eine Verschlechterung des materiellen Status, eine zunehmende Entfremdung vom politischen System sowie seinen Werten und Institutionen die Wahrscheinlichkeit der Bereitschaft, sich an gewaltsamen Demonstrationen zu beteiligen. Im Osten sind lediglich vier Prädiktoren signifikant: Ein höheres Bildungsniveau, eine Orientierung hin zum Postmaterialismus, eine Erhöhung der eigenen politischen Wirksamkeit sowie eine Abnahme des Institutionenvertrauens führen zu einer stärkeren Bereitschaft zur Teilnahme an gewaltsamen Demonstrationen. Im Osten ist also eine Erhöhung der Beteiligungswahrscheinlichkeit in einem deutlich geringeren Maße ein Ausdruck von zunehmender Entfremdung, Unzufriedenheit und materieller Probleme als im Westen Deutschlands.

Tabelle 83: Multivariate Regressionsanalysen für die Veränderung der Verhaltensabsichten zur Beteiligung an gewaltsamen Demonstrationen 1994-2002, West- und Ostdeutschland

	Westdeutschland			Ostdeutschland		
	1994-1998	1998-2002	1994-2002	1994-1998	1998-2002	1994-2002
Mann	-0,02	0,05	0,07	-0,03	-0,04	-0,08^a
Alter	-0,10^a	0,09^a	0,05	0,01	0,10^b	0,13^b
Bildung	0,02	0,07^a	0,11^a	0,09^a	0,05	0,08^a
ΔSchicht	-0,12^a	-0,02	-0,09^a	-0,04	0,06	0,06
ΔEinkommen	-0,06	-0,01	0,04	0,06	-0,06	-0,05
ΔMaterialismus-index	-0,08	-0,11^b	-0,13^a	-0,11^b	-0,07^a	-0,06
ΔLinks-Rechts	-0,17^c	0,03	-0,04	0,02	0,00	-0,01
ΔDemokratiezufriedenheit	-0,04	-0,06	-0,07	0,00	-0,10^b	-0,19^c
ΔWahlnorm	-0,11^a	-0,13^b	-0,16^b	-0,07	-0,07	-0,04
ΔStärke PID	0,06	0,03	0,00	-0,03	0,17^c	0,02
ΔPolitisches Interesse	-0,12^a	-0,10^b	0,07	0,03	0,12^b	0,11^b
ΔInterne Efficacy	0,14^b	0,07	0,04	0,11^b	0,15^c	0,09^a
ΔExterne Efficacy	0,08	0,09^a	0,20^c	0,07	-0,02	0,08^a
ΔInstitutionenvertrauen	-0,18^c	-0,12^b	-0,17^b	-0,10^a	-0,05	0,07
ΔSoziale Partizipation	-0,04	-0,01	-0,05	-0,04	-0,12^b	-0,06
R^2	0,122	0,062	0,146	0,035	0,121	0,078
N	432	752	434	662	808	641

Anmerkung: Angaben: standardisierte Regressionskoeffizienten.
Signifikanz: a: $p<0,05$, b: $p<0,01$, c: $p<0,001$.
Quelle: DFG-Panel.

Für die Veränderung zwischen zweiter und dritter Welle ergeben sich für beide Landesteile erneut einige klare Unterschiede: Im Westen ist überraschenderweise eine Zunahme der externen Efficacy eine für die Zunahme der Teilnahmeneigung an gewaltsamen Demonstrationen wichtige Erklärungsvariable. Hier wäre unter Annahme der Gültigkeit rationaler Erwägungen auf Seiten der Partizipierenden ein umgekehrter Zusammenhang zu erwarten. Ebenso überraschend ist der positive Effekt des Alters, sind doch gerade bei illegalen und gewaltsamen Partizipationsformen besonders die Jungen aktiv. Die Effekte der übrigen signifikanten Variablen sind allerdings klar nachvollziehbar. Wie bei allen anderen bisher untersuchten Partizipationsformen ist eine Werteverlagerung in Richtung Postmaterialismus einer positiven

Veränderung der Aktivitätsbereitschaft zuträglich. Ebenso führen ein höheres Bildungsniveau, ein Nachlassen der wahrgenommenen Wahlnorm, ein Absinken des politischen Interesses und eine Verringerung des Institutionenvertrauens zu einer zunehmenden Partizipationsneigung an gewaltsamen Demonstrationen. Im Osten zeigen sich für die Veränderung zwischen 1998 und 2002 für eine große Zahl von Variablen signifikante Effekte. Etwas überraschend ist, wie im Westen Deutschlands, der positive Effekt des Alters. Dieser Effekt in beiden Landesteilen spricht für eine leichte Angleichung des politischen Protestverhaltens zwischen Jungen und Alten, zumindest für die Veränderung zwischen 1998 und 2002. Beteiligungsfördernd sind im Osten außerdem eine zunehmende postmaterialistische Werteorientierung, eine Verringerung der Demokratiezufriedenheit, ein wachsendes politisches Interesse, eine Zunahme der internen Efficacy, eine Verstärkung der Parteiidentifikation und ein Absinken der sozialen Partizipation.

Für die Veränderung von der ersten zur dritten Panelwelle nimmt die Beteiligungsbereitschaft bei den Höhergebildeten im Westen signifikant zu. Weitere aktivitätsfördernde Faktoren sind eine Verschlechterung der subjektiven Schichtzugehörigkeit, zunehmende postmaterialistische Orientierungen, ein Absinken der Wahlnorm sowie eine Verringerung des Institutionenvertrauens. Überraschend ist der starke positive Effekt der externen Efficacy, der – wie weiter oben bereits angemerkt (Abschnitt 2.5.2) – in genau umgekehrter Richtung zu erwarten gewesen wäre. Im Osten hat das Alter wieder einen signifikanten positiven Effekt auf die Aktivitätsbereitschaft. Außerdem erhöht sich die Partizipationsneigung bei Frauen. Hinzu kommen als begünstigende Faktoren ein höheres Bildungsniveau, eine Abnahme der Demokratiezufriedenheit, eine Erhöhung des politischen Interesses sowie eine Zunahme der internen Efficacy.

Insgesamt führen in beiden Landesteilen eine Verschlechterung der materiellen Situation sowie eine Abnahme der Zufriedenheit mit der Demokratie und ihren Institutionen zu einer Erhöhung der Beteiligungsbereitschaft an gewaltsamen Demonstrationen. Eine Verstärkung der Aktivitätsneigung ist also klar eine Folge wachsender Unzufriedenheit und Entfremdung. Hier zeigen sich also deutliche Unterschiede im Vergleich zu den Erklärungsfaktoren der beiden vorher analysierten Partizipationsformen. Offensichtlich gibt es klare Unterschiede in der Struktur und Stärke der Prädiktoren zwischen legalen und legitimen Beteiligungsarten (wie der Beteiligung an Bürgerinitiativen oder genehmigten Demonstrationen) einerseits und illegalen bzw. illegitimen Partizipationsaktivitäten (wie der Teilnahme an gewaltsamen Demonstrationen) andererseits.

Diese Unterscheidung bestätigt sich weitgehend auch bei der Analyse der nächsten illegitimen und illegalen Partizipationsform, der Veränderung der Beteiligungsbereitschaft an Verkehrsblockaden (Tabelle 84): Für diese Partizipationsform ergeben sich beim Vergleich der Veränderung zwischen erster und zweiter Panelwelle in Westdeutschland folgende Befunde: Hier erhöht eine Verschlechterung des sozioökonomischen Status (genauer, des Einkommens), eine zunehmende Befürwortung postmaterialistischer Werte, eine Abnahme der perzipierten Wahlnorm sowie eine Erhöhung der wahrgenommenen eigenen politischen Wirksamkeit die Teilnahmebereitschaft an Verkehrsblockaden. Zusätzlich förderlich für einen Zuwachs der Beteiligungswahrscheinlichkeit ist eine Zunahme der Stärke der Parteiidentifikation und der sozialen Partizipation. Im Osten sind für die Veränderung zwischen erster und zweiter Welle lediglich drei Prädiktoren signifikant. Aktivitätsfördernd sind eine Erhöhung der internen Efficacy, eine Verringerung des Institutionenvertrauens sowie ein niedrigeres Bildungsniveau.

Tabelle 84: Multivariate Regressionsanalysen für die Veränderung der Verhaltensabsichten zur Beteiligung an Verkehrsblockaden 1994-2002, West- und Ostdeutschland

	Westdeutschland			Ostdeutschland		
	1994-1998	1998-2002	1994-2002	1994-1998	1998-2002	1994-2002
Mann	-0,02	0,08[a]	0,04	-0,03	0,00	-0,13[b]
Alter	-0,09	0,07	0,02	-0,04	-0,03	0,02
Bildung	-0,03	0,00	0,06	-0,09[a]	0,07	-0,01
ΔSchicht	-0,06	0,02	0,05	-0,08	0,03	-0,03
ΔEinkommen	-0,10[a]	0,04	-0,10[a]	0,02	-0,04	0,06
ΔMaterialismusindex	-0,14[b]	-0,09[b]	-0,02	-0,06	-0,03	-0,06
ΔLinks-Rechts	-0,07	-0,02	-0,02	0,03	0,01	-0,03
ΔDemokratiezufriedenheit	-0,04	-0,09[a]	-0,08	0,03	-0,07	-0,11[a]
ΔWahlnorm	-0,09[a]	-0,05	-0,14[b]	-0,01	-0,08[a]	0,09[a]
ΔStärke PID	0,13[b]	0,09[a]	0,15[b]	-0,04	0,14[c]	0,03
ΔPolitisches Interesse	-0,07	-0,03	-0,05	0,02	0,09[a]	0,12[b]
ΔInterne Efficacy	0,14[b]	0,09[a]	0,10[a]	0,12[b]	0,18[c]	0,09[a]
ΔExterne Efficacy	-0,05	0,01	0,05	-0,02	-0,07	0,01
ΔInstitutionenvertrauen	-0,03	-0,14[c]	-0,10	-0,09[a]	-0,02	-0,08
ΔSoziale Partizipation	0,12[a]	0,10[b]	0,03	0,07	0,02	0,04
R^2	0,093	0,055	0,053	0,031	0,087	0,063
N	464	819	470	655	698	640

Anmerkung: Angaben: standardisierte Regressionskoeffizienten.
Signifikanz: a: p<0,05, b: p<0,01, c: p<0,001.
Quelle: DFG-Panel.

Für die Differenz zwischen zweiter und dritter Panelwelle sind für den Westen folgende Befunde zu berichten: Förderlich für eine Erhöhung der Wahrscheinlichkeit zur Teilnahme an Verkehrsblockaden ist zunehmendes soziales Engagement, eine Verstärkung der Parteiidentifikation, eine Abnahme des Vertrauens in die politischen Institutionen, eine wachsende eigene politische Wirksamkeit, eine Verringerung der Demokratiezufriedenheit und eine Verschiebung der Werteprioritäten zum Postmaterialismus. Zudem erhöht sich die Partizipationsneigung bei Männern. Im

Osten bietet sich ein etwas anderes Bild. Aktivitätsfördernd sind eine Abnahme der perzipierten Wahlnorm, eine Erhöhung des politischen Interesses, eine Zunahme der internen Efficacy und eine Verstärkung der Parteiidentifikation.

Unterschiede zwischen Ost und West in der Wirkungsweise einiger unabhängiger Variablen ergeben sich auch für die Veränderung der Aktivitätsbereitschaft zwischen 1994 und 2002. Im Westen haben eine Verringerung des Einkommens, eine schlechtere Bewertung der Wahlnorm, eine Zunahme der internen Efficacy und eine Stärkung der Parteiidentifikation eine aktivitätsbegünstigende Wirkung. Im Osten erhöht sich für Frauen die Partizipationsbereitschaft. Hinzu kommen begünstigende Effekte durch eine Verringerung der Demokratiezufriedenheit und eine Zunahme der internen Efficacy. Überraschend ist der positive Effekt der Veränderung der Wahlnorm, da er sowohl den theoretischen Erwartungen als auch den empirischen Ergebnissen – negative Effekte – für die übrigen Veränderungsvariablen in Ost- und Westdeutschland widerspricht.

Betrachtet man zuletzt noch die R^2-Werte, so ist die Erklärungskraft des Regressionsmodells auch für diese Form politischer Beteiligung gering: Im Westen können durch das lineare Modell zwischen 5,3 und 9,3 Prozent der Varianz erklärt werden, im Osten sind es zwischen 3,1 und 8,7 Prozent. Der Anteil erklärter Varianz ist für den Vergleich zwischen erster und zweiter Welle im Westen höher als im Osten, während es für die beiden anderen Vergleichsvariablen genau umgekehrt ist. Faßt man die Befunde für die Veränderung der Beteiligungsbereitschaft an Verkehrsblockaden zusammen, so ist auch die Zunahme der Beteiligungsbereitschaft an Verkehrsblockaden insgesamt eine Konsequenz wachsender Unzufriedenheit und sinkender Normenakzeptanz sowie wachsender eigener politischer Wirksamkeit. Die Struktur des Erklärungsmodells weist somit relativ starke Übereinstimmungen mit den zuvor präsentierten Analysen für die Veränderung der Teilnahmebereitschaft an gewaltsamen Demonstrationen auf.

Die Tabelle (85) für die Veränderung der Bereitschaft, Unterstützung bei einer Partei zu suchen, fällt knapper aus als die vorangehenden Tabellen, da diese Partizipationsform lediglich 1998 und 2002 erhoben worden ist. Hier ist also nur eine anstatt drei abhängiger Variablen vorhanden. Die Erklärungsleistung des Regressionsmodells für die Veränderung zwischen zweiter und dritter Panelwelle unterscheidet sich stark zwischen Ost- und Westdeutschland. Während im Westen nur 3,1 Prozent der Varianz durch das lineare Modell erklärt werden können, sind es im Osten 16,1 Prozent. Das ist das höchste gemessene R^2 für eine der Veränderungsvariablen nichtelektoraler politischer Aktivitäten in Ostdeutschland. In Westdeutschland sind für die Veränderung der Bereitschaft, bei einer Partei Unterstützung zu suchen, lediglich vier unabhängige Variablen signifikant. Ein Anwachsen des politischen Interesses, eine Postmaterialisierung der Werteprioritäten, eine Zunahme der internen Efficacy und eine Verstärkung der Parteiidentifikation führen zu einer Zunahme der Aktivitätswahrscheinlichkeit. Auch im Osten haben die drei letztgenannten Variablen mit identischer Wirkung signifikante Effekte. Hinzu kommen noch einige andere Variablen: Aktivitätsfördernd sind eine wachsende Zustimmung zur Wahlnorm sowie ein höherer Bildungsabschluß. Außerdem erhöht sich für Männer die Beteiligungswahrscheinlichkeit, ebenso wie für Jüngere. Insgesamt erweisen sich in beiden Landesteilen die Veränderung der internen Efficacy und der Stärke der Parteiidentifikation als wichtigste Prädiktoren. Besonders der letztgenannte Effekt ist aufgrund der relativ großen Nähe dieses Indikators zur abhängigen Variablen nicht besonders überraschend.

Tabelle 85: Multivariate Regressionsanalysen für die Veränderung der Verhaltensabsicht, bei einer Partei Unterstützung zu suchen 1998-2002, West- und Ostdeutschland

	Westdeutschland	Ostdeutschland
Mann	0,04	0,06[a]
Alter	-0,04	-0,11[c]
Bildung	-0,04	0,08[a]
ΔSchicht	-0,03	0,02
ΔEinkommen	0,04	0,04
ΔMaterialismusindex	-0,08[a]	-0,10[b]
ΔLinks-Rechts	0,01	0,05
ΔDemokratiezufriedenheit	0,00	-0,01
ΔWahlnorm	-0,01	0,10[b]
ΔStärke PID	0,09[b]	0,13[c]
ΔPolitisches Interesse	0,06[a]	0,05
ΔInterne Efficacy	0,09[b]	0,25[c]
ΔExterne Efficacy	0,05	0,06
ΔInstitutionenvertrauen	0,03	0,04
ΔSoziale Partizipation	0,01	0,03
R^2	0,031	0,161
N	1178	925

Anmerkung: Angaben: standardisierte Regressionskoeffizienten.
Signifikanz: a: p<0,05, b: p<0,01, c: p<0,001.
Quelle: DFG-Panel 1998-2002.

Die beste Erklärungsleistung erreicht das Regressionsmodell für die Veränderung der Wahrscheinlichkeit der Wahlbeteiligung (Tabelle 86). Für alle drei abhängigen Variablen werden in Ost wie in West jeweils mehr als zehn Prozent der Varianz erklärt: Im Westen sind es zwischen 12,7 und 39,2 Prozent, im Osten sogar zwischen 21,9 und 55,5 Prozent der Varianz. Allerdings ist vor einer Präsentation der relevanten Prädiktoren auf die niedrige Zahl der in dieser Analyse berücksichtigten Befragten hinzuweisen, so daß die Ergebnisse insgesamt wohl nur begrenzt verallgemeinerbar sind[84].

Im Westen haben für den Vergleich zwischen 1994 und 1998 lediglich zwei Prädiktoren signifikante Effekte auf die Veränderung der Wahrscheinlichkeit der Wahl-

---

84 Die Wahrscheinlichkeit der Wahlbeteiligung wurde, im Gegensatz zu den anderen Partizipationsformen, nur bei den Vorwahlbefragten erhoben.

beteiligung. Dies sind die wachsende Zustimmung zur Wahlnorm sowie eine Verstärkung der Parteiidentifikation. Im Osten gibt es deutlich mehr Variablen mit signifikanten Einflüssen. Auch hier gehört die Zunahme der Wahlnorm zu den erklärungsstärksten Variablen. Beteiligungsfördernd sind zudem ein Anstieg des politischen Interesses, eine wachsende Zufriedenheit mit der Demokratie sowie eine Zunahme des Einkommens. Außerdem erhöht sich für Jüngere die Wahrscheinlichkeit der Wahlbeteiligung. Überraschenderweise ist in Ostdeutschland eine Zunahme der Parteiidentifikation nicht partizipationsfördernd.

Tabelle 86: Multivariate Regressionsanalysen für die Veränderung der Wahrscheinlichkeit der Wahlbeteiligung 1994-2002, West- und Ostdeutschland

Variable	Westdeutschland			Ostdeutschland		
	1994-1998	1998-2002	1994-2002	1994-1998	1998-2002	1994-2002
Mann	0,00	0,08	-0,15	-0,08	-0,16	-0,30[c]
Alter	-0,15	0,13	-0,06	-0,17[a]	0,25[a]	-0,30[c]
Bildung	0,01	0,02	-0,05	0,06	0,15	0,21[b]
ΔSchicht	-0,03	-0,04	-0,07	-0,06	-0,07	-0,10
ΔEinkommen	-0,09	0,02	0,10	0,17[a]	-0,09	0,05
ΔMaterialismusindex	0,01	0,05	0,15	-0,04	0,19[a]	-0,03
ΔLinks-Rechts	-0,05	-0,25[b]	0,04	-0,04	-0,07	-0,25[c]
ΔDemokratiezufriedenheit	-0,03	-0,09	0,11	0,13[a]	0,08	0,10
ΔWahlnorm	0,21[a]	0,32[b]	0,42[b]	0,27[c]	0,31[b]	0,30[c]
ΔStärke PID	0,30[b]	0,35[c]	-0,06	0,08	-0,03	0,10
ΔPolitisches Interesse	-0,01	0,15	0,34[a]	0,30[c]	0,29[b]	0,23[b]
ΔInterne Efficacy	0,02	0,14	0,22	-0,03	0,12	-0,08
ΔExterne Efficacy	-0,14	-0,02	0,10	0,07	-0,03	-0,13
ΔInstitutionenvertrauen	-0,03	0,04	-0,03	-0,06	-0,02	0,14[a]
ΔSoziale Partizipation	0,04	-0,13	-0,09	-0,03	-0,06	0,18[b]
R^2	0,127	0,392	0,233	0,267	0,219	0,555
N	117	94	65	192	119	128

Anmerkung: Angaben: standardisierte Regressionskoeffizienten.
Signifikanz: a: p<0,05, b: p<0,01, c: p<0,001.
Quelle: DFG-Panel.

Im Westen hingegen ist die Zunahme der Parteiidentifikation der wichtigste Prädiktor für die Differenzvariable zwischen 1998 und 2002. Ebenfalls förderlich für die Erhöhung der Wahrscheinlichkeit der Wahlteilnahme sind eine Zunahme der wahrgenommenen Wahlnorm sowie eine Verschiebung der politischen Orientierung nach Links. Im Osten sind für die Veränderung zwischen 1998 und 2002 eine zunehmende Befürwortung der Wahlnorm, ein Anstieg des politischen Interesses und eine zunehmende materialistische Werteorientierung förderlich für eine Erhöhung der Beteiligungswahrscheinlichkeit. Hinzu kommt, wie schon beim Vergleich zwischen erster und zweiter Panelwelle, das Alter. Allerdings sind es die Älteren, bei denen sich die Beteiligungsneigung zwischen zweiter und dritter Panelwelle erhöht.

Im Westen sind es für die Veränderung von 1994 bis 2002 wieder nur zwei Variablen, die einen signifikanten Effekt auf die abhängige Variable haben: Beteiligungsbegünstigend sind eine stärkere Befürwortung der Wahlnorm sowie eine Zunahme des politischen Interesses. Die Parteiidentifikation hat nun keinen signifikanten Einfluß. Im Osten haben zahlreiche Variablen einen signifikanten Effekt: Für Frauen und Jüngere erhöht sich die Wahrscheinlichkeit der Wahlbeteiligung, ebenso für Personen mit einem höheren Bildungsniveau. Aktivitätsfördernd sind zudem eine Verschiebung der ideologischen Neigung nach Links, eine stärkere Zustimmung zur Wahlnorm, ein wachsendes politisches Interesse, ein Anwachsen des Institutionenvertrauens und die Zunahme sozialer Partizipation.

Faßt man die Befunde für die Veränderung der Wahrscheinlichkeit der Wahlbeteiligung zusammen, so ist wenig überraschend eine wachsende Zustimmung zur Wahlnorm in besonderer Weise förderlich für die Partizipationsbereitschaft. Eine Verstärkung der Parteiidentifikation hat dagegen lediglich im Westen des Landes einen signifikanten Einfluß. Im Gegensatz zu den nichtelektoralen Partizipationsformen ist eine Veränderung der internen wie der externen Efficacy ohne Bedeutung für die Veränderung der Wahrscheinlichkeit der Wahlbeteiligung. Diese Befunde sprechen in besonderer Weise für die weiter fortbestehende Habitualität der Wahlbeteiligung. Im Gegensatz zu den nichtelektoralen Aktivitäten können hier staatsbürgerliche Normen und Werte ihre beteiligungsstabilisierende Wirkung noch entfalten.

Insgesamt zeigen die Analyseergebnisse für alle Partizipationsformen eine geringe Erklärungsleistung der multivariaten Regressionsmodelle. Die mit Abstand höchste Varianzaufklärung in Ost- und Westdeutschland wird mit R^2-Werten von 0,1 und größer für die Wahlbeteiligung erreicht. Für die nichtelektoralen Beteiligungsformen ist die Erklärungsleistung des Modells deutlich niedriger als für die Wahlbeteiligung. Bezüglich der Struktur und der Stärke der Erklärungsvariablen gibt es einige wenige Übereinstimmungen über alle nichtelektoralen Partizipationsformen hinweg: Eine Zunahme der internen Efficacy ist für eine Zunahme der Teilnahmewahrscheinlichkeit bei all diesen politischen Aktivitäten von großer Bedeutung. Bei vielen Analysen ist diese Variable sogar der erklärungsstärkste Prädiktor. Im Gegensatz dazu ist die Veränderung der internen Efficacy für die Veränderung der Wahlbeteiligungswahrscheinlichkeit gar nicht von Bedeutung. Im Osten hat die Zunahme der internen Efficacy für diese Veränderungsvariable sogar einen negativen Effekt. Außerdem von partizipationsfördernder Bedeutung für alle nichtelektoralen Aktionsformen ist die Verlagerung der Wertepriotitäten in Richtung Postmaterialismus. Hier werden eindeutig die Prämissen und Befunde Ingleharts bestätigt (Inglehart 1977, 1979, 1989, 1990, 1997).

Ansonsten läßt sich – wie schon in den vorangehenden Analysen mit dem DFG-Panel – klar zwischen illegalen und illegitimen Beteiligungsformen, dazu gehören die Veränderung der Beteiligungsbereitschaft an gewaltsamen Demonstrationen und an Verkehrsblockaden, sowie legalen und legitimen Partizipationsformen, dies sind die Veränderung der Wahrscheinlichkeit, in einer Bürgerinitiative mitzuarbeiten, an genehmigten Demonstrationen teilzunehmen oder eine Partei um Unterstützung zu bitten, trennen. Innerhalb dieser beiden Gruppen zeigen sich vor allem in Westdeutschland relativ große Übereinstimmungen hinsichtlich der Struktur und Stärke der Erklärungsvariablen, auch wenn es für jede der Partizipationsformen und jede der abhängigen Variablen spezifische Nuancierungen gibt. Diese trotz der Übereinstimmungen variierende Struktur der Erklärungsvariablen spricht dafür, daß es keine langfristigen Entwicklungen, sondern situative und kontextuelle Einflüsse sind, die dazu führen, daß sich das Beteiligungsverhalten der Bürger verändert[85]. Bei den illegalen und illegitimen Partizipationsformen sind es insbesondere die zunehmende Unzufriedenheit mit dem politischen System und seinen Institutionen, materielle Schlechterstellung und die zunehmende Entfremdung von Werten und Normen, die dazu führen, daß die Bereitschaft, diese politischen Aktivitäten auszuüben, zunimmt. Für die legalen und legitimen Aktivitäten sind es vor allem die bereits angesprochene Zunahme der internen Efficacy, aber auch die Stärkung der Parteiidentifikation, die sich beteiligungsfördernd auswirken. Klar von diesen beiden Gruppen kann die Veränderung der Wahrscheinlichkeit der Wahlbeteiligung getrennt werden, deren Regressionsmodelle – bei aller Vorsicht wegen der geringen Fallzahlen – deutliche Unterschiede aufweisen. Für weitere Unterschiede in den Erklärungsmodellen sei auf das Kausalmodell in Abschnitt 4.5.2 verwiesen.

4.5 Kausale Erklärungsmodelle politischer Partizipation

Mit den bisher berechneten Analysen konnten zwar die Erklärungsfaktoren der verschiedenen politischen Partizipationsformen bzw. -dimensionen und die Stärke ihrer direkten Effekte identifiziert werden, doch sind weder mit bivariaten Korrelationen noch mit multivariaten Regressionen Aussagen über die kausalen Strukturen politischer Aktivität möglich. Zur Aufdeckung des komplexen kausalen Wirkungsgefüges politischer Beteiligung sollen daher zum Abschluß Kausalmodelle berechnet werden, die eine präzise Identifikation der Strukturen der Erklärungsvariablen politischer Partizipation bieten und helfen, den Prozeß, der zu politischer Aktivität führt, genauer zu verstehen. Die Modellierung der kausalen Strukturen gliedert sich in zwei Teile. In Abschnitt 4.5.1 sollen die inneren Strukturen politischer Partizipation mit Hilfe von Querschnittdaten untersucht werden. Auf die Daten aus dem DFG-Panel greifen die Analysen in Abschnitt 4.5.2 zurück. Wegen der dreifachen Messung des Partizipationsverhaltens im Abstand von jeweils vier Jahren können so die

---

85 Ob für diese situative und kontextuelle Abhängigkeit veränderte Opportunitätsstrukturen verantwortlich sind, läßt sich mit den an dieser Stelle zur Verfügung stehenden Daten leider nicht untersuchen.

zeitlichen Strukturen des politischen Engagements betrachtet werden. Die Berechnungen erfolgen mit Hilfe von Amos 16.0.

4.5.1 Die innere Struktur politischer Partizipation im Querschnitt

Ziel dieses Abschnitts ist es, die kausale Struktur politischer Partizipation in Ost- und Westdeutschland mit Querschnittdaten zu untersuchen. Dies ist damit die erste Analyse des inneren kausalen Wirkungsgefüges politischer Partizipation für das wiedervereinigte Deutschland. Aus übergreifender Perspektive betrachtet, betritt diese Arbeit allerdings kein vollkommenes analytisches Neuland. Kausale Modellierungen politischen Beteiligungsverhaltens mit Querschnittdaten finden sich beispielsweise bei Nie et al. (1969b: 811ff.) sowie Uehlinger (1988: 201ff.).

Als Grundlage für die folgenden Analysen dienen die Daten der CID-Studie. Abhängige Variablen sind die in Abschnitt 4.2.2 berechneten Partizipationsdimensionen in Ost- und Westdeutschland. Für die Analyse gibt es zwei mögliche Vorgehensweisen. Die erste Möglichkeit bestände darin, ein einziges Kausalmodell aufzustellen und seine Brauchbarkeit für alle abhängigen Variablen zu überprüfen. Dies würde dazu führen, daß die folgende Darstellung und die Kausalanalyse selbst relativ knapp gehalten werden könnten. Außerdem könnte so leicht die Güte des Modells und die Erklärungsleistung der einzelnen Prädiktoren zwischen den verschiedenen Partizipationsdimensionen im jeweiligen Landesteil verglichen werden. Allerdings wäre es möglich, daß ein theoretisch für alle politischen Aktivitäten sinnvolles Kausalmodell nur zur empirischen Erklärung weniger oder möglicherweise gar keiner politischen Aktivität geeignet ist. Die zweite Möglichkeit wäre, jeweils ein spezifisches Erklärungsmodell für jede Partizipationsdimension aufzustellen und mit den Daten zu prüfen. Dies würde einen deutlich größeren Aufwand für die Präsentation der Ergebnisse bedeuten und letztendlich zum Verlust der Möglichkeit führen, die Modelle vergleichen zu können. Allerdings könnte so der Heterogenität der Erklärungsmuster Rechnung getragen werden, die sich im Rahmen der Analysen in Abschnitt 4.4.1 und insbesondere in Abschnitt 4.4.2 gezeigt hat. Da offensichtlich jede Partizipationsdimension durch ein stark voneinander abweichendes Bündel von Erklärungsvariablen determiniert wird, erfolgt eine Entscheidung zugunsten der zweiten Analysevariante.

Vor der Präsentation der Analyseergebnisse sind noch einige Vorbemerkungen zu den folgenden Abbildungen, Tabellen und Interpretationen notwendig. Generell wurden in der graphischen Darstellung nur signifikante Effekte berücksichtigt[86]. Auf die Einzeichnung von Fehlertermen für die endogenen Variablen sowie die nu-

---

86 Theoretisch plausible oder aufgrund der in Abschnitt 2.5 referierten Forschungsergebnisse zu erwartende Zusammenhänge der Prädiktoren untereinander sowie der Prädiktoren und der abhängigen Partizipationsvariablen wurden bei fehlender statistischer Signifikanz aus den Modellen entfernt.

merische Darstellung der Effektstärken in den Abbildungen wurde verzichtet. Wegen der Komplexität der Modelle mit teilweise mehr als zehn einbezogenen Variablen dienen alle diese Maßnahmen der Verbesserung der graphischen Übersichtlichkeit. So weit dies möglich war, wurden gleiche Variablen an der gleichen oder wenigstens einer ähnlichen Position innerhalb der Abbildungen eingezeichnet, um so die Unterschiede zwischen den einzelnen Erklärungsmodellen leichter identifizieren zu können.

Im Folgenden gibt es für die west- und ostdeutschen Partizipationsdimensionen jeweils eine Überblickstabelle, die verschiedene Maße zur Charakterisierung der Güte der Kausalmodelle enthält. Zudem ist für jede Dimension eine eigene Tabelle vorhanden, in der die totalen, direkten und indirekten Effekte der Prädiktorvariablen auf die jeweils abhängige Partizipationsdimension dargestellt werden. Die Variablen sind, wie schon in den vorangehenden Analysen, nach Gruppen analog zur Darstellung in Abschnitt 2.5 sortiert. Im Anhang finden sich zusätzliche Tabellen mit allen direkten Effekten in den jeweiligen Kausalmodellen (Tabellen A.26 bis A.33).

Zur Beurteilung der Modellgüte wird insgesamt auf sechs Maße zurückgegriffen, die die Kausalmodelle jeweils aus unterschiedlicher Perspektive beleuchten (Homburg/Baumgartner 1995: 172; Zinnbauer/Eberl 2004: 21; Backhaus et al. 2006: 379ff.). Als erstes ist der χ^2-Anpassungstest zu nennen, der zur Gruppe der inferenzstatistischen Maße gehört (Homburg/Baumgartner 1995: 165, 167). Dieser Test prüft, ob die empirische Kovarianz-Matrix der modelltheoretischen Kovarianz-Matrix entspricht. Allerdings hat dieser Test einige gravierende Nachteile: So wird bei ausreichend großem Stichprobenumfang nahezu jedes Modell durch den Test abgelehnt (Bagozzi 1981: 380; Jöreskog/Sörbom 1982: 408). Zudem ist keine Abschätzung des Fehlers 2. Art möglich, das heißt der Test bietet keinerlei Informationen über die Wahrscheinlichkeit, daß eine falsche Modellstruktur irrtümlich als wahr angenommen wird (Backhaus et al. 2006: 380). Insgesamt liegt ein „Kernproblem dieses Tests [...] darin, daß er überprüft, ob ein Modell in einem absoluten Sinn ‚richtig' ist", so daß er einer wenig sinnvollen Fragestellung nachgeht (Homburg/Baumgartner 1995: 166). Allerdings basieren alle anderen hier verwendeten Maße auf der χ^2-Statistik, so daß diese Werte mitangeführt werden.

Ein wesentlich zuverlässigeres Maß ist der genormte χ^2-Wert, bei dem χ^2 durch die Anzahl der Freiheitsgrade (df: *degrees of freedom*) geteilt wird. Mit diesem Maß wird also auch untersucht, wie viele Parameter zur Erreichung einer gewissen Ähnlichkeit zwischen der empirischen und der theoretischen Kovarianzmatrix notwendig sind (Homburg/Baumgartner 1995: 166ff.). Dieser zu den deskriptiven Anpassungsmaßen gehörende Indikator sollte möglichst klein sein. Die Angaben über den Grenzwert, bei dem ein Modell als gut zu bezeichnen ist, variieren jedoch zwischen 2 und 5 (Homburg/Baumgartner 1995: 168; Zinnbauer/Eberl 2004: 11; Arbuckle 2007: 589).

Das dritte Maß, das Berücksichtigung findet, ist der *Goodness of Fit Index* (GFI), Dieser gibt an, welcher Anteil der Varianzen und Kovarianzen durch das Modell erklärt werden kann und entspricht somit dem Bestimmtheitsmaß in der Regressionsanalyse (Homburg/ Baumgartner 1995: 167; Backhaus et al. 2006: 380). Genau wie

R^2 hat der GFI einen Wertebereich von 0 bis 1. In der Regel kann ab einem Wert von 0,9 von einer guten Modellanpassung gesprochen werden (Byrne 2001: 82; Backhaus et al. 2006: 382). Allerdings berücksichtigt der GFI nicht die Anzahl der Freiheitsgrade, so daß sich die Güte des Modells in der Regel automatisch verbessert, wenn ein zusätzlicher Modellparameter ergänzt wird (Homburg/Baumgartner 1995: 166).

Daher ist es sinnvoll, ein zusätzliches Maß zu nutzen, das die Modellkomplexität berücksichtigt und die Zahl der Freiheitsgrade in die Berechnung einbezieht. Ein solches Maß ist der *Adjusted Goodness of Fit Index* (AGFI). Wie der GFI hat der AGFI einen Wertebereich von 0 bis 1, und auch hier werden Werte, die größer oder gleich 0,9 sind, als gute Modellanpassung interpretiert (Homburg/Baumgartner 1995: 168; Byrne 2001: 82; Backhaus et al. 2006: 382). GFI und AGFI sind sogenannte absolute Anpassungsmaße, das heißt sie vergleichen das angenommene Modell nicht mit einem bestimmten Modell, sondern setzen es absolut.

Folglich ist es gewinnbringend, ein weiteres Gütemaß heranzuziehen, welches das zu prüfende Modell mit bestimmten Modellen vergleicht. Bei der Berechnung des *Comparative Fit Index* (CFI) erfolgt sowohl ein Vergleich mit dem Basismodell als auch mit dem saturierten Modell. Diese Modelle decken die beiden möglichen Extremfälle ab: Während im Basismodell alle Variablen als unkorreliert angesehen werden, weist das saturierte Modell eine perfekte Anpassungsleistung auf. Im Gegensatz zu anderen Anpassungsmaßen[87] werden bei der Berechnung des CFI auch die Freiheitsgrade des Modells berücksichtigt. Der Wertebereich dieses Gütemaßes liegt zwischen 0 und 1. Werte über 0,9 werden als gute Anpassung interpretiert (Homburg/Baumgartner 1995: 168; Byrne 2001: 83; Backhaus et al. 2006: 382), auch wenn einige Untersuchungen einen Grenzwert von 0,95 nahelegen (Homburg/Baumgartner 1995: 167; Hu/Bentler 1999).

Das letzte zu berücksichtigende Gütemaß, der sogenannte *Root Mean Square Error of Approximation* (RMSEA), gilt als eines der informativsten Maße im Rahmen der Strukturgleichungsanalyse (Byrne 2001: 84). Der RMSEA beantwortet die Frage „how well would the model, with unknown but optimally chosen parameter values, fit the population covariance matrix if it were available," (Browne/Cudeck 1993: 137f.) und nimmt Werte zwischen 0 und 1 an. Dabei werden Werte bis 0,08 als akzeptabel bewertet. Von einer guten Modellanpassung kann bei Werten bis 0,05 gesprochen werden (Homburg/Baumgartner 1995: 166f.; Backhaus et al. 2006: 382). Insgesamt finden also die folgenden Gütemaße Berücksichtigung in den Tabellen: χ^2, χ^2/df, GFI; AGFI; CGI und RMSEA.

---

87 Als Beispiel für ein Anpassungsmaß, das die Freiheitsgrade nicht berücksichtigt, ist der *Normed Fit Index* (NFI) anzuführen (Homburg/Baumgartner 1995: 168, 170; Backhaus et al. 2006: 381).

Tabelle 87: Modellanpassung im Kausalmodell für die Partizipationsdimensionen 2001, Westdeutschland

	Kontakt- und Parteiaktivitäten	Konsumorientierte Aktivitäten	Protestaktivitäten	Wahlbeteiligung
N	1806	1806	1806	1806
χ^2	138[c]	124[c]	52[c]	179[c]
χ^2/df	9,19	4,57	2,37	5,13
GFI	0,98	0,99	0,99	0,98
AGFI	0,95	0,97	0,99	0,96
CFI	0,97	0,96	0,99	0,95
RMSEA	0,07	0,04	0,03	0,05

Anmerkung: Signifikanzen beziehen sich auf die Überschreitungswahrscheinlichkeiten beim χ^2-Anpassungstest.
Signifikanz: a: p<0,05, b: p<0,01, c: p<0,001.
Quelle: CID-Studie.

Neben den Gütemaßen werden für die einzelnen Partizipationsdimensionen die standardisierten direkten, indirekten und totalen Effekte der verschiedenen Prädiktoren auf die abhängige Partizipationsvariable betrachtet. Auf die detaillierte Präsentation der Effekte zwischen den Erklärungsvariablen muß vor allem aus Gründen der Sparsamkeit der Darstellung weitgehend verzichtet werden. Hierzu finden sich Tabellen im Anhang (Tabellen A.26 bis A.33). Mit den quadrierten multiplen Korrelationen (SMC: *Squared Multiple Correlation*) kommt in den Tabellen noch ein weiteres Maß hinzu, das wie das Bestimmtheitsmaß R^2 zu interpretieren ist. Als letzte Vorbemerkung sei noch darauf hingewiesen, daß im Gegensatz zu den multivariaten Regressionsanalysen in Abschnitt 4.4.2 fehlende Werte für die Analyse der Kausalmodelle ersetzt wurden. Die Ersetzung erfolgte analog zu der in Abschnitt 4.4.3 bei der Analyse der Paneldaten (siehe dort). Wegen dieser Vorgehensweise ist die Fallzahl bei den Kausalmodellen deutlich höher. Zudem ist davon auszugehen, daß die Stärke der kausalen Effekte unterschätzt wird, weil die Streuung der unabhängigen Variablen geringer ist.

Die Kausalmodelle für die Partizipationsdimensionen in Westdeutschland können insgesamt als gut bezeichnet werden, auch wenn einer der Fit-Indizes (χ^2) bei allen Kausalmodellen eine schlechte Modellanpassung andeutet (Tabelle 87). Allerdings wurde in den einleitenden Ausführungen dieses Abschnitts bereits darauf verwiesen, daß die Nullhypothese des χ^2-Anpassungstests bei großen Stichprobenumfängen immer verworfen wird (Bagozzi 1981: 380; Jöreskog/Sörbom 1982: 408). Bei 1806 Befragten, die in die Analysen eingehen, kann sicherlich von einer großen Stichprobe gesprochen werden. Wesentlich informativer ist daher ein Blick auf die anderen Anpassungsmaße. Gemessen mit dem genormten χ^2-Wert bieten die Modelle für „Konsumorientierte Aktivitäten" und „Protestaktivitäten" eine akzeptable Anpassungsleistung. Der χ^2/df-Wert des Modells für „Wahlbeteiligung" überschreitet den Grenzwert von 5 nur knapp, während für „Kontakt- und Parteiaktivitäten" bei einem Wert von 9,19 eindeutig eine schlechte Anpassung konstatiert werden muß. Richtet man das Augenmerk allerdings auf die weiteren Indizes, so liegen die GFI-, AGFI-und CFI-Werte für alle vier Modelle über 0,95. Diese Ergebnisse sprechen für eine sehr gute Anpassungsleistung. Darauf deuten auch die Werte für den RMSEA hin. Lediglich für „Kontakt- und Parteiaktivitäten" liegt der Wert mit 0,07 über dem Grenzwert von 0,05, ist aber immer noch in einem Bereich, in dem von einer akzeptablen Modellanpassung gesprochen werden kann. Da die Werte der Gütemaße eindeutig für die Tauglichkeit der erstellten Modelle sprechen, sollen diese im Folgenden detaillierter präsentiert werden.

Durch das Kausalmodell in Abbildung 7 können 15,6 Prozent der Varianz der Teilnahme an Kontakt- und Parteiaktivitäten in Westdeutschland erklärt werden (Tabelle 88). Direkt auf die abhängige Variable wirken dabei die interne Efficacy, das Geschlecht, das politische Interesse und die soziale Partizipation. Letztere sammelt als Verhaltensvariable eine Vielzahl kausaler Wirkungen sozialstruktureller Merkmale und politischer Einstellungen (von Bildung, politischem Interesse, dem Effektivitätsindex, der internen und der externen Efficacy) ein und gibt diese weiter an die Beteiligung an Kontakt- und Parteiaktivitäten. Aufgrund der vielen Kausalflüsse von und zu den Variablen sind das politische Interesse und die interne Efficacy zentrale und bedeutende Prädiktoren innerhalb des Modells.

Abbildung 7: Kausalmodell für die Beteiligung an Kontakt- und Parteiaktivitäten 2001, Westdeutschland

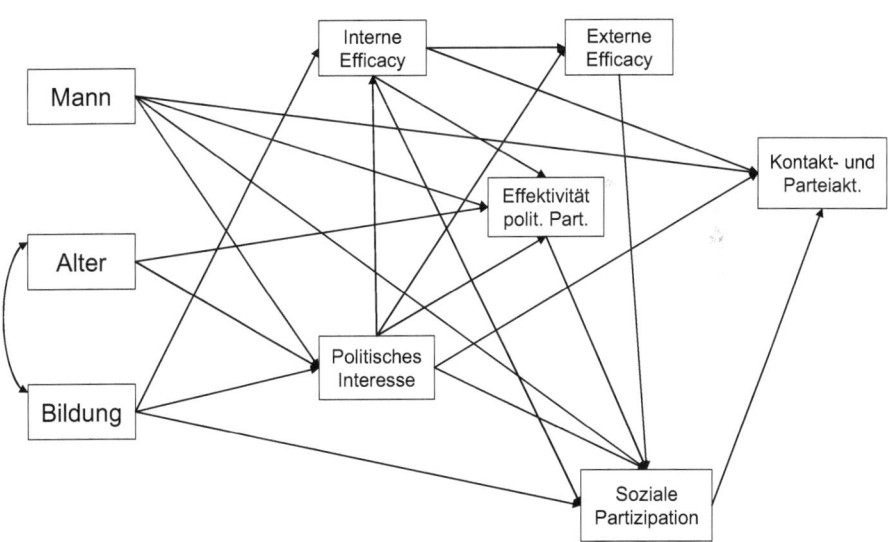

Anmerkungen: Effektivität polit. Part.: Effektivität politischer Partizipation, Kontakt- und Parteiakt.:
      Kontakt- und Parteiaktivitäten.
Quelle: CID-Studie.

Betrachtet man die Stärke der Kausalflüsse zunächst auf Basis der totalen Effekte, so sind soziale Partizipation und das politische Interesse besonders erklärungsstark. Dies zeigte sich bereits in der multivariaten Regressionsanalyse (vgl. Abschnitt 4.4.2, Tabelle 72). Diese beiden Variablen haben auch den stärksten direkten kausalen Einfluß. Hinzu kommen noch die interne Efficacy und das Geschlecht, ebenfalls mit positiven Koeffizienten. Während soziale Partizipation der Ausübung von Kontakt- und Parteiaktivitäten kausal unmittelbar vorgelagert ist und daher nur direkt auf diese Dimension einwirkt, verteilt sich der Einfluß des politischen Interesses fast zu gleichen Teilen auf direkte und indirekte Effekte. Indirekt hat politisches Interesse besonders über die interne Efficacy und die Effektivitätswahrnehmung politischer Partizipation einen positiven Einfluß auf die Nutzung von Kontakt- und Parteiaktivitäten (vgl. für die genauen Effektstärken Tabelle A.26). Bedeutende indirekte Effekte gehen zudem von Geschlecht, Alter, Bildung, der wahrgenommenen Effektivität politischer Partizipation und der externen Efficacy aus. Während die letzte Variable negativ auf die abhängige Variable wirkt, haben die anderen Prädiktoren im Modell einen positiven indirekten Einfluß. Im Gegensatz zum Regressionsmodell in Abschnitt 4.4.2 ist die Demokratiezufriedenheit im Kausalmodell ohne Bedeutung. Wird sie in das Modell einbezogen, verschlechtert sich die Modellgüte. Zudem sind ihre Effekte hochgradig insignifikant, so daß einem Modell ohne diese Variable der Vorzug gegeben wurde. Insgesamt bestätigt das Kausalmodell die zentrale Rolle des politischen Interesses und der sozialen Partizipation. Es sind gerade die ohnehin schon im vorpolitischen Raum Aktiven und politisch Interessierten, die Kontakt- und Parteiaktivitäten nutzen.

Tabelle 88: Standardisierte totale, direkte und indirekte Effekte auf die Beteiligung an Kontakt- und Parteiaktivitäten 2001, Westdeutschland

	Total	Direkt	Indirekt
Mann	0,12	0,06[b]	0,07
Alter	0,03	0,00	0,03
Bildung	0,09	0,00	0,09
Politisches Interesse	0,23	0,14[c]	0,10
Interne Efficacy	0,09	0,07[b]	0,02
Externe Efficacy	-0,04	0,00	-0,04
Effektivität politischer Partizipation	0,05	0,00	0,05
Soziale Partizipation	0,30	0,30[c]	0,00
SMC		0,156	
N		1806	

Anmerkungen: Angabe der Signifikanzen ist nur für die direkten Effekte möglich; SMC: *Squared Multiple Correlation.*
Signifikanz: a: p<0,05, b: p<0,01, c: p<0,001.
Quelle: CID-Studie.

Abweichende kausale Wirkungsmuster zeigen sich für die Beteiligung an konsumorientierten Aktivitäten in Westdeutschland (Abbildung 8). Dieses Modell kann immerhin 20,8 Prozent der Varianz dieser Partizipationsdimension erklären. Insgesamt tragen zu dieser Varianzaufklärung zehn Prädiktoren bei. Alle Variablen im Modell mit Ausnahme des Alters haben einen direkten kausalen Effekt auf die abhängige Partizipationsvariable. Zentrale Variablen sind die externe Efficacy, das politische Interesse und die soziale Partizipation, die als intervenierende Variablen fungieren und so insbesondere die Einflüsse der Sozialstrukturvariablen an die Beteiligung an konsumorientierten Aktivitäten weitergeben.

Abbildung 8: Kausalmodell für die Beteiligung an konsumorientierten Aktivitäten 2001, Westdeutschland

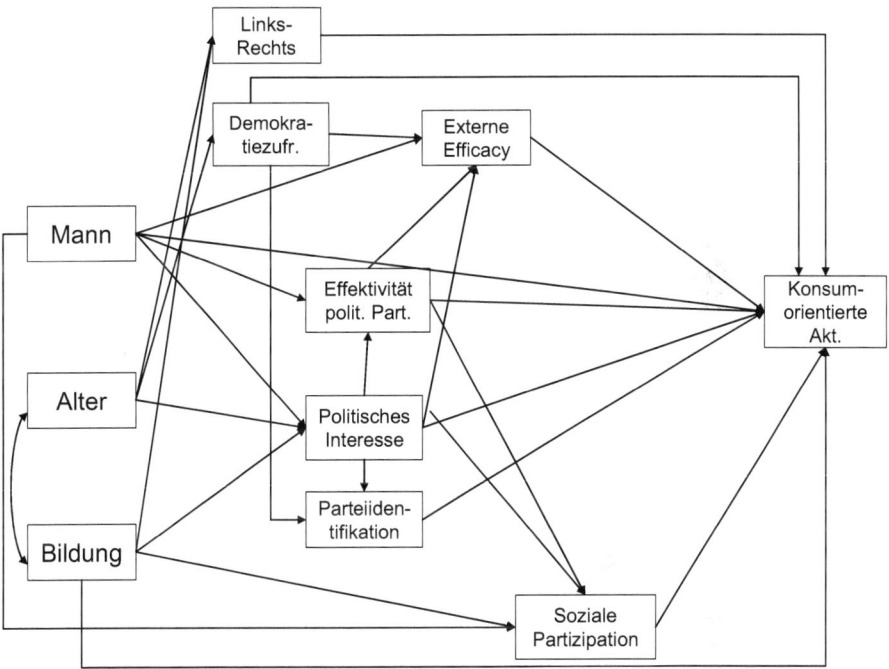

Anmerkungen: Demokratiezufr.: Demokratiezufriedenheit, Effektivität polit. Part.: Effektivität politischer Partizipation, Konsumorientierte Akt.: Konsumorientierte Aktivitäten.
Quelle: CID-Studie.

Wendet man sich der Stärke der kausalen Beziehungen zu und blickt zunächst auf die totalen Effekte, dominieren drei Variablen das Bild (Tabelle 89): Mit Koeffizienten von 0,23 bzw. 0,24 führen Bildung, politisches Interesse und soziale Partizipation zu einer stärkeren Aktivität. Annähernd so stark ist der totale Einfluß der Effektivitätswahrnehmung politischer Partizipation mit einem Wert von 0,18. Bezüglich der Wirkungsrichtung, aber auch der -stärke werden im Kausalmodell weitgehend die Befunde aus den multivariaten Regressionsanalysen bestätigt, das heißt Frauen, Höhergebildete und politisch Linksorientierte sind eher aktiv, genauso wie mit der

Demokratie Unzufriedene, Personen mit Parteiidentifikation, stärkerem politischen Interesse und geringerer externer Efficacy.

Direkt beteiligungsfördernd sind zudem soziales Engagement und die Wahrnehmung von politischer Partizipation als effektiv (vgl. ergänzend Tabelle A.27). Von Interesse sind auch die indirekten Effekte: Überraschend ist hier, daß sich für das Geschlecht das Vorzeichen des Koeffizienten im Vergleich zu den direkten Effekten umdreht. Für das politische Interesse sind die indirekten Effekte stärker als die direkten. Insgesamt kommt dieser Variablen eine zentrale Rolle im Kausalmodell zu, da sie zahlreiche andere Variablen beeinflußt und so als intervenierende Variable zwischen sozialstrukturellen Prädiktoren einerseits und sozialpsychologischen, rationalen und Sozialkapital-Indikatoren andererseits fungiert.

Tabelle 89: Standardisierte totale, direkte und indirekte Effekte auf die Beteiligung an konsumorientierten Aktivitäten 2001, Westdeutschland

	Total	Direkt	Indirekt
Mann	-0,04	-0,08^c	0,04
Alter	0,01	0,00	0,01
Bildung	0,23	0,14^c	0,09
Links-Rechts	-0,11	-0,11^c	0,00
Demokratiezufriedenheit	-0,10	-0,09^c	-0,01
Parteiidentifikation	0,04	0,04^a	0,00
Politisches Interesse	0,24	0,11^c	0,13
Externe Efficacy	-0,11	-0,11^c	0,00
Effektivität politischer Partizipation	0,18	0,18^c	-0,01
Soziale Partizipation	0,23	0,23^c	0,00
SMC		0,208	
N		1806	

Anmerkungen: Angabe der Signifikanzen ist nur für die direkten Effekte möglich; SMC: *Squared Multiple Correlation*.
Signifikanz: a: p<0,05, b: p<0,01, c: p<0,001.
Quelle: CID-Studie.

Tabelle 90: Standardisierte totale, direkte und indirekte Effekte auf die Beteiligung an Protestaktivitäten 2001, Westdeutschland

	Total	Direkt	Indirekt
Mann	0,02	0,00	0,02
Alter	-0,07	-0,07^b	0,00
Bildung	0,11	0,08^b	0,03
Links-Rechts	-0,05	-0,05^a	0,00
Demokratiezufriedenheit	0,00	0,00	0,00
Wahlnorm	0,03	0,00	0,03
Politisches Interesse	0,08	0,08^b	0,01
Interne Efficacy	0,03	0,11^b	-0,08
Externe Efficacy	-0,10	-0,10^a	0,00
SMC		0,034	
N		1806	

Anmerkungen: Angabe der Signifikanzen ist nur für die direkten Effekte möglich; SMC: *Squared Multiple Correlation*.
Signifikanz: a: p<0,05, b: p<0,01, c: p<0,001.
Quelle: CID-Studie.

Die Erklärungsleistung des Kausalmodells (vgl. Abbildung 9) für die Teilnahme an Protestaktivitäten ist mit 3,4 Prozent gering und liegt mit diesem Wert deutlich unter der Varianzaufklärung der anderen Modellierungen für Westdeutschland. Interessant an dem Modell für diese Partizipationsdimension ist, daß Effektivitätswahrnehmungen politischer Partizipation genauso wie soziale Partizipation im Gegensatz zu den beiden vorangehenden Dimensionen im kausalen Wirkungsgefüge keine Rolle spielen. Modelle mit diesen Variablen wurden auch für diese Partizipationsdimension getestet, aber wiesen zum einen eine schlechtere Modellanpassung auf, zum anderen sind die direkten Effekte auf die abhängige Variable statistisch nicht signifikant.

Abbildung 9: Kausalmodell für die Beteiligung an Protestaktivitäten 2001, Westdeutschland

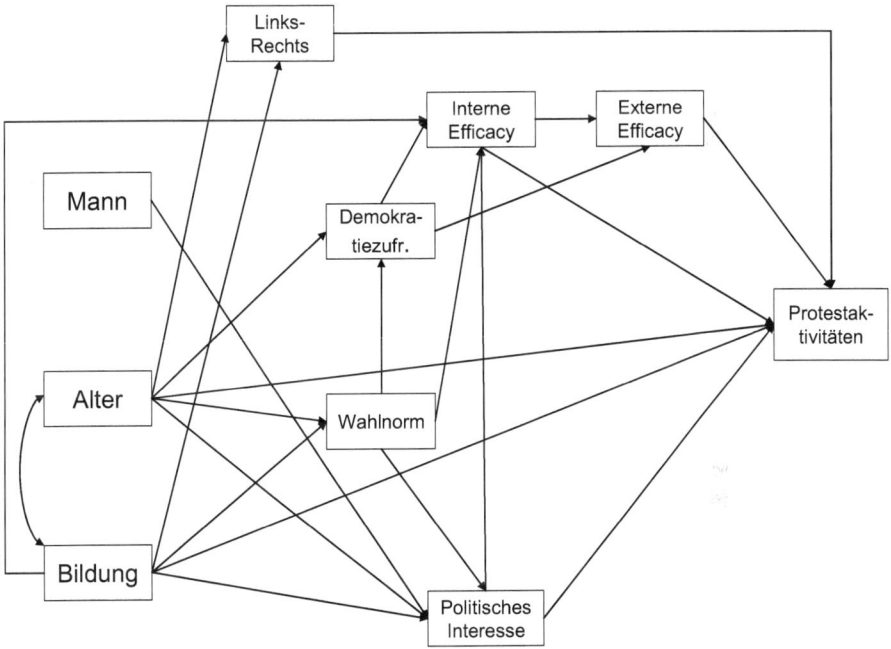

Anmerkung: Demokratiezufr.: Demokratiezufriedenheit.
Quelle: CID-Studie.

Es zeigt sich also deutlich, daß es für die Beteiligung an Protestaktivitäten ohne Belang ist, ob man sozial engagiert ist oder politische Partizipation als rational erachtet. Im Modell sind neun Prädiktoren enthalten, von denen alle außer der Wahlnorm, der Demokratiezufriedenheit und dem Geschlecht einen direkten Effekt auf die abhängige Variable haben. Bedeutende Variablen innerhalb des Modells wegen der zahlreichen kausalen Verflechtungen mit anderen Prädiktoren sind die Wahl-norm, die interne Efficacy und das politische Interesse. Die stärksten totalen Effekte gehen vom Bildungsniveau und der externen Efficacy aus (Tabelle 90).

Abbildung 10: Kausalmodell für die Wahlbeteiligung 2001, Westdeutschland

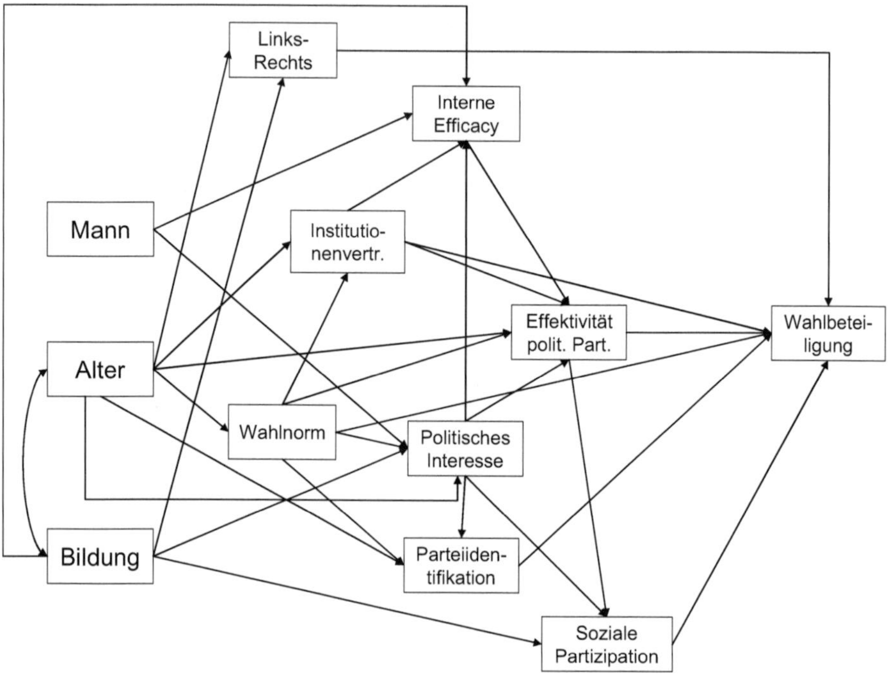

Anmerkungen: Institutionenvertr.: Institutionenvertrauen, Effektivität polit. Part.: Effektivität politischer Partizipation.
Quelle: CID-Studie.

Eine höhere Bildung und eine negative Bewertung der Responsivität des politi-schen Systems und seiner Akteure führen demnach zur Teilnahme an Protestaktivi-täten. Relativ bedeutsam sind daneben noch das politische Interesse und das Alter. Betrachtet man die direkten Effekte, so sind Jüngere, Höhergebildete, ideologisch Linksorientierte und politisch Interessierte aktiver bei der Ausübung politischer Pro-testaktivitäten. Hinzu kommt, daß Personen, die sich selbst als politisch einflußreich und wirksam, das politische System aber als wenig responsiv erachten, aktiver sind. Interessant ist die Rolle der internen Efficacy im kausalen Wirkungsgefüge: Ihr tota-ler Effekt ist mit 0,03 gering, da der mit 0,11 relativ starke direkte Effekt durch die negativen indirekten Effekte weitgehend kompensiert wird. Verantwortlich dafür ist der sehr starke direkte Effekt der internen auf die externe Efficacy (vgl. Tabelle A.28), welche sich bekanntlich negativ auf die Teilnahme an Protestaktivitäten auswirkt und so das Vorzeichen des indirekten Effekts der internen Efficacy determiniert. Für die Wahlbeteiligung ist das Kausalmodell in Abbildung 10 mit 16,5 Prozent erklärter Varianz vergleichsweise gut. In dem Modell sind insgesamt elf Prädiktoren enthalten, von denen allerdings nur sechs direkte kausale Effekte auf die abhängige Variable haben. Wegen der zahlreichen kausalen Wechselbeziehungen zu anderen Erklärungsvariablen sind insbesondere die Wahlnorm, das politische Interesse sowie der Effektivitätsindex politischer Partizipation anzuführen. Betrachtet man die totalen Effekte, sieht man eine klare Dominanz der Wahlnorm und des Institutionenvertrauens (Tabelle 91). Der addierte totale Effekt dieser beiden Variablen ist größer als der aller anderen Variablen zusammen. Diese Dominanz wird auch bei den direkten Effekten deutlich: Eine starke perzipierte Wahlnorm, ein hohes Institutionenvertrauen, eine ideologische Rechtsorientierung, eine Partei-identifikation, die Bewertung von politischer Partizipation als effektives Mittel und soziales Engagement bringen die Westdeutschen an die Wahlurne.

Tabelle 91: Standardisierte totale, direkte und indirekte Effekte auf die Wahlbeteiligung 2001, Westdeutschland

	Total	Direkt	Indirekt
Mann	0,01	0,00	0,01
Alter	0,08	0,00	0,08
Bildung	0,01	0,00	0,01
Links-Rechts	0,08	0,08[c]	0,00
Wahlnorm	0,35	0,27[c]	0,08
Parteiidentifikation	0,05	0,05[a]	0,00
Politisches Interesse	0,04	0,00	0,04
Interne Efficacy	0,03	0,00	0,03
Institutionenvertrauen	0,16	0,13[c]	0,02
Effektivität politischer Partizipation	0,08	0,07[b]	0,01
Soziale Partizipation	0,05	0,05[a]	0,00
SMC		0,165	
N		1806	

Anmerkungen: Angabe der Signifikanzen ist nur für die direkten Effekte möglich; SMC: *Squared Multiple Correlation.*
Signifikanz: a: p<0,05, b: p<0,01, c: p<0,001.
Quelle: CID-Studie.

Von Interesse sind auch die indirekten Effekte. Diese bestätigen noch einmal die zentrale Rolle der Wahlnorm, die über das politische Interesse, die Parteiidentifikation, das Institutionenvertrauen sowie die Effektivitätswahrnehmung zusätzlichen positiven Einfluß auf die abhängige Variable ausübt (vgl. Tabelle A.29). Die sozialstrukturellen Variablen haben genauso wie die interne Efficacy und das politische Interesse nur indirekten Einfluß auf die Wahlbeteiligungs-Dimension. Hier scheint sich ein Unterschied zwischen elektoralen und nichtelektoralen Partizipationsformen anzudeuten: Während politisches Interesse und interne Efficacy auf nichtelektorale

Partizipationsformen in Westdeutschland meist relativ starke direkte Effekte ausüben, kommt ihnen diese zentrale (direkte) Rolle für die Erklärung der Beteiligung an Wahlen nicht zu.

In Ostdeutschland spricht, wie schon bei der Analyse der Modellanpassung für Westdeutschland, mit χ^2 eines der sechs Gütemaße gegen alle vier Kausalmodelle (Tabelle 92). Aus den weiter oben bereits angeführten Gründen kann dieses Maß jedoch vernachlässigt werden. Betrachtet man das zweite Maß (χ^2/df), so sind alle Modelle als akzeptabel anzusehen, da der Grenzwert von 5 nicht überschritten wird. Auch die Werte des GFI und AGFI sprechen eindeutig für die Qualität der Modelle: Alle liegen deutlich über dem Grenzwert von 0,9. Gleiches gilt für den CFI, wenn man die Akzeptanzgrenze bei 0,9 zieht. Wendet man sich als letztem Maß dem RMSEA zu, so sind die Modelle für „Wahlbeteiligung" und „Konsumorientierte und illegale Protestaktivitäten" akzeptabel, für die anderen beiden Dimensionen sogar gut. Insgesamt sprechen die Befunde also eindeutig für eine gute Anpassung der Kausalmodelle an die Daten. Daher ist es sinnvoll, das kausale Wirkungsgefüge auch für die ostdeutschen Partizipationsfaktoren genauer zu untersuchen.

Tabelle 92: Modellanpassung im Kausalmodell für die Partizipationsdimensionen 2001, Ostdeutschland

	Kontaktaktivitäten O	Legale Protestund Parteiaktivitäten O	Konsumorientierte und illegale Protestaktivitäten O	Wahlbeteiligung O
N	917	917	917	917
χ^2	60^c	122^c	142^c	196^c
χ^2/df	2,88	2,98	4,42	4,35
GFI	0,99	0,98	0,98	0,97
AGFI	0,97	0,96	0,95	0,94
CFI	0,97	0,95	0,92	0,95
RMSEA	0,05	0,05	0,06	0,06

Anmerkung: Signifikanzen beziehen sich auf die Überschreitungswahrscheinlichkeiten beim χ^2-Anpassungstest.
Signifikanz: a: p<0,05, b: p<0,01, c: p<0,001.
Quelle: CID-Studie.

Das Kausalmodell (vgl. Abbildung 11) mit insgesamt neun Prädiktoren für „Kontaktaktivitäten" ist mit 31,5 Prozent Varianzaufklärung das erklärungsstärkste aller mit der CID-Studie aufgestellten Modelle. Direkte Effekte haben alle Variablen außer dem Geschlecht. Wichtige intervenierende Variable im Modell sind die interne Efficacy, das politische Interesse, die Parteiidentifikation und die soziale Partizipation, die eine Vielzahl kausaler Einflüsse anderer Variablen an die abhängige Variable vermitteln. Berücksichtigt man die totalen Effekte, sind innerhalb des Modells drei Variablen von großer Bedeutung: Bildung, politisches Interesse und soziale Partizipation (Tabelle 93). Während letztere der Beteiligung an Kontaktaktivitäten kausal unmittelbar vorausgeht und lediglich einen direkten Effekt hat, wirken die beiden anderen Variablen sowohl indirekt als auch direkt. In bezug auf die Stärke der Effekte kommt insbesondere dem politischen Interesse eine wichtige Rolle innerhalb des kausalen Wirkungsgefüges zu. Die indirekten Effekte über die Parteiidentifikation, soziale Partizipation und interne Efficacy sind sogar stärker als die direkten Effekte auf die abhängige Partizipationsdimension (vgl. Tabelle A.30). Auch die Effekte der Bildung sind zu gleichen Teilen direkt und indirekt (über politisches Interesse, Parteiidentifikation, interne Efficacy und soziale Partizipation).

Abbildung 11: Kausalmodell für die Beteiligung an Kontaktaktivitäten 2001, Ostdeutschland

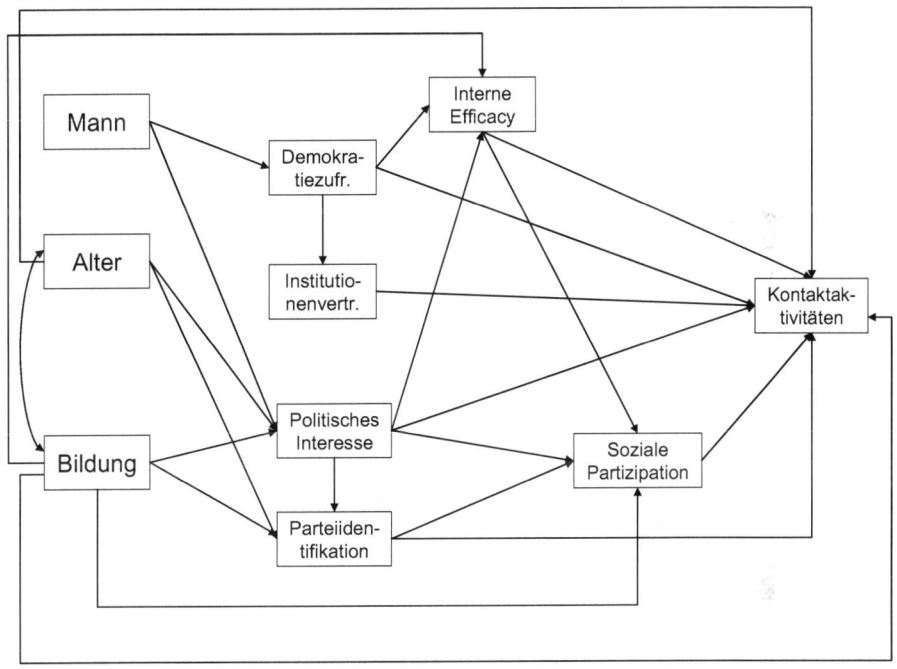

Anmerkungen: Demokratiezufr: Demokratiezufriedenheit, Institutionenvertr.: Institutionenvertrauen.
Quelle: CID-Studie.

Betrachtet man lediglich die direkten Effekte auf die Beteiligung an Kontaktaktivitäten, so sind Ältere, Höhergebildete, mit der Demokratie Unzufriedene, Personen mit Parteiidentifikation, politisch Interessierte, Befragte mit höherer interner Efficacy, geringerem Institutionenvertrauen sowie einem hohen sozialen Aktivitätsgrad eher dazu geneigt, Kontaktaktivitäten auszuführen. Diese Ergebnisse entsprechen den Befunden der multivariaten Regressionsanalyse in Abschnitt 4.4.2 (vgl. Tabelle 73). Die Kausalanalyse macht allerdings deutlich, daß das Wirkungsgefüge zwischen den unabhängigen Variablen durchaus komplex ist.

Tabelle 93: Standardisierte totale, direkte und indirekte Effekte auf die Beteiligung an Kontaktaktivitäten 2001, Ostdeutschland

	Total	Direkt	Indirekt
Mann	0,05	0,00	0,05
Alter	0,15	0,10[b]	0,05
Bildung	0,26	0,13[c]	0,13
Demokratiezufriedenheit	-0,07	-0,07[a]	0,00
Parteiidentifikation	0,14	0,09[b]	0,05
Politisches Interesse	0,24	0,10[b]	0,14
Interne Efficacy	0,16	0,12[c]	0,04
Institutionenvertrauen	-0,08	-0,08[a]	0,00
Soziale Partizipation	0,41	0,41[c]	0,00
SMC		0,315	
N		917	

Anmerkungen: Angabe der Signifikanzen ist nur für die direkten Effekte möglich; SMC: *Squared Multiple Correlation*.
Signifikanz: a: p<0,05, b: p<0,01, c: p<0,001.
Quelle: CID-Studie.

Abbildung 12: Kausalmodell für die Beteiligung an legalen Protest- und Parteiaktivitäten 2001, Ostdeutschland

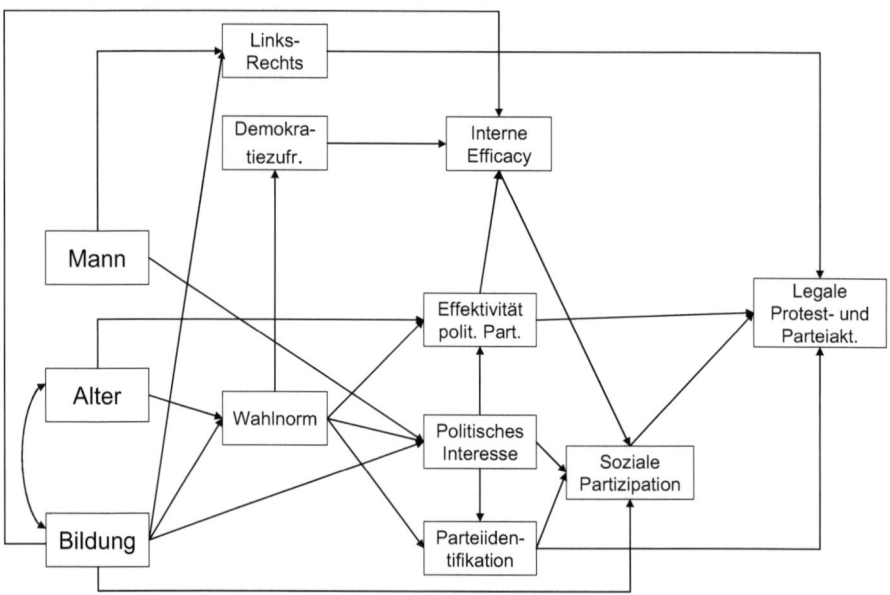

Anmerkungen: Demokratiezufr.: Demokratiezufriedenheit, Effektivität polit. Part.: Effektivität politischer Partizipation, Legale Protest- und Parteiakt.: Legale Protest- und Parteiaktivitäten.
Quelle: CID-Studie.

Für die Beteiligung an legalen Protest- und Parteiaktivitäten können durch das Kausalmodell in Abbildung 12 8,5 Prozent der Varianz erklärt werden. Von den elf unabhängigen Variablen innerhalb des Modells wirken nur vier direkt auf die abhängige Partizipationsdimension. Insgesamt haben also bei „Legale Protest- und Parteiaktivitäten" in Ostdeutschland deutlich weniger Variablen einen direkten Einfluß als bei „Kontaktaktivitäten". Auch bei diesem Modell erweisen sich wie schon bei den vorangegangenen Analysen die Wahlnorm, das politische Interesse und die soziale Partizipation als wichtige Interventionsvariablen. Dies zeigt sich auch bei den totalen Effekten (Tabelle 94), denn mit einem Wert von 0,21 ist die soziale Partizipation mit deutlichem Abstand der stärkste Prädiktor innerhalb des Wirkungsgefüges. Wie schon bei mehreren der bisher vorgestellten Kausalmodelle geht diese Variable dem Partizipationsverhalten kausal unmittelbar voraus, nimmt Effekte der Bildung, des politischen Interesses, der Parteiidentifikation sowie der internen Efficacy auf und gibt diese an die politische Partizipation weiter. Neben den angesprochenen Variablen haben auch die anderen sozialstrukturellen Prädiktoren und die Wahlnorm lediglich indirekte Einflüsse, wobei die starken Effekte der letztgenannten Variablen auf das politische Interesse und den Effektivitätsindex politischer Partizipation hervorzuheben sind (vgl. Tabelle A.31). Richtet man das Augenmerk auf die direkten Einflüsse auf die Teilnahme an legalen Protest- und Parteiaktivitäten, so sind es Linksorientierte, Personen mit PID sowie hoher wahrgenommener Effektivität politischer Partizipation und einem hohen Maß an sozialem Engagement, die sich so am politischen Prozeß beteiligen.

Tabelle 94: Standardisierte totale, direkte und indirekte Effekte auf die Beteiligung an legalen Protest- und Parteiaktivitäten 2001, Ostdeutschland

	Total	Direkt	Indirekt
Mann	0,01	0,00	0,01
Alter	0,01	0,00	0,01
Bildung	0,06	0,00	0,06
Links-Rechts	-0,10	-0,10[b]	0,00
Demokratiezufriedenheit	0,00	0,00	0,00
Wahlnorm	0,09	0,00	0,09
Parteiidentifikation	0,11	0,08[a]	0,03
Politisches Interesse	0,09	0,00	0,09
Interne Efficacy	0,02	0,00	0,02
Effektivität politischer Partizipation	0,10	0,10[b]	0,01
Soziale Partizipation	0,21	0,21[c]	0,00
SMC		0,085	
N		917	

Anmerkungen: Angabe der Signifikanzen ist nur für die direkten Effekte möglich; SMC: *Squared Multiple Correlation*.
Signifikanz: a: p<0,05, b: p<0,01, c: p<0,001.
Quelle: CID-Studie.

Abbildung 13: Kausalmodell für die Beteiligung an konsumorientierten und illegalen Protestaktivitäten 2001, Ostdeutschland

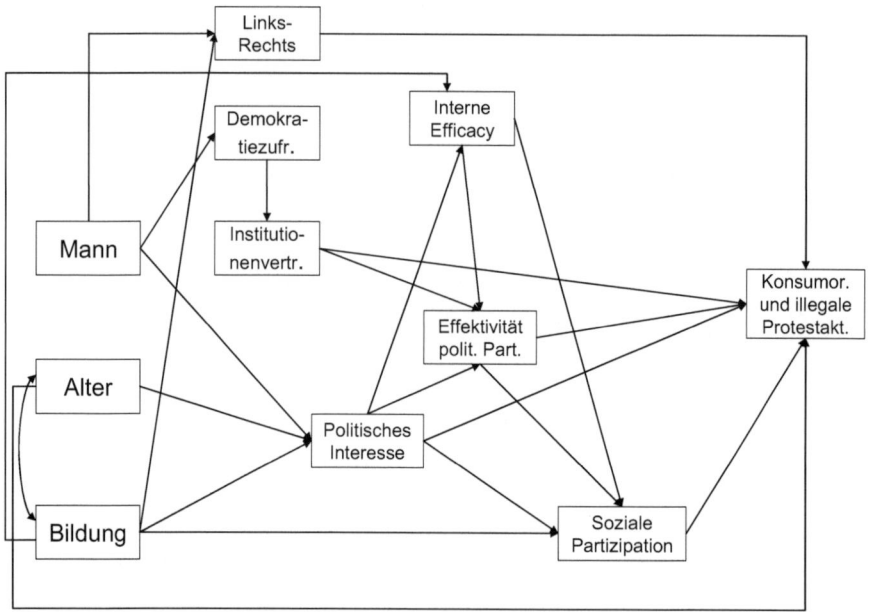

Anmerkungen: Demokratiezufr.: Demokratiezufriedenheit, Institutionenvertr.: Institutionenvertrauen, Effektivität polit. Part.: Effektivität politischer Partizipation, Konsumor. und illegale Protestakt.: Konsumorientierte und illegale Protestaktivitäten.
Quelle: CID-Studie.

14,5 Prozent der Varianz der Dimension „Konsumorientierte und illegale Protestaktivitäten" können durch das Kausalmodell in Abbildung 13 erklärt werden. Zu dieser Erklärungsleistung tragen insgesamt zehn Variablen bei, von denen allerdings vier (Geschlecht, Bildung, Demokratiezufriedenheit und interne Efficacy) lediglich indirekt auf die abhängige Partizipationsvariable wirken. Variablen, von denen besonders viele Effekte ausgehen bzw. auf die viele andere Variablen kausal einwirken, sind wieder einmal das politische Interesse und die soziale Partizipation. Hinzu kommt noch der Effektivitätsindex. Bezogen auf die totalen Effekte ist das politische Interesse mit einem Koeffizienten von 0,27 klar der stärkste Prädiktor im Modell, gefolgt vom Alter mit -0,16 und der Links-Rechts-Selbsteinstufung mit einem Wert von -0,14 (Tabelle 95). Interessant sind die Wirkungsmuster des Alters und des Institutionenvertrauens. Die negativen direkten Effekte werden für beide Variablen teilweise durch positive indirekte Effekte kompensiert. Beim Alter ist das politische Interesse die intervenierende Variable, beim Institutionenvertrauen der Effektivitätsindex politischer Partizipation. Konzentriert man sich auf die direkten Effekte, so sind es Jüngere, Linksorientierte, politisch Interessierte, Personen mit niedrigerem

Institutionenvertrauen und geringerem sozialen Engagement sowie Befragte, welche die Effektivität politischer Partizipation positiv bewerten, die eher zur Teilnahme an konsumorientierten und illegalen Protestaktivitäten neigen. Im Vergleich zu anderen Partizipationsdimensionen hat also soziales Engagement an dieser Stelle keine beteiligungsfördernde Wirkung.

Tabelle 95: Standardisierte totale, direkte und indirekte Effekte auf die Beteiligung an konsumorientierten und illegalen Protestaktivitäten 2001, Ostdeutschland

	Total	Direkt	Indirekt
Mann	0,05	0,00	0,05
Alter	-0,16	-0,20^c	0,04
Bildung	0,07	0,00	0,07
Links-Rechts	-0,14	-0,14^c	0,00
Demokratiezufriedenheit	-0,04	0,00	-0,04
Politisches Interesse	0,27	0,24^c	0,03
Interne Efficacy	0,02	0,00	0,02
Institutionenvertrauen	-0,08	-0,10^b	0,02
Effektivität politischer Partizipation	0,10	0,10^b	-0,01
Soziale Partizipation	-0,07	-0,07^a	0,00
SMC		0,145	
N		917	

Anmerkungen: Angabe der Signifikanzen ist nur für die direkten Effekte möglich; SMC: *Squared Multiple Correlation*.
Signifikanz: a: p<0,05, b: p<0,01, c: p<0,001.
Quelle: CID-Studie.

Der negative Effekt ist wohl vor allem darauf zurückzuführen, daß die abhängige Variable auch illegale Protestaktivitäten repräsentiert. Für die Teilnahme an konsumorientierten Aktivitäten wäre nämlich eine positive Wirkung zu erwarten gewesen (Armingeon 2007). Die Ausübung illegaler Protestaktivitäten kann somit als Ausdruck politischer und sozialer Desintegration bewertet werden. Als letzter interessanter Aspekt sei erwähnt, daß die externe Efficacy im Gegensatz zum Modell der multivariaten Regressionsanalyse (vgl. Abschnitt 4.4.2, Tabelle 73) im kausalen Wirkungsgefüge keinerlei Bedeutung hat: Modelle mit dieser Variablen wiesen eine deutlich schlechtere Anpassungsleistung auf als das letztendlich verwendete Modell in Abbildung 13.

Die zweithöchste Erklärungsleistung in Ostdeutschland ergibt sich für die Dimension „Wahlbeteiligung" mit 20,3 Prozent. Das Modell in Abbildung 14 ist mit zwölf einbezogenen Prädiktoren das umfassendste und gleichzeitig aufgrund der vielen kausalen Wirkungen auch das komplexeste. Das Geschlecht, die Links-Rechts-Selbsteinstufung und die interne Efficacy wirken nicht direkt auf die abhängige Variable. Aufgrund der Vielzahl von kausalen Wechselbeziehungen mit anderen Variablen sind das politische Interesse und die Wahlnorm zentrale Elemente innerhalb des Modells. Zumindest für letztere Variable spiegelt sich das auch in den totalen

Effekten wieder, denn sie ist eindeutig der stärkste Prädiktor (Tabelle 96). Dahinter folgen Alter und Bildung.

Abbildung 14: Kausalmodell für die Wahlbeteiligung 2001, Ostdeutschland

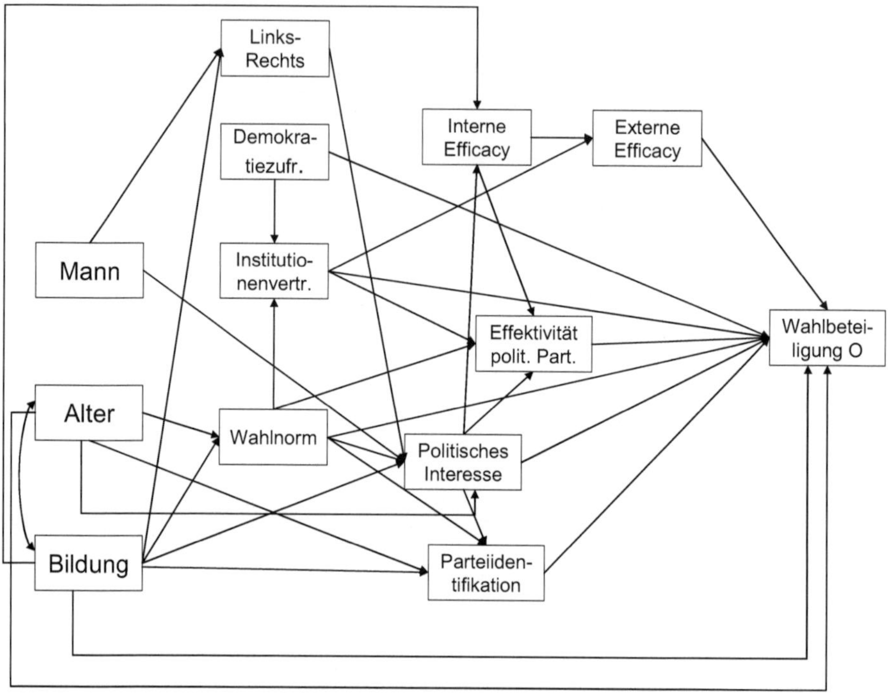

Anmerkungen: Demokratiezufr.: Demokratiezufriedenheit, Institutionenvertr.: Institutionenvertrauen, Effektivität polit. Part.: Effektivität politischer Partizipation.
Quelle: CID-Studie.

Überraschend sind die negativen totalen Effekte des politischen Interesses sowie der beiden Efficacy-Indikatoren. Während sich dies für die externe Efficacy wie für das politische Interesse schon im multivariaten Regressionsmodell zeigte, kommt der negative indirekte Effekt der internen Efficacy wohl durch die Intervention der externen Efficacy zustande[88]. Ein Modell mit einem direkten Effekt der internen Efficacy konnte keinerlei Hinweise für signifikante Effekte auf die Wahlbeteiligung in Ostdeutschland liefern, so daß der kausalen Modellierung in Abbildung 14 der Vorzug gegeben wurde. Eine Vielzahl von Variablen wirkt direkt auf die abhängige Partizipationsdimension ein. Hier zeigt sich die Bedeutung der Wahlnorm als mit gro-

---

88   Vgl. Tabelle A.33 für eine ausführliche Darstellung der Stärke der direkten Effekte.

ßem Abstand stärkster Prädiktor um so mehr. Neben einer Bejahung der Wahlnorm sind höheres Alter, höhere Bildung, größere Zufriedenheit mit der Demokratie, die Existenz einer Parteiidentifikation, stärkeres Institutionenvertrauen und die Bewertung politischer Partizipation als effektiv partizipationsfördernd. Hinzu treten die bereits angeführten so nicht zu erwartenden negativen Effekte des politischen Interesses und der externen Efficacy. Auch indirekt hat ein großer Teil der im Modell integrierten Variablen einen Einfluß auf die Wahlbeteiligungsdimension. Dies spricht für die relativ große Komplexität der kausalen Wirkungsmuster bei der Beteiligung an Wahlen. Die Befunde belegen auch für Ostdeutschland eine deutliche Trennung zwischen elektoralen und nichtelektoralen Partizipationsformen. Dies zeigt sich exemplarisch an der Bedeutungslosigkeit sozialer Partizipation sowie der negativen Effekte des politischen Interesses und der Efficacy-Indikatoren auf die Wahlbeteiligung.

Tabelle 96: Standardisierte totale, direkte und indirekte Effekte auf die Wahlbeteiligung 2001, Ostdeutschland

	Total	Direkt	Indirekt
Mann	-0,02	0,00	-0,02
Alter	0,15	$0,09^b$	0,06
Bildung	0,18	$0,14^c$	0,05
Links-Rechts	0,01	0,00	0,01
Demokratiezufriedenheit	0,12	$0,08^a$	0,04
Wahlnorm	0,35	$0,33^c$	0,02
Parteiidentifikation	0,10	$0,10^c$	0,00
Politisches Interesse	-0,08	$-0,11^b$	0,02
Interne Efficacy	-0,08	0,00	-0,08
Externe Efficacy	-0,13	$-0,13^c$	0,00
Institutionenvertrauen	0,09	$0,09^b$	0,00
Effektivität politischer Partizipation	0,08	$0,08^a$	0,00
SMC		0,203	
N		917	

Anmerkungen: Angabe der Signifikanzen ist nur für die direkten Effekte möglich; SMC: *Squared Multiple Correlation*.
Signifikanz: a: p<0,05, b: p<0,01, c: p<0,001.
Quelle: CID-Studie.

Insgesamt belegen die Analyseergebnisse die Heterogenität der kausalen Wirkungsmuster politischen Partizipationsverhaltens, die sich bereits auf der Basis der multivariaten Regressionsanalysen in Abschnitt 4.4.2 angedeutet hatte. Zusätzlich ist auch die Komplexität des Wirkungsgefüges deutlich geworden, das zur Nutzung der einzelnen Partizipationsformen bzw. -dimensionen führt. Für Ost- und Westdeutschland zeigt sich eine klare Trennung der Erklärungsmuster zwischen nichtelektoralen und elektoralen Partizipationsformen. Während die Teilnahme an Wahlen in beiden Untersuchungsgebieten vor allem durch eine Befürwortung der perzipierten Wahlnorm gefördert wird, sind soziale Partizipation, politisches Interesse und die Efficacy-Indikatoren von untergeordneter Bedeutung (in Westdeutschland) oder haben sogar negativen bzw. gar keinen Einfluß (in Ostdeutschland). Für die Beteiligung an nichtelektoralen Partizipationsformen sind aber gerade diese vier Variablen in beiden Landesteilen besonders wichtig und haben immer eine zentrale Rolle innerhalb der Kausalmodelle.

4.5.2 Die zeitliche Struktur politischer Partizipation im Panel

Die DFG-Studie bietet mit ihrer Panelkomponente hervorragende Möglichkeiten, die zeitliche Struktur politischer Partizipation zu untersuchen. Eine Analyse des politischen Partizipationsverhaltens und seiner Determinanten über einen längeren Zeitraum hinweg ist eine sehr gute Ergänzung zu den Kausalmodellen für die Querschnittdaten aus der CID-Studie im vorherigen Abschnitt: Zum einen kann so der Komplexität des kausalen Wirkungsgefüges wesentlich besser Rechnung getragen werden, indem auch kausale Beziehungen zwischen den Prädiktoren und den Verhaltensabsichten aus unterschiedlichen Erhebungswellen sowie autoregressive Effekte berücksichtigt und interpretiert werden. Zum anderen kann nur – wie bereits in Abschnitt 3.1.2 angedeutet – bei Verwendung von Paneldaten eine der wesentlichen Bedingungen der Kausalanalyse, nämlich die zeitliche Antezedens der Prädiktorvariablen (Hill 1965; Asher 1983: 12; Behnke et al. 2006: 64ff.) im Verhältnis zur bzw. zu den abhängigen Variablen, tatsächlich erfüllt werden.

Wie schon bei den Analysen der kausalen Strukturen im Querschnitt gab es vor Berechnung der Analysen zwei grundsätzliche Optionen zur Spezifizierung der Kausalmodelle: ein identisches Modell für alle Partizipationsformen oder aber spezifische Modelle für jede Partizipationsform. Auch hier wurde im wesentlichen wegen der Heterogenität der Erklärungsstrukturen in der bivariaten Zusammenhangsanalyse in Abschnitt 4.4.1 und der multivariaten Regressionsanalyse in Abschnitt 4.4.3 der zweiten Option der Vorzug gegeben. Im Gegensatz zu den Analysen in Abschnitt 4.4.3 wurden allerdings für die Kausalmodelle nicht nur die Daten derjenigen Befragten verwendet, bei denen es zwischen zwei Panelwellen zu Veränderungen der Verhaltensabsichten gekommen ist, sondern es wurden alle Befragten in die Analysen einbezogen, die an allen drei Wellen des Panels teilgenommen haben. Insofern sind die Fallzahlen, insbesondere für die Wahrscheinlichkeit der Wahlbeteiligung, deutlich höher. Diese Vorgehensweise wurde gewählt, weil das wesentliche Ziel der Analysen in diesem Abschnitt nicht die Erklärung von Veränderungen des Partizipationsverhaltens im Zeitverlauf ist, sondern eine ausführliche Untersuchung des kausalen Wirkungsgefüges politischer Beteiligung und seiner Veränderungen über mehrere Erhebungszeitpunkte hinweg. Da eine Modellierung im zeitlichen Längsschnitt mit allen zur Verfügung stehenden unabhängigen Variablen zu komplexen, graphisch nicht darstellbaren und kaum zu analysierenden Strukturen geführt hätte, wurden nur Prädiktoren des Partizipationsverhaltens in das Modell einbezogen, deren Relevanz für die jeweilige Partizipationsform in den vorangehenden Analysen bestätigt wurde (vgl. die Abschnitte 4.4.1 und 4.4.3) oder deren Wirkung durch vorangehende Forschungsergebnisse belegt werden konnte (vgl. Abschnitt 2.5).

Vor der Analyse der Ergebnisse sind einige Vorbemerkungen notwendig: Auf die Verwendung von Abbildungen wurde bei der Darstellung der kausalen Strukturen für die Panelbefragten verzichtet, da es gar nicht möglich ist, das komplette Modell für alle drei Wellen zu zeichnen. Statt dessen findet sich für jede der analysierten Partizipationsformen eine Tabelle mit den im Modell geschätzten nicht-autoregressiven Effekten, d.h. daß beispielsweise die Effekte der Verhaltensabsicht zur Beteiligung an Bürgerinitiativen 1994 auf die Verhaltensabsicht 1998 dort nicht auftauchen. In diesen Tabellen werden auch nicht die erhebungswellenspezifischen Effekte angeführt (beispielsweise der Effekt von Politischem Interesse 1994 auf die Bereitschaft zur Teilnahme an genehmigten Demonstrationen 1994), da dies zu einer Verdreifachung der Größe der Tabellen führen würde. Vielmehr finden sich dort lediglich die allgemeinen Effekte, also beispielsweise der Effekt der internen Efficacy auf die Bereitschaft zur Teilnahme an gewaltsamen Demonstrationen.

Die folgenden Tabellen sind etwas anders strukturiert als im vorangegangenen Abschnitt. Zunächst gibt es, jeweils getrennt für West- und Ostdeutschland, eine Überblickstabelle, die verschiedene Maße zur Charakterisierung der Güte der Kausalmodelle für alle sechs Partizipationsformen enthält (Tabellen 97 und 116). Zudem gibt es für jede Partizipationsform drei weitere Tabellen. Die erste Tabelle enthält den im vorherigen Absatz angesprochenen Überblick über die im Modell geschätzten Effekte (Tabellen 98, 101, 104, 107, 110, 113, 117, 120, 123, 126, 129, 132). In der jeweils zweiten Tabelle erscheinen dann die totalen Effekte der Prädiktorvariablen auf die Partizipationsvariablen, getrennt nach Modellteilen (1994, 1998, 2002). In der dritten Tabelle wird ein Überblick über alle direkten Effekte innerhalb des Kausalmodells gegeben. Dabei werden in den Tabellen mit den totalen Effekten wegen der besseren Übersichtlichkeit die Variablen nach ihrem Erhebungsjahr sortiert (Tabellen 99, 102, 105, 108, 111, 114, 118, 121, 124, 127, 130, 133). Innerhalb der Erhebungsjahre wird dann nochmals getrennt zwischen den Effekten der Prädiktorvariablen und den autoregressiven Effekten der Partizipationsvariablen. Die Tabellen für alle direkten Effekte gliedern sich in maximal vier Teile (Tabellen 100, 103, 106, 109, 112, 115, 119, 122, 125, 128, 131, 134). Die ersten Teile geben die Effekte innerhalb der einzelnen Erhebungsjahre wieder, während der letzte Teil die autoregressiven Effekte zwischen den einzelnen Panelwellen enthält. Die einzelnen Teile in den Tabellen werden jeweils durch Linien voneinander getrennt. Bei der Interpretation dieser Tabellen stehen natürlich die Effekte auf die Partizipationsvariablen im Vordergrund.

Die Modellanpassung der Kausalmodelle für die nichtelektoralen Partizipationsformen in Westdeutschland ist durchgängig als gut zu bezeichnen (Tabelle 97)[89]. Der normierte χ^2-Indikator unterschreitet sogar in vier von fünf Fällen den strengen

---

89 Für die Erläuterung der Grenzwerte und der Eigenschaften der einzelnen Gütemaße sei auf Abschnitt 4.5.1 verwiesen.

Grenzwert von 2,5 und liegt in einem Fall nur leicht darüber. Auch die Werte des GFI, AGFI und CFI belegen eine gute bis sehr gute Modellanpassung. Lediglich beim RMSEA muß hinsichtlich der Anpassungsleistung noch einmal zwischen den verschiedenen Partizipationsformen differenziert werden: Während für die beiden Demonstrationsindikatoren, für die Teilnahme an Verkehrsblockaden und die Suche nach Unterstützung bei einer Partei ein guter Fit zu verzeichnen ist, bewegt sich der RMSEA für die Teilnahme an Bürgerinitiativen mit 0,07 noch im akzeptablen Rahmen. Für die Wahrscheinlichkeit der Wahlbeteiligung fällt die Güte des Modells schlechter aus als für die nichtelektoralen Partizipationsformen. Während χ^2/df, GFI und CFI eine gute Modellanpassung nahelegen, liegt der AGFI unter dem Grenzwert von 0,9, und der RMSEA ist mit 0,08 gerade noch im akzeptablen Bereich. Insofern ist das Modell für die Wahlbeteiligung nur als bedingt angemessen anzusehen. Im Folgenden sollen dennoch die standardisierten totalen und direkten Effektstärken der Prädiktorvariablen für alle sechs Partizipationsformen ausführlich analysiert werden.

Tabelle 97: Modellanpassung im Kausalmodell für die Verhaltensabsichten 1994-2002, Westdeutschland

	Bürgerini-tiativen	Genehmig-te Demon-strationen	Gewaltsa-me De-monstra-tionen	Verkehrs-blockaden	Unter-stützung Partei su-chen	Wahlbe-teiligung
N	592	592	592	592	592	194
χ^2	129^c	96^c	187^c	229^c	65^c	149^c
χ^2/df	2,06	2,66	2,40	1,70	2,50	2,16
GFI	0,97	0,97	0,96	0,97	0,98	0,92
AGFI	0,95	0,94	0,93	0,94	0,96	0,84
CFI	0,94	0,95	0,93	0,95	0,97	0,90
RMSEA	0,07	0,05	0,05	0,03	0,05	0,08

Anmerkung: Signifikanzen beziehen sich auf die Überschreitungswahrscheinlichkeiten beim χ^2-Anpassungstest.
Signifikanz: a: p<0,05, b: p<0,01, c: p<0,001.
Quelle: DFG-Panel.

Das Kausalmodell für die Beteiligungsbereitschaft an Bürgerinitiativen enthält mit dem Materialismusindex, der Stärke der Parteiidentifikation, der internen und der externen Efficacy vier Erklärungsvariablen (vgl. für die geschätzten Effekte Tabelle 98). Eine zentrale Rolle im Modell kommt den materialistisch-postmaterialistischen Werteorientierungen zu, die alle anderen Prädiktoren beeinflussen. Betrachtet man zunächst einmal nur die Effekte auf die Partizipationsvariablen, zeigt sich in den Tabellen 99 und 100, daß solche Befragte zur Beteiligung an Bürgerinitiativen neigen, die postmaterialistisch orientiert sind, eine stärkere Partei-identifikation haben und sich selbst als einflußreich, das politische System aber als wenig responsiv einschätzen. Bei einer separaten Betrachtung des Modells für die einzelnen Panelwellen ändert sich allerdings das Bedeutungsgewicht der einzelnen Prädiktoren. Ist 1994 noch der Materialismusindex, gefolgt von der Parteiidentifika-tion, der bedeutsamste Indikator, hat bei einer Erweiterung um 1998 und 2002 die interne Efficacy den stärksten Einfluß auf die Bereitschaft, sich an Bürgerinitiativen zu beteiligen[90].

Tabelle 98: Geschätzte nicht-autoregressive Effekte im Kausalmodell für die Verhaltensabsicht zur Beteiligung an Bürgerinitiativen 1994-2002, Westdeutschland

Effekt von		Effekt auf
Materialismusindex	→	Interne Efficacy
Materialismusindex	→	Externe Efficacy
Materialismusindex	→	Stärke Parteiidentifikation
Materialismusindex	→	Bürgerinitiativen
Stärke Parteiidentifikation	→	Interne Efficacy
Stärke Parteiidentifikation	→	Bürgerinitiativen
Interne Efficacy	→	Externe Efficacy
Interne Efficacy	→	Bürgerinitiativen
Externe Efficacy	→	Bürgerinitiativen

Quelle: DFG-Panel.

Tabelle 99: Standardisierte totale Effekte auf die Verhaltensabsicht zur Beteiligung an Bürgerinitiativen 1994-2002, Westdeutschland

	1994	1998	2002
Materialismusindex 1994	-0,30	-0,13	-0,15
Stärke Parteiidentifikation 1994	0,19	0,09	0,07
Interne Efficacy 1994	0,10	0,08	0,10
Externe Efficacy 1994	-0,12	-0,04	-0,03
Bürgerinitiativen 1994	–	0,18	0,18
Materialismusindex 1998	–	-0,18	-0,09
Stärke Parteiidentifikation 1998	–	0,13	0,05
Interne Efficacy 1998	–	0,19	0,15
Externe Efficacy 1998	–	-0,07	-0,02
Bürgerinitiativen 1998	–	0,20	0,20
Materialismusindex 2002	–	–	-0,15
Stärke Parteiidentifikation 2002	–	–	0,02
Interne Efficacy 2002	–	–	0,27
Externe Efficacy 2002	–	–	-0,03
SMC	0,146	0,139	0,200
N		592	

Anmerkungen: SMC: *Squared Multiple Correlation*; –: Effekt logisch nicht möglich.
Quelle: DFG-Panel.

---

90 Die interne Efficacy ist übrigens die unabhängige Variable, für die sich die stärksten autoregressiven Effekte feststellen lassen (vgl. Tabelle 100).

Tabelle 100: Standardisierte direkte Effekte auf die Verhaltensabsicht zur Beteiligung an Bürgerinitiativen 1994-2002, Westdeutschland

Effekt von		Effekt auf	Effekt
Interne Efficacy 1994	→	Externe Efficacy 1994	0,09[a]
Materialismusindex 1994	→	Externe Efficacy 1994	0,14[c]
Materialismusindex 1994	→	Interne Efficacy 1994	-0,23[c]
Stärke Parteiidentifikation 1994	→	Interne Efficacy 1994	0,27[c]
Materialismusindex 1994	→	Stärke Parteiidentifikation 1994	-0,22[c]
Stärke Parteiidentifikation 1994	→	Bürgerinitiativen 1994	0,16[c]
Interne Efficacy 1994	→	Bürgerinitiativen 1994	0,11[b]
Materialismusindex 1994	→	Bürgerinitiativen 1994	-0,22[c]
Externe Efficacy 1994	→	Bürgerinitiativen 1994	-0,13[b]
Interne Efficacy 1998	→	Externe Efficacy 1998	0,12[b]
Materialismusindex 1998	→	Externe Efficacy 1998	0,09[a]
Materialismusindex 1998	→	Interne Efficacy 1998	-0,12[b]
Stärke Parteiidentifikation 1998	→	Interne Efficacy 1998	0,12[b]
Materialismusindex 1998	→	Stärke Parteiidentifikation 1998	0,01
Stärke Parteiidentifikation 1998	→	Bürgerinitiativen 1998	0,11[b]
Interne Efficacy 1998	→	Bürgerinitiativen 1998	0,20[c]
Materialismusindex 1998	→	Bürgerinitiativen 1998	-0,15[c]
Externe Efficacy 1998	→	Bürgerinitiativen 1998	-0,07
Interne Efficacy 2002	→	Externe Efficacy 2002	0,16[c]
Materialismusindex 2002	→	Externe Efficacy 2002	0,06
Materialismusindex 2002	→	Interne Efficacy 2002	-0,15[c]
Stärke Parteiidentifikation 2002	→	Interne Efficacy 2002	0,03
Materialismusindex 2002	→	Stärke Parteiidentifikation 2002	-0,02
Stärke Parteiidentifikation 2002	→	Bürgerinitiativen 2002	0,02
Interne Efficacy 2002	→	Bürgerinitiativen 2002	0,28[c]
Materialismusindex 2002	→	Bürgerinitiativen 2002	-0,10[b]
Externe Efficacy 2002	→	Bürgerinitiativen 2002	-0,03
Materialismusindex 1994	→	Materialismusindex 1998	0,25[c]
Materialismusindex 1998	→	Materialismusindex 2002	0,31[c]
Materialismusindex 1994	→	Materialismusindex 2002	0,27[c]
Externe Efficacy 1994	→	Externe Efficacy 1998	0,17[c]
Externe Efficacy 1998	→	Externe Efficacy 2002	0,11[b]
Externe Efficacy 1994	→	Externe Efficacy 2002	0,13[b]
Interne Efficacy 1994	→	Interne Efficacy 1998	0,33[c]
Interne Efficacy 1998	→	Interne Efficacy 2002	0,40[c]
Interne Efficacy 1994	→	Interne Efficacy 2002	0,14[c]
Stärke Parteiidentifikation 1994	→	Stärke Parteiidentifikation 1998	0,28[c]
Stärke Parteiidentifikation 1998	→	Stärke Parteiidentifikation 2002	0,28[c]
Stärke Parteiidentifikation 1994	→	Stärke Parteiidentifikation 2002	0,05
Bürgerinitiativen 1994	→	Bürgerinitiativen 1998	0,18[c]
Bürgerinitiativen 1998	→	Bürgerinitiativen 2002	0,20[c]
Bürgerinitiativen 1994	→	Bürgerinitiativen 2002	0,15[c]

Signifikanz: a: p<0,05, b: p<0,01, c: p<0,001.
Quelle: DFG-Panel.

Insgesamt zeigt sich für die Panelwellen 1998 und 2002 eine weitgehende Abschwächung eines Großteils der direkten Effekte, vermutlich bedingt durch den Bedeutungszuwachs der autoregressiven Effekte. Daß diese das Modell aber nicht vollständig dominieren können, läßt sich daran erkennen, daß diese Variablen hinsichtlich der Stärke ihrer totalen Effekte 1998 und 2002 nur von der internen Efficacy übertroffen werden. Ohnehin zeigt das relativ niedrige Niveau der autoregressiven Einflüsse im Bereich zwischen 0,18 und 0,20 einmal mehr die Variabilität des Beteiligungsverhaltens bei nichtelektoralen politischen Partizipationsformen: Wie sich bereits in den vorangehenden Analysen gezeigt hat, sind die Verhaltensabsichten bei den legalen und legitimen Partizipationsformen zwischen den Erhebungszeitpunkten alles andere als stabil (vgl. Abschnitt 4.1.3). Die Erklärungskraft des Modells für die abhängige Variable zu den einzelnen Erhebungszeitpunkten variiert: Während für den Modellteil 1994 14,6 Prozent der Varianz der abhängigen Variable erklärt werden können, sind es 1998 lediglich 13,9 Prozent. Dieses Absinken ist überraschend, denn je weiter „hinten" sich die zu erklärende Komponente innerhalb der Kausalkette des Modells befindet, desto größer ist die Chance auf eine höhere Erklärungsleistung. Dieser Effekt zeigt sich allerdings bei der Einbeziehung aller Modellkomponenten: Für 2002 ergibt sich immerhin eine Varianzaufklärung von 20,0 Prozent.

Die Prädiktoren im Kausalmodell für die Beteiligungsabsicht an genehmigten Demonstrationen sind fast identisch mit denen im Modell für die Beteiligung an Bürgerinitiativen. Lediglich die externe Efficacy konnte nicht berücksichtigt werden (Tabelle 101). Auch in diesem Modell kommt dem Materialismusindex die zentrale Rolle zu, beeinflußt er doch die Partizipationsvariable, die interne Efficacy und die Stärke der Parteiidentifikation. Allerdings sind die direkten Effekte des Materialismusindex 1998 bzw. 2002 auf die Stärke der Parteiidentifikation 1998 bzw. 2002 nicht signifikant.

Tabelle 101: Geschätzte nicht-autoregressive Effekte im Kausalmodell für die Verhaltensabsicht zur Beteiligung an genehmigten Demonstrationen 1994-2002, Westdeutschland

Effekt von		Effekt auf
Materialismusindex	→	Interne Efficacy
Materialismusindex	→	Stärke Parteiidentifikation
Materialismusindex	→	Genehmigte Demonstrationen
Stärke Parteiidentifikation	→	Interne Efficacy
Stärke Parteiidentifikation	→	Genehmigte Demonstrationen
Interne Efficacy	→	Genehmigte Demonstrationen

Quelle: DFG-Panel.

Betrachtet man die standardisierten totalen Effekte, so bleibt die Wirkungsweise der Erklärungsfaktoren im ganzen Modell immer gleich: Postmaterialisten, Personen mit stärkerer Parteiidentifikation und höherer interner Efficacy sind eher dazu geneigt, an genehmigten Demonstrationen teilzunehmen (Tabellen 102 und 103). Allerdings variieren die Stärke und die Reihenfolge dieser Variablen deutlich bei separater Betrachtung der einzelnen Erhebungswellen. So hat die interne Efficacy bei-spielsweise im Modell für 1994 keinen signifikanten Effekt. Dafür ist für diesen Er-hebungszeitpunkt der Materialismusindex wesentlich bedeutsamer als 1998 und 2002. Mit seinen relativ starken Effekten auf interne Efficacy und die Stärke der Parteiidentifikation dominiert dieser Index 1994 eindeutig das Kausalmodell.

Tabelle 102: Standardisierte totale Effekte auf die Verhaltensabsicht zur Betei-ligung an genehmigten Demonstrationen 1994-2002, Westdeutschland

	1994	1998	2002
Materialismusindex 1994	-0,33	-0,15	-0,19
Stärke Parteiidentifikation 1994	0,09	0,08	0,05
Interne Efficacy 1994	0,00	0,07	0,06
Genehmigte Demonstrationen 1994	–	0,24	0,19
Materialismusindex 1998	–	-0,17	-0,14
Stärke Parteiidentifikation 1998	–	0,15	0,06
Interne Efficacy 1998	–	0,21	0,12
Genehmigte Demonstrationen 1998	–	–	0,32
Materialismusindex 2002	–	–	-0,25
Stärke Parteiidentifikation 2002	–	–	0,02
Interne Efficacy 2002	–	–	0,14
SMC	0,118	0,168	0,253
N		592	

Anmerkungen: SMC: *Squared Multiple Correlation*; –: Effekt logisch nicht möglich.
Quelle: DFG-Panel.

Tabelle 103: Standardisierte direkte Effekte auf die Verhaltensabsicht zur Be-teiligung an genehmigten Demonstrationen 1994-2002, Westdeutsch-land

Effekt von		Effekt auf	Effekt
Materialismusindex 1994	→	Stärke Parteiidentifikation 1994	-0,22[c]
Materialismusindex 1994	→	Interne Efficacy 1994	-0,23[c]
Stärke Parteiidentifikation 1994	→	Interne Efficacy 1994	0,27[c]
Materialismusindex 1994	→	Genehmigte Demonstrationen 1994	-0,31[c]
Interne Efficacy 1994	→	Genehmigte Demonstrationen 1994	0,00
Stärke Parteiidentifikation 1994	→	Genehmigte Demonstrationen 1994	0,09[a]
Materialismusindex 1998	→	Stärke Parteiidentifikation 1998	0,01
Materialismusindex 1998	→	Interne Efficacy 1998	-0,12[b]
Stärke Parteiidentifikation 1998	→	Interne Efficacy 1998	0,12[b]
Materialismusindex 1998	→	Genehmigte Demonstrationen 1998	-0,14[c]
Interne Efficacy 1998	→	Genehmigte Demonstrationen 1998	0,21[c]
Stärke Parteiidentifikation 1998	→	Genehmigte Demonstrationen 1998	0,12[b]
Materialismusindex 2002	→	Stärke Parteiidentifikation 2002	-0,02
Materialismusindex 2002	→	Interne Efficacy 2002	-0,15[c]
Stärke Parteiidentifikation 2002	→	Interne Efficacy 2002	0,03
Materialismusindex 2002	→	Genehmigte Demonstrationen 2002	-0,23[c]
Interne Efficacy 2002	→	Genehmigte Demonstrationen 2002	0,14[c]

Stärke Parteiidentifikation 2002	→	Genehmigte Demonstrationen 2002	0,02
Materialismusindex 1994	→	Materialismusindex 1998	0,25[c]
Materialismusindex 1994	→	Materialismusindex 2002	0,27[c]
Materialismusindex 1998	→	Materialismusindex 2002	0,31[c]
Stärke Parteiidentifikation 1994	→	Stärke Parteiidentifikation 1998	0,28[c]
Stärke Parteiidentifikation 1998	→	Stärke Parteiidentifikation 2002	0,28[c]
Stärke Parteiidentifikation 1994	→	Stärke Parteiidentifikation 2002	0,05
Interne Efficacy 1994	→	Interne Efficacy 1998	0,33[c]
Interne Efficacy 1998	→	Interne Efficacy 2002	0,40[c]
Interne Efficacy 1994	→	Interne Efficacy 2002	0,14[c]
Genehmigte Demonstrationen 1994	→	Genehmigte Demonstrationen 1998	0,24[c]
Genehmigte Demonstrationen 1998	→	Genehmigte Demonstrationen 2002	0,32[c]
Genehmigte Demonstrationen 1994	→	Genehmigte Demonstrationen 2002	0,11[b]

Signifikanz: a: $p<0,05$, b: $p<0,01$, c: $p<0,001$.
Quelle: DFG-Panel.

Im Gegensatz zu der Beteiligung an Bürgerinitiativen haben die autoregressiven Komponenten für die Partizipationsvariable bei den Modellen für 1998 und 2002 die stärksten totalen und direkten Effekte und somit die größte Bedeutung. Dies erklärt zum Teil den deutlichen Anstieg der Erklärungsleistung des Modells bei Einbeziehung zusätzlicher Modellteile: Werden für die abhängige Partizipationsvariable 1994 lediglich 11,8 Prozent der Varianz erklärt, sind es 1998 bereits 16,8 Prozent und schließlich 2002 25,3 Prozent.

Tabelle 104: Geschätzte nicht-autoregressive Effekte im Kausalmodell für die Verhaltensabsicht zur Beteiligung an gewaltsamen Demonstrationen 1994-2002, Westdeutschland

Effekt von		**Effekt auf**
Bildung	↔	Alter
Bildung	→	Wahlnorm
Bildung	→	Politisches Interesse
Alter	→	Wahlnorm
Alter	→	Institutionenvertrauen
Alter	→	Politisches Interesse
Alter	→	Gewaltsame Demonstrationen
Wahlnorm	→	Externe Efficacy
Wahlnorm	→	Institutionenvertrauen
Wahlnorm	→	Politisches Interesse
Wahlnorm	→	Gewaltsame Demonstrationen
Institutionenvertrauen	→	Externe Efficacy
Institutionenvertrauen	→	Gewaltsame Demonstrationen
Externe Efficacy	→	Gewaltsame Demonstrationen
Politisches Interesse	→	Gewaltsame Demonstrationen

Quelle: DFG-Panel.

Tabelle 105: Standardisierte totale Effekte auf die Verhaltensabsicht zur Beteiligung an gewaltsamen Demonstrationen 1994-2002, Westdeutschland

	1994	1998	2002
Alter 1994	-0,21	-0,21	-0,13
Bildung 1994	0,00	0,01	0,02
Wahlnorm 1994	-0,19	-0,05	-0,04
Politisches Interesse 1994	0,06	0,03	0,05
Externe Efficacy 1994	0,09	0,02	0,03
Institutionenvertrauen 1994	-0,11	-0,03	-0,02
Gewaltsame Demonstrationen 1994	–	0,25	0,20
Wahlnorm 1998	–	-0,02	-0,01
Politisches Interesse 1998	–	0,04	0,05
Externe Efficacy 1998	–	-0,01	0,01
Institutionenvertrauen 1998	–	0,00	0,00
Gewaltsame Demonstrationen 1998	–	–	0,26
Wahlnorm 2002	–	–	-0,07
Politisches Interesse 2002	–	–	0,09
Externe Efficacy 2002	–	–	0,10
Institutionenvertrauen 2002	–	–	0,00
SMC	0,099	0,105	0,141
N		592	

Anmerkungen: SMC: *Squared Multiple Correlation*; –: Effekt logisch nicht möglich.
Quelle: DFG-Panel.

Tabelle 106: Standardisierte direkte Effekte auf die Verhaltensabsicht zur Beteiligung an gewaltsamen Demonstrationen 1994-2002, Westdeutschland

Effekt von		Effekt auf	Effekt
Bildung 1994	→	Wahlnorm 1994	0,11[b]
Alter 1994	→	Wahlnorm 1994	0,08[a]
Institutionenvertrauen 1994	→	Externe Efficacy 1994	0,31[c]
Wahlnorm 1994	→	Externe Efficacy 1994	-0,14[c]
Alter 1994	→	Institutionenvertrauen 1994	0,18[c]
Wahlnorm 1994	→	Institutionenvertrauen 1994	0,14[c]
Bildung 1994	→	Politisches Interesse 1994	0,37[c]
Alter 1994	→	Politisches Interesse 1994	0,28[c]
Wahlnorm 1994	→	Politisches Interesse 1994	0,16[c]
Alter 1994	→	Gewaltsame Demonstrationen 1994	-0,19[c]
Wahlnorm 1994	→	Gewaltsame Demonstrationen 1994	-0,17[c]
Politisches Interesse 1994	→	Gewaltsame Demonstrationen 1994	0,06
Institutionenvertrauen 1994	→	Gewaltsame Demonstrationen 1994	-0,14[b]
Externe Efficacy 1994	→	Gewaltsame Demonstrationen 1994	0,09[a]
Bildung 1994	→	Wahlnorm 1998	0,09[a]
Alter 1994	→	Wahlnorm 1998	0,11[b]
Institutionenvertrauen 1998	→	Externe Efficacy 1998	0,32[c]
Wahlnorm 1998	→	Externe Efficacy 1998	-0,02
Alter 1994	→	Institutionenvertrauen 1998	-0,04
Wahlnorm 1998	→	Institutionenvertrauen 1998	0,24[c]

Bildung 1994	→ Politisches Interesse 1998	0,15[c]
Alter 1994	→ Politisches Interesse 1998	0,05
Wahlnorm 1998	→ Politisches Interesse 1998	0,15[c]
Alter 1994	→ Gewaltsame Demonstrationen 1998	-0,16[c]
Wahlnorm 1998	→ Gewaltsame Demonstrationen 1998	-0,02
Politisches Interesse 1998	→ Gewaltsame Demonstrationen 1998	0,04
Institutionenvertrauen 1998	→ Gewaltsame Demonstrationen 1998	0,00
Externe Efficacy 1998	→ Gewaltsame Demonstrationen 1998	-0,01
Bildung 1994	→ Wahlnorm 2002	0,08[a]
Alter 1994	→ Wahlnorm 2002	0,09[a]
Institutionenvertrauen 2002	→ Externe Efficacy 2002	0,22[c]
Wahlnorm 2002	→ Externe Efficacy 2002	-0,01
Alter 1994	→ Institutionenvertrauen 2002	0,03
Wahlnorm 2002	→ Institutionenvertrauen 2002	0,19[c]
Bildung 1994	→ Politisches Interesse 2002	0,05
Alter 1994	→ Politisches Interesse 2002	0,07[a]
Wahlnorm 2002	→ Politisches Interesse 2002	0,11[b]
Alter 1994	→ Gewaltsame Demonstrationen 2002	-0,06
Wahlnorm 2002	→ Gewaltsame Demonstrationen 2002	-0,08
Politisches Interesse 2002	→ Gewaltsame Demonstrationen 2002	0,09[a]
Externe Efficacy 2002	→ Gewaltsame Demonstrationen 2002	0,10[a]
Institutionenvertrauen 2002	→ Gewaltsame Demonstrationen 2002	-0,03
Wahlnorm 1994	→ Wahlnorm 1998	0,31[c]
Wahlnorm 1998	→ Wahlnorm 2002	0,21[c]
Wahlnorm 1994	→ Wahlnorm 2002	0,02
Externe Efficacy 1994	→ Externe Efficacy 1998	0,13[b]
Externe Efficacy 1998	→ Externe Efficacy 2002	0,07
Externe Efficacy 1994	→ Externe Efficacy 2002	0,13[c]
Institutionenvertrauen 1994	→ Institutionenvertrauen 1998	0,19[c]
Institutionenvertrauen 1998	→ Institutionenvertrauen 2002	0,35[c]
Institutionenvertrauen 1994	→ Institutionenvertrauen 2002	0,02
Politisches Interesse 1994	→ Politisches Interesse 1998	0,46[c]
Politisches Interesse 1998	→ Politisches Interesse 2002	0,40[c]
Politisches Interesse 1994	→ Politisches Interesse 2002	0,21[c]
Gewaltsame Demonstrationen 1994	→ Gewaltsame Demonstrationen 1998	0,25[c]
Gewaltsame Demonstrationen 1998	→ Gewaltsame Demonstrationen 2002	0,26[c]
Gewaltsame Demonstrationen 1994	→ Gewaltsame Demonstrationen 2002	0,14[c]

Signifikanz: a: $p<0,05$, b: $p<0,01$, c: $p<0,001$.
Quelle: DFG-Panel.

Das Kausalmodell für die Erklärung der Verhaltensabsicht zur Beteiligung an gewaltsamen Demonstrationen ist deutlich umfassender als die Modelle für die beiden bisher analysierten Partizipationsformen in Westdeutschland: Es enthält sechs Prädiktoren, von denen zwei über die Zeit stabil sind. Folglich sind für das Alter und das Bildungsniveau keine autoregressiven Effekte möglich (vgl. Tabelle 104). Eine zentrale Variable innerhalb des Modells ist die Wahlnorm, die alle anderen sozialpsychologischen Variablen und die Beteiligung an gewaltsamen Demonstrationen direkt beeinflußt. Die direkten Effekte von Wahlnorm 1998 bzw. 2002 auf die externe Efficacy 1998 bzw. 2002 und die Partizipationsvariable 1998 bzw. 2002 sind allerdings nicht statistisch signifikant (Tabelle 106).

Betrachtet man die Werte der standardisierten totalen Effekte in Tabelle 105, so führen vor allem folgende Eigenschaften und Einstellungen zu einer stärkeren Neigung, an gewaltsamen Demonstrationen teilzunehmen: jüngeres Alter, eine Ablehnung der Wahlnorm, stärkeres politisches Interesse, ein niedrigeres Institutionenvertrauen und eine bessere Bewertung der Responsivität des politischen Systems. Bei den letzten beiden Variablen ist allerdings auf einige Besonderheiten hinzuweisen: Lediglich das Institutionenvertrauen 1994 hat einen signifikanten negativen Einfluß auf die Teilnahme an gewaltsamen Demonstrationen 1994.

Für die Modellteile 1998 und 2002 ist dieser Effekt nur noch indirekt über das Institutionenvertrauen wirksam. Der positive Effekt der externen Efficacy ist, wie schon bei der multivariaten Regressionsanalyse, überraschend. Aus rationaler Perspektive erscheint es wenig nachvollziehbar, daß Personen, die das politische System als empfänglich für die Einflußversuche der Bürger betrachten, zu einer relativ radikalen Partizipationsform wie der Teilnahme an gewaltsamen Demonstrationen neigen. Große Bedeutung haben die autoregressiven Komponenten der Partizipationsvariable: Während der totale Effekt aller anderen Variablen durch die Einbeziehung der autoregressiven Komponenten für die Partizipationsvariable deutlich absinkt, bleibt der Alterseffekt mit -0,21 (1998) und -0,13 (2002) relativ stark, allerdings kommt es hier zu einer Verschiebung von direkten zu indirekten Effekten. 2002 wird mehr als die Hälfte des totalen Effekts über die Wahlnorm, das Institutionenvertrauen und das politische Interesse vermittelt. Die gesamte Erklärungsleistung des Modells steigt bei Erweiterung um zusätzliche Panelwellen deutlich an. Für die Partizipationsvariable 1994 können 9,9 Prozent der Varianz erklärt werden, für 1998 sind es 10,5 Prozent und 2002 14,1 Prozent der Streuung.

Wie schon im Modell für die Verhaltensabsicht zur Beteiligung an gewaltsamen Demonstrationen sind in der kausalen Spezifizierung für die Beteiligung an Verkehrsblockaden sechs Prädiktoren enthalten (Tabelle 107). Mit dem Haushaltseinkommen ist auch eine sozialstrukturelle Variable im Modell, die sich – beispielsweise im Gegensatz zum Bildungsniveau – im Zeitverlauf relativ stark verändern kann. Daher werden für sie auch autoregressive Effekte berücksichtigt. Ansonsten sind der Materialismusindex, die Wahlnorm, die interne Efficacy, die Stärke der Parteiidentifikation und das Ausmaß der sozialen Partizipation Teil des Modells.

Betrachtet man die standardisierten totalen Effekte in Tabelle 108, so zeigen sich für alle Variablen, mit Ausnahme der Wahlnorm, kausale Wirkungen in die gleiche Richtung. Niedrigeres Einkommen, postmaterialistische Werteorientierungen, eine stärkere Parteiidentifikation, eine stärkere interne Efficacy sowie ein höheres Ausmaß sozialer Partizipation führen mit teilweise variierender Effektstärke zu einer höheren Bereitschaft, an Verkehrsblockaden teilzunehmen. Für die Wahlnorm 1994 und 2002 ergeben sich durchgängig negative Effekte, was den theoretischen Erwartungen entspricht. Anders ist es jedoch für die Wahlnorm 1998.

Tabelle 107: Geschätzte nicht-autoregressive Effekte im Kausalmodell für die Verhaltensabsicht zur Beteiligung an Verkehrsblockaden 1994-2002, Westdeutschland

Effekt von		Effekt auf
Einkommen	→	Materialismusindex
Einkommen	→	Interne Efficacy
Einkommen	→	Soziale Partizipation
Einkommen	→	Verkehrsblockaden
Materialismusindex	→	Wahlnorm
Materialismusindex	→	Stärke Parteiidentifikation
Materialismusindex	→	Interne Efficacy
Materialismusindex	→	Soziale Partizipation
Materialismusindex	→	Verkehrsblockaden
Wahlnorm	→	Interne Efficacy
Wahlnorm	→	Stärke Parteiidentifikation
Wahlnorm	→	Verkehrsblockaden
Stärke Parteiidentifikation	→	Interne Efficacy
Stärke Parteiidentifikation	→	Soziale Partizipation
Stärke Parteiidentifikation	→	Verkehrsblockaden
Interne Efficacy	→	Soziale Partizipation
Interne Efficacy	→	Verkehrsblockaden
Soziale Partizipation	→	Verkehrsblockaden

Quelle: DFG-Panel.

Tabelle 108: Standardisierte totale Effekte auf die Verhaltensabsicht zur Beteiligung an Verkehrsblockaden 1994-2002, Westdeutschland

	1994	1998	2002
Einkommen 1994	-0,10	-0,02	-0,02
Materialismusindex 1994	-0,27	-0,12	-0,13
Wahlnorm 1994	-0,16	-0,01	-0,02
Stärke Parteiidentifikation 1994	0,07	0,06	0,04
Interne Efficacy 1994	0,01	0,01	0,01
Soziale Partizipation 1994	0,09	0,04	0,03
Verkehrsblockaden 1994	–	0,19	0,17
Einkommen 1998	–	-0,03	-0,01
Materialismusindex 1998	–	-0,23	-0,12
Wahlnorm 1998	–	0,02	0,00
Stärke Parteiidentifikation 1998	–	0,20	0,07
Interne Efficacy 1998	–	0,03	0,02
Soziale Partizipation 1998	–	0,05	0,02
Verkehrsblockaden 1998	–	–	0,26
Einkommen 2002	–	–	-0,09
Materialismusindex 2002	–	–	-0,19
Wahlnorm 2002	–	–	-0,06
Stärke Parteiidentifikation 2002	–	–	0,07
Interne Efficacy 2002	–	–	0,02
Soziale Partizipation 2002	–	–	0,02
SMC	0,120	0,136	0,169
N		592	

Anmerkungen: SMC: *Squared Multiple Correlation*; –: Effekt logisch nicht möglich.
Quelle: DFG-Panel.

Tabelle 109: Standardisierte direkte Effekte auf die Verhaltensabsicht zur Beteiligung an Verkehrsblockaden 1994-2002, Westdeutschland

Effekt von		Effekt auf	Effekt
Materialismusindex 1994	→	Wahlnorm 1994	-0,18[c]
Materialismusindex 1994	→	Interne Efficacy 1994	-0,20[c]
Wahlnorm 1994	→	Interne Efficacy 1994	0,09[a]
Stärke Parteiidentifikation 1994	→	Interne Efficacy 1994	0,24[c]
Einkommen 1994	→	Interne Efficacy 1994	0,21[c]
Einkommen 1994	→	Materialismusindex 1994	-0,10[a]
Materialismusindex 1994	→	Stärke Parteiidentifikation 1994	-0,18[c]
Wahlnorm 1994	→	Stärke Parteiidentifikation 1994	0,22[c]
Interne Efficacy 1994	→	Soziale Partizipation 1994	0,02
Einkommen 1994	→	Soziale Partizipation 1994	0,14[c]
Stärke Parteiidentifikation 1994	→	Soziale Partizipation 1994	0,06
Materialismusindex 1994	→	Soziale Partizipation 1994	-0,08
Materialismusindex 1994	→	Verkehrsblockaden 1994	-0,28[c]
Einkommen 1994	→	Verkehrsblockaden 1994	-0,15[c]
Wahlnorm 1994	→	Verkehrsblockaden 1994	-0,18[c]
Interne Efficacy 1994	→	Verkehrsblockaden 1994	0,01
Stärke Parteiidentifikation 1994	→	Verkehrsblockaden 1994	0,06
Soziale Partizipation 1994	→	Verkehrsblockaden 1994	0,09[a]
Materialismusindex 1998	→	Wahlnorm 1998	0,00
Materialismusindex 1998	→	Interne Efficacy 1998	-0,11[b]
Wahlnorm 1998	→	Interne Efficacy 1998	0,22[c]
Stärke Parteiidentifikation 1998	→	Interne Efficacy 1998	0,06
Einkommen 1998	→	Interne Efficacy 1998	0,12[b]
Einkommen 1998	→	Materialismusindex 1998	-0,11[b]
Materialismusindex 1998	→	Stärke Parteiidentifikation 1998	0,01
Wahlnorm 1998	→	Stärke Parteiidentifikation 1998	0,21[c]
Interne Efficacy 1998	→	Soziale Partizipation 1998	0,15[c]
Einkommen 1998	→	Soziale Partizipation 1998	-0,03
Stärke Parteiidentifikation 1998	→	Soziale Partizipation 1998	0,10[b]
Materialismusindex 1998	→	Soziale Partizipation 1998	-0,12[c]
Einkommen 1998	→	Verkehrsblockaden 1998	-0,05
Materialismusindex 1998	→	Verkehrsblockaden 1998	-0,22[c]
Wahlnorm 1998	→	Verkehrsblockaden 1998	-0,03
Interne Efficacy 1998	→	Verkehrsblockaden 1998	0,03
Stärke Parteiidentifikation 1998	→	Verkehrsblockaden 1998	0,19[c]
Soziale Partizipation 1998	→	Verkehrsblockaden 1998	0,05
Materialismusindex 2002	→	Wahlnorm 2002	-0,08[a]
Materialismusindex 2002	→	Interne Efficacy 2002	-0,13[c]
Wahlnorm 2002	→	Interne Efficacy 2002	0,09[a]
Stärke Parteiidentifikation 2002	→	Interne Efficacy 2002	0,02
Einkommen 2002	→	Interne Efficacy 2002	0,10[b]
Einkommen 2002	→	Materialismusindex 2002	-0,14[c]
Materialismusindex 2002	→	Stärke Parteiidentifikation 2002	0,00
Wahlnorm 2002	→	Stärke Parteiidentifikation 2002	0,17[c]
Interne Efficacy 2002	→	Soziale Partizipation 2002	0,06
Einkommen 2002	→	Soziale Partizipation 2002	-0,02
Stärke Parteiidentifikation 2002	→	Soziale Partizipation 2002	0,03
Materialismusindex 2002	→	Soziale Partizipation 2002	-0,08[a]

Einkommen 2002	→	Verkehrsblockaden 2002	-0,12[b]
Materialismusindex 2002	→	Verkehrsblockaden 2002	-0,20[c]
Wahlnorm 2002	→	Verkehrsblockaden 2002	-0,08[a]
Interne Efficacy 2002	→	Verkehrsblockaden 2002	0,02
Stärke Parteiidentifikation 2002	→	Verkehrsblockaden 2002	0,07
Soziale Partizipation 2002	→	Verkehrsblockaden 2002	0,02
Wahlnorm 1994	→	Wahlnorm 1998	0,32[c]
Wahlnorm 1998	→	Wahlnorm 2002	0,23[c]
Wahlnorm 1994	→	Wahlnorm 2002	0,02
Einkommen 1994	→	Einkommen 1998	0,38[c]
Einkommen 1998	→	Einkommen 2002	0,15[c]
Einkommen 1994	→	Einkommen 2002	0,08
Interne Efficacy 1994	→	Interne Efficacy 1998	0,30[c]
Interne Efficacy 1998	→	Interne Efficacy 2002	0,39[c]
Interne Efficacy 1994	→	Interne Efficacy 2002	0,13[c]
Materialismusindex 1994	→	Materialismusindex 1998	0,23[c]
Materialismusindex 1998	→	Materialismusindex 2002	0,31[c]
Materialismusindex 1994	→	Materialismusindex 2002	0,25[c]
Stärke Parteiidentifikation 1994	→	Stärke Parteiidentifikation 1998	0,24[c]
Stärke Parteiidentifikation 1998	→	Stärke Parteiidentifikation 2002	0,27[c]
Stärke Parteiidentifikation 1994	→	Stärke Parteiidentifikation 2002	0,05
Soziale Partizipation 1994	→	Soziale Partizipation 1998	0,43[c]
Soziale Partizipation 1998	→	Soziale Partizipation 2002	0,49[c]
Soziale Partizipation 1994	→	Soziale Partizipation 2002	0,19[c]
Verkehrsblockaden 1994	→	Verkehrsblockaden 1998	0,19[c]
Verkehrsblockaden 1998	→	Verkehrsblockaden 2002	0,26[c]
Verkehrsblockaden 1994	→	Verkehrsblockaden 2002	0,13[b]

Signifikanz: a: $p<0,05$, b: $p<0,01$, c: $p<0,001$.
Quelle: DFG-Panel.

Hier werden die negativen direkten Effekte (Tabelle 109) durch die positiven indirekten Effekte kompensiert, so daß die Variable insgesamt einen positiven Effekt hat. Vergleicht man die Modelle für die einzelnen Panelwellen, so sind der Materialismusindex 1994 und die Wahlnorm 1994 für den Modellteil 1994 eindeutig die erklärungsstärksten Variablen. 1998 und 2002 liegt Materialismus immer noch auf Platz 1. Während die Stärke der Parteiidentifikation für 1998 der zweitstärkste Prädiktor für die Beteiligung an Verkehrsblockaden 1998 ist, wird das komplette Modell für alle drei Erhebungswellen durch die drei Materialismusindikatoren und die autoregressiven Komponenten für die abhängige Variable dominiert, da die Effekte der anderen Prädiktoren deutlich abnehmen. Die gesamte Erklärungsleistung des Modells beträgt bei alleiniger Betrachtung des 1994er-Teils 12,0 Prozent. Zieht man die Komponenten für 1998 noch mit heran, erhöht sich die Varianzaufklärung auf 13,6 Prozent. Für das gesamte Modell sind es 16,9 Prozent.

Tabelle 110: Geschätzte nicht-autoregressive Effekte im Kausalmodell für die Verhaltensabsicht, bei einer Partei Unterstützung zu suchen 1998-2002, Westdeutschland

Effekt von		Effekt auf
Materialismusindex	→	Politisches Interesse
Materialismusindex	→	Interne Efficacy
Materialismusindex	→	Unterstützung Partei suchen
Stärke Parteiidentifikation	→	Politisches Interesse
Stärke Parteiidentifikation	→	Unterstützung Partei suchen
Politisches Interesse	→	Interne Efficacy
Interne Efficacy	→	Unterstützung Partei suchen

Quelle: DFG-Panel.

Tabelle 111: Standardisierte totale Effekte auf die Verhaltensabsicht, bei einer Partei Unterstützung zu suchen 1998-2002, Westdeutschland

	1998	2002
Materialismusindex 1998	-0,19	-0,11
Stärke Parteiidentifikation 1998	0,20	0,07
Politisches Interesse 1998	0,09	0,08
Interne Efficacy 1998	0,16	0,07
Unterstützung Partei suchen 1998	–	0,11
Materialismusindex 2002	–	-0,18
Stärke Parteiidentifikation 2002	–	0,12
Politisches Interesse 2002	–	0,06
Interne Efficacy 2002	–	0,18
SMC	0,103	0,101
N		592

Anmerkungen: SMC: *Squared Multiple Correlation*; –: Effekt logisch nicht möglich.
Quelle: DFG-Panel.

Das Modell für die Suche nach Unterstützung bei einer Partei ist weniger komplex als die Modelle für die vorangehenden Partizipationsformen, da mit 1998 und 2002 nur zwei der drei Wellen berücksichtigt werden. Das Modell beinhaltet mit dem Materialismusindex, der Stärke der Parteiidentifikation, dem politischen Interesse und der internen Efficacy vier Prädiktoren (Tabelle 110). Allerdings hat das politische Interesse über die interne Efficacy nur einen indirekten Effekt auf die abhängige Variable, der direkte Effekt wurde aufgrund seiner statistischen Insignifikanz in beiden Panelwellen gestrichen. Die Effekte auf die interne Efficacy sind allerdings die mit Abstand stärksten im ganzen Modell (Tabelle 112). Die Stärke der standardisierten totalen Effekte variiert zwischen den Modellteilen (Tabelle 111). Die Erklärungsrichtung der Variablen bleibt aber bestehen, unabhängig davon, ob man die Partizipationsvariable 1998 oder 2002 als abhängige Variable ansieht: So sind Postmaterialisten, Personen mit starker Parteiidentifikation, stärkerem politischen Interesse und höherer interner Efficacy eher dazu bereit, bei einer Partei nach Unterstützung zu suchen. Dabei haben für die Partizipationsvariable 1998 der Materialismusindex, die Stärke der Parteiidentifikation und die interne Efficacy nahezu gleich starke totale Effekte.

Tabelle 112: Standardisierte direkte Effekte auf die Verhaltensabsicht, bei einer Partei Unterstützung zu suchen 1998-2002, Westdeutschland

Effekt von		Effekt auf	Effekt
Politisches Interesse 1998	→	Interne Efficacy 1998	0,57[c]
Materialismusindex 1998	→	Interne Efficacy 1998	-0,07[a]
Materialismusindex 1998	→	Politisches Interesse 1998	-0,17[c]
Stärke Parteiidentifikation 1998	→	Politisches Interesse 1998	0,21[c]
Materialismusindex 1998	→	Unterstützung Partei suchen 1998	-0,17[c]
Interne Efficacy 1998	→	Unterstützung Partei suchen 1998	0,16[c]
Stärke Parteiidentifikation 1998	→	Unterstützung Partei suchen 1998	0,19[c]
Politisches Interesse 2002	→	Interne Efficacy 2002	0,36[c]
Materialismusindex 2002	→	Interne Efficacy 2002	-0,14[c]
Materialismusindex 2002	→	Politisches Interesse 2002	-0,01
Stärke Parteiidentifikation 2002	→	Politisches Interesse 2002	0,19[c]
Materialismusindex 2002	→	Unterstützung Partei suchen 2002	-0,16[c]
Interne Efficacy 2002	→	Unterstützung Partei suchen 2002	0,18[c]
Stärke Parteiidentifikation 2002	→	Unterstützung Partei suchen 2002	0,11[b]
Interne Efficacy 1998	→	Interne Efficacy 2002	0,32[c]
Materialismusindex 1998	→	Materialismusindex 2002	0,37[c]
Stärke Parteiidentifikation 1998	→	Stärke Parteiidentifikation 2002	0,30[c]
Politisches Interesse 1998	→	Politisches Interesse 2002	0,53[c]
Unterstützung Partei suchen 1998	→	Unterstützung Partei suchen 2002	0,11[b]

Signifikanz: a: p<0,05, b: p<0,01, c: p<0,001.
Quelle: DFG-Panel.

Für das vollständige Modell der Partizipationsvariable 2002 sind die interne Efficacy 2002 und der Materialismusindex 2002 die Variablen mit den stärksten totalen Effekten. Der Einfluß der autoregressiven Komponente ist im Vergleich dazu sehr schwach. Dies erklärt wohl auch das Absinken der Erklärungsleistung des gesamten Modells auf 10,1 Prozent im Vergleich zu 10,3 Prozent Varianzaufklärung bei isolierter Betrachtung des Modellteils für die Partizipationsvariable 1998.

Das Modell für die Wahrscheinlichkeit der Wahlbeteiligung in Westdeutschland umfaßt fünf Prädiktorvariablen: Das Alter, das nur einfach in das Modell eingeht und keinen direkten Effekt auf die abhängigen Partizipationsvariablen hat, die Wahlnorm, die Stärke der Parteiidentifikation, das politische Interesse und die interne Efficacy (Tabelle 113). Die sozialpsychologischen Variablen haben alle direkte Effekte auf die Wahrscheinlichkeit der Wahlbeteiligung, sind aber auch untereinander verknüpft.

Tabelle 113: Geschätzte nicht-autoregressive Effekte im Kausalmodell für die Wahrscheinlichkeit der Wahlbeteiligung 1994-2002, Westdeutschland

Effekt von		Effekt auf
Alter	→	Wahlnorm
Alter	→	Politisches Interesse
Alter	→	Interne Efficacy
Wahlnorm	→	Stärke Parteiidentifikation
Wahlnorm	→	Politisches Interesse
Wahlnorm	→	Wahrscheinlichkeit der Wahlbeteiligung
Stärke Parteiidentifikation	→	Politisches Interesse
Stärke Parteiidentifikation	→	Interne Efficacy
Stärke Parteiidentifikation	→	Wahrscheinlichkeit der Wahlbeteiligung
Politisches Interesse	→	Interne Efficacy
Politisches Interesse	→	Wahrscheinlichkeit der Wahlbeteiligung
Interne Efficacy	→	Wahrscheinlichkeit der Wahlbeteiligung

Quelle: DFG-Panel.

Tabelle 114: Standardisierte totale Effekte auf die Wahrscheinlichkeit der Wahlbeteiligung 1994-2002, Westdeutschland

	1994	1998	2002
Alter 1994	0,10	0,07	0,04
Wahlnorm 1994	0,32	0,14	0,10
Stärke Parteiidentifikation 1994	0,09	0,11	0,05
Politisches Interesse 1994	0,26	0,07	0,01
Interne Efficacy 1994	0,23	0,01	-0,01
Wahrscheinlichkeit der Wahlbeteiligung 1994	–	0,12	-0,02
Wahlnorm 1998	–	0,24	0,14
Stärke Parteiidentifikation 1998	–	0,23	0,10
Politisches Interesse 1998	–	0,08	0,03
Interne Efficacy 1998	–	-0,07	-0,03
Wahrscheinlichkeit der Wahlbeteiligung 1998	–	–	0,32
Wahlnorm 2002	–	–	0,34
Stärke Parteiidentifikation 2002	–	–	0,14
Politisches Interesse 2002	–	–	0,02
Interne Efficacy 2002	–	–	-0,01
SMC	0,216	0,148	0,255
N		194	

Anmerkungen: SMC: *Squared Multiple Correlation*; –: Effekt logisch nicht möglich.
Quelle: DFG-Panel.

Betrachtet man die standardisierten totalen Effekte in Tabelle 114, sind es Ältere sowie Personen, die die Wahlnorm bejahen, die eine stärkere Parteiidentifikation und ein höheres politisches Interesse haben, die eher zur Beteiligung an Wahlen neigen. Für die interne Efficacy 1994 ist ein deutlicher positiver Effekt auf die Wahrscheinlichkeit der Wahlbeteiligung 1994 zu verzeichnen. Die interne Efficacy 1998 und 2002 haben zwar negative Effekte, diese sind allerdings nicht signifikant (Tabelle 115). Wie schon in allen vorangehenden Analysen für die Wahlbeteiligung ist die Wahlnorm der stärkste Prädiktor. Besonders deutlich wird diese herausragende Stellung bei Betrachtung des kompletten Modells. Nur der autoregressive Effekt der Wahrscheinlichkeit der Wahlbeteiligung 1998 liegt auf einem ähnlichen Niveau (0,32) wie der der Wahlnorm 2002 (0,34). Dabei wirkt sich die Wahlnorm vor allem direkt auf die Wahrscheinlichkeit der Wahlbeteiligung aus, die über politisches Interesse und Stärke der Parteiidentifikation vermittelten indirekten Effekte sind gering. Die Stärke der anderen Prädiktoren schwankt beträchtlich. Von Interesse sind noch die Effekte des Alters. Für die Partizipationsvariable 1994 wird der positive Effekt über das politische Interesse und die Wahlnorm vermittelt, während für die abhängigen Variablen der Modelle für 1998 und 2002 nur der Kausalfluß über die interne Efficacy signifikant ist. Wegen der in Abschnitt 4.1.3 festgestellten starken Stabilität der Wahlbeteiligungsabsicht überraschen die geringen autoregressiven Effekte der Partizipationsvariable 1994 auf die Partizipationsindikatoren 1998 und 2002. Für die Verbindung zur letztgenannten Variable ergibt sich sogar ein negativer Effekt, der allerdings nicht statistisch signifikant ist. Die Varianzaufklärung der Modelle variiert zwischen 14,8 (1998) und 25,5 Prozent (2002). Auch hier übertrifft die Erklärungsleistung des 1994er-Modellteils mit 21,6 Prozent die der Kombination von 1994 und 1998.

Tabelle 115: Standardisierte direkte Effekte auf die Wahrscheinlichkeit der Wahlbeteiligung 1994-2002, Westdeutschland

Effekt von		Effekt auf	Effekt
Alter 1994	$\rightarrow$	Wahlnorm 1994	0,15[a]
Politisches Interesse 1994	$\rightarrow$	Interne Efficacy 1994	0,35[c]
Stärke Parteiidentifikation 1994	$\rightarrow$	Interne Efficacy 1994	0,15[a]
Alter 1994	$\rightarrow$	Interne Efficacy 1994	-0,07
Wahlnorm 1994	$\rightarrow$	Stärke Parteiidentifikation 1994	0,17[a]
Wahlnorm 1994	$\rightarrow$	Politisches Interesse 1994	0,11
Stärke Parteiidentifikation 1994	$\rightarrow$	Politisches Interesse 1994	0,31[c]
Alter 1994	$\rightarrow$	Politisches Interesse 1994	0,28[c]
Stärke Parteiidentifikation 1994	$\rightarrow$	Wahrscheinlichkeit der Wahlbeteiligung 1994	-0,03
Interne Efficacy 1994	$\rightarrow$	Wahrscheinlichkeit der Wahlbeteiligung 1994	0,23[c]
Politisches Interesse 1994	$\rightarrow$	Wahrscheinlichkeit der Wahlbeteiligung 1994	0,18[a]
Wahlnorm 1994	$\rightarrow$	Wahrscheinlichkeit der Wahlbeteiligung 1994	0,28[c]
Alter 1994	$\rightarrow$	Wahlnorm 1998	0,10
Politisches Interesse 1998	$\rightarrow$	Interne Efficacy 1998	0,57[c]

Signifikanz: a: $p<0{,}05$, b: $p<0{,}01$, c: $p<0{,}001$.
Quelle: DFG-Panel.

Tabelle 115: Fortsetzung

Effekt von		Effekt auf	Effekt
Stärke Parteiidentifikation 1998	→	Interne Efficacy 1998	-0,11
Alter 1994	→	Interne Efficacy 1998	-0,18[b]
Wahlnorm 1998	→	Stärke Parteiidentifikation 1998	0,16[a]
Wahlnorm 1998	→	Politisches Interesse 1998	0,17[b]
Stärke Parteiidentifikation 1998	→	Politisches Interesse 1998	0,14[a]
Alter 1994	→	Politisches Interesse 1998	-0,01
Stärke Parteiidentifikation 1998	→	Wahrscheinlichkeit der Wahlbeteiligung 1998	0,21[b]
Interne Efficacy 1998	→	Wahrscheinlichkeit der Wahlbeteiligung 1998	-0,07
Politisches Interesse 1998	→	Wahrscheinlichkeit der Wahlbeteiligung 1998	0,12
Wahlnorm 1998	→	Wahrscheinlichkeit der Wahlbeteiligung 1998	0,19[b]
Alter 1994	→	Wahlnorm 2002	0,01
Politisches Interesse 2002	→	Interne Efficacy 2002	0,38[c]
Stärke Parteiidentifikation 2002	→	Interne Efficacy 2002	0,02
Alter 1994	→	Interne Efficacy 2002	-0,33[c]
Wahlnorm 2002	→	Stärke Parteiidentifikation 2002	0,27[c]
Wahlnorm 2002	→	Politisches Interesse 2002	0,16[a]
Stärke Parteiidentifikation 2002	→	Politisches Interesse 2002	0,10
Alter 1994	→	Politisches Interesse 2002	-0,10
Stärke Parteiidentifikation 2002	→	Wahrscheinlichkeit der Wahlbeteiligung 2002	0,14[a]
Interne Efficacy 2002	→	Wahrscheinlichkeit der Wahlbeteiligung 2002	-0,01
Politisches Interesse 2002	→	Wahrscheinlichkeit der Wahlbeteiligung 2002	0,02
Wahlnorm 2002	→	Wahrscheinlichkeit der Wahlbeteiligung 2002	0,30[c]
Wahlnorm 1994	→	Wahlnorm 1998	0,32[c]
Wahlnorm 1998	→	Wahlnorm 2002	0,18[a]
Wahlnorm 1994	→	Wahlnorm 2002	0,15[a]
Interne Efficacy 1994	→	Interne Efficacy 1998	0,20[c]
Interne Efficacy 1998	→	Interne Efficacy 2002	0,25[c]
Interne Efficacy 1994	→	Interne Efficacy 2002	0,13[a]
Stärke Parteiidentifikation 1994	→	Stärke Parteiidentifikation 1998	0,41[c]
Stärke Parteiidentifikation 1998	→	Stärke Parteiidentifikation 2002	0,20[b]
Stärke Parteiidentifikation 1994	→	Stärke Parteiidentifikation 2002	0,02
Politisches Interesse 1994	→	Politisches Interesse 1998	0,54[c]
Politisches Interesse 1998	→	Politisches Interesse 2002	0,41[c]
Politisches Interesse 1994	→	Politisches Interesse 2002	0,18[a]
Wahrscheinlichkeit der Wahlbeteiligung 1994	→	Wahrscheinlichkeit der Wahlbeteiligung 1998	0,12
Wahrscheinlichkeit der Wahlbeteiligung 1998	→	Wahrscheinlichkeit der Wahlbeteiligung 2002	0,32c
Wahrscheinlichkeit der Wahlbeteiligung 1994	→	Wahrscheinlichkeit der Wahlbeteiligung 2002	-0,05

Signifikanz: a: p<0,05, b: p<0,01, c: p<0,001.
Quelle: DFG-Panel.

Tabelle 116: Modellanpassung im Kausalmodell für die Verhaltensabsichten 1994-2002, Ostdeutschland

	Bürgerini-tiativen	Genehmig-te Demon-strationen	Gewaltsa-me De-monstra-tionen	Verkehrs-blockaden	Unterstüt-zung Par-tei suchen	Wahlbetei-ligung
N	831	831	831	831	831	270
χ^2	183^c	124^c	258^c	192^c	124^c	86^c
χ^2/df	3,04	4,57	3,39	2,66	0,98	2,05
GFI	0,97	0,99	0,97	0,97	0,94	0,95
AGFI	0,94	0,97	0,93	0,95	0,94	0,90
CFI	0,93	0,96	0,93	0,94	0,94	0,92
RMSEA	0,05	0,04	0,05	0,05	0,06	0,06

Anmerkung: Signifikanzen beziehen sich auf die Überschreitungswahrscheinlichkeiten beim χ^2-Anpassungstest.
Signifikanz: a: p<0,05, b: p<0,01, c: p<0,001.
Quelle: DFG-Panel.

Die Modellanpassung in Ostdeutschland ist insgesamt noch als etwas besser zu bewerten als in Westdeutschland (Tabelle 116). Wie bei der Bewertung der dortigen Modelle kann auch an dieser Stelle die χ^2-Anpassungsstatistik außen vor gelassen werden. Beim normierten χ^2-Maß wird der Grenzwert von 5 immer unterschritten. Bei der Partizipationsform „Unterstützung bei einer Partei suchen" liegt er mit einem Wert von 0,98 sogar unter 1. Die Werte für GFI, AGFI und CFI belegen für alle Modelle eine gute Anpassungsleistung, lediglich für die Wahrscheinlichkeit der Wahlbeteiligung liegt der AGFI mit 0,9 genau auf dem Kriteriumswert. Mit dem RMSEA ist der Modell-Fit für die Beteiligung an Bürgerinitiativen, an genehmigten und gewaltsamen Demonstrationen sowie an Verkehrsblockaden als gut zu bezeichnen. Für die Suche nach Unterstützung bei einer Partei und die Wahrscheinlichkeit der Wahlbeteiligung ist der Wert dieser Statistik mit 0,06 immerhin akzeptabel. Alles in allem lohnt sich also für alle Partizipationsformen der detailliertere Blick auf die standardisierten totalen und direkten Effekte in den folgenden Abbildungen und Tabellen.

Das Kausalmodell für die Verhaltensabsicht an Bürgerinitiativen in Ostdeutschland ist dem Modell für Westdeutschland relativ ähnlich. Es sind ebenfalls vier Prädiktoren vorhanden, die alle direkte Effekte auf die Partizipationsvariable haben. Allerdings ist im Vergleich zum westdeutschen Modell die Schichtzugehörigkeit anstatt der externen Efficacy enthalten (Tabelle 117). Konzentriert man sich zunächst auf die standardisierten totalen Effekte, ergibt sich folgende Wirkung der einzelnen Prädiktoren (Tabelle 118): Postmaterialisten, Personen mit starker Parteiidentifikation und starker interner Efficacy neigen eher zur Beteiligung an Bürgerinitiativen. Bei der Schichtzugehörigkeit ergeben sich bis auf eine Ausnahme (Schicht 1998) positive Effekte, das heißt, Angehörige höherer sozialer Schichten sind aktiver. Am stärksten wirken in allen Wellen die jeweiligen Efficacy-Indikatoren, von relativ großer Bedeutung ist aber auch immer der Materialismusindex.

Tabelle 117: Geschätzte nicht-autoregressive Effekte im Kausalmodell für die Verhaltensabsicht zur Beteiligung an Bürgerinitiativen 1994-2002, Ostdeutschland

Effekt von		Effekt auf
Schicht	→	Materialismusindex
Schicht	→	Interne Efficacy
Schicht	→	Stärke Parteiidentifikation
Schicht	→	Bürgerinitiativen
Materialismusindex	→	Interne Efficacy
Materialismusindex	→	Stärke Parteiidentifikation
Materialismusindex	→	Bürggerinitiativen
Stärke Parteiidentifikation	→	Interne Efficacy
Stärke Parteiidentifikation	→	Bürggerinitiativen
Interne Efficacy	→	Bürgerinitiativen

Quelle: DFG-Panel.

Tabelle 118: Standardisierte totale Effekte auf die Verhaltensabsicht zur Beteiligung an Bürgerinitiativen 1994-2002, Ostdeutschland

	1994	1998	2002
Schicht 1994	0,09	0,04	0,07
Materialismusindex 1994	-0,21	-0,10	-0,10
Stärke Parteiidentifikation 1994	0,13	0,07	0,06
Interne Efficacy 1994	0,29	0,13	0,13
Bürgerinitiativen 1994	–	0,16	0,17
Schicht 1998	–	-0,02	0,04
Materialismusindex 1998	–	-0,21	-0,09
Stärke Parteiidentifikation 1998	–	0,20	0,07
Interne Efficacy 1998	–	0,32	0,13
Bürgerinitiativen 1998	–	–	0,11
Schicht 2002	–	–	0,08
Materialismusindex 2002	–	–	-0,18
Stärke Parteiidentifikation 2002	–	–	0,10
Interne Efficacy 2002	–	–	0,33
SMC	0,148	0,210	0,219
N		831	

Anmerkungen: SMC: *Squared Multiple Correlation*; –: Effekt logisch nicht möglich.
Quelle: DFG-Panel.

Die Schichtzugehörigkeit hat in allen Fällen vor allem einen indirekten Effekt, die direkten Einflüsse von Schicht 1994 bzw. 2002 auf die Partizipationsvariable 1994 bzw. 2002 sind nicht statistisch signifikant (Tabelle 119). Bei Schicht 1998 werden die relativ starken negativen direkten Effekte auf die Partizipationsvariable durch die positiven indirekten Effekte weitgehend kompensiert. Die Bedeutung der autoregressiven Komponenten der Verhaltensabsicht ist wie schon im Modell für Westdeutschland relativ gering.

Tabelle 119: Standardisierte direkte Effekte auf die Verhaltensabsicht zur Beteiligung an Bürgerinitiativen 1994-2002, Ostdeutschland

Effekt von		Effekt auf	Effekt
Stärke Parteiidentifikation 1994	→	Interne Efficacy 1994	$0,14^c$
Schicht 1994	→	Interne Efficacy 1994	$0,19^c$
Materialismusindex 1994	→	Interne Efficacy 1994	$-0,10^b$
Schicht 1994	→	Materialismusindex 1994	$-0,12^c$
Materialismusindex 1994	→	Stärke Parteiidentifikation 1994	$-0,11^c$
Schicht 1994	→	Stärke Parteiidentifikation 1994	0,03
Schicht 1994	→	Bürgerinitiativen 1994	0,01
Materialismusindex 1994	→	Bürgerinitiativen 1994	$-0,17^c$
Interne Efficacy 1994	→	Bürgerinitiativen 1994	$0,29^c$
Stärke Parteiidentifikation 1994	→	Bürgerinitiativen 1994	$0,09^b$
Stärke Parteiidentifikation 1998	→	Interne Efficacy 1998	$0,23^c$
Schicht 1998	→	Interne Efficacy 1998	$0,18^c$
Materialismusindex 1998	→	Interne Efficacy 1998	$-0,14^c$
Schicht 1998	→	Materialismusindex 1998	$-0,04$
Materialismusindex 1998	→	Stärke Parteiidentifikation 1998	$-0,12^c$
Schicht 1998	→	Stärke Parteiidentifikation 1998	0,11b
Schicht 1998	→	Bürgerinitiativen 1998	$-0,10^b$
Materialismusindex 1998	→	Bürgerinitiativen 1998	$-0,14^c$
Interne Efficacy 1998	→	Bürgerinitiativen 1998	$0,32^c$
Stärke Parteiidentifikation 1998	→	Bürgerinitiativen 1998	$0,13^c$
Stärke Parteiidentifikation 2002	→	Interne Efficacy 2002	$0,12^c$
Schicht 2002	→	Interne Efficacy 2002	$0,15^c$
Materialismusindex 2002	→	Interne Efficacy 2002	$-0,21^c$
Schicht 2002	→	Materialismusindex 2002	$-0,06$
Materialismusindex 2002	→	Stärke Parteiidentifikation 2002	$-0,05$
Schicht 2002	→	Stärke Parteiidentifikation 2002	0,05
Schicht 2002	→	Bürgerinitiativen 2002	0,01
Materialismusindex 2002	→	Bürgerinitiativen 2002	$-0,11^c$
Interne Efficacy 2002	→	Bürgerinitiativen 2002	$0,33^c$
Stärke Parteiidentifikation 2002	→	Bürgerinitiativen 2002	0,06
Interne Efficacy 1994	→	Interne Efficacy 1998	$0,27^c$
Interne Efficacy 1998	→	Interne Efficacy 2002	$0,28^c$
Interne Efficacy 1994	→	Interne Efficacy 2002	$0,15^c$
Materialismusindex 1994	→	Materialismusindex 1998	$0,23^c$
Materialismusindex 1998	→	Materialismusindex 2002	$0,29^c$
Materialismusindex 1994	→	Materialismusindex 2002	$0,18^c$
Stärke Parteiidentifikation 1994	→	Stärke Parteiidentifikation 1998	$0,20^c$
Stärke Parteiidentifikation 1998	→	Stärke Parteiidentifikation 2002	$0,30^c$
Stärke Parteiidentifikation 1994	→	Stärke Parteiidentifikation 2002	$0,10^b$
Schicht 1994	→	Schicht 1998	$0,27^c$
Schicht 1998	→	Schicht 2002	$0,20^c$
Schicht 1994	→	Schicht 2002	$0,26^c$
Bürgerinitiativen 1994	→	Bürgerinitiativen 1998	$0,16^c$
Bürgerinitiativen 1998	→	Bürgerinitiativen 2002	$0,11^c$
Bürgerinitiativen 1994	→	Bürgerinitiativen 2002	$0,15^c$

Signifikanz: a: p<0,05, b: p<0,01, c: p<0,001.
Quelle: DFG Panel.

Die Koeffizienten der Partizipationsvariablen werden immer von anderen Variablen deutlich übertroffen. Dies wie auch der Vorzeichenwechsel bei der Schichtzugehörigkeit deuten zum wiederholten Male auf die Kontextabhängigkeit und die mangelnde Stabilität des nichtelektoralen politischen Partizipationsverhaltens hin. Zuletzt soll noch die Erklärungsleistung des Modells und seiner Bestandteile für die Erhebungswellen erläutert werden. Hier zeigt sich ein sukzessiver Anstieg bei zunehmender Vergrößerung des Modells: Beträgt das Varianzaufklärungspotential 1994 14,8 Prozent, sind es 1998 21,0 und 2002 21,9 Prozent.

Tabelle 120: Geschätzte nicht-autoregressive Effekte im Kausalmodell für die Verhaltensabsicht zur Beteiligung an genehmigten Demonstrationen 1994-2002, Ostdeutschland

Effekt von		Effekt auf
Materialismusindex	→	Interne Efficacy
Materialismusindex	→	Stärke Parteiidentifikation
Materialismusindex	→	Genehmigte Demonstrationen
Stärke Parteiidentifikation	→	Interne Efficacy
Stärke Parteiidentifikation	→	Genehmigte Demonstrationen
Interne Efficacy	→	Genehmigte Demonstrationen

Quelle: DFG-Panel.

Das Kausalmodell für die Beteiligung an genehmigten Demonstrationen entspricht genau dem Modell für Westdeutschland. Der Materialismusindex, die Stärke der Parteiidentifikation und die interne Efficacy sind die Prädiktoren (Tabelle 120), so daß hier erstmals auch Vergleiche zwischen den beiden Landesteilen möglich sind. Geht man zunächst auf die standardisierten totalen Effekte ein (Tabelle 121), so führen postmaterialistische Werteorientierungen, eine stärkere Parteiidentifikation und eine höhere interne Efficacy zu einer stärkeren Bereitschaft, an genehmigten Demonstrationen teilzunehmen. Während im Modellteil für 1994 und 1998 der Materialismusindex 1994 bzw. 1998 den stärksten Effekt hat, sind bei einer Einbeziehung der Erhebungswelle 2002 die interne Efficacy 2002 sowie die Bereitschaft zur Teilnahme an genehmigten Demonstrationen 1994 erklärungsstärker. Dieser Effekt ist vor allem direkt, das heißt der Partizipationsindikator 1994 ist offensichtlich wesentlich wichtiger als der Indikator 1998 für die Bereitschaft, im Jahr 2002 an genehmigten Demonstrationen teilzunehmen (Tabelle 121).

Die Erklärungsleistung des Modells erhöht sich deutlich, je mehr Panelwellen in das Modell einbezogen werden. Sind es 1994 lediglich 11,6 Prozent Varianzaufklärung, können 1998 schon 15,3 Prozent und 2002 26,3 Prozent der Streuung erklärt werden. Vergleicht man nun die Ergebnisse für Ost- und Westdeutschland (Tabellen 102 und 103), zeigt sich im Westen für 1994 und 1998 eine leicht höhere Erklärungsleistung des Modells. 2002 übertrifft die Varianzaufklärung des Modells für Ostdeutschland die für Westdeutschland um einen Prozentpunkt. Stellt man die standardisierten totalen Effekte einander gegenüber, so ist 1994 der Materialismusindex im Westen etwas bedeutsamer.

Tabelle 121: Standardisierte totale Effekte auf die Verhaltensabsicht zur Beteiligung an genehmigten Demonstrationen 1994-2002, Ostdeutschland

	1994	1998	2002
Materialismusindex 1994	-0,28	-0,12	-0,16
Stärke Parteiidentifikation 1994	0,09	0,05	0,05
Interne Efficacy 1994	0,18	0,09	0,13
Genehmigte Demonstrationen 1994	–	0,21	0,29
Materialismusindex 1998	–	-0,23	-0,11
Stärke Parteiidentifikation 1998	–	0,13	0,05
Interne Efficacy 1998	–	0,17	0,10
Genehmigte Demonstrationen 1998	–	–	0,12
Materialismusindex 2002	–	–	-0,23
Stärke Parteiidentifikation 2002	–	–	0,04
Interne Efficacy 2002	–	–	0,28
SMC	0,116	0,153	0,263
N		831	

Anmerkungen: SMC: *Squared Multiple Correlation*; –: Effekt logisch nicht möglich.
Quelle: DFG-Panel.

Im Gegensatz dazu ist die interne Efficacy im Westen ohne Belang, während sie im Osten einen Effekt von 0,18 hat. 1998 ergeben sich für alle Komponenten in der Stärke leichte Unterschiede von maximal 0,06 (für den Materialismusindex 1998). Für das gesamte Modell zeigen sich deutliche Ost-West-Unterschiede hinsichtlich der Bedeutsamkeit der autoregressiven Effekte zwischen den Partizipationsvariablen. Im Westen ist die Messung für 1998 wesentlich bedeutsamer als die für 1994. Ansonsten gibt es noch starke Divergenzen hinsichtlich der Bedeutung der Efficacy-Indikatoren. Die Koeffizienten für interne Efficacy 1994 und 2002 sind im Osten deutlich höher. Dieser Vergleich belegt im wesentlichen eher graduelle denn substantielle Unterschiede in den Erklärungsmustern politischen Partizipationsverhaltens im Osten und Westen Deutschlands, zeigt aber deutlich die Kontextabhängigkeit politischer Beteiligung sowohl aus zeitlicher als auch geographischer Perspektive.

Tabelle 122: Standardisierte direkte Effekte auf die Verhaltensabsicht zur Beteiligung an genehmigten Demonstrationen 1994-2002, Ostdeutschland

Effekt von		Effekt auf	Effekt
Materialismusindex 1994	→	Interne Efficacy 1994	-0,12[c]
Stärke Parteiidentifikation 1994	→	Interne Efficacy 1994	0,14[c]
Materialismusindex 1994	→	Stärke Parteiidentifikation 1994	-0,12[c]
Stärke Parteiidentifikation 1994	→	Genehmigte Demonstrationen 1994	0,07[a]
Materialismusindex 1994	→	Genehmigte Demonstrationen 1994	-0,25[c]
Interne Efficacy 1994	→	Genehmigte Demonstrationen 1994	0,18[c]

Signifikanz: a: p<0,05, b: p<0,01, c: p<0,001.
Quelle: DFG-Panel.

Tabelle 122: Fortsetzung

Effekt von		Effekt auf	Effekt
Materialismusindex 1998	→	Interne Efficacy 1998	-0,15^c
Stärke Parteiidentifikation 1998	→	Interne Efficacy 1998	0,25^c
Materialismusindex 1998	→	Stärke Parteiidentifikation 1998	-0,13^c
Stärke Parteiidentifikation 1998	→	Genehmigte Demonstrationen 1998	0,09^b
Interne Efficacy 1998	→	Genehmigte Demonstrationen 1998	0,17^c
Materialismusindex 1998	→	Genehmigte Demonstrationen 1998	-0,19^c
Materialismusindex 2002	→	Interne Efficacy 2002	-0,22^c
Stärke Parteiidentifikation 2002	→	Interne Efficacy 2002	0,12^c
Materialismusindex 2002	→	Stärke Parteiidentifikation 2002	-0,05
Stärke Parteiidentifikation 2002	→	Genehmigte Demonstrationen 2002	0,01
Interne Efficacy 2002	→	Genehmigte Demonstrationen 2002	0,28^c
Materialismusindex 2002	→	Genehmigte Demonstrationen 2002	-0,17^c
Interne Efficacy 1994	→	Interne Efficacy 1998	0,30^c
Interne Efficacy 1998	→	Interne Efficacy 2002	0,30^c
Interne Efficacy 1994	→	Interne Efficacy 2002	0,15^c
Materialismusindex 1994	→	Materialismusindex 1998	0,24^c
Materialismusindex 1998	→	Materialismusindex 2002	0,30^c
Materialismusindex 1994	→	Materialismusindex 2002	0,18^c
Stärke Parteiidentifikation 1994	→	Stärke Parteiidentifikation 1998	0,20^c
Stärke Parteiidentifikation 1998	→	Stärke Parteiidentifikation 2002	0,30^c
Stärke Parteiidentifikation 1994	→	Stärke Parteiidentifikation 2002	0,10^b
Genehmigte Demonstrationen 1994	→	Genehmigte Demonstrationen 1998	0,21^c
Genehmigte Demonstrationen 1998	→	Genehmigte Demonstrationen 2002	0,12^c
Genehmigte Demonstrationen 1994	→	Genehmigte Demonstrationen 2002	0,27^c

Signifikanz: a: $p<0,05$, b: $p<0,01$, c: $p<0,001$.
Quelle: DFG-Panel.

Tabelle 123: Geschätzte nicht-autoregressive Effekte im Kausalmodell für die Verhaltensabsicht zur Beteiligung an gewaltsamen Demonstrationen 1994-2002, Ostdeutschland

Effekt von		Effekt auf
Bildung	→	Materialismusindex
Bildung	→	Interne Efficacy
Bildung	→	Politisches Interesse
Bildung	→	Gewaltsame Demonstrationen
Alter	→	Materialismusindex
Alter	→	Interne Efficacy
Alter	→	Politisches Interesse
Alter	→	Gewaltsame Demonstrationen
Materialismusindex	→	Interne Efficacy
Materialismusindex	→	Politisches Interesse
Materialismusindex	→	Gewaltsame Demonstrationen
Demokratiezufriedenheit	→	Gewaltsame Demonstrationen
Politisches Interesse	→	Interne Efficacy
Politisches Interesse	→	Gewaltsame Demonstrationen
Interne Efficacy	→	Gewaltsame Demonstrationen

Quelle: DFG-Panel.

Tabelle 124: Standardisierte totale Effekte auf die Verhaltensabsicht zur Beteiligung an gewaltsamen Demonstrationen 1994-2002, Ostdeutschland

	1994	1998	2002
Alter 1994	-0,24	-0,18	-0,12
Bildung 1994	0,05	0,18	0,20
Materialismusindex 1994	-0,19	-0,05	-0,07
Demokratiezufriedenheit 1994	-0,10	-0,02	-0,04
Politisches Interesse 1994	0,13	0,03	0,08
Interne Efficacy 1994	0,13	0,03	0,04
Gewaltsame Demonstrationen 1994	–	0,11	0,21
Materialismusindex 1998	–	-0,18	-0,07
Demokratiezufriedenheit 1998	–	-0,03	-0,02
Politisches Interesse 1998	–	0,02	0,04
Interne Efficacy 1998	–	0,07	0,02
Gewaltsame Demonstrationen 1998	–	–	0,17
Materialismusindex 2002	–	–	-0,12
Demokratiezufriedenheit 2002	–	–	-0,06
Politisches Interesse 2002	–	–	0,12
Interne Efficacy 2002	–	–	0,06
SMC	0,130	0,112	0,165
N		831	

Anmerkungen: SMC: *Squared Multiple Correlation*; –: Effekt logisch nicht möglich.
Quelle: DFG-Panel.

Insgesamt unterscheidet sich das Modell für Ostdeutschland deutlich von dem für Westdeutschland (vgl. Tabelle 104): Anstatt der Wahlnorm, dem Institutionenvertrauen und der externen Efficacy sind die interne Efficacy, der Materialismusindex und die Demokratiezufriedenheit im ostdeutschen Modell enthalten. Die übrigen Variablen stimmen allerdings überein. Betrachtet man zunächst die standardisierten totalen Effekte (Tabelle 124), zeigt sich, daß Jüngere und Höhergebildete eher zur Teilnahme an gewaltsamen Demonstrationen bereit sind. Partizipationsfördernd wirken sich zudem postmaterialistische Einstellungen, Unzufriedenheit mit der Demokratie, stärkeres politisches Interesse und eine stärkere interne Efficacy aus. Diese Effekte entsprechen den Ergebnissen der vorausgehenden Analysen.

Bei isolierter Betrachtung des Modellteils für 1994 sind das Alter und der Materialismusindex 1994 die erklärungsstärksten Variablen. Bezieht man 1998 mit ein, gehen die stärksten totalen Effekte von Alter, Bildung und Materialismusindex aus. Für das gesamte Modell sind die autoregressiven Effekte der Partizipationsvariablen 1994 und 1998 sowie das Bildungsniveau besonders relevant. 1998 verläuft ein beträchtlicher Teil, 2002 die Hälfte des Effekts der Bildungsvariable indirekt über den Materialismusindex, die interne Efficacy und das politische Interesse (Tabelle 125). Der Materialismusindex wirkt vor allem direkt auf die jeweilige Partizipationsvariable, indirekte Effekte über die interne Efficacy und das politische Interesse machen maximal ein Drittel des totalen Effekts aus. Die Varianzaufklärung des Modells für das Gesamtmodell wie für die verschiedenen Modellkomponenten bewegt sich zwischen 11,2 und 16,5 Prozent. Hier tritt wieder der Fall auf, daß der Modellteil 1994 mit 13,0 Prozent mehr Varianz erklären kann als die Kombination aus den Teilen für 1994 und 1998.

Tabelle 125: Standardisierte direkte Effekte auf die Verhaltensabsicht zur Beteiligung an gewaltsamen Demonstrationen 1994-2002, Ostdeutschland

Effekt von		Effekt auf	Effekt
Politisches Interesse 1994	→	Interne Efficacy 1994	0,48[c]
Bildung 1994	→	Interne Efficacy 1994	0,17[c]
Alter 1994	→	Interne Efficacy 1994	-0,06[a]
Materialismusindex 1994	→	Interne Efficacy 1994	-0,02
Bildung 1994	→	Materialismusindex 1994	-0,25[c]
Alter 1994	→	Materialismusindex 1994	0,16[c]
Bildung 1994	→	Politisches Interesse 1994	0,25[c]
Alter 1994	→	Politisches Interesse 1994	0,28[c]
Materialismusindex 1994	→	Politisches Interesse 1994	-0,11[c]
Materialismusindex 1994	→	Gewaltsame Demonstrationen 1994	-0,17[c]
Demokratiezufriedenheit 1994	→	Gewaltsame Demonstrationen 1994	-0,10[b]
Politisches Interesse 1994	→	Gewaltsame Demonstrationen 1994	0,07
Interne Efficacy 1994	→	Gewaltsame Demonstrationen 1994	0,13[c]
Bildung 1994	→	Gewaltsame Demonstrationen 1994	-0,05
Alter 1994	→	Gewaltsame Demonstrationen 1994	-0,24[c]
Politisches Interesse 1998	→	Interne Efficacy 1998	0,49[c]
Bildung 1994	→	Interne Efficacy 1998	0,15[c]
Alter 1994	→	Interne Efficacy 1998	-0,22[c]
Materialismusindex 1998	→	Interne Efficacy 1998	-0,05
Bildung 1994	→	Materialismusindex 1998	-0,12[c]
Alter 1994	→	Materialismusindex 1998	0,14[c]
Bildung 1994	→	Politisches Interesse 1998	0,18[c]
Alter 1994	→	Politisches Interesse 1998	0,03
Materialismusindex 1998	→	Politisches Interesse 1998	-0,11[c]
Materialismusindex 1998	→	Gewaltsame Demonstrationen 1998	-0,17[c]
Demokratiezufriedenheit 1998	→	Gewaltsame Demonstrationen 1998	-0,03
Politisches Interesse 1998	→	Gewaltsame Demonstrationen 1998	-0,01
Interne Efficacy 1998	→	Gewaltsame Demonstrationen 1998	0,07
Bildung 1994	→	Gewaltsame Demonstrationen 1998	0,13[c]
Alter 1994	→	Gewaltsame Demonstrationen 1998	-0,11[b]
Politisches Interesse 2002	→	Interne Efficacy 2002	0,41[c]
Bildung 1994	→	Interne Efficacy 2002	0,03
Alter 1994	→	Interne Efficacy 2002	-0,10[b]
Materialismusindex 2002	→	Interne Efficacy 2002	-0,13[c]
Bildung 1994	→	Materialismusindex 2002	-0,12[c]
Alter 1994	→	Materialismusindex 2002	0,18[c]
Bildung 1994	→	Politisches Interesse 2002	0,10[b]
Alter 1994	→	Politisches Interesse 2002	0,07[a]
Materialismusindex 2002	→	Politisches Interesse 2002	-0,18[c]
Materialismusindex 2002	→	Gewaltsame Demonstrationen 2002	-0,09[b]
Demokratiezufriedenheit 2002	→	Gewaltsame Demonstrationen 2002	-0,06
Politisches Interesse 2002	→	Gewaltsame Demonstrationen 2002	0,10[a]
Interne Efficacy 2002	→	Gewaltsame Demonstrationen 2002	0,06

Bildung 1994	→	Gewaltsame Demonstrationen 2002	0,10[b]
Alter 1994	→	Gewaltsame Demonstrationen 2002	-0,03
Interne Efficacy 1994	→	Interne Efficacy 1998	0,15[c]
Interne Efficacy 1998	→	Interne Efficacy 2002	0,15[c]
Interne Efficacy 1994	→	Interne Efficacy 2002	0,12[c]
Demokratiezufriedenheit 1994	→	Demokratiezufriedenheit 1998	0,20[c]
Demokratiezufriedenheit 1998	→	Demokratiezufriedenheit 2002	0,27[c]
Demokratiezufriedenheit 1994	→	Demokratiezufriedenheit 2002	0,14[c]
Materialismusindex 1994	→	Materialismusindex 1998	0,17[c]
Materialismusindex 1998	→	Materialismusindex 2002	0,25[c]
Materialismusindex 1994	→	Materialismusindex 2002	0,12[c]
Politisches Interesse 1994	→	Politisches Interesse 1998	0,37[c]
Politisches Interesse 1998	→	Politisches Interesse 2002	0,29[c]
Politisches Interesse 1994	→	Politisches Interesse 2002	0,21[c]
Gewaltsame Demonstrationen 1994	→	Gewaltsame Demonstrationen1998	0,11[b]
Gewaltsame Demonstrationen 1998	→	Gewaltsame Demonstrationen2002	0,17[c]
Gewaltsame Demonstrationen 1994	→	Gewaltsame Demonstrationen2002	0,20[c]

Signifikanz: a: p<0,05, b: p<0,01, c: p<0,001.
Quelle: DFG-Panel.

Das Kausalmodell für die Verhaltensabsicht zur Beteiligung an gewaltsamen Demonstrationen enthält insgesamt sechs Prädiktoren. Davon gehen das Alter und das Bildungsniveau nur einfach in das Modell ein, da für diese Variablen entweder nur minimale (Bildung) oder für alle Befragten identische Veränderungen (Alter) auftreten können. Die beiden sozialstrukturellen Variablen sind direkt oder indirekt mit allen sozialpsychologischen Variablen des Modells mit Ausnahme der Demokratiezufriedenheit verbunden. Alle sechs Prädiktoren wirken direkt auf die Partizipationsvariable (Tabelle 123).

Tabelle 126: Geschätzte nicht-autoregressive Effekte im Kausalmodell für die Verhaltensabsicht zur Beteiligung an Verkehrsblockaden 1994-2002, Ostdeutschland

Effekt von		Effekt auf
Wahlnorm	→	Interne Efficacy
Wahlnorm	→	Demokratiezufriedenheit
Wahlnorm	→	Politisches Interesse
Demokratiezufriedenheit	→	Verkehrsblockaden
Politisches Interesse	→	Interne Efficacy
Interne Efficacy	→	Verkehrsblockaden

Quelle: DFG-Panel.

Das Modell für die Verhaltensabsicht an Verkehrsblockaden in Ostdeutschland in Tabelle 126 ist relativ einfach gehalten, vor allem, wenn man es mit der kausalen Modellierung für Westdeutschland in Tabelle 107 vergleicht: Lediglich vier Prädiktoren gehen in das Modell ein. Die Wahlnorm und das politische Interesse haben keine signifikanten direkten Effekte auf die Beteiligungsbereitschaft an Verkehrsblockaden in einer der Panelwellen, so daß diese theoretisch nachvollziehbaren Kausalflüsse aus dem Modell entfernt werden mußten. Die Wahlnorm wirkt indirekt über alle anderen drei sozialpsychologischen Variablen im Modell, während das politische Interesse lediglich über die interne Efficacy einen Einfluß auf die Partizipationsvariable hat.

Tabelle 127: Standardisierte totale Effekte auf die Verhaltensabsicht zur Beteiligung an Verkehrsblockaden 1994-2002, Ostdeutschland

	1994	1998	2002
Demokratiezufriedenheit 1994	-0,14	-0,02	-0,03
Wahlnorm 1994	0,01	0,01	0,01
Politisches Interesse 1994	0,08	0,04	0,06
Interne Efficacy 1994	0,16	0,04	0,05
Verkehrsblockaden 1994	–	0,12	0,17
Demokratiezufriedenheit 1998	–	0,01	0,00
Wahlnorm 1998	–	0,02	0,01
Politisches Interesse 1998	–	0,06	0,04
Interne Efficacy 1998	–	0,11	0,05
Verkehrsblockaden 1998	–	–	0,18
Demokratiezufriedenheit 2002	–	–	-0,02
Wahlnorm 2002	–	–	0,01
Politisches Interesse 2002	–	–	0,05
Interne Efficacy 2002	–	–	0,13
SMC	0,042	0,029	0,082
N		831	

Anmerkungen: SMC: *Squared Multiple Correlation*; –: Effekt logisch nicht möglich.
Quelle: DFG-Panel.

Die Modellierung für diese Partizipationsform ist insgesamt erklärungsschwach. Die Werte für die quadrierten multiplen Korrelationen bewegen sich lediglich im Bereich zwischen 2,9 und 8,2 Prozent (Tabelle 127). Berücksichtigt man die standardisierten totalen Effekte, so führen ein höheres politisches Interesse und eine stärkere interne Efficacy zu einer Erhöhung der Bereitschaft, an Verkehrsblockaden teilzunehmen. Etwas überraschend ist der positive totale Effekt der Wahlnorm-Indikatoren, der allerdings nie einen Wert von 0,02 übersteigt und daher vernachlässigt werden kann. Für die Demokratiezufriedenheit ergeben sich verschiedene Effekte: Während Demokratiezufriedenheit 1994 und 2002 durchgängig negative Effekte haben, sind die Vorzeichen der totalen Effektkoeffizienten für Demokratiezufriedenheit 1998 positiv. Allerdings liegen auch diese Werte im zu ignorierenden Bereich. Vergleicht man die Entwicklung der Bedeutung der Effektkoeffizienten im Zeitverlauf, sind für den Modellteil 1994 die interne Efficacy und die Demokratiezufriedenheit eindeutig am einflußreichsten. Bezieht man 1998 in das Modell mit ein, geht der stärkste Effekt von der Partizipationsvariable 1994 und der internen Efficacy 1998 aus. Im Modell für alle drei Wellen zusammen sind es die Partizipationsva-

riablen für 1994 und 1998 sowie die interne Efficacy 2002, die am meisten zur Erklärung der Verhaltensabsicht an Verkehrsblockaden beitragen.

**Tabelle 128: Standardisierte direkte Effekte auf die Verhaltensabsicht zur Be-
teiligung an Verkehrsblockaden 1994-2002, Ostdeutschland**

Effekt von		Effekt auf	Effekt
Wahlnorm 1994	→	Demokratiezufriedenheit 1994	0,07[a]
Politisches Interesse 1994	→	Interne Efficacy 1994	0,50[c]
Wahlnorm 1994	→	Interne Efficacy 1994	0,03
Wahlnorm 1994	→	Politisches Interesse 1994	0,20[c]
Interne Efficacy 1994	→	Verkehrsblockaden 1994	0,16[c]
Demokratiezufriedenheit 1994	→	Verkehrsblockaden 1994	-0,14[c]
Wahlnorm 1998	→	Demokratiezufriedenheit 1998	0,09[b]
Politisches Interesse 1998	→	Interne Efficacy 1998	0,49[c]
Wahlnorm 1998	→	Interne Efficacy 1998	0,10[c]
Wahlnorm 1998	→	Politisches Interesse 1998	0,20[c]
Interne Efficacy 1998	→	Verkehrsblockaden 1998	0,11[c]
Demokratiezufriedenheit 1998	→	Verkehrsblockaden 1998	0,01
Wahlnorm 2002	→	Demokratiezufriedenheit 2002	0,18[c]
Politisches Interesse 2002	→	Interne Efficacy 2002	0,41[c]
Wahlnorm 2002	→	Interne Efficacy 2002	0,06[a]
Wahlnorm 2002	→	Politisches Interesse 2002	0,08[a]
Interne Efficacy 2002	→	Verkehrsblockaden 2002	0,13[c]
Demokratiezufriedenheit 2002	→	Verkehrsblockaden 2002	-0,02
Demokratiezufriedenheit 1994	→	Demokratiezufriedenheit 1998	0,21[c]
Demokratiezufriedenheit 1994	→	Demokratiezufriedenheit 2002	0,14[c]
Demokratiezufriedenheit 1998	→	Demokratiezufriedenheit 2002	0,25[c]
Interne Efficacy 1994	→	Interne Efficacy 1998	0,21[c]
Interne Efficacy 1998	→	Interne Efficacy 2002	0,20[c]
Interne Efficacy 1994	→	Interne Efficacy 2002	0,13[c]
Politisches Interesse 1994	→	Politisches Interesse 1998	0,41[c]
Politisches Interesse 1998	→	Politisches Interesse 2002	0,33[c]
Politisches Interesse 1994	→	Politisches Interesse 2002	0,25[c]
Wahlnorm 1994	→	Wahlnorm 1998	0,17[c]
Wahlnorm 1998	→	Wahlnorm 2002	0,12[c]
Wahlnorm 1994	→	Wahlnorm 2002	0,05
Verkehrsblockaden 1994	→	Verkehrsblockaden 1998	0,12[c]
Verkehrsblockaden 1998	→	Verkehrsblockaden 2002	0,18[c]
Verkehrsblockaden 1994	→	Verkehrsblockaden 2002	0,15[c]

Signifikanz: a: $p<0,05$, b: $p<0,01$, c: $p<0,001$.
Quelle: DFG-Panel.

Das Kausalmodell für die Verhaltensabsicht, bei einer Partei Unterstützung zu suchen, ist in Ostdeutschland wesentlich umfassender als in Westdeutschland. Insgesamt basiert die kausale Modellierung auf sieben Prädiktoren. Dabei werden drei

sozialstrukturelle und vier sozial-psychologische Komponenten berücksichtigt (Tabelle 129). Mit Ausnahme des Bildungsniveaus haben alle Variablen einen direkten Einfluß auf die Partizipationsvariable.

Tabelle 129: Geschätzte nicht-autoregressive Effekte im Kausalmodell für die Verhaltensabsicht, bei einer Partei Unterstützung zu suchen 1998-2002, Ostdeutschland

Effekt von		Effekt auf
Bildung	↔	Alter
Bildung	↔	Mann
Bildung	→	Materialismusindex
Bildung	→	Wahlnorm
Bildung	→	Stärke Parteiidentifikation
Bildung	→	Interne Efficacy
Alter	→	Materialismusindex
Alter	→	Interne Efficacy
Alter	→	Unterstützung Partei suchen
Mann	→	Interne Efficacy
Mann	→	Stärke Parteiidentifikation
Mann	→	Unterstützung Partei suchen
Materialismusindex	→	Wahlnorm
Materialismusindex	→	Interne Efficacy
Materialismusindex	→	Unterstützung Partei suchen
Wahlnorm	→	Interne Efficacy
Wahlnorm	→	Unterstützung Partei suchen
Stärke Parteiidentifikation	→	Interne Efficacy
Stärke Parteiidentifikation	→	Unterstützung Partei suchen
Interne Efficacy	→	Unterstützung Partei suchen

Quelle: DFG-Panel.

Eine zentrale Rolle innerhalb des kausalen Wirkungsgefüges kommt der internen Efficacy zu: Alle anderen Prädiktoren beeinflussen diese Variable. Konzentriert man sich auf die Effektstrukturen (Tabellen 130 und 131), so sind Frauen, Jüngere und Höhergebildete eher dazu bereit, eine Partei um Unterstützung zu bitten. Der negative direkte Effekt des Geschlechts auf die Partizipationsvariable 2002 wird dabei durch die indirekten Effekte über die interne Efficacy und die Stärke der Parteiidentifikation kompensiert, so daß insgesamt ein positiver totaler Effekt entsteht. Bei den sozialpsychologischen Variablen sind post-materialistische Einstellungen, eine Befürwortung der Wahlnorm, eine stärkere Parteiidentifikation und eine höhere interne Efficacy partizipationsfördernd.

Tabelle 130: Standardisierte totale Effekte auf die Verhaltensabsicht, bei einer Partei Unterstützung zu suchen 1998-2002, Ostdeutschland

	1998	2002
Mann 1998	-0,06	0,03
Alter 1998	-0,08	-0,18
Bildung 1998	0,14	0,16
Materialismusindex 1998	-0,09	-0,06
Wahlnorm 1998	0,13	0,05
Stärke Parteiidentifikation 1998	0,16	0,09
Interne Efficacy 1998	0,23	0,13
Unterstützung Partei suchen 1998	–	0,19
Materialismusindex 2002	–	-0,14
Wahlnorm 2002	–	0,09
Stärke Parteiidentifikation 2002	–	0,17
Interne Efficacy 2002	–	0,32
SMC	0,112	0,254
N		831

Anmerkungen: SMC: *Squared Multiple Correlation*; –: Effekt logisch nicht möglich.
Quelle: DFG-Panel.

Tabelle 131: Standardisierte direkte Effekte auf die Verhaltensabsicht, bei einer Partei Unterstützung zu suchen 1998-2002, Ostdeutschland

Effekt von		Effekt auf	Effekt
Materialismusindex 1998	→	Wahlnorm 1998	0,10[b]
Bildung 1998	→	Wahlnorm 1998	0,18[c]
Wahlnorm 1998	→	Interne Efficacy 1998	0,14[c]
Bildung 1998	→	Interne Efficacy 1998	0,29[c]
Stärke Parteiidentifikation 1998	→	Interne Efficacy 1998	0,17[c]
Mann 1998	→	Interne Efficacy 1998	0,20[c]
Materialismusindex 1998	→	Interne Efficacy 1998	-0,11[c]
Alter 1998	→	Interne Efficacy 1998	-0,13[c]
Bildung 1998	→	Materialismusindex 1998	-0,21[c]
Alter 1998	→	Materialismusindex 1998	0,16[c]
Bildung 1998	→	Stärke Parteiidentifikation 1998	0,18[c]
Mann 1998	→	Stärke Parteiidentifikation 1998	0,13[c]
Wahlnorm 1998	→	Unterstützung Partei suchen 1998	0,09[b]
Materialismusindex 1998	→	Unterstützung Partei suchen 1998	-0,08[a]
Alter 1998	→	Unterstützung Partei suchen 1998	-0,03
Mann 1998	→	Unterstützung Partei suchen 1998	-0,12[c]
Interne Efficacy 1998	→	Unterstützung Partei suchen 1998	0,23[c]
Stärke Parteiidentifikation 1998	→	Unterstützung Partei suchen 1998	0,12[c]
Bildung 1998	→	Wahlnorm 2002	0,07
Materialismusindex 2002	→	Wahlnorm 2002	-0,04
Stärke Parteiidentifikation 2002	→	Interne Efficacy 2002	0,09[b]
Wahlnorm 2002	→	Interne Efficacy 2002	0,07[a]
Alter 1998	→	Interne Efficacy 2002	0,00

Signifikanz: a: p<0,05, b: p<0,01, c: p<0,001.
Quelle: DFG-Panel.

Tabelle 131: Fortsetzung

Effekt von		Effekt auf	Effekt
Bildung 1998	→	Interne Efficacy 2002	0,12^c
Mann 1998	→	Interne Efficacy 2002	0,12^c
Materialismusindex 2002	→	Interne Efficacy 2002	-0,20^c
Bildung 1998	→	Materialismusindex 2002	-0,17^c
Alter 1998	→	Materialismusindex 2002	0,19^c
Bildung 1998	→	Stärke Parteiidentifikation 2002	0,10^b
Mann 1998	→	Stärke Parteiidentifikation 2002	0,12^c
Wahlnorm 2002	→	Unterstützung Partei suchen 2002	0,07^a
Materialismusindex 2002	→	Unterstützung Partei suchen 2002	-0,07^a
Mann 1998	→	Unterstützung Partei suchen 2002	-0,04
Alter 1998	→	Unterstützung Partei suchen 2002	-0,12^c
Stärke Parteiidentifikation 2002	→	Unterstützung Partei suchen 2002	0,14^c
Interne Efficacy 2002	→	Unterstützung Partei suchen 2002	0,32^c
Wahlnorm 1998	→	Wahlnorm 2002	0,12^c
Interne Efficacy 1998	→	Interne Efficacy 2002	0,26^c
Materialismusindex 1998	→	Materialismusindex 2002	0,26^c
Stärke Parteiidentifikation 1998	→	Stärke Parteiidentifikation 2002	0,29^c
Unterstützung Partei suchen 1998	→	Unterstützung Partei suchen 2002	0,19^c

Signifikanz: a: p<0,05, b: p<0,01, c: p<0,001.
Quelle: DFG-Panel.

Wie bei vielen der vorherigen Analysen für die anderen Partizipationsformen kommt es zu teilweise deutlichen Bedeutungsverschiebungen der einzelnen Variablen im kausalen Wirkungsgefüge. Am stärksten wirkt im Modellteil für 1998 die interne Efficacy 1998, gefolgt von der Stärke der Parteiidentifikation 1998. Für die Verhaltensabsicht 2002 hat sehr deutlich die interne Efficacy 2002 den stärksten Effekt. Dies ist zum Teil ihrer zentralen Rolle innerhalb des Kausalmodells geschuldet, auch wenn die direkten Effekte der anderen Prädiktoren auf die interne Efficacy 1998 zum Großteil wesentlich stärker sind. Hinter der internen Efficacy 2002 rangieren die Verhaltensabsicht 1998, das Alter und die Stärke der Parteiidentifikation 2002 mit fast identischen Effektkoeffizienten im Modellteil für 2002. Die Erklärungsleistung für das gesamte Modell liegt bei 25,4 Prozent, betrachtet man nur den Teil für 1998 sind es lediglich 11,2 Prozent.

Das kausale Modell für die Wahrscheinlichkeit der Wahlbeteiligung in Ostdeutschland gleicht sehr stark dem Modell für diese Partizipationsform in Westdeutschland (vgl. Tabelle 113). Allerdings fehlt die interne Efficacy, und insgesamt gibt es weniger kausale Verbindungen zwischen den einzelnen Prädiktoren (Tabelle 132). Alter, Wahlnorm, politisches Interesse und Stärke der Parteiidentifikation haben direkte Effekte auf die Partizipationsvariable. Betrachtet man die Stärke der totalen und direkten Effekte (Tabellen 133 und 134), ergibt sich folgendes Bild: Höheres Alter, eine positive Einstellung zur Wahlnorm, eine stärkere Identifikation mit einer Partei und ein stärkeres politisches Interesse erhöhen die Wahrscheinlichkeit der Wahlbeteiligung. Im Modellteil für die Partizipationsvariable 1994 dominieren eindeutig die Wahlnorm und das Alter. Bezieht man 1998 mit ein, haben sich die Gewichte noch stärker zugunsten der Wahlnorm (1998) verschoben. Im Gesamtmodell dominiert auch klar die Wahlnorm 2002, gefolgt von der Stärke der Parteiidenti-fikation 2002 und dem politischen Interesse 2002. Erst danach kommt der autore-gressive Effekt der Wahrscheinlichkeit der Wahlbeteiligung 1998. Auch im Kau-salmodell bestätigen sich also die Befunde der vorangehenden Analysen. Die Wahl-norm ist eindeutig der stärkste Prädiktor der Wahlbeteiligung. Dieser Effekt verläuft vor allem direkt, ohne irgend welche Interventionen durch andere Variablen. Bezüg-lich der Erklärungsleistung bleibt festzustellen, daß das komplette Modell immerhin 24,8 Prozent der Streuung der Wahrscheinlichkeit der Wahlbeteiligung 2002 erklä-ren kann. Für den Modellteil 1994 sind es immerhin 21,2 Prozent, bei Kombination von 1994 und 1998 sind es lediglich 9,8 Prozent.

Tabelle 132: Geschätzte nicht-autoregressive Effekte im Kausalmodell für die Wahrscheinlichkeit der Wahlbeteiligung 1994-2002, Ostdeutschland

Effekt von		Effekt auf
Alter	→	Wahlnorm
Alter	→	Wahrscheinlichkeit der Wahlbeteiligung
Wahlnorm	→	Stärke Parteiidentifikation
Wahlnorm	→	Politisches Interesse
Wahlnorm	→	Wahrscheinlichkeit der Wahlbeteiligung
Stärke Parteiidentifikation	→	Politisches Interesse
Stärke Parteiidentifikation	→	Wahrscheinlichkeit der Wahlbeteiligung
Politisches Interesse	→	Wahrscheinlichkeit der Wahlbeteiligung

Quelle: DFG-Panel.

Tabelle 133: Standardisierte totale Effekte auf die Wahrscheinlichkeit der Wahlbeteiligung 1994-2002, Ostdeutschland

	1994	1998	2002
Alter 1994	0,29	0,01	0,15
Wahlnorm 1994	0,32	0,04	0,06
Stärke Parteiidentifikation 1994	0,10	0,04	0,07
Politisches Interesse 1994	0,16	0,04	0,11
Wahrscheinlichkeit der Wahl-beteiligung 1994	–	0,11	0,06
Wahlnorm 1998	–	0,27	0,11
Stärke Parteiidentifikation 1998	–	0,10	0,08
Politisches Interesse 1998	–	0,06	0,07
Wahrscheinlichkeit der Wahl-beteiligung 1998	–	–	0,18
Wahlnorm 2002	–	–	0,33
Stärke Parteiidentifikation 2002	–	–	0,20
Politisches Interesse 2002	–	–	0,19
SMC	0,212	0,098	0,248
N		270	

Anmerkungen: SMC: *Squared Multiple Correlation*; –: Effekt logisch nicht möglich.
Quelle: DFG-Panel.

Faßt man die Ergebnisse zusammen, zeigt sich zum einen eindeutig die Heterogenität, Komplexität und Kontextabhängigkeit der Prozesse, die zu politischer Partizipation führen. Die als geeignet identifizierten Erklärungsmodelle variieren nicht nur zwischen den einzelnen Partizipationsformen, sondern mit Ausnahme der Teilnahme an genehmigten Demonstrationen auch zwischen Ost- und Westdeutschland. Zum anderen bestätigen sich in den Analysen dieses Abschnitts viele der Ergebnisse der vorangegangenen Untersuchungen. Auch in den kausalen Modellierungen zeigt sich die Aufgliederung des Partizipationsraumes in drei Gruppen. Neben der Wahlbeteiligung läßt sich bei den nichtelektoralen Aktivitäten zwischen den legalen und legitimen Partizipationsformen einerseits und den illegalen und illegitimen andererseits unterscheiden. Während für die Wahlbeteiligung auch im zeitlichen Längsschnitt die Wahlnorm eindeutig der stärkste Prädiktor ist, sind es bei allen nichtelektoralen Beteiligungsformen insbesondere eine hohe interne Efficacy und postmaterialistische Werteorientierungen, die partizipationsfördernd wirken. Illegale und illegitime Aktivitäten sind zusätzlich noch Ausdruck von Unzufriedenheit mit dem politischen System, sei es in Form negativer allgemeiner Performanzbewertungen wie der Demokratiezufriedenheit oder der negativen Bewertung der Responsivität des politischen Systems (mittels der externen Efficacy). Verhaltensabsichten für legale und legitime Aktivitäten entwickeln sich im Gegensatz dazu nicht aus Unzufriedenheit, sondern auch auf der Basis einen hohen Maßes an politischem Interesse.

Tabelle 134: Standardisierte direkte Effekte auf die Wahrscheinlichkeit der Wahlbeteiligung 1994-2002, Ostdeutschland

Effekt von		Effekt auf	Effekt
Alter 1994	→	Wahlnorm 1994	0,25[c]
Wahlnorm 1994	→	Stärke Parteiidentifikation 1994	0,32[c]
Stärke Parteiidentifikation 1994	→	Politisches Interesse 1994	0,35[c]
Wahlnorm 1994	→	Politisches Interesse 1994	0,16[b]
Wahlnorm 1994	→	Wahrscheinlichkeit der Wahlbeteiligung 1994	0,27[c]
Politisches Interesse 1994	→	Wahrscheinlichkeit der Wahlbeteiligung 1994	0,16[b]
Stärke Parteiidentifikation 1994	→	Wahrscheinlichkeit der Wahlbeteiligung 1994	0,04
Alter 1994	→	Wahrscheinlichkeit der Wahlbeteiligung 1994	0,21[c]
Alter 1994	→	Wahlnorm 1998	0,10
Wahlnorm 1998	→	Stärke Parteiidentifikation 1998	0,13[a]
Stärke Parteiidentifikation 1998	→	Politisches Interesse 1998	0,33[c]
Wahlnorm 1998	→	Politisches Interesse 1998	0,10
Wahlnorm 1998	→	Wahrscheinlichkeit der Wahlbeteiligung 1998	0,25[c]
Politisches Interesse 1998	→	Wahrscheinlichkeit der Wahlbeteiligung 1998	0,06
Stärke Parteiidentifikation 1998	→	Wahrscheinlichkeit der Wahlbeteiligung 1998	0,09
Alter 1994	→	Wahrscheinlichkeit der Wahlbeteiligung 1998	-0,05
Alter 1994	→	Wahlnorm 2002	0,19[b]
Wahlnorm 2002	→	Stärke Parteiidentifikation 2002	0,13[a]
Stärke Parteiidentifikation 2002	→	Politisches Interesse 2002	0,10[a]
Wahlnorm 2002	→	Politisches Interesse 2002	0,08
Wahlnorm 2002	→	Wahrscheinlichkeit der Wahlbeteiligung 2002	0,29[c]
Politisches Interesse 2002	→	Wahrscheinlichkeit der Wahlbeteiligung 2002	0,19[c]

Stärke Parteiidentifikation 2002	→	Wahrscheinlichkeit der Wahlbeteiligung 2002	0,18[b]
Alter 1994	→	Wahrscheinlichkeit der Wahlbeteiligung 2002	0,06
Wahlnorm 1994	→	Wahlnorm 1998	-0,02
Wahlnorm 1998	→	Wahlnorm 2002	0,15[a]
Wahlnorm 1994	→	Wahlnorm 2002	0,03
Stärke Parteiidentifikation 1994	→	Stärke Parteiidentifikation 1998	0,16[b]
Stärke Parteiidentifikation 1998	→	Stärke Parteiidentifikation 2002	0,21[c]
Stärke Parteiidentifikation 1994	→	Stärke Parteiidentifikation 2002	0,08
Politisches Interesse 1994	→	Politisches Interesse 1998	0,38[c]
Politisches Interesse 1998	→	Politisches Interesse 2002	0,32[c]
Politisches Interesse 1994	→	Politisches Interesse 2002	0,37[c]
Wahrscheinlichkeit der Wahlbeteiligung 1994	→	Wahrscheinlichkeit der Wahlbeteiligung 1998	0,11
Wahrscheinlichkeit der Wahlbeteiligung 1998	→	Wahrscheinlichkeit der Wahlbeteiligung 2002	0,18[c]
Wahrscheinlichkeit der Wahlbeteiligung 1994	→	Wahrscheinlichkeit der Wahlbeteiligung 2002	0,04

Signifikanz: a: $p<0,05$, b: $p<0,01$, c: $p<0,001$.
Quelle: DFG-Panel.

5. Schlußbetrachtung

5.1 Zusammenfassung

Das wesentliche Ziel dieser Arbeit war eine ausführliche Untersuchung des politischen Partizipationsverhaltens in Deutschland. Zu den zentralen Fragen nach der Höhe und Entwicklung des Beteiligungsniveaus sowie der Erklärung des kausalen Wirkungsgefüges der Teilnahme an nichtelektoralen Aktivitäten in Deutschland traten noch einige zusätzliche Aspekte: Erstens, die Betrachtung intraindividueller Veränderungen der Partizipationsneigung im Zeitverlauf sowie die Identifikation der Faktoren, die zu solchen Veränderungen führen. Zweitens, die Strukturierung des politischen Partizipationsraumes durch die Identifikation der den einzelnen Partizipationsformen zugrundeliegenden Dimensionen. Damit verbunden waren der Vergleich der Strukturen zwischen Ost- und Westdeutschland, zwischen Verhaltensmanifestationen und -intentionen sowie für beide Indikatoren die Untersuchung der Stabilität zwischen zwei weit auseinanderliegenden Erhebungszeitpunkten. Der dritte Aspekt war der Vergleich des Beteiligungsniveaus, der Strukturen des Partizipationsraumes sowie der Erklärungsfaktoren zwischen den beiden Operationalisierungen politischer Beteiligung. Viertens sollte das Verhältnis zwischen der Wahlbeteiligung und den nichtelektoralen politischen Aktivitäten geklärt werden. Und schließlich sollte fünftens untersucht werden, ob sich aufgrund übereinstimmender Muster im politischen Verhalten bestimmte Typen Partizipierender zeigen und wie sich diese sozialstrukturell und sozialpsychologisch charakterisieren lassen.

Vor der Bearbeitung dieses umfangreichen Untersuchungsprogramms waren allerdings einige Vorarbeiten zur Einordnung der Arbeit in die politikwissenschaftliche Forschung notwendig. Am Beginn (2. Kapitel) stand die Festlegung des theoretischen Rahmens. Verschiedene Definitionen politischer Partizipation wurden miteinander verglichen und eine zur Grundlage der weiteren Analysen gemacht. Zudem erfolgte eine Abgrenzung politischer von sozialer Partizipation (Abschnitt 2.1). An diese definitorischen Abwägungen schlossen sich demokratietheoretische Überlegungen zum Stellenwert und notwendigen Ausmaß politischer Partizipation an, in deren Rahmen input- und outputorientierte Ansätze gegeneinander abgewogen wurden (Abschnitt 2.2). Letzter Aspekt im Rahmen der theoretischen Diskussion war die Präsentation der Funktionen politischer Partizipation, aus denen für die später folgende empirische Analyse einige bedeutende Erklärungsfaktoren politischer Aktivität abgeleitet werden konnten (Abschnitt 2.3).

Die folgenden Abschnitte des zweiten Kapitels hatten die Aufgabe, für diese Arbeit relevante Befunde der politischen Partizipationsforschung zu rekapitulieren. Ein erster bedeutender Aspekt war die Darstellung der Strukturen politischer Partizipation (Abschnitt 2.4). Hier wurden zunächst einige begriffliche Dichotomien vorgestellt, die dazu dienten, politische Partizipationsformen auf der Basis theoretischer Überlegungen zu ordnen (Abschnitt 2.4.1). Dem folgte die ausführliche Erläuterung empirischer Dimensionierungsversuche, bei der neben den klassischen amerikanischen Partizipationsstudien die deutschen Forschungsarbeiten im Vordergrund standen (Abschnitt 2.4.2). Weiterhin wurde aufgrund der starken Abnahme der Wahlbeteiligung in Deutschland seit den 1980er Jahren das besondere Verhältnis zwischen elektoralen und nichtelektoralen politischen Partizipationsformen erläutert (Abschnitt 2.4.3). Anschließend verlagerte sich der Focus der Darstellung des Forschungsstandes von der Strukturierung der Partizipationsdimensionen zur Strukturierung der Partizipierenden: Verschiedene Typenbildungen der politisch Aktiven auf der Basis von Übereinstimmungen im Beteiligungsverhalten wurden vorgestellt (Abschnitt 2.4.4). Der Rest des zweiten Kapitels konzentrierte sich auf die zahlreichen Erklärungsfaktoren politischer Partizipation (Abschnitt 2.5). Diese Darstellung erfolgte getrennt nach individuellen und kontextuellen Faktoren. Bei der Präsentation der Faktoren der Individualebene bildeten Sozialstruktur und individuelle Ressourcen (Abschnitt 2.5.1), Werte, Normen, Interessen und Einstellungen (Abschnitt 2.5.2), rationale Erklärungsansätze (Abschnitt 2.5.3) sowie soziales Engagement bzw. Sozialkapital (Abschnitt 2.5.4) eigene übergeordnete Variablenkomplexe. Für diese wurde die Wirkung der ihnen jeweils zuzuordnenden Variablen auf politisches Beteiligungsverhalten erläutert. Im Rahmen der Darstellung der Einflüsse der Aggregatebene wurde zwischen relativ stabilen Faktoren einerseits (Abschnitt 2.5.5) und Wandlungsprozessen andererseits (Abschnitt 2.5.6) differenziert. Bezogen auf erstere konnte die Bedeutung des politischen Mehrebenensystems Deutschlands (Abschnitt 2.5.5.1) und die Rolle der politischen Kultur (Abschnitt 2.5.5.2) herausgearbeitet werden. Bei den für das Partizipationsverhalten wichtigen gesellschaftlichen Wandlungsprozessen wurden der Wertewandel (Abschnitt 2.5.6.1), die Auswirkungen von politischer Unzufriedenheit bzw. Politikverdrossenheit (Abschnitt 2.5.6.2) und die Bedeutung der wachsenden kognitiven Mobilisierung (Abschnitt 2.5.6.3) ausführlich erläutert.

Als letzte wichtige Vorarbeit der empirischen Analyse erfolgte im vierten Kapitel eine umfassende Darstellung der Datenbasis (Abschnitt 3.1). Desweiteren wurden ausführlich die Vor- und Nachteile der verwendeten Querschnitt- und Paneldaten gegeneinander abgewogen (Abschnitte 3.1.1 und 3.1.2). Zuletzt wurde die Operationalisierung politischer Partizipation ausführlich diskutiert (Abschnitt 3.2). Die Erläuterungen bezogen sich sowohl auf die Problematisierung der Zuverlässigkeit und Gültigkeit der Messung politischen Partizipationsverhaltens (Abschnitt 3.2.1) als auch auf eine Gegenüberstellung der beiden Partizipationsindikatoren Verhaltensabsichten und -manifestationen (Abschnitt 3.2.2).

Die empirische Analyse im vierten Kapitel begann mit einer Darstellung der Entwicklung des Ausmaßes politischer Partizipation in Deutschland in den letzten Jahrzehnten und griff dabei weitgehend auf die Forschungsergebnisse von Niedermayer (2001, 2005) sowie Gabriel und Völkl (2005) zurück (Abschnitt 4.1.1): Für die Wahlbeteiligung, insbesondere bei Landtags- und Europawahlen, zeigt sich zwar eine deutliche Abnahme des Partizipationsniveaus, dennoch ist es immer noch die einzige Form politischer Aktivität, die regelmäßig von einer Mehrheit der Deutschen in Ost und West genutzt wird. Nichtelektorale Partizipationsformen werden hingegen lediglich von Minderheiten genutzt. Allerdings ist ein beträchtliches Potential politischer Aktivität vorhanden, das unter bestimmten Umständen abgerufen werden kann. Betrachtet man die nichtelektoralen Aktivitäten insgesamt, sprechen die Befunde tendenziell für eine Abnahme des Ausmaßes politischer Beteiligung bei Aktionsformen, die gemeinschaftlich ausgeübt werden und für eine Zunahme bei individuellen bzw. individualistisch motivierten politischen Aktivitäten. Für endgültige Aussagen sind allerdings die vorhandenen Zeitreihen nicht lang genug. Bei einem Vergleich des Partizipationsniveaus in Ost- und Westdeutschland zeigte sich, daß die Westdeutschen bei fast allen Partizipationsformen aktiver sind als die Ostdeutschen. Ausnahmen sind die Beteiligung an Demonstrationen und anderen Formen politischen Protests. Hier scheinen sich die positiven historischen Erfahrungen der Ostdeutschen im Rahmen der demokratischen Revolution des Herbst 1989 verfestigt und eine Partizipationstradition begründet zu haben.

Diese Befunde der langfristigen Trendentwicklung bestätigten sich auch in den Analysen des Niveaus der Verhaltensabsichten in Abschnitt 4.1.2: Die Ostdeutschen nehmen in stärkerem Maße an Demonstrationen teil als die Westdeutschen. Bei den anderen Partizipationsformen sind fast immer die Westdeutschen aktiver oder partizipationswilliger. Dies gilt allerdings nur in eingeschränktem Maße für die Verhaltensmanifestationen. Hier sind relativ viele Unterschiede zwischen Ost- und Westdeutschen nicht statistisch signifikant. Bezüglich der wirklichen Nutzung politischer Partizipationsformen scheint sich also das Verhalten zwischen den Bürgern in Ost und West weitgehend angeglichen zu haben. Geht man weg von Ost-West-Unterschieden und betrachtet die Befunde von Abschnitt 4.1.2 unabhängig vom verwendeten Partizipationsindikator, läßt sich die Wahlbeteiligung eindeutig von den nichtelektoralen Aktivitäten abgrenzen. Sie ist die einzige Partizipationsform, die immer von einer Mehrheit der Befragten genutzt oder zu nutzen beabsichtigt wird. Die nichtelektoralen Beteiligungsarten lassen sich in bezug auf ihre Nutzungshäufigkeit grob in zwei Gruppen teilen: Legale, legitime und gewaltlose Formen politischer Aktivität stehen illegalen, illegitimen und gewaltsamen Aktivitäten gegenüber. Letztere gehören lediglich zum Aktionsrepertoire einer kleinen Minderheit, während erstere von vergleichsweise großen Gruppen genutzt werden. Bezieht man in die Bewertung der Ergebnisse den Vergleich zwischen den beiden Indikatoren politischer Partizipation ein, so zeigt sich, daß die relativen Häufigkeiten der Verhaltensabsichten für alle politischen Aktivitäten über denen der Verhaltensmanifestationen liegen. Einzige Ausnahme ist die Wahlbeteiligung im Allbus 2002. Da aus der Wahlforschung (vgl. Abschnitt 3.2.2; Steinbrecher et al. 2007: 115-123) bekannt ist, daß das reale Partizipationsniveau mit Verhaltensabsichten stärker überschätzt wird als mit Verhaltensmanifestationen, sind letztere wohl geeignetere Indikatoren politischen Partizipationsverhaltens.

Die Analyse der individuellen Stabilität politischen Beteiligungsverhaltens im Zeitverlauf in Abschnitt 4.1.3 bestätigte einige Befunde der vorangehenden Analyse mit Querschnittdaten für die Panelbefragten: Zum einen zeigen sich die bekannten Ost-West-Unterschiede: Stärkere Aktivität der Ostdeutschen bei Demonstrationen, geringere Beteiligungsneigung bei Wahlen und im Rahmen von Bürgerinitiativen.

Zum anderen ergibt sich auch die Aufteilung der politischen Partizipationsformen in
die bekannten drei Gruppen Wahlbeteiligung, legale und legitime sowie illegale und
illegitime Aktivitäten. Im Vergleich zum Ausmaß politischer Aktivität der Querschnittbefragten sind die Panelbefragten aufgrund der in Abschnitt 3.1.2 angesprochenen Paneleffekte bei legalen und legitimen nichtelektoralen Partizipationsformen
wie der Wahlbeteiligung aktivitätsbereiter. Zusätzlich zu diesen Analysen wurde
auch die intraindividuelle Stabilität politischer Verhaltensabsichten im Zeitverlauf
untersucht. Dabei wurden neben Korrelationskoeffizienten auch die absoluten und
die relativen Veränderungen auf der Wahrscheinlichkeitsskala (mit Hilfe eines Instabilitätsindex) zwischen zwei Erhebungszeitpunkten betrachtet. Die Korrelationskoeffizienten liegen auf einem relativ niedrigen Niveau, insgesamt hängen also die
Verhaltensabsichten in zwei Panelwellen nur schwach positiv linear miteinander zusammen. Wesentlich aussagekräftiger waren die Befunde zum Instabilitätsindex. Für
die Wahlbeteiligung ergibt sich die mit Abstand größte Stabilität individuellen Verhaltens über die Zeit hinweg. Diese Stabilität liegt darin begründet, daß ein deutlich
höherer Anteil der Befragten als bei den anderen Partizipationsformen zu den beiden
jeweils verglichenen Zeitpunkten diese politische Aktivität bestimmt ausüben würde. Diese hohe Verhaltensstabilität beruht vermutlich vor allem auf der Wirkung der
Wahlnorm und den Paneleffekten. Bei den illegalen und illegitimen politischen Aktivitäten zeigten bei allen Vergleichen etwa 50 Prozent der Befragten stabile Verhaltensabsichten. Ein großer Teil dieser Befragten ist zu keinem der beiden Vergleichszeitpunkte bereit, eine dieser Aktivitäten auszuführen. Für diese Aktivitäten scheint
die Hürde zur Nutzung auch bei den im Vergleich zur Gesamtbevölkerung als verstärkt beteiligungsbereit anzusehenden Panelteilnehmern sehr hoch zu sein. Daß
auch bei denen, die bereit sind, diese Aktivitäten auszuüben, diese Bereitschaft nicht
stabil ist, zeigt sich klar mit Hilfe des Instabilitätsindex: Denn die Bereitschaft verschwindet bei sehr vielen Panelteilnehmern bereits bei der nächsten Befragungswelle. Positive Beteiligungsabsichten für illegale und illegitime Partizipationsformen
bleiben also nicht langfristig bestehen. Am veränderungsfreudigsten sind die Panelteilnehmer bei den drei legalen und legitimen nichtelektoralen Partizipationsformen.
Hier ergibt sich jeweils nur bei etwa 30 Prozent der Befragten eine stabile Verhaltensbereitschaft. Starke und sehr starke Veränderungen nach oben oder unten finden
sich bei allen Gegenüberstellungen für diese politischen Aktivitäten für mehr als 10
Prozent der Panelteilnehmer. Die im Vergleich zu den anderen beiden Gruppen hohe
Verhaltensinstabilität der Beteiligungsformen in dieser Gruppe läßt sich wohl vor
allem darauf zurückführen, daß einerseits die Kosten dieser Aktivitäten (Zeit, Geld,
Aufwand, um sie auszuüben, rechtliche Konsequenzen) für den einzelnen Teilnehmer, gerade im Kontrast mit den illegalen und illegitimen Aktivitäten in der zweiten
Gruppe, relativ niedrig sind. Andererseits sind nichtelektorale Partizipationsformen
vor allem kurzfristig und punktuell ausgerichtet, so daß sich aufgrund starker regionaler, aber auch temporaler Unterschiede im Hinblick auf Zahl und Stärke der Partizipationsstimuli erhebliche Schwankungen im Zeitverlauf ergeben können. Bei der
Analyse mußte allerdings nach der Ausgangswahrscheinlichkeit differenziert werden: Im Vergleich zu den Partizipationsformen in den anderen beiden Gruppen gibt

es keine so großen Stabilitätsunterschiede in Abhängigkeit vom Ausgangsniveau der Beteiligungsbereitschaft.

Abschnitt 4.2 diente der Untersuchung der Strukturen politischer Partizipation. Diese wurden dabei aus unterschiedlichen Perspektiven beleuchtet. In Abschnitt 4.2.1 standen die Dimensionen politischen Partizipationsverhaltens im vereinigten Deutschland im Vordergrund. Dabei zeigen sich Unterschiede je nach Datengrundlage und Partizipationsindikatoren, aber auch einige Gemeinsamkeiten. Unabhängig vom Indikator und vom Datensatz lassen sich Dimensionen identifizieren, die einerseits Protest-, andererseits Parteiaktivitäten repräsentieren. Mit den Allbus-Daten ergibt sich sowohl für die Verhaltensabsichten als auch für die -manifestationen eine Dimension, die illegale und gewaltsame Aktivitäten repräsentiert. Außerdem zeigten die Analysen für Verhaltensmanifestationen mit den Daten der CID-Studie wie dem Allbus 1998 deutlich, daß die Wahlbeteiligung von den nichtelektoralen Beteiligungsformen abgegrenzt werden muß.

Abschnitt 4.2.2 war ein zentraler Abschnitt dieser Arbeit. Hier wurden die dimensionalen Strukturen politischen Beteiligungsverhaltens in Ost- und Westdeutschland untersucht. Die so ermittelten Dimensionen dienten als abhängige Variablen in einem Großteil der folgenden Analysen. Insgesamt zeigt sich auch hier eine eindeutige Abhängigkeit der Dimensionen politischer Partizipation von der Anzahl und Art der berücksichtigten Partizipationsformen und dem verwendeten Partizipationsindikator. Im Vergleich zwischen West- und Ostdeutschland erweist sich das Beteiligungsverhalten im Osten als deutlich differenzierter, vor allem für die illegalen und illegitimen Aktivitäten zeigt sich eine größere Zahl von Partizipationsdimensionen. Möglicherweise spiegeln sich in dieser größeren Differenziertheit die Konsequenzen der demokratischen Revolution in der DDR wider, die bei den Bürgern im Osten des Landes zu einer größeren Affinität gegenüber Demonstrationen und anderen Formen des politischen Protests geführt hat. Insgesamt gibt es also nicht nur Unterschiede im Hinblick auf das Ausmaß politischer Beteiligung, sondern auch in bezug auf die Struktur der politischen Aktivitäten zwischen Ost- und Westdeutschen.

Mit Hilfe der Allbus-Studien 1988 und 1998 konnte in Abschnitt 4.2.3 die Veränderung der Strukturen politischer Partizipation in Westdeutschland im Zeitverlauf untersucht werden. Dabei ergaben sich unterschiedliche Ergebnisse für die beiden Partizipationsindikatoren. Während bei den Verhaltensabsichten zwischen 1988 und 1998 lediglich marginale Veränderungen in der Ladungsstruktur der beiden Partizipationsdimensionen auftreten, kommt es bei den Verhaltensmanifestationen zu einer Reduzierung der Dimensionen von vier auf drei. Haben sich 1988 illegale und illegitime, aber auch diskursive Aktivitäten auf zwei Dimensionen verteilt, werden diese politischen Partiziptionsformen 1998 nur durch einen Faktor repräsentiert.

Wegen der divergierenden Analyseergebnisse für die beiden Partizipationsindikatoren wurde in Abschnitt 4.2.4 das Verhältnis zwischen Verhaltensabsichten und -manifestationen untersucht. Die Zusammenhangsanalysen ergaben, daß beide Partizipationsindikatoren zwar für fast alle untersuchten Partizipationsarten sehr stark miteinander zusammenhängen, aber hinsichtlich der dimensionalen Struktur gibt es beträchtliche Unterschiede. Zudem zeigt sich, daß das reale Partizipationsniveau nichtelektoraler Beteiligungsformen durch Verhaltensabsichten offensichtlich deutlich überschätzt wird. Das vorhandene Partizipationspotential wird für fast alle politischen Aktivitäten (mit Ausnahme der Wahlbeteiligung) bei weitem nicht ausgeschöpft. Dies machten die Analysen der Differenzen zwischen den relativen Häufigkeiten sowie Quotienten zum Verhältnis der beiden Partizipationsindikatoren deutlich. Verhaltensabsichten werden also – mit Ausnahme der Wahlbeteiligung – nicht automatisch in politisches Verhalten umgesetzt.

Aufgrund des deutlichen Anstiegs des Nichtwähleranteils in Deutschland seit den 1980er Jahren und der durch die bisherigen Analyseergebnisse deutlich gewordenen herausgehobenen Stellung der Wahlbeteiligung konzentrierte sich Abschnitt 4.2.5 auf das Verhältnis zwischen der Beteiligung an Wahlen und den nichtelektoralen politischen Aktivitäten. Die Ergebnisse der Zusammenhangsanalysen und des Vergleichs der Aktivitäten von Wählern und Nichtwählern sind eindeutig: Nichtwähler sind im politischen Prozeß weniger aktiv und zeigen allgemein eine deutlich geringere Bereitschaft, sich überhaupt politisch einzubringen. Die aufgegriffene These vom „engagierten Nichtwähler" (Feist 1994) kann für West- und Ostdeutschland eindeutig verworfen werden.

Auf der Basis der in Ost- und Westdeutschland mit den Daten der CID-Studie identifizierten Partizipationsdimensionen aus Abschnitt 4.2.2 wurde in Abschnitt 4.3 mittels Clusteranalyse eine Typenbildung von Partizipierenden vorgenommen. In Westdeutschland ergeben sich fünf Typen, die sehr ungleich vertreten sind. Am häufigsten kommt der Typ der Inaktiven vor, gefolgt von den konsumorientierten Aktivisten, den Protestierern, den Parteiaktivisten und den zahlenmäßig unbedeutenden illegalen Aktivisten. In Ostdeutschland lassen sich vier Typen identifizieren. Dabei rangieren in der Reihenfolge der Häufigkeiten die Wähler vor den Aktivisten, den Inaktiven und den Protestierern. Die Partizipationstypen wurden mit Hilfe von sozialstrukturellen und sozialpsychologischen Variablen sowie Sozialkapital-Indikatoren charakterisiert: Es zeigen sich deutliche Unterschiede im Profil der einzelnen Typen, die klare Hinweise auf die Erklärungsleistung der Prädiktoren für die verschiedenen Formen politischer Aktivität und das vorhandene Wirkungsgeflecht zwischen den unabhängigen Variablen für die weiteren Analysen geben konnten.

Abschnitt 4.4 diente der Analyse der Erklärungsfaktoren politischen Partizipationsverhaltens. Dabei wurden zunächst in Abschnitt 4.4.1 bivariate Korrelationen zwischen den Prädiktoren und den Partizipationsdimensionen (für die Querschnittdaten) und den Veränderungen zwischen zwei Befragungen (für die Paneldaten) berechnet. Diese Analysen waren allerdings nur Vorarbeiten für die multivariaten Regressionsanalysen in den Abschnitten 4.4.2 und 4.4.3. Folgende zentrale Befunde dieser Untersuchungen lassen sich festhalten: Generell zeigen die Analysen für die Partizipationsdimensionen im Querschnitt in den Abschnitten 4.4.1 und 4.4.2 eine relativ große Heterogenität zwischen Ost- und Westdeutschland, zwischen den beiden Partizipationsindikatoren, hinsichtlich des Niveaus der Varianzaufklärung sowie der Bedeutung und Stärke der einzelnen Prädiktoren. In bezug auf die Prädiktoren ist für legale und legitime Aktivitäten das Niveau sozialer Partizipation von großer Bedeutung: Partizipation erzeugt also zusätzliche Partizipation. Illegale und illegitime Aktivitäten werden eher vom Alter, dem politischen Interesse sowie den Efficacy-Indikatoren beeinflußt. Die Wahlnorm und die Parteiidentifikation sind die wichtigsten Prädiktoren der Teilnahme an Wahlen. Vergleicht man die Erklärungsstärke der Modelle zwischen den beiden Partizipationsindikatoren, so ergibt sich für Modelle mit Verhaltensabsichten eine höhere Varianzaufklärung als mit Verhaltensmanifestationen. Als wesentliche Ursache dafür ist die Einhaltung der Kausalitätskriterien (zeitliche Antezedens) mit Verhaltensabsichten anzuführen. Insgesamt zeigt sich eine relativ starke Abhängigkeit der Analyseergebnisse von der Operationalisierung politischen Partizipationsverhaltens. Zusätzlich sprechen die heterogenen Analyseergebnisse auch für die starke Kontextabhängigkeit insbesondere nichtelektoraler Partizipaionsformen.

Für die Veränderung der individuellen Bereitschaft zu politischer Partizipation zwischen zwei Erhebungszeitpunkten (Abschnitt 4.4.3) war die Erklärungsleistung der Modelle für die nichtelektoralen Partizipationsformen gering. Für alle diese Aktivitäten, nicht aber für die Wahlbeteiligung, sind die Zunahme der internen Efficacy sowie die Verschiebung der Werteprioritäten in Richtung Postmaterialismus partizipationsfördernde Prädiktoren. Ansonsten zeigen sich relativ große Übereinstimmungen innerhalb der drei Gruppen politischer Aktivitäten, auch wenn es für jede der Partizipationsformen spezifische Nuancierungen gibt. Diese trotz der Übereinstimmungen variierende Struktur der Erklärungsvariablen spricht dafür, daß es keine langfristigen Entwicklungen, sondern situative und kontextuelle Einflüsse sind, die dazu führen, daß sich das Beteiligungsverhalten der Bürger verändert. Bei den illegalen und illegitimen Partizipationsformen sind es insbesondere die zunehmende Unzufriedenheit mit dem politischen System und seinen Institutionen, materielle Schlechterstellung und die zunehmende Entfremdung von Werten und Normen, die dazu führen, daß die Bereitschaft, diese politischen Aktivitäten auszuüben, zunimmt. Für die legalen und legitimen Aktivitäten sind es vor allem die bereits angesprochene Zunahme der internen Efficacy, aber auch die Stärkung der Parteiidentifikation, die sich beteiligungsfördernd auswirken. Klar von diesen beiden Gruppen kann die Veränderung der Wahrscheinlichkeit der Wahlbeteiligung getrennt werden, deren Regressionsmodelle – bei aller Vorsicht wegen der geringen Fallzahlen – deutlich durch die Zunahme der Wahlnorm (in Ost und West), des politischen Interesses (im Osten) und der Stärke der Parteiidentifikation (im Westen) dominiert werden.

Die Analyseergebnisse für die Kausalmodelle in Abschnitt 4.5.1 belegen nochmals die Heterogenität der kausalen Wirkungsmuster politischen Partizipationsverhaltens, die sich bereits auf der Basis der multivariaten Regressionsanalysen in Abschnitt 4.4.2 angedeutet hatte. Zusätzlich wurde die Komplexität des Wirkungsgefüges deutlich, das zur Nutzung der einzelnen Partizipationsformen bzw. -dimensionen führt. Für Ost- und Westdeutschland zeigt sich eine klare Trennung der Erklärungsmuster zwischen nichtelektoralen und elektoralen Partizipationsformen. Während die Teilnahme an Wahlen in beiden Untersuchungsgebieten vor allem durch eine Befürwortung der perzipierten Wahlnorm gefördert wird, sind in Westdeutschland soziale Partizipation, politisches Interesse und die Efficacy-Indikatoren von untergeordneter Bedeutung. In Ostdeutschland haben sie sogar einen negativen

bzw. gar keinen Einfluß. Für die Beteiligung an nichtelektoralen Partizipationsformen sind aber gerade diese vier Variablen in beiden Landesteilen besonders wichtig
und haben immer eine zentrale Rolle innerhalb der Kausalmodelle für die Querschnittdaten.

Auch die Kausalmodelle für die Paneldaten haben eindeutig die Unterschiedlich-
keit der kausalen Wirkungsmuster zwischen den einzelnen Beteiligungsformen sowie zwischen Ost- und Westdeutschland belegt. In den kausalen Modellierungen
zeigt sich abermals die Aufgliederung des Partizipationsraumes in drei Gruppen.
Während für die Wahlbeteiligung auch im zeitlichen Längsschnitt die Wahlnorm
eindeutig der stärkste Prädiktor ist, sind es bei allen nichtelektoralen Beteiligungsformen insbesondere eine positive interne Efficacy und postmaterialistische Werteorientierungen, die partizipationsfördernd wirken. Illegale und illegitime Aktivitäten
sind zusätzlich noch Ausdruck von Unzufriedenheit mit dem politischen System, sei
es in Form negativer allgemeiner Performanzbewertungen wie der Demokratiezufriedenheit oder der negativen Bewertung der Responsivität des politischen Systems
(mittels der externen Efficacy). Verhaltensabsichten für legale und legitime Aktivitäten entwickeln sich im Gegensatz dazu nicht aus Unzufriedenheit, sondern auch
auf der Basis einen hohen Maßes an politischem Interesse.

5.2 Folgerungen für die weitere Forschung

Auch wenn es dieser Arbeit gelungen ist, die angestrebten Ziele zu erreichen und die
Erforschung nichtelektoralen politischen Partizipationsverhaltens voranzubringen,
konnte doch nur ein Ausschnitt des Partizipationsprozesses betrachtet werden. Diese
Einschränkung der Perspektive bezieht sich beispielsweise auf die abhängige Variable der empirischen Analysen. Hier wäre es insbesondere für die Allbus-Studien und
die CID-Studie denkbar gewesen, einen Partizipationsindex zu nutzen, der Auskunft
über die Anzahl der von einem Befragten verwendeten Partizipationsformen gibt.
Die Analysen hätten so Ergebnisse zu den Faktoren liefern können, die zu einer
stärkeren Beteiligungsaktivität führen. Von solchen Analysen wurde aber aufgrund
des ohnehin schon großen Umfangs dieser Arbeit Abstand genommen.

Wie in vielen anderen Untersuchungen des politischen Partizipationsverhaltens
wurde in dieser Arbeit lediglich die Input-Seite des Partizipationsprozesses betrachtet. Völlig außen vor blieben die Konsequenzen, die sich aus der politischen Aktivität ergeben, also die Wirkungen auf die maßgeblichen politischen Akteure und somit
der Erfolg der politischen Partizipation. Die eingeschränkte Sichtweise auf die Input-Seite des Partizipationsprozesses ist auch der unbefriedigenden Datenlage geschuldet: Über Erfolg, Wirkungen und die Responsivität des politischen Systems
oder der politischen Entscheidungsträger gegenüber politischer Partizipation in
Deutschland ist so gut wie gar nichts bekannt, sieht man einmal von Untersuchungen zum Erfolg direktdemokratischer Verfahren auf Kommunal- und Landesebene
(Walter-Rogg et al. 2005: 449-453; Mehr Demokratie 2005) ab. Dabei ist es von

großem Interesse, welche Folgen und welchen Erfolg die politische Beteiligung der Bürger hat. Von besonderer Relevanz ist beispielsweise, ob die Aktivitäten der Bürger überhaupt im politischen System und bei seinen Repräsentanten ankommen und wie sie dort verarbeitet und in politische Entscheidungen oder Maßnahmen umgesetzt werden. So könnte überprüft werden, ob die Führungseliten wirklich einen „unbefriedigenden demokratisch-moralischen Verhaltens- und Responsivitätswillen" (Renz 1997: 586) haben. Unmittelbar an die Untersuchung der Responsivität des politischen Systems schließt sich die Frage nach den Auswirkungen der Outputs auf das Verhalten und die Wahrnehmung der Bürger an. So wäre es beispielsweise von großem Interesse, Informationen darüber zu erhalten, welchen Effekt der Erfolg bzw. Mißerfolg der Partizipationsaktivitäten auf das weitere Verhalten der Bürger hat. Ein wichtiger Grund für die weitgehende Ignoranz der politischen Partizipationsforschung gegenüber diesen Fragen ist, daß es schwer ist, auf der Basis empirischer Daten eine Verbindung zwischen der Partizipation der Bürger und den Reaktionen des politischen Systems und seiner Repräsentanten herzustellen. Hinzu treten auch noch Probleme bei der Messung der Leistungen der Adressaten der Partizipationsakte (Verba/Nie 1972: 15). Die wenigen empirischen Analysen des Erfolgs und der Folgen politischer Partizipation haben sich auch wegen dieser Probleme auf den lokalen Bereich konzentriert (vgl. Verba/Nie 1972: 299-333; Parry et al. 1992: 299-411). Für Deutschland sind solche Analysen bisher noch überhaupt nicht vorgenommen worden, so daß hier ein Ansatzpunkt für weitere umfassende Untersuchungsansätze und für ein größeres und breiter gefächertes Fragenprogramm in empirischen Studien besteht.

Besonders gegen die auf longitudinale Prozesse bezogenen Analyseergebnisse dieser Arbeit wie die in den Abschnitten 4.1.1 und 4.1.2 angedeutete Verschiebung von gemeinschaftlichen Aktivitäten hin zu individualistischen Partizipationsformen sowie die Veränderung der Strukturen politischen Beteiligungsverhaltens in Abschnitt 4.2.3 läßt sich der Einwand vorbringen, daß der berücksichtigte Zeitraum (zehn Jahre) zu kurz ist, um wirklich Aussagen über langfristige Entwicklungen abgeben zu können. Hier könnte etwa mit den Daten aus dem Allbus 2008, der, ähnlich wie die Studien 1988 und 1998, einen Schwerpunkt im Bereich politische Partizipation haben wird, der Untersuchungsrahmen deutlich vergrößert und erstmals eine Betrachtung der Veränderung der Dimensionen politischer Beteiligung für beide Partizipationsindikatoren in Ostdeutschland ermöglicht werden. Bezogen auf die intraindividuelle Stabilität politischer Aktivität wäre aufgrund der festgestellten Abhängigkeit von kontextuellen Faktoren und der Kurzfristigkeit der Verhaltensabsichten eine Panelbefragung mit deutlich kürzeren Befragungsabständen (als vier Jahre) sinnvoll.

Neben den bereits angesprochenen Aspekten besteht für alle (deutschen) Partizipationsstudien die Notwendigkeit zur Ausweitung des Fragen- und Untersuchungsprogramms, um nicht nur Auskünfte über die sozialstrukturellen, sozialpsychologischen und rationalen Beweggründe politischer Partizipation zu erhalten. Vielmehr sind auch Informationen darüber notwendig, aus welchem Grund, zu welchem Thema oder Problem, auf welcher politischen Ebene und in welcher Intensität sich die

Befragten beteiligt haben. Notwendig wären auch umfangreiche Kontextdaten über Protestereignisse, Medienberichterstattung und potentiell politische Partizipation erzeugende Probleme. So könnte auch wesentlich besser untersucht werden, ob die in Abschnitt 4.2.4 festgestellte mangelnde Umsetzung von Verhaltensabsichten in reales Partizipationsverhalten einer ungünstigen Gelegenheitsstruktur geschuldet ist.

Insgesamt steht also die politische Partizipationsforschung weiterhin vor der großen Aufgabe, den Partizipationsprozeß umfassend zu untersuchen. Diese Herausforderung anzugehen sollte dazu führen, daß Aussagen wie die folgende, die trotz ihres Alters leider immer noch weitgehend zutrifft, endlich der Vergangenheit angehören: „The focus has too often been simply on whether there was more or less participation. It must instead be directed toward what kinds of actions, in what institutional contexts, over what periods of time, with what kinds of objectives, and with what constraints in the environment" (Salisbury 1975: 336).

Anhang A: Ergänzende Tabellen

Tabelle A.1: Struktur des DFG-Panels

Quelle	A	B	C	AB	AC	BC	AB, nicht C	AC, nicht B	BC, nicht A	ABC
Schriftliche Befragung 1994	292	224	245	224	245	177	47	68	–	177
Querschnitt Vorwahl 1994	1233	1028	863	1028	863	658	370	205	–	658
Querschnitt Nachwahl 1994	1178	866	900	866	900	588	278	312	–	588
Querschnitt Vorwahl 1998	–	863	863	–	–	863	–	–	863	–
Querschnitt Nachwahl 1998	–	881	881	–	–	881	–	–	881	–
Summe	2703	3862	3752	2118	2008	3167	695	585	1744	1423

Anmerkungen: Die Tabelle enthält die Zahl der Befragten in der jeweiligen Befragungswelle. –: logisch nicht möglich. A: 1994, B: 1998, C:2002.

Abbildung A.1: Entwicklung der Wahlbeteiligung 1990-2007, West- und Ost-deutschland

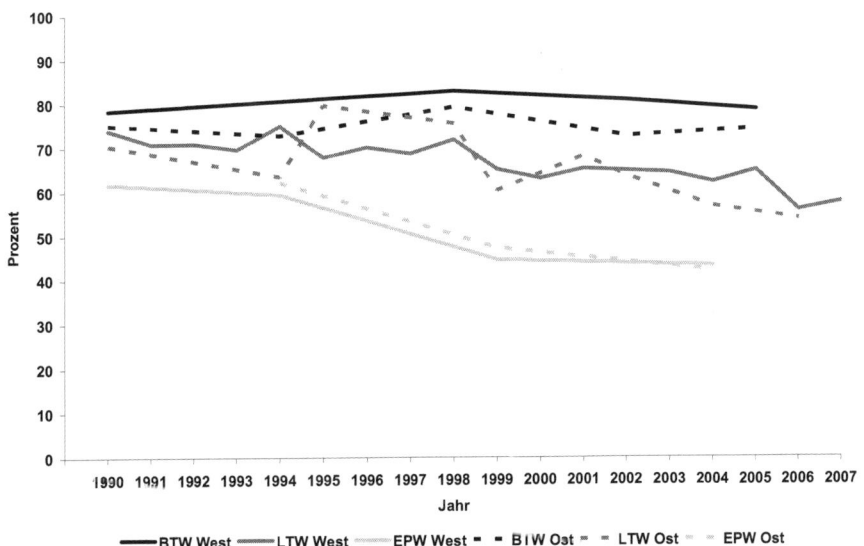

Tabelle A.2: Fallzahlen für den Mittelwertvergleich der Verhaltensabsichten in den DFG-Querschnitten, West- und Ostdeutschland

Partizipationsform	1994		1998		2002	
	West	Ost	West	Ost	West	Ost
Bürgerinitiative	3111	867	2602	614	2616	594
Genehmigte Demonstration	3136	871	2627	614	2611	595
Gewaltsame Demonstration	3155	875	2642	614	2619	595
Anwendung von Gewalt	3158	877	–	–	–	–
Verkehrsblockade	3143	874	2636	611	2617	600
Unterstützung Partei suchen	–	–	2615	595	2573	588
Wahlbeteiligung	1631	443	1285	271	1310	281

Anmerkungen: Fallzahlen beziehen sich auf Tabelle 7. –: nicht erhoben.
Quelle: DFG-Querschnitte.

Tabelle A.3: Kreuztabelle für die Verhaltensabsicht zur Beteiligung an Bürgerinitiativen 1994-1998, Gesamtdeutschland

1994 1998	0 %	0,25 %	0,5 %	0,75 %	1 %	Gesamt %
0	4,8	2,9	2,9	5,4	2,1	18,0
0,25	2,7	1,2	1,8	3,2	1,2	10,1
0,5	2,3	2,4	3,5	6,7	3,6	18,4
0,75	4,6	2,6	5,0	13,9	8,1	34,1
1	2,0	1,3	2,6	6,4	7,1	19,3
Gesamt	16,3	10,3	15,8	35,6	22,0	100,0

Anmerkungen: 0: würde bestimmt nicht tun; 0,25: würde wahrscheinlich nicht tun; 0,5: würde vielleicht tun; 0,75: würde wahrscheinlich tun; 1: würde bestimmt tun; N: 1992.
Quelle: DFG-Panel.

Tabelle A.4: Kreuztabelle für die Verhaltensabsicht zur Beteiligung an Bürgerinitiativen 1998-2002, Gesamtdeutschland

1998 2002	0 %	0,25 %	0,5 %	0,75 %	1 %	Gesamt %
0	2,8	1,5	2,4	3,0	1,2	10,9
0,25	2,7	2,6	2,0	3,6	1,6	12,5
0,5	3,7	3,0	5,6	8,3	5,0	25,6
0,75	4,3	2,7	4,9	15,2	7,2	34,3
1	1,2	1,3	2,1	4,9	7,2	16,7
Gesamt	14,6	11,0	17,0	35,0	22,3	100,0

Anmerkungen: Zur Skala siehe Tabelle A.3, N: 3033.
Quelle: DFG-Panel.

Tabelle A.5: Kreuztabelle für die Verhaltensabsicht zur Beteiligung an Bürgerinitiativen 1994-2002, Gesamtdeutschland

1994 2002	0 %	0,25 %	0,5 %	0,75 %	1 %	Gesamt %
0	2,9	1,0	1,9	2,3	1,7	9,8
0,25	2,4	2,0	2,8	3,4	1,9	12,4
0,5	4,0	2,4	4,2	6,3	6,3	23,2
0,75	3,9	2,6	4,8	15,8	8,5	35,7
1	1,4	0,7	4,0	6,1	6,7	19,0
Gesamt	14,6	8,7	17,6	34,0	25,1	100,0

Anmerkungen: Zur Skala siehe Tabelle A.3, N: 1935.
Quelle: DFG-Panel.

Tabelle A.6: Kreuztabelle für die Verhaltensabsicht zur Beteiligung an genehmigten Demonstrationen 1994-1998, Gesamtdeutschland

1994 1998	0 %	0,25 %	0,5 %	0,75 %	1 %	Gesamt %
0	7,4	2,7	3,7	5,5	4,5	23,8
0,25	2,8	2,4	2,4	3,7	1,5	12,9
0,5	3,1	3,1	2,4	3,6	2,9	15,0
0,75	4,6	1,9	5,5	9,0	7,4	28,4
1	1,3	0,9	1,8	6,5	9,4	19,9
Gesamt	19,3	11,0	15,8	28,2	25,7	100,0

Anmerkungen: Zur Skala siehe Tabelle A.3, N: 2012.
Quelle: DFG-Panel.

Tabelle A.7: Kreuztabelle für die Verhaltensabsicht zur Beteiligung an genehmigten Demonstrationen 1998-2002, Gesamtdeutschland

1998 2002	0 %	0,25 %	0,5 %	0,75 %	1 %	Gesamt %
0	6,8	3,2	2,9	3,7	2,1	18,7
0,25	4,2	2,7	3,2	3,7	2,4	16,2
0,5	2,6	2,4	3,6	5,4	3,8	17,6
0,75	3,8	1,9	4,7	11,7	8,2	30,3
1	1,5	0,8	1,3	7,1	6,5	17,2
Gesamt	18,9	11,0	15,6	31,5	23,0	100,0

Anmerkungen: Zur Skala siehe Tabelle A.3, N: 3061.
Quelle: DFG-Panel.

**Tabelle A.8: Kreuztabelle für die Verhaltensabsicht zur Beteiligung an geneh-
migten Demonstrationen 1994-2002, Gesamtdeutschland**

1994 2002	0 %	0,25 %	0,5 %	0,75 %	1 %	Gesamt %
0	5,7	2,3	3,6	3,9	3,0	18,4
0,25	3,0	2,7	3,8	4,1	1,8	15,5
0,5	2,6	2,3	2,6	5,7	4,2	17,4
0,75	3,2	2,3	5,1	10,0	8,4	29,1
1	1,6	1,5	1,4	6,4	8,7	19,7
Gesamt	16,2	11,0	16,5	30,1	26,2	100,0

Anmerkungen: Zur Skala siehe Tabelle A.3, N: 1948.
Quelle: DFG-Panel.

**Tabelle A.9: Kreuztabelle für die Verhaltensabsicht zur Beteiligung an gewalt-
samen Demonstrationen 1994-1998, Gesamtdeutschland**

1994 1998	0 %	0,25 %	0,5 %	0,75 %	1 %	Gesamt %
0	40,2	14,3	7,4	3,4	1,9	67,2
0,25	8,2	3,8	2,2	1,3	0,8	16,3
0,5	3,8	1,7	2,6	1,0	0,4	9,6
0,75	1,6	0,6	1,4	1,4	0,7	5,8
1	0,3	0,1	0,2	0,2	0,1	1,1
Gesamt	54,2	20,6	13,9	7,4	4,0	100,0

Anmerkungen: Zur Skala siehe Tabelle A.3, N: 2027.
Quelle: DFG-Panel.

**Tabelle A.10: Kreuztabelle für die Verhaltensabsicht zur Beteiligung an ge-
waltsamen Demonstrationen 1998-2002, Gesamtdeutschland**

1998 2002	0 %	0,25 %	0,5 %	0,75 %	1 %	Gesamt %
0	43,9	9,5	5,8	3,5	0,4	63,1
0,25	11,4	5,6	2,6	1,4	0,2	21,2
0,5	3,9	1,9	1,9	0,7	0,3	8,8
0,75	1,6	1,2	1,0	0,6	0,2	4,6
1	1,1	0,1	0,3	0,2	0,6	2,3
Gesamt	61,9	18,4	11,7	6,4	1,7	100,0

Anmerkungen: Zur Skala siehe Tabelle A.3, N: 3061.
Quelle: DFG-Panel.

Tabelle A.11: Kreuztabelle für die Verhaltensabsicht zur Beteiligung an gewaltsamen Demonstrationen 1994-2002, Gesamtdeutschland

1994 2002	0 %	0,25 %	0,5 %	0,75 %	1 %	Gesamt %
0	38,4	10,2	5,9	4,3	1,1	59,9
0,25	10,5	5,7	3,5	2,4	0,3	22,5
0,5	3,3	2,1	2,7	1,3	0,1	9,6
0,75	2,4	0,7	1,1	0,8	0,5	5,4
1	0,5	0,9	0,8	0,1	0,3	2,6
Gesamt	55,1	19,6	14,0	8,9	2,3	100,0

Anmerkungen: Zur Skala siehe Tabelle A.3, N: 1955.
Quelle: DFG-Panel.

Tabelle A.12: Kreuztabelle für die Verhaltensabsicht zur Beteiligung an Verkehrsblockaden 1994-1998, Gesamtdeutschland

1994 1998	0 %	0,25 %	0,5 %	0,75 %	1 %	Gesamt %
0	37,3	10,2	8,0	5,8	2,2	63,5
0,25	8,1	3,0	1,4	1,5	0,4	14,5
0,5	5,1	1,5	3,0	1,4	0,8	11,7
0,75	2,6	1,5	1,3	0,7	0,8	7,0
1	0,8	0,2	0,9	0,4	1,0	3,3
Gesamt	53,9	16,4	14,7	9,9	5,2	100,0

Anmerkungen: Zur Skala siehe Tabelle A.3, N: 2027.
Quelle: DFG-Panel.

Tabelle A.13: Kreuztabelle für die Verhaltensabsicht zur Beteiligung an Verkehrsblockaden 1998-2002, Gesamtdeutschland

1998 2002	0 %	0,25 %	0,5 %	0,75 %	1 %	Gesamt %
0	41,9	8,0	6,3	3,0	0,8	59,9
0,25	10,8	4,7	2,6	2,6	0,5	21,2
0,5	3,6	2,1	1,9	1,2	0,4	9,2
0,75	2,5	0,9	1,3	0,9	0,5	6,3
1	1,4	0,6	0,3	0,4	0,7	3,4
Gesamt	60,2	16,2	12,5	8,2	2,9	100,0

Anmerkungen: Zur Skala siehe Tabelle A.3, N: 3065.
Quelle: DFG-Panel.

Tabelle A.14: Kreuztabelle für die Verhaltensabsicht zur Beteiligung an Verkehrsblockaden 1994-2002, Gesamtdeutschland

1994 2002	0 %	0,25 %	0,5 %	0,75 %	1 %	Gesamt %
0	36,3	10,5	6,8	3,1	1,8	58,5
0,25	9,7	4,1	3,6	3,3	0,9	21,6
0,5	4,5	1,1	2,2	1,1	0,6	9,4
0,75	2,3	0,7	2,0	0,7	0,7	6,4
1	1,3	0,4	1,6	0,1	0,6	4,0
Gesamt	54,1	16,7	16,3	8,2	4,6	100,0

Anmerkungen: Zur Skala siehe Tabelle A.3, N: 1929.
Quelle: DFG-Panel.

Tabelle A.15: Kreuztabelle für die Verhaltensabsicht, bei einer Partei Unterstützung zu suchen 1998-2002, Gesamtdeutschland

1998 2002	0 %	0,25 %	0,5 %	0,75 %	1 %	Gesamt %
0	5,0	2,1	3,4	3,4	1,8	15,8
0,25	3,1	1,6	3,2	3,5	1,6	13,0
0,5	5,6	2,9	7,2	7,2	3,9	26,9
0,75	4,4	2,2	8,4	9,3	5,6	30,0
1	2,1	1,1	2,1	4,5	4,5	14,4
Gesamt	20,2	9,9	24,5	28,0	17,4	100,0

Anmerkungen: Zur Skala siehe Tabelle A.3, N: 2996.
Quelle: DFG-Panel.

Tabelle A.16: Kreuztabelle für die Wahrscheinlichkeit der Wahlbeteiligung 1994-1998, Gesamtdeutschland

1994 1998	0 %	0,25 %	0,5 %	0,75 %	1 %	Gesamt %
0	0,5	0,3	0,1	0,0	0,4	1,4
0,25	0,0	0,0	0,0	0,0	0,5	0,5
0,5	0,0	0,1	0,2	0,1	1,9	2,4
0,75	0,9	0,1	1,2	2,6	4,4	9,2
1	1,9	1,5	5,8	12,0	65,2	86,5
Gesamt	3,4	2,1	7,4	14,7	72,5	100,0

Anmerkungen: Zur Skala siehe Tabelle A.3, N: 925.
Quelle: DFG-Panel.

Tabelle A.17: Kreuztabelle für die Wahrscheinlichkeit der Wahlbeteiligung 1998-2002, Gesamtdeutschland

1998 2002	0 %	0,25 %	0,5 %	0,75 %	1 %	Gesamt %
0	0,2	0,1	0,3	0,1	1,0	1,6
0,25	0,1	0,0	0,0	0,1	0,3	0,5
0,5	0,0	0,0	0,1	0,4	1,1	1,6
0,75	0,0	0,0	0,8	1,3	5,2	7,3
1	0,3	0,3	0,9	4,1	83,4	89,0
Gesamt	0,6	0,4	2,1	6,0	90,9	100,0

Anmerkungen: Zur Skala siehe Tabelle A.3, N: 1223.
Quelle: DFG-Panel.

Tabelle A.18: Kreuztabelle für die Wahrscheinlichkeit der Wahlbeteiligung 1994-2002, Gesamtdeutschland

1994 2002	0 %	0,25 %	0,5 %	0,75 %	1 %	Gesamt %
0	0,0	0,2	0,2	0,5	1,1	1,9
0,25	0,0	0,2	0,0	0,5	0,0	0,6
0,5	0,0	0,0	0,2	0,6	0,6	1,4
0,75	0,2	0,5	0,2	3,4	3,7	7,9
1	1,8	1,9	6,1	8,5	69,7	88,1
Gesamt	1,9	2,7	6,6	13,5	75,2	100,0

Anmerkungen: Zur Skala siehe Tabelle A.3, N: 621.
Quelle: DFG-Panel.

Tabelle A.19: Fallzahlen zum Vergleich der Differenzen zwischen Wählern und Nichtwählern für die Verhaltensabsichten nichtelektoraler Partizipationsformen 1994-2002

	1994	1998	2002
Gesamtdeutschland			
Bürgerinitiative	3208	2609	2586
genehmigte Demonstration	3233	2622	2582
gewaltsame Demonstration	3248	2633	2587
Einsatz von Gewalt	3249	–	–
Verkehrsblockade	3239	2626	2592
Unterstützung Partei suchen	–	2604	2549
Westdeutschland			
Bürgerinitiative	1585	1752	1747
genehmigte Demonstration	1598	1763	1741
gewaltsame Demonstration	1608	1771	1747
Einsatz von Gewalt	1607	–	–
Verkehrsblockade	1602	1766	1750
Unterstützung Partei suchen	–	1760	1721

Tabelle A.19: Fortsetzung

	1994	1998	2002
Ostdeutschland			
Bürgerinitiative	1626	847	824
genehmigte Demonstration	1633	848	829
gewaltsame Demonstration	1633	847	826
Einsatz von Gewalt	1637	–	–
Verkehrsblockade	1635	847	829
Unterstützung Partei suchen	–	821	818

Anmerkung: Fallzahlen beziehen sich auf Tabelle 52.
Quelle: DFG Querschnitte.

Tabelle A.20: Fallzahlen zu den bivariaten Zusammenhängen zwischen Veränderungen der Verhaltensabsichten zur Beteiligung an Bürgerinitiativen und Erklärungsvariablen 1994-2002, West- und Ostdeutschland

Variable	Westdeutschland			Ostdeutschland		
	1994-1998	1998-2002	1994-2002	1994-1998	1998-2002	1994-2002
Mann	577	1086	577	836	984	792
Alter	577	1086	577	836	984	792
Bildung	574	1080	577	835	984	792
ΔSchicht	426	771	421	695	818	669
ΔEinkommen	345	644	395	637	661	563
ΔMaterialismusindex	561	1044	547	811	961	755
ΔLinks-Rechts	489	934	497	732	894	686
ΔDemokratiezufriedenheit	484	1074	484	824	972	762
ΔStärke PID	577	1086	577	836	984	792
ΔWahlnorm	569	1071	571	799	952	757
ΔPolitisches Interesse	575	1080	576	831	978	777
ΔInterne Efficacy	532	1024	524	761	908	737
ΔExterne Efficacy	542	1035	538	773	922	711
ΔInstitutionenvertrauen	575	1083	572	817	980	776
ΔSoziale Partizipation	569	1078	570	817	977	782

Anmerkung: Fallzahlen beziehen sich auf Tabelle 5.61.
Quelle: DFG-Panel.

**Tabelle A.21: Fallzahlen zu den bivariaten Zusammenhängen zwischen Verän-
derungen der Verhaltensabsichten zur Beteiligung an genehmigten
Demonstrationen und Erklärungsvariablen 1994-2002, West- und Ostdeutschland**

Variable	Westdeutschland			Ostdeutschland		
	1994-1998	1998-2002	1994-2002	1994-1998	1998-2002	1994-2002
Mann	580	1135	601	848	996	788
Alter	580	1135	601	848	996	788
Bildung	577	1125	599	848	996	788
ΔSchicht	433	810	455	691	818	665
ΔEinkommen	352	683	431	640	673	548
ΔMaterialismusindex	561	1090	573	825	978	750
ΔLinks-Rechts	492	1002	531	735	892	680
ΔDemokratiezufrie-denheit	477	1120	506	833	987	758
ΔWahlnorm	573	1122	595	807	958	752
ΔStärke PID	580	1135	601	848	996	788
ΔPolitisches Interesse	579	1127	600	841	991	775
ΔInterne Efficacy	525	1084	556	750	918	720
ΔExterne Efficacy	542	1087	563	782	931	712
ΔInstitutionenvertrauen	578	1132	594	826	987	762
ΔSoziale Partizipation	571	1127	593	829	989	767

Anmerkung: Fallzahlen beziehen sich auf Tabelle 67.
Quelle: DFG-Panel.

**Tabelle A.22: Fallzahlen zu den bivariaten Zusammenhängen zwischen Verän-
derungen der Verhaltensabsichten zur Beteiligung an gewaltsamen
Demonstrationen und Erklärungsvariablen 1994-2002, West- und Ostdeutschland**

Variable	Westdeutschland			Ostdeutschland		
	1994-1998	1998-2002	1994-2002	1994-1998	1998-2002	1994-2002
Mann	433	753	435	663	809	642
Alter	433	753	435	663	809	642
Bildung	431	750	435	662	809	642
ΔSchicht	314	507	320	542	645	544
ΔEinkommen	261	467	317	509	549	458
ΔMaterialismusindex	419	733	416	650	789	609
ΔLinks-Rechts	381	659	389	575	733	553
ΔDemokratiezufrie-denheit	367	743	378	649	798	619
ΔWahlnorm	426	743	432	635	782	612
ΔStärke PID	433	753	435	663	809	642
ΔPolitisches Interesse	433	750	435	653	803	631
ΔInterne Efficacy	387	713	393	588	743	579
ΔExterne Efficacy	411	723	409	621	757	582
ΔInstitutionenvertrauen	432	749	431	651	803	627
ΔSoziale Partizipation	422	745	428	650	801	625

Anmerkung: Fallzahlen beziehen sich auf Tabelle 68.
Quelle: DFG-Panel.

**Tabelle A.23: Fallzahlen zu den bivariaten Zusammenhängen zwischen Verän-
derungen der Verhaltensabsichten zur Beteiligung an Verkehrsblok-
kaden und Erklärungsvariablen 1994-2002, West- und Ostdeutschland**

Variable	Westdeutschland			Ostdeutschland		
	1994-1998	1998-2002	1994-2002	1994-1998	1998-2002	1994-2002
Mann	465	820	471	656	699	641
Alter	465	820	471	656	699	641
Bildung	464	815	471	655	699	641
ΔSchicht	335	574	365	535	560	532
ΔEinkommen	292	528	334	490	481	447
ΔMaterialismusindex	455	788	453	639	678	606
ΔLinks-Rechts	405	727	414	578	639	573
ΔDemokratiezufrie-denheit	417	809	419	643	690	618
ΔWahlnorm	461	806	468	629	681	620
ΔStärke PID	465	820	471	656	699	641
ΔPolitisches Interesse	465	816	471	650	695	629
ΔInterne Efficacy	426	781	432	588	655	596
ΔExterne Efficacy	443	790	447	613	656	591
ΔInstitutionenvertrauen	464	818	468	645	692	625
ΔSoziale Partizipation	457	813	464	641	691	622

Anmerkung: Fallzahlen beziehen sich auf Tabelle 69.
Quelle: DFG-Panel.

**Tabelle A.24: Fallzahlen zu den bivariaten Zusammenhängen zwischen Verän-
derungen der Verhaltensabsichten, Unterstützung bei einer Partei zu
suchen und Erklärungsvariablen 1998-2002, West- und Ostdeutschland**

Variable	Westdeutschland	Ostdeutschland
Mann	1179	926
Alter	1179	926
Bildung	1171	926
ΔSchicht	822	768
ΔEinkommen	708	619
ΔMaterialismusindex	1134	910
ΔLinks-Rechts	1034	835
ΔDemokratiezufriedenheit	1164	912
ΔWahlnorm	1168	895
ΔStärke PID	1179	926
ΔPolitisches Interesse	1171	920
ΔInterne Efficacy	1117	865
ΔExterne Efficacy	1135	870
ΔInstitutionenvertrauen	1173	920
ΔSoziale Partizipation	1171	917

Anmerkung: Fallzahlen beziehen sich auf Tabelle 70.
Quelle: DFG-Panel.

**Tabelle A.25: Fallzahlen zu den bivariaten Zusammenhängen zwischen Verän-
derungen der Wahrscheinlichkeit der Wahlbeteiligung und Erklärungsvariablen 1994-2002, West- und Ostdeutschland**

Variable	Westdeutschland			Ostdeutschland		
	1994-1998	1998-2002	1994-2002	1994-1998	1998-2002	1994-2002
Mann	118	95	66	193	120	129
Alter	118	95	66	193	120	129
Bildung	118	93	65	193	120	129
ΔSchicht	87	65	50	164	98	116
ΔEinkommen	64	49	48	133	82	95
ΔMaterialismusindex	114	92	64	189	117	123
ΔLinks-Rechts	90	67	63	159	104	108
ΔDemokratiezufrie-denheit	96	94	55	184	119	127
ΔWahlnorm	115	90	65	182	114	118
ΔStärke PID	118	95	66	193	120	129
ΔPolitisches Interesse	118	94	66	187	120	128
ΔInterne Efficacy	97	86	55	161	110	113
ΔExterne Efficacy	99	84	57	173	109	118
ΔInstitutionenvertrauen	118	93	65	179	118	129
ΔSoziale Partizipation	115	89	65	190	118	127

Anmerkung: Fallzahlen beziehen sich auf Tabelle 71.
Quelle: DFG-Panel.

**Tabelle A.26: Standardisierte direkte Effekte im Kausalmodell auf die Beteili-
gung an Kontakt- und Parteiaktivitäten 2001, Westdeutschland**

Effekt von		Effekt auf	Effekt
Bildung	→	Politisches Interesse	0,29[c]
Mann	→	Politisches Interesse	0,18[c]
Alter	→	Politisches Interesse	0,15[c]
Politisches Interesse	→	Interne Efficacy	0,27[c]
Bildung	→	Interne Efficacy	0,07[b]
Interne Efficacy	→	Externe Efficacy	0,82[c]
Politisches Interesse	→	Externe Efficacy	0,04[b]
Interne Efficacy	→	Effektivität politischer Partizipation	0,36[c]
Politisches Interesse	→	Effektivität politischer Partizipation	0,36[c]
Mann	→	Effektivität politischer Partizipation	-0,12[c]
Alter	→	Effektivität politischer Partizipation	-0,04[a]
Politisches Interesse	→	Soziale Partizipation	0,19[c]
Interne Efficacy	→	Soziale Partizipation	0,11[b]
Externe Efficacy	→	Soziale Partizipation	-0,12[b]
Effektivität politischer Partizipation	→	Soziale Partizipation	0,18[c]
Mann	→	Soziale Partizipation	0,10[c]
Bildung	→	Soziale Partizipation	0,06[a]
Soziale Partizipation	→	Kontakt- und Parteiaktivitäten	0,30[c]
Politisches Interesse	→	Kontakt- und Parteiaktivitäten	0,14[c]
Interne Efficacy	→	Kontakt- und Parteiaktivitäten	0,07[b]
Mann	→	Kontakt- und Parteiaktivitäten	0,06[b]

Signifikanz: a: p<0,05, b: p<0,01, c: p<0,001.
Quelle: CID-Studie.

Tabelle A.27: Standardisierte direkte Effekte im Kausalmodell auf die Beteiligung an konsumorientierten Aktivitäten 2001, Westdeutschland

Effekt von		Effekt auf	Effekt
Mann	→	Politisches Interesse	0,18^c
Bildung	→	Politisches Interesse	0,29^c
Alter	→	Politisches Interesse	0,15^c
Mann	→	Effektivität politischer Partizipation	-0,11^c
Politisches Interesse	→	Effektivität politischer Partizipation	0,46^c
Alter	→	Demokratiezufriedenheit	0,10^c
Politisches Interesse	→	Soziale Partizipation	0,19^c
Bildung	→	Soziale Partizipation	0,06^b
Effektivität politischer Partizipation	→	Soziale Partizipation	0,17^c
Mann	→	Soziale Partizipation	0,10^c
Effektivität politischer Partizipation	→	Externe Efficacy	0,43^c
Mann	→	Externe Efficacy	0,10^c
Politisches Interesse	→	Externe Efficacy	0,07^b
Demokratiezufriedenheit	→	Externe Efficacy	0,10^c
Politisches Interesse	→	Parteiidentifikation	0,27^c
Demokratiezufriedenheit	→	Parteiidentifikation	0,05^a
Bildung	→	Links-Rechts	-0,05^a
Alter	→	Links-Rechts	0,16^c
Mann	→	Konsumorientierte Aktivitäten	-0,08^c
Soziale Partizipation	→	Konsumorientierte Aktivitäten	0,23^c
Links-Rechts	→	Konsumorientierte Aktivitäten	-0,11^c
Effektivität politischer Partizipation	→	Konsumorientierte Aktivitäten	0,18^c
Bildung	→	Konsumorientierte Aktivitäten	0,14^c
Externe Efficacy	→	Konsumorientierte Aktivitäten	-0,11^c
Demokratiezufriedenheit	→	Konsumorientierte Aktivitäten	-0,09^c
Parteiidentifikation	→	Konsumorientierte Aktivitäten	0,04^a
Politisches Interesse	→	Konsumorientierte Aktivitäten	0,11^c

Signifikanz: a: p<0,05, b: p<0,01, c: p<0,001.
Quelle: CID-Studie.

Tabelle A.28: Standardisierte direkte Effekte im Kausalmodell auf die Beteiligung an Protestaktivitäten 2001, Westdeutschland

Effekt von		Effekt auf	Effekt
Bildung	→	Wahlnorm	0,15^c
Alter	→	Wahlnorm	0,19^c
Bildung	→	Politisches Interesse	0,23^c
Wahlnorm	→	Politisches Interesse	0,38^c
Mann	→	Politisches Interesse	0,18^c
Alter	→	Politisches Interesse	0,08^c
Wahlnorm	→	Demokratiezufriedenheit	0,18^c
Alter	→	Demokratiezufriedenheit	0,08^c
Bildung	→	Interne Efficacy	0,07^b
Politisches Interesse	→	Interne Efficacy	0,22^c
Demokratiezufriedenheit	→	Interne Efficacy	0,08^c
Wahlnorm	→	Interne Efficacy	0,09^c

Interne Efficacy	→	Externe Efficacy	0,83c
Demokratiezufriedenheit	→	Externe Efficacy	0,06c
Alter	→	Links-Rechts	0,16c
Bildung	→	Links-Rechts	-0,05a
Interne Efficacy	→	Protestaktivitäten	0,11b
Politisches Interesse	→	Protestaktivitäten	0,08b
Links-Rechts	→	Protestaktivitäten	-0,05a
Bildung	→	Protestaktivitäten	0,08b
Externe Efficacy	→	Protestaktivitäten	-0,10a
Alter	→	Protestaktivitäten	-0,07b

Signifikanz: a: p<0,05, b: p<0,01, c: p<0,001.
Quelle: CID-Studie.

Tabelle A.29: Standardisierte direkte Effekte im Kausalmodell auf die Wahlbeteiligung 2001, Westdeutschland

Effekt von		Effekt auf	Effekt
Alter	→	Wahlnorm	0,13c
Bildung	→	Politisches Interesse	0,24c
Mann	→	Politisches Interesse	0,18c
Alter	→	Politisches Interesse	0,08c
Wahlnorm	→	Politisches Interesse	0,39c
Alter	→	Institutionenvertrauen	0,14c
Wahlnorm	→	Institutionenvertrauen	0,24c
Institutionenvertrauen	→	Interne Efficacy	0,27c
Bildung	→	Interne Efficacy	0,09c
Mann	→	Interne Efficacy	0,06b
Politisches Interesse	→	Interne Efficacy	0,20c
Interne Efficacy	→	Effektivität politischer Partizipation	0,28c
Wahlnorm	→	Effektivität politischer Partizipation	0,30c
Politisches Interesse	→	Effektivität politischer Partizipation	0,21c
Institutionenvertrauen	→	Effektivität politischer Partizipation	0,17c
Alter	→	Effektivität politischer Partizipation	-0,10c
Alter	→	Parteiidentifikation	0,05a
Politisches Interesse	→	Parteiidentifikation	0,21c
Wahlnorm	→	Parteiidentifikation	0,16c
Effektivität politischer Partizipation	→	Soziale Partizipation	0,16c
Bildung	→	Soziale Partizipation	0,06b
Politisches Interesse	→	Soziale Partizipation	0,21c
Alter	→	Links-Rechts	0,16c
Bildung	→	Links-Rechts	-0,05a
Wahlnorm	→	Wahlbeteiligung	0,27c
Parteiidentifikation	→	Wahlbeteiligung	0,05a
Links-Rechts	→	Wahlbeteiligung	0,08c
Institutionenvertrauen	→	Wahlbeteiligung	0,13c
Soziale Partizipation	→	Wahlbeteiligung	0,05a
Effektivität politischer Partizipation	→	Wahlbeteiligung	0,07b

Signifikanz: a: p<0,05, b: p<0,01, c: p<0,001.
Quelle: CID-Studie.

Tabelle A.30: Standardisierte direkte Effekte im Kausalmodell auf die Beteiligung an Kontaktaktivitäten 2001, Ostdeutschland

Effekt von		Effekt auf	Effekt
Bildung	→	Politisches Interesse	$0,19^c$
Mann	→	Politisches Interesse	$0,22^c$
Alter	→	Politisches Interesse	$0,15^c$
Mann	→	Demokratiezufriedenheit	$0,07^a$
Bildung	→	Parteiidentifikation	$0,10^b$
Alter	→	Parteiidentifikation	$0,12^c$
Politisches Interesse	→	Parteiidentifikation	$0,27^c$
Bildung	→	Interne Efficacy	$0,15^c$
Demokratiezufriedenheit	→	Interne Efficacy	$0,23^c$
Politisches Interesse	→	Interne Efficacy	$0,21^c$
Demokratiezufriedenheit	→	Institutionenvertrauen	$0,50^c$
Bildung	→	Soziale Partizipation	$0,10^b$
Interne Efficacy	→	Soziale Partizipation	$0,09^b$
Politisches Interesse	→	Soziale Partizipation	$0,18^c$
Parteiidentifikation	→	Soziale Partizipation	$0,12^c$
Institutionenvertrauen	→	Kontaktaktivitäten	$-0,08^a$
Parteiidentifikation	→	Kontaktaktivitäten	$0,09^b$
Politisches Interesse	→	Kontaktaktivitäten	$0,10^b$
Demokratiezufriedenheit	→	Kontaktaktivitäten	$-0,07^a$
Interne Efficacy	→	Kontaktaktivitäten	$0,12^c$
Bildung	→	Kontaktaktivitäten	$0,13^c$
Alter	→	Kontaktaktivitäten	$0,10^b$
Soziale Partizipation	→	Kontaktaktivitäten	$0,41^c$

Signifikanz: a: $p<0,05$, b: $p<0,01$, c: $p<0,001$.
Quelle: CID-Studie.

Tabelle A.31: Standardisierte direkte Effekte im Kausalmodell auf die Beteiligung an legalen Protest- und Parteiaktivitäten 2001, Ostdeutschland

Effekt von		Effekt auf	Effekt
Bildung	→	Wahlnorm	$0,17^c$
Alter	→	Wahlnorm	$0,15^c$
Bildung	→	Politisches Interesse	$0,09^b$
Wahlnorm	→	Politisches Interesse	$0,44^c$
Mann	→	Politisches Interesse	$0,19^c$
Alter	→	Effektivität politischer Partizipation	$-0,07^b$
Politisches Interesse	→	Effektivität politischer Partizipation	$0,32^c$
Wahlnorm	→	Effektivität politischer Partizipation	$0,35^c$
Wahlnorm	→	Demokratiezufriedenheit	$0,24^c$
Bildung	→	Interne Efficacy	$0,13^c$
Effektivität politischer Partizipation	→	Interne Efficacy	$0,36^c$
Demokratiezufriedenheit	→	Interne Efficacy	$0,17^c$
Wahlnorm	→	Parteiidentifikation	$0,14^c$
Politisches Interesse	→	Parteiidentifikation	$0,23^c$
Mann	→	Links-Rechts	$0,07^a$
Bildung	→	Links-Rechts	$-0,16^c$
Bildung	→	Soziale Partizipation	$0,10^b$

Politisches Interesse	→	Soziale Partizipation	$0,18^c$
Parteiidentifikation	→	Soziale Partizipation	$0,12^c$
Interne Efficacy	→	Soziale Partizipation	$0,09^b$
Links-Rechts	→	Legale Protest- und Parteiaktivitäten	$-0,10^b$
Effektivität politischer Partizipation	→	Legale Protest- und Parteiaktivitäten	$0,10^b$
Parteiidentifikation	→	Legale Protest- und Parteiaktivitäten	$0,08^a$
Soziale Partizipation	→	Legale Protest- und Parteiaktivitäten	$0,21^c$

Signifikanz: a: p<0,05, b: p<0,01, c: p<0,001.
Quelle: CID-Studie.

Tabelle A.32: Standardisierte direkte Effekte im Kausalmodell auf die Beteiligung an konsumorientierten und illegalen Protestaktivitäten 2001, Ostdeutschland

Effekt von		Effekt auf	Effekt
Bildung	→	Politisches Interesse	$0,19^c$
Mann	→	Politisches Interesse	$0,22^c$
Alter	→	Politisches Interesse	$0,15^c$
Mann	→	Demokratiezufriedenheit	$0,07^a$
Demokratiezufriedenheit	→	Institutionenvertrauen	$0,50^c$
Bildung	→	Interne Efficacy	$0,15^c$
Politisches Interesse	→	Interne Efficacy	$0,24^c$
Interne Efficacy	→	Effektivität politischer Partizipation	$0,27^c$
Politisches Interesse	→	Effektivität politischer Partizipation	$0,39^c$
Institutionenvertrauen	→	Effektivität politischer Partizipation	$0,21^c$
Bildung	→	Links-Rechts	$-0,16^c$
Mann	→	Links-Rechts	$0,07^a$
Effektivität politischer Partizipation	→	Soziale Partizipation	$0,09^a$
Interne Efficacy	→	Soziale Partizipation	$0,07^a$
Politisches Interesse	→	Soziale Partizipation	$0,17^c$
Bildung	→	Soziale Partizipation	$0,11^c$
Alter	→	Konsumorientierte und illegale Protestaktivitäten	$-0,20^c$
Links-Rechts	→	Konsumorientierte und illegale Protestaktivitäten	$-0,14^c$
Soziale Partizipation	→	Konsumorientierte und illegale Protestaktivitäten	$-0,07^a$
Effektivität politischer Partizipation	→	Konsumorientierte und illegale Protestaktivitäten	$0,10^b$
Institutionenvertrauen	→	Konsumorientierte und illegale Protestaktivitäten	$-0,10^b$
Politisches Interesse	→	Konsumorientierte und illegale Protestaktivitäten	$0,24^c$

Signifikanz: a: p<0,05, b: p<0,01, c: p<0,001.
Quelle: CID-Studie.

Tabelle A.33: Standardisierte direkte Effekte im Kausalmodell auf die Wahlbeteiligung 2001, Ostdeutschland

Effekt von		Effekt auf	Effekt
Bildung	→	Wahlnorm	$0,17^c$
Alter	→	Wahlnorm	$0,15^c$
Bildung	→	Links-Rechts	$-0,16^c$
Mann	→	Links-Rechts	$0,07^a$
Bildung	→	Politisches Interesse	$0,11^c$
Wahlnorm	→	Politisches Interesse	$0,43^c$
Mann	→	Politisches Interesse	$0,20^c$
Links-Rechts	→	Politisches Interesse	$-0,07^a$
Alter	→	Politisches Interesse	$0,08^b$
Demokratiezufriedenheit	→	Institutionenvertrauen	$0,46^c$
Wahlnorm	→	Institutionenvertrauen	$0,24^c$
Bildung	→	Interne Efficacy	$0,15^c$
Politisches Interesse	→	Interne Efficacy	$0,24^c$
Interne Efficacy	→	Externe Efficacy	$0,81^c$
Institutionenvertrauen	→	Externe Efficacy	$0,11^c$
Alter	→	Parteiidentifikation	$0,10^b$
Bildung	→	Parteiidentifikation	$0,09^a$
Politisches Interesse	→	Parteiidentifikation	$0,21^c$
Wahlnorm	→	Parteiidentifikation	$0,13^c$
Interne Efficacy	→	Effektivität politischer Partizipation	$0,26^c$
Wahlnorm	→	Effektivität politischer Partizipation	$0,28^c$
Politisches Interesse	→	Effektivität politischer Partizipation	$0,28^c$
Institutionenvertrauen	→	Effektivität politischer Partizipation	$0,13^c$
Politisches Interesse	→	Wahlbeteiligung	$-0,11^b$
Institutionenvertrauen	→	Wahlbeteiligung	$0,09^b$
Demokratiezufriedenheit	→	Wahlbeteiligung	$0,08^a$
Externe Efficacy	→	Wahlbeteiligung	$-0,13^c$
Alter	→	Wahlbeteiligung	$0,09^b$
Wahlnorm	→	Wahlbeteiligung	$0,33^c$
Effektivität politischer Partizipation	→	Wahlbeteiligung	$0,08^a$
Parteiidentifikation	→	Wahlbeteiligung	$0,10^c$
Bildung	→	Wahlbeteiligung	$0,14^c$

Signifikanz: a: $p<0,05$, b: $p<0,01$, c: $p<0,001$.
Quelle: CID-Studie.

Anhang B: Übersicht über Fragestellung und Kodierung der verwendeten Variablen

ISSP 1985

Legitimitätsbewertungen politischer Protestformen: „Es gibt viele Möglichkeiten, mit denen einzelne oder Vereinigungen gegen eine Regierungsmaßnahme protestieren können, wenn sie diese Maßnahme entschieden ablehnen. Geben Sie bitte anhand der folgenden Skala an, inwieweit Ihrer Meinung nach die unten aufgeführten Protestaktionen erlaubt sein sollten."
-   Öffentliche Versammlungen organisieren, um gegen die Regierung zu protestieren (Versammlung organisieren)
-   Flugblätter gegen die Regierung veröffentlichen (Flugblätter gegen Regierung)
-   Protestmärsche organisieren, die den Verkehr behindern (Protestmarsch, Demonstration)
-   Eine Behörde besetzen und deren Arbeit für mehrere Tage lahmlegen (Behörde besetzen)
-   Öffentliche Gebäude schwer beschädigen (Gebäude beschädigen)
-   Einen bundesweiten Streik aller Arbeitnehmer gegen die Regierung organisieren (politischer Generalstreik)

(): Kurzbezeichnung im Text
1: sollte auf jeden Fall erlaubt sein, 2: sollte schon erlaubt sein, 3: sollte eigentlich nicht erlaubt sein, 4: sollte auf keinen Fall erlaubt sein.
Modifikation auf einen Wertebereich zwischen 0 und 1.

Allbus 1988

Verhaltensabsichten: „Wenn Sie politisch in einer Sache, die Ihnen wichtig ist, Einfluß nehmen, Ihren Standpunkt zur Geltung bringen wollten: Welche der Möglichkeiten auf diesen Karten würden Sie dann nutzen, was davon käme für Sie in Frage?"
-   Sich an Wahlen beteiligen (Wahlbeteiligung)
-   Sich in Versammlungen an öffentlichen Diskussionen beteiligen (öffentliche Diskussionen)
-   Mitarbeit in einer Bürgerinitiative (Bürgerinitiative)
-   In einer Partei aktiv mitarbeiten (in Partei mitarbeiten)
-   Als Wahlhelfer einen Kandidaten unterstützen (Kandidaten unterstützen)
-   Teilnahme an einer nicht genehmigten Demonstration (ungenehmigte Demonstration)
-   Hausbesetzung, Besetzung von Fabriken, Ämtern (Besetzungsaktionen)
-   Bei einer Demonstration mal richtig Krach schlagen, auch wenn dabei einiges zu Bruch geht (Krach bei Demonstrationen)
-   Für eine Sache kämpfen, auch wenn dazu Gewalt gegen Personen notwendig ist (Gewalt gegen Personen)
-   Politische Gegner einschüchtern
    [- Seine Meinung sagen, im Bekanntenkreis und am Arbeitsplatz]

(): Kurzbezeichnung im Text, [ ]: für Analysen nicht berücksichtigt.
1: genannt, 0: nicht genannt

Verhaltensmanifestationen: „Was davon haben Sie selbst schon gemacht, woran waren Sie schon einmal beteiligt?"
-   Partizipationsformen: siehe oben
1: genannt, 0: nicht genannt

Mann: 1: Mann, 0: Frau.

Alter: Alter in Jahren.

Bildung: 1: ohne Abschluß, 2: Hauptschulabschluß, 3: mittlere Reife, 4: Fachhochschulreife, 5: Abitur.
Schicht: „Es wird heute viel über die verschiedenen Bevölkerungsschichten gesprochen. Welcher Schicht rechnen Sie sich selbst eher zu: der Unterschicht, der Arbeiterschicht, der Mittelschicht, der oberen Mittelschicht oder der Oberschicht?"
1: Unterschicht, 2: Arbeiterschicht, 3: Mittelschicht, 4: Obere Mittelschicht, 5: Oberschicht.

Einkommen: Kombinierte Variable aus offener und Listenabfrage des monatlichen Nettoeinkommens des Haushaltes des Befragten insgesamt in DM.
Bei Listenabfrage bekamen die Befragten den Klassenmittelpunkt als Wert zugewiesen.

Materialismusindex: „Auch in der Politik kann man nicht alles auf einmal haben. Auf dieser Liste finden sie einige Ziele, die man in der Politik verfolgen kann. Wenn Sie zwischen diesen verschiedenen Zielen wählen müßten, welches Ziel erscheint Ihnen persönlich am wichtigsten? Und welches Ziel erschiene Ihnen am zweitwichtigsten? Und welches käme an dritter Stelle?"
- Aufrechterhaltung von Ruhe und Ordnung (materialistisch)
- Mehr Einfluß der Bürger auf die Entscheidungen der Regierung (postmaterialistisch)
- Kampf gegen die steigenden Preise (materialistisch)
- Schutz des Rechtes auf freie Meinungsäußerung (postmaterialistisch)
Indexbildung: Diejenigen Befragten, die die beiden materialistischen Ziele auf die ersten beiden Plätze in der Wichtigkeitseinstufung setzen, werden als „Materialisten" eingestuft. Befragte, welche dagegen die beiden postmaterialistischen für die wichtigsten Ziele halten, werden als „Postmaterialisten" bezeichnet. Steht ein postmaterialistisches Item an erster und ein materialistisches Item an zweiter Stelle, dann gilt der Befragte als „postmaterialistischer Mischtyp". Bei umgekehrter Reihenfolge gilt der Befragte als „materialistischer Mischtyp".
1: Postmaterialist, 2: postmaterialistischer Mischtyp, 3: materialistischer Mischtyp, 4: Materialist.

Links-Rechts-Selbsteinstufung: „Viele Leute verwenden die Begriffe LINKS und RECHTS, wenn es darum geht, unterschiedliche politische Einstellungen zu kennzeichnen. Wir haben hier einen Maßstab, der von links nach rechts verläuft. Wenn Sie an Ihre eigenen politischen Ansichten denken, wo würden Sie diese Ansichten auf dieser Skala einstufen?"
1: links bis 10: rechts.

Demokratiezufriedenheit: „Kommen wir nun zur Demokratie in der Bundesrepublik Deutschland: Wie zufrieden oder unzufrieden sind Sie – alles in allem – mit der Demokratie, so wie sie in der Bundesrepublik besteht?"
1: sehr unzufrieden, 2: ziemlich unzufrieden, 3: etwas unzufrieden, 4: etwas zufrieden, 5: ziemlich zufrieden, 6: sehr zufrieden.

Politisches Interesse: „Wie stark interessieren Sie sich für Politik? Wir haben hier einen Maßstab, der von ‚überhaupt nicht' bis ‚sehr stark' verläuft. Wo würden Sie sich selbst auf dieser Skala einstufen?"
1: überhaupt nicht bis 10: sehr stark.

Interne Efficacy: „Auf dieser Liste stehen einige Meinungen, die man gelegentlich hört. Sagen Sie mir bitte zu jeder Meinung, ob Sie ihr voll und ganz zustimmen, eher zustimmen, eher nicht zustimmen oder überhaupt nicht zustimmen."
- Ich traue mir zu, in einer Gruppe, die sich mit politischen Fragen befaßt, eine aktive Rolle zu übernehmen.
- Leute wie ich haben so oder so keinen Einfluß darauf, was die Regierung tut.
- Die ganze Politik ist so kompliziert, daß jemand wie ich gar nicht versteht, was vorgeht.
Alle Variablen wurden so umgestellt, daß positive Werte eine hohe interne Efficacy bedeuten.
0: stimme überhaupt nicht zu, 1: stimme eher nicht zu, 2: stimme eher zu, 3: stimme voll und ganz zu.
Indexbildung: Mittelwert aus den drei Variablen.

Externe Efficacy: „Auf dieser Liste stehen einige Meinungen, die man gelegentlich hört. Sagen Sie mir bitte zu jeder Meinung, ob sie ihr: voll und ganz zustimmen, eher zustimmen, eher nicht zustimmen oder überhaupt nicht zustimmen."
- Die Politiker kümmern sich nicht viel darum, was Leute wie ich denken.

Die Variable wurde so umgestellt, daß positive Werte eine hohe externe Efficacy bedeuten.
0: stimme überhaupt nicht zu, 1: stimme eher nicht zu, 2: stimme eher zu, 3: stimme voll und ganz zu.

Soziale Partizipation: „Sind Sie derzeit Mitglied in einer Gewerkschaft, einer Berufsorganisation oder eines Unternehmerverbandes? Gehen Sie bitte diese Liste durch und sagen mir, wo Sie Mitglied sind."
- Gewerkschaftsverband im Deutschen Gewerkschaftsbund (DGB)
- Deutsche Angestelltengewerkschaft (DAG)
- Gewerkschaftsverband im Christlichen Gewerkschaftsbund Deutschlands (CGB)
- Verband in der Union der Leitenden Angestellten (ULA)
- Verband im Deutschen Beamtenbund (DBB) oder sonstige Beamtenorganisation
- Bauernverband (Deutscher Bauernverband oder sonstige)
- Einzel- oder Gewerbeverband des Handwerks, Einzelhandels und ähnlichem
- Unternehmerverband im Bundesverband der deutschen Industrie (BDI) oder sonstiger Unternehmerverband
- Berufsverband der freien Berufe
- Sonstiger Berufsverband

1: genannt, 0: nicht genannt.

„Sind Sie derzeit Mitglied einer Organisation oder eines Vereins? Gehen Sie bitte diese Liste durch und sagen mir, wo Sie Mitglied sind."
- Gesangverein
- Sportverein
- Sonstige Hobbyvereinigungen
- Heimat- und Bürgerverein (Schützenverein)
- Sonstige gesellige Vereinigung (Kegelclub usw.)
- Vertriebenen- oder Flüchtlingsverbände
- Wohlfahrtsverbände/Kriegsopferverbände
- Kirchlicher/religiöser Verein, Verband
- Jugendorganisation/Studentenverband
- Andere Vereine

1: genannt, 0: nicht genannt.
Indexbildung: Zählung der Mitgliedschaften.

Allbus 1990

Legitimitätsbewertungen politischer Protestformen: „Es gibt viele Möglichkeiten, mit denen einzelne oder Vereinigungen gegen eine Regierungsmaßnahme protestieren können, wenn Sie diese Maßnahme entschieden ablehnen. Geben Sie bitte an, inwieweit Ihrer Meinung nach die unten aufgeführten Protestaktionen erlaubt sein sollten."
- Öffentliche Versammlungen organisieren, um gegen die Regierung zu protestieren (Versammlung organisieren)
- Flugblätter gegen die Regierung veröffentlichen (Flugblätter gegen Regierung)
- Protestmärsche und Demonstrationen organisieren (Protestmarsch, Demonstration)
- Eine Behörde besetzen und deren Arbeit für mehrere Tage lahmlegen (Behörde besetzen)
- Öffentliche Gebäude schwer beschädigen (Gebäude beschädigen)
- Einen bundesweiten Streik aller Arbeitnehmer gegen die Regierung organisieren (politischer Generalstreik)

(): Kurzbezeichnung im Text
1: sollte auf jeden Fall erlaubt sein, 2: sollte schon erlaubt sein, 3: sollte eigentlich nicht erlaubt sein, 4: sollte auf keinen Fall erlaubt sein.

Modifikation auf einen Wertebereich zwischen 0 und 1.

Allbus 1996

Legitimitätsbewertungen politischer Protestformen: „Es gibt viele Möglichkeiten, mit denen einzelne oder Vereinigungen gegen eine Regierungsmaßnahme protestieren können, wenn Sie diese Maßnahme entschieden ablehnen. Geben Sie bitte an, inwieweit Ihrer Meinung nach die unten aufgeführten Protestaktionen erlaubt sein sollten."

-   Öffentliche Versammlungen organisieren, um gegen die Regierung zu protestieren (Versammlung organisieren)
-   Protestmärsche und Demonstrationen organisieren (Protestmarsch, Demonstration)
-   Einen bundesweiten Streik aller Arbeitnehmer gegen die Regierung organisieren (politischer Generalstreik)

(): Kurzbezeichnung im Text
1: sollte auf jeden Fall erlaubt sein, 2: sollte schon erlaubt sein, 3: sollte eigentlich nicht erlaubt sein, 4: sollte auf keinen Fall erlaubt sein.
Modifikation auf einen Wertebereich zwischen 0 und 1.

Allbus 1998

Verhaltensabsichten: „Wenn Sie politisch in einer Sache, die Ihnen wichtig ist, Einfluß nehmen, Ihren Standpunkt zur Geltung bringen wollten: Welche der Möglichkeiten auf diesen Karten würden Sie dann nutzen, was davon käme für Sie in Frage?"

-   Sich an Wahlen beteiligen (Wahlbeteiligung)
-   Sich in Versammlungen an öffentlichen Diskussionen beteiligen (öffentliche Diskussionen)
-   Mitarbeit in einer Bürgerinitiative (Bürgerinitiative)
-   In einer Partei aktiv mitarbeiten (in Partei mitarbeiten)
-   Als Wahlhelfer einen Kandidaten unterstützen (Kandidaten unterstützen)
-   Teilnahme an einer nicht genehmigten Demonstration (ungenehmigte Demonstration)
-   Hausbesetzung, Besetzung von Fabriken, Ämtern (Besetzungsaktionen)
-   Bei einer Demonstration mal richtig Krach schlagen, auch wenn dabei einiges zu Bruch geht (Krach bei Demonstrationen)
-   Für eine Sache kämpfen, auch wenn dazu Gewalt gegen Personen notwendig ist (Gewalt gegen Personen)
-   Politische Gegner einschüchtern
-   Teilnahme an einer genehmigten Demonstration (genehmigte Demonstration)
-   Beteiligung an einer Unterschriftensammlung (Unterschriftensammlung)
-   Teilnahme an einer Verkehrsblockade (Verkehrsblockade)

[- Seine Meinung sagen, im Bekanntenkreis und am Arbeitsplatz]
[- Sich aus Protest nicht an Wahlen beteiligen]
[- aus Protest einmal eine andere Partei wählen als die, der man nahesteht]
(): Kurzbezeichnung im Text, [ ]: für Analysen nicht berücksichtigt.
1: genannt, 0: nicht genannt.

Verhaltensmanifestationen: „Was davon haben Sie selbst schon gemacht, woran waren Sie schon einmal beteiligt?"

-   Partizipationsformen: siehe oben

1: genannt, 0: nicht genannt

Mann: 1: Mann, 0: Frau.

Alter: Alter in Jahren.

Bildung: 1: ohne Abschluß, 2: Hauptschulabschluß, 3: mittlere Reife, 4: Fachhochschulreife, 5: Abitur.

Schicht: „Es wird heute viel über die verschiedenen Bevölkerungsschichten gesprochen. Welcher Schicht rechnen Sie sich selbst eher zu: der Unterschicht, der Arbeiterschicht, der Mittelschicht, der oberen Mittelschicht oder der Oberschicht?"
1: Unterschicht, 2: Arbeiterschicht, 3: Mittelschicht, 4: Obere Mittelschicht, 5: Oberschicht.

Einkommen: Kombinierte Variable aus offener und Listenabfrage des monatlichen Nettoeinkommens des Befragten in DM.

Materialismusindex: „Auch in der Politik kann man nicht alles auf einmal haben. Auf dieser Liste finden sie einige Ziele, die man in der Politik verfolgen kann. Wenn Sie zwischen diesen verschiedenen Zielen wählen müßten, welches Ziel erscheint Ihnen persönlich am wichtigsten? Und welches Ziel erschiene Ihnen am zweitwichtigsten? Und welches käme an dritter Stelle?"
- Aufrechterhaltung von Ruhe und Ordnung (materialistisch)
- Mehr Einfluß der Bürger auf die Entscheidungen der Regierung (postmaterialistisch)
- Kampf gegen die steigenden Preise (materialistisch)
- Schutz des Rechtes auf freie Meinungsäußerung (postmaterialistisch)

Indexbildung: Diejenigen Befragten, die die beiden materialistischen Ziele auf die ersten beiden Plätze in der Wichtigkeitseinstufung setzen, werden als „Materialisten" eingestuft. Befragte, welche dagegen die beiden postmaterialistischen für die wichtigsten Ziele halten, werden als „Postmaterialisten" bezeichnet. Steht ein postmaterialistisches Item an erster und ein materialistisches Item an zweiter Stelle, dann gilt der Befragte als „postmaterialistischer Mischtyp". Bei umgekehrter Reihenfolge gilt der Befragte als „materialistischer Mischtyp".
1: Postmaterialist, 2: postmaterialistischer Mischtyp, 3: materialistischer Mischtyp, 4: Materialist.

Links-Rechts-Selbsteinstufung: „Viele Leute verwenden die Begriffe ‚links' und ‚rechts', wenn es darum geht, unterschiedliche politische Einstellungen zu kennzeichnen. Wir haben hier einen Maßstab, der von links nach rechts verläuft. Wenn Sie an Ihre eigenen politischen Ansichten denken, wo würden Sie diese Ansichten auf dieser Skala einstufen?"
1 : links bis 10 : rechts.

Demokratiezufriedenheit: „Kommen wir nun zur Demokratie in der Bundesrepublik Deutschland: Wie zufrieden oder unzufrieden sind Sie – alles in allem – mit der Demokratie, so wie sie in der Bundesrepublik besteht?"
1: sehr unzufrieden, 2: ziemlich unzufrieden, 3: etwas unzufrieden ,4: etwas zufrieden, 5: ziemlich zufrieden, 6: sehr zufrieden.

Wahlnorm: „In der Demokratie ist es die Pflicht des Bürgers, sich regelmäßig an Wahlen zu beteiligen."
1:stimme überhaupt nicht zu, 2: stimme eher nicht zu, 3: stimme eher zu, 4: stimme voll und ganz zu.

Politisches Interesse: „Wie stark interessieren Sie sich für Politik: sehr stark, stark, mittel, wenig oder überhaupt nicht?
1: überhaupt nicht, 2: wenig, 3: mittel, 4: stark, 5: sehr stark.

Interne Efficacy: „Auf dieser Liste stehen einige Meinungen, die man gelegentlich hört. Sagen Sie mir bitte zu jeder Meinung, ob sie ihr: voll und ganz zustimmen, eher zustimmen, eher nicht zustimmen oder überhaupt nicht zustimmen.
- Ich traue mir zu, in einer Gruppe, die sich mit politischen Fragen befaßt, eine aktive Rolle zu übernehmen.
- Leute wie Ich haben so oder so keinen Einfluß darauf, was die Regierung tut.
- Die ganze Politik ist so kompliziert, daß jemand wie ich gar nicht versteht, was vorgeht.

Alle Variablen wurden so umgestellt, daß positive Werte eine hohe interne Efficacy bedeuten.
0: stimme überhaupt nicht zu, 1: stimme eher nicht zu, 2: stimme eher zu, 3: stimme voll und ganz zu.
Indexbildung: Mittelwert aus den drei Variablen.

Externe Efficacy: „Auf dieser Liste stehen einige Meinungen, die man gelegentlich hört. Sagen Sie mir bitte zu jeder Meinung, ob sie ihr: voll und ganz zustimmen, eher zustimmen, eher nicht zustimmen oder überhaupt nicht zustimmen."

-   Politiker kümmern sich nicht viel darum, was Leute wie ich denken.
-   Die Politiker bemühen sich im allgemeinen darum, die Interessen der Bevölkerung zu vertreten.

Alle Variablen wurden so umgestellt, daß positive Werte eine hohe externe Efficacy bedeuten.
0: stimme überhaupt nicht zu, 1: stimme eher nicht zu, 2: stimme eher zu, 3: stimme voll und ganz zu.
Indexbildung: Mittelwert aus den beiden Variablen.

Effektivität politischer Partizipation: „Kommen wir noch einmal zu den unterschiedlichen politischen Aktivitäten. Bitte sagen Sie mir, in welchem Maße Sie persönlich auf die Politik Einfluß nehmen könnten, wenn Sie die Handlungen, die auf diesen Karten beschrieben sind, ausführen würden. Der Wert 1 bedeutet, daß Sie persönlich dadurch überhaupt nicht auf die Politik Einfluß nehmen könnten, der Wert 7 bedeutet, daß Sie persönlich dadurch sehr stark auf die Politik Einfluß nehmen könnten. Mit den Werten dazwischen können Sie abstufen." Indem ich...

-   mich an Wahlen beteilige
-   mich in Versammlungen an öffentlichen Diskussionen beteilige
-   in einer Bürgerinitiative mitarbeite
-   in einer Partei aktiv mitarbeite
-   an einer nicht genehmigten Demonstration teilnehme
-   Häuser, Fabriken, Ämter besetze
-   an einer genehmigten Demonstration teilnehme
-   mich an einer Unterschriftensammlung beteilige
-   an einer Verkehrsblockade teilnehme

[- mich aus Protest nicht an Wahlen beteilige]
[- aus Protest einmal eine andere Partei wähle als die, der ich nahestehe]
[ ]: für Analysen nicht berücksichtigt.
1: überhaupt nicht, 7: sehr stark.
Indexbildung: Mittelwert aus den einbezogenen Variablen.

Soziale Partizipation: „Sind Sie derzeit Mitglied in einer Gewerkschaft, einer Berufsorganisation oder eines Unternehmerverbandes? Gehen Sie bitte diese Liste durch und sagen mir, wo Sie Mitglied sind."

-   Gewerkschaft im Deutschen Gewerkschaftsbund (DGB)
-   Deutsche Angestelltengewerkschaft (DAG)
-   Gewerkschaftsverband im Christlichen Gewerkschaftsbund Deutschlands (CGB)
-   Verband in der Union der Leitenden Angestellten (ULA)
-   Verband im Deutschen Beamtenbund (DBB) oder sonstige Beamtenorganisation
-   Bauernverband (Deutscher Bauernverband oder sonstige)
-   Einzel- oder Gewerbeverband des Handwerks, Einzelhandels und ähnlichem
-   Unternehmerverband im Bundesverband der Deutschen Industrie (BDI) oder sonstiger Unternehmerverband
-   Berufsverband der freien Berufe
-   Sonstiger Berufsverband

1: genannt, 0: nicht genannt.

„Sind Sie derzeit Mitglied einer Organisation oder eines Vereins? Gehen Sie bitte diese Liste durch und sagen mir, wo Sie Mitglied sind.

-   Gesangverein
-   Sportverein
-   sonstige Hobby-Vereinigungen
-   Heimat- und Bürgerverein
-   sonstige gesellige Vereinigung
-   Vertriebenen- oder Flüchtlingsverband
-   Wohlfahrtsverbände/Kriegsopferverbände

- Kirchlicher/religiöser Verein, Verband
- Jugendorganisation/Studentenverband
- andere Vereine oder Verbände

1: genannt, 0: nicht genannt.
Indexbildung: Zählung der Mitgliedschaften.

Allbus 2002

Verhaltensabsichten: „Wenn Sie politisch in einer Sache, die Ihnen wichtig ist, Einfluss nehmen, Ihren Standpunkt zur Geltung bringen wollten: Welche der Möglichkeiten auf diesen Karten würden Sie dann nutzen, was davon käme für Sie in Frage?"

- Sich an Wahlen beteiligen (Wahlbeteiligung)
- Mitarbeit in einer Bürgerinitiative (Bürgerinitiative)
- In einer Partei aktiv mitarbeiten (in Partei mitarbeiten)
- Teilnahme an einer nicht genehmigten Demonstration (ungenehmigte Demonstration)
- Teilnahme an einer genehmigten Demonstration (genehmigte Demonstration)
- Beteiligung an einer Unterschriftensammlung (Unterschriftensammlung)

[- Sich aus Protest nicht an Wahlen beteiligen]
[- aus Protest einmal eine andere Partei wählen als die, der man nahesteht]

(): Kurzbezeichnung im Text, [ ]: für Analysen nicht berücksichtigt.
1: genannt, 0: nicht genannt.

Verhaltensmanifestationen: „Was davon haben Sie selbst schon gemacht, woran waren Sie schon einmal beteiligt?"

- Partizipationsformen: siehe oben

1: genannt, 0: nicht genannt

Allbus 2006

Legitimitätsbewertungen politischer Protestformen: „Es gibt viele Möglichkeiten, mit denen einzelne oder Vereinigungen gegen eine Regierungsmaßnahme protestieren können, wenn Sie diese Maßnahme entschieden ablehnen. Geben Sie bitte an, inwieweit Ihrer Meinung nach die unten aufgeführten Protestaktionen erlaubt sein sollten."

- Öffentliche Versammlungen organisieren, um gegen die Regierung zu protestieren (Versammlung organisieren)
- Protestmärsche und Demonstrationen organisieren (Protestmarsch, Demonstration)
- Einen bundesweiten Streik aller Arbeitnehmer gegen die Regierung organisieren (politischer Generalstreik)

(): Kurzbezeichnung im Text
1: sollte auf jeden Fall erlaubt sein, 2: sollte schon erlaubt sein, 3: sollte eigentlich nicht erlaubt sein, 4: sollte auf keinen Fall erlaubt sein.

CID

Verhaltensmanifestationen: „Es gibt verschiedene Möglichkeiten, mit denen man versuchen kann, etwas in der Gesellschaft zu verbessern oder zu verhindern, dass sich etwas verschlechtert. Haben Sie im Verlaufe der letzten zwölf Monate irgendeine der folgenden Aktivitäten unternommen? Haben Sie..."

- Kontakt zu einem Politiker aufgenommen (Politiker kontaktieren)
- Kontakt zu einer Organisation oder einem Verein aufgenommen (Organisation kontaktieren)

- Kontakt zu einem Verwaltungsbeamten oder einer Beamtin auf lokaler, Landes- oder Bundes-ebene aufgenommen (Öffentlich Bediensteten kontaktieren)
- in einer politischen Partei mitgearbeitet (in Partei mitarbeiten)
- in einer Bürgerinitiative mitgearbeitet (in Bürgerinitiative mitarbeiten)
- in einer anderen Organisation oder einem anderen Verein mitgearbeitet (in anderer politischer Organisation mitarbeiten)
- ein Abzeichen oder Aufkleber einer politischen Kampagne getragen oder irgendwo befestigt (Aufnäher/Anstecker tragen)
- an einer Unterschriftensammlung teilgenommen, also unterschrieben (Unterschriften-sammlung/Petition unterschreiben)
- an einer Demonstration teilgenommen (Teilnahme an Demonstrationen)
- an einem Streik teilgenommen (Teilnahme an Streiks)
- bestimmte Produkte boykottiert (Produkte boykottieren)
- bewusst ein Produkt aus politischen, ethischen oder Gründen des Umweltschutzes gekauft (Produkte kaufen)
- Geld gespendet (Geld spenden)
- Geld gesammelt (Spendengelder sammeln)
- an einer illegalen Protestaktion teilgenommen (Illegaler Protest)
- an einer politischen Versammlung oder Kundgebung teilgenommen (politische Versammlung)
[- Kontakt zu den Medien aufgenommen, oder sind Sie in den Medien erschienen]
[- Kontakt zu einem Rechtsanwalt oder einer gerichtlichen Instanz aufgenommen]

(): Kurzbezeichnung im Text, [ ]: für Analysen nicht berücksichtigt.
1: genannt, 0: nicht genannt.

Mann: 1: Mann, 0:Frau

Alter: Alter in Jahren

Bildung: 1: ohne Abschluß, 2: Hauptschule, 3: Realschule, 4: Abitur.

Einkommen: Netto-Haushaltseinkommen in Euro.

Links-Rechts-Selbsteinstufung: „Wenn es um Politik geht, sprechen die Leute oft von ‚links' und ‚rechts': Wenn wir einen Maßstab von 0 bis 10 verwenden, mit 0: links und 10: rechts, wo auf diesem Maßstab würden Sie im allgemeinen Ihre eigene Einstellung einstufen?"
0: links bis 10: rechts.

Demokratiezufriedenheit: „Alles in allem sind Sie mit der Art und Weise, wie die Demokratie in Deutschland funktioniert sehr zufrieden, ziemlich zufrieden, nicht sehr zufrieden oder überhaupt nicht zufrieden?"
1: überhaupt nicht zufrieden, 2: nicht sehr zufrieden, 3: ziemlich zufrieden, 4: sehr zufrieden.

Politisches Interesse: „Im allgemeinen, wie stark sind Sie an Politik interessiert? Würden Sie sagen, dass Sie sehr interessiert, ziemlich interessiert, nicht besonders interessiert oder überhaupt nicht interessiert sind?"
1: überhaupt nicht interessiert, 2: nicht besonders interessiert, 3: ziemlich interessiert, 4: sehr interessiert.

Wahlnorm: „Wie Sie wissen, gibt es verschiedene Meinungen darüber, was einen guten Bürger aus-macht. Ich möchte Sie deshalb bitten, die folgenden Eigenschaften zu bewerten. Für Sie persönlich, wie wichtig ist es, an öffentlichen Wahlen teilzunehmen?"
0: überhaupt nicht wichtig bis 10: sehr wichtig.

Interne Efficacy: „Ihrer Meinung nach:
- Wie groß sind die Möglichkeiten von gewöhnlichen Leuten, ihre Meinungen Politikern mitzu-teilen?"

- Haben Leute wie Sie größere oder kleinere Möglichkeiten als andere, ihre Meinung Politikern mitzuteilen?"
  0: viel kleinere Möglichkeiten bis 10: viel größere Möglichkeiten.

Indexbildung: Mittelwert aus den beiden Variablen.

Externe Efficacy: „Ihrer Meinung nach:
- Wie viel Gewicht messen die Politiker den Meinungen bei, die ihnen von gewöhnlichen Leuten mitgeteilt wurden?"
  0: überhaupt kein Gewicht bis 10: sehr viel Gewicht.
- Haben Leute wie Sie größere oder kleinere Möglichkeiten als andere, Politiker dazu zu bringen, ihre Meinung zu beachten?"
  0: viel kleinere Möglichkeiten bis 10: viel größere Möglichkeiten.

Indexbildung: Mittelwert aus den beiden Variablen.

Institutionenvertrauen: „Ich lese Ihnen jetzt die Namen von verschiedenen Institutionen, wie Polizei, Regierung oder Verwaltung etc. vor. Sagen Sie mir bitte, wie stark Sie persönlich diesen Institutionen vertrauen? Stufen Sie Ihre Antwort bitte auf der vorliegenden Skala ein."
- (Ober-)Bürgermeister/bzw. Gemeinde- oder Stadtregierung
- Bundesregierung
- politische Parteien
- Bundestag
- Gerichte
- öffentliche Verwaltung
- Polizei
- Politiker

0: überhaupt kein Vertrauen, 10: sehr starkes Vertrauen.
Indexbildung: Mittelwert aus den einbezogenen Variablen.

Parteiidentifikation: „Betrachten Sie sich selbst als Anhänger einer bestimmten politischen Partei? Welche Partei ist das?"
1: Parteiidentifikation, 0: keine Parteiidentifikation.

Effektivität politischer Partizipation: „Es gibt verschiedene Meinungen darüber, wie man am wirksamsten Entscheidungen in der Gesellschaft beeinflussen kann. Ich habe hier eine Liste mit einigen Möglichkeiten, mit denen dies versucht wird. Bitte sagen Sie mir, für wie wirksam Sie diese halten."
- in einer politischen Partei mitzuarbeiten
- in Organisationen und Vereinen mitzuarbeiten
- an Wahlen teilzunehmen
- persönlich mit Politikern Kontakt aufzunehmen
- bestimmte Produkte zu boykottieren
- an öffentlichen Demonstrationen teilzunehmen
- sich an illegalen Protestaktionen zu beteiligen

0: überhaupt nicht wirksam bis 10: sehr wirksam.
Indexbildung: Mittelwert aus den einbezogenen Variablen.

Soziale Partizipation: „Ich zeige Ihnen hier eine Liste mit verschiedenen Organisationen. Ich werde jetzt mit Ihnen diese Organisationen eine nach der anderen durchgehen. Antworten Sie mir bei jeder dieser Organisationen mit „ja", wenn Sie im Verlauf der letzten 12 Monate an einer Veranstaltung oder Aktivität teilgenommen haben, die von dieser Organisation veranstaltet wurde."
- Sportverein oder Verein, der Freiluftaktivitäten durchführt.
- Jugendverbände (zum Beispiel Pfadfinder oder andere Jugendclubs)
- Umweltschutz-/Naturschutzorganisation
- Tierschutzverein
- Friedensbewegung oder andere Friedensorganisation
- Menschenrechtsorganisation/Organisation für humanitäre Hilfe
- Wohltätigkeitsverein oder karitative Organisation

-   Verein/Organisation im Gesundheitsbereich z.B. zur Prävention und Bekämpfung von be-
    stimmten Krankheiten, Selbsthilfegruppen oder Patientenvereine
-   Verein für Behinderte
-   Verein für Pensionierte oder Rentner, Seniorenverein
-   Loge, Rotary, Lions, Kiwanis Club oder ähnlicher Verein
-   Gewerkschaft
-   Organisation für Bauern und Landwirte
-   Gewerbe-, Industrie- oder Arbeitgeberverband
-   Investment Club/Anlageverein
-   Berufsverband
-   Konsumentenschutzorganisation/Verbraucherorganisation
-   Elternverein
-   Kultur-, Musik-, Theater- oder Tanzverein
-   Anderer Hobbyklub oder -verein
-   Automobilclub/Verkehrsclub
-   Anwohnerverein, Verein eines Stadtteils oder Vereinigung von Hausbewohnern
-   Verein von ausländischen Mitbürgern
-   religiöse oder kirchliche Vereinigung
-   Frauenorganisation
-   Veteranenvereinigung, Verein für Kriegsopfer
-   Freiwillige Wehrdienste (z.B. Freiwillige Feuerwehr)
-   Heimat- und Bürgerverein (auch Verein zu Kulturpflege, Denkmalschutz)
-   Hobbyzüchterverein (auch Tiersportverein)
-   Vertriebenen- oder Flüchtlingsverband
-   Andere Organisationen oder Vereine

1: genannt, 0: nicht genannt.
Indexbildung: Zählung der Aktivitäten.

„Politische Einstellungen und politische Partizipation im vereinigten Deutschland" (DFG-Querschnitt und DFG-Panel)

Für die Panelanalysen wurden für die unten aufgeführten Variablen Differenzen gebildet, die die Veränderung zwischen zwei Datenerhebungszeitpunkten wiedergeben. Ausnahmen sind das Alter, das Geschlecht und das Bildungsniveau. Für diese Variablen wurden keine Differenzen gebildet.
Bei den Regressionsanalysen mit Paneldaten wurden die fehlenden Werte vor der Berechnung der Differenzvariablen durch den jeweiligen ost- bzw. westdeutschen Mittelwert ersetzt. Ausnahmen sind das politische Interesse, die Stärke der Parteiidentifikation, die Akzeptanz der Wahlnorm sowie soziale Partizipation. Hier wurde den Befragten das jeweilige Skalenminimum als Ausprägung zugewiesen.

Wahrscheinlichkeit der Wahlbeteiligung: „Bei dieser kommenden Bundestagswahl: Werden Sie da
bestimmt zur Wahl gehen, wahrscheinlich zur Wahl gehen, vielleicht zur Wahl gehen, wahrscheinlich
nicht oder bestimmt nicht zur Wahl gehen?" (Vorwahlbefragte)
1: werde bestimmt nicht zur Wahl gehen, 2: werde wahrscheinlich nicht zur Wahl gehen, 3: werde vielleicht zur Wahl gehen, 4: werde wahrscheinlich zur Wahl gehen, 5: werde bestimmt zur Wahl gehen.
Modifikation auf einen Wertebereich zwischen 0 und 1.

Wahlbeteiligung: „Am (Datum) findet die nächste Bundestagswahl statt (nur Vorwahl). Bei der Bundes-
tagswahl können/konnten Sie ja zwei Stimmen vergeben. Die Erststimme für einen Kandidaten aus Ihrem
Wahlkreis, die Zweitstimme für eine Partei. Diese Liste hier ist ein Muster-Stimmzettel, ähnlich wie Sie
ihn bei der Bundestagswahl erhalten (haben). Wenn Sie wählen würden, wie würden Sie dann auf Ihrem
Stimmzettel ankreuzen/Wie haben Sie das auf Ihrem Stimmzettel angekreuzt? Und wie ist das mit Ihrer
Zweitstimme? Bitte nennen Sie mir die Kennziffer für Ihre Zweitstimme."
Alle Befragten, die eine Partei angaben, wurden als Wahlteilnehmer gewertet. Daraus ergibt sich der fol-
gende Wertebereich: 0: keine Wahlbeteiligung, 1: Wahlbeteiligung.

Verhaltensabsichten: „Wenn Sie in einer für Sie wichtigen Sache politischen Einfluss nehmen und Ihren Standpunkt zur Geltung bringen wollten, welche der folgenden Dinge würden Sie dann tun?"
-    In einer Bürgerinitiative mitarbeiten (Bürgerinitiative)
-    An einer genehmigten Demonstration teilnehmen (genehmigte Demonstration)
-    An einer Demonstration teilnehmen, auch wenn mit Gewalt gerechnet werden muss (gewaltsame Demonstration)
-    Für meine Ziele kämpfen, auch wenn dazu Gewalt notwendig ist (Anwendung von Gewalt) (nur 1994)
-    Den Straßenverkehr blockieren (Verkehrsblockade)
-    Versuchen, von einer Partei Unterstützung zu bekommen (Unterstützung Partei suchen) (nur 1998, 2002)
(): Kurzbezeichnung im Text.
-2: würde ich bestimmt nicht tun, -1: würde ich wahrscheinlich nicht tun, 0: würde ich vielleicht tun, 1: würde ich wahrscheinlich tun, 2: würde ich bestimmt tun.
Modifikation auf einen Wertebereich zwischen 0 und 1.

Mann: 1: Mann, 0: Frau

Alter: Alter in Jahren

Bildung: 1: ohne Abschluß, 2: Volks-/Hauptschule, 3: Mittlere Reife, 4: Abitur, 5: abgeschlossenes Studium.

Schicht: „Es wird heute viel über die verschiedenen Bevölkerungsschichten gesprochen. Welcher dieser Schichten rechnen Sie sich selbst zu, der Arbeiterschicht, der Mittelschicht oder der Oberschicht? Rechnen Sie sich dabei eher zum unteren Teil, zum Durchschnitt oder zum oberen Teil?"
1: untere Arbeiterschicht, 2: mittlere Arbeiterschicht, 3: obere Arbeiterschicht, 4: untere Mittelschicht, 5: obere Mittelschicht, 6: untere Oberschicht, 7: mittlere Oberschicht, 8: obere Oberschicht.

Einkommen: Netto-Haushaltseinkommen in € kategorisiert
1: bis unter 1.000 DM/500 €, 2: 1.000 DM bis unter 1.500 DM/500 € bis unter 750 €, 3: 1.500 DM bis unter 2.000 DM/750 € bis unter 1.000 €, 4: 2.000 DM bis unter 2.500 DM/1.000 € bis unter 1.250 €, 5: 2.500 DM bis unter 3.000 DM/1.250 € bis unter 1.500 €, 6: 3.000 DM bis unter 3.500 DM/1.500 € bis unter 1.750 €, 7: 3.500 DM bis unter 4.000 DM/1.750 € bis unter 2.000 €, 8: 4.000 DM bis unter 5.000 DM/2.000 € bis unter 2.500 €, 9: 5.000 DM bis unter 6.000 DM/2.500 € bis unter 3.000 €, 10: 6.000 DM bis unter 7.000 DM/3.000 € bis unter 3.500 €, 11: 7.000 DM bis unter 10.000 DM/3.500 € bis unter 5.000 €, 12: 10.000 DM und mehr/5.000 € und mehr.

Materialismusindex:
„Auch in der Politik kann man nicht alles auf einmal haben. Auf dieser Liste finden sie einige Ziele, die man in der Politik verfolgen kann. Wenn Sie zwischen diesen verschiedenen Zielen wählen müßten, welches Ziel erscheint Ihnen persönlich am wichtigsten? Und welches Ziel erschiene Ihnen am zweitwichtigsten? Und welches Ziel käme an dritter Stelle?"
-    Aufrechterhaltung von Ruhe und Ordnung in diesem Land (materialistisch)
-    Mehr Einfluß der Bürger auf die Entscheidungen der Regierung (postmaterialistisch)
-    Kampf gegen die steigenden Preise (materialistisch)
-    Schutz des Rechts auf freie Meinungsäußerung (postmaterialistisch)
Indexbildung: Diejenigen Befragten, die die beiden materialistischen Ziele auf die ersten beiden Plätze in der Wichtigkeitseinstufung setzen, werden als „Materialisten" eingestuft. Befragte, welche dagegen die beiden postmaterialistischen für die wichtigsten Ziele halten, werden als „Postmaterialisten" bezeichnet. Steht ein postmaterialistisches Item an erster und ein materialistisches Item an zweiter Stelle, dann gilt der Befragte als „postmaterialistischer Mischtyp". Bei umgekehrter Reihenfolge gilt der Befragte als „materialistischer Mischtyp".
1: Postmaterialist, 2: postmaterialistischer Mischtyp, 3: materialistischer Mischtyp, 4: Materialist.

Links-Rechts-Selbsteinstufung: „In der Politik reden die Leute häufig von „Links" und „Rechts". Wenn Sie diese Skala von 1 bis 11 benutzen, wo würden Sie sich selbst einordnen, wenn 1 links und 11 rechts ist?"
1: links bis 11: rechts.

Demokratiezufriedenheit: „Wie zufrieden oder unzufrieden Sind sie – alles in allem – mit der Demokratie, so wie sie in Deutschland besteht? Sind Sie…"
1: sehr unzufrieden, 2: ziemlich unzufrieden, 3: teils zufrieden/teils unzufrieden, 4: ziemlich zufrieden, 5: sehr zufrieden.

Wahlnorm: „Wir haben hier eine Reihe von häufig gehörten Meinungen über die Politik und die Gesellschaft zusammengestellt. Sagen Sie mir bitte, ob Sie diesen Meinungen zustimmen oder nicht. Der Wert - 2 bedeutet, dass Sie dieser Meinung überhaupt nicht zustimmen, der Wert +2 bedeutet, dass Sie ihr voll und ganz zustimmen. Mit den Werten dazwischen können Sie Ihre Meinung abstufen. In der Demokratie ist es die Pflicht jedes Bürgers, sich regelmäßig an Wahlen zu beteiligen."
-2: stimme überhaupt nicht zu, -1: stimme eher nicht zu, 0: stimme teils zu/teils nicht zu, 1: stimme eher zu, 2: stimme voll und ganz zu.
Modifikation auf einen Wertebereich von 1 bis 5.

Politisches Interesse: „Wie stark interessieren Sie sich für Politik? Würden Sie sagen:…"
1: überhaupt nicht, 2: weniger stark, 3: mittelmäßig, 4: ziemlich stark, 5: sehr stark.

Interne Efficacy: „Wir haben hier eine Reihe von häufig gehörten Meinungen über die Politik und die Gesellschaft zusammengestellt. Sagen Sie mir bitte, ob Sie diesen Meinungen zustimmen oder nicht. Der Wert -2 bedeutet, dass Sie dieser Meinung überhaupt nicht zustimmen, der Wert +2 bedeutet, dass Sie ihr voll und ganz zustimmen. Mit den Werten dazwischen können Sie Ihre Meinung abstufen."
- Die ganze Politik ist so kompliziert, daß jemand wie ich nicht versteht, was vorgeht.
- Ich traue mir zu, in einer Gruppe, die sich mit politischen Fragen befaßt, eine aktive Rolle zu übernehmen.
- Wichtige politische Fragen kann ich gut verstehen und einschätzen.
Alle Variablen wurden so umgestellt, daß positive Werte eine hohe interne Efficacy bedeuten.
-2: stimme überhaupt nicht zu, -1: stimme eher nicht zu, 0: stimme teils zu/teils nicht zu, 1: stimme eher zu, 2: stimme voll und ganz zu.
Modifikation auf einen Wertebereich von 1 bis 5.
Indexbildung: Mittelwert aus den einbezogenen Variablen.

Externe Efficacy: „Wir haben hier eine Reihe von häufig gehörten Meinungen über die Politik und die Gesellschaft zusammengestellt. Sagen Sie mir bitte, ob Sie diesen Meinungen zustimmen oder nicht. Der Wert -2 bedeutet, dass Sie dieser Meinung überhaupt nicht zustimmen, der Wert +2 bedeutet, dass Sie ihr voll und ganz zustimmen. Mit den Werten dazwischen können Sie Ihre Meinung abstufen."
- Politiker kümmern sich darum, was einfache Leute denken.
- Die Bundestagsabgeordneten bemühen sich um einen engen Kontakt zur Bevölkerung.
Alle Variablen wurden so umgestellt, daß positive Werte eine hohe externe Efficacy bedeuten.
-2: stimme überhaupt nicht zu, -1: stimme eher nicht zu, 0: stimme teils zu/teils nicht zu, 1: stimme eher zu, 2: stimme voll und ganz zu.
Modifikation auf einen Wertebereich von 1 bis 5.
Indexbildung: Mittelwert aus den einbezogenen Variablen.

Institutionenvertrauen: „Ich lese Ihnen jetzt eine Reihe von öffentlichen Einrichtungen vor. Sagen Sie mir bitte anhand dieser Liste bei jeder, ob Sie ihr vertrauen oder nicht. Nennen Sie jeweils den Skalenwert."
- „Wie ist das mit dem Bundestag?"
- „…Bundesverfassungsgericht?"
- „…Bundesregierung?"
- „…Gerichte?"
- „…Polizei?"

- „…Verwaltung?"

-2: stimme überhaupt nicht zu, -1: stimme eher nicht zu, 0: stimme teils zu/teils nicht zu, 1: stimme eher zu, 2: stimme voll und ganz zu.

Modifikation auf einen Wertebereich von 1 bis 5.

Indexbildung: Mittelwert aus den einbezogenen Variablen.

Stärke Parteiidentifikation (PID): „Viele Leute neigen in der Bundesrepublik längere Zeit einer bestimmten Partei zu, obwohl sie auch ab und zu eine andere Partei wählen. Wie ist das bei Ihnen: Neigen Sie – ganz allgemein gesprochen – einer bestimmten Partei zu? Wenn ja, welcher?"

„Wie stark oder wie schwach neigen Sie, alles zusammengenommen, dieser Partei zu? Neigen Sie ihr sehr stark, stark, mittelmäßig, schwach oder sehr schwach zu?"

0: keine PID, 1: sehr schwache PID, 2: schwache PID, 3: mittelmäßige PID, 4: starke PID, 5: sehr starke PID.

Soziale Partizipation: „Sind Sie persönlich in einer Bürgerinitiative, in einer Partei, in einer Berufsvereinigung oder einer Gewerkschaft? Und falls ja, haben Sie dort ein Amt?"

0:nein, 1: ja, nur Mitglied, 2: Mitglied und auch Amt

Indexbildung: Mittelwert aus den einbezogenen Variablen

Literaturverzeichnis

Abold, Roland/Steinbrecher, Markus 2007. „Wir wollen sein ein einzig Volk von Brüdern!" Die innere Einheit und das politische Verhalten der Deutschen. In: Rattinger, Hans/Gabriel, Oscar W./Falter, Jürgen W., Hg., Der gesamtdeutsche Wähler. Stabilität und Wandel des Wählerverhaltens im wiedervereinigten Deutschland. Baden-Baden: Nomos, 141-166.

Ajzen, Icek 1988. Attitudes, Personality, and Behavior. Chicago: Dorsey Press.

Ajzen, Icek/Fishbein, Martin 1980. Understanding Attitudes and Predicting Social Behavior. Englewood Cliffs, NJ: Prentice-Hall.

Aldrich, John H. 1993. Rational Choice and Turnout. In: American Journal of Political Science 37, 246-278.

Almond, Gabriel A. 1987. Politische Kultur-Forschung – Rückblick und Ausblick. In: Berg-Schlosser, Dirk/Schissler, Jakob, Hg., Politische Kultur in Deutschland. Bilanz und Perspektiven der Forschung. PVS-Sonderheft Nr. 18. Opladen: Westdeutscher Verlag, 27-38.

Almond, Gabriel A./Verba, Sidney 1965 [1963]. The Civic Culture. Political Attitudes and Democracy in Five Nations. Boston: Little, Brown and Company.

Almond, Gabriel A./Dalton, Russell J./Powell, G. Bingham Jr./Strom, Kaare 2000. Comparative Politics Today: A World View. Aktualisierte 7. Auflage. New York usw.: Longman.

Arbuckle, James L. 2007. Amos 16.0 User's guide. Chicago: SPSS.

Armingeon, Klaus 2007. Political participation and associational involvement. In: van Deth, Jan W./Montero, José R./Westholm, Anders, Hg., Citizenship and Involvement in European Democracies. A comparative analysis. London, New York: Routledge, 358-383.

Arzheimer, Kai 2002. Politikverdrossenheit. Bedeutung, Verwendung und empirische Relevanz eines politikwissenschaftlichen Begriffs. Wiesbaden: Westdeutscher Verlag.

Arzheimer, Kai/Klein, Markus 1998. Die Wirkung materieller Incentives auf den Rücklauf einer schriftlichen Panelbefragung. In: ZA-Information Nr. 43: 6-31.

Asher, Herbert B. 1983. Causal Modeling. 2. Auflage. Beverly Hills: Sage

Asher, Herbert B./Richardson, Bradley M./Weisberg, Herbert F. 1984. Political Participation. An ISSC Workbook in Comparative Analysis. Frankfurt, New York: Campus Verlag.

Axelrod, Robert 1984. The Evolution of Co-operation. New York: Basic Books.

Backhaus, Klaus/Erichson, Bernd/Plinke, Wulff/Weiber, Rolf 2000. Multivariate Analysemethoden. Eine anwendungsorientierte Einführung. 8. Auflage. Berlin usw.: Springer.

Backhaus, Klaus/Erichson, Bernd/Plinke, Wulff/Weiber, Rolf 2006. Multivariate Analysemethoden. Eine anwendungsorientierte Einführung. 11. Auflage. Berlin usw.: Springer.

Bagozzi, Richard P. 1981. Evaluating Structural Equation Models with Unobservable Variables and Measurement Error: A Comment. In: Journal of Marketing Research 18: 375-382.

Baltagi, Badi H. 2001. Econometric Analysis of Panel Data. Chichester: Wiley.

Barber, Benjamin 1994. Starke Demokratie. Über die Teilhabe am Politischen. Hamburg: Rotbuch Verlag.

Barnes, Samuel H./Kaase, Max, Hg. 1979. Political Action. Mass Participation in Five Western Democracies. Beverly Hills, London: Sage Publications.

Barry, Brian M. 1970. Sociologists, Economists and Democracy. London: Collier-Macmillan.

Bauer, Petra 1993. Ideologie und politische Beteiligung in der Bundesrepublik Deutschland. Eine empirische Untersuchung politischer Überzeugungssysteme. Opladen: Westdeutscher Verlag.

Bauer-Kaase, Petra 1994. Die Entwicklung politischer Orientierungen in Ost- und Westdeutschland seit der Deutschen Vereinigung. In: Niedermayer, Oskar/Stöss, Richard, Hg., Parteien und Wähler im Umbruch. Parteiensystem und Wählerverhalten in der ehemaligen DDR und den neuen Bundesländern. Opladen: Westdeutscher Verlag, 266-297.

Beer, Samuel H. 1973. Modern Political Development. In: Beer, Samuel H./Ulam, Adam B./Berger, Suzanne/Goldman, Guido, Hg., Patterns of Government. The Major Political Systems of Europe. 3. Auflage. New York: Random House, 3-118.

Behnke, Joachim/Baur, Nina/Behnke, Nathalie 2006. Empirische Methoden der Politikwissenschaft. Paderborn usw.: Schöningh.

Behnke, Joachim/Behnke, Nathalie 2006. Grundlagen der statistischen Datenanalyse. Eine Einführung für Politikwissenschaftler. Wiesbaden: VS Verlag für Sozialwissenschaften.

Berelson, Bernhard F./Lazarsfeld, Paul M./McPhee, William 1954. Voting. A Study of Opinion Formation in a Presidential Campaign. Chicago, London: University of Chicago Press.

Berg-Schlosser, Dirk 2003. Erforschung der Politischen Kultur – Begriffe, Kontroversen, Forschungsstand. In: Breit, Gotthard, Hg. 2003, Politische Kultur in Deutschland. Abkehr von der Vergangenheit – Hinwendung zur Demokratie. Schwalbach/Ts.: Wochenschau-Verlag, 7-20.

Berg-Schlosser, Dirk/Rytlewski, Ralf, Hg. 1993. Political culture in Germany. New York: St. Martin's Press.

Bergs, Siegfried 1981. Optimalität bei Cluster-Analysen. Experimente zur Bewertung numerischer Klassifikationsverfahren. Dissertation. Münster.

Bertelsmann Stiftung, Hg. 2004. Politische Partizipation in Deutschland. Ergebnisse einer repräsentativen Umfrage. Bonn: Bundeszentrale für politische Bildung.

Birkelbach, Klaus 1998. Befragungsthema und Panelmortalität: Ausfälle in einer Lebenslauferhebung. Erweiterte Fassung eines Vortrages auf der Frühjahrstagung der Sektion Methoden der empirischen Sozialforschung der Deutschen Gesellschaft für Soziologie am 27. und 28. März 1998 in München.

Brady, Henry. E. 1999. Political Participation. In: Robinson, John P./Shaver, Phillip R./Wrightsman, Lawrence S., Hg., Measures of Political Attitudes. San Diego: Academic Press, 737-801.

Brady, Henry E./Verba, Sidney/Schlozman, Kay L. 1995. Beyond SES: A Resource Model of Political Participation. In: American Political Science Review 89, 271-294.

Breit, Gotthard, Hg. 2003. Politische Kultur in Deutschland. Abkehr von der Vergangenheit – Hinwendung zur Demokratie. Schwalbach/Ts.: Wochenschau-Verlag.

Browne, Michael W./Cudeck Robert 1993. Alternative ways of assessing model fit. In: Bollen, Kenneth A./Long, J.Scott, Hg., Testing structural equation models. Newbury Park, CA: Sage, 445-455.

Buchstein, Hubertus/Jörke, Dirk 2003. Das Unbehagen an der Demokratietheorie. In: Leviathan 31, 470-495.

Budge, Ian 1996. The New Challenge of Direct Democracy. Cambridge: Polity Press.

Bürklin, Wilhelm 1992. Gesellschaftlicher Wandel, Wertewandel und politische Beteiligung. In: Starzacher/Karl, Schacht, Konrad/Friedrich, Bernd/Leif, Thomas, Hg., Protestwähler und Wahlverweigerer. Köln: Bund, 18-39.

Bürklin, Wilhelm 1995. Die politische Kultur in Ost- und Westdeutschland. Eine Zwischenbilanz. In: Lehmbruch, Gerhard, Hg., Einigung und Zerfall. Deutschland und Europa nach dem Ende des Ost-West-Konflikts. Opladen: Leske+Budrich, 11-24.

Bürklin, Wilhelm/Klein, Markus 1998. Wahlen und Wählerverhalten – eine Einführung. 2. Auflage. Opladen: Leske+Budrich.

Bulmahn, Thomas 1999. Attribute einer lebenswerten Gesellschaft: Freiheit, Wohlstand, Sicherheit und Gerechtigkeit. Berlin: Wissenschaftszentrum für Sozialforschung.
http://bibliothek.wz-berlin.de/pdf/1999/iii99-411.pdf (29.08.2007)

Buse, Michael J./Nelles, Wilfried 1975. Formen und Bedingungen der Partizipation im politisch-administrativen Bereich. In: von Alemann, Ulrich, Hg., Partizipation – Demokratisierung – Mitbestimmung. Problemstellung und Literatur in Politik, Wirtschaft, Bildung und Wissenschaft. Eine Einführung. Opladen: Westdeutscher Verlag, 41-111.

Byrne, Barbara M. 2001. Structural Equation Modeling with AMOS. Basic Concepts, Applications, and Programming. Mahwah, NJ: Erlbaum Associates.

Caballero, Claudio 2005. Nichtwahl. In: Falter, Jürgen W./Schoen, Harald, Hg.: Handbuch Wahlforschung. Wiesbaden: VS Verlag für Sozialwissenschaften, 329-366.

Campbell, Angus/Converse, Philip E./Miller, Warren E./Stokes, Donald E. 1980 [1960]. The American Voter. Unabridged Edition. Chicago, London: The University of Chicago Press.

Campbell, Angus/Gurin, Gerald/Miller, Warren E. 1971 [1954]. The Voter Decides. Westport: Greenwood Press.

Chong, Dennis 1991. Collective Action and the Civil Rights Movement. Chicago: University of Chicago Press.

Clarke, Harold/Dutt, Nitish 1991. Measuring value change in western industrialized societies. In: American Political Science Review 85, 905-920.

Coleman, James S. 1990. Foundations of social theory. Cambridge, MA: Belknap Press of Harvard University Press.

Conradt, David P. 1980. Changing German Political Culture. In: Almond, Gabriel A./Verba, Sidney, Hg., The Civic Culture Revisited. An Analytic Study. Boston: Little, Brown.

Dahrendorf, Ralf 1971. Gesellschaft und Demokratie in Deutschland. München: Deutscher Taschenbuchverlag.

Dalton, Russell J. 1984. Cognitive Mobilization and Partisan Dealignment in Advanced Industrial Democracies. In: Journal of Politics 46, 264-284.

Dalton, Russell J. 1986. Wertewandel oder Wertwende? Die Neue Politik und Parteienpolarisierung. In: Klingemann, Hans-Dieter/Kaase, Max, Hg., Wahlen und politischer Prozeß. Analysen aus Anlaß der Bundestagswahl 1983. Opladen: Westdeutscher Verlag, 427-454.

Dalton, Russell J. 1996. Citizen Politics. Public Opinion and Political Parties in Advanced Industrial Democracies. 2. Auflage. Chatham, NJ: Chatham House.

Dalton, Russell J. 2002. Citizen Politics. Public Opinion and Political Parties in Advanced Industrial Democracies. 3. Auflage. New York: Seven Bridges Press.

Dalton, Russell J. 2006. Citizen Politics. Public Opinion and Political Parties in Advanced Industrial Democracies 4. Auflage. Washington, D.C.: CQ Press.

Dalton, Russell J./Küchler, Manfred, Hg. 1990. Challenging the Political Order. New Social and Political Movements in Western Democracies. Cambridge: Polity Press.

Dalton, Russell J./McAllister, Ian/Wattenberg, Martin P. 2000. The Consequences of Partisan Dealignment. In: Dalton, Russell. J./Wattenberg, Martin P., Parties without Partisans. Political Change in Advanced Industrial Democracies. Oxford, New York: Oxford University Press, 37-63.

Decker, Frank 2006. Direktdemokratische Beteiligung auf Bundesebene. Die Diskussion um die Einführung von Plebisziten in das Grundgesetz. In: Hoecker, Beate, Hg., Politische Partizipation zwischen Konvention und Protest. Eine studienorientierte Einführung. Opladen: Barbara Budrich, 133-155.

Dekker, Paul/van den Broek, Andries 1996. Volunteering and Politics: Involvement in Voluntary Associations from a „Civic Culture" Perspective. In: Halman, Loek/Nevitte, Neil, Hg., Political Value Change in Western Democracies. Integration, Values, Identification, and Participation. Tilburg: Tilburg University Press, 125-151.

De Tocqueville, Alexis 1997 [1835]. Über die Demokratie in Amerika. Stuttgart: Reclam.

Deutsche Vereinigung für Parlamentsfragen 2007. Zeitschrift für Parlamentsfragen 38, Nummer 3. Baden-Baden: Nomos.

Dias, Patrick V. 1971. Der Begriff "Politische Kultur" in der Politikwissenschaft. In: Oberndörfer, Dieter, Hg., Systemtheorie, Systemanalyse, Entwicklungsländerforschung. Berlin: Duncker & Humblot, 409-488.

Dobbelaere, Karel/Jagodzinski, Wolfgang 1995. Religious Cognitions and Beliefs. In: van Deth, Jan W./Scarbrough, Elinor, Hg.: The Impact of Values. Oxford: Oxford University Press, 197-217.

Downs, Anthony 1957. An Economic Theory of Democracy. New York: Harper.

Durkheim, Emile 1973 [1897]. Der Selbstmord. Neuwied usw.: Luchterhand.

Easton, David 1975. A Re-Assessment of the Concept of Political Support. In: British Journal of Political Science 5, 435-457.

Easton, David 1979 [1965]. A Systems Analysis of Political Life. Chicago: Chicago University Press.

Ehls, Marie-Luise 1997. Protest und Propaganda. Berlin, New York: de Gruyter.

Eilfort, Michael 1994. Die Nichtwähler. Wahlenthaltung als Form des Wahlverhaltens. Paderborn, usw.: Schöningh.

Enquete-Kommission „Zukunft des Bürgerschaftlichen Engagements" des Deutschen Bundestages 2002. Bürgerschaftliches Engagement: auf dem Weg in eine zukunftsfähige Bürgergesellschaft. Opladen: Leske+Budrich.

Esser, Hartmut 1993. Soziologie: allgemeine Grundlagen. Frankfurt/Main et al.: Campus.

Esser, Hartmut 2000. Soziologie – spezielle Grundlagen. Band 4: Opportunitäten und Restriktionen. Frankfurt/Main usw.: Campus.

Esser, Hartmut 2001. Soziologie – spezielle Grundlagen. Band 6: Sinn und Kultur. Frankfurt/Main usw.: Campus.

Faas, Thorsten 2002. DFG-Projekt „Politische Einstellungen, politische Partizipation und Wählerverhalten im vereinigten Deutschland". Panelpflege Mai 2002. Bamberg: Otto-Friedrich-Universität Bamberg.

Faas, Thorsten/Wagner, Sandra/Evers, Barbara 2000. Mit Sicherheit zum Erfolg? Sicherheit der Wahlbeteiligung und Sicherheit der Wahlabsicht als Möglichkeit zur Qualifizierung der Wahlabsichten bei Wahlprognosen. In: Falter, Jürgen W./Gabriel, Oscar W./Rattinger, Hans, Hg.,

Wirklich ein Volk? Die politischen Orientierungen von Ost- und Westdeutschen im Vergleich. Opladen: Leske+Budrich, 675-703.

Falter, Jürgen W./Gabriel, Oscar W./Rattinger, Hans, Hg. 2000. Wirklich ein Volk? Die politischen Orientierungen von Ost- und Westdeutschen im Vergleich. Opladen: Leske+Budrich.

Falter, Jürgen W./Schumann, Siegfried 1994. Der Nichtwähler – das unbekannte Wesen. In: Klingemann, Hans-Dieter/Kaase, Max, Hg., Wahlen und Wähler. Analysen aus Anlaß der Bundestagswahl 1990. Opladen: Westdeutscher Verlag, 161-213.

Feindt, Peter H. 2002. Neue Formen der politischen Beteiligung. In: Friedrich-Ebert-Stiftung, Hg., Die Bürgergesellschaft. Perspektiven für Bürgerbeteiligung und Bürgerkommunikation. Bonn: Diez, 435-457.

Feist, Ursula 1994. Die Macht der Nichtwähler. Wie die Bürger den Volksparteien davonlaufen. München: Knaur.

Feist, Ursula/Liepelt, Klaus 1994. Auseinander oder miteinander? Zum unterschiedlichen Politikverständnis der Deutschen in Ost und West. In: Klingemann, Hans-Dieter/Kaase, Max, Hg., Wahlen und Wähler, Analysen aus Anlaß der Bundestagswahl 1990. Opladen: Westdeutscher Verlag, 575-611.

Ferejohn, John A./Fiorina, Morris P. 1974. The Paradox of Not Voting: A Decision Theoretic Analysis. In: American Political Science Review 68, 525-536.

Finkel, Steven E./Muller, Edward N./Opp, Karl-Dieter 1989. Personal Influence, Collective Rationality, and Mass Political Action. In: American Political Science Review 83, 885-903.

Finkel, Steven E./Opp, Karl-Dieter 1991. Party Identification and Participation in Collective Political Action. In: Journal of Politics 53, 339-371.

Fiorina, Morris P. 1999. Extreme Voices: A Dark Side of Civic Engagement. In: Skocpol, Theda/Fiorina, Morris P., Hg., Civic Engagement in American Democracy. Washington D.C.: Brookings Institution Press, 395-425.

Fishbein, Martin/Ajzen, Icek 1975. Belief, Attitude, Intention and Behavior. An Introduction to Theory and Research. Reading, MA: Addison-Wesley.

Friedrichs, Jürgen 1968. Werte und soziales Handeln. Ein Beitrag zur soziologischen Theorie. Tübingen: Mohr.

Friedrichs, Jürgen 1990. Methoden empirischer Sozialforschung. Opladen: Westdeutscher Verlag.

Fuchs, Dieter 1984. Die Aktionsformen der neuen sozialen Bewegungen. In: Falter, Jürgen W./Fenner, Christian/Greven, Michael Th., Politische Willensbildung und Interessenvermittlung. Verhandlungen der Fachtagung der DVPW vom 11.-13. Oktober 1983 in Mannheim. Opladen: Westdeutscher Verlag, 621-634.

Fuchs, Dieter 1990. The Normalization of the Unconventional. Forms of Political Action and New Social Movements. Berlin: Wissenschaftszentrum Berlin.

Fuchs, Dieter 1995. Die Struktur des politischen Handelns in der Übergangsphase. In: Klingemann, Hans-Dieter/Erbring, Lutz/Diederich, Nils, Hg., Zwischen Wende und Wiedervereinigung. Analysen zur politischen Kultur in West- und Ost-Berlin 1990. Opladen: Westdeutscher Verlag, 135-147.

Fuchs, Dieter 2000. Demokratie und Beteiligung in der modernen Gesellschaft: einige demokratietheoretische Überlegungen. In: Niedermayer, Oskar/Westle, Bettina, Hg., Demokratie und Partizipation. Festschrift für Max Kaase. Opladen: Westdeutscher Verlag, 250-280.

Gabriel, Oscar W. 1989. Bürgerbeteiligung an der Kommunalpolitik. In: Gabriel, Oscar W., Hg., Kommunale Demokratie zwischen Politik und Verwaltung. München: Minerva, 129-155.

Gabriel, Oscar W. 1994. Politische Kultur aus Sicht der empirischen Sozialforschung. In: Niedermayer, Oskar/von Beyme, Klaus, Hg., Politische Kultur in Ost- und Westdeutschland. Berlin: Akademie Verlag, 22-42.

Gabriel, Oscar W. 1995a. Politischer Protest und politische Unterstützung in den neuen Bundesländern. In: Bertram, Hans, Hg., Ostdeutschland im Wandel: Lebensverhältnisse – politische Einstellungen. Opladen: Leske+Budrich, 173-205.

Gabriel, Oscar W. 1995b. Immer mehr Gemeinsamkeiten? Politische Kultur im vereinigten Deutschland. In: Altenhof, Ralf/Jesse, Eckhard, Hg., Das wiedervereinigte Deutschland. Zwischenbilanz und Perspektiven. Düsseldorf: Droste, 243-274.

Gabriel, Oscar W. 2000a. Democracy in big cities: the case of Germany. In: Gabriel, Oscar W./Hoffmann-Martinot, Vincent/Savitch, Hank V., Hg., Urban Democracy. Opladen: Leske+Budrich, 187-259.

Gabriel, Oscar W. 2000b. Aktivisten als Träger des demokratischen Credos. Zum Zusammenhang zwischen politischer Partizipation und der Unterstützung demokratischer Prinzipien im vereinigten Deutschland. In: Niedermayer, Oskar/Westle, Bettina, Demokratie und Partizipation. Festschrift für Max Kaase. Wiesbaden: Westdeutscher Verlag, 34-45.

Gabriel, Oscar W. 2004. Politische Partizipation. In: van Deth, Jan, Hg., Deutschland in Europa. Wiesbaden: VS Verlag für Sozialwissenschaften, 317-338.

Gabriel, Oscar W. 2005. Politische Einstellungen und politische Kultur. In: Gabriel, Oscar W./Holtmann, Everhard, Hg., Handbuch Politisches System der Bundesrepublik Deutschland. 3., völlig überarbeitete und erweiterte Auflage. München, Wien: Oldenbourg, 459-522.

Gabriel, Oscar W./Brettschneider, Frank/Vetter, Angelika, Hg. 1997. Politische Kultur und Wahlverhalten in einer Großstadt. Opladen: Westdeutscher Verlag.

Gabriel, Oscar W./Holtmann, Everhard 2007. Ober sticht Unter? Zum Einfluss der Bundespolitik auf Landtagswahlen: Kontext, theoretischer Rahmen und Analysemodelle. In: Zeitschrift für Parlamentsfragen 38: 445-462.

Gabriel, Oscar W./Holtmann, Everhard/Schnapp, Kai-Uwe/Völkl, Kerstin, Hg. 2008. Wähler und Landtagswahlen in der Bundesrepublik Deutschland. Baden-Baden: Nomos.

Gabriel, Oscar W./Kunz, Volker/Roßteutscher, Sigrid/van Deth, Jan 2002. Sozialkapital und Demokratie. Zivilgesellschaftliche Ressourcen im internationalen Vergleich. Wien: WUV-Universitäts-Verlag.

Gabriel, Oscar W./Niedermayer, Oskar 2002. Parteimitgliedschaften: Entwicklung und Sozialstruktur. In: Gabriel, Oscar W./Niedermayer, Oskar/Stöss, Richard, Hg., Parteiendemokratie in Deutschland. 2. aktualisierte und erweiterte Auflage. Wiesbaden: Westdeutscher Verlag, 274-296.

Gabriel, Oscar W./Trüdinger Eva M./Völkl, Kerstin 2004. Bürgerengagement in Form von ehrenamtlicher Tätigkeit und sozialen Hilfsleistungen. In: Statistisches Bundesamt, Hg., Alltag in Deutschland. Analysen der Zeitverwendung. Wiesbaden: Statistisches Bundesamt, 337-356.

Gabriel, Oscar W./Völkl, Kerstin 2004. Auf der Suche nach dem Nichtwähler neuen Typs. Eine Analyse aus Anlaß der Bundestagswahl 2002. In: Brettschneider, Frank/van Deth, Jan/Roller, Edeltraud, Hg., Die Bundestagswahl 2002. Analysen der Wahlergebnisse und des Wahlkampfes. Wiesbaden: VS Verlag für Sozialwissenschaften, 221-248.

Gabriel, Oscar W./Völkl, Kerstin 2005. Politische und soziale Partizipation. In: Gabriel, Oscar W./Holtmann, Everhard, Hg., Handbuch Politisches System der Bundesrepublik Deutschland. 3., völlig überarbeitete und erweiterte Auflage. München, Wien: Oldenbourg, 523-574.

Gehlen, Arnold 1986. Anthropologische und sozialpsychologische Untersuchungen. Reinbek: Rowohlt.

Gluchowski, Peter/Zelle, Carsten 1992. Demokratisierung in Ostdeutschland. Aspekte der politischen Kultur in der Periode des Systemwechsels. In: Gerlich, Peter/Plasser, Fritz/Ulram, Peter A., Hg., Regimewechsel: Demokratisierung und politische Kultur in Ost-Mitteleuropa. Wien usw. Böhlau, 231-274.

Greiffenhagen, Martin/Greiffenhagen, Sylvia 1979. Ein schwieriges Vaterland. Zur politischen Kultur Deutschlands. München: List.

Greiffenhagen, Martin/Greiffenhagen, Sylvia, Hg. 2002. Handwörterbuch zur politischen Kultur der Bundesrepublik Deutschland. Wiesbaden: Westdeutscher Verlag.

Gurr, Ted R. 1974. Why men rebel. 4. Auflage. Princeton, NJ: Princeton University Press.

Hadjar, Andreas/Becker, Rolf 2006. Die Bildungsexpansion. Erwartete und unerwartete Folgen. Wiesbaden: VS Verlag für Sozialwissenschaften.

Häfner, Gerald 2007. Erfahrungen, Stand und Perspektiven der direkten Demokratie in Deutschland und Österreich. In: Verhulst, Jos/Nijeboer, Arjen, Direkte Demokratie. Fakten, Argumente, Erfahrungen. Brüssel: Democracy International, 94-115.

Hahnzog, Klaus 1999. Bayern als Motor für unmittelbare Demokratie. In: Heußner, Hermann K./Jung, Otmar, Hg., Mehr Demokratie wagen. Volksbegehren und Volksentscheid: Geschichte – Praxis – Vorschläge. München: Olzog, 159-176.

Hanefeld, Ute 1987. Das sozio-ökonomische Panel. Grundlagen und Konzeption. Frankfurt/Main usw.: Campus.

Hansen, Jochen 1982. Das Panel. Zur Analyse von Verhaltens- und Einstellungswandel. Opladen: Westdeutscher Verlag.

Hardin, Russell 1971. Collective Action as an Agreeable N-Prisoner's Dilemma. In: Behavioral Science 16: 472-481.

Hardin, Russell 1982. Collective Action. Baltimore, London: John Hopkins University Press.

Haug, Sonja 1997. Soziales Kapital. Ein kritischer Überblick über den aktuellen Forschungsstand. Mannheim: Mannheimer Zentrum für Europäische Sozialforschung.

Heinze, Rolf G./Olk, Thomas, Hg. 2001. Bürgerengagement in Deutschland. Bestandsaufnahme und Perspektiven. Opladen: Leske+Budrich.

Hepp, Gerd F. 2001. Wertewandel und bürgerschaftliches Engagement – Perspektiven für die politische Bildung. In: Aus Politik und Zeitgeschichte 51, B 29, 31-38.

Hill, Austin B. 1965. The environment and disease: association or causation? In: Proceedings of the Royal Society of Medicine 58, 295-300.

Hillmann, Karl-Heinz 2003. Wertwandel. Ursachen – Tendenzen – Folgen. Würzburg: Carolus.

Hirschman, Albert O. 1979. Shifting Involvements: Private Interest and Public Action. Princeton, NJ: Princeton University Press.

Hoffmann-Lange, Ursula 2000. Bildungsexpansion, politisches Interesse und politisches Engagement in den alten Bundesländern. In: Niedermayer, Oskar/Westle, Bettina, Hg., Demokratie und Partizipation. Festschrift für Max Kaase. Wiesbaden: Westdeutscher Verlag, 46-64.

Homburg, Christian/Baumgartner, Hans 1995. Beurteilung von Kausalmodellen. Bestandsaufnahme und Anwendungsempfehlungen. In: Marketing ZFP 17, 162-176.

Hu, Li-tze/Bentler Peter M. 1999. Cutoff criteria for fit indexes in covariance structure analysis: Conventional criteria versus new alternatives. In: Structural Equation Modeling: A Multidisciplinary Journal 6, 1-55.

Huntington, Samuel P. 1975. The United States. In: Crozier, Michel J./Huntington, Samuel P./ Watanuki, Joji, The Crisis of Democracy: Report on the Governability of Democracies to the Trilateral Commission. New York: New York University Press, 59-118.

Inglehart, Ronald 1971. The Silent Revolution in Europe: Intergenerational Change in Post-Industrial Societies. In: American Political Science Review 65, 991-1017.

Inglehart, Ronald 1977. The Silent Revolution. Changing Values and Political Styles Among Western Publics. Princeton, NJ: Princeton University Press.

Inglehart, Ronald 1979. Political Action: The Impact of Values, Cognitive Level and Social Background. In: Barnes, Samuel H./Kaase, Max, Hg., Political Action. Beverly Hills, London: Sage Publications, 343-380.

Inglehart, Ronald 1989. Kultureller Umbruch. Wertewandel in der westlichen Welt. Frankfurt/Main, New York: Campus.

Inglehart, Ronald 1990. Culture Shift in Advanced Industrial Society. Princeton, NJ: Princeton University Press.

Inglehart, Ronald 1997. Modernization and Postmodernization. Cultural, Economic, and Political Change in 43 Nations. Princeton, NJ: Princeton University Press.

Inglehart, Ronald 1998. Modernisierung und Postmodernisierung. Kultureller, wirtschaftlicher und politischer Wandel in 43 Gesellschaften. Frankfurt/Main, New York: Campus.

Inglehart, Ronald/Welzel, Christian 2005. Modernization, Cultural Change and Democracy. The Human Development Sequence. New York usw.: Cambridge University Press.

Jennings, M. Kent/van Deth, Jan W./Barnes, Samuel H./Fuchs, Dieter/Heunks, Felix J./Inglehart, Ronald/Kaase, Max/Klingemann, Hans-Dieter/Thomassen, Jacques J.A., Hg. 1990. Continuities in Political Action. A Longitudinal Study of Political Orientations in Three Western Democracies. De Gruyter Studies on North America, Vol. 5, Berlin, New York: de Gruyter.

Jesse, Eckhard 1997. Die Demokratie der Bundesrepublik Deutschland. 8., aktualisierte und erweiterte Auflage. Baden-Baden: Nomos.

Jesse, Eckhard 2003. Die Bundestagswahlen von 1990 und 2002 im Spiegel der repräsentativen Wahlstatistik. In: Zeitschrift für Parlamentsfragen 34, 645-656.

Jöreskog, Karl G./Sörbom, Dag 1982. Recent Developments in Structural Equation Modeling. In: Journal of Marketing Research 19, 404-416.

Juhász, Zoltán 1993. Wahlabsicht und Rückerinnerung – zwei Angaben zur aktuellen Bewertung der politischen Parteien? In: Gabriel, Oscar W./Troitzsch, Klaus G., Hg., Wahlen in Zeiten des Umbruchs. Frankfurt/Main: Lang, 27-50.

Kaase, Max 1983. Sinn und Unsinn des Konzepts Politische Kultur für die Vergleichende Politikwissenschaft, oder auch: Der Versuch, einen Pudding an die Wand zu nageln. In: Kaase, Max/Klingemann, Hans-Dieter, Hg., Wahlen und Wähler. Analysen aus Anlaß der Bundestagswahl 1980. Opladen: Leske+Budrich, 144-171.

Kaase, Max 1984. The Challenge of the „Participatory Revolution" in Pluralist Democracies. In: International Political Science Review 5, 299-318.

Kaase, Max 1987. Vergleichende Politische Partizipationsforschung. In: Berg-Schlosser, Dirk/Müller-Rommel, Ferdinand, Hg., Vergleichende Politikwissenschaft. Ein einführendes Handbuch. Opladen: Leske+Budrich, 135-150.

Kaase, Max 1990. Mass Participation. In: Jennings, M. Kent/van Deth, Jan W. et al., Hg., Continuities in Political Action. Berlin, New York: de Gruyter, 23-64.

Kaase, Max 1992. Direct Political Participation in the EC Countries in the Late Eighties. In: Gundelach, Peter/Siune, Karen, Hg., From Voters to Participants. Aarhus: Politica, 75-90.

Kaase, Max 1994. Political culture and political consolidation in Central and Eastern Europe. In: Weil, Frederick D., Hg., Political Culture and Political Structure: Theoretical and Empirical Studies, Vol. II, Research on Democracy and Society. Greenwich, CT: JAI Press, 233-274.

Kaase, Max 1997. Vergleichende Politische Partizipationsforschung. In: Berg-Schlosser, Dirk/Müller-Rommel, Ferdinand, Hg., Vergleichende Politikwissenschaft. Ein einführendes Studienhandbuch. 3. überarbeitete und ergänzte Auflage. Opladen: Leske+Budrich, 159-174.

Kaase, Max 1999. Interpersonal Trust, Political Trust and Non-institutionalised Political Participation in Western Europe. In: West European Politics 22, 1-21.

Kaltefleiter, Werner/Nißen, Peter 1980. Empirische Wahlforschung. Paderborn: Schöningh.

Kellermann, Charlotte 2008. Trends and Constellations. Klassische Bestimmungsfaktoren des Wahlverhaltens bei den Bundestagswahlen 1994 bis 2005. Baden-Baden: Nomos.

Kersting, Norbert 2004. Die Zukunft der lokalen Demokratie. Modernisierungs- und Reformmodelle. Frankfurt/Main: Campus.

Klages, Helmut 1984. Wertorientierungen im Wandel. Rückblick, Gegenwartsanalyse, Prognose. Frankfurt/Main, New York: Campus.

Klages, Helmut 1992. Die gegenwärtige Situation der Wert- und Wertwandelforschung – Probleme und Perspektiven. In: Klages, Helmut/Hippler, Hans-Jürgen/Herbert, Willi, Hg., Werte und Wandel, Ergebnisse und Methoden einer Forschungstradition. Frankfurt/Main, New York: Campus, 5-39.

Klages, Helmut 2000. Engagement und Engagementpotential in Deutschland. In: Beck, Ulrich, Hg., Die Zukunft von Arbeit und Demokratie. Frankfurt/Main: Suhrkamp, 151-170.

Klages, Helmut 2001. Brauchen wir eine Rückkehr zu traditionellen Werten? In: Aus Politik und Zeitgeschichte B 29, 7-14.

Klages, Helmut/Franz, Gerhard/Herbert, Willi 1986. Sozialpsychologie der Wohlfahrtsgesellschaft. Frankfurt/Main, New York: Campus.

Klages, Helmut/Herbert, Willi 1983. Wertorientierung und Staatsbezug. Untersuchungen zur politischen Kultur in der Bundesrepublik Deutschland. Frankfurt/Main, New York: Campus.

Klein, Markus 2005. Gesellschaftliche Wertorientierungen, Wertewandel und Wählerverhalten. In: Falter, Jürgen W./Schoen, Harald, Hg., Handbuch Wahlforschung. Wiesbaden: VS Verlag für Sozialwissenschaften, 423-445.

Kleinhenz, Thomas 1995. Die Nichtwähler. Ursachen der sinkenden Wahlbeteiligung in Deutschland. Opladen: Westdeutscher Verlag.

Klingemann, Hans-Dieter/Lass, Jürgen 1995. Bestimmungsgründe politischer Beteiligung in Ost- und West-Berlin. In: Klingemann, Hans-Dieter/Erbring, Lutz/Diederich, Nils, Hg., Zwischen Wende und Wiedervereinigung. Analysen zur politischen Kultur in West- und Ost-Berlin 1990. Opladen: Westdeutscher Verlag, 148-163.

Kluckhohn, Clyde 1951. Values and Value Orientations in the Theory of Action. An Exploration in Definition and Classification. In: Parsons, Talcott/Shils, Edward A., Hg., Toward a General Theory of Action. Cambridge, MA: Harvard University Press, 388-433.

Knemeyer, Franz-Ludwig 1997. Bürgerbeteiligung und Kommunalpolitik. Mitwirkungsrechte von Bürgern auf kommunaler Ebene. 2. erweiterte Auflage. Landsberg am Lech: Olzog.

Kofford, Kenneth J./Miller, Jeffrey B., Hg. 1991. Social Norms and Economic Institutions. Ann Arbor: University of Michigan Press.

Kost, Andreas 2006. Bürgerbegehren und Bürgerentscheid. In: Aus Politik und Zeitgeschichte 56, B 10, 25-31.

Krimmel, Iris 2000. Politische Beteiligung in Deutschland – Strukturen und Erklärungsfaktoren. In: Falter, Jürgen W./Gabriel, Oscar W./Rattinger, Hans, Hg., Wirklich ein Volk? Die politischen Orientierungen von Ost- und Westdeutschen im Vergleich. Opladen: Leske+Budrich, 611-639.

Kunz, Volker/Gabriel, Oscar W. 2000. Soziale Integration und politische Partizipation. Das Konzept des Sozialkapitals – Ein brauchbarer Ansatz zur Erklärung politischer Partizipation? In: Druwe, Ulrich/Kühnel, Steffen/Kunz, Volker, Hg., Kontext, Akteur und strategische Interaktion. Untersuchungen zur Organisation politischen Handelns in modernen Gesellschaften. Opladen: Leske+Budrich, 43-71.

Lane, Robert E. 1961. Political Life. Why People Get Involved in Politics. 2. Auflage. New York: Free Press of Glencoe.

Lane, Robert E. 1962. Political Ideology. New York: Free Press.

Lazarsfeld, Paul F. 1948. The use of panels in social research. In: Proceedings of the American Philosophical Society 92, 405-410.

Lazarsfeld, Paul F./Berelson, Bernhard/Gaudet, Hazel 1948 [1944]. The People's Choice: How the Voter Makes Up His Mind in a Presidential Campaign. New York: Columbia University Press.

Lehmbruch, Gerhard 1975. Die ambivalenten Funktionen politischer Beteiligung in hochindustrialisierten Demokratien. In: Junker, Beat/Gilg, Peter/Reich, Richard, Hg., Geschichte und Politische Wissenschaft. Festschrift für Erich Gruner zum 60. Geburtstag. Bern: Francke, 237-264.

Leighley, Jan E. 1995. Attitudes, Opportunities and Incentives: A Field Essay on Political Participation. In: Political Research Quarterly 48, 181-209.

Little, Roderick J.A./Rubin, Donald B. 1987. Statistical analysis with missing data. New York: Wiley and Sons.

Löffler, Berthold/Rogg, Walter. Kommunalwahlen und kommunales Wahlverhalten. In: Pfizer, Theodor/Wehling, Hans-Georg, Kommunalpolitik in Baden-Württemberg. 3., völlig überarbeitete und erweiterte Auflage. Stuttgart usw.: Kohlhammer, 109-136.

Lüdemann, Christian 2001. Politische Partizipation, Anreize und Ressourcen. Ein Test verschiedener Handlungsmodelle und Anschlußtheorien am ALLBUS 1998. In: Koch, Achim/Wasmer, Martina/Schmidt, Peter, Hg., Politische Partizipation in der Bundesrepublik Deutschland. Empirische Befunde und theoretische Erklärungen. Opladen: Leske+Budrich, 43-71.

Maag, Gisela 1991. Gesellschaftliche Werte. Opladen: Westdeutscher Verlag.

Maier, Jürgen 2000. Politikverdrossenheit in der Bundesrepublik Deutschland. Dimensionen – Determinanten – Konsequenzen. Opladen: Leske+Budrich. Zugl. Dissertation, Universität Bamberg 1999.

Maier, Jürgen/Maier, Michaela/Rattinger, Hans 2000. Methoden der sozialwissenschaftlichen Datenanalyse. Arbeitsbuch mit Beispielen aus der Politischen Soziologie. München, Wien: Oldenbourg.

Marcinkowski, Frank 2001. Kommunales Wahlverhalten zwischen Eigengesetzlichkeit und Bundestrend. Eine Fallstudie aus Nordrhein-Westfalen. Hagen: Fernuniversität Hagen, Institut für Politikwissenschaft.

http://www.fernuni-hagen.de/imperia/md/content/politikwissenschaft/polis_heft51.pdf (17.09.2007)

Marsh, Alan 1977. Protest and Political Consciousness. Beverly Hills: Sage.

Marsh, Alan/Kaase, Max 1979. Measuring Political Action. In: Barnes, Samuel H./ Kaase, Max et al. Hg.), Political Action. Mass Participation in Five Western Democracies. Beverly Hills, London: Sage Publications, 57-96.

Marx, Karl/Engels, Friedrich 1974. Staatstheorie. Materialien zur Rekonstruktion der marxistischen Staatstheorie. Frankfurt/Main: Ullstein.

Maslow, Abraham H. 1954. Motivation and Personality. New York: Harper.

Mason, William M./House, James S./Martin, Steven S. 1985. On the dimensions of political alienation in America. In: Tuma, Nancy B., Hg., Sociological Methodology 1985. San Francisco: Jossey-Bass, 111-151.

Mehr Demokratie e.V. 2005. Neun-Jahresbericht bayerischer Bürgerbegehren und Bürgerentscheide. München.

http://mehr-demokratie.de/bayern/publikationen/jb_9.pdf (19.08.2005)

Mengering, Fred 1992. Zur Differentialpsychologie politischer Partizipation. Eine empirische Untersuchung zur Deskription politischen Partizipationsverhaltens mittels handlungstheoretischer Persönlichkeitskonstrukte. Frankfurt/Main usw.: Peter Lang.

Meyer, David/Tarrow, Sidney, Hg. 1998. The Social Movement Society: Contentious Politics for a New Century. Lanham, MD: Rowman & Littlefield.

Micheletti, Michele/Follesdal, Andreas/Stolle, Dietlind, Hg. 2004. Politics, Products, and Markets. Exploring Political Consumerism Past and Present. New Brunswick, London: Transaction Publishers.

Mika, Tatjana 2002. Wer nimmt teil an Panel-Befragungen? Untersuchung über die Bedingungen der erfolgreichen Kontaktierung für sozialwissenschaftliche Untersuchungen. In: ZUMA-Nachrichten 26, Nr. 51, 38-48.

Milbrath, Lester W. 1965. Political Participation. Chicago: Rand McNally.

Milbrath, Lester W. 1981. Political Participation. In: Long, Samuel L., Hg., The Handbook of Political Behavior, Band 4. New York, London: Plenum Press, 197-240.

Milbrath, Lester W./Goel, M.L. 1977. Political Participation. How and Why Do People Get Involved in Politics? 2. Auflage. Washington D.C.: University Press of America.

Mill, John Stuart 1971 [1861]. Betrachtungen über die repräsentative Demokratie. Paderborn: Schöningh.

Mokken, Robert J. 1971. A Theory and Procedure of Scale Analysis. With Applications in Political Research. Den Haag: Mouton & Co.

Muller, Edward N. 1979. Aggressive Political Participation. Princeton, NJ: Princeton University Press.

Muller, Edward N./Jukam, Thomas O. 1983. Discontent and Aggressive Political Participation. In: British Journal of Political Science 13: 159-179.

Muller, Edward N./Opp, Karl-Dieter 1986. Rational Choice and Rebellious Collective Action. In: American Political Science Review 80, 471-489.

Nagel, Jack H. 1987. Participation. Englewood Cliffs, NJ: Prentice-Hall.

Naschold, Frieder 1996. Partizipative Demokratie – Erfahrungen mit der Demokratisierung kommunaler Verwaltungen. In: Weidenfeld, Werner, Hg., Demokratie am Wendepunkt. Die demokratische Frage als Projekt des 21. Jahrhunderts. Berlin: Siedler, 294-310.

Neckel, Sighard 1989. Machen Skandale apathisch? In: Ebbighausen, Rolf/Neckel, Sighard, Hg., Anatomie des politischen Skandals. Frankfurt/Main: Suhrkamp, 234-257.

Neidhardt, Friedhelm/Rucht, Dieter 2001. Protestgeschichte der Bundesrepublik Deutschland 1950-1994: Ereignisse, Themen, Akteure. In: Rucht, Dieter, Hg., Protest in der Bundesrepublik. Strukturen und Entwicklungen. Frankfurt/Main: Campus, 27-70.

Neller, Katja 2000. DFG-Projekt „Politische Einstellungen, politische Partizipation und Wählerverhalten im vereinigten Deutschland". Bericht zur Panelpflege (ab) Mai 1999. Stuttgart: Universität Stuttgart.

Neller, Katja 2001. DFG-Projekt „Politische Einstellungen, politische Partizipation und Wählerverhalten im vereinigten Deutschland". Bericht zur Panelpflege (ab) September 2000. Stuttgart: Universität Stuttgart.

Neller, Katja 2002. DFG-Projekt „Politische Einstellungen, politische Partizipation und Wählerverhalten im vereinigten Deutschland". Bericht zur Panelpflege (ab) September 2001. Stuttgart: Universität Stuttgart.

Nie, Norman H./Junn, Jane/Stehlik-Barry, Kenneth 1996. Education and Democratic Citizenship in America. Chicago: University of Chicago Press.

Nie, Norman H./Powell, G. Bingham Jr./Prewitt, Kenneth 1969a. Social Structure and Political Participation: Developmental Relationships, Part I. In: American Political Science Review 63, 361-378.

Nie, Norman H./Powell, G. Bingham Jr./Prewitt, Kenneth 1969b. Social Structure and Political Participation: Developmental Relationships, Part II. In: American Political Science Review 63, 808-832.

Nie, Norman H./Verba, Sidney 1975. Political Participation. In: Greenstein, Fred I./Polsby, Nelson W., Hg., Handbook of Political Science Volume 4, Nongovernmental Politics. Reading, MA: Addison-Wesley, 1-74.

Niedermayer, Oskar 2001. Bürger und Politik. Politische Orientierungen und Verhaltensweisen der Deutschen. Eine Einführung. 1. Auflage. Opladen: Westdeutscher Verlag.

Niedermayer, Oskar 2005. Bürger und Politik. Politische Orientierungen und Verhaltensweisen der Deutschen. 2., aktualisierte und erweiterte Auflage. Wiesbaden: VS Verlag für Sozialwissenschaften.

Niedermayer, Oskar 2006. Parteimitglieder seit 1990: Version 2006. Arbeitshefte aus dem Otto-Stammer-Zentrum Nr. 10. Berlin: FU Berlin.

Niemi, Richard G. 1976. Costs of Voting and Non-Voting. In: Public Choice 27, 115-119.

Noelle-Neumann, Elisabeth 1985. Politik und Wertewandel. In: Geschichte und Gegenwart 1, 3-15.

Noelle-Neumann, Elisabeth/Petersen, Thomas 2001. Zeitenwende. Der Wertewandel 30 Jahre später. In: Aus Politik und Zeitgeschichte 51, B 29, 15-22.

Norpoth, Helmut 1980. Wahlverhalten in der Bundesrepublik. Arbeitsbuch zur sozial- und politikwissenschaftlichen Lehre. Frankfurt/Main: Campus.

Norris, Pippa 2002. Democratic Phoenix. Reinventing Political Activism. Cambridge: Cambridge University Press.

Ohr, Dieter/Rattinger, Hans 1993. Zur Beziehung zwischen in der Vorwahlzeit erhobenen Wahlabsichten und Wahlergebnissen. In: Gabriel, Oscar W./Troitzsch, Klaus G., Hg., Wahlen in Zeiten des Umbruchs. Frankfurt/Main usw.: Peter Lang, 3-25.

Olk, Thomas 2003. Bürgerschaftliches Engagement. Eckpunkte einer Politik der Unterstützung freiwilliger und gemeinwohlorientierter Aktivitäten in Staat und Gesellschaft. In: Neue Praxis, Zeitschrift für Sozialarbeit 33, 306-325.

Olsen, Marvin E. 1972. Social Participation and Voting Turnout. A Multivariate Analysis. In: American Sociological Review 37, 317-333.

Olson, Mancur 1965. The Logic of Collective Action. Cambridge, MA: Harvard University Press.

Opp, Karl-Dieter 1990. Postmaterialism, Collective Action, and Political Protest. In: American Journal of Political Science 34, 212-235.

Opp, Karl-Dieter 1992. Legaler und illegaler Protest im interkulturellen Vergleich. In: Kölner Zeitschrift für Soziologie und Sozialpsychologie 44, 436-460.

Opp, Karl-Dieter 1997. Die enttäuschten Revolutionäre. Politisches Engagement vor und nach der Wende. Opladen: Leske+Budrich.

Opp, Karl-Dieter 2004. Warum meinen Leute, sie sollten sich politisch engagieren? Einige Hypothesen über die Entstehung von Normen politischen Engagements und ihre empirische Überprüfung. In: Diekmann, Andreas/Voss, Thomas, Hg., Rational-Choice-Theorie in den Sozialwissenschaften. Anwendungen und Probleme. München: Oldenbourg, 247-270.

Opp, Karl-Dieter/Burow-Auffarth, Käte/Hartmann, Peter/von Witzleben, Thomazine/Pöhls, Volker/ Spitzley, Thomas 1984. Soziale Probleme und Protestverhalten. Eine empirische Konfrontation des Modells rationalen Verhaltens mit soziologischen und demographischen Hypothesen am Beispiel von Atomkraftgegnern. Opladen: Westdeutscher Verlag.

Opp, Karl-Dieter/Finkel, Steven E. 2001. Politischer Protest, Rationalität und Lebensstile. Eine empirische Überprüfung alternativer Erklärungsmodelle. In: Koch, Achim/Wasmer, Martina/Schmidt, Peter, Hg., Politische Partizipation in der Bundesrepublik Deutschland. Empirische Befunde und theoretische Erklärungen. Opladen: Leske+Budrich, 73-108.

Opp, Karl-Dieter/Gern, Christiane 1993. Dissident Groups, Personal Networks, and Spontaneous Cooperation: The East German Revolution of 1989. In: American Sociological Review 58, 659-680.

Opp, Karl-Dieter/Hartmann, Peter/Hartmann, Petra 1989. The Rationality of Political Protest. A Comparative Analysis of Rational Choice Theory. Boulder, CO: Westview.

Parry, Geraint 1972. The Idea of Political Participation. In: ders., Hg., Participation in politics. Manchester: Manchester University Press, 3-38.

Parry, Geraint 1974. Participation and Political Styles. In: Chapman, Brian/Potter, Allen, Hg., W.J.M.M.: Political Questions. Essays in Honour of W.J.M. Mackenzie. Manchester: Manchester University Press, 190-204.

Parry, Geraint/Moyser, George/Day, Neil 1992. Political participation and democracy in Britain. Cambridge: Cambridge University Press.

Pattie, Charles/Seyd, Patrick/Whiteley, Paul 2004. Citizenship in Britain. Values, Participation, and Democracy. Cambridge: Cambridge University Press.

Philipps, Anne 1996. Why does Local Democracy Matter? In: Pratchett, Lawrence/Wilson, David, Hg., Local Democracy and Local Government. Houndmills et al.: Macmillan, 20-37.

Pickel, Susanne/Pickel, Gert 2006. Politische Kultur- und Demokratieforschung. Grundbegriffe, Theorien, Methoden. Eine Einführung. Wiesbaden: VS Verlag für Sozialwissenschaften.

Powers, Edward A./Goudy, Willis J./Keith, Pat M. 1978. Congruence Between Panel and Recall Data in Longitudinal Research. In: Public Opinion Quarterly 42, 380-389.

Putnam, Robert D. 1993. Making Democracy Work. Civic Traditions in Modern Italy. Princeton: Princeton University Press.

Putnam, Robert D. 2000. Bowling Alone. The Collapse and Revival of American Community. New York usw.: Simon & Schuster.

Radtke, Günter D. 1976. Teilnahme an der Politik. Bestimmungsgründe der Bereitschaft zur politischen Partizipation, ein empirischer Beitrag. Leverkusen: Heggen.

Rasmussen, Eric 1989. Games and Information. Oxford: Basil Blackwell.

Rattinger, Hans 1992. Das Wahlverhalten bei der ersten gesamtdeutschen Bundestagswahl nach Alter und Geschlecht. Ergebnisse der repräsentativen Wahlstatistik. In: Zeitschrift für Parlamentsfragen 23, 266-280.

Rattinger, Hans/Krämer, Jürgen 1995. Wahlnorm und Wahlbeteiligung in der Bundesrepublik Deutschland: Eine Kausalanalyse. In: Politische Vierteljahresschrift 36, 267-285.

Recker, Marie-Luise/Tenfelde, Klaus, Hg. 2005. Handbuch zur Statistik der Parlamente und Parteien in den westlichen Besatzungszonen und in der Bundesrepublik Deutschland, Teil II-IV. Düsseldorf: Droste.

Rehmet, Frank/Flothmann, Karin/Weber, Tim 2007. Zweites Volksentscheid-Ranking. Länder und Gemeinden im Demokratie-Vergleich. Berlin: Mehr Demokratie e.V.

Renz, Thomas 1997. Nichtwähler zwischen Normalisierung und Krise: Zwischenbilanz zum Stand einer nimmer endenden Diskussion. In: Zeitschrift für Parlamentsfragen 28, 572-591.

Riker, William/Ordeshook, Peter 1968. A Theory of the Calculus of Voting. In: American Political Science Review 62, 25-42.

Rohe, Karl 1994. Politische Kultur: Zum Verständnis eines theoretischen Konzepts. In: Niedermayer, Oskar/von Beyme, Klaus, Hg., Politische Kultur in Ost- und Westdeutschland. Berlin: Akademie Verlag, 1-21.

Rokeach, Milton 1973. The Nature of Human Values. New York: Free Press.

Roth, Philip L. 1994a. Missing data: A conceptual review for applied psychologists. In: Personnel Psychology 47, 537-560.

Roth, Roland 1994b. Lokale Demokratie „von unten". In: Roth, Roland/Wollmann, Hellmut, Hg., Kommunalpolitik. Opladen: Leske+Budrich, 228-244.

Rousseau, Jean-Jacques 2003 [1762]. Vom Gesellschaftsvertrag oder Grundsätze des Staatsrechts. Stuttgart: Reclam.

Rucht, Dieter, Hg. 1991. Research on Social Movements. The State of the Art in Western Europe and the USA. Frankfurt/Main: Campus.

Rucht, Dieter 1998. The Structure and Culture of Collective Protest in Germany since 1950. In: Meyer, David S./Tarrow Sidney, Hg., The Social Movement Society. Contentious Politics for a New Century. Lanham, MD: Rowman & Littlefield, 29-57.

Rucht, Dieter, Hg. 2001. Protest in der Bundesrepublik. Strukturen und Entwicklungen. Frankfurt/Main, New York: Campus.

Rucht, Dieter 2003. Zum Wandel politischen Protests in der Bundesrepublik. Verbreiterung, Professionalisierung, Trivialisierung. In: Vorgänge, Zeitschrift für Bürgerrechte und Gesellschaftspolitik 42, 4-11.

Rucht, Dieter 2006. Politischer Protest in der Bundesrepublik Deutschland: Entwicklungen und Einflussfaktoren. In: Hoecker, Beate, Hg., Politische Partizipation zwischen Konvention und Protest. Eine studienorientierte Einführung. Opladen: Barbara Budrich, 184-208.

Rucht, Dieter/Reichardt Sven, Hg. 2008. Politischer Protest und Öffentlichkeit im 20. Jahrhundert. Studien zur Steuerung und Resonanz politischer Proteste in Deutschland. Wiesbaden: VS Verlag für Sozialwissenschaften (i.E.).

Rudzio, Wolfgang 2003. Das politische System der Bundesrepublik Deutschland. 6. Auflage. Opladen: Leske+Budrich.

Rusk, Jerrold G. 1976. Political Participation in America: A Review Essay. In: American Political Science Review 70, 583-591.

Sacchi, Stefan 1994. Politische Aktivierung und Protest in Industrieländern – Stille Revolution oder Kolonisierung der Lebenswelt? In: Zeitschrift für Soziologie 23, 323-338.

Salisbury, Robert H. 1975. Research on Political Participation. In: American Journal of Political Science 19, 323-341.

Sartori, Giovanni 1992. Demokratietheorie. Darmstadt: Wissenschaftliche Buchgesellschaft.

Scarrow, Susan A. 1997. Party Competition and Institutional Change. The Expansion of Direct Democracy in Germany. In: Party Politics 3, 451-472.

Scharpf, Fritz W. 1975. Demokratietheorie zwischen Utopie und Anpassung. Kronberg/Ts.: Scriptor.

Scharpf, Fritz W./Reissert, Bernd/Schnabel, Fritz 1976. Politikverflechtung – Theorie und Empirie des kooperativen Föderalismus in der Bundesrepublik. Kronberg/Ts.: Scriptor.

Schlozman, Kay L./Burns, Nancy/Verba, Sidney 1994. Gender and the Pathways to Participation: The Role of Resources. In: Journal of Politics 56, 963-990.

Schmid, Josef/Griese, Honza, Hg. 2002. Wahlkampf in Baden-Württemberg. Organisationsformen, Strategien und Ergebnisse der Landtagswahl vom 25. März 2001. Opladen: Leske+Budrich.

Schmid, Josef/Zolleis, Udo, Hg. 2007. Wahlen im Südwesten. Parteien, Kampagnen und Landtagswahlen 2006 in Baden-Württemberg und Rheinland-Pfalz. Münster: Lit Verlag.

Schmidt, Manfred G. 2000. Demokratietheorien. Eine Einführung, 3., überarbeitete und erweiterte Auflage. Opladen: Leske+Budrich.

Schmitt-Beck, Rüdiger 1992. A Myth Institutionalized. Theory and Research on New Social Movements in Germany. In: European Journal of Political Research 21, 357-383.

Schmitt-Beck, Rüdiger/Weins, Cornelia 1997. Gone with the wind (of change). Neue soziale Bewegungen und politischer Protest im Osten Deutschlands. In: Gabriel, Oscar W., Hg., Politische Orientierungen und Verhaltensweisen im vereinigten Deutschland. Opladen: Leske+Budrich, 321-351.

Schneider, Helmut 1995. Politische Partizipation – zwischen Krise und Wandel. In: Hoffmann-Lange, Ursula, Hg., Jugend und Demokratie in Deutschland. Opladen: Leske+Budrich, 275-355.

Schneider, Peter 1982. Der Mauerspringer. Eine Erzählung. Darmstadt: Luchterhand.

Schnell, Rainer/Hill, Paul B./Esser, Elke 2005. Methoden der empirischen Sozialforschung. 7., völlig überarbeitete und erweiterte Auflage. München: Oldenbourg.

Schoen, Harald 2003. Wählerwandel und Wechselwahl. Eine vergleichende Untersuchung. Wiesbaden: Westdeutscher Verlag.

Schoen, Harald/Weins, Cornelia 2005. Der sozialpsychologische Ansatz zur Erklärung von Wahlverhalten. In: Falter, Jürgen W./Schoen, Harald, Hg., Handbuch Wahlforschung. Wiesbaden: VS Verlag für Sozialwissenschaften, 187-242.

Schumann, Siegfried 2005. Methoden und Methodenprobleme der empirischen Wahlforschung. In: Falter, Jürgen W./Schoen, Harald, Hg., Handbuch Wahlforschung. Wiesbaden: VS Verlag für Sozialwissenschaften, 63-87.

Schumpeter, Joseph A. 1993 [1950]. Kapitalismus, Sozialismus und Demokratie. 7. erweiterte Auflage. Tübingen, Basel: Francke.

Sigelman, Lee 1982. The uncooperative Interviewee. In: Quality and Quantity 16, 345-353.

Sniderman, Paul M. 1975. Personality and Democratic Politics. Berkeley: University of California Press.

Sobol, Marion G. 1959. Panel Mortality and Panel Bias. In: Journal of the American Statistical Association 54, 52-68.

Sontheimer, Kurt 1990. Deutschlands politische Kultur. München, Zürich: Piper.

Sontheimer, Kurt 1999. So war Deutschland nie. Anmerkungen zur politischen Kultur der Bundesrepublik. München: C.H. Beck.

Staud, Toralf 2005. Moderne Nazis. Die neuen Rechten und der Aufstieg der NPD. Köln: Kiepenheuer und Witsch.

Steinbrecher, Markus/Huber, Sandra/Rattinger, Hans 2007. Turnout in Germany. Citizen Participation in State, Federal, and European Elections since 1979. Baden-Baden: Nomos.

Taylor, Michael 1976. Anarchy and Co-operation. London: Wiley.

Teorell, Jan 2006. Political participation and three theories of democracy: A research inventory and agenda. In: European Journal of Political Research 45, 787-810.

Teorell, Jan/Torcal, Mariano/Montero, José R. 2007. Political participation. Mapping the terrain. In: van Deth, Jan W./Montero, José Ramón/Westholm, Anders, Hg., Citizenship and Involvement in European Democracies. A comparative analysis. London, New York: Routledge, 334-357.

Topf, Richard 1995. Beyond Electoral Participation. In: Klingemann, Hans-Dieter/Fuchs, Dieter, Hg., Citizens and the State. Beliefs in Government Volume One. Oxford: Oxford University Press, 52-91.

Trinkle, Hermann 1997. Veränderungen politischer Partizipation. Entwicklung eines erweiterten Analyse- und Interpretationsmodells und dessen Bedeutung für die politische Bildung. Europäische Hochschulschriften, Band 327, Frankfurt/Main: Peter Lang.

Uehlinger, Hans-Martin 1988. Politische Partizipation in der Bundesrepublik. Strukturen und Erklärungsmodelle. Beiträge zur sozialwissenschaftlichen Forschung, Band 96. Opladen: Westdeutscher Verlag.

Van Deth, Jan W. 1995. Introduction: The Impact of Values. In: van Deth, Jan W./Scarbrough, Elinor, Hg., The Impact of Values. Beliefs in Government Volume Four. Oxford: Oxford University Press, 1-18.

Van Deth, Jan W. 1997a. Formen konventioneller politischer Partizipation. Ein neues Leben alter Dinosaurier? In: Gabriel, Oscar W., Hg., Politische Orientierungen und Verhaltensweisen im vereinigten Deutschland. Opladen: Leske+Budrich, 291-319.

Van Deth, Jan W. 1997b. Introduction: Social Involvement and Democratic Politics. In: van Deth, Jan W., Hg., Private Groups and Public Life. Social Participation, Voluntary Associations and Political Involvement in Representative Democracies. London: Routledge, 1-23.

Van Deth, Jan W. 2001a. Soziale und politische Beteiligung: Alternativen, Ergänzungen oder Zwillinge? In: Koch, Achim/Wasmer, Martina/Schmidt, Peter, Hg., Politische Partizipation in der Bundesrepublik Deutschland. Empirische Befunde und theoretische Erklärungen. Opladen: Leske+Budrich, 195-219.

Van Deth, Jan W. 2001b. Wertewandel im internationalen Vergleich. Ein deutscher Sonderweg? In: Aus Politik und Zeitgeschichte 51, B 29, 23-30.

Van Deth, Jan W. 2003. Vergleichende politische Partizipationsforschung. In: Berg-Schlosser, Dirk/Müller-Rommel, Ferdinand, Hg., Vergleichende Politikwissenschaft. 4. überarbeitete und erweiterte Auflage. Opladen: Leske+Budrich, 167-187.

Veen, Hans-Joachim 1997: Innere Einheit – aber wo liegt sie? Eine Bestandsaufnahme im siebten Jahr nach der Wiedervereinigung Deutschlands. In: Aus Politik und Zeitgeschichte 47, B 40-41, 19-28.

Verba, Sidney/Nie, Norman H. 1972. Participation in America. Political Democracy and Social Equality. New York usw.: Harper & Row.

Verba, Sidney/Nie, Norman H./Kim, Jae-On 1977. The Modes of Democratic Participation: A Cross-National Comparison. Beverly Hills: Sage.

Verba, Sidney/Nie, Norman H./Kim, Jae-On 1978. Participation and Political Equality. A Seven-Nation Comparison. Cambridge usw.: Cambridge University Press.

Verba, Sidney/Schlozman, Kay L./Brady, Henry E. 1995. Voice and Equality. Civic Voluntarism in American Politics. Cambridge, MA, London: Harvard University Press.

Verba, Sidney/Schlozman, Kay L./Brady, Henry/Nie, Norman H. 1993. Citizen Activity: Who Participates? What Do They Say? In: American Political Science Review 87, 303-318.

Vetter, Angelika 1997. Political Efficacy – Reliabilität und Validität. Alte und neue Meßmodelle im Vergleich. Wiesbaden: Deutscher Universitäts Verlag.

Von Alemann, Ulrich, Hg. 1975. Partizipation – Demokratisierung – Mitbestimmung. Opladen: Westdeutscher Verlag.

Von Alemann, Ulrich/Strünck, Christoph 1999. Die Weite des politischen Vor-Raumes. Partizipation in der Parteiendemokratie. In: Kamps, Klaus, Hg., Elektronische Demokratie? Perspektiven politischer Partizipation. Opladen: Westdeutscher Verlag, 109-126.

Wachendorfer-Schmidt, Ute 2003. Politikverflechtung im vereinigten Deutschland. Wiesbaden: Westdeutscher Verlag.

Walter-Rogg, Melanie 2005. Politisches Vertrauen ist gut – Misstrauen ist besser? Ausmaß und Ausstrahlungseffekte des Politiker- und Institutionenvertrauens im vereinigten Deutschland. In: Gabriel, Oscar W./Falter, Jürgen W./Rattinger, Hans, Hg., Wächst zusammen, was zusammengehört? Stabilität und Wandel politischer Einstellungen im wiedervereinigten Deutschland. Baden-Baden: Nomos, 129-186.

Walter-Rogg, Melanie/Kunz, Volker/Gabriel, Oscar W. 2005. Kommunale Selbstverwaltung in Deutschland. In: Gabriel, Oscar W./Holtmann, Everhard, Hg., Handbuch Politisches System der Bundesrepublik Deutschland. 3., völlig überarbeitete und erweiterte Auflage. München, Wien: Oldenbourg, 411-455.

Watts, Meredith W. 2001. Aggressive Political Behavior: Predisposition and Protest Behavior, East and West, Then and Now. In: Koch, Achim/Wasmer, Martina/Schmidt, Peter, Hg., Politische

Partizipation in der Bundesrepublik Deutschland. Empirische Befunde und theoretische Erklärungen. Opladen: Leske+Budrich, 109-130.

Weil, Frederic D. 1993. The Development of Democratic Attitudes in Eastern and Western Germany in a Comparative Perspective. In: Weil, Frederic D., Hg., Research on Democracy and Society, Volume 1. Greenwich, CT: JAI Press, 195-225.

Weixner, Bärbel M. 2006. Direktdemokratische Beteiligung in den Ländern und Kommunen. In: Hoecker, Beate, Hg., Politische Partizipation zwischen Konvention und Protest. Eine studienorientierte Einführung. Opladen: Barbara Budrich, 100-132.

Westholm, Anders/Montero, José R./van Deth, Jan W. 2007. Introduction: Citizenship, involvement, and democracy in Europe. In: van Deth, Jan W./Montero, José R./Westholm, Anders, Hg., Citizenship and Involvement in European Democracies. A comparative analysis. London, New York: Routledge, 1-32.

Westholm, Anders/von Erlach, Emanuel 2007. Small-scale democracy. The consequences of action. In: van Deth, Jan W./Montero, José R./Westholm, Anders, Hg., Citizenship and Involvement in European Democracies. A comparative analysis. London, New York: Routledge, 280-299.

Westle, Bettina 1990. Legitimität der Parteien und des Parteiensystems der Bundesrepublik Deutschland. In: Kölner Zeitschrift für Soziologie und Sozialpsychologie 42, 401-427.

Westle, Bettina 1994. Politische Partizipation. In: Gabriel, Oscar W./Brettschneider, Frank, Hg., Die EU-Staaten im Vergleich. Strukturen, Prozesse, Politikinhalte. 2. überarbeitete und erweiterte Auflage. Opladen: Westdeutscher Verlag, 137-173.

Westle, Bettina 2000. Politische Partizipation: Mobilisierung als Faktor geschlechtsspezifischer Ungleichheit. In: Niedermayer, Oskar/Westle, Bettina, Hg., Demokratie und Partizipation. Festschrift für Max Kaase. Wiesbaden: Westdeutscher Verlag, 136-159.

Westle, Bettina 2001. Politische Partizipation und Geschlecht. In: Koch, Achim/Wasmer, Martina/Schmidt, Peter, Hg., Politische Partizipation in der Bundesrepublik Deutschland. Empirische Befunde und theoretische Erklärungen. Opladen: Leske+Budrich, 131-168.

Whiteley, Paul F. 1995. Rational Choice and Political Participation – Evaluating the Debate. In: Political Research Quarterly 48, 211-233.

Wiesendahl, Elmar 1981. Moderne Demokratietheorie: eine Einführung in ihre Grundlagen, Spielarten und Kontroversen. Frankfurt am Main, Berlin, München: Diesterweg.

Wolfrum, Edgar 2006. Die geglückte Demokratie. Geschichte der Bundesrepublik Deutschland von ihren Anfängen bis zur Gegenwart. Stuttgart: Klett-Cotta.

Wothke, Werner 1998. Longitudinal and multi-group modeling with missing data. In: Little, Todd D./Schnabel, Kai U./Baumert, Jürgen, Hg., Modeling longitudinal and multiple group data: Practical issues, applied approaches and specific examples. Mahwah, NJ: Erlbaum Associates, 219-240.

Wright, James D. 1981. Political disaffection. In: Long, Samuel L., Hg., The Handbook of Political Behavior, Vol. 4. New York, London: Plenum, 1-79.

Zelle, Carsten 1995. Der Wechselwähler. Politische und soziale Erklärungsansätze des Wählerwandels in Deutschland und den USA. Opladen: Westdeutscher Verlag.

Zimmermann, Ekkart 2003. Vergleichende Krisen- und Konfliktforschung. In: Berg-Schlosser, Dirk/Müller-Rommel, Ferdinand, Hg., Vergleichende Politikwissenschaft. 4. überarbeitete und erweiterte Auflage. Opladen: Leske+Budrich, 297-328.

Zinnbauer, Markus/Eberl, Markus 2004. Die Überprüfung von Spezifikation und Güte von Strukturgleichungsmodellen: Verfahren und Anwendung. Schriften zur Empirischen Forschung und Quantitativen Unternehmensplanung. München: Ludwig-Maximilians-Universität.

http://www.imm.bwl.uni-muenchen.de/forschung/schriftenefo/ap_efoplan_21.pdf (08.02.2008).

Internetquellen:

Webseite der Enquete-Kommission „Zukunft des bürgerschaftlichen Engagements" des 14. Deutschen Bundestages:

http://www.bundestag.de/Parlament/gremien/kommissionen/archiv14/enga/index.html (18.05.2007).

Webseite des Bundesministeriums für Familie, Senioren, Frauen und Jugend:

http://www.bmfsfj.de/Kategorien/aktuelles,did=15980.html,

http://www.bmfsfj.de/Kategorien/Forschungsnetz/forschungsberichte,did=73430.html (18.05.2007).

Webseite des Vereins „Mehr Demokratie e.V.":

http://www.mehr-demokratie.de/ (22.05.2007).

Überblick über die Behandlung fehlender Werte in Datenanalysen:

http://www.utexas.edu/its/rc/answers/general/gen25.html (09.08.2007).